#기본+응용
#리더공부비법
#수학응용력기르기
#학원에서검증된문제집

수학리더
기본+응용

Chunjae Makes Chunjae

▼

기획총괄	박금옥
편집개발	윤경옥, 박초아, 조은영, 김연정, 김수정, 김유림, 남태희, 이혜지
디자인총괄	김희정
표지디자인	윤순미, 박민정, 이수민
내지디자인	박희춘, 이혜진
제작	황성진, 조규영

발행일	2022년 5월 1일 초판 2025년 4월 1일 4쇄
발행인	(주)천재교육
주소	서울시 금천구 가산로9길 54
신고번호	제2001-000018호
고객센터	1577-0902
교재 구입 문의	1522-5566

수학 리더 기본+응용 5-2

BOOK 1

진도책 **차례**

구성과 특징

BOOK 1 진도책

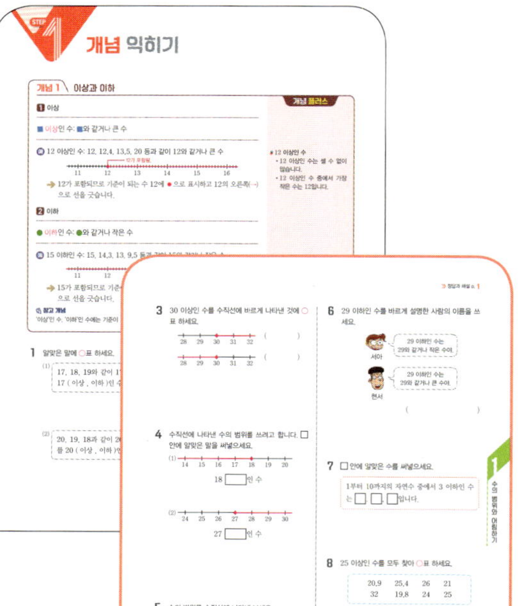

핵심 개념이 시각적으로 구성되어 쉽게 이해할 수 있고, 기본 문제를 풀면서 개념을 확실히 다질 수 있어요.

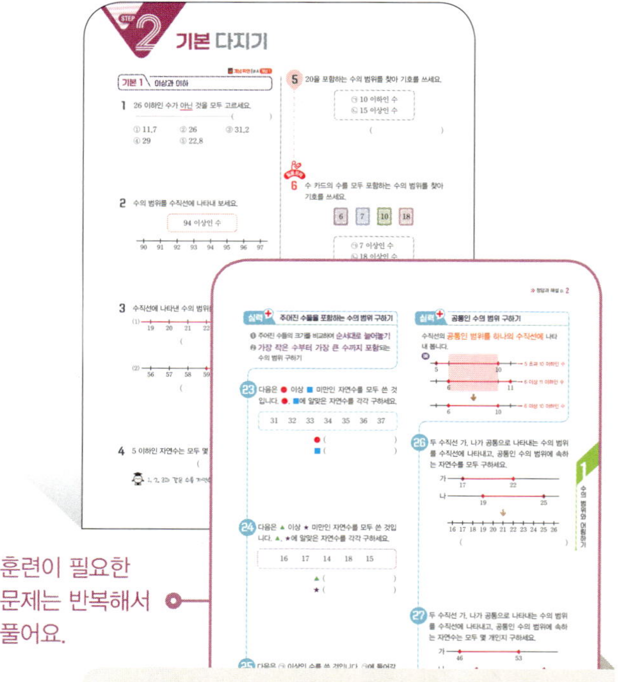

훈련이 필요한 문제는 반복해서 풀어요.

개념 주제별로 다양한 문제를 풀면서 기본기를 탄탄하게 다지고 실력을 키울 수 있어요.

BOOK 2 복습책

응용력 강화 문제

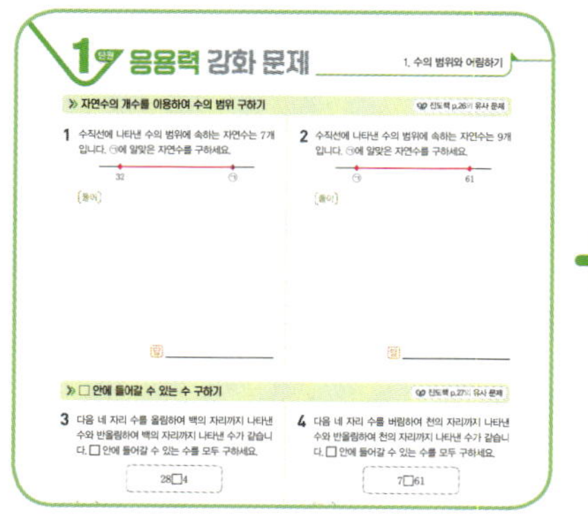

\+

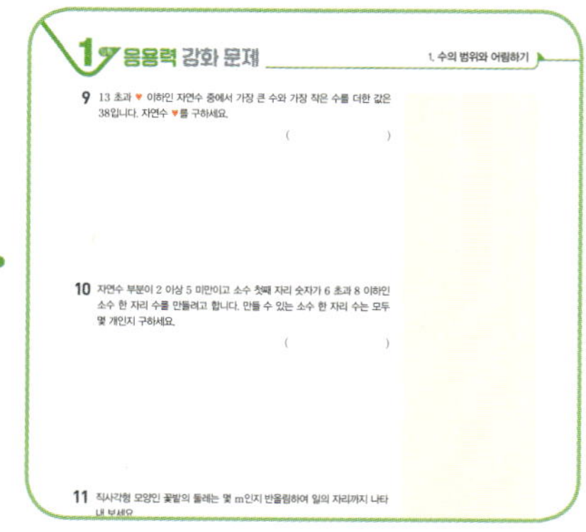

진도책 STEP3의 응용 문제를 한번 더 복습하고, 응용 유형을 보충하여 풀면서 응용력을 강화할 수 있어요.

『기본부터 응용까지 한 권으로 끝내는 실력서!』

STEP 3 응용력 올리기　　　TEST 단원 기본·실력 평가

미래형 서·논술
수능에 대비해요.

대표 응용 문제를 해결 과정을 따라 풀면서
응용력과 수학적 문제 해결력을 기를 수 있
어요.

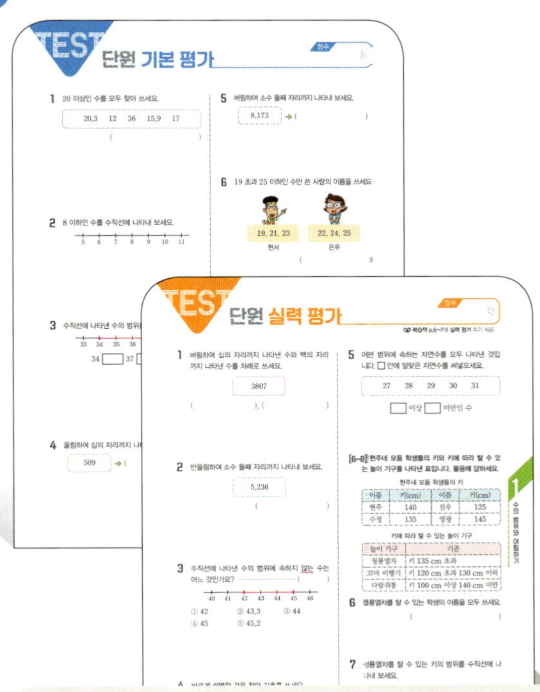

기본·실력 평가로 2회를 제공하여 각 단원
을 얼마나 잘 공부했는지 확인할 수 있어요.

단원별 실력 평가　＋　1~6단원 성취도 평가

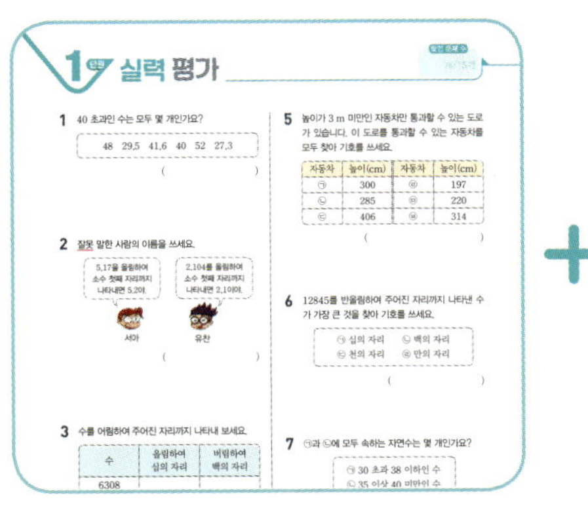

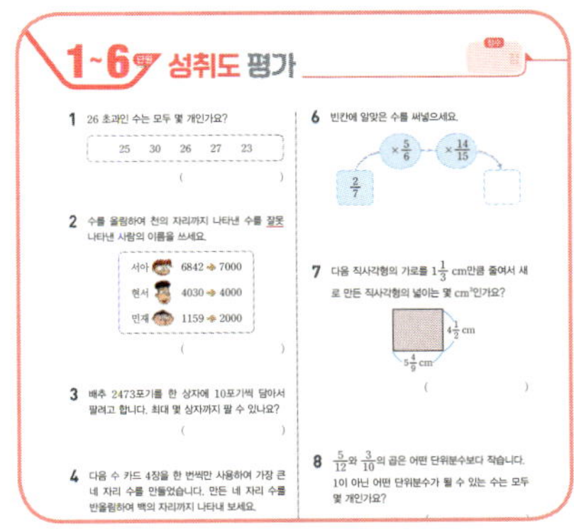

단원별 실력 평가와
1~6단원 성취도 평가
를 풀면서 실력을 점검
할 수 있어요.

1 수의 범위와 어림하기

단원 내용 미리보기

본문 6쪽

이상, 이하

- **10 이상**인 수
10, 11, 12, 12.5 등과 같이
10과 **같거나 큰 수**

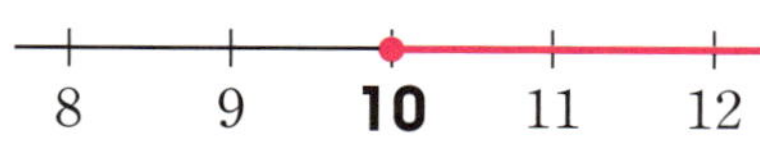

- **10 이하**인 수
10, 9, 8, 7.2 등과 같이
10과 **같거나 작은 수**

본문 8쪽

초과, 미만

- **10 초과**인 수
10.5, 11, 12, 13 등과 같이
10보다 **큰 수**

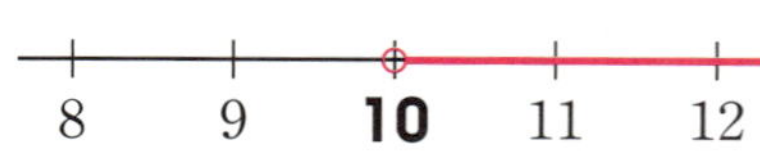

- **10 미만**인 수
9, 8, 7, 6.5 등과 같이
10보다 **작은 수**

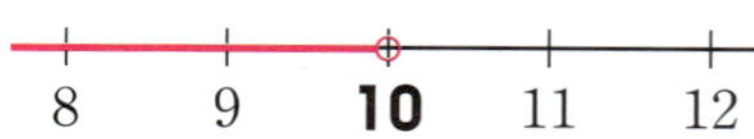

스마트폰을 이용하여 **QR 코드**를 찍으면
개념 학습 영상을 볼 수 있어요.

본문 16쪽

올림, 버림

- **올림**: 구하려는 자리의 아래 수를 **올려서** 나타내는 방법

예 올림하여 십의 자리까지 나타내기

782 → 790

- **버림**: 구하려는 자리의 아래 수를 **버려서** 나타내는 방법

예 버림하여 십의 자리까지 나타내기

782 → 780

본문 18쪽

반올림

반올림: 구하려는 자리 바로 아래 자리의 숫자가 0, 1, 2, 3, 4이면 버리고, 5, 6, 7, 8, 9이면 올려서 나타내는 방법

예 반올림하여 십의 자리까지 나타내기

542 → 540

일의 자리 숫자가 2이므로 버리기

568 → 570

일의 자리 숫자가 8이므로 올리기

이제부터 **기본+응용**을
시작해 볼까요~

개념 익히기

개념 1 \ 이상과 이하

1 이상

이상인 수: ■와 같거나 큰 수

예 12 이상인 수: 12, 12.4, 13.5, 20 등과 같이 12와 같거나 큰 수

12가 포함됨.

11 12 13 14 15 16

➡ 12가 포함되므로 기준이 되는 수 12에 ● 으로 표시하고 12의 오른쪽(→)으로 선을 긋습니다.

2 이하

이하인 수: ● 와 같거나 작은 수

예 15 이하인 수: 15, 14.3, 13, 9.5 등과 같이 15와 같거나 작은 수

15가 포함됨.

11 12 13 14 15 16

➡ 15가 포함되므로 기준이 되는 수 15에 ● 으로 표시하고 15의 왼쪽(←)으로 선을 긋습니다.

📖 **참고 개념**
'이상'인 수, '이하'인 수에는 기준이 되는 수가 포함됩니다.

- **12 이상인 수**
  - 12 이상인 수는 셀 수 없이 많습니다.
  - 12 이상인 수 중에서 가장 작은 수는 12입니다.

수직선에 기준이 되는 수가 ● 으로 표시되어 있으면 그 수는 범위에 포함돼!

---

1 알맞은 말에 ○표 하세요.

(1)
> 17, 18, 19 등과 같이 17과 같거나 큰 수를 17 (이상 , 이하)인 수라고 합니다.

(2)
> 20, 19, 18 등과 같이 20과 같거나 작은 수를 20 (이상 , 이하)인 수라고 합니다.

2 수를 보고 물음에 답하세요.

> 4   6   8   10   12   14

(1) 10 이상인 수를 모두 찾아 쓰세요.

(   )

(2) 6 이하인 수를 모두 찾아 쓰세요.

(   )

3 30 이상인 수를 수직선에 바르게 나타낸 것에 ◯표 하세요.

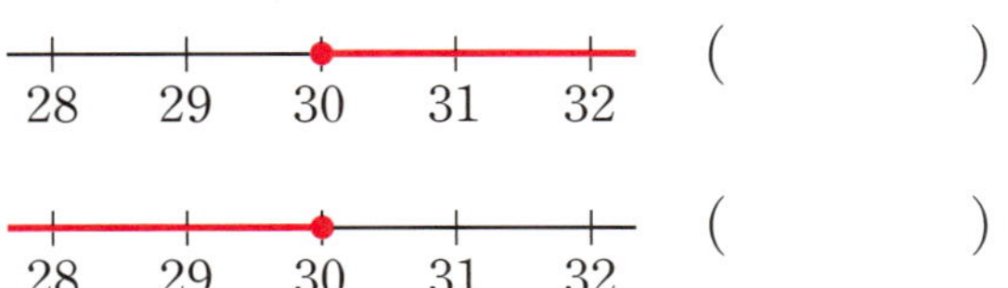

(   )

(   )

4 수직선에 나타낸 수의 범위를 쓰려고 합니다. ☐ 안에 알맞은 말을 써넣으세요.

(1)
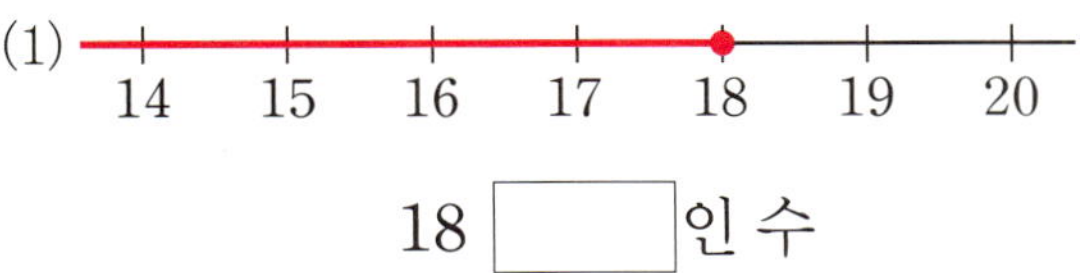

18 ☐ 인 수

(2)
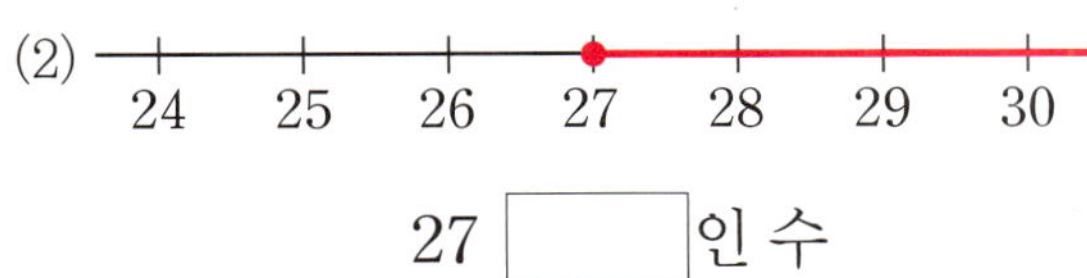

27 ☐ 인 수

5 수의 범위를 수직선에 나타내 보세요.

(1) 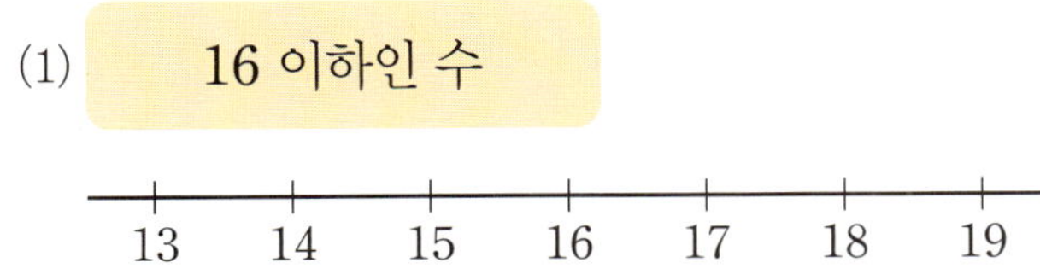

16 이하인 수

(2) 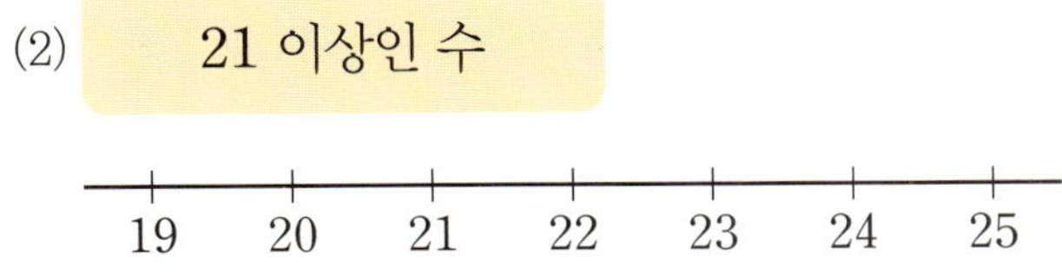

21 이상인 수

6 29 이하인 수를 바르게 설명한 사람의 이름을 쓰세요.

(   )

7 ☐ 안에 알맞은 수를 써넣으세요.

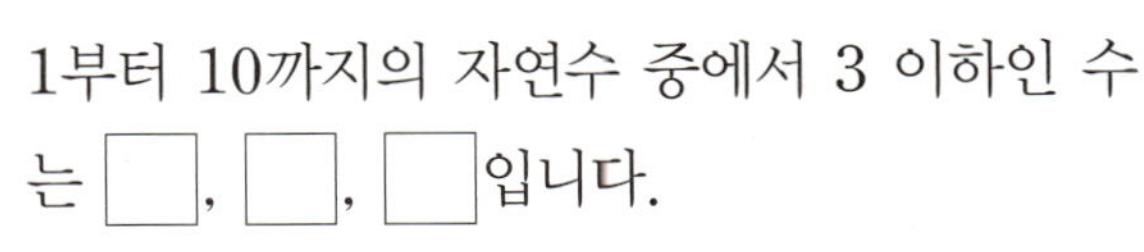

1부터 10까지의 자연수 중에서 3 이하인 수는 ☐, ☐, ☐ 입니다.

8 25 이상인 수를 모두 찾아 ◯표 하세요.

| 20.9 | 25.4 | 26 | 21 |
| 32 | 19.8 | 24 | 25 |

9 선아네 모둠 학생들이 방학 동안 읽은 책의 수를 조사하여 나타낸 표입니다. 방학 동안 책을 6권 이상 읽은 학생의 이름을 모두 쓰세요.

선아네 모둠 학생들이 방학 동안 읽은 책의 수

이름	선아	영민	우람	다미
책의 수(권)	4	6	7	5

(   )

개념 2 \ 초과와 미만

개념 플러스

1 초과

초과인 수: ■보다 큰 수

예 30 초과인 수: 30.1, 31, 32.5 등과 같이 30보다 큰 수

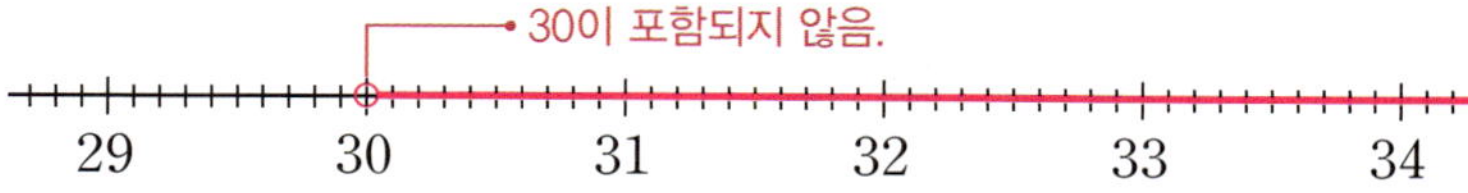

➡ 30이 포함되지 않으므로 기준이 되는 수 30에 ○으로 표시하고 30의 오른쪽(→)으로 선을 긋습니다.

2 미만

미만인 수: ●보다 작은 수

예 28 미만인 수: 27, 25.2, 19 등과 같이 28보다 작은 수

➡ 28이 포함되지 않으므로 기준이 되는 수 28에 ○으로 표시하고 28의 왼쪽(←)으로 선을 긋습니다.

📑 **참고 개념**
'초과'인 수, '미만'인 수에는 기준이 되는 수가 포함되지 않습니다.

- **30 초과인 수**
  - 30 초과인 수는 셀 수 없이 많습니다.
  - 30 초과인 자연수 중에서 가장 작은 수는 31입니다.

수직선에 기준이 되는 수가 ○으로 표시되어 있으면 그 수는 범위에 포함되지 않아!

---

1 알맞은 말에 ○표 하세요.

(1) 5보다 큰 수를 5 (초과 , 미만)인 수라고 합니다.

(2) 10보다 작은 수를 10 (초과 , 미만)인 수라고 합니다.

2 수를 보고 물음에 답하세요.

25 27 29 31 33 35

(1) 29 초과인 수를 모두 찾아 쓰세요.

(   )

(2) 29 미만인 수를 모두 찾아 쓰세요.

(   )

3 67 초과인 수를 수직선에 바르게 나타낸 것에 ○표 하세요.

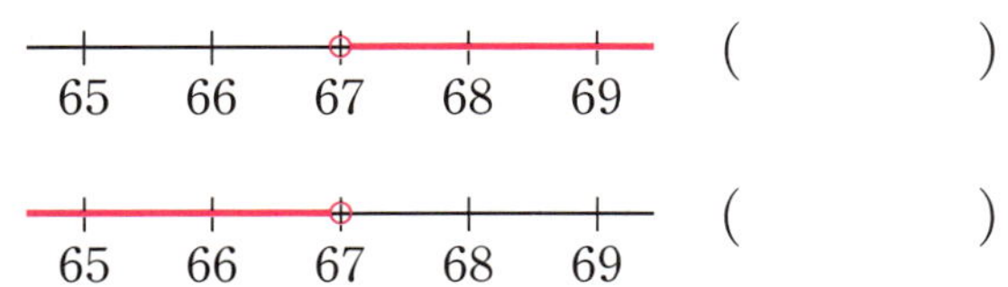

(   )

(   )

4 수직선에 나타낸 수의 범위를 쓰려고 합니다. □ 안에 알맞은 말을 써넣으세요.

(1)
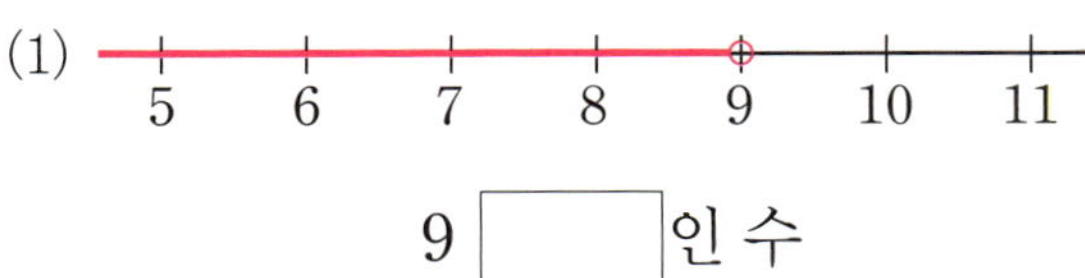

9 ☐ 인 수

(2)
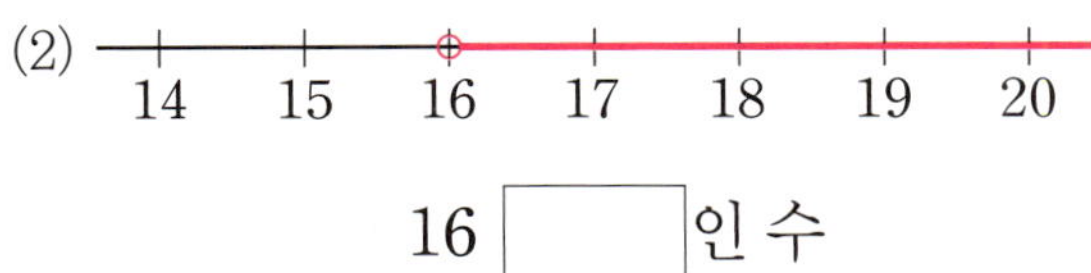

16 ☐ 인 수

5 수의 범위를 수직선에 나타내 보세요.

(1)
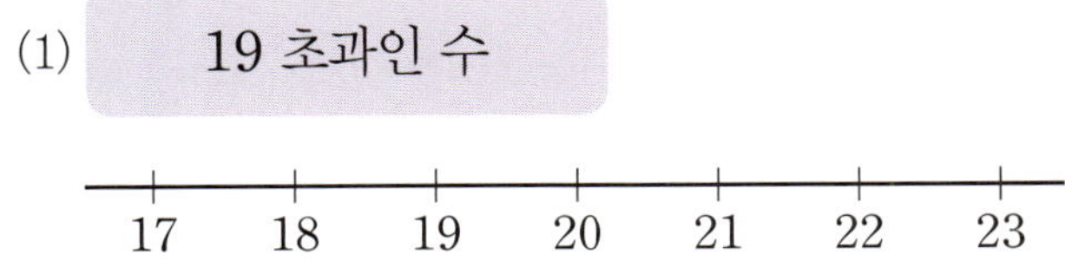

(2)
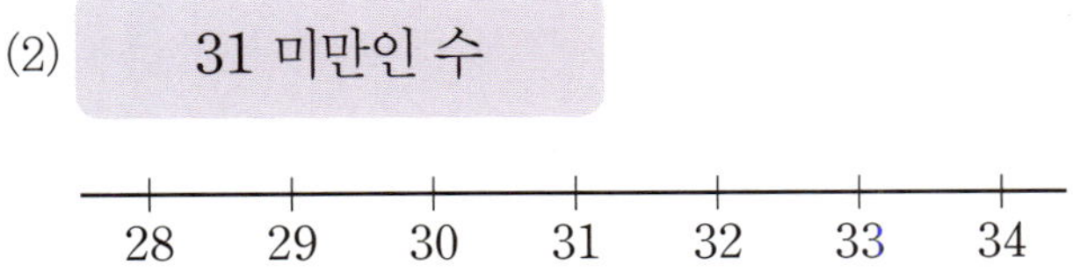

6 바르게 설명한 것의 기호를 쓰세요.

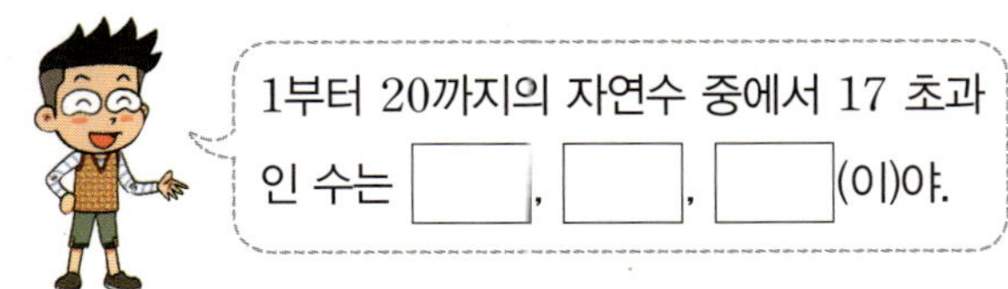

(   )

7 □ 안에 알맞은 수를 써넣으세요.

8 40 미만인 수는 모두 몇 개인가요?

40	28	37.7	40.6
51	45.2	39.5	$10\frac{1}{3}$

(개   )

9 정율이네 모둠 학생들의 공 던지기 기록을 조사하여 나타낸 표입니다. 공 던지기 기록이 20 m 미만인 학생의 이름을 모두 쓰세요.

정율이네 모둠 학생들의 공 던지기 기록

이름	기록(m)	이름	기록(m)
정율	20	석진	25
은영	16.4	성희	13

(   )

1 수의 범위와 어림하기

개념 3 \ 수의 범위를 활용하여 문제 해결하기

수의 범위를 수직선에 나타내기

수의 범위를 이상, 이하, 초과, 미만을 이용하여 수직선에 나타낼 때
이상, 이하는 ●으로, 초과, 미만은 ○으로 표시하고 두 점을 선으로 잇습니다.

개념 플러스

기준이 되는 수가 수의 범위에
포함되면 ●으로, 포함되지
않으면 ○으로 표시해.

<예> 4 이상 7 이하인 수: 4와 같거나 크고 7과 같거나 작은 수

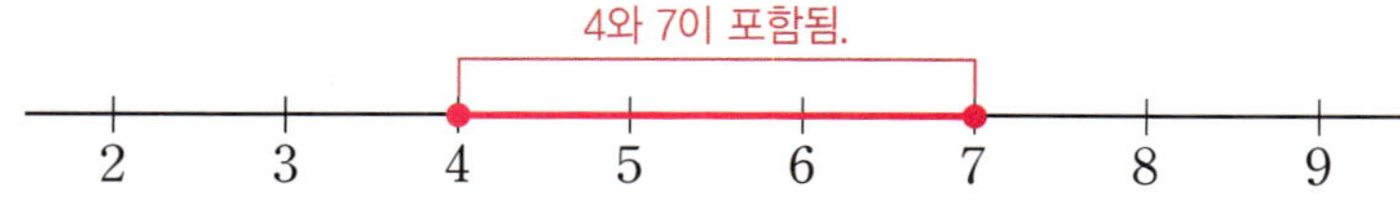

<예> 4 이상 7 미만인 수: 4와 같거나 크고 7보다 작은 수

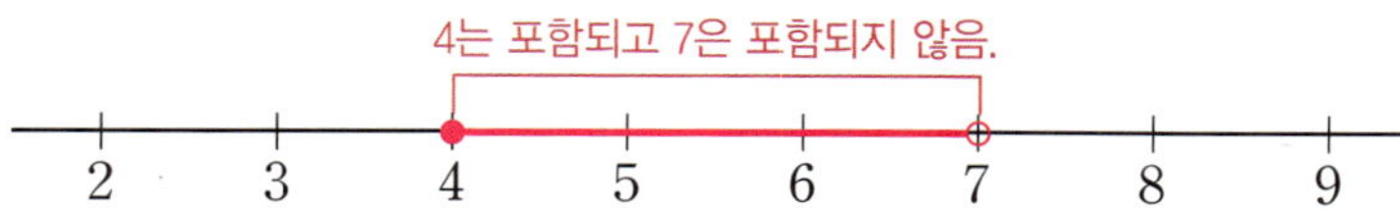

<예> 4 초과 7 이하인 수: 4보다 크고 7과 같거나 작은 수

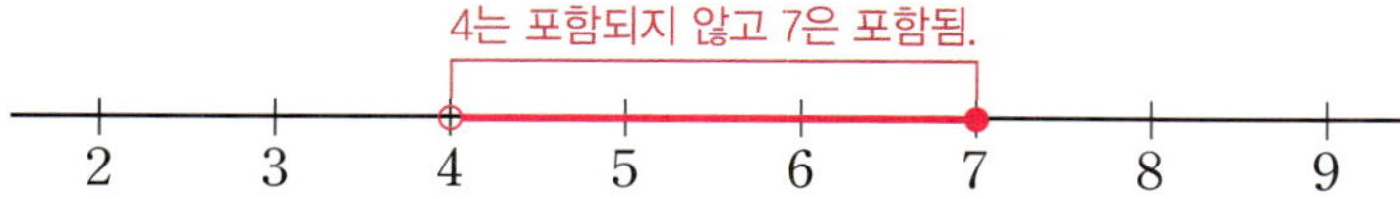

<예> 4 초과 7 미만인 수: 4보다 크고 7보다 작은 수

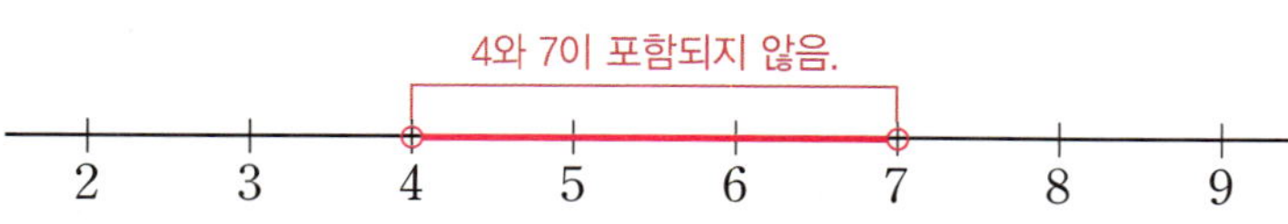

---

1 수직선에 나타낸 수의 범위를 쓰려고 합니다.
|보기|에서 알맞은 말을 찾아 ☐ 안에 써넣으세요.

| 보기 |
| 이상   이하   초과   미만 |

(1)
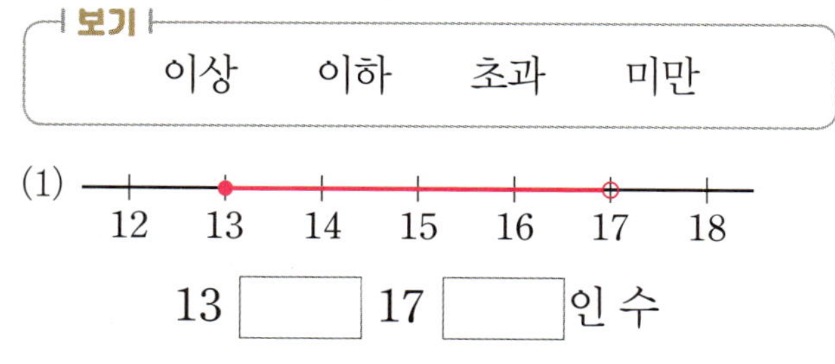

13 ☐ 17 ☐ 인 수

(2)
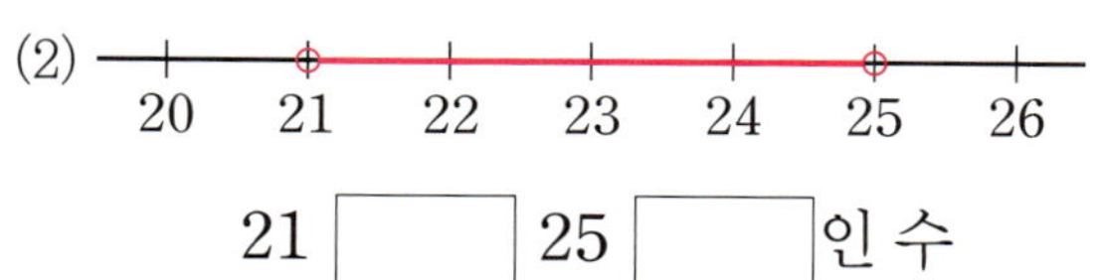

21 ☐ 25 ☐ 인 수

2 주어진 수의 범위에 속하는 수를 모두 찾아 ○표
하세요.

(1)
36 이상 38 이하인 수

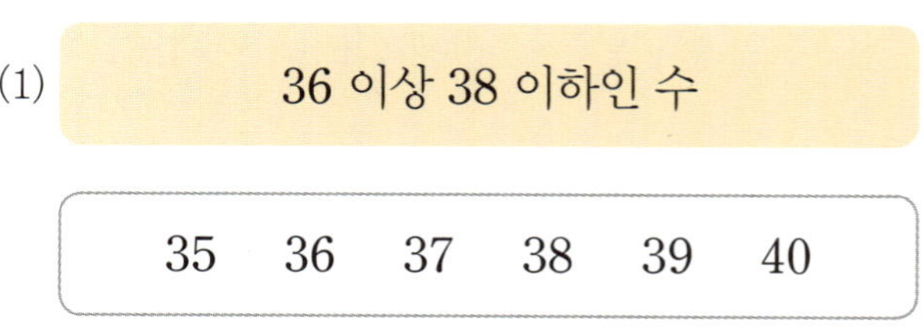

(2)
19 초과 22 이하인 수

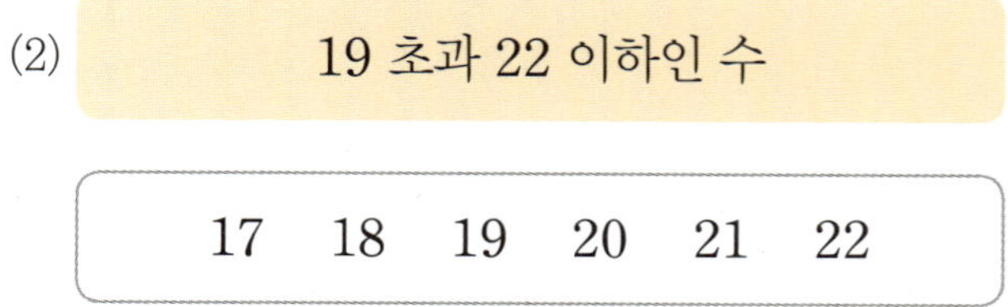

[3~5] 준혁이네 학교 씨름 선수들의 몸무게와 체급별 몸무게를 나타낸 표입니다. 물음에 답하세요.

준혁이네 학교 씨름 선수들의 몸무게

이름	몸무게(kg)	이름	몸무게(kg)
준혁	42	시온	46
경훈	50	현우	57

체급별 몸무게(초등학교 남학생용)

체급	몸무게(kg)
다람쥐급	45 이하
사슴급	45 초과 55 이하
반달곰급	55 초과

(출처: 대한씨름협회)

3 준혁이가 속한 체급을 쓰세요.

( )

4 사슴급에 속하는 학생의 이름을 모두 쓰세요.

( )

5 사슴급에 속하는 몸무게의 범위를 수직선에 바르게 나타낸 것을 찾아 기호를 쓰세요.

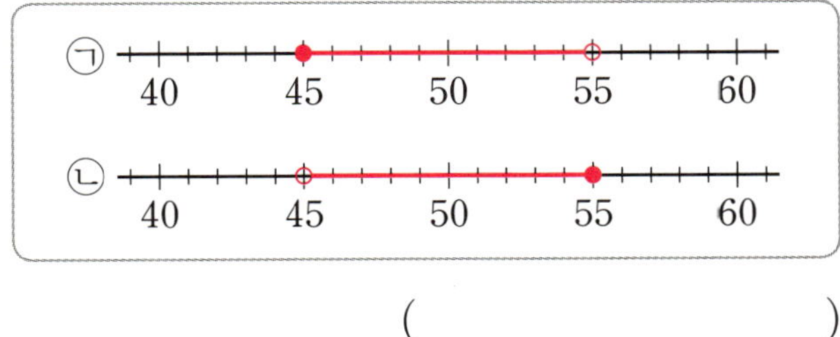

( )

6 수의 범위를 수직선에 나타내 보세요.

(1)
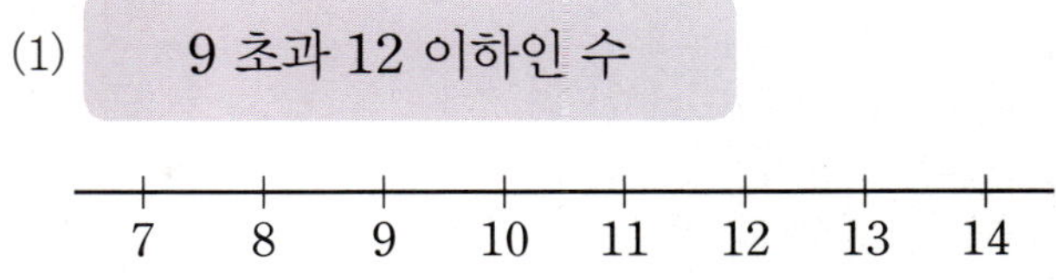

(2)
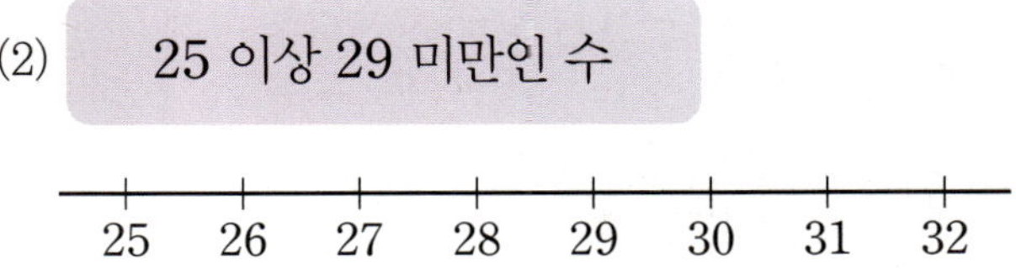

7 26 이상 34 미만인 수를 모두 찾아 쓰세요.

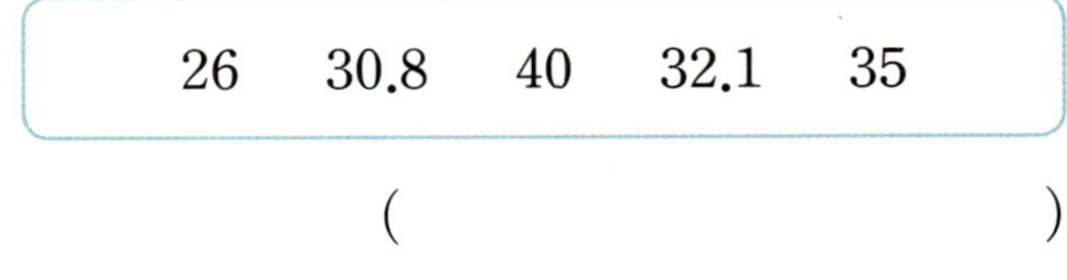

( )

8 43을 포함하는 수의 범위를 수직선에 나타낸 사람의 이름을 쓰세요.

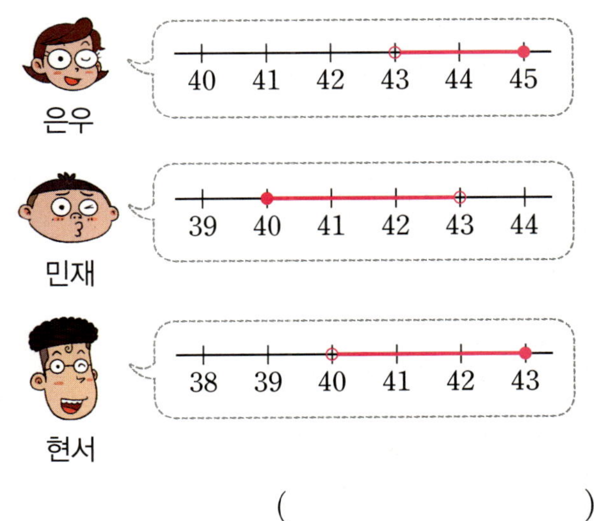

( )

STEP 2 기본 다지기

개념 확인 | p.6 개념 1

기본 1 \ 이상과 이하

1 26 이하인 수가 <u>아닌</u> 것을 모두 고르세요.
·····················( )

① 11.7 ② 26 ③ 31.2
④ 29 ⑤ 22.8

2 수의 범위를 수직선에 나타내 보세요.

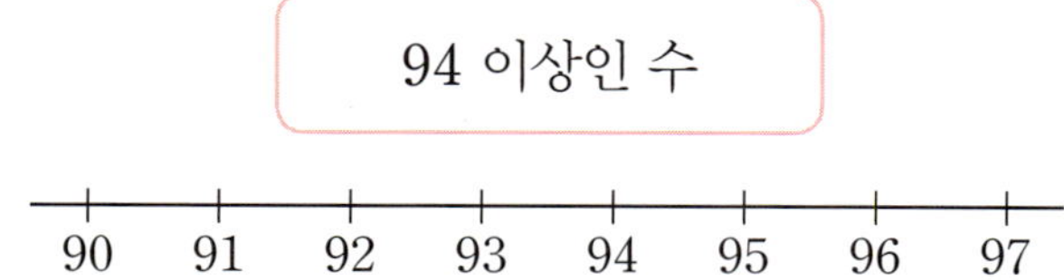

94 이상인 수

```
90  91  92  93  94  95  96  97
```

3 수직선에 나타낸 수의 범위를 쓰세요.

(1) 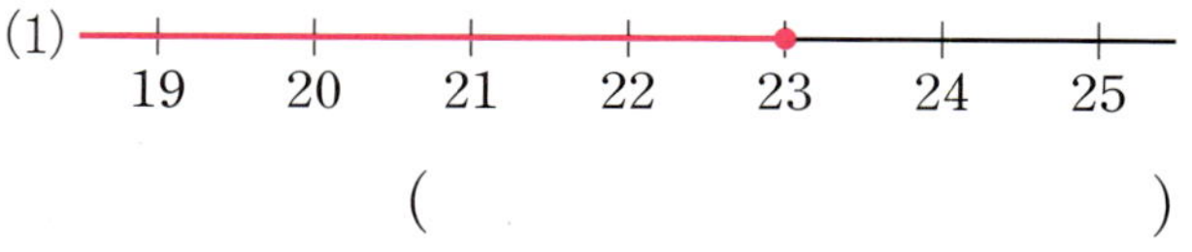
```
19  20  21  22  23  24  25
```
( )

(2) 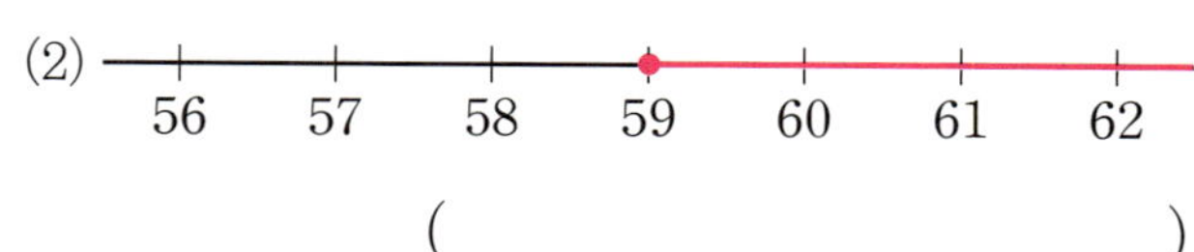
```
56  57  58  59  60  61  62
```
( )

4 5 이하인 자연수는 모두 몇 개인가요?

( )

5 20을 포함하는 수의 범위를 찾아 기호를 쓰세요.

> ㉠ 10 이하인 수
> ㉡ 15 이상인 수

( )

활용 문제

6 수 카드의 수를 모두 포함하는 수의 범위를 찾아 기호를 쓰세요.

 6  7  10 18

> ㉠ 7 이상인 수
> ㉡ 18 이상인 수
> ㉢ 20 이하인 수

( )

7 서준이네 모둠 학생들의 키를 조사하여 나타낸 표입니다. 서준이의 말을 읽고 놀이 기구를 탈 수 있는 학생의 이름을 모두 쓰세요.

서준이네 모둠 학생들의 키

이름	키(cm)	이름	키(cm)
서준	124.5	혜정	122
동욱	130	수미	120.5
보영	126	은경	127

서준

( )

개념 확인 | p.8 개념 2

기본 2 \ 초과와 미만

8 21 초과인 수를 모두 찾아 쓰세요.

| 33 | 21 | 17.6 | 20 | 21.5 | 18 |

(   )

9 수의 범위를 수직선에 나타내 보세요.

32 초과인 수

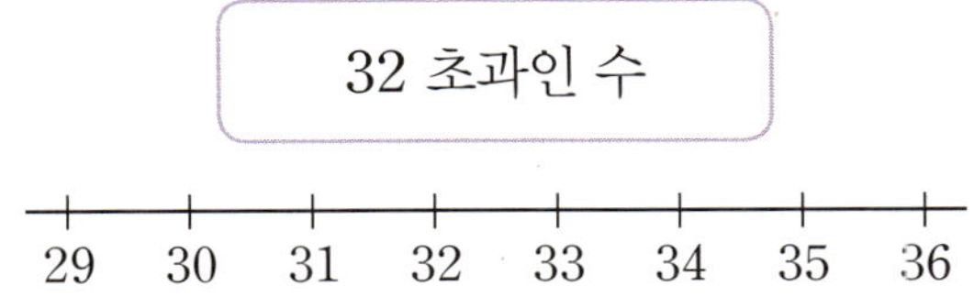

10 43 초과인 수를 수직선에 바르게 나타낸 것을 찾아 기호를 쓰세요.

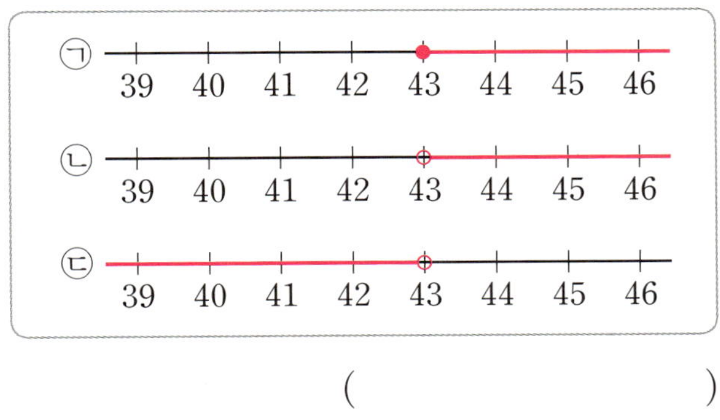

(   )

11 수직선에 나타낸 수의 범위를 쓰세요.

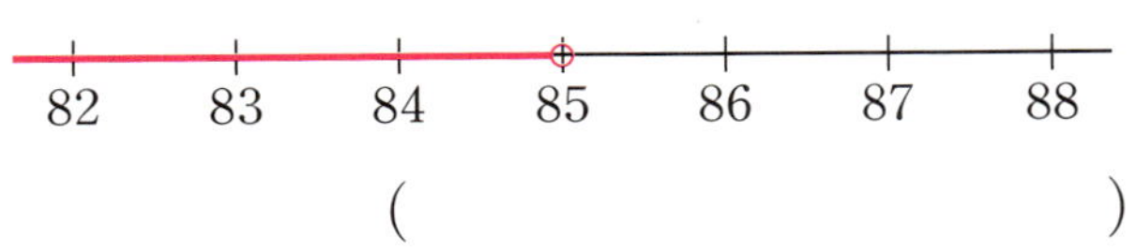

(   )

12 서아가 설명하는 수를 구하세요.

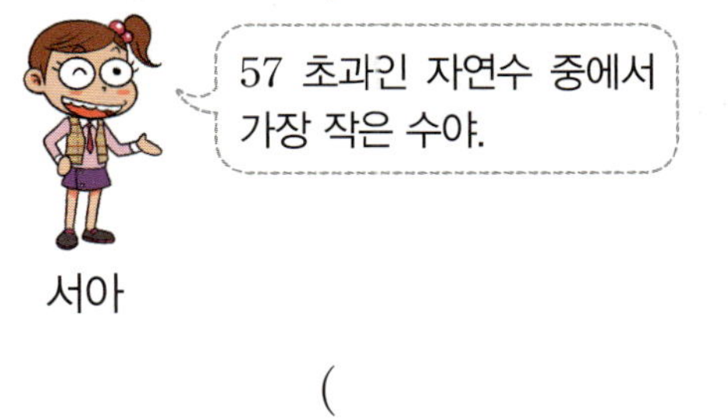

(   )

13 진우네 반 학생들이 방학 동안 봉사 활동을 한 시간을 조사하여 나타낸 표입니다. 봉사 활동 시간이 수직선에 나타낸 수의 범위에 속하는 학생의 이름을 모두 쓰세요.

진우네 반 학생들의 봉사 활동 시간

이름	시간(시간)	이름	시간(시간)
진우	36	윤재	34
지민	40	현수	43
수진	38	정아	33

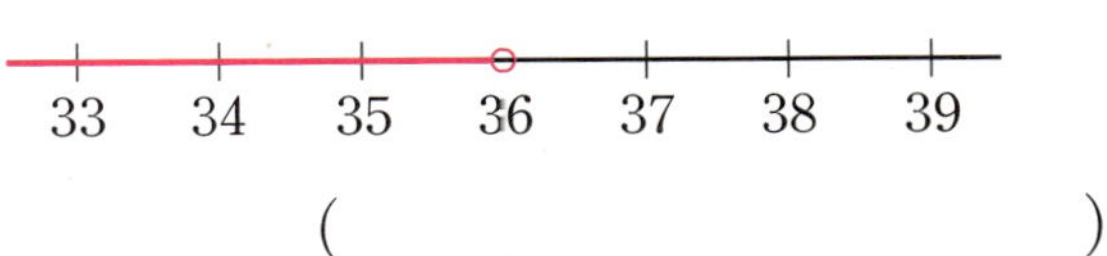

(   )

14 어느 주차장의 주차 요금표입니다. 이 주차장에 40분 동안 주차한다면 주차 요금은 얼마인가요?

(   )

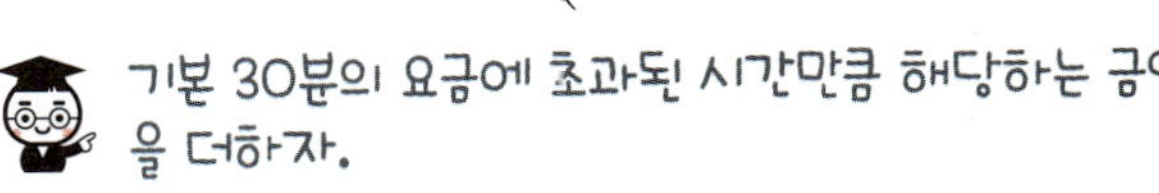

📱 **개념 확인** | p.10 **개념 3**

기본 3 \ 수의 범위를 활용하여 문제 해결하기

15 다음 수의 범위를 이상, 이하, 초과, 미만 중에서 알맞은 말을 이용하여 바꾸어 나타내 보세요.

> 29와 같거나 크고 33보다 작은 수

( )

16 수직선에 나타낸 수의 범위를 쓰세요.

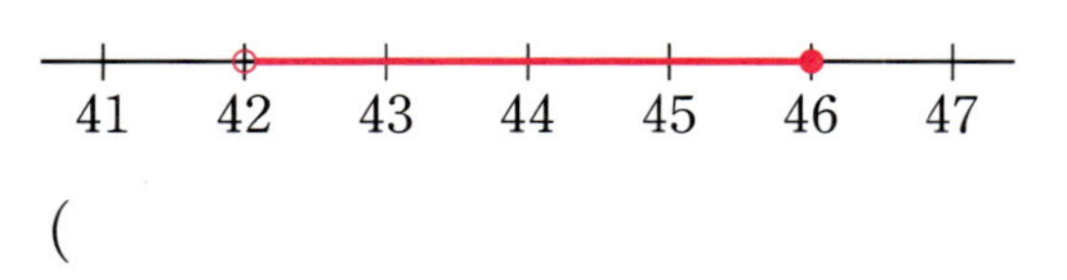

( )

17 수직선에 나타낸 수의 범위에 속하는 수를 모두 찾아 쓰세요.

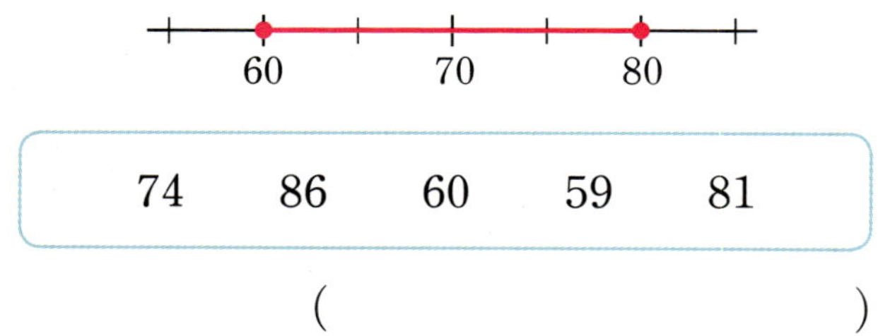

> 74 86 60 59 81

( )

활용 문제
18 수직선에 나타낸 수의 범위에 속하는 자연수 중에서 가장 큰 수와 가장 작은 수를 차례로 쓰세요.

```
64  65  66  67  68  69  70  71  72  73
```

( ), ( )

19 ㉠과 ㉡이 포함하는 자연수가 같을 때 ☐ 안에 알맞은 수를 써넣으세요.

> ㉠ 30 초과 51 이하인 수
> ㉡ ☐ 이상 ☐ 미만인 수

20 24를 포함하는 수의 범위를 찾아 기호를 쓰세요.

> ㉠ 24 초과 27 이하인 수
> ㉡ 23 초과 26 미만인 수
> ㉢ 20 이상 24 미만인 수

( )

21 우리나라 여러 도시의 어느 날 오후 3시 기온을 조사하여 나타낸 표입니다. 기온이 18 ℃ 초과 21 ℃ 미만인 도시를 쓰세요.

우리나라 여러 도시의 어느 날 오후 3시 기온

도시	기온(℃)	도시	기온(℃)
서울	21	부산	26.4
울산	20.8	인천	22

( )

22 자연수 부분이 5이고, 소수 첫째 자리 숫자가 3 이상 4 이하인 수를 만들려고 합니다. 만들 수 있는 소수 한 자리 수를 모두 구하세요.

( )

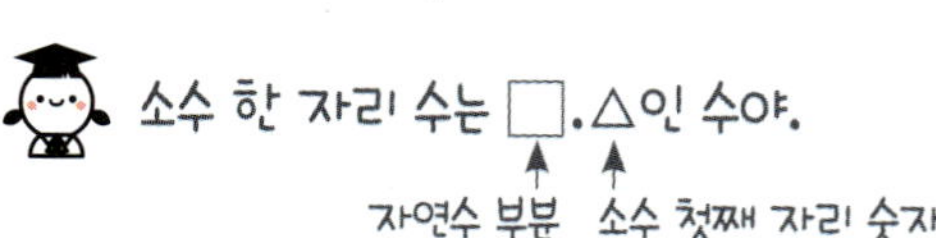

실력⁺ 주어진 수들을 포함하는 수의 범위 구하기

❶ 주어진 수들의 크기를 비교하여 **순서대로 늘어놓기**
❷ **가장 작은 수부터 가장 큰 수까지 포함**되는 수의 범위 구하기

23 다음은 ● 이상 ■ 미만인 자연수를 모두 쓴 것입니다. ●, ■에 알맞은 자연수를 각각 구하세요.

| 31 | 32 | 33 | 34 | 35 | 36 | 37 |

● ( )
■ ( )

24 다음은 ▲ 이상 ★ 미만인 자연수를 모두 쓴 것입니다. ▲, ★에 알맞은 자연수를 각각 구하세요.

| 16 | 17 | 14 | 18 | 15 |

▲ ( )
★ ( )

25 다음은 ㉠ 이상인 수를 쓴 것입니다. ㉠에 들어갈 수 있는 가장 큰 자연수를 구하세요.

| 41 | 42.5 | 39.8 | 50 | 45.3 |

( )

실력⁺ 공통인 수의 범위 구하기

수직선의 **공통인 범위를 하나의 수직선에** 나타내 봅니다.

예

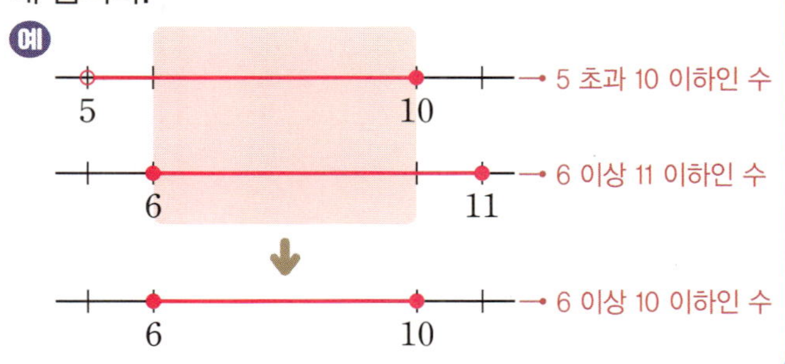

26 두 수직선 가, 나가 공통으로 나타내는 수의 범위를 수직선에 나타내고, 공통인 수의 범위에 속하는 자연수를 모두 구하세요.

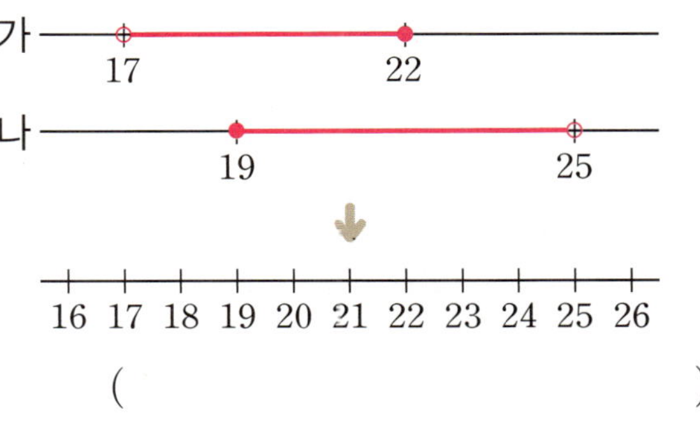

( )

27 두 수직선 가, 나가 공통으로 나타내는 수의 범위를 수직선에 나타내고, 공통인 수의 범위에 속하는 자연수는 모두 몇 개인지 구하세요.

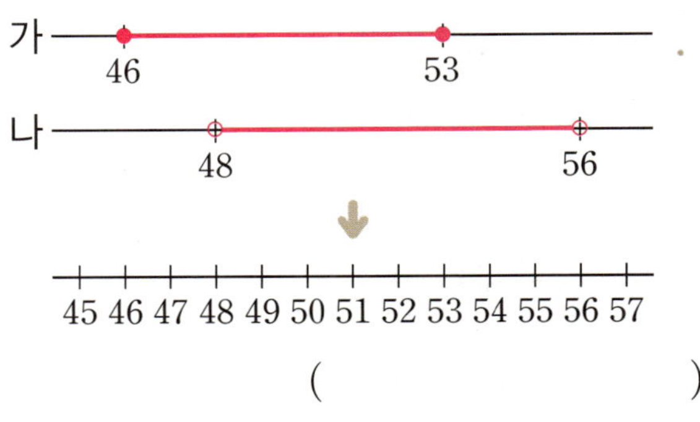

( )

개념 익히기

개념 4 \ 올림

올림: 구하려는 자리의 아래 수를 올려서 나타내는 방법

예 245를 올림하여 나타내기

(1) 올림하여 **십**의 자리까지 나타내기

245 → 250

> 십의 자리 아래 수인 5를 10으로 봅니다.

(2) 올림하여 **백**의 자리까지 나타내기

245 → 300

> 백의 자리 아래 수인 45를 100으로 봅니다.

개념 5 \ 버림

버림: 구하려는 자리의 아래 수를 버려서 나타내는 방법

예 584를 버림하여 나타내기

(1) 버림하여 **십**의 자리까지 나타내기

584 → 580

> 십의 자리 아래 수인 4를 0으로 봅니다.

(2) 버림하여 **백**의 자리까지 나타내기

584 → 500

> 백의 자리 아래 수인 84를 0으로 봅니다.

📑 참고 개념

· 소수를 올림, 버림하여 나타내기

예 2.14를 올림하여 소수 첫째 자리까지 나타내기	2.14를 버림하여 소수 첫째 자리까지 나타내기
2.14 → 2.2	2.14 → 2.1

개념 플러스

올림은 구하려는 자리 아래 수가 모두 0이 아닌 경우 구하려는 자리 숫자를 1 크게 하고 그 아래 수를 모두 0으로 나타내.

버림은 구하려는 자리 아래 수를 모두 0으로 나타내.

● 구하려는 자리 아래 수가 모두 0인 경우 원래 수를 그대로 씁니다.

예 올림하여 백의 자리까지 나타내기

300 → 300

예 버림하여 백의 자리까지 나타내기

300 → 300

---

1 주어진 수를 올림하여 백의 자리까지 나타낸 수에 ○표 하세요.

(1) | 259 | → (100, 200, 300)

(2) | 4321 | → (4200, 4300, 4400)

2 주어진 수를 버림하여 백의 자리까지 나타낸 수에 ○표 하세요.

(1) | 670 | → (500, 600, 700)

(2) | 3290 | → (3100, 3200, 3300)

3 2700을 올림하여 주어진 자리까지 나타내 보세요.

(1) 백의 자리 ➡ (   )

(2) 천의 자리 ➡ (   )

4 4520을 버림하여 주어진 자리까지 나타내 보세요.

(1) 백의 자리 ➡ (   )

(2) 천의 자리 ➡ (   )

5 왼쪽 수를 버림하여 천의 자리까지 나타낸 수를 오른쪽에서 찾아 이어 보세요.

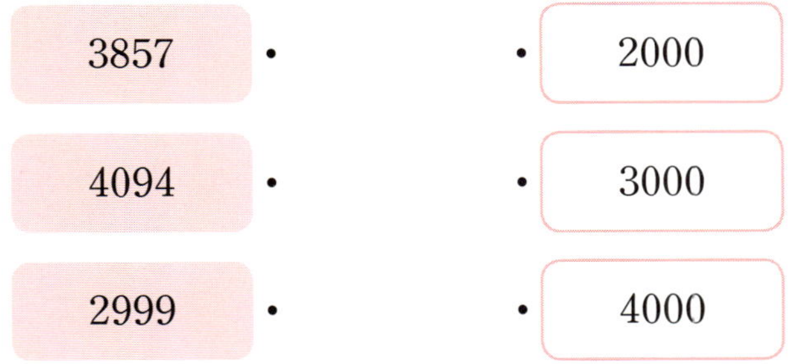

6 수를 올림, 버림하여 십의 자리까지 나타내 보세요.

수	올림	버림
1608		

7 **보기**와 같이 소수를 올림하여 소수 둘째 자리까지 나타내 보세요.

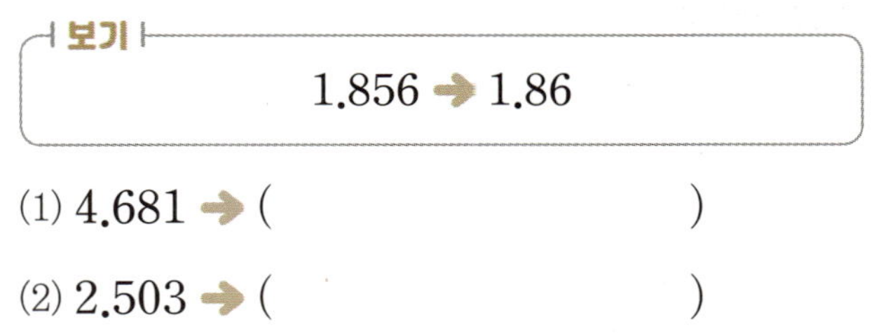

(1) 4.681 ➡ (   )

(2) 2.503 ➡ (   )

8 4.295를 버림하여 소수 첫째 자리까지 나타내 보세요.

(   )

9 올림하여 십의 자리까지 나타내면 290이 되는 수를 찾아 쓰세요.

283   294   277

(   )

10 ㉠과 ㉡의 크기를 비교하여 더 큰 수를 찾아 기호를 쓰세요.

㉠ 524를 올림하여 십의 자리까지 나타낸 수
㉡ 540을 버림하여 백의 자리까지 나타낸 수

(   )

1 수의 범위와 어림하기

개념 6 〉 반올림

반올림: 구하려는 자리 바로 아래 자리의 숫자가 0, 1, 2, 3, 4이면 버리고,
5, 6, 7, 8, 9이면 올려서 나타내는 방법

예 426을 반올림하여 나타내기

(1) 반올림하여 **십**의 자리까지 나타내기

42̲6̲ ➜ 430

> 일의 자리 숫자가 6이므로 올립니다.

(2) 반올림하여 **백**의 자리까지 나타내기

4̲2̲6 ➜ 400

> 십의 자리 숫자가 2이므로 버립니다.

개념 7 〉 올림, 버림, 반올림을 활용하여 문제 해결하기

1 올림을 활용하는 경우

예 • 상자에 물건을 모두 담을 때 필요한 상자는 최소 몇 상자인지 구하기
 • 공책을 10권씩 묶음으로 팔 때 사야 하는 공책은 최소 몇 권인지 구하기

2 버림을 활용하는 경우

예 • 동전을 지폐로 바꿀 때 바꿀 수 있는 최대 금액 구하기
 • 상자에 물건을 담아서 팔 때 팔 수 있는 물건은 최대 몇 개인지 구하기

3 반올림을 활용하는 경우

예 • 키(몸무게)를 반올림하여 나타내기
 • 관람객 수를 반올림하여 몇백 명인지 구하기

---

1 368은 약 몇십인지 반올림하여 나타내려고 합니다. 물음에 답하세요.

(1) 368을 수직선에 ↓ 로 나타내 보세요.

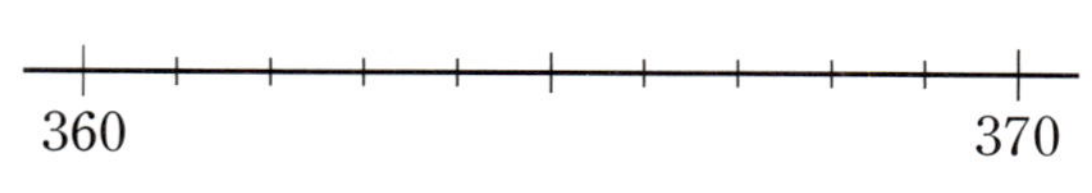

360 ⟶ 370

(2) 368을 약 몇십으로 나타내면 얼마인가요?

( )

2 수를 반올림하여 십의 자리까지 나타내려고 합니다. □ 안에 알맞은 수를 써넣으세요.

(1) 842 ➜ 8 □ □

(2) 6267 ➜ 62 □ □

(3) 2514 ➜ 25 □ □

3 2385를 반올림하여 주어진 자리까지 나타내 보세요.

(1) 십의 자리 ➡ (   )

(2) 천의 자리 ➡ (   )

4 반올림하여 백의 자리까지 나타내 보세요.

(1) 1582 ➡ (   )

(2) 4236 ➡ (   )

5 보기 와 같이 소수를 반올림하여 소수 둘째 자리까지 나타내 보세요.

┌ 보기 ┐
5.274 ➡ 5.27

2.049 ➡ (   )

6 반올림하여 천의 자리까지 나타내면 4000이 되는 수를 말한 사람의 이름을 쓰세요.

(   )

7 연습장 576권이 필요합니다. 마트에서 연습장을 10권씩 묶어서 판다고 합니다. 알맞은 어림 방법에 ○표 하고, □ 안에 알맞은 수를 써넣으세요.

사야 하는 연습장의 최소 수를 알아보려면 (올림, 버림, 반올림)으로 어림해야 하며, 이때 사야 하는 연습장은 최소 □권입니다.

8 귤 853개를 한 상자에 100개씩 담아 팔려고 합니다. 알맞은 어림 방법에 ○표 하고, □ 안에 알맞은 수를 써넣으세요.

팔 수 있는 귤의 최대 수를 알아보려면 (올림, 버림, 반올림)으로 어림해야 하며, 이때 팔 수 있는 귤은 최대 □개입니다.

9 반올림의 방법으로 어림해야 하는 것을 찾아 기호를 쓰세요.

㉠ 43.2 kg인 몸무게를 1 kg 단위로 가까운 쪽의 눈금을 읽으면 몇 kg일까요?
㉡ 책을 10권 읽을 때마다 독서 붙임딱지를 1장 받는다면 책을 37권 읽으면 독서 붙임딱지를 모두 몇 장 받을 수 있나요?

(   )

1 수의 범위와 어림하기

기본 다지기

기본 4 \ 올림

1 5743을 올림하여 주어진 자리까지 나타내 보세요.

십의 자리	백의 자리	천의 자리
5750		

2 올림하여 소수 둘째 자리까지 나타내 보세요.

6.341

(   )

[3~4] 어림한 후, 어림한 수의 크기를 비교하여 ○ 안에 >, =, <를 알맞게 써넣으세요.

3

726을 올림하여 십의 자리까지 나타낸 수 → ☐	○	726을 올림하여 백의 자리까지 나타낸 수 → ☐

4

8.145를 올림하여 소수 첫째 자리까지 나타낸 수 → ☐	○	8.145를 올림하여 소수 둘째 자리까지 나타낸 수 → ☐

5 수를 올림하여 백의 자리까지 나타내었습니다. <u>잘못</u> 나타낸 것을 찾아 기호를 쓰세요.

㉠ 2387 ➡ 2400
㉡ 4563 ➡ 4570
㉢ 3284 ➡ 3300

(   )

6 올림하여 백의 자리까지 나타내면 500이 되는 수를 모두 찾아 ○표 하세요.

399	400	403	478

7 올림하여 소수 둘째 자리까지 나타낸 수가 <u>다른</u> 하나를 찾아 기호를 쓰세요.

㉠ 2.542   ㉡ 2.55   ㉢ 2.553

(   )

8 올림하여 백의 자리까지 나타낸 수와 올림하여 천의 자리까지 나타낸 수의 차를 구하세요.

7170

(   )

올림하여 백의 자리까지 나타낸 수와 올림하여 천의 자리까지 나타낸 수를 각각 구하자.

기본 5 \ 버림

9 2879를 버림하여 주어진 자리까지 나타내 보세요.

십의 자리	백의 자리	천의 자리
2870		

10 버림하여 소수 첫째 자리까지 나타내 보세요.

5.213

(   )

11 수의 크기를 비교하여 ○ 안에 >, =, <를 알맞게 써넣으세요.

| 658을 버림하여 십의 자리까지 나타낸 수 | ○ | 658을 버림하여 백의 자리까지 나타낸 수 |

12 ㉠과 ㉡의 크기를 비교하여 ○ 안에 >, =, <를 알맞게 써넣으세요.

㉠ 4624를 버림하여 백의 자리까지 나타낸 수
㉡ 4690을 버림하여 백의 자리까지 나타낸 수

㉠ ○ ㉡

13 수를 버림하여 백의 자리까지 나타내었습니다. 잘못 나타낸 사람의 이름을 쓰세요.

(   )

14 버림하여 천의 자리까지 나타내었을 때 8000이 되는 수를 모두 찾아 기호를 쓰세요.

㉠ 8735   ㉡ 9000
㉢ 7900   ㉣ 8200

(   )

15 수 카드 3장을 한 번씩만 사용하여 가장 큰 세 자리 수를 만들려고 합니다. 만든 세 자리 수를 버림하여 십의 자리까지 나타내 보세요.

(   )

가장 높은 자리부터 큰 수를 차례로 놓아 가장 큰 수를 만들자.

개념 확인 | p.18 개념 6

기본 6 \ 반올림

16 4925를 반올림하여 주어진 자리까지 나타내 보세요.

십의 자리	백의 자리	천의 자리
		5000

17 반올림하여 소수 둘째 자리까지 나타내 보세요.

3.674

( )

활용 문제

18 머리핀의 길이는 몇 cm인지 반올림하여 일의 자리까지 나타내 보세요.

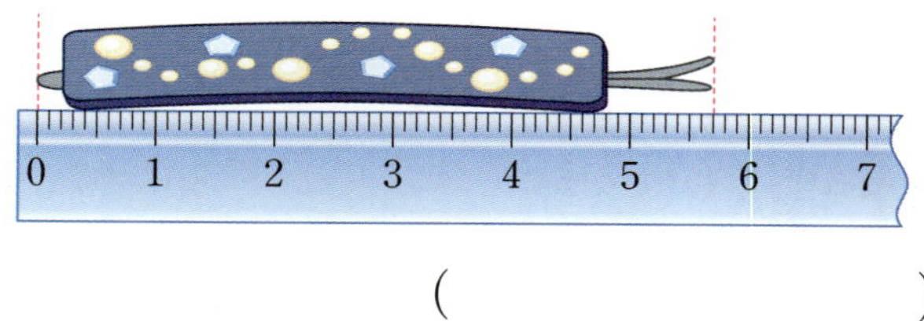

( )

19 수의 크기를 비교하여 더 큰 것에 ○표 하세요.

783을 반올림하여 십의 자리까지 나타낸 수	783을 반올림하여 백의 자리까지 나타낸 수
( )	( )

20 3일 동안 놀이공원에 입장한 사람의 수입니다. 입장한 사람의 수를 각각 반올림하여 백의 자리까지 나타내 보세요.

금요일	2847명 ➡	명
토요일	7385명 ➡	명
일요일	5951명 ➡	명

21 반올림하여 십의 자리까지 나타낸 수와 반올림하여 백의 자리까지 나타낸 수가 같은 것을 찾아 기호를 쓰세요.

㉠ 8530　㉡ 1295　㉢ 2742

( )

22 민재의 말을 읽고 ☐ 안에 들어갈 수 있는 카드의 수를 모두 찾아 쓰세요.

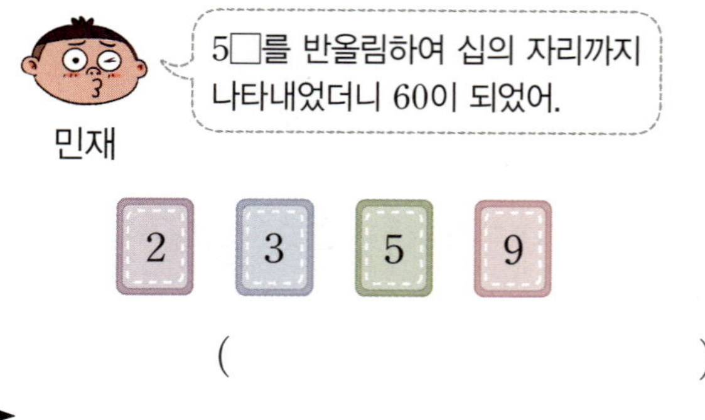

( )

☐ 안에 들어갈 수 있는 수의 범위를 알아보자.

개념 확인 | p.18 개념 7

기본 7 올림, 버림, 반올림을 활용하여 문제 해결하기

23 세영이는 서점에서 8500원짜리 문제집을 한 권 사려고 합니다. 1000원짜리 지폐로만 문제집값을 낸다면 최소 얼마를 내야 하는지 구하려고 합니다. 물음에 답하세요.

(1) 올림, 버림, 반올림 중 어떤 방법으로 어림해야 하나요?

(   )

(2) 문제집값으로 최소 얼마를 내야 하나요?

(   )

24 보트 한 대에 학생이 10명씩 탈 수 있습니다. 학생 83명이 모두 보트에 타려면 보트는 최소 몇 대가 필요한가요?

(   )

25 슬기네 학교 5학년 학생 234명이 한 대에 학생 10명이 탈 수 있는 승합차를 타고 현장 체험 학습을 가려고 합니다. 학생들이 모두 타려면 승합차는 최소 몇 대가 필요한가요?

(   )

26 지영이네 과수원에서 수확한 자두는 963개입니다. 이 자두를 한 상자에 100개씩 담아서 판다면 팔 수 있는 자두는 최대 몇 개인지 구하려고 합니다. 물음에 답하세요.

(1) 올림, 버림, 반올림 중 어떤 방법으로 어림해야 하나요?

(   )

(2) 포장할 수 있는 자두는 최대 몇 개인가요?

(   )

27 10원짜리 동전으로 3750원이 있습니다. 이 돈을 100원짜리 동전으로 바꾸면 최대 얼마까지 바꿀 수 있나요?

(   )

28 초콜릿이 312개 있습니다. 이 초콜릿을 한 상자에 10개씩 담아 팔려고 합니다. 팔 수 있는 상자는 최대 몇 상자이고, 남는 초콜릿은 몇 개인지 각각 구하세요.

팔 수 있는 상자 수 (   )
남는 초콜릿 수 (   )

29 오늘 예솔이네 마을 도서관을 이용한 학생은 488명입니다. 도서관을 이용한 학생은 약 몇백 명인지 구하려고 합니다. 물음에 답하세요.

(1) 올림, 버림, 반올림 중 어떤 방법으로 어림해야 하나요?

(   )

(2) 도서관을 이용한 학생은 약 몇백 명인가요?

(   )

30 서우의 키는 143.7 cm입니다. 서우의 키를 반올림하여 일의 자리까지 나타내면 몇 cm인가요?

(   )

31 두 가지 물건을 사는 데 필요한 금액을 어림하였습니다. 두 친구가 어림한 방법은 각각 무엇인지 쓰고, 누구의 어림 방법이 물건을 사는 데 더 적절한지 쓰세요.

건우   유찬

이름	건우	유찬
어림 방법		

(   )

어림하여 구한 값의 합과 실제 물건값의 합을 비교하자.

어림하여 각 자리까지 나타낸 경우를 생각해 봅니다.

예 320을 올림하여 나타낸 수가 될 수 있는 수
① 320을 올림하여 **십**의 자리까지 나타내면
320 ➡ 320
② 320을 올림하여 **백**의 자리까지 나타내면
320 ➡ 400

32 6147을 올림하여 나타낸 수가 될 수 <u>없는</u> 것을 찾아 기호를 쓰세요.

㉠ 6000	㉡ 6200	㉢ 6150

(   )

33 5341을 버림하여 나타낸 수가 될 수 <u>없는</u> 것을 찾아 기호를 쓰세요.

㉠ 5000	㉡ 5400	㉢ 5340

(   )

34 24673을 반올림하여 나타낸 수가 될 수 <u>없는</u> 것을 찾아 기호를 쓰세요.

㉠ 25000	㉡ 20000	㉢ 24600

(   )

실력+ 올림 / 버림하기 전의 수의 범위 구하기

- **올림**하여 **십**의 자리까지 나타내면 ★**0**이 되는 수의 범위

  ★**0**보다 **10** 작은 수 **초과** ★**0 이하**인 수

  예 올림하여 십의 자리까지 나타내면 40이 되는 수의 범위

  → 30 초과 40 이하인 수
  └ 30을 올림하여 십의 자리까지 나타내면 30입니다.

- **버림**하여 **십**의 자리까지 나타내면 ●**0**이 되는 수의 범위

  ●**0 이상** ●**0**보다 **10** 큰 수 **미만**인 수

  예 버림하여 십의 자리까지 나타내면 20이 되는 수의 범위

  → 20 이상 30 미만인 수
  └ 30을 버림하여 십의 자리까지 나타내면 30입니다.

35 올림하여 십의 자리까지 나타내면 370이 되는 수의 범위를 쓰세요.

| 초과 | 이하인 수

36 버림하여 십의 자리까지 나타내면 450이 되는 수의 범위를 쓰세요.

| 이상 | 미만인 수

37 버림하여 십의 자리까지 나타내면 290이 되는 자연수 중에서 가장 큰 수를 구하세요.

( )

실력+ 반올림하기 전의 자연수 구하기

예 **반올림**하여 **십**의 자리까지 나타내었을 때 640이 되는 자연수

① **일**의 자리 숫자가 5, 6, 7, 8, 9인 경우 올림하므로 **십의 자리 숫자**가 **3**입니다.

→ 635, 636, 637, 638, 639

② **일**의 자리 숫자가 0, 1, 2, 3, 4인 경우 버림하므로 **십의 자리 숫자**가 **4**입니다.

→ 640, 641, 642, 643, 644

38 어떤 자연수를 반올림하여 십의 자리까지 나타내었더니 780이었습니다. 어떤 자연수가 될 수 있는 수 중에서 가장 작은 수를 구하세요.

( )

39 어떤 자연수를 반올림하여 십의 자리까지 나타내었더니 4270이었습니다. 어떤 자연수가 될 수 있는 수 중에서 가장 큰 수를 구하세요.

( )

40 어떤 자연수를 반올림하여 백의 자리까지 나타내었더니 2600이었습니다. 어떤 자연수가 될 수 있는 수 중에서 가장 큰 수와 가장 작은 수를 각각 구하세요.

가장 큰 수 ( )
가장 작은 수 ( )

복습책 p.2에 유사 문제 제공

1 자연수의 개수를 이용하여 수의 범위 구하기

수직선에 나타낸 수의 범위에 속하는 자연수는 5개입니다. ㉠에 알맞은 자연수를 구하세요.

19 ──────── ㉠

🔑 해결 과정

❶ 수직선에 나타낸 수의 범위에 속하는 자연수 5개를 작은 수부터 차례로 쓰세요.

( )

❷ ㉠에 알맞은 자연수를 구하세요.

( )

1-1 수직선에 나타낸 수의 범위에 속하는 자연수는 6개입니다. ㉠에 알맞은 자연수를 구하세요.

26 ──────── ㉠

( )

✏️ 해결 과정을 따라 풀자!

나만의 문제 ☐ 안에 수를 써넣어 문제를 만들고 풀어 봐요!

1-2 수직선에 나타낸 수의 범위에 속하는 자연수는 ☐개입니다. ㉠에 알맞은 자연수를 구하세요.

㉠ ──────── 50

( )

2 □ 안에 들어갈 수 있는 수 구하기

다음 네 자리 수를 올림하여 백의 자리까지 나타낸 수와 반올림하여 백의 자리까지 나타낸 수가 같습니다. □ 안에 들어갈 수 있는 수를 모두 구하세요.

| 96□1 |

🔑 해결 과정

1 올림하여 백의 자리까지 나타낸 수는 얼마인가요?

(   )

2 반올림하여 백의 자리까지 나타낸 수가 **1**에서 구한 수가 될 때 □ 안에 들어갈 수 있는 수를 모두 구하세요.

(   )

2-1 다음 네 자리 수를 올림하여 천의 자리까지 나타낸 수와 반올림하여 천의 자리까지 나타낸 수가 같습니다. □ 안에 들어갈 수 있는 수를 모두 구하세요.

| 4□72 |

(   )

✎ 해결 과정을 따라 풀자!

2-2 다음 네 자리 수를 버림하여 백의 자리까지 나타낸 수와 반올림하여 백의 자리까지 나타낸 수가 같습니다. □ 안에 들어갈 수 있는 수를 모두 구하세요.

| 53□2 |

(   )

복습책 p.3에 **유사 문제** 제공

3 상황에 맞는 수의 범위 구하기

빈우네 마을 학생들이 모두 체험 학습을 가려면 한 대에 학생 10명이 탈 수 있는 승합차가 적어도 8대 필요합니다. 빈우네 마을 학생은 몇 명 이상 몇 명 이하인지 구하세요.

해결 과정

① 승합차 7대에 남는 좌석 없이 모두 타고 1명이 남는다고 하면 학생은 모두 몇 명인가요?

( )

② 승합차 8대에 남는 좌석 없이 모두 탄다고 하면 학생은 모두 몇 명인가요?

( )

③ 빈우네 마을 학생은 몇 명 이상 몇 명 이하인가요?

◻ 명 이상 ◻ 명 이하

3-1 현석이네 학교 5학년 학생들이 모두 과학관에 가려면 한 대에 학생 45명이 탈 수 있는 버스가 적어도 7대 필요합니다. 현석이네 학교 5학년 학생은 몇 명 이상 몇 명 이하인지 구하세요.

( )

✎ 해결 과정을 따라 풀자!

나만의 문제 ◻ 안에 수를 써넣어 문제를 만들고 풀어 봐요!

3-2 상민이네 학교 5학년 학생들이 모두 놀이 기구를 타려면 ◻ 인승 놀이 기구가 적어도 ◻ 번 운행해야 합니다. 상민이네 학교 5학년 학생은 몇 명 이상 몇 명 이하인지 구하세요.

( )

4 조건을 만족하는 수 구하기

다음 세 가지 |조건|을 만족하는 자연수를 구하세요.

┤조건├
- 올림하여 십의 자리까지 나타내면 540입니다.
- 반올림하여 십의 자리까지 나타내면 540입니다.
- 각 자리 수의 합이 15입니다.

🔑 해결 과정

❶ 올림하여 십의 자리까지 나타내면 540인 자연수의 범위를 쓰세요.

⬜ 부터 ⬜ 까지의 자연수

❷ ❶에서 구한 범위에서 반올림하여 십의 자리까지 나타내면 540인 수를 모두 쓰세요.

( )

❸ ❷에서 구한 자연수 중에서 각 자리 수의 합이 15인 수를 구하세요.

( )

1 수의 범위와 어림하기

4-1 다음 세 가지 |조건|을 만족하는 자연수를 구하세요.

┤조건├
- 버림하여 백의 자리까지 나타내면 300입니다.
- 반올림하여 십의 자리까지 나타내면 300입니다.
- 백의 자리 숫자는 일의 자리 숫자보다 작습니다.

( )

✏️ 해결 과정을 따라 풀자!

4-2 다음 세 가지 |조건|을 만족하는 자연수는 모두 몇 개인지 구하세요.

┤조건├
- 버림하여 백의 자리까지 나타내면 800입니다.
- 올림하여 백의 자리까지 나타내면 900입니다.
- 반올림하여 백의 자리까지 나타내면 800입니다.

( )

응용력 올리기

1 순서도의 시작에 125를 입력하였을 때 출력되는 값을 구하세요.

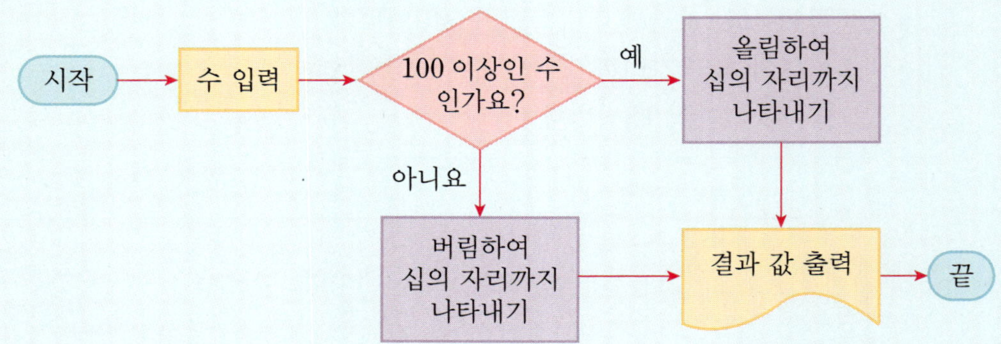

풀이

답

2 무게별 우편 요금을 나타낸 표와 친구들이 쓴 편지의 무게입니다. 일반 우편으로 편지를 보낼 때 요금이 400원인 친구의 이름을 모두 쓰세요.

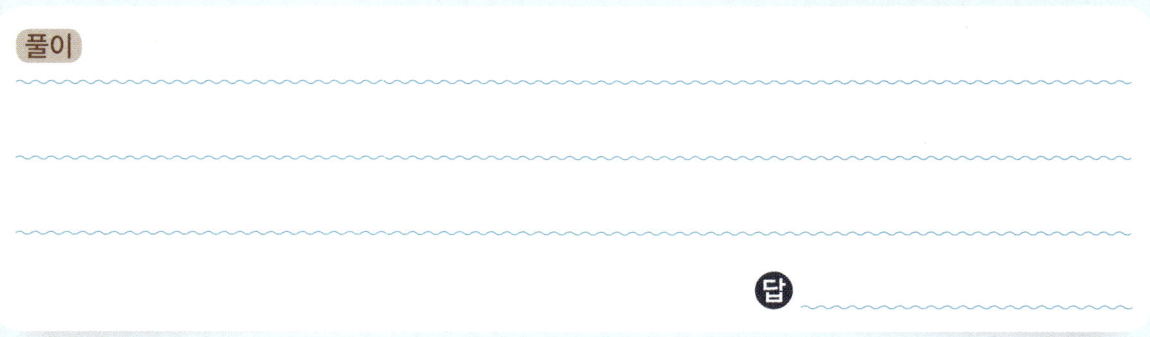

우편 요금

무게(g)	일반 우편
5 이하	400원
5 초과 25 이하	430원
25 초과 50 이하	450원

풀이

답

창의·융합 서술형 수능 대비

3 주어진 순서대로 계산하였더니 80이 되었습니다. 어떤 자연수를 구하세요.

어떤 자연수 → 곱하기 9 → 반올림하여 십의 자리까지 나타내기 → 30

풀이

답

4 |조건|을 모두 만족하는 수를 구하세요.

조건

- 50000 이상 80000 미만인 수입니다.
- 만의 자리 숫자는 3으로 나누어떨어집니다.
- 천의 자리 숫자는 4 초과 6 미만인 수입니다.
- 백의 자리 숫자는 가장 큰 한 자리 수입니다.
- 십의 자리 숫자는 천의 자리 숫자보다 3 작습니다.
- 일의 자리 숫자는 십의 자리 숫자의 2배입니다.

풀이

답

1 수의 범위와 어림하기

단원 기본 평가

1 20 이상인 수를 모두 찾아 쓰세요.

| 20.3   12   36   15.9   17 |

(　　　　　　　　　)

2 8 이하인 수를 수직선에 나타내 보세요.

5　6　7　8　9　10　11

3 수직선에 나타낸 수의 범위를 쓰세요.

33　34　35　36　37　38　39

34 □ 37 □ 인 수

4 올림하여 십의 자리까지 나타내 보세요.

509 → (　　　　　　　　)

5 버림하여 소수 둘째 자리까지 나타내 보세요.

8.173 → (　　　　　　　　)

6 19 초과 25 이하인 수만 쓴 사람의 이름을 쓰세요.

(　　　　　　　　)

7 3612를 올림, 버림, 반올림하여 십의 자리까지 나타내 보세요.

올림	버림	반올림

8 희진이네 모둠 학생들의 몸무게를 조사하여 나타낸 표입니다. 몸무게가 45 kg 이상 48 kg 미만인 학생의 이름을 모두 쓰세요.

희진이네 모둠 학생들의 몸무게

이름	희진	태서	진우	현정
몸무게(kg)	45	44.2	48	46.5

(　　　　　　　　)

9 버림하여 천의 자리까지 나타내면 7000이 되는 수를 모두 고르세요. ·····················( )

① 7593 　② 6980 　③ 7000
④ 8000 　⑤ 8536

10 수의 크기를 비교하여 ○ 안에 >, =, <를 알맞게 써넣으세요.

| 1642를 반올림하여 백의 자리까지 나타낸 수 | ○ | 1642 |

11 지우개의 길이는 몇 cm인지 반올림하여 일의 자리까지 나타내 보세요.

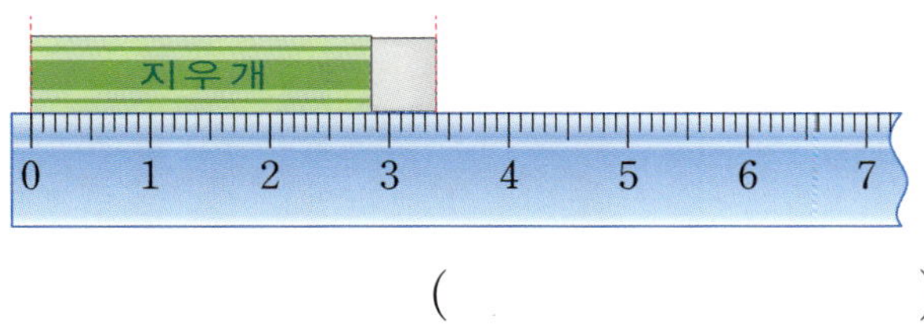

( )

12 수의 범위에 속하는 자연수는 모두 몇 개인가요?

24 초과 30 미만인 수

( )

13 53을 포함하는 수의 범위를 모두 찾아 기호를 쓰세요.

ㄱ 52 초과인 수
ㄴ 53 미만인 수
ㄷ 53 이상인 수

( )

14 올림하여 천의 자리까지 나타낸 수와 올림하여 십의 자리까지 나타낸 수의 차를 구하세요.

2736

( )

15 채원이가 사는 도시의 인구수를 조사하여 나타낸 표입니다. 도시의 인구는 몇천 명인지 반올림하여 나타내 보세요.

채원이가 사는 도시의 인구수

남자	여자
48375명	42613명

( )

16 사탕이 754개 있습니다. 이 사탕을 한 상자에 100개씩 담아 팔려고 합니다. 팔 수 있는 상자는 최대 몇 상자이고, 남는 사탕은 몇 개인지 각각 구하세요.

팔 수 있는 상자 수 (   )

남는 사탕 수 (   )

17 연아는 미술 시간에 586 cm의 리본이 필요합니다. 문구점에서는 리본을 1 m 단위로만 판매한다면 연아는 리본을 최소 몇 m 사야 하나요?

(   )

18 수 카드 4장을 한 번씩만 사용하여 가장 큰 네 자리 수를 만들려고 합니다. 만든 네 자리 수를 버림하여 십의 자리까지 나타내 보세요.

| 8 | 1 | 3 | 4 |

(   )

19 버림하여 백의 자리까지 나타내면 4800이 되는 자연수 중에서 가장 큰 수와 가장 작은 수를 각각 구하려고 합니다. 풀이 과정을 쓰고 답을 구하세요.

풀이

답 가장 큰 수 ___________________

가장 작은 수 ___________________

20 미진이네 학교 5학년 학생들이 모두 박물관에 가려면 한 대에 학생 40명이 탈 수 있는 버스가 적어도 8대 필요합니다. 미진이네 학교 5학년 학생은 몇 명 이상 몇 명 이하인지 풀이 과정을 쓰고 답을 구하세요.

풀이

답 ___________________

단원 실력 평가

💕 복습책 p.6~7에 **실력 평가** 추가 제공

1 버림하여 십의 자리까지 나타낸 수와 백의 자리까지 나타낸 수를 차례로 쓰세요.

3807

(   ), (   )

2 반올림하여 소수 둘째 자리까지 나타내 보세요.

5.236

(   )

3 수직선에 나타낸 수의 범위에 속하지 <u>않는</u> 수는 어느 것인가요? ······························ (   )

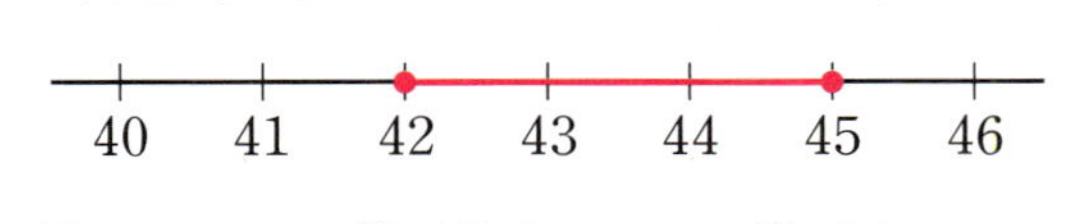

① 42   ② 43.3   ③ 44
④ 45   ⑤ 45.2

4 바르게 설명한 것을 찾아 기호를 쓰세요.

> ㉠ 9 이상인 수는 셀 수 없이 많습니다.
> ㉡ 9 이상인 자연수 중에서 가장 작은 수는 10입니다.

(   )

5 어떤 범위에 속하는 자연수를 모두 나타낸 것입니다. ☐ 안에 알맞은 자연수를 써넣으세요.

| 27 | 28 | 29 | 30 | 31 |

☐ 이상 ☐ 미만인 수

[6~8] 현주네 모둠 학생들의 키와 키에 따라 탈 수 있는 놀이 기구를 나타낸 표입니다. 물음에 답하세요.

현주네 모둠 학생들의 키

이름	키(cm)	이름	키(cm)
현주	140	진우	125
수정	135	영광	145

키에 따라 탈 수 있는 놀이 기구

놀이 기구	기준
청룡열차	키 135 cm 초과
꼬마 비행기	키 120 cm 초과 130 cm 이하
다람쥐통	키 100 cm 이상 140 cm 미만

6 청룡열차를 탈 수 있는 학생의 이름을 모두 쓰세요.

(   )

7 청룡열차를 탈 수 있는 키의 범위를 수직선에 나타내 보세요.

115 120 125 130 135 140 145

8 진우가 탈 수 있는 놀이 기구를 모두 쓰세요.

(   )

9 올림하여 천의 자리까지 나타낸 수가 <u>다른</u> 하나를 찾아 기호를 쓰세요.

> ㉠ 60500　　㉡ 59934　　㉢ 60000

(　　　　　　　)

10 96을 포함하는 수의 범위를 모두 찾아 기호를 쓰세요.

> ㉠ 85 이상 96 이하인 수
> ㉡ 96 초과 100 미만인 수
> ㉢ 90 이상 96 미만인 수
> ㉣ 95 초과 98 이하인 수

(　　　　　　　)

11 주차장 이용 요금을 나타낸 표입니다. 승용차 1대가 50분 동안 주차했다면 이용 요금은 얼마인가요?

주차장 이용 요금

주차 시간	요금(원)
30분 미만	500
30분 이상 1시간 미만	1000
1시간 이상	2000

(　　　　　　　)

12 은우가 다음 수들을 보고 말한 것입니다. ㉠이 될 수 있는 자연수 중에서 가장 큰 수를 구하세요.

| 78 | 54 | 63 | 46 |

(　　　　　　　)

13 배가 982상자 있습니다. 화물차 한 대에 배를 100상자씩 실어 나르려고 합니다. 배를 모두 실어 나르려면 화물차는 최소 몇 대가 필요한가요?

(　　　　　　　)

14 혜정이는 2800원짜리 빵 한 개와 1700원짜리 우유 한 병을 샀습니다. 1000원짜리 지폐로만 돈을 낸다면 최소 얼마를 내야 하나요?

(　　　　　　　)

15 다음 수를 반올림하여 천의 자리까지 나타내었더니 2000이 되었습니다. ☐ 안에 들어갈 수 있는 수는 모두 몇 개인가요?

> 2☐83

(　　　　　　　)

16 서준이가 생각한 자연수는 얼마인지 구하세요.

(   )

17 지안이네 농장에서 오이 615 kg을 수확하여 한 상자에 10 kg씩 담아서 모두 팔았습니다. 한 상자에 20000원씩 받았다면 오이를 판 금액은 얼마인가요?

(   )

18 재율이네 학교 학생 수를 올림하여 백의 자리까지 나타내면 1400명입니다. 공책을 2800권 준비하여 학생 한 명에게 2권씩 나누어 주려고 합니다. 공책이 가장 많이 남을 때는 몇 권이 남는지 구하세요.

(   )

서술형

19 수직선에 나타낸 수의 범위에 속하는 자연수는 4개입니다. ㉠에 알맞은 자연수는 얼마인지 풀이 과정을 쓰고 답을 구하세요.

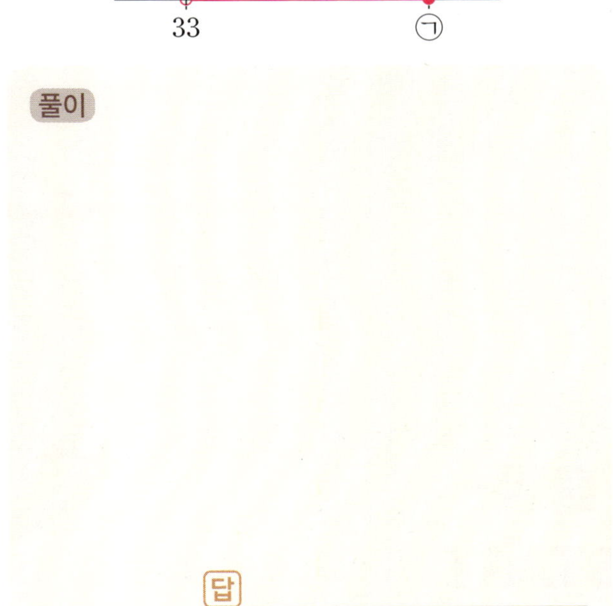

풀이

답 ____________________

서술형

20 다음 두 가지 |조건|을 만족하는 자연수를 모두 구하려고 합니다. 풀이 과정을 쓰고 답을 구하세요.

> **조건**
> • 올림하여 백의 자리까지 나타내면 300입니다.
> • 반올림하여 십의 자리까지 나타내면 200입니다.

풀이

답 ____________________

1 수의 범위와 어림하기

분수의 곱셈

단원 내용 미리보기

본문 40쪽

(진분수) × (자연수)

예 $\frac{5}{6} \times 2$의 계산

방법 1 $\frac{5}{6} \times 2 = \frac{5 \times 2}{6} = \frac{\overset{5}{\cancel{10}}}{\underset{3}{\cancel{6}}} = \frac{5}{3} = 1\frac{2}{3}$

방법 2 $\frac{5}{6} \times 2 = \frac{5 \times \overset{1}{\cancel{2}}}{\underset{3}{\cancel{6}}} = \frac{5}{3} = 1\frac{2}{3}$

방법 3 $\frac{5}{\underset{3}{\cancel{6}}} \times \overset{1}{\cancel{2}} = \frac{5}{3} = 1\frac{2}{3}$

분모는 그대로 두고
분수의 분자와 자연수를 곱해.

본문 42쪽

(대분수) × (자연수)

예 $1\frac{1}{6} \times 2$의 계산

방법 1 $1\frac{1}{6} \times 2 = \frac{7}{\underset{3}{\cancel{6}}} \times \overset{1}{\cancel{2}} = \frac{7}{3} = 2\frac{1}{3}$

방법 2 $1\frac{1}{6} \times 2 = (1 \times 2) + \left(\frac{1}{\underset{3}{\cancel{6}}} \times \overset{1}{\cancel{2}}\right)$

$= 2 + \frac{1}{3} = 2\frac{1}{3}$

대분수를 가분수로 나타내어 계산하거나
자연수 부분과 진분수 부분으로 구분하여
계산해.

본문 50쪽

(진분수) × (진분수)

예 $\dfrac{3}{4} \times \dfrac{2}{5}$ 의 계산

방법 1 $\dfrac{3}{4} \times \dfrac{2}{5} = \dfrac{3 \times 2}{4 \times 5} = \dfrac{\overset{3}{\cancel{6}}}{\underset{10}{\cancel{20}}} = \dfrac{3}{10}$

방법 2 $\dfrac{3}{4} \times \dfrac{2}{5} = \dfrac{3 \times \overset{1}{\cancel{2}}}{\underset{2}{\cancel{4}} \times 5} = \dfrac{3}{10}$

방법 3 $\dfrac{3}{\underset{2}{\cancel{4}}} \times \dfrac{\overset{1}{\cancel{2}}}{5} = \dfrac{3}{10}$

분자는 분자끼리,
분모는 분모끼리 곱해.

본문 52쪽

(대분수) × (대분수)

예 $2\dfrac{2}{3} \times 1\dfrac{1}{4}$ 의 계산

방법 1 $2\dfrac{2}{3} \times 1\dfrac{1}{4} = \dfrac{8}{3} \times \dfrac{5}{4} = \dfrac{\overset{10}{\cancel{40}}}{\underset{3}{\cancel{12}}}$

$= \dfrac{10}{3} = 3\dfrac{1}{3}$

방법 2 $2\dfrac{2}{3} \times 1\dfrac{1}{4}$

$= \left(2\dfrac{2}{3} \times 1\right) + \left(2\dfrac{2}{3} \times \dfrac{1}{4}\right)$

$= 2\dfrac{2}{3} + \left(\dfrac{\overset{2}{\cancel{8}}}{3} \times \dfrac{1}{\underset{1}{\cancel{4}}}\right)$

$= 2\dfrac{2}{3} + \dfrac{2}{3} = 3\dfrac{1}{3}$

이제부터 **기본+응용**을
시작해 볼까요~

개념 익히기

개념 1 (분수)×(자연수)

1 (단위분수)×(자연수)

예 $\dfrac{1}{5} \times 2$의 계산

곱셈식을 **덧셈식으로 나타내어** 계산
$$\dfrac{1}{5} \times 2 = \dfrac{1}{5} + \dfrac{1}{5} = \dfrac{1 \times 2}{5} = \dfrac{2}{5}$$

분자와 자연수를 곱하여 계산
$$\dfrac{1}{5} \times 2 = \dfrac{1 \times 2}{5} = \dfrac{2}{5}$$

2 (진분수)×(자연수)

예 $\dfrac{5}{6} \times 2$의 계산

방법1 분자와 자연수를 곱한 후 **약분**하여 계산
$$\dfrac{5}{6} \times 2 = \dfrac{5 \times 2}{6} = \dfrac{\overset{5}{\cancel{10}}}{\underset{3}{\cancel{6}}} = \dfrac{5}{3} = 1\dfrac{2}{3}$$

방법2 분자와 자연수를 곱하는 과정에서 **약분**하여 계산
$$\dfrac{5}{6} \times 2 = \dfrac{5 \times \overset{1}{\cancel{2}}}{\underset{3}{\cancel{6}}} = \dfrac{5}{3} = 1\dfrac{2}{3}$$

방법3 분모와 자연수를 **약분**하여 계산
$$\dfrac{5}{\underset{3}{\cancel{6}}} \times \overset{1}{\cancel{2}} = \dfrac{5}{3} = 1\dfrac{2}{3}$$

분수의 분모는 그대로 두고 분수의 분자와 자연수를 곱합니다.

📑 **참고 개념**
분모와 자연수가 약분이 되면
약분하여 계산하면 편리합니다.

---

1 그림을 보고 ☐ 안에 알맞은 수를 써넣으세요.

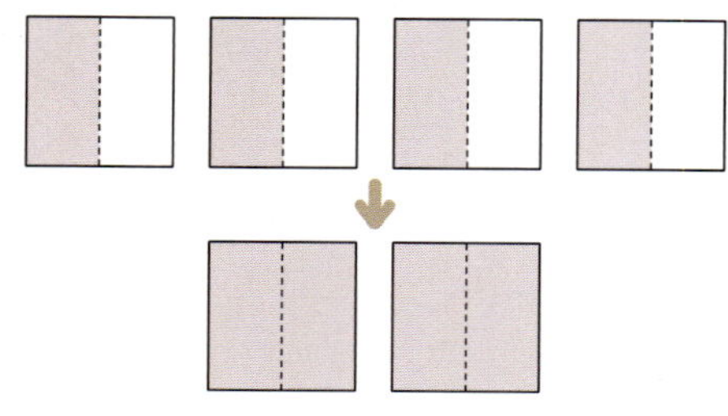

$$\dfrac{1}{2} \times 4 = \dfrac{1}{2} + \dfrac{1}{2} + \dfrac{1}{2} + \dfrac{1}{2}$$
$$= \dfrac{1 \times \boxed{}}{2} = \dfrac{\boxed{}}{2} = \boxed{}$$

2 그림을 보고 ☐ 안에 알맞은 수를 써넣으세요.

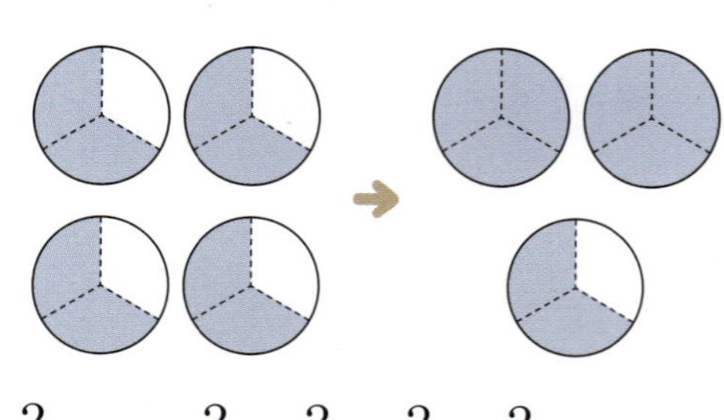

$$\dfrac{2}{3} \times 4 = \dfrac{2}{3} + \dfrac{2}{3} + \dfrac{2}{3} + \dfrac{2}{3}$$
$$= \dfrac{2 \times \boxed{}}{3} = \dfrac{\boxed{}}{3} = \boxed{}\dfrac{\boxed{}}{3}$$

3 그림을 보고 □ 안에 알맞은 수를 써넣으세요.

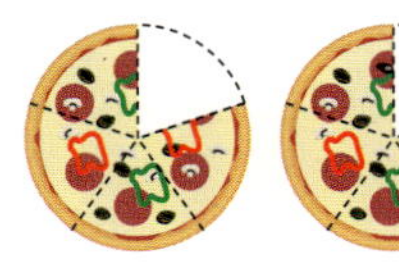 ➡ 

$$\frac{4}{5}\times 2=\frac{\square}{5}=\square\frac{\square}{\square}$$

4 바르게 약분한 것에 ○표 하세요.

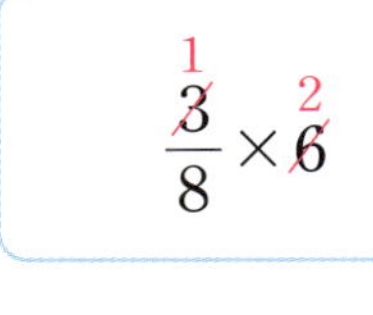

(   )   (   )

5 여러 가지 방법으로 계산한 것입니다. □ 안에 알맞은 수를 써넣으세요.

방법1 $\dfrac{7}{12}\times 4=\dfrac{7\times 4}{12}=\dfrac{\overset{\square}{28}}{\underset{3}{12}}=\dfrac{\square}{\square}$

$=\square\dfrac{\square}{\square}$

방법2 $\dfrac{7}{12}\times 4=\dfrac{7\times\overset{\square}{4}}{\underset{3}{12}}=\dfrac{\square}{\square}=\square\dfrac{\square}{\square}$

방법3 $\dfrac{7}{\underset{3}{12}}\times\overset{\square}{4}=\dfrac{\square}{\square}=\square\dfrac{\square}{\square}$

6 계산해 보세요.

(1) $\dfrac{1}{7}\times 9$

(2) $\dfrac{2}{5}\times 3$

7 |**보기**|와 같이 계산해 보세요.

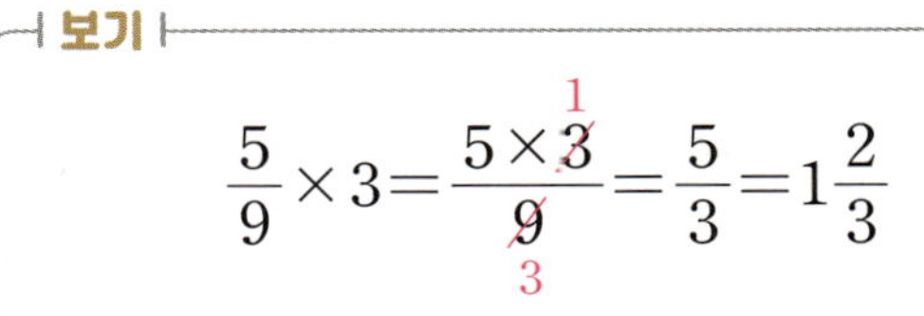

$$\frac{5}{9}\times 3=\frac{5\times\overset{1}{3}}{\underset{3}{9}}=\frac{5}{3}=1\frac{2}{3}$$

(1) $\dfrac{3}{10}\times 8$

____

(2) $\dfrac{7}{8}\times 6$

____

8 소민이는 우유를 매일 $\dfrac{3}{7}$ L씩 마십니다. 소민이가 5일 동안 마시는 우유는 모두 몇 L인가요?

식 _______________________

답 _______________________ L

2

분수의 곱셈

개념 2 \ (대분수)×(자연수)

예 $1\dfrac{1}{6} \times 2$의 계산

방법1 대분수를 **가분수로 나타내어** 계산

$$1\dfrac{1}{6} \times 2 = \dfrac{\overset{7}{\cancel{6}}}{\cancel{6}_{3}} \times \overset{1}{\cancel{2}} = \dfrac{7 \times 1}{3} = \dfrac{7}{3} = 2\dfrac{1}{3}$$

→ 분자와 자연수를 곱한 후 약분해도 됩니다.

방법2 대분수를 **자연수 부분과 진분수 부분으로 구분하여** 계산

$$1\dfrac{1}{6} \times 2 = (1 \times 2) + \left(\dfrac{1}{\cancel{6}_{3}} \times \overset{1}{\cancel{2}}\right) = 2 + \dfrac{1}{3} = 2\dfrac{1}{3}$$

[1~2] 그림을 보고 □ 안에 알맞은 수를 써넣으세요.

1

$$1\dfrac{1}{3} \times 2 = \dfrac{\Box}{3} \times 2 = \dfrac{\Box}{3} = \Box\dfrac{\Box}{3}$$

2

$$1\dfrac{1}{5} \times 2 = (1 \times 2) + \left(\dfrac{1}{5} \times 2\right)$$
$$= 2 + \dfrac{\Box}{5} = \Box\dfrac{\Box}{5}$$

[3~4] $2\dfrac{1}{6} \times 4$를 두 가지 방법으로 계산하려고 합니다.
□ 안에 알맞은 수를 써넣으세요.

3 대분수를 가분수로 나타내어 계산해 보세요.

$$2\dfrac{1}{6} \times 4 = \dfrac{\Box}{\cancel{6}_{3}} \times \overset{}{\cancel{4}}$$
$$= \dfrac{\Box}{3}$$
$$= \Box\dfrac{\Box}{3}$$

4 대분수를 자연수 부분과 진분수 부분으로 구분하여 계산해 보세요.

$$2\dfrac{1}{6} \times 4 = (2 \times 4) + \left(\dfrac{1}{6} \times \Box\right)$$
$$= 8 + \dfrac{\Box}{6}$$
$$= 8 + \dfrac{\Box}{3}$$
$$= \Box\dfrac{\Box}{3}$$

5 ☐ 안에 알맞은 수를 써넣으세요.

(1) $1\dfrac{3}{8} \times 5 = \dfrac{\boxed{}}{8} \times 5 = \dfrac{\boxed{}}{8} = \boxed{}$

(2) $2\dfrac{2}{7} \times 4 = (2 \times \boxed{}) + \left(\dfrac{2}{7} \times 4\right)$

$= \boxed{} + \dfrac{\boxed{}}{7}$

$= \boxed{} + 1\dfrac{\boxed{}}{7} = \boxed{}$

6 계산해 보세요.

(1) $3\dfrac{5}{6} \times 3$

(2) $5\dfrac{4}{9} \times 6$

7 빈칸에 알맞은 수를 써넣으세요.

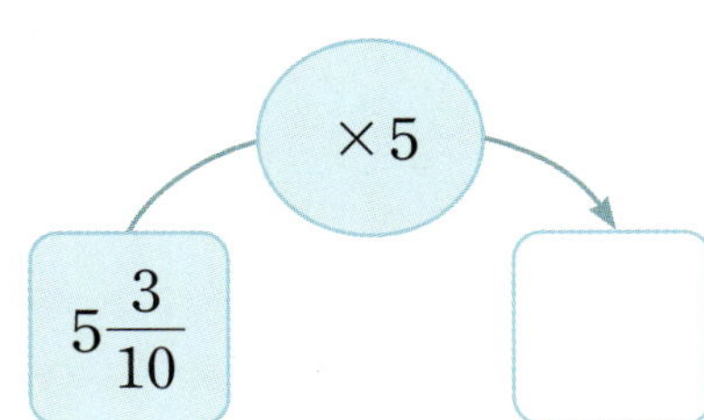

8 바르게 계산한 사람의 이름을 쓰세요.

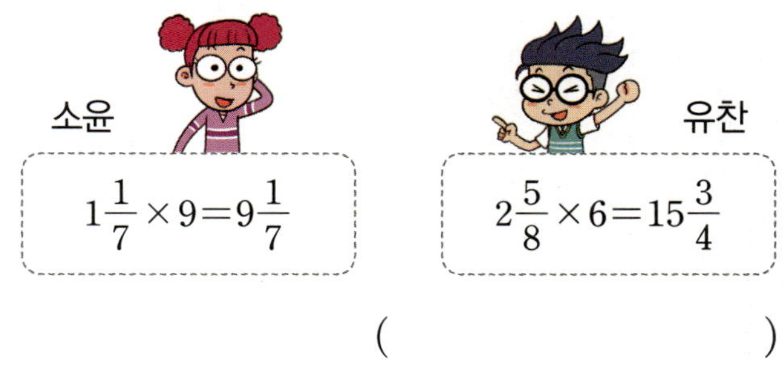

(   )

9 계산 결과를 찾아 이어 보세요.

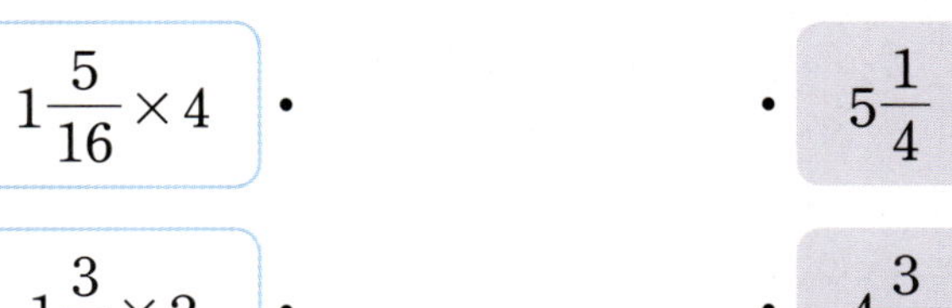

10 공원의 둘레는 $1\dfrac{1}{4}$ km입니다. 진호가 자전거를 타고 공원을 3바퀴 돌았다면 모두 몇 km를 돈 것인가요?

[식] _______________________

[답] _________________ km

2 분수의 곱셈

개념 3 \ (자연수)×(진분수)

예 $4 \times \dfrac{5}{8}$ 의 계산

방법1 자연수와 분자를 곱한 후 **약분**하여 계산

$$4 \times \frac{5}{8} = \frac{4 \times 5}{8} = \frac{\overset{5}{\cancel{20}}}{\underset{2}{\cancel{8}}} = \frac{5}{2} = 2\frac{1}{2}$$

방법2 자연수와 분자를 곱하는 과정에서 **약분**하여 계산

$$4 \times \frac{5}{8} = \frac{4 \times 5}{\underset{2}{\cancel{8}}} = \frac{5}{2} = 2\frac{1}{2}$$

방법3 자연수와 분모를 **약분**하여 계산

$$\overset{1}{\cancel{4}} \times \frac{5}{\underset{2}{\cancel{8}}} = \frac{5}{2} = 2\frac{1}{2}$$

분수의 분모는 그대로 두고 자연수와 분수의 분자를 곱합니다.

개념 플러스

📖 **참고 개념**
두 수를 바꾸어 곱하여
(분수)×(자연수)로 계산할 수
도 있습니다.

예 $4 \times \dfrac{5}{8} = \dfrac{5}{8} \times 4 = \dfrac{5 \times 4}{8}$

$$= \frac{\overset{5}{\cancel{20}}}{\underset{2}{\cancel{8}}} = \frac{5}{2} = 2\frac{1}{2}$$

개념 4 \ (자연수)×(대분수)

예 $3 \times 1\dfrac{2}{5}$ 의 계산

방법1 대분수를 **가분수로 나타내어** 계산

$$3 \times 1\frac{2}{5} = 3 \times \frac{7}{5} = \frac{3 \times 7}{5} = \frac{21}{5} = 4\frac{1}{5}$$

방법2 대분수를 **자연수 부분과 진분수 부분으로 구분**하여 계산

$$3 \times 1\frac{2}{5} = (3 \times 1) + \left(3 \times \frac{2}{5}\right) = 3 + \frac{6}{5} = 3 + 1\frac{1}{5} = 4\frac{1}{5}$$

📖 **참고 개념**
곱하는 수가 1보다 더 크면 값
이 커지고, 곱하는 수가 1과 같
으면 값이 변하지 않고, 곱하는
수가 1보다 더 작으면 값이 작
아집니다.

예 $2 < 2 \times 1\dfrac{2}{3}$

$2 = 2 \times 1$

$2 > 2 \times \dfrac{1}{3}$

---

1 그림을 보고 ☐ 안에 알맞은 수를 써넣으세요.

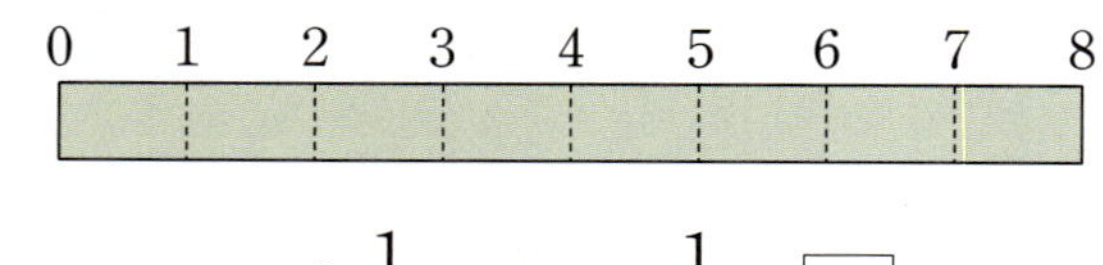

8의 $\dfrac{1}{4}$ ➡ $8 \times \dfrac{1}{4} = $ ☐

8의 $\dfrac{3}{4}$ ➡ $8 \times \dfrac{3}{4} = $ ☐

2 그림을 보고 ☐ 안에 알맞은 수를 써넣으세요.

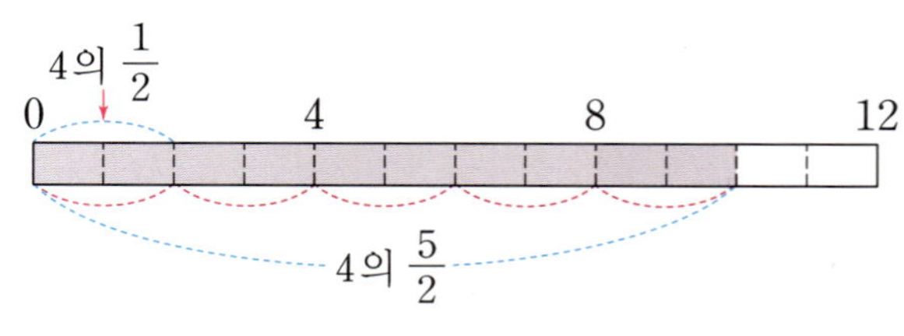

$$4 \times 2\frac{1}{2} = \overset{2}{\cancel{4}} \times \frac{\boxed{}}{\underset{1}{\cancel{2}}} = \boxed{}$$

3 □ 안에 알맞은 수를 써넣으세요.

(1) $6 \times \dfrac{1}{7} = \dfrac{\square \times 1}{7} = \boxed{}$

(2) $21 \times \dfrac{2}{9} = \dfrac{\overset{7}{21} \times \square}{\underset{3}{9}} = \dfrac{\square}{3} = \boxed{}$

(3) $10 \times 1\dfrac{4}{5} = \left(\square \times 1\right) + \left(\overset{2}{10} \times \dfrac{4}{\underset{1}{5}}\right)$

$\phantom{(3)\ 10 \times 1\dfrac{4}{5}} = \boxed{} + \boxed{} = \boxed{}$

4 계산해 보세요.

(1) $14 \times \dfrac{3}{8}$

(2) $2 \times 2\dfrac{5}{12}$

5 계산 결과가 같은 것끼리 이어 보세요.

$4 \times 2\dfrac{5}{8}$ • • $15 \times \dfrac{5}{9}$

$5 \times 1\dfrac{2}{3}$ • • $12 \times \dfrac{7}{8}$

6 그림을 보고 <u>잘못</u> 설명한 사람의 이름을 쓰세요.

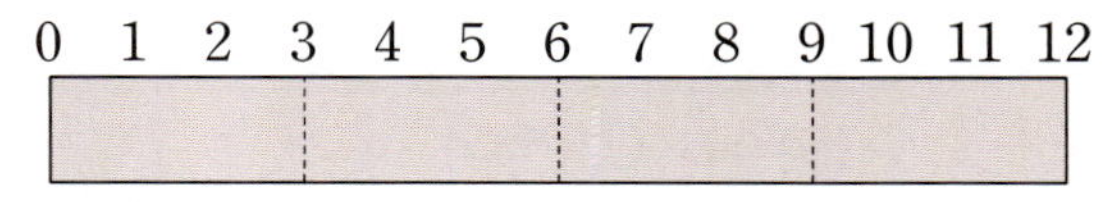

예솔: 12의 $\dfrac{1}{4}$은 3입니다.

민선: $12 \times \dfrac{3}{4}$은 10입니다.

세준: $12 \times \dfrac{3}{4}$은 12보다 작습니다.

(   )

7 하영이는 84쪽짜리 동화책을 전체의 $\dfrac{5}{14}$만큼 읽었습니다. 하영이는 이 동화책을 몇 쪽 읽은 것인가요?

[식] ________________________

[답] ________________ 쪽

8 한 도막의 길이가 3 m인 종이테이프 $2\dfrac{1}{5}$도막을 겹치지 않게 이어 붙였습니다. 이어 붙인 종이테이프의 길이는 몇 m인가요?

[식] ________________________

[답] ________________ m

분수의 곱셈 **2**

STEP 2 기본 다지기

개념 확인 | p.40 개념 1

기본 1 (분수)×(자연수)

1 빈 곳에 알맞은 수를 써넣으세요.

2 계산 결과가 다른 하나를 찾아 기호를 쓰세요.

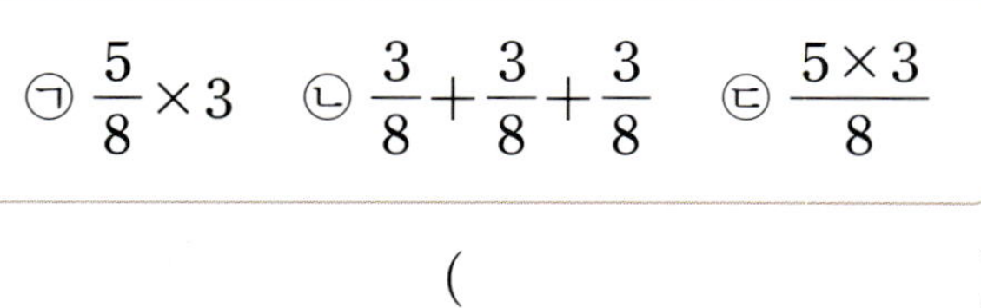

( )

3 다음이 나타내는 수를 구하세요.

$$\dfrac{7}{9} \text{이 } 12\text{개인 수}$$

( )

4 ○ 안에 >, =, <를 알맞게 써넣으세요.

$$\dfrac{3}{10} \times 2 \bigcirc 3$$

5 빈칸에 알맞은 수를 써넣으세요.

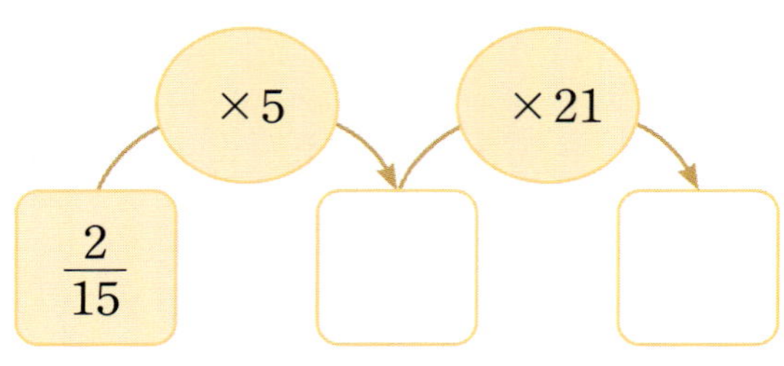

6 도형은 정삼각형입니다. 이 정삼각형의 둘레는 몇 m인가요?

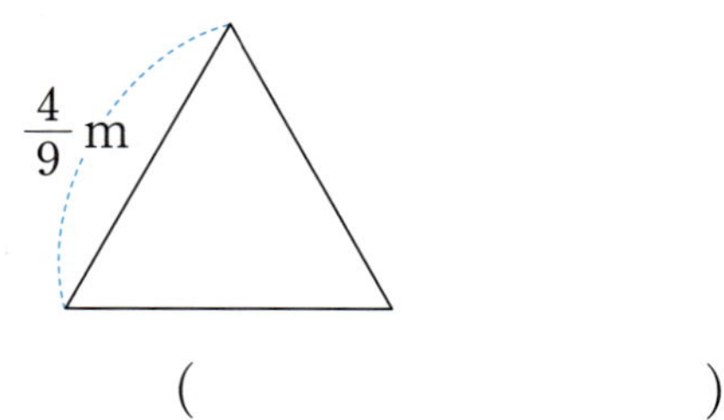

( )

7 진수네 반 남학생은 한 명이 피자 한 판의 $\dfrac{3}{8}$씩, 여학생은 한 명이 피자 한 판의 $\dfrac{1}{4}$씩 먹으려고 합니다. 남학생 16명과 여학생 12명이 먹으려면 피자는 모두 몇 판이 필요한가요?

( )

남학생 16명이 먹으려면 필요한 피자의 수와 여학생 12명이 먹으려면 필요한 피자의 수를 각각 구하여 더하자.

개념 확인 | p.42 개념 2

기본 2 · (대분수)×(자연수)

8 빈칸에 알맞은 수를 써넣으세요.

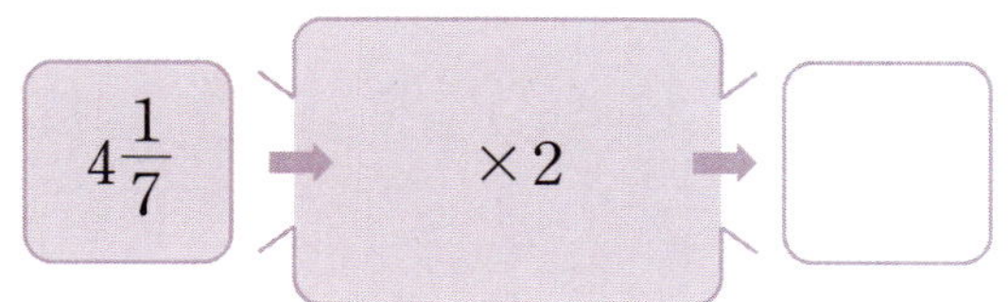

9 <u>잘못</u> 계산한 것의 기호를 쓰세요.

$$\bigcirc \; 3\dfrac{7}{8} \times 3 = \dfrac{31}{8} \times 3 = \dfrac{93}{8} = 11\dfrac{5}{8}$$

$$\bigcirc \; 2\dfrac{1}{3} \times 5 = \dfrac{7}{3} \times 5 = \dfrac{7 \times 5}{3 \times 5} = \dfrac{\overset{7}{\cancel{35}}}{\underset{3}{\cancel{15}}}$$

$$= \dfrac{7}{3} = 2\dfrac{1}{3}$$

(   )

10 $1\dfrac{2}{3}$ 의 7배는 얼마인지 구하세요.

(   )

11 가장 작은 수와 가장 큰 수의 곱을 구하세요.

4	$3\dfrac{5}{9}$	$4\dfrac{1}{10}$	6

(   )

12 한 변의 길이가 $9\dfrac{1}{5}$ cm인 정사각형의 둘레는 몇 cm인가요?

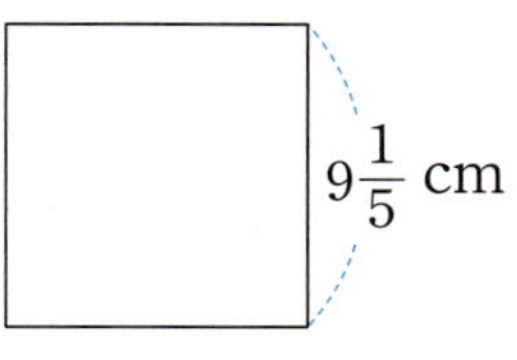

식 _______________________________

답 _______________________________

13 수 카드를 각각 한 번씩만 사용하여 대분수를 만들려고 합니다. 만들 수 있는 가장 큰 대분수와 15의 곱을 구하세요.

(   )

대분수의 자연수 부분에 가장 큰 수를 놓아 가장 큰 대분수를 만들자.

14 미술 시간에 모둠 합동 작품을 만드는 데 찰흙이 $3\dfrac{1}{8}$ kg짜리 2봉지와 $\dfrac{1}{5}$ kg만큼이 더 필요합니다. 필요한 찰흙은 모두 몇 kg인가요?

(   )

찰흙 2봉지의 무게를 먼저 구하고 구한 무게에 $\dfrac{1}{5}$ kg 을 더하자.

개념 확인 | p.44 개념 3

기본 3 (자연수)×(진분수)

15 빈칸에 알맞은 수를 써넣으세요.

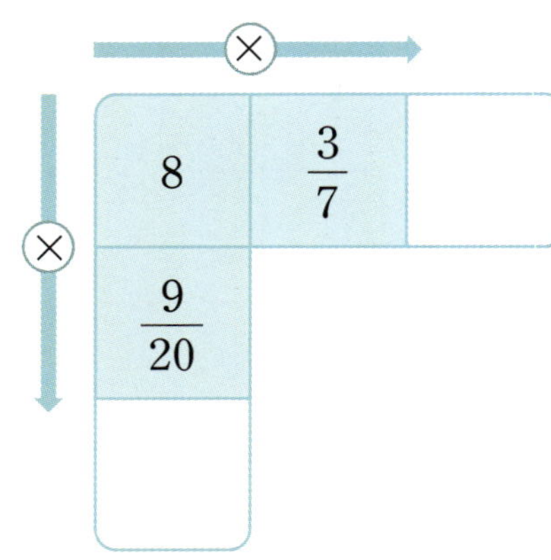

16 호준이의 키는 156 cm이고 세라의 키는 호준이의 키의 $\dfrac{11}{12}$입니다. 세라의 키는 몇 cm인가요?

( )

17 바르게 말한 사람의 이름을 쓰세요.

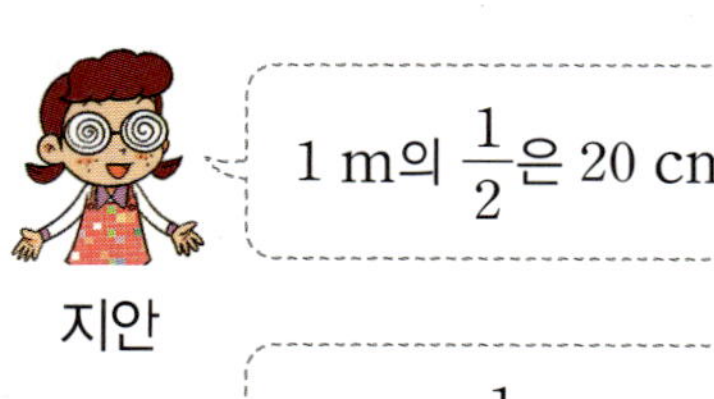

( )

개념 확인 | p.44 개념 4

기본 4 (자연수)×(대분수)

18 잘못 계산한 부분을 찾아 바르게 계산해 보세요.

$$15 \times 1\frac{1}{10} = 3 \times 1\frac{1}{2} = 3 \times \frac{3}{2} = \frac{9}{2} = 4\frac{1}{2}$$

$$15 \times 1\frac{1}{10}$$

____

19 계산 결과가 6보다 큰 식에 ○표, 6보다 작은 식에 △표 하세요.

$$6 \times 1\frac{2}{3} \qquad 6 \times \frac{9}{10} \qquad 6 \times 1$$

곱하는 수가 1보다 크면 계산 결과가 커지고, 곱하는 수가 1보다 작으면 계산 결과가 작아지므로 곱하는 수를 알아보자.

20 성훈이는 가로가 세로의 $1\frac{1}{2}$배가 되도록 태극기를 그렸습니다. 성훈이가 그린 태극기의 넓이는 몇 cm²인가요?

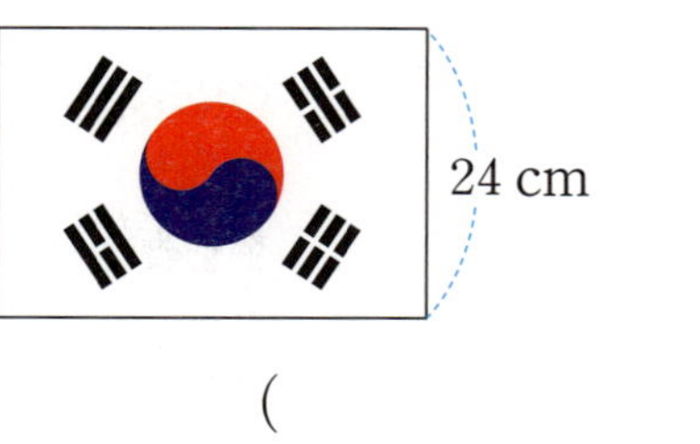

( )

먼저 가로의 길이를 구하자.

실력+ (자연수)×(분수)와 자연수의 크기 비교

(자연수)×(분수)에서 **곱하는 분수가**

- **진분수(1보다 작은 수)**이면
  곱한 결과는 **자연수보다 작습니다.**
- **대분수(1보다 큰 수)**이면
  곱한 결과는 **자연수보다 큽니다.**

(예) $3 \times \dfrac{1}{4}$ 과 3의 크기 비교

$$3 \times \frac{1}{4} = \frac{3}{4} \;\rightarrow\; \frac{3}{4} < 3 \;\rightarrow\; 3 \times \frac{1}{4} < 3$$

---

21 곱이 더 큰 쪽에 색칠해 보세요.

$$9 \times 1 \qquad\qquad 9 \times \frac{3}{10}$$

22 곱이 더 큰 쪽에 색칠해 보세요.

$$13 \times 1 \qquad\qquad 13 \times 2\frac{1}{11}$$

23 토마토 상자와 복숭아 상자 중에서 더 무거운 것은 어느 것인가요?

$$\left(12 \times 3\frac{5}{6}\right) \text{kg}$$
토마토 상자

$$\left(12 \times \frac{17}{18}\right) \text{kg}$$
복숭아 상자

(   )

실력+ □ 안에 들어갈 수 있는 자연수 구하기

(예) □ 안에 들어갈 수 있는 자연수 중에서 가장 작은 수 구하기

$$\frac{4}{7} \times 8 < \square$$

❶ 분수의 **분자와 자연수를 곱하여** 계산합니다.

$$\rightarrow \frac{4}{7} \times 8 = \frac{32}{7} = 4\frac{4}{7}$$

❷ □ 안에는 $4\frac{4}{7}$ **보다 큰 수가 들어갑니다.**

$$\rightarrow 5,\, 6,\, 7,\, 8 \cdots\cdots$$

❸ ❷에서 구한 수 중 가장 작은 수: 5

24 □ 안에 들어갈 수 있는 자연수 중에서 가장 작은 수를 구하세요.

$$\frac{5}{9} \times 4 < \square$$

(   )

25 □ 안에 들어갈 수 있는 자연수 중에서 가장 큰 수를 구하세요.

$$\frac{9}{14} \times 7 > \square$$

(   )

2 분수의 곱셈

개념 익히기

개념 5 (단위분수) × (단위분수)

📘 $\dfrac{1}{4} \times \dfrac{1}{3}$ 의 계산

$$\frac{1}{4} \times \frac{1}{3} = \frac{1}{4 \times 3} = \frac{1}{12}$$

분수의 분자는 그대로 두고 분모끼리 곱합니다.

개념 6 (진분수) × (진분수)

📘 $\dfrac{3}{4} \times \dfrac{2}{5}$ 의 계산

방법1 분자는 분자끼리, 분모는 분모끼리 곱해서 약분하여 계산

$$\frac{3}{4} \times \frac{2}{5} = \frac{3 \times 2}{4 \times 5} = \frac{\overset{3}{\cancel{6}}}{\underset{10}{\cancel{20}}} = \frac{3}{10}$$

방법2 곱하는 과정에서 약분하여 계산

$$\frac{3}{4} \times \frac{2}{5} = \frac{3 \times \overset{1}{\cancel{2}}}{\underset{2}{\cancel{4}} \times 5} = \frac{3}{10}$$

방법3 주어진 곱셈에서 약분하여 계산

$$\frac{3}{\underset{2}{\cancel{4}}} \times \frac{\overset{1}{\cancel{2}}}{5} = \frac{3}{10}$$

분자는 분자끼리, 분모는 분모끼리 곱합니다.

개념 플러스

📑 **참고 개념**

단위분수에 단위분수를 곱하면 계산 결과는 원래의 수보다 작아집니다.

📘 $\dfrac{1}{3} \times \dfrac{1}{2} < \dfrac{1}{3}$

$\dfrac{1}{3} \times \dfrac{1}{2} < \dfrac{1}{2}$

● **세 분수의 곱셈**

방법1 앞에서부터 두 분수씩 차례로 계산합니다.

방법2 세 분수를 한꺼번에 분자는 분자끼리, 분모는 분모끼리 곱합니다.

📘 $\dfrac{2}{5} \times \dfrac{1}{3} \times \dfrac{3}{4} = \dfrac{2 \times 1 \times \overset{1}{\cancel{3}}}{5 \times \underset{1}{\cancel{3}} \times \underset{2}{\cancel{4}}}$

$$= \frac{1}{10}$$

---

1 그림을 보고 ☐ 안에 알맞은 수를 써넣으세요.

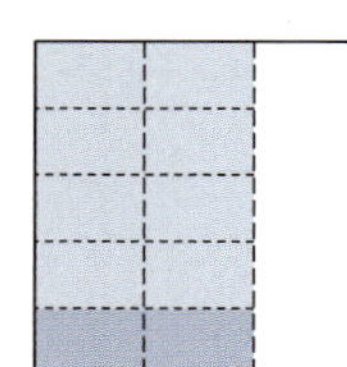

$$\frac{2}{3} \times \frac{1}{5} = \frac{2 \times 1}{\boxed{} \times \boxed{}} = \frac{\boxed{}}{\boxed{}}$$

2 ☐ 안에 알맞은 수를 써넣으세요.

(1) $\dfrac{1}{6} \times \dfrac{1}{5} = \dfrac{1}{\boxed{} \times \boxed{}} = \dfrac{\boxed{}}{\boxed{}}$

(2) $\dfrac{1}{2} \times \dfrac{7}{9} = \dfrac{1 \times 7}{\boxed{} \times \boxed{}} = \dfrac{\boxed{}}{\boxed{}}$

(3) $\dfrac{4}{5} \times \dfrac{3}{7} = \dfrac{\boxed{} \times 3}{5 \times \boxed{}} = \dfrac{\boxed{}}{\boxed{}}$

3 계산해 보세요.

(1) $\dfrac{1}{2} \times \dfrac{1}{6}$

(2) $\dfrac{8}{9} \times \dfrac{1}{3}$

4 빈칸에 알맞은 수를 써넣으세요.

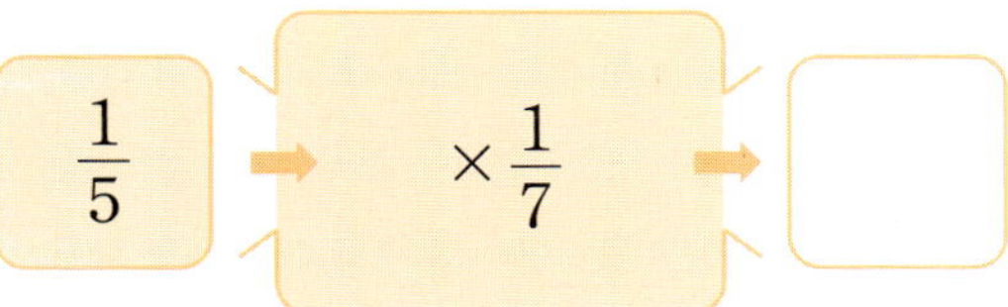

5 두 수의 곱을 구하세요.

| $\dfrac{2}{11}$ | $\dfrac{3}{4}$ |

( )

6 |보기|와 같이 계산해 보세요.

┌ 보기 ┐

$$\dfrac{4}{7} \times \dfrac{1}{8} = \dfrac{\overset{1}{\cancel{4}} \times 1}{7 \times \underset{2}{\cancel{8}}} = \dfrac{1}{14}$$

$\dfrac{5}{9} \times \dfrac{1}{10}$ ________________

7 다음이 나타내는 수를 구하세요.

$$\dfrac{1}{3}\text{의 } \dfrac{1}{12}$$

( )

8 계산 결과가 $\dfrac{3}{5}$인 것의 기호를 쓰세요.

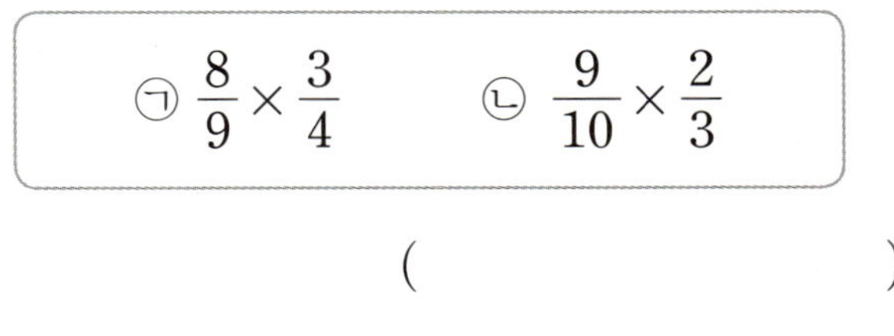

( )

2 분수의 곱셈

9 ○ 안에 >, =, <를 알맞게 써넣으세요.

$$\dfrac{1}{8} \times \dfrac{1}{4} \; \bigcirc \; \dfrac{1}{8}$$

10 빵 가게에 있는 전체 빵의 $\dfrac{3}{5}$은 머핀이고 머핀의 $\dfrac{1}{4}$은 초콜릿 맛입니다. 초콜릿 맛 머핀은 전체 빵의 몇 분의 몇인가요?

식 ________________

답 ________________

개념 **7** (대분수)×(대분수)

예 $2\dfrac{2}{3} \times 1\dfrac{1}{4}$ 의 계산

방법1 대분수를 가분수로 나타내어 계산

$$2\dfrac{2}{3} \times 1\dfrac{1}{4} = \dfrac{8}{3} \times \dfrac{5}{4} = \dfrac{\overset{10}{\cancel{40}}}{\underset{3}{\cancel{12}}} = \dfrac{10}{3} = 3\dfrac{1}{3}$$

방법2 대분수를 자연수 부분과 진분수 부분으로 구분하여 계산

$$2\dfrac{2}{3} \times 1\dfrac{1}{4} = \left(2\dfrac{2}{3} \times 1\right) + \left(2\dfrac{2}{3} \times \dfrac{1}{4}\right)$$

$$= 2\dfrac{2}{3} + \left(\dfrac{8}{3} \times \dfrac{1}{\cancel{4}}\right) = 2\dfrac{2}{3} + \dfrac{2}{3} = 3\dfrac{1}{3}$$

🔊 **주의 개념**
대분수끼리 곱셈을 할 때 대분수 상태에서 약분하지 않도록 주의합니다.

개념 **8** 여러 가지 분수의 곱셈

1 자연수를 분모가 1인 분수로 나타내어 계산하기

$$5 \times \dfrac{3}{7} = \dfrac{5}{1} \times \dfrac{3}{7} = \dfrac{15}{7} = 2\dfrac{1}{7}$$

$$\dfrac{2}{9} \times 4 = \dfrac{2}{9} \times \dfrac{4}{1} = \dfrac{8}{9}$$

● 자연수나 대분수는 모두 가분수 형태로 바꿀 수 있습니다.

2 (진분수)×(대분수), (대분수)×(진분수)

$$\dfrac{2}{5} \times 3\dfrac{1}{3} = \dfrac{\overset{}{\cancel{2}}}{\underset{1}{\cancel{5}}} \times \dfrac{\overset{2}{\cancel{10}}}{3} = \dfrac{4}{3} = 1\dfrac{1}{3}$$

$$2\dfrac{1}{7} \times \dfrac{2}{3} = \dfrac{15}{7} \times \dfrac{2}{\underset{1}{\cancel{3}}} = \dfrac{10}{7} = 1\dfrac{3}{7}$$

---

1 그림을 보고 ☐ 안에 알맞은 수를 써넣으세요.

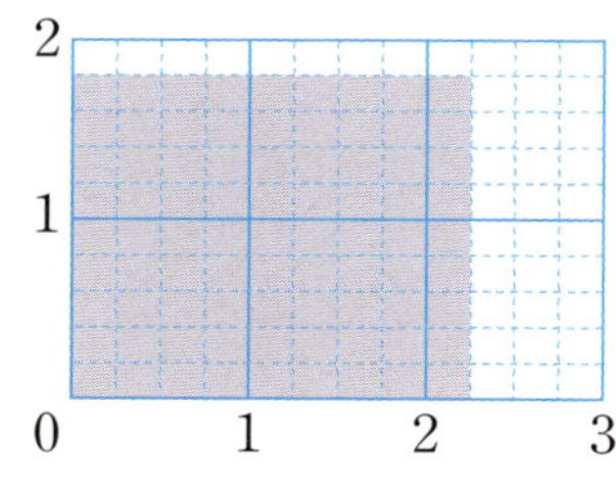

$$2\dfrac{1}{4} \times 1\dfrac{4}{5} = \dfrac{\boxed{}}{4} \times \dfrac{\boxed{}}{5} = \dfrac{\boxed{}}{20} = \boxed{}\dfrac{\boxed{}}{20}$$

2 ☐ 안에 알맞은 수를 써넣으세요.

(1) $3 \times \dfrac{2}{7} = \dfrac{\boxed{}}{1} \times \dfrac{2}{7} = \dfrac{\boxed{} \times 2}{1 \times 7} = \dfrac{\boxed{}}{\boxed{}}$

(2) $2\dfrac{3}{4} \times \dfrac{3}{5} = \dfrac{\boxed{}}{4} \times \dfrac{3}{5} = \dfrac{\boxed{}}{\boxed{}} = \boxed{}$

3 □ 안에 알맞은 수를 써넣으세요.

$$3\frac{1}{3}\times1\frac{9}{10}=\left(3\frac{1}{3}\times\square\right)+\left(3\frac{1}{3}\times\frac{\square}{10}\right)$$

$$=3\frac{1}{3}+\left(\frac{\overset{1}{\cancel{10}}}{\underset{1}{\cancel{3}}}\times\frac{9}{\underset{1}{\cancel{10}}}\right)$$

$$=3\frac{1}{3}+\square=\square$$

4 계산해 보세요.

(1) $\dfrac{4}{5}\times2$

(2) $1\dfrac{5}{9}\times\dfrac{6}{7}$

(3) $2\dfrac{2}{7}\times1\dfrac{1}{6}$

5 |보기|와 같이 계산해 보세요.

┌ **보기** ┐
$$\frac{5}{6}\times7=\frac{5}{6}\times\frac{7}{1}=\frac{35}{6}=5\frac{5}{6}$$

$\dfrac{3}{8}\times5$ ______________________

6 바르게 계산한 사람의 이름을 쓰세요.

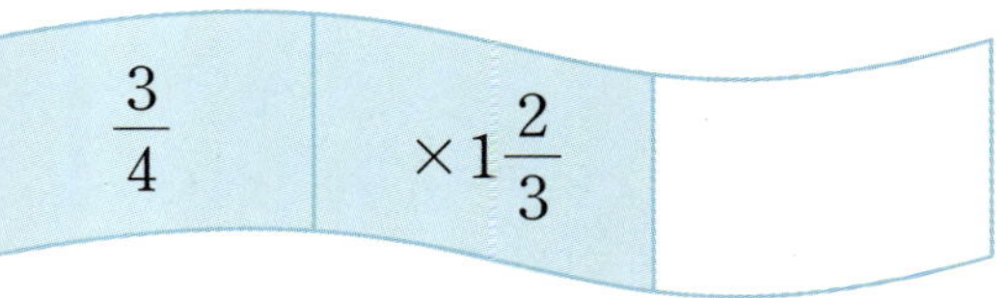

(   )

7 빈 곳에 알맞은 수를 써넣으세요.

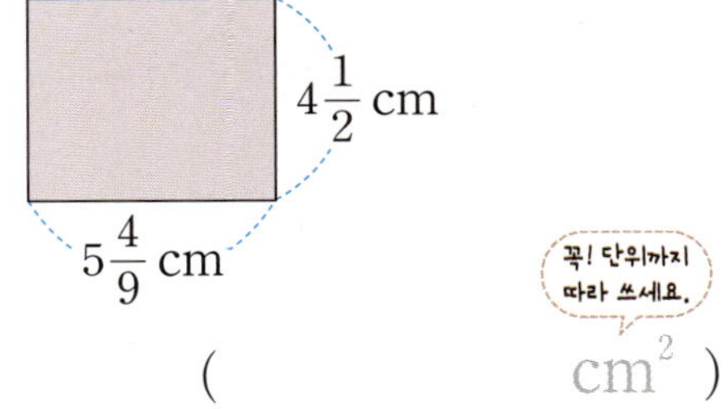

2

분수의 곱셈

8 직사각형의 넓이는 몇 cm^2인가요?

(cm^2)

9 빨간색 페인트의 무게는 $3\dfrac{1}{4}$ kg이고 파란색 페인트는 빨간색 페인트의 $\dfrac{4}{5}$배입니다. 파란색 페인트의 무게는 몇 kg인가요?

식 ______________________

답 ______________ kg

기본 다지기

개념 확인 | p.50 개념 5

기본 5 (단위분수)×(단위분수)

1 빈 곳에 두 수의 곱을 써넣으세요.

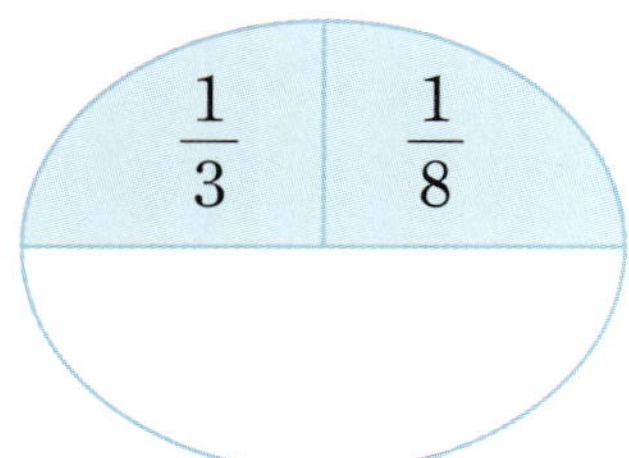

2 가장 큰 수와 가장 작은 수의 곱을 구하세요.

$$\dfrac{1}{7} \quad \dfrac{1}{4} \quad \dfrac{1}{9}$$

(   )

분자가 1일 때 분모가 작은 쪽이 더 큰 수임을 이용하여 크기를 비교하자.

3 한 변의 길이가 1 m인 정사각형 모양의 종이를 그림과 같이 가로를 똑같이 셋으로 나누고 세로를 똑같이 다섯으로 나누었습니다. 나누어진 한 칸의 넓이는 몇 m²인가요?

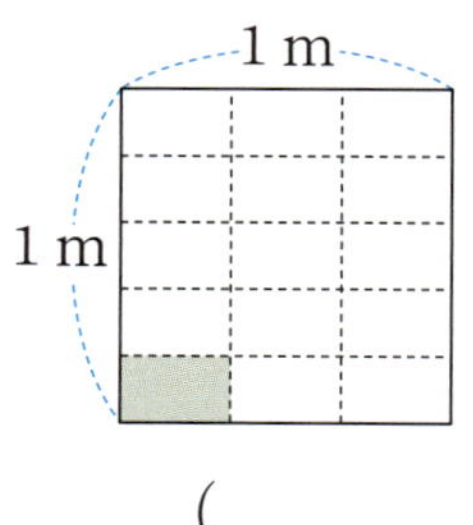

(   )

개념 확인 | p.50 개념 6

기본 6 (진분수)×(진분수)

4 바르게 계산한 사람의 이름을 쓰세요.

서아   건우

(   )

5 두 수의 곱을 구하세요.

$$\dfrac{3}{7} \qquad \dfrac{1}{9}$$

(   )

활용문제

6 다음이 나타내는 수를 구하세요.

$$\dfrac{7}{8} \text{의} \dfrac{5}{14}$$

(   )

7 빈칸에 알맞은 수를 써넣으세요.

세 분수를 한꺼번에 계산해 보자.

8 계산 결과가 $\dfrac{3}{8}$ 보다 작은 것의 기호를 쓰세요.

$$\bigcirc\ \dfrac{3}{8} \times \dfrac{3}{14} \qquad \bigcirc\ \dfrac{3}{8} \times 4$$

(   )

9 ○ 안에 $>$, $=$, $<$를 알맞게 써넣으세요.

$$\dfrac{4}{9} \times \dfrac{5}{12} \bigcirc \dfrac{2}{3} \times \dfrac{5}{6}$$

10 민건이는 색종이의 $\dfrac{1}{4}$ 중에서 $\dfrac{2}{3}$를 자르고 그중 $\dfrac{1}{5}$을 사용하여 종이학을 만들었습니다. 종이학을 만드는 데 사용한 색종이의 양은 전체의 몇 분의 몇인가요?

(   )

11 종이테이프를 6등분한 것입니다. 색칠한 부분의 길이는 몇 m인가요?

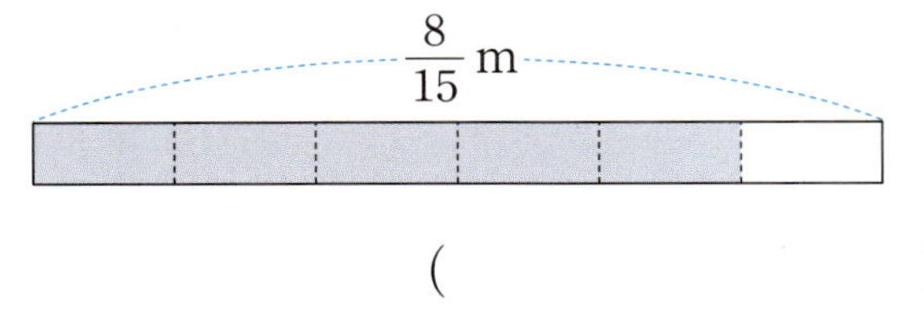

(   )

 먼저 색칠한 부분을 분수로 나타내 보자.

기본 7 (대분수)×(대분수)

12 빈칸에 알맞은 수를 써넣으세요.

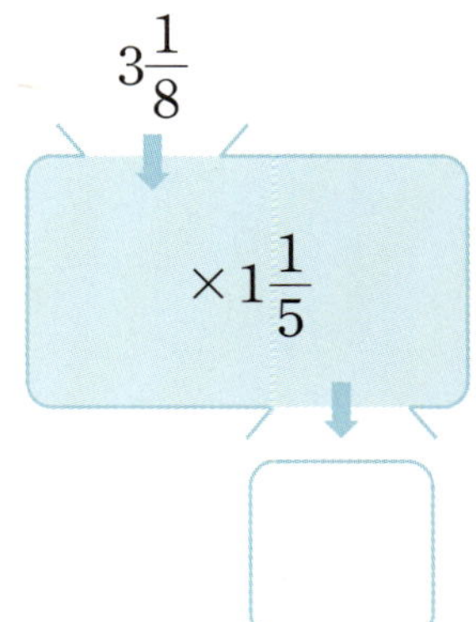

활용 문제

13 <u>잘못</u> 계산한 부분을 찾아 바르게 계산해 보세요.

$$2\dfrac{2}{3} \times 2\dfrac{1}{6} = 2\dfrac{1}{3} \times 2\dfrac{1}{3} = \dfrac{7}{3} \times \dfrac{7}{3} = \dfrac{49}{9} = 5\dfrac{4}{9}$$

$$2\dfrac{2}{3} \times 2\dfrac{1}{6}$$ ___________

14 계산 결과가 더 큰 것에 ○표 하세요.

(1)

$$2\dfrac{2}{7} \times 1\dfrac{5}{8} \qquad\qquad 2\dfrac{5}{9} \times 1\dfrac{2}{7}$$

(   )   (   )

(2)

$$1\dfrac{2}{9} \times 5\dfrac{2}{5} \qquad\qquad 3\dfrac{1}{5} \times 2\dfrac{1}{4}$$

(   )   (   )

2 분수의 곱셈

15 가로가 $10\frac{1}{8}$ cm, 세로가 $12\frac{4}{9}$ cm인 직사각형 모양의 액자가 있습니다. 이 액자의 넓이는 몇 cm^2 인가요?

식 ________________________

답 ________________________

16 수 카드를 각각 한 번씩만 사용하여 만들 수 있는 대분수 중에서 가장 큰 수와 가장 작은 수의 곱을 구하세요.

(   )

대분수의 자연수 부분에 가장 큰 수를 놓아 가장 큰 대분수를, 가장 작은 수를 놓아 가장 작은 대분수를 만들자.

17 준표와 지호는 다음과 같은 모양의 옷감을 샀습니다. 누구의 옷감의 넓이가 몇 m^2 더 넓은가요?

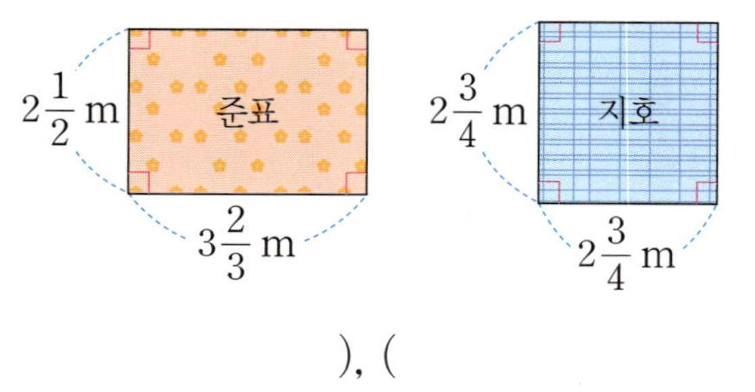

(   ), (   )

각각의 옷감의 넓이를 구하고 차를 구하자.

개념 확인 | p.52 개념 8

기본 8 여러 가지 분수의 곱셈

18 잘못 계산한 부분을 찾아 바르게 계산해 보세요.

$$4 \times \frac{5}{12} = \frac{1}{4} \times \frac{5}{12} = \frac{5}{48}$$

$4 \times \dfrac{5}{12}$ ________________________

19 평행사변형의 넓이는 몇 cm^{2}인가요?

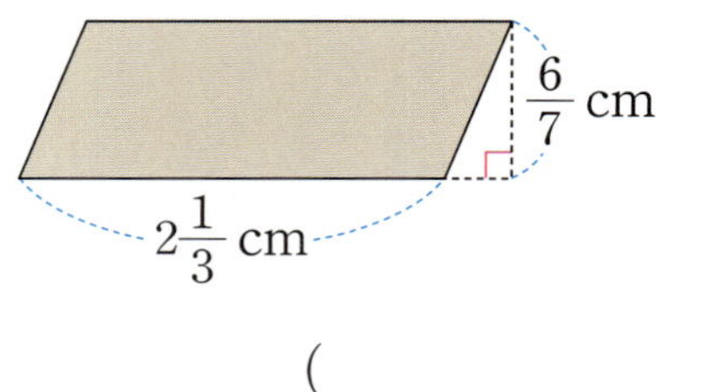

(   )

20 계산 결과가 더 큰 것의 기호를 쓰세요.

$$\text{㉠ } \frac{9}{10} \times 14\frac{1}{6} \qquad \text{㉡ } \frac{3}{4} \times 18$$

(   )

21 ☐ 안에 들어갈 수 있는 자연수는 모두 몇 개인가요?

$$7\frac{1}{2} \times \frac{11}{20} > \square \frac{3}{8}$$

(   )

 **실력 +** 단위분수의 크기를 비교하여 □ 안에 들어갈 수 있는 자연수 구하기

분자가 **1**일 때에는 분모가 작은 쪽이 더 큽니다.

예 $\dfrac{1}{6} > \dfrac{1}{7}$, $\dfrac{1}{15} < \dfrac{1}{12}$

$\underset{6<7}{\qquad}$ $\underset{15>12}{\qquad}$

22 □ 안에 들어갈 수 있는 자연수 중에서 1보다 큰 수를 모두 구하세요.

$$\dfrac{1}{8} \times \dfrac{1}{\square} > \dfrac{1}{35}$$

( )

23 □ 안에 들어갈 수 있는 자연수 중에서 1보다 큰 수를 모두 구하세요.

$$\dfrac{1}{\square} \times \dfrac{1}{5} > \dfrac{1}{20}$$

( )

24 □ 안에 들어갈 수 있는 자연수 중에서 가장 작은 수를 구하세요.

$$\dfrac{3}{16} \times \dfrac{8}{15} > \dfrac{1}{3} \times \dfrac{1}{2} \times \dfrac{1}{\square}$$

( )

실력 + 남은 부분의 분수만큼 알아보기

예 전체 떡의 $\dfrac{1}{3}$을 먹고 남은 나머지의 $\dfrac{3}{4}$ 구하기

❶ 먹고 남은 양을 분수로 나타낼 때에는 전체를 **1**로 생각하고 **1**에서 먹은 양을 빼서 구합니다. → 전체의 $1 - \dfrac{1}{3} = \dfrac{2}{3}$

❷ 먹고 남은 나머지의 $\dfrac{3}{4}$을 구합니다.

→ 전체의 $\dfrac{2}{3}$의 $\dfrac{3}{4}$ → $\dfrac{\overset{1}{2}}{\underset{1}{3}} \times \dfrac{\overset{1}{3}}{\underset{2}{4}} = \dfrac{1}{2}$

25 밭 전체의 $\dfrac{2}{5}$에는 감자를 심었고 나머지의 $\dfrac{4}{7}$에는 양배추를 심었습니다. 양배추를 심은 부분은 밭 전체의 몇 분의 몇인가요?

( )

26 지연이는 어제까지 동화책 한 권의 $\dfrac{3}{4}$을 읽었고 오늘은 어제까지 읽고 난 나머지의 $\dfrac{5}{8}$를 읽었습니다. 오늘 읽은 양은 동화책 전체의 몇 분의 몇인가요?

( )

27 윤하가 산 풍선 전체의 $\dfrac{1}{6}$은 노란색이고 나머지의 $\dfrac{8}{9}$은 초록색입니다. 초록색 풍선은 풍선 전체의 몇 분의 몇인가요?

( )

2 분수의 곱셈

응용력 올리기

복습책 p.8에 유사 문제 제공

1 이동한 거리 구하기

정수는 한 시간에 4 km를 걷습니다. 정수가 같은 빠르기로 1시간 50분 동안 걷는 거리는 몇 km인가요?

1시간=60분이므로
■분=$\frac{■}{60}$시간이야.

해결 과정

❶ 1시간 50분은 몇 시간인지 분수로 나타내 보세요.

(   )

❷ 정수가 1시간 50분 동안 걷는 거리는 몇 km인가요?

(   )

1-1 한 시간에 52 km를 일정한 빠르기로 달리는 자동차가 있습니다. 이 자동차가 같은 빠르기로 1시간 45분 동안 달리는 거리는 몇 km인가요?

(   )

해결 과정을 따라 풀자!

나만의 문제 ☐ 안에 수를 써넣어 문제를 만들고 풀어 봐요!

1-2 어머니께서는 자전거를 타고 한 시간에 $12\frac{1}{2}$ km를 달립니다. 어머니께서 자전거를 타고 같은 빠르기로 1시간 ☐ 분 동안 달리는 거리는 몇 km인가요?

(   )

2 바르게 계산한 값 구하기

어떤 수에 6을 곱해야 할 것을 잘못하여 더했더니 $7\dfrac{5}{9}$가 되었습니다. 바르게 계산한 값을 구하세요.

해결 과정

❶ 어떤 수는 얼마인가요?

(   )

❷ 바르게 계산한 값을 구하세요.

(   )

2-1 어떤 수에 8을 곱해야 할 것을 잘못하여 더했더니 $9\dfrac{7}{12}$이 되었습니다. 바르게 계산한 값을 구하세요.

(   )

✎ 해결 과정을 따라 풀자!

2-2 어떤 수에 $\dfrac{5}{8}$를 곱해야 할 것을 잘못하여 더했더니 $4\dfrac{3}{8}$이 되었습니다. 바르게 계산한 값을 구하세요.

(   )

2
분수의 곱셈

복습책 p.9에 **유사 문제** 제공

3 수 카드로 곱셈식 만들어 계산하기

수 카드 중 2장을 골라 한 번씩만 사용하여 분수의 곱셈식을 만들려고 합니다. 계산 결과가 가장 작은 식을 만들고 계산한 값을 구하세요.

    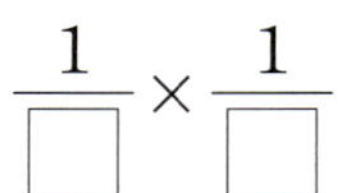

$$\dfrac{1}{\square} \times \dfrac{1}{\square}$$

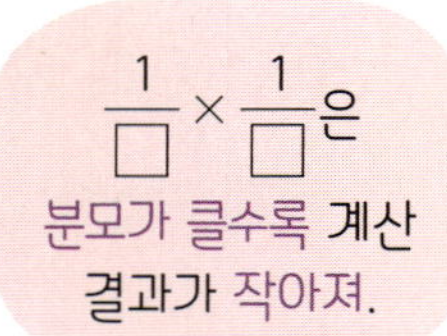

해결 과정

❶ 계산 결과가 가장 작으려면 분모에 어떤 수 카드를 놓아야 하나요?

(   ), (   )

❷ 계산 결과가 가장 작은 식을 만들고 계산한 값을 구하세요.

$$\dfrac{1}{\square} \times \dfrac{1}{\square}$$

(   )

3-1 수 카드 중 2장을 골라 한 번씩만 사용하여 분수의 곱셈식을 만들려고 합니다. 계산 결과가 가장 작은 식을 만들고 계산한 값을 구하세요.

✎ 해결 과정을 따라 풀자!

$$\dfrac{1}{\square} \times \dfrac{1}{\square}$$

(   )

수 카드 안에 알맞은 수를 써넣어 문제를 만들고 풀어 봐요!

3-2 수 카드 중 2장을 골라 한 번씩만 사용하여 분수의 곱셈식을 만들려고 합니다. 계산 결과가 가장 작은 식을 만들고 계산한 값을 구하세요.

$$\dfrac{1}{\square} \times \dfrac{1}{\square}$$

(   )

4 세 분수의 곱셈으로 나타내어 문제 해결하기

성진이네 학교 5학년 학생 수는 전체 학생 수의 $\dfrac{3}{11}$입니다. 5학년의 $\dfrac{1}{2}$은 남학생이고, 그중 $\dfrac{4}{9}$는 야구를 좋아합니다. 성진이네 학교 전체 학생 수가 396명일 때 야구를 좋아하는 5학년 남학생은 몇 명인지 구하세요.

🔑 해결 과정

❶ 야구를 좋아하는 5학년 남학생은 전체 학생의 몇 분의 몇인가요?

식 ______________________

답 ______________________

❷ 야구를 좋아하는 5학년 남학생은 몇 명인가요?

( )

4-1 영주네 학교 5학년 학생 수는 전체 학생 수의 $\dfrac{2}{5}$입니다. 5학년의 $\dfrac{3}{8}$은 여학생이고, 그중 $\dfrac{2}{7}$는 음악을 좋아합니다. 영주네 학교 전체 학생 수가 560명일 때 음악을 좋아하는 5학년 여학생은 몇 명인가요?

( )

✎ 해결 과정을 따라 풀자!

4-2 전체 땅의 $\dfrac{5}{8}$에 밭을 만들었습니다. 밭의 $\dfrac{2}{3}$에 채소를 심고, 그중 $\dfrac{3}{4}$에는 오이를 심었습니다. 전체 땅의 넓이가 $112 \ \text{m}^2$일 때 오이를 심은 밭의 넓이는 몇 m^2인가요?

( )

2 분수의 곱셈

응용력 올리기

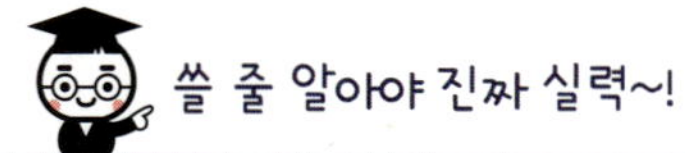

창의력

1 |보기|와 같이 수를 넣으면 넣은 수의 $\dfrac{3}{8}$이 나오는 마법 상자가 있습니다. 이 마법 상자에 주어진 수를 넣었을 때 나오는 수를 구하세요.

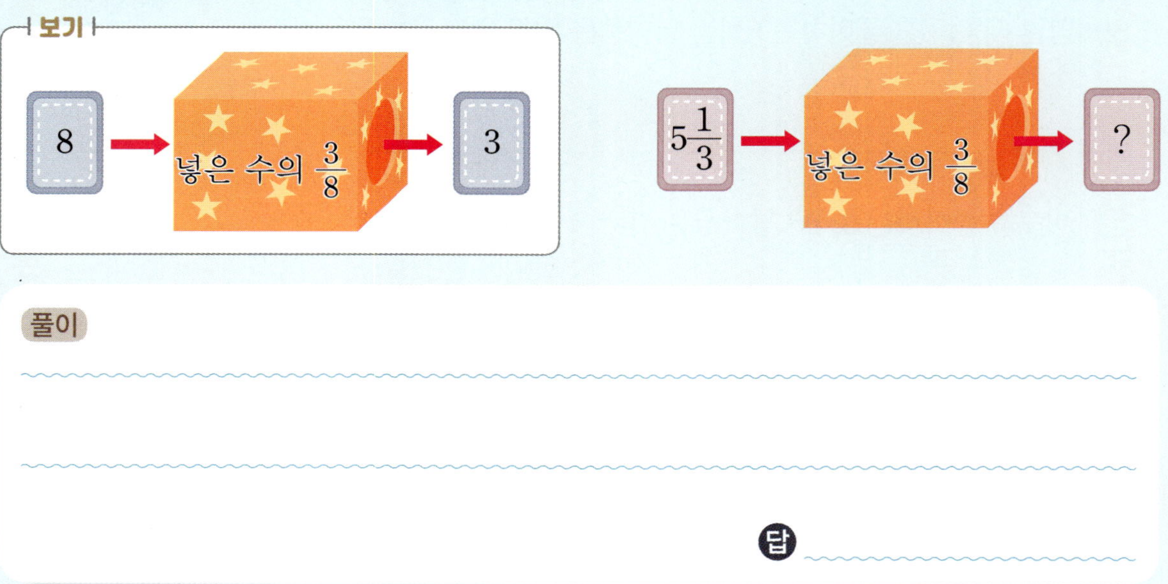

풀이

답

코딩영

2 정사각형을 그리는 코딩 프로그램입니다. 시작하기 버튼을 클릭했을 때 그려지는 정사각형의 넓이는 몇 m²인가요?

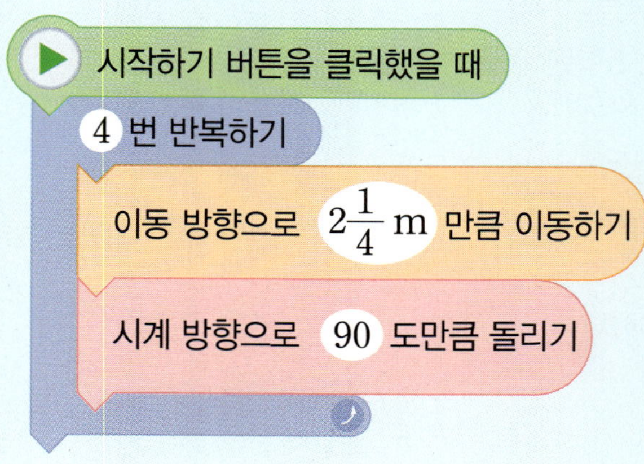

풀이

답

창의·융합 서술형 수능 대비

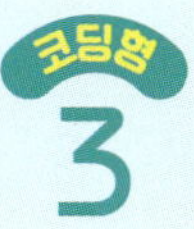

3 순서도에 $\dfrac{2}{9}$ 를 입력했을 때 나오는 수를 구하세요.

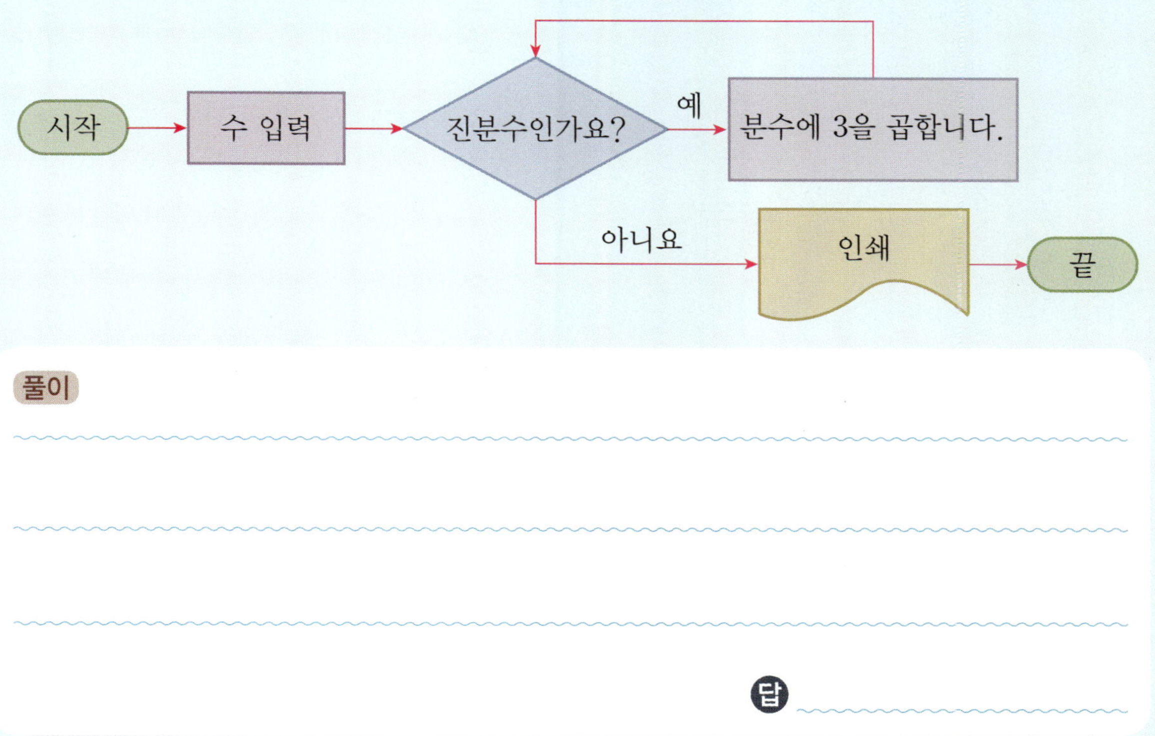

풀이

답

4 달에도 지구처럼 중력이 있지만 그 힘은 지구 중력의 $\dfrac{1}{6}$ 이라고 합니다. 즉 같은 물건이라도 달에서 무게를 재면 지구에서 잰 무게의 $\dfrac{1}{6}$ 이 됩니다. 지구에서 잰 민재의 몸무게가 다음과 같을 때 달에서 잰 선생님의 몸무게는 몇 kg인가요?

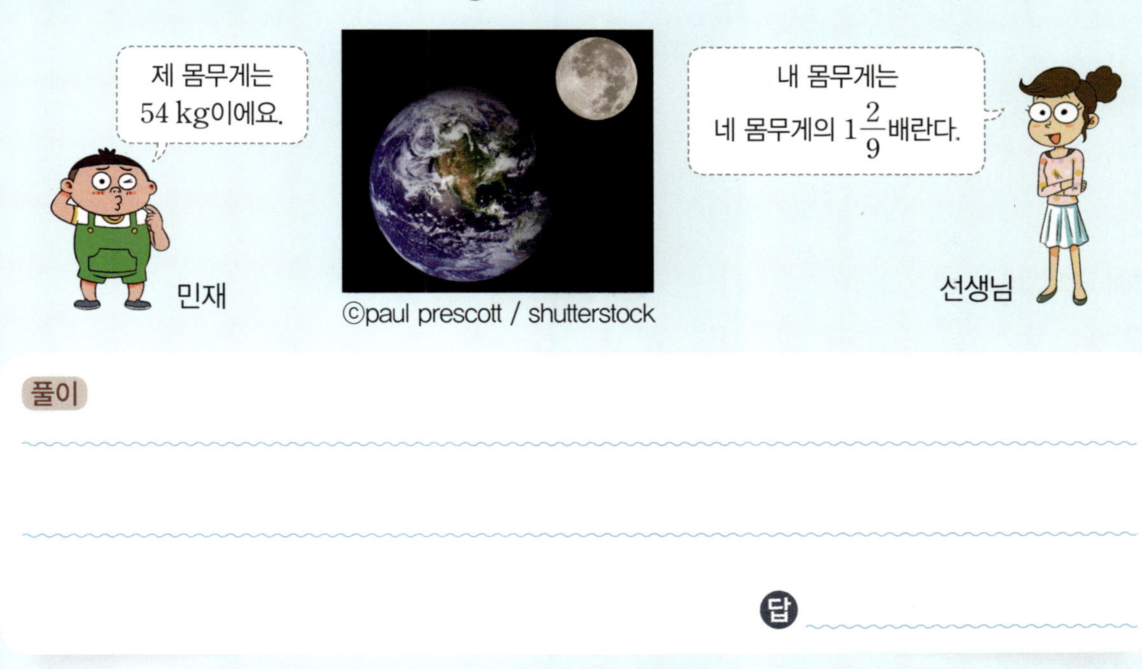

풀이

답

단원 기본 평가

1 그림을 보고 ☐ 안에 알맞은 수를 써넣으세요.

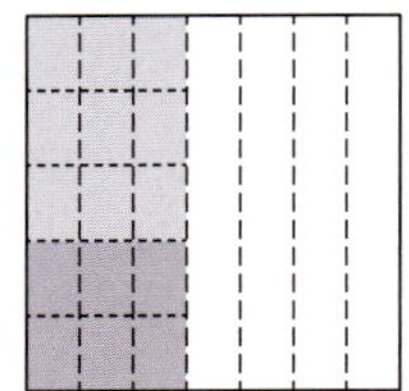

$$\frac{3}{7} \times \frac{2}{5} = \frac{3 \times \boxed{}}{\boxed{} \times 5} = \frac{\boxed{}}{\boxed{}}$$

2 ☐ 안에 알맞은 수를 써넣으세요.

$$8 \times \frac{5}{6} = \frac{\overset{4}{\cancel{8}} \times \boxed{}}{\underset{3}{\cancel{6}}} = \frac{\boxed{}}{3} = \boxed{}$$

3 ☐ 안에 알맞은 수를 써넣으세요.

$$\frac{1}{4} \times \frac{2}{3} \times \frac{5}{7} = \frac{1 \times \boxed{} \times 5}{4 \times 3 \times \boxed{}} = \frac{10}{84} = \boxed{}$$

4 계산해 보세요.

(1) $\dfrac{3}{8} \times 10$

(2) $9 \times 1\dfrac{2}{3}$

5 빈 곳에 알맞은 수를 써넣으세요.

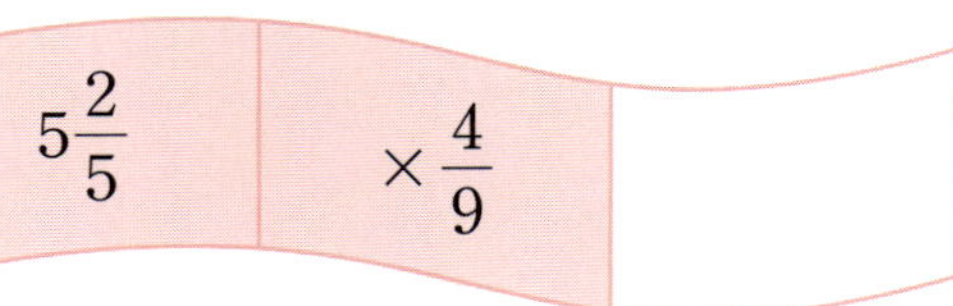

6 <u>잘못</u> 계산한 부분을 찾아 바르게 계산해 보세요.

$$1\frac{1}{\underset{3}{\cancel{6}}} \times \overset{16}{\cancel{32}} = 1\frac{1}{3} \times 16 = \frac{4}{3} \times 16 = \frac{64}{3} = 21\frac{1}{3}$$

$1\dfrac{1}{6} \times 32$

7 빈칸에 알맞은 수를 써넣으세요.

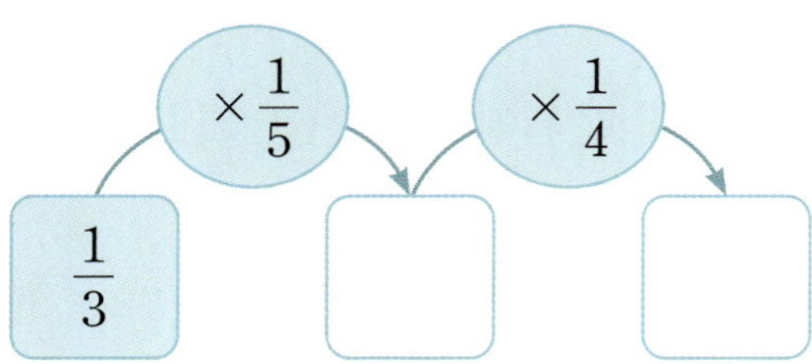

8 두 수의 곱을 구하세요.

$$3\frac{3}{7} \qquad 2\frac{5}{6}$$

(   )

9 계산 결과가 $2\dfrac{5}{7}$보다 작은 것에 모두 ◯표 하세요.

$$2\dfrac{5}{7} \times \dfrac{4}{11} \qquad 2\dfrac{5}{7} \times 3 \qquad 2\dfrac{5}{7} \times \dfrac{1}{8}$$

10 감자가 한 봉지에 $\dfrac{3}{10}$ kg씩 들어 있습니다. 6봉지에 들어 있는 감자는 모두 몇 kg인가요?

(   )

11 세 수의 곱을 구하세요.

$$3\dfrac{1}{2} \qquad 2 \qquad 1\dfrac{3}{7}$$

(   )

12 계산 결과가 더 작은 것의 기호를 쓰세요.

$$\text{㉠ } 1\dfrac{3}{4} \times 3 \qquad \text{㉡ } 12 \times \dfrac{7}{8}$$

(   )

13 유리네 마당 전체의 $\dfrac{3}{5}$을 텃밭으로 꾸미고, 텃밭의 $\dfrac{1}{3}$에 상추를 심었습니다. 상추를 심은 부분은 마당 전체의 몇 분의 몇인가요?

식 ______________________________

답 ______________________________

14 직사각형의 넓이는 몇 cm²인가요?

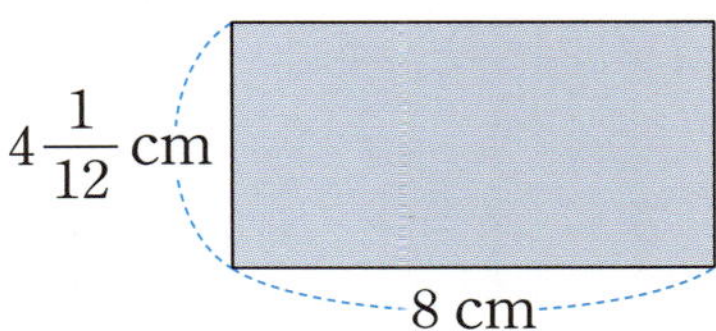

식 ______________________________

답 ______________________________

15 은희는 색종이를 72장 가지고 있습니다. 전체의 $\dfrac{2}{9}$를 사용하여 종이학을 접었다면 남은 색종이는 몇 장인가요?

(   )

16 물통에 보리차가 들어 있습니다. 어제까지 전체의 $\dfrac{5}{12}$를 마셨고 오늘은 어제까지 마시고 난 나머지의 $\dfrac{3}{4}$을 마셨습니다. 오늘 마신 보리차는 전체의 몇 분의 몇인가요?

(   )

17 수 카드 중 3장을 골라 한 번씩만 사용하여 대분수를 만들려고 합니다. 만들 수 있는 가장 큰 대분수와 가장 작은 대분수의 곱을 구하세요.

2   5   8   4   3

(   )

18 어떤 정사각형의 가로를 $1\dfrac{1}{4}$배가 되도록 늘이고 세로를 $\dfrac{1}{3}$만큼 줄여서 직사각형을 만들었습니다. 만든 직사각형의 넓이는 처음 정사각형의 넓이의 몇 배인가요?

(   )

19 □ 안에 들어갈 수 있는 자연수 중에서 가장 작은 수를 구하려고 합니다. 풀이 과정을 쓰고 답을 구하세요.

$$2\dfrac{1}{16} \times 4 < \square$$

풀이

답 _______________________

20 어떤 수에 $\dfrac{4}{7}$를 곱해야 할 것을 잘못하여 더했더니 $2\dfrac{4}{7}$가 되었습니다. 바르게 계산한 값은 얼마인지 풀이 과정을 쓰고 답을 구하세요.

풀이

답 _______________________

단원 실력 평가

복습책 p.12~13에 실력 평가 추가 제공

1 계산해 보세요.

(1) $8 \times \dfrac{6}{11}$

(2) $\dfrac{5}{7} \times \dfrac{2}{9} \times \dfrac{7}{8}$

2 잘못 계산한 것의 기호를 쓰세요.

$$\bigcirc \; 1\dfrac{1}{2} \times \dfrac{4}{5} = 1\dfrac{2}{5}$$

$$\bigcirc \; 1\dfrac{1}{2} \times \dfrac{4}{5} = \dfrac{3}{2} \times \dfrac{4}{5} = \dfrac{6}{5} = 1\dfrac{1}{5}$$

(   )

3 빈칸에 알맞은 수를 써넣으세요.

$\times$	
$\dfrac{4}{9}$	$\dfrac{5}{6}$
$1\dfrac{1}{5}$	$1\dfrac{3}{8}$

4 ○ 안에 >, =, <를 알맞게 써넣으세요.

$$9 \times \dfrac{3}{5} \; \bigcirc \; 9$$

5 ㉠에 알맞은 수를 구하세요.

1시간의 $1\dfrac{2}{3}$배는 ㉠분입니다.

(   )

6 대분수와 자연수를 찾아 두 수의 곱을 구하세요.

$$2\dfrac{1}{8} \qquad \dfrac{2}{9} \qquad 5$$

(   )

7 계산 결과가 다른 하나를 찾아 기호를 쓰세요.

$$\bigcirc \; \dfrac{1}{3} \times \dfrac{1}{8} \qquad \bigcirc \; \dfrac{1}{5} \times \dfrac{1}{5} \qquad \bigcirc \; \dfrac{1}{6} \times \dfrac{1}{4}$$

(   )

8 성준이의 나이는 12살이고 형의 나이는 성준이의 나이의 $1\dfrac{1}{6}$배입니다. 형의 나이는 몇 살인가요?

(   )

9 한 변의 길이가 $\dfrac{7}{18}$ cm인 정육각형의 둘레는 몇 cm인가요?

식 ________________________________

답 ________________________________

10 정표네 반 학급문고에 있는 전체 책의 $\dfrac{3}{7}$은 아동 도서이고, 아동 도서의 $\dfrac{1}{6}$은 동화책입니다. 동화책은 학급문고에 있는 전체 책의 몇 분의 몇인가요?

( )

11 계산 결과가 작은 것부터 차례로 기호를 쓰세요.

$$\text{㉠ } \frac{5}{9} \times 2\frac{3}{4} \qquad \text{㉡ } \frac{5}{9} \times \frac{3}{10} \qquad \text{㉢ } \frac{5}{9} \times 1$$

( )

12 계산 결과가 $\dfrac{1}{20}$보다 큰 것을 모두 찾아 기호를 쓰세요.

$$\text{㉠ } \frac{1}{2} \times \frac{1}{8} \qquad \text{㉡ } \frac{1}{9} \times \frac{1}{4}$$
$$\text{㉢ } \frac{1}{7} \times \frac{1}{5} \qquad \text{㉣ } \frac{1}{3} \times \frac{1}{6}$$

( )

13 ㉠과 ㉡의 계산 결과의 합을 구하세요.

$$\text{㉠ } 1\frac{3}{4} \times \frac{9}{7} \qquad \text{㉡ } 2\frac{5}{8} \times 1\frac{1}{3}$$

( )

14 주현이네 반 남학생은 16명이고 남학생의 $\dfrac{5}{8}$가 태권도를 배웁니다. 주현이네 반 남학생 중에서 태권도를 배우지 않는 남학생은 몇 명인가요?

( )

15 정사각형 모양의 종이가 있습니다. 이 종이의 $\dfrac{2}{3}$를 학급 신문을 만드는 데 사용하였습니다. 학급 신문을 만드는 데 사용한 종이의 넓이는 몇 m²인가요?

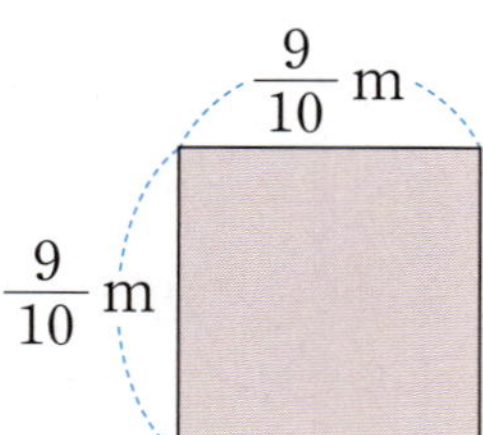

식 ________________________________

답 ________________________________

16 어떤 수는 $1\frac{7}{8}$의 $3\frac{1}{3}$배입니다. 어떤 수의 $1\frac{3}{5}$배는 얼마인가요?

(   )

17 수 카드 중 2장을 골라 한 번씩만 사용하여 분수의 곱셈식을 만들려고 합니다. 계산 결과가 가장 작은 식을 만들고 계산한 값을 구하세요.

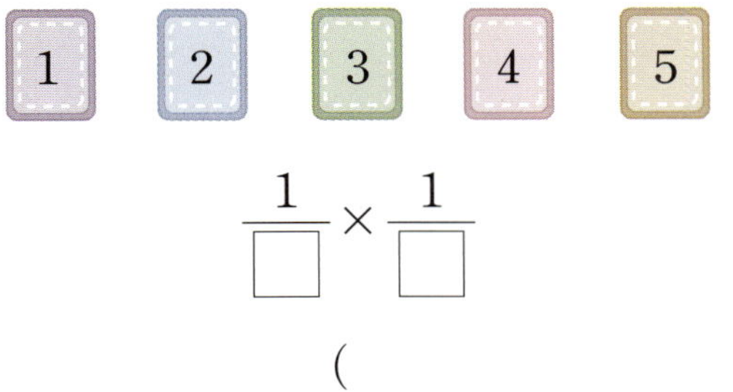

$$\frac{1}{\square} \times \frac{1}{\square}$$

(   )

18 한 시간에 60 km를 일정한 빠르기로 가는 트럭이 있습니다. 이 트럭이 같은 빠르기로 150 km 떨어진 목적지를 향해 1시간 30분 동안 갔습니다. 목적지까지 가려면 앞으로 몇 km를 더 가야 하나요?

(   )

[서술형]

19 □ 안에 들어갈 수 있는 자연수 중에서 1보다 큰 수를 모두 구하려고 합니다. 풀이 과정을 쓰고 답을 구하세요.

$$\frac{1}{6} \times \frac{1}{\square} > \frac{1}{25}$$

풀이

답 ________________

[서술형]

20 윤서네 반 전체 학생의 $\frac{1}{2}$은 여학생입니다. 여학생의 $\frac{3}{5}$은 요리를 좋아하고, 그중 $\frac{1}{3}$은 떡볶이를 만들수 있습니다. 윤서네 반 전체 학생 수가 20명일 때 요리를 좋아하며 떡볶이를 만들 수 있는 여학생은 몇 명인지 풀이 과정을 쓰고 답을 구하세요.

풀이

답 ________________

3 합동과 대칭

본문 72쪽

도형의 합동

합동: 모양과 크기가 같아서 포개었을 때 완전히 겹치는 두 도형

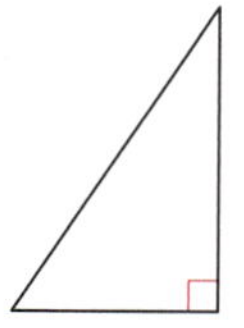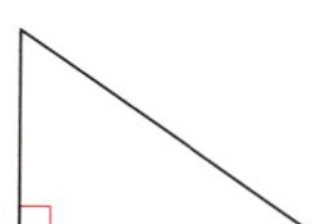

뒤집거나 돌려서 포개었을 때 완전히 겹쳐.

본문 74쪽

합동인 도형의 성질

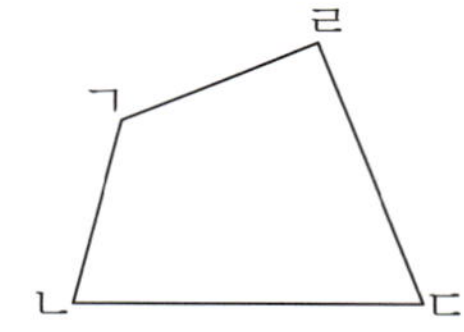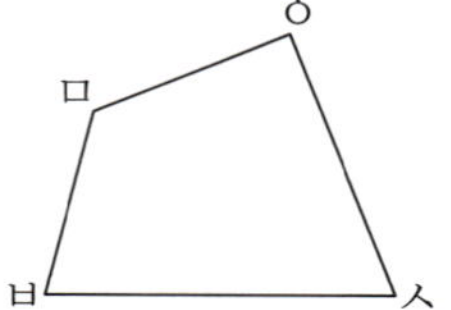

서로 합동인 두 도형을 포개었을 때
- **대응점**: 완전히 겹치는 점
- **대응변**: 완전히 겹치는 변
- **대응각**: 완전히 겹치는 각

서로 합동인 두 도형에서
각각의 대응변의 길이가 서로 같습니다.
각각의 대응각의 크기가 서로 같습니다.

본문 78쪽

선대칭도형

- **선대칭도형**
한 직선을 따라 접었을 때 완전히 겹치는 도형
- **대칭축**
선대칭도형에서 도형이 완전히 겹치도록 접은 직선

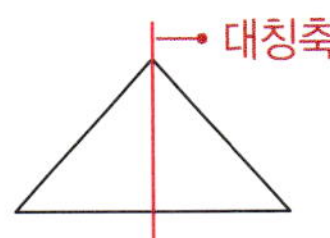
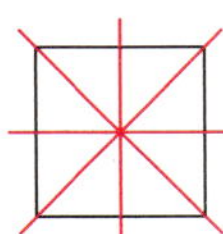

선대칭도형의 모양에 따라
대칭축의 개수는 다를 수 있어.

본문 80쪽

점대칭도형

- **점대칭도형**
한 도형을 어떤 점을 중심으로 **180°** 돌렸을 때 처음 도형과 완전히 겹치는 도형
- **대칭의 중심**
점대칭도형에서 도형이 완전히 겹치도록 180° 돌렸을 때 중심이 되는 점

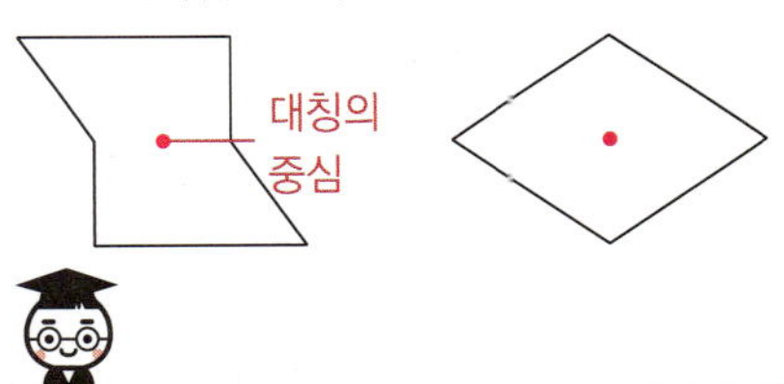

점대칭도형에서 **대칭의 중심은 항상 1개야.**

이제부터 **기본+응용**을
시작해 볼까요~

개념 익히기

개념 1 · 도형의 합동

1 합동

합동: 모양과 크기가 같아서 포개었을 때 완전히 겹치는 두 도형

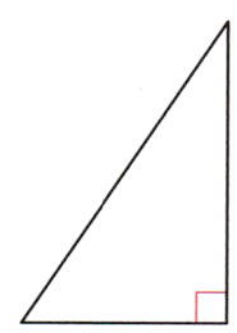
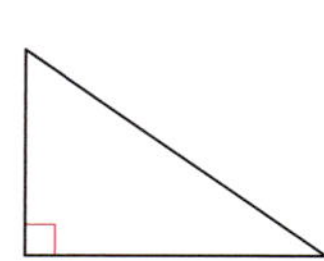

합동인 도형을 겹치면 남거나 모자라는 부분이 없어.

개념 플러스

● 서로 합동인 도형 찾기
두 도형이 놓인 방향이 달라도 뒤집거나 돌려서 포개었을 때 완전히 겹치면 서로 합동입니다.

예
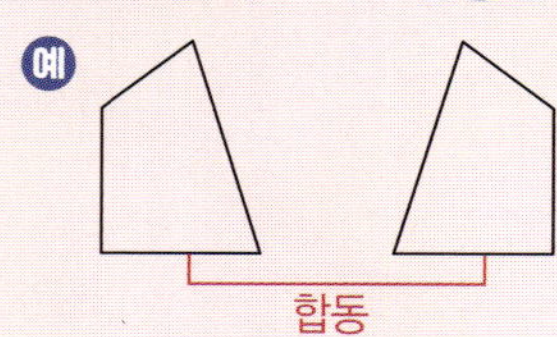
합동

2 서로 합동인 도형 만들기

예 서로 합동인 도형 2개 만들기

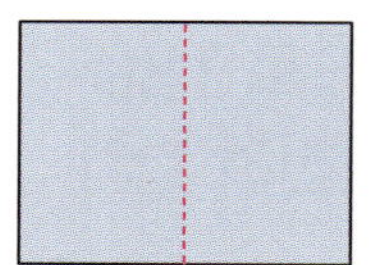
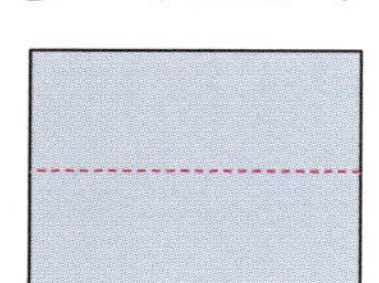

예 서로 합동인 도형 4개 만들기

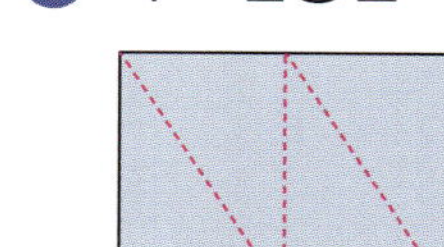
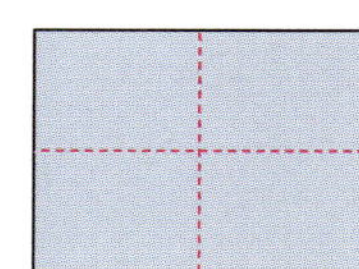

➡ 포개었을 때 **모양과 크기가 똑같은 도형**이 되도록 만듭니다.

[1~2] 도형을 보고 물음에 답하세요.

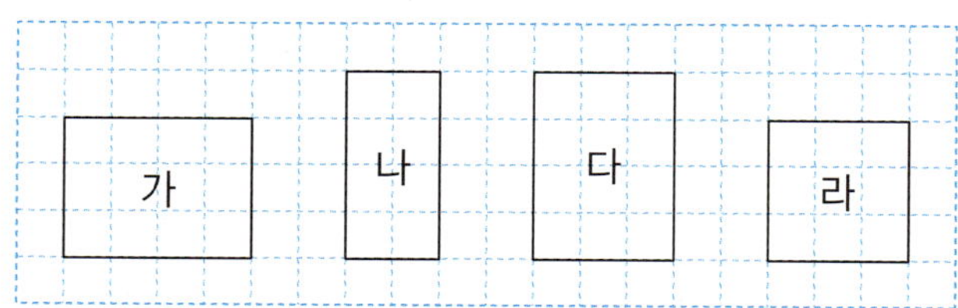

1 도형 가와 포개었을 때 완전히 겹치는 도형을 찾아 기호를 쓰세요.

( )

2 위 **1**과 같이 모양과 크기가 같아서 포개었을 때 완전히 겹치는 두 도형의 관계를 무엇이라고 하나요?

( )

3 왼쪽 도형과 서로 합동인 도형의 기호를 쓰세요.

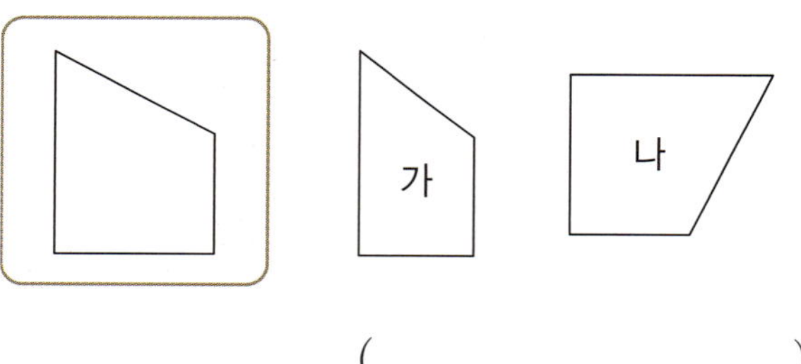

( )

4 정사각형 모양의 색종이를 점선을 따라 잘랐을 때 만들어지는 두 도형이 서로 합동인 것에 ◯표 하세요.

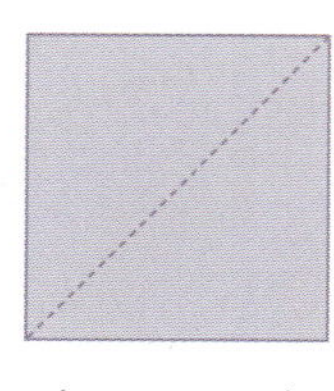
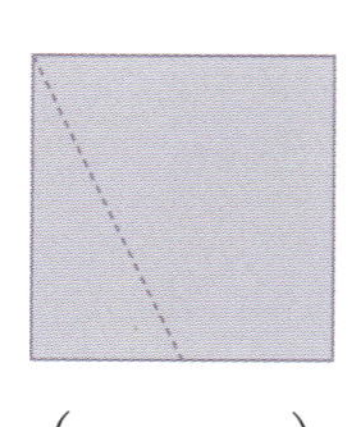

( ) ( ) ( )

5 오른쪽 도형과 포개었을 때 완전히 겹치는 도형을 찾아 기호를 쓰세요.

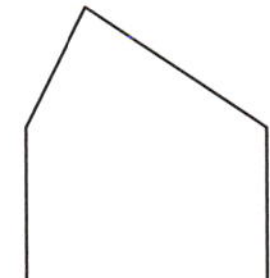

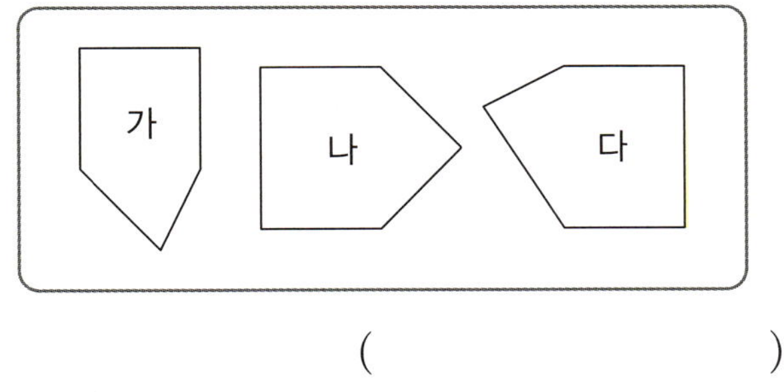

(   )

[6~7] 도형을 보고 물음에 답하세요.

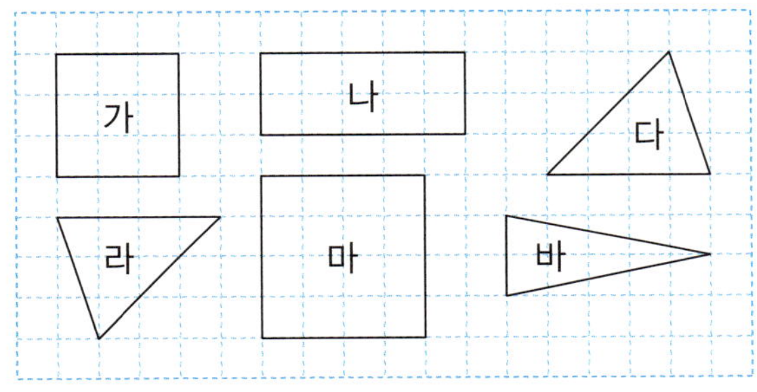

6 서로 합동인 두 도형을 찾아 기호를 쓰세요.

☐ 와 ☐

7 도형 나와 서로 합동인 도형을 찾아 ○표 하세요.

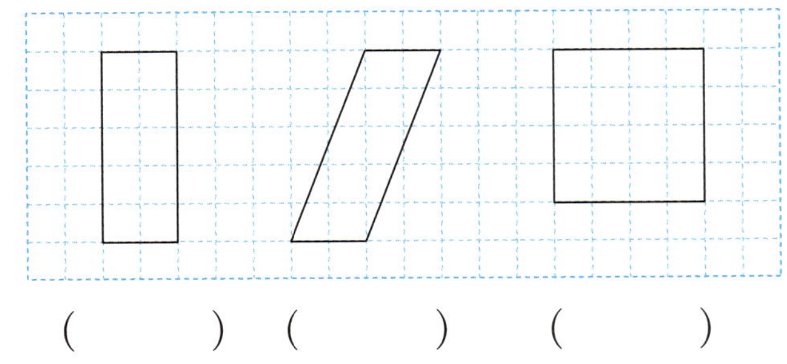

(   ) (   ) (   )

8 나머지 셋과 서로 합동이 <u>아닌</u> 도형을 찾아 기호를 쓰세요.

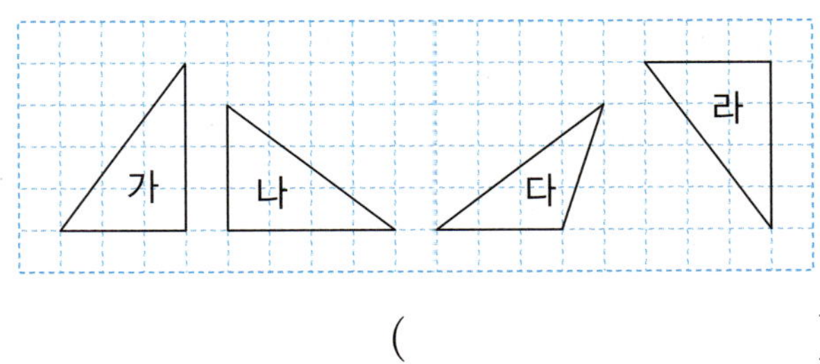

(   )

9 직사각형을 세 조각으로 잘라서 서로 합동인 도형 3개로 만들어 보세요.

10 주어진 도형과 서로 합동인 도형을 그려 보세요.

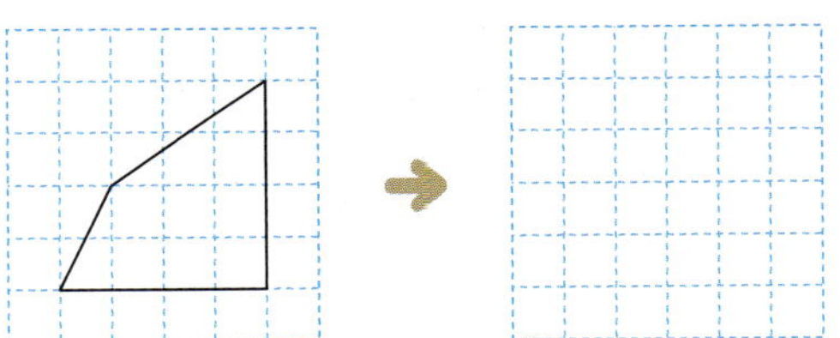

11 직사각형 모양의 종이를 점선을 따라 자르려고 합니다. 잘린 도형 중에서 서로 합동인 두 도형을 모두 찾아 기호를 쓰세요.

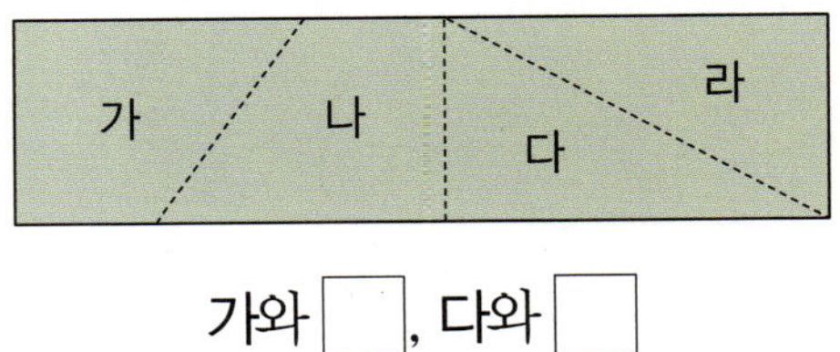

가와 ☐ , 다와 ☐

개념 2 \ 합동인 도형의 성질

1 대응점, 대응변, 대응각

서로 합동인 두 도형을 포개었을 때
- 대응점: 완전히 겹치는 점
- 대응변: 완전히 겹치는 변
- 대응각: 완전히 겹치는 각

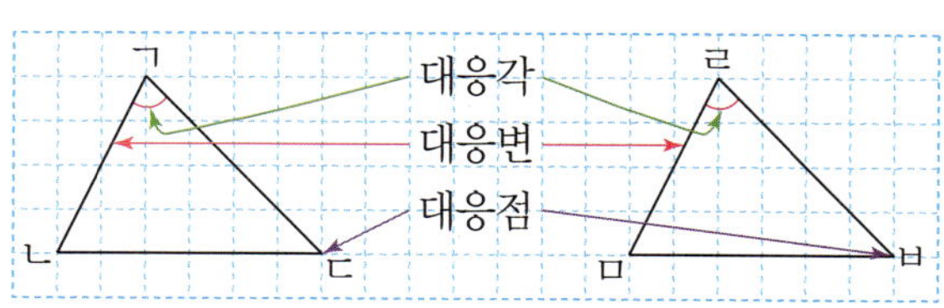

대응점	대응변	대응각
점 ㄱ과 점 ㄹ	변 ㄱㄴ과 변 ㄹㅁ	각 ㄱㄴㄷ과 각 ㄹㅁㅂ
점 ㄴ과 점 ㅁ	변 ㄴㄷ과 변 ㅁㅂ	각 ㄴㄷㄱ과 각 ㅁㅂㄹ
점 ㄷ과 점 ㅂ	변 ㄷㄱ과 변 ㅂㄹ	각 ㄷㄱㄴ과 각 ㅂㄹㅁ

2 합동인 도형의 성질

서로 합동인 두 도형에서
- 각각의 대응변의 길이가 서로 같습니다.
- 각각의 대응각의 크기가 서로 같습니다.

길이가 같은 변	(변 ㄱㄴ)＝(변 ㄹㅁ), (변 ㄴㄷ)＝(변 ㅁㅂ), (변 ㄷㄱ)＝(변 ㅂㄹ)
크기가 같은 각	(각 ㄱㄴㄷ)＝(각 ㄹㅁㅂ), (각 ㄴㄷㄱ)＝(각 ㅁㅂㄹ), (각 ㄷㄱㄴ)＝(각 ㅂㄹㅁ)

서로 합동인 두 삼각형에서 대응점, 대응변, 대응각은 각각 3쌍 있어.

● 대응변과 대응각을 찾을 때에는 대응점을 찾아 기호를 차례로 읽습니다.

예
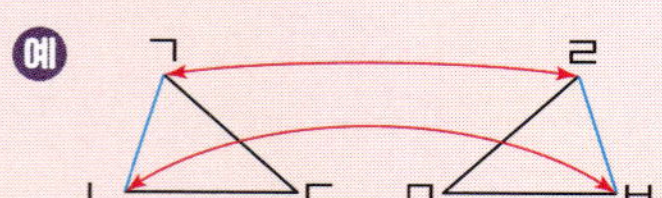

점 ㄱ의 대응점: 점 ㄹ
점 ㄴ의 대응점: 점 ㅂ
➡ 변 ㄱㄴ의 대응변: 변 ㄹㅂ

📖 참고 개념

서로 합동인 두 도형이 놓인 방향이 다를 때에는 대응점을 먼저 찾아서 대응변, 대응각을 알아봅니다.

[1~3] 두 사각형은 서로 합동입니다. □ 안에 알맞게 써 넣으세요.

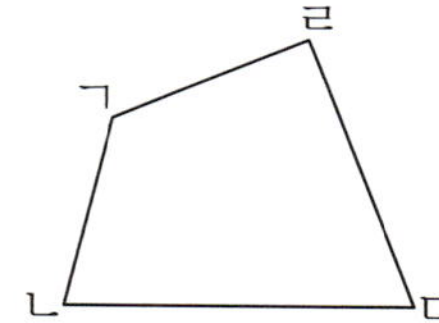

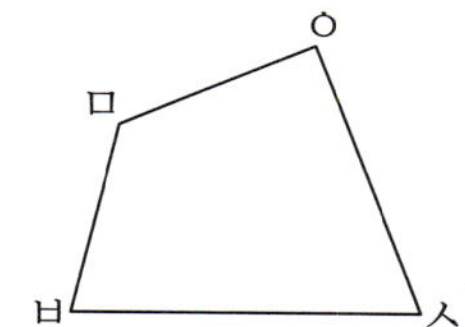

1 점 ㄱ의 대응점은 점 □ 입니다.

2 변 ㄴㄷ의 대응변은 변 □ 입니다.

3 각 ㄷㄹㄱ의 대응각은 각 □ 입니다.

4 두 삼각형은 서로 합동입니다. 물음에 답하세요.

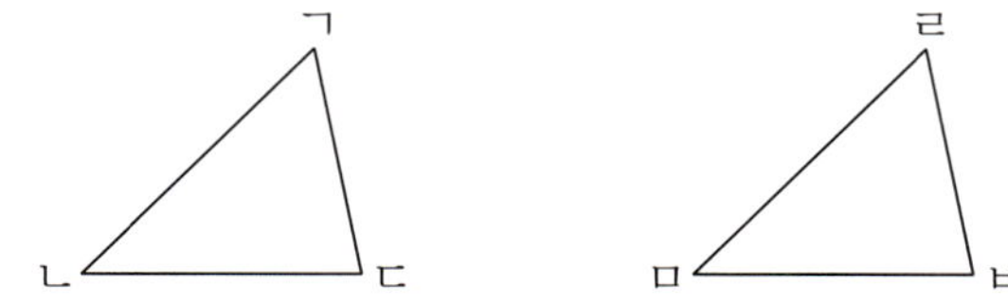

(1) 변 ㄴㄷ과 길이가 같은 변을 쓰세요.

( )

(2) 각 ㄷㄱㄴ과 크기가 같은 각을 쓰세요.

( )

[5~7] 두 사각형은 서로 합동입니다. 물음에 답하세요.

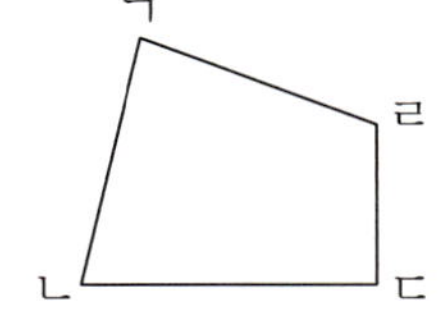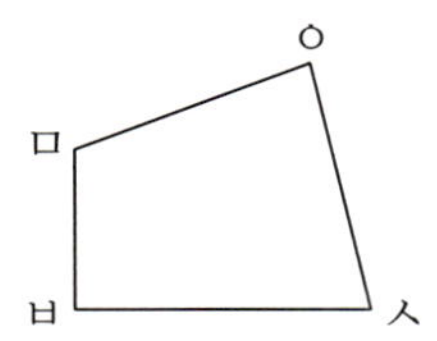

5 점 ㄷ의 대응점을 쓰세요.

( )

6 대응변끼리 바르게 짝 지은 것의 기호를 쓰세요.

> ㉠ 변 ㄹㄷ과 변 ㅇㅅ
> ㉡ 변 ㄴㄷ과 변 ㅅㅂ

( )

7 대응각끼리 이어 보세요.

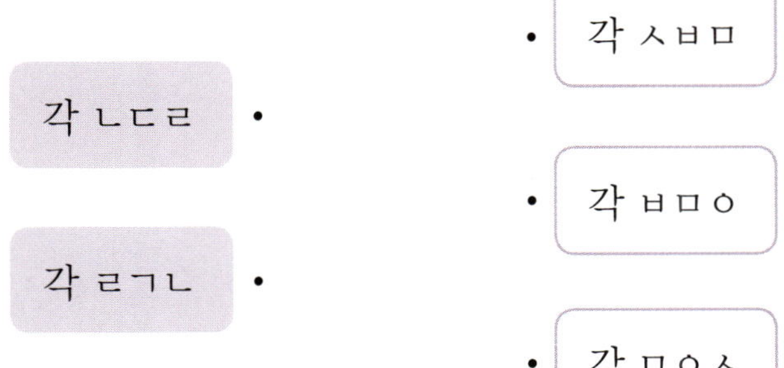

8 두 도형은 서로 합동입니다. 대응점, 대응변, 대응각이 각각 몇 쌍 있나요?

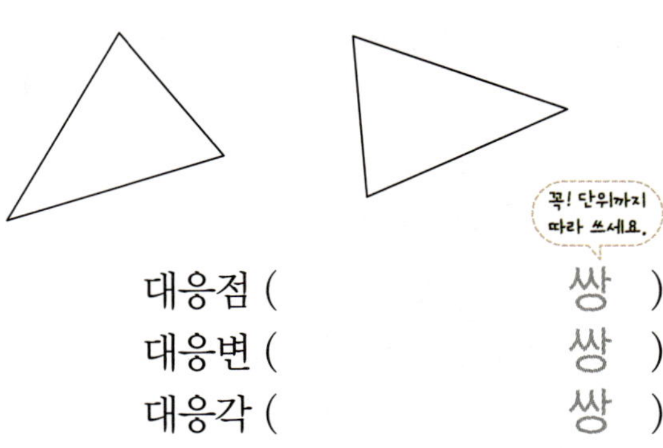

대응점 (쌍)
대응변 (쌍)
대응각 (쌍)

9 두 사각형은 서로 합동입니다. 각 ㄱㄴㄷ의 대응각을 쓰세요.

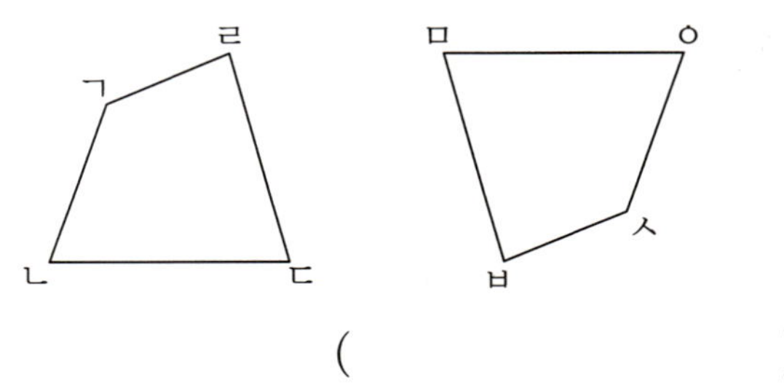

( )

10 두 삼각형은 서로 합동입니다. 물음에 답하세요.

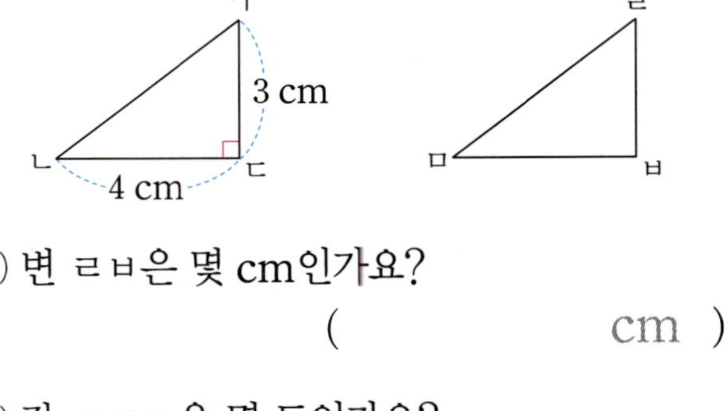

(1) 변 ㄹㅂ은 몇 cm인가요?

(cm)

(2) 각 ㄹㅂㅁ은 몇 도인가요?

( )

3 합동과 대칭

기본 다지기

STEP 2

개념 확인 | p.72 개념 1

기본 1 \ 도형의 합동

1 정팔각형 모양의 색종이에 선을 그어 서로 합동인 삼각형 8개로 만들어 보세요.

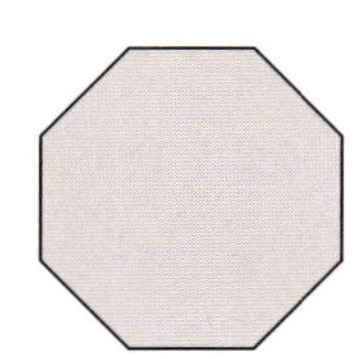

2 서로 합동인 두 도형을 모두 찾아 기호를 쓰세요.

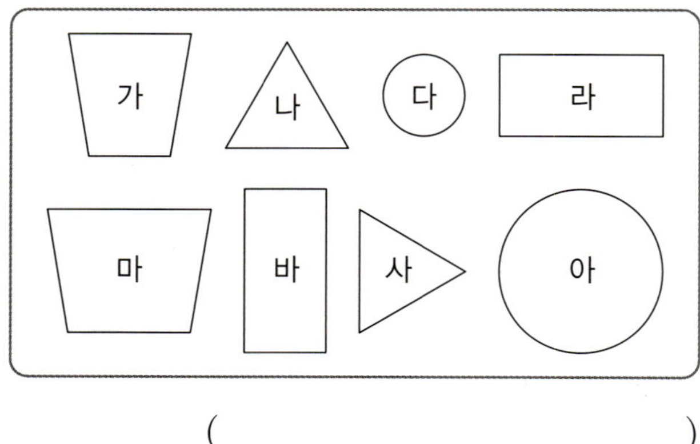

(   )

3 두 도형은 서로 합동이 아닙니다. 그 까닭을 쓰세요.

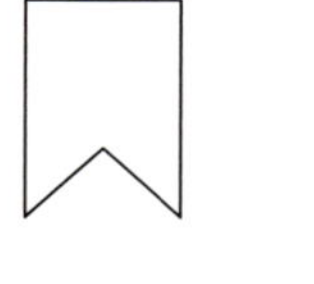 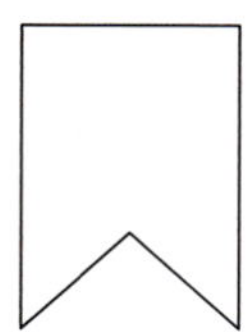

까닭 ___________________________________

____

____

개념 확인 | p.74 개념 2

기본 2 \ 합동인 도형의 성질

4 두 삼각형은 서로 합동입니다. 물음에 답하세요.

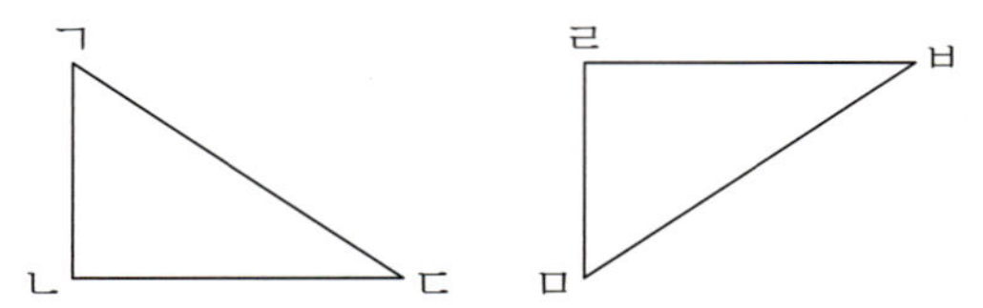

(1) 변 ㄷㄱ과 길이가 같은 변을 쓰세요.

(   )

(2) 각 ㄹㅁㅂ과 크기가 같은 각을 쓰세요.

(   )

5 두 삼각형은 서로 합동입니다. 변 ㄱㄷ은 몇 cm인지 구하세요.

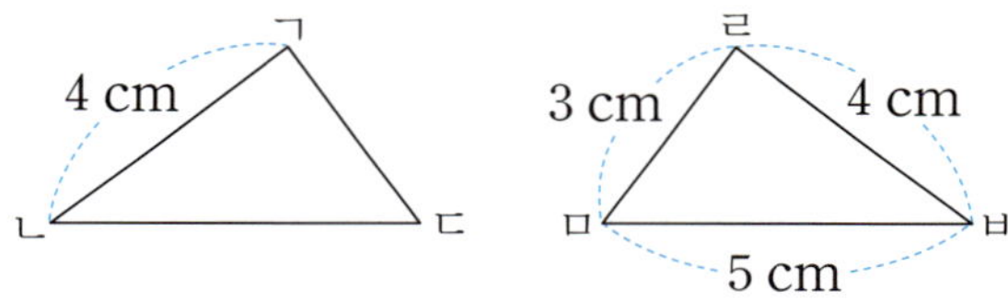

(1) 변 ㄱㄷ의 대응변을 쓰세요.

(   )

(2) 변 ㄱㄷ은 몇 cm인가요?

(   )

6 두 사각형은 서로 합동입니다. ☐ 안에 알맞은 수를 써넣으세요.

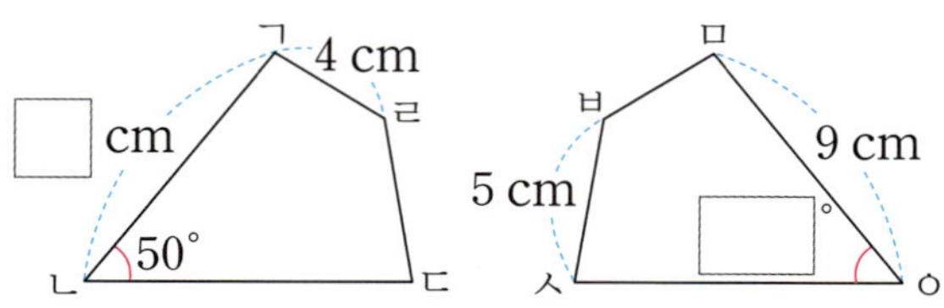

7 두 삼각형은 서로 합동입니다. 물음에 답하세요.

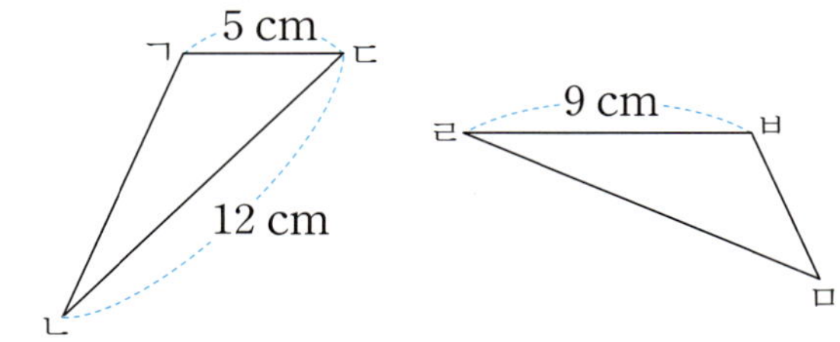

(1) 변 ㄱㄴ은 몇 cm인가요?

( )

(2) 삼각형 ㄱㄴㄷ의 둘레는 몇 cm인가요?

( )

8 두 사각형은 서로 합동입니다. 각 ㅇㅅㅂ은 몇 도인가요?

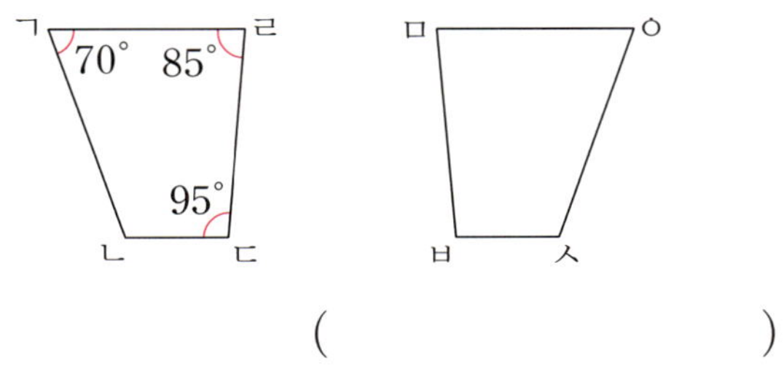

( )

사각형의 네 각의 크기의 합은 360°임을 이용하여 구하자.

9 사각형 모양의 밭이 있습니다. 사각형 ㄱㄴㄷㄹ의 둘레에 울타리를 치려고 합니다. 삼각형 ㄱㄴㅁ과 삼각형 ㄹㅁㄷ이 서로 합동일 때 울타리를 몇 m 쳐야 하나요?

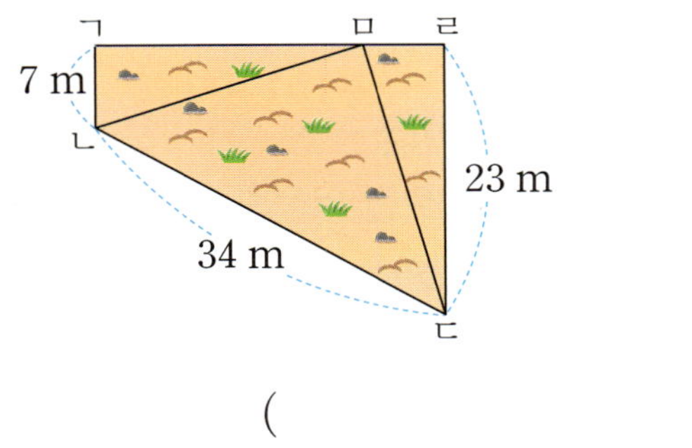

( )

먼저 선분 ㄱㅁ과 선분 ㅁㄹ의 대응변을 각각 찾자.

서로 합동인 두 도형에서 **각각의 대응변의 길이가 서로 같다**는 성질을 이용하여 변의 길이를 구합니다.

➜ **(모르는 변의 길이)**
＝(도형의 둘레)－(알고 있는 모든 변의 길이)

10 두 삼각형은 서로 합동입니다. 삼각형 ㄱㄴㄷ의 둘레가 38 cm일 때 변 ㅁㅂ은 몇 cm인가요?

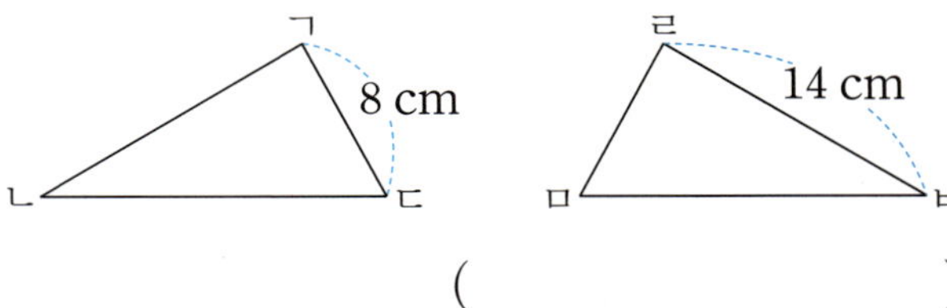

( )

11 두 삼각형은 서로 합동입니다. 삼각형 ㄱㄴㄷ의 둘레가 30 cm일 때 변 ㄹㅂ은 몇 cm인가요?

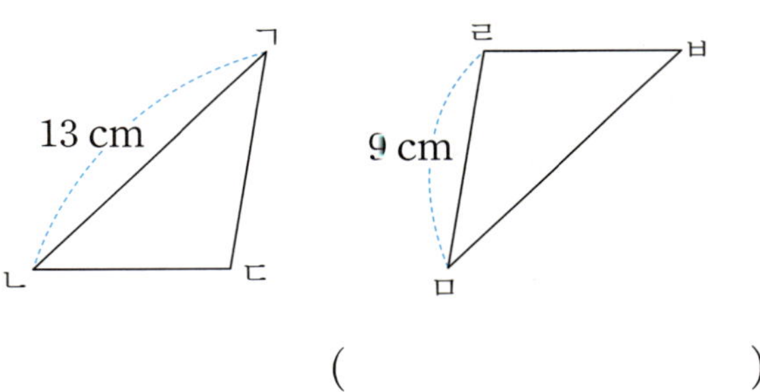

( )

12 두 사각형은 서로 합동입니다. 사각형 ㅁㅂㅅㅇ의 둘레가 35 cm일 때 변 ㄱㄹ은 몇 cm인가요?

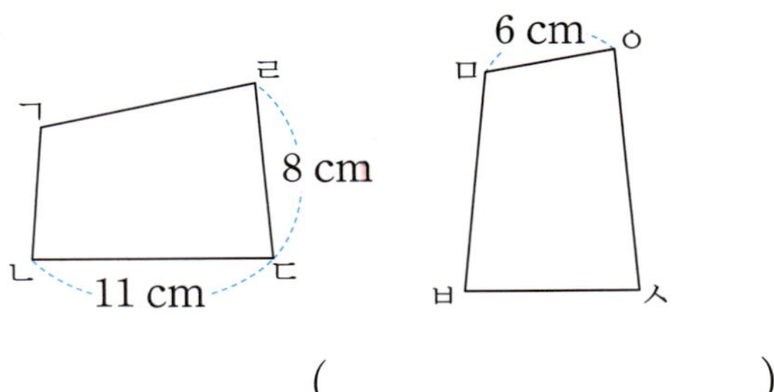

( )

개념 3 \ 선대칭도형

1 선대칭도형

한 직선을 따라 접었을 때 완전히 겹치는 도형을 **선대칭도형**이라고 합니다. 이때 **그 직선**을 **대칭축**이라고 합니다.

2 대응점, 대응변, 대응각

대칭축을 따라 접었을 때
- **대응점**: 겹치는 점
- **대응변**: 겹치는 변
- **대응각**: 겹치는 각

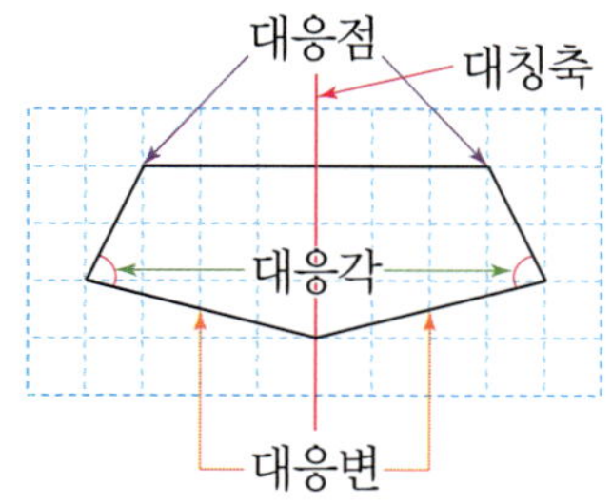

개념 플러스

● **대칭축의 개수**
선대칭도형의 모양에 따라 대칭축의 개수는 다를 수 있습니다.

예 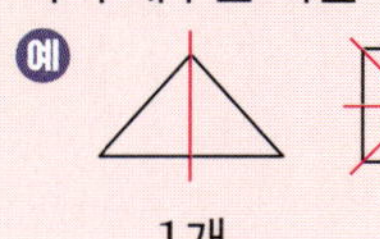

개념 4 \ 선대칭도형의 성질

1 선대칭도형의 성질

(1) 각각의 **대응변**의 길이가 **서로 같습니다**.
(2) 각각의 **대응각**의 크기가 **서로 같습니다**.
(3) 대응점끼리 이은 선분은 **대칭축과 수직**으로 만납니다.
(4) **대칭축**은 대응점끼리 이은 선분을 **둘로 똑같이 나눕니다**.
(5) 각각의 대응점에서 **대칭축까지의 거리가 서로 같습니다**.

> 대응점끼리 이은 선분과 대칭축 사이의 관계

선대칭도형의 대칭축이 여러 개일 때 **대칭축은 모두 한 점에서 만나!**

2 선대칭도형 그리기

① 한 점에서 대칭축에 수선을 긋습니다.

② 이 수선에 대칭축까지의 거리가 같도록 대응점을 찾아 표시합니다.

③ 같은 방법으로 각 대응점을 찾아 차례로 이어 선대칭도형을 완성합니다.

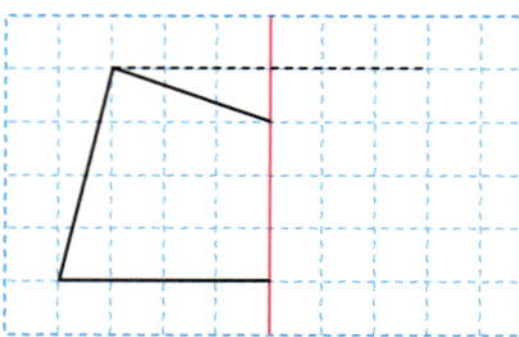 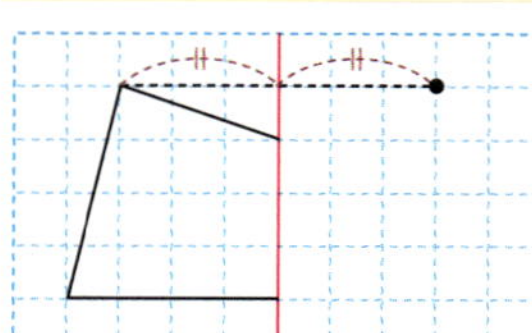 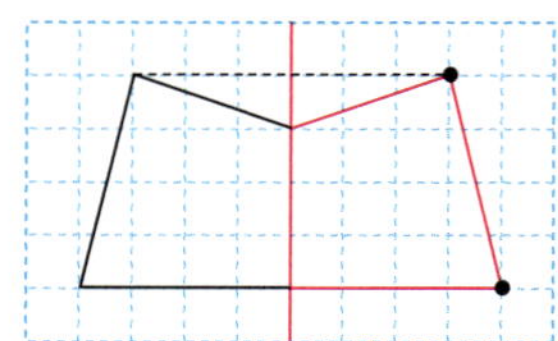

● **선대칭도형을 그릴 때 대응점 찾기**
대칭축에 수선을 그어 대칭축까지의 거리는 같고 방향은 반대인 점이 대응점입니다.

---

1 선대칭도형의 기호를 쓰세요.

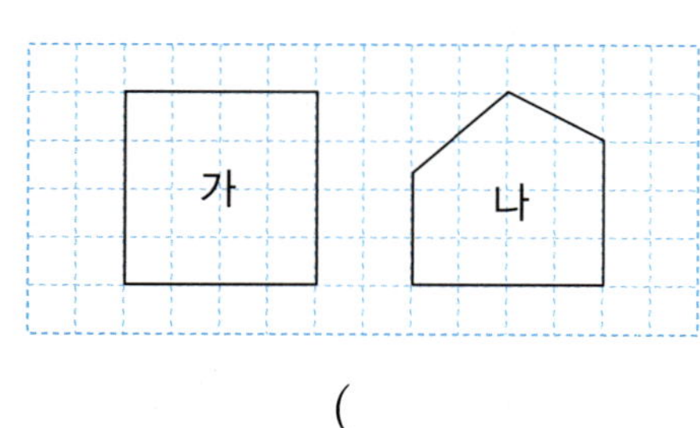

(   )

2 오른쪽 도형을 직선 ㄱㄴ을 따라 접으면 완전히 겹칩니다. 직선 ㄱㄴ을 무엇이라고 하나요?

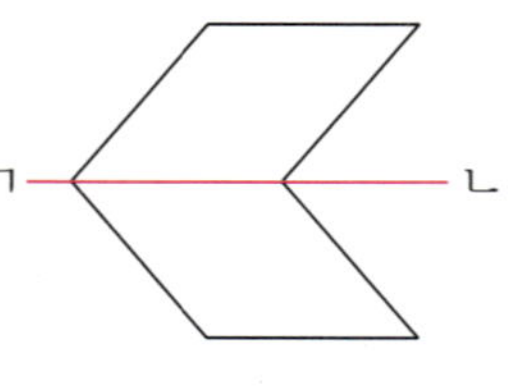

(   )

3 선대칭도형의 대칭축을 바르게 나타낸 것에 ○표 하세요.

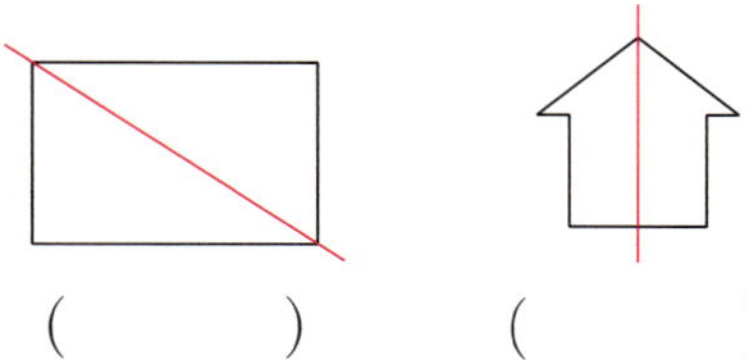

(　　　　)　　　　(　　　　)

4 선대칭도형을 보고 물음에 답하세요.

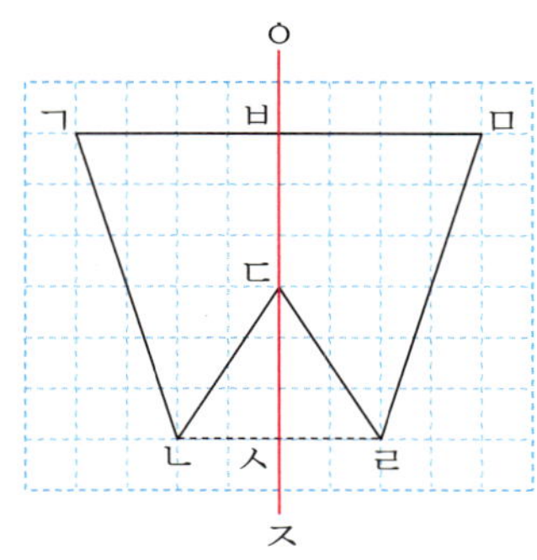

(1) 점 ㄴ의 대응점을 쓰세요.

(　　　　　　)

(2) 변 ㄷㄹ의 대응변을 쓰세요.

(　　　　　　)

(3) 각 ㄱㄴㄷ의 대응각을 쓰세요.

(　　　　　　)

5 직선 ㅅㅇ을 대칭축으로 하는 선대칭도형입니다. 각 ㄴㄱㅁ은 몇 도인가요?

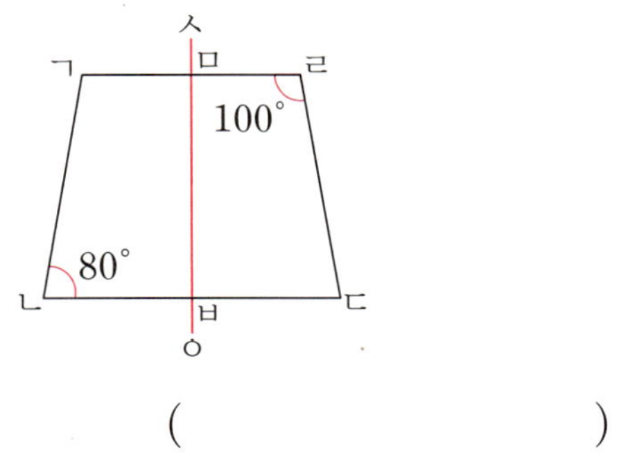

(　　　　　　)

6 직선 ㅅㅇ을 대칭축으로 하는 선대칭도형입니다. 변 ㄴㄷ은 몇 cm인가요?

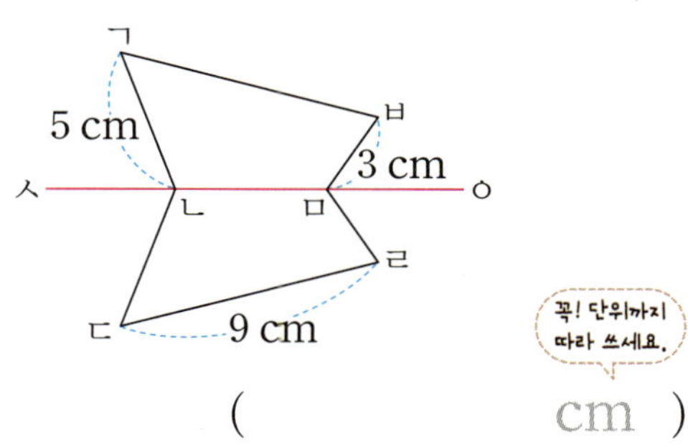

(　　　　cm　　)

7 직선 ㄱㄴ을 대칭축으로 하는 선대칭도형을 완성해 보세요.

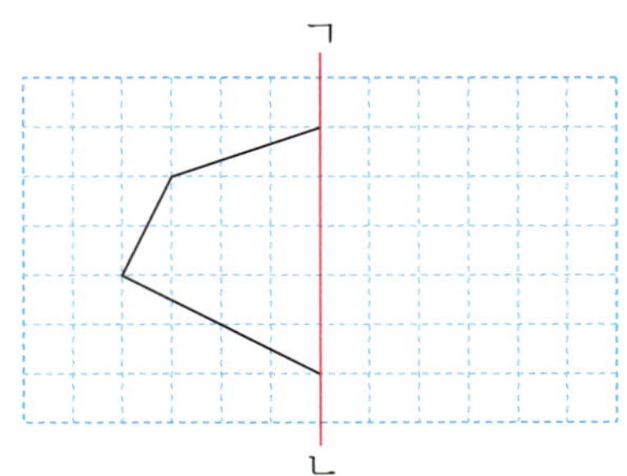

8 직선 ㅋㅌ을 대칭축으로 하는 선대칭도형입니다. 물음에 답하세요.

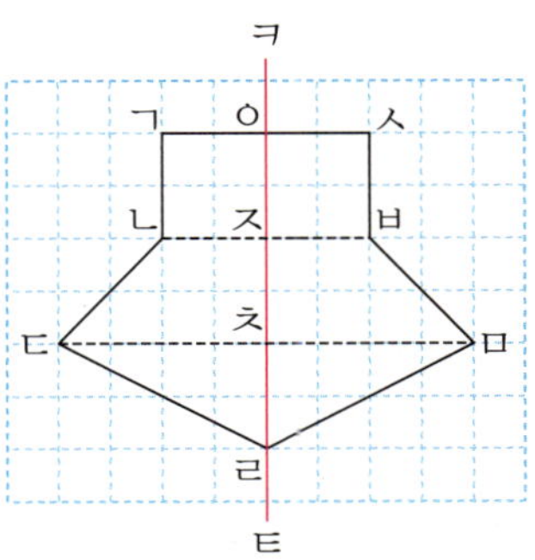

(1) 대응점끼리 이은 선분 ㄴㅂ이 대칭축과 만나서 이루는 각은 몇 도인가요?

(　　　　　　)

(2) 선분 ㄷㅊ과 길이가 같은 선분을 쓰세요.

(　　　　　　)

3 합동과 대칭

개념 5 \ 점대칭도형

1 점대칭도형

한 도형을 어떤 점을 중심으로 **180°** 돌렸을 때 처음 도형과 완전히 겹치는 도형을 **점대칭도형**이라고 합니다. 이때 **그 점**을 **대칭의 중심**이라고 합니다.

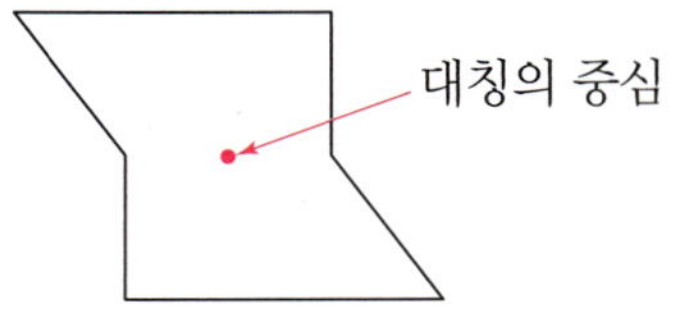

2 대응점, 대응변, 대응각

대칭의 중심을 중심으로 180° 돌렸을 때
- **대응점**: 겹치는 점
- **대응변**: 겹치는 변
- **대응각**: 겹치는 각

개념 6 \ 점대칭도형의 성질

1 점대칭도형의 성질

(1) 각각의 **대응변**의 길이가 **서로 같습니다**.
(2) 각각의 **대응각**의 크기가 **서로 같습니다**.
(3) **대칭의 중심**은 대응점끼리 이은 선분을 **둘로 똑같이 나눕니다**.
(4) 각각의 대응점에서 **대칭의 중심까지의 거리가 서로 같습니다**.

대응점끼리 이은 선분과 대칭의 중심 사이의 관계

● **점대칭도형에서 대칭의 중심**

대응점끼리 선분으로 이었을 때 선분이 만나는 점이 대칭의 중심입니다.

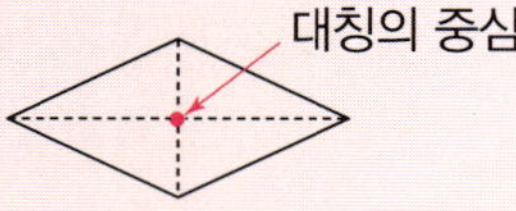

2 점대칭도형 그리기

① 한 점에서 대칭의 중심을 지나는 직선을 긋습니다.

② 이 직선에 대칭의 중심까지의 거리가 같도록 대응점을 찾아 표시합니다.

③ 같은 방법으로 각 대응점을 찾아 차례로 이어 점대칭도형을 완성합니다.

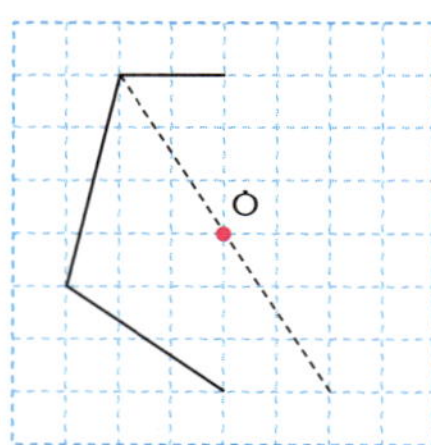
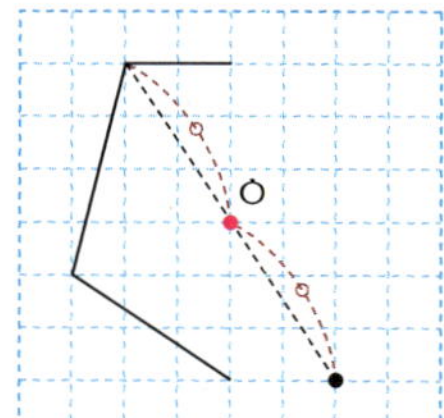
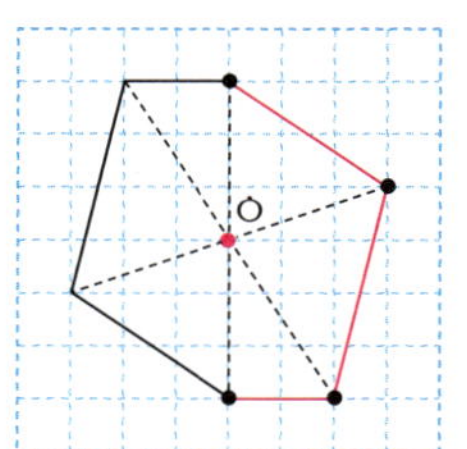

● **점대칭도형을 그릴 때 대응점 찾기**

대칭의 중심까지의 거리는 같고 방향은 반대인 점이 대응점입니다.

---

1 점 ㅇ을 중심으로 180° 돌렸을 때 처음 도형과 완전히 겹치는 도형에 ◯표 하세요.

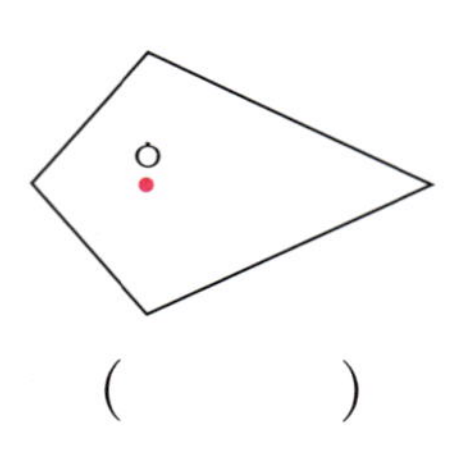
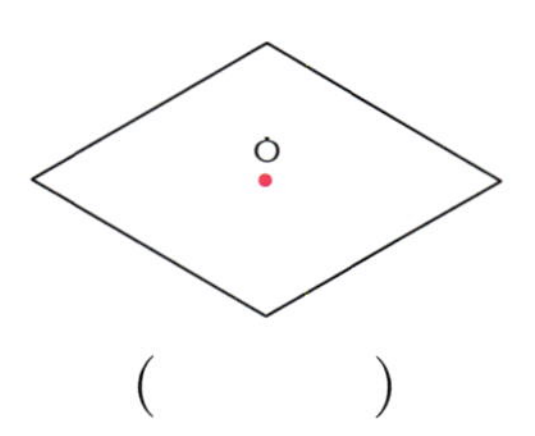

(   )   (   )

2 점대칭도형을 보고 대칭의 중심을 찾아 쓰세요.

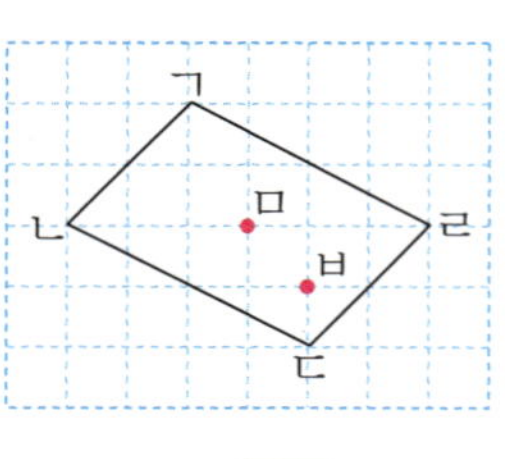

점 ☐

3 점대칭도형입니다. 대칭의 중심은 몇 개인가요?

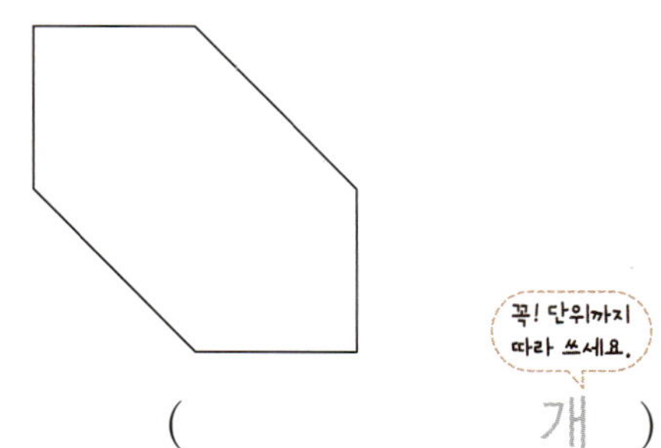

(　　　개　　　)

4 점 ㅇ을 대칭의 중심으로 하는 점대칭도형입니다. 물음에 답하세요.

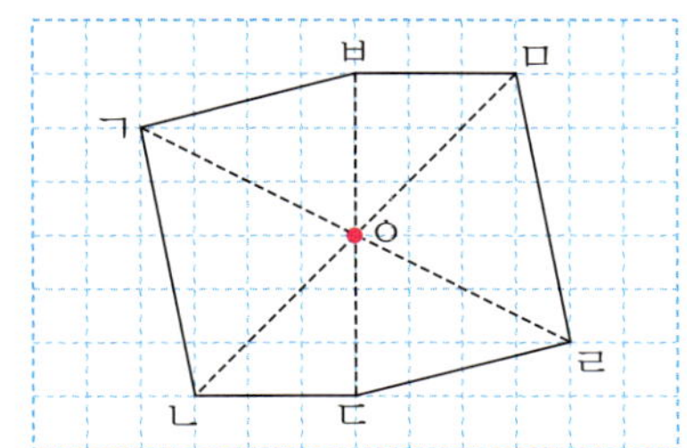

(1) 점 ㄷ의 대응점을 쓰세요.

(　　　　　　　)

(2) 변 ㄱㄴ의 대응변을 쓰세요.

(　　　　　　　)

(3) 각 ㄷㄹㅁ의 대응각을 쓰세요.

(　　　　　　　)

5 점 ㅇ을 대칭의 중심으로 하는 점대칭도형입니다. 변 ㄴㄷ은 몇 cm인가요?

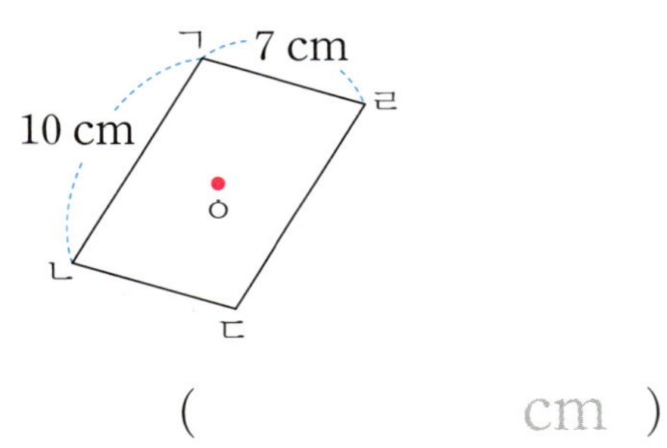

(　　　　　cm　　)

6 점 ㅇ을 대칭의 중심으로 하는 점대칭도형입니다. 각 ㄹㅁㅂ은 몇 도인가요?

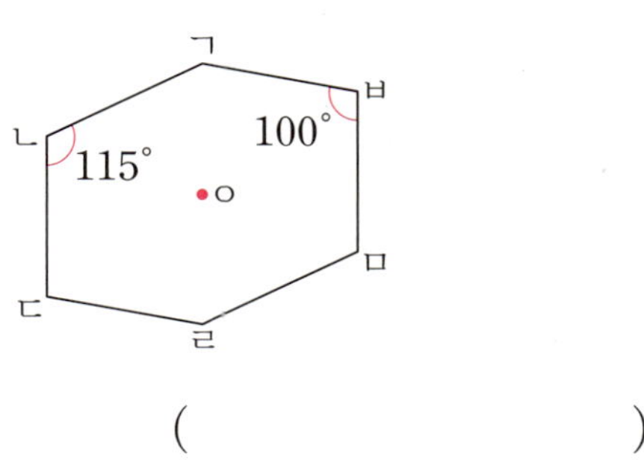

(　　　　　　　　　　)

7 점 ㅇ을 대칭의 중심으로 하는 점대칭도형입니다. 길이가 같은 선분을 찾아 이어 보세요.

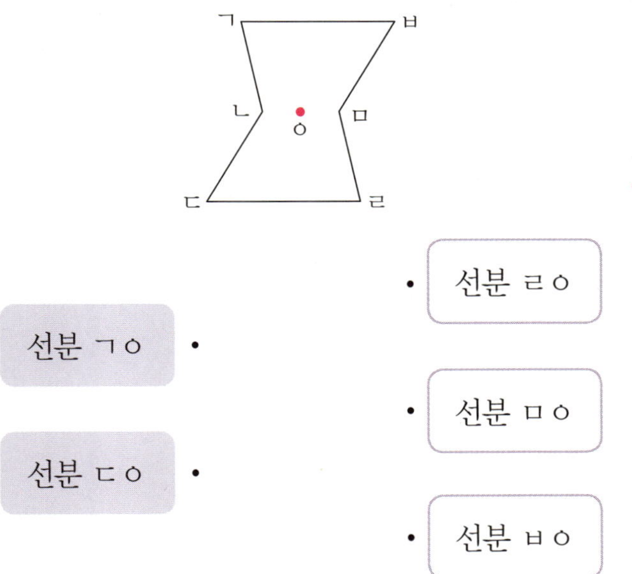

선분 ㄱㅇ •

선분 ㄷㅇ •

• 선분 ㄹㅇ

• 선분 ㅁㅇ

• 선분 ㅂㅇ

8 점 ㅇ을 대칭의 중심으로 하는 점대칭도형을 완성해 보세요.

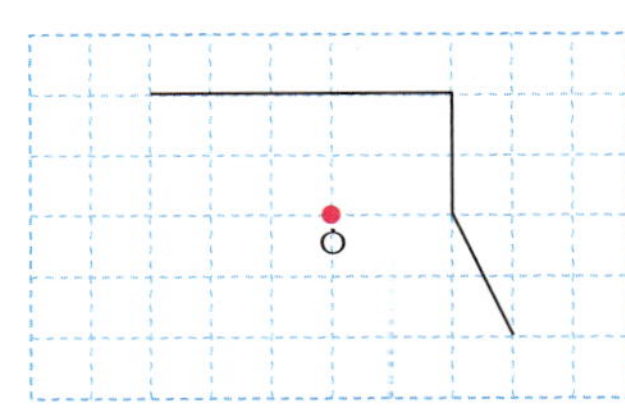

3
합동과 대칭

STEP 2 기본 다지기

기본 3 \ 선대칭도형

1 선대칭도형을 모두 찾아 기호를 쓰세요.

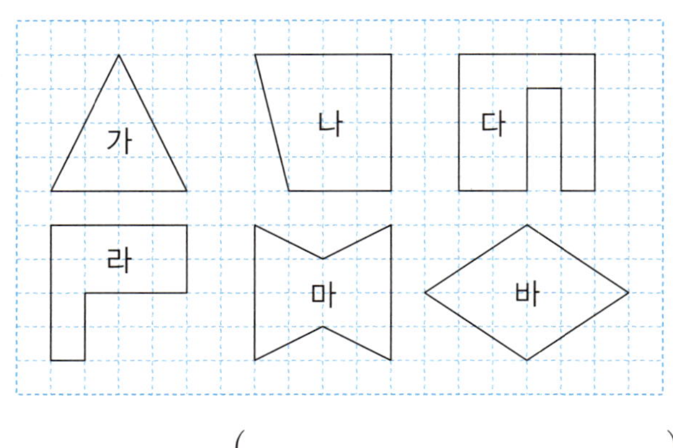

( )

2 선대칭도형의 대칭축을 <u>잘못</u> 그린 것을 찾아 기호를 쓰세요.

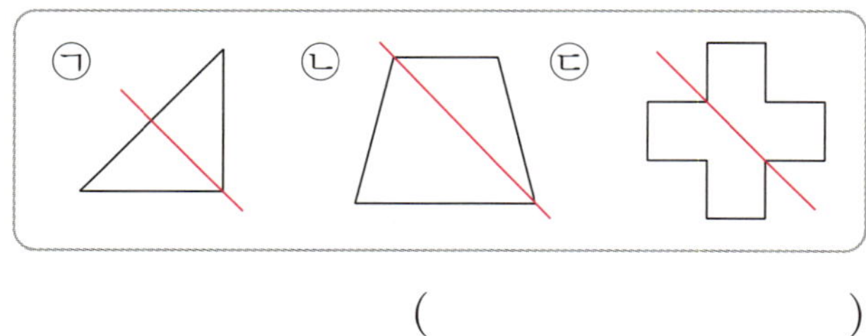

( )

3 직선 ㅈㅊ을 대칭축으로 하는 선대칭도형입니다. 대응점, 대응변, 대응각을 각각 쓰세요.

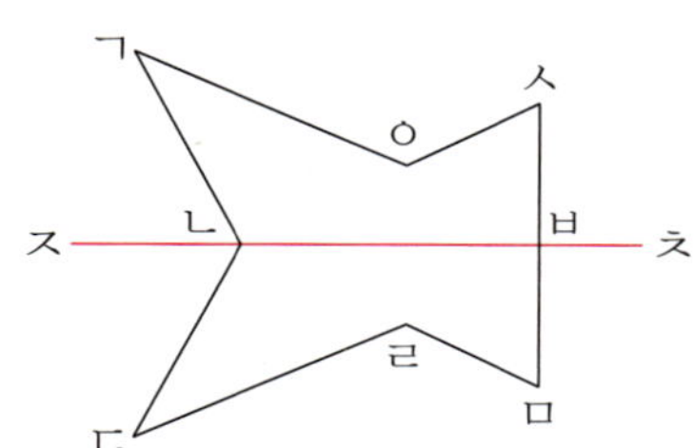

점 ㅇ의 대응점 ( )
변 ㄴㄷ의 대응변 ( )
각 ㄹㅁㅂ의 대응각 ( )

4 선대칭도형의 대칭축을 모두 그려 보세요.

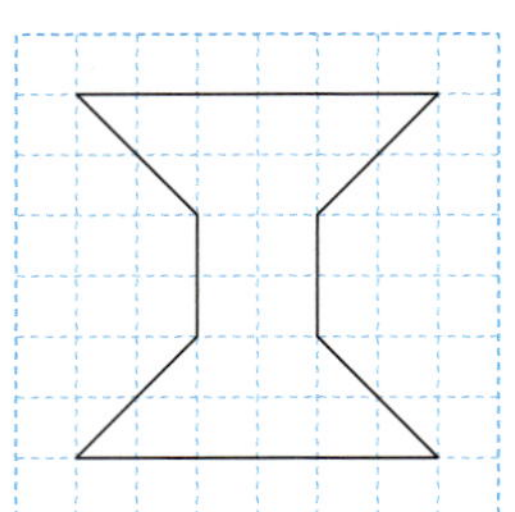

5 선대칭도형의 대칭축은 모두 몇 개인가요?

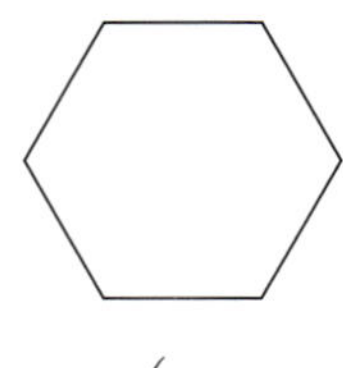

( )

응용 문제

6 선대칭도형 중 대칭축의 개수가 가장 많은 것을 찾아 기호를 쓰세요.

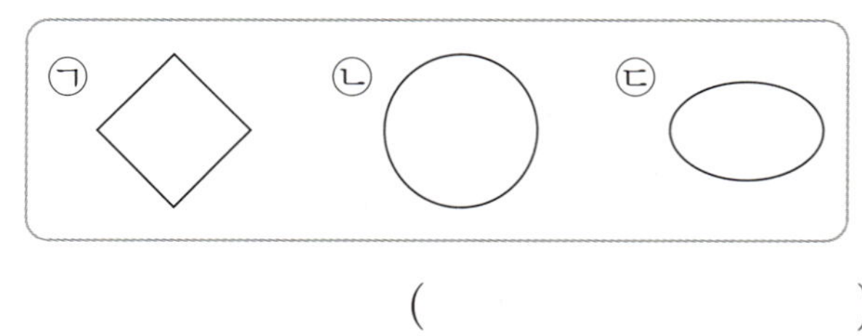

( )

7 선대칭도형인 알파벳은 모두 몇 개인가요?

M A P

( )

기본 4 \ 선대칭도형의 성질

8 선대칭도형을 보고 물음에 답하세요.

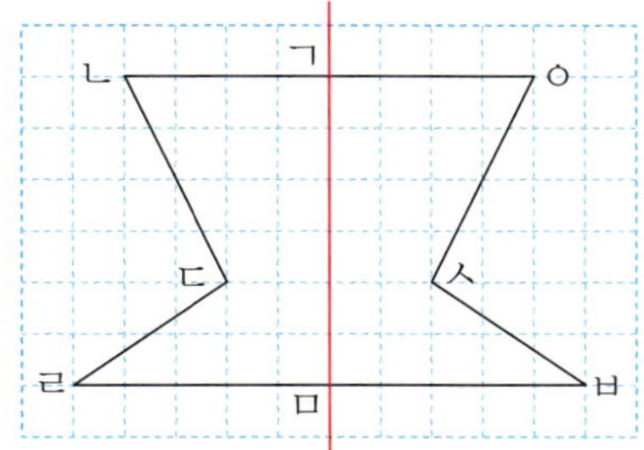

(1) 변 ㄷㄹ과 길이가 같은 변을 쓰세요.

(　　　　　　　)

(2) 각 ㄱㄴㄷ과 크기가 같은 각을 쓰세요.

(　　　　　　　)

9 직선 ㅇㅈ을 대칭축으로 하는 선대칭도형입니다. 물음에 답하세요.

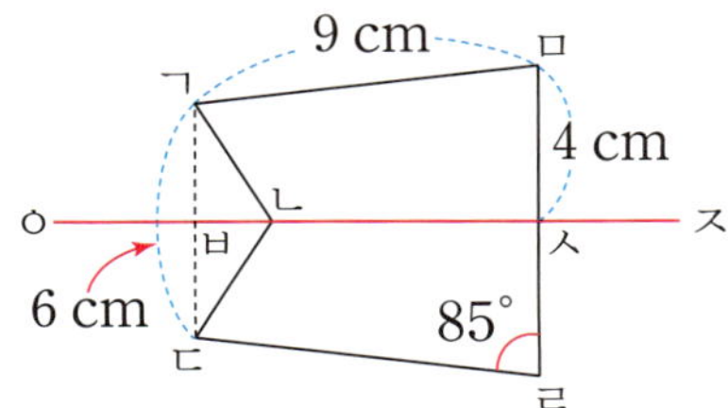

(1) 변 ㄷㄹ은 몇 cm인가요?

(　　　　　　　)

(2) 각 ㄱㅁㅅ은 몇 도인가요?

(　　　　　　　)

(3) 선분 ㄱㅂ은 몇 cm인가요?

(　　　　　　　)

10 직선 ㄱㄴ을 대칭축으로 하는 선대칭도형입니다. □ 안에 알맞은 수를 써넣으세요.

(1)

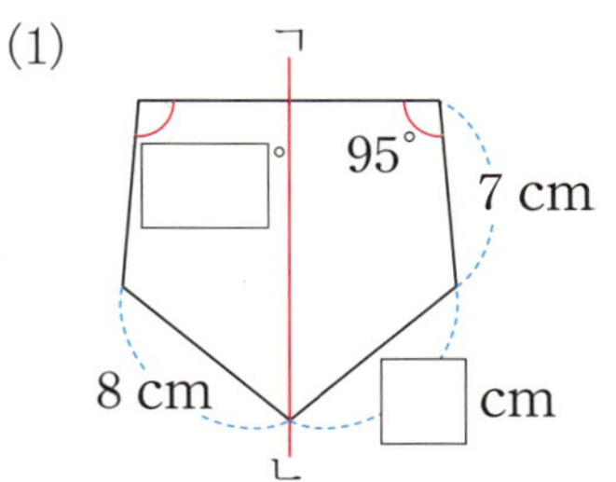

(2)

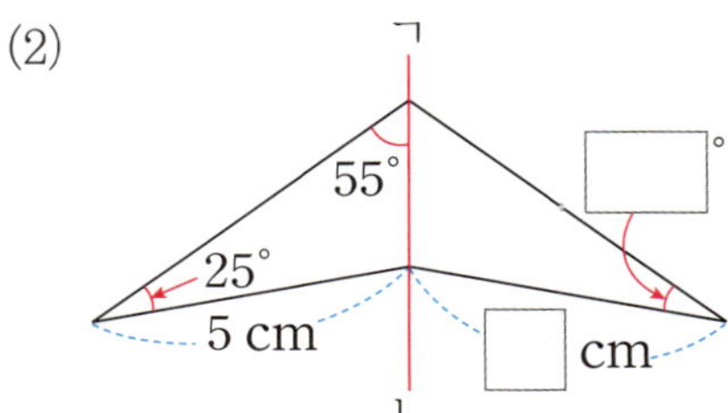

11 직선 ㅇㅈ을 대칭축으로 하는 선대칭도형입니다. ㉠은 몇 도인가요?

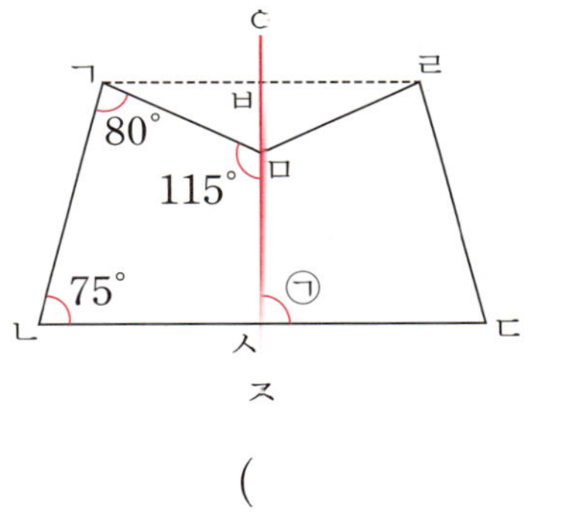

(　　　　　　　)

12 직선 ㅅㅇ을 대칭축으로 하는 선대칭도형입니다. 선분 ㄱㄴ은 몇 cm인가요?

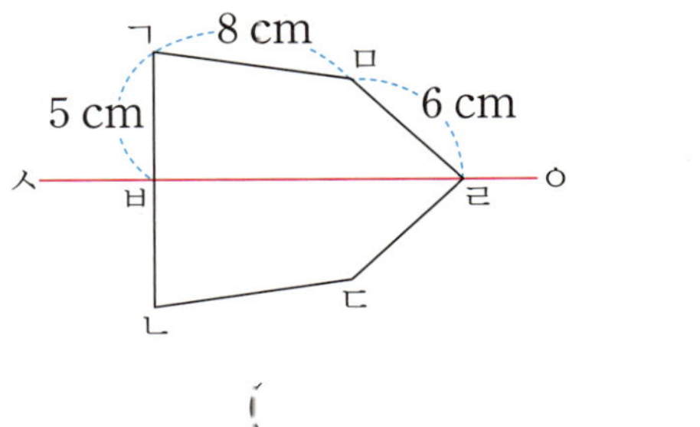

(　　　　　　　)

대칭축은 대응점끼리 이은 선분을 둘로 똑같이 나누는 성질을 이용하여 구하자.

개념 확인 | p.80 개념 5

[13~14] 직선 ㄱㄴ을 대칭축으로 하는 선대칭도형을 완성해 보세요.

13

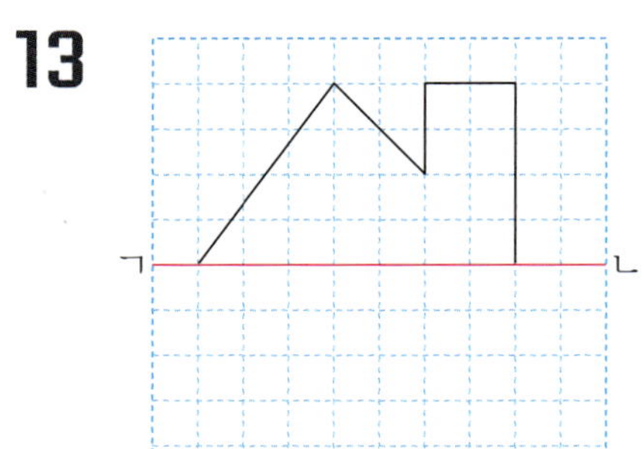

기본 5 \ 점대칭도형

16 점대칭도형을 모두 찾아 기호를 쓰세요.

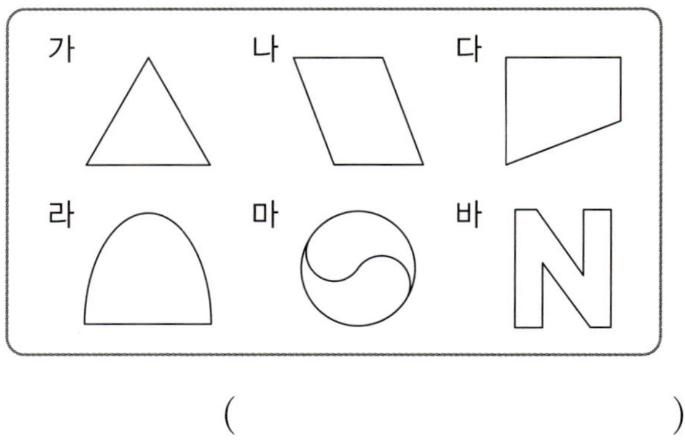

( )

14

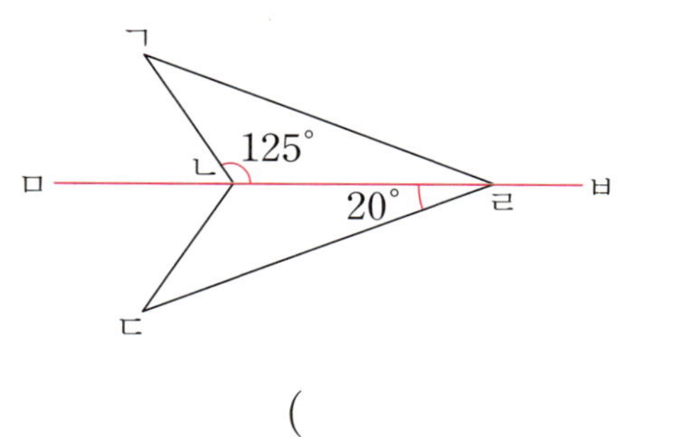

17 점대칭도형에서 대칭의 중심을 찾아 점(•)으로 표시해 보세요.

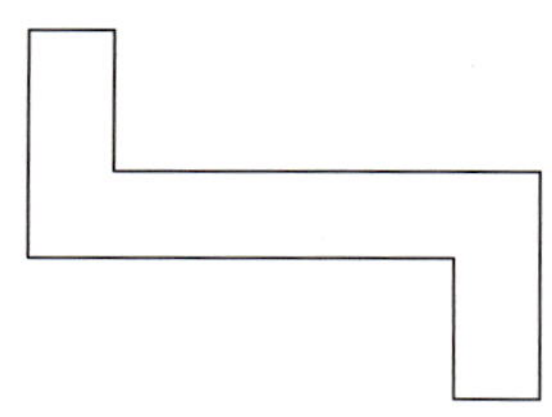

15 직선 ㅁㅂ을 대칭축으로 하는 선대칭도형입니다. 각 ㄷㄴㅁ은 몇 도인가요?

( )

일직선이 이루는 각은 180°임을 이용하자.

18 점대칭도형에 대하여 <u>잘못</u> 설명한 사람의 이름을 쓰세요.

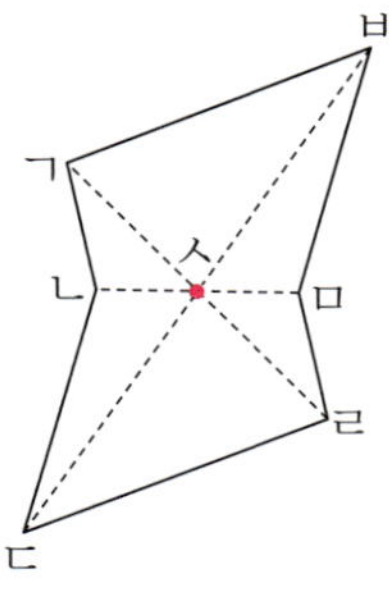

현서: 대칭의 중심은 1개야.
서아: 대칭의 중심은 점 ㅁ이야.
준호: 점 ㅅ을 중심으로 180° 돌렸을 때 처음 도형과 완전히 겹쳐.

( )

19 점 ㅇ을 대칭의 중심으로 하는 점대칭도형입니다. 물음에 답하세요.

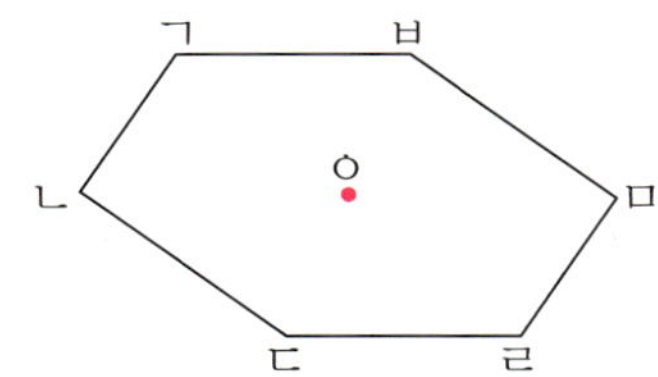

(1) 변 ㄴㄷ의 대응변을 쓰세요.

(　　　　　　　)

(2) 각 ㄷㄹㅁ의 대응각을 쓰세요.

(　　　　　　　)

20 점대칭도형인 문자를 모두 찾아 ◯표 하세요.

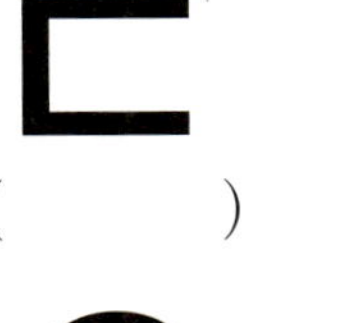
(　　　)

(　　　)

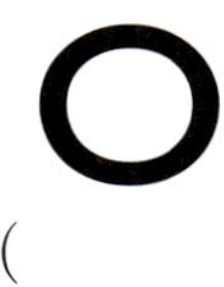
(　　　)

(　　　)

21 선대칭도형이면서 점대칭도형도 되는 도형을 찾아 기호를 쓰세요.

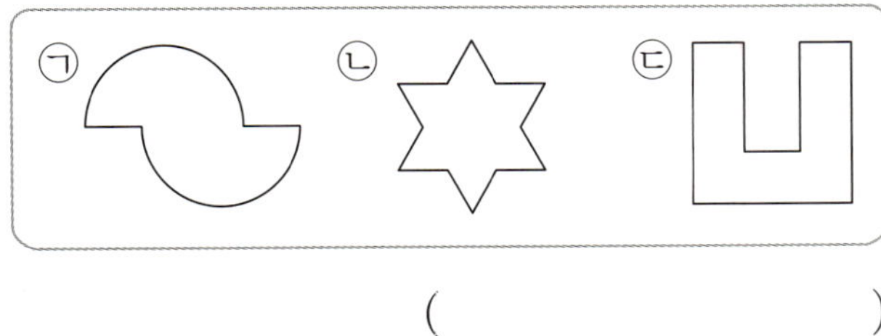

(　　　　　　　)

선대칭도형을 먼저 찾고, 그중 점대칭도형을 찾자.

개념 확인 | p.80 개념 6

기본 6 점대칭도형의 성질

22 점 ㅇ을 대칭의 중심으로 하는 점대칭도형입니다. 물음에 답하세요.

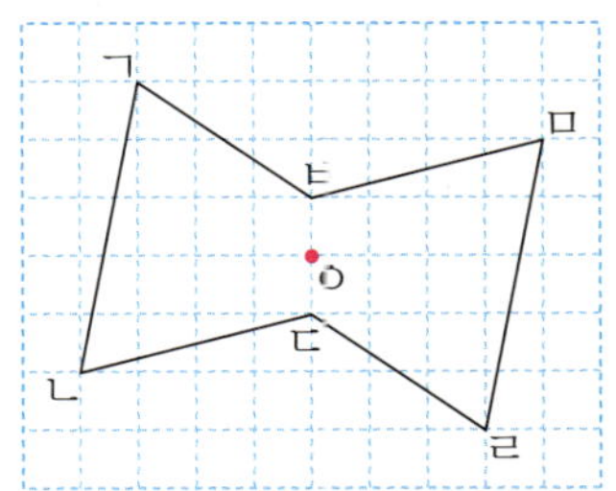

(1) 변 ㄱㅂ과 길이가 같은 변을 쓰세요.

(　　　　　　　)

(2) 각 ㄱㄴㄷ과 크기가 같은 각을 쓰세요.

(　　　　　　　)

23 점 ㅇ을 대칭의 중심으로 하는 점대칭도형입니다. 물음에 답하세요.

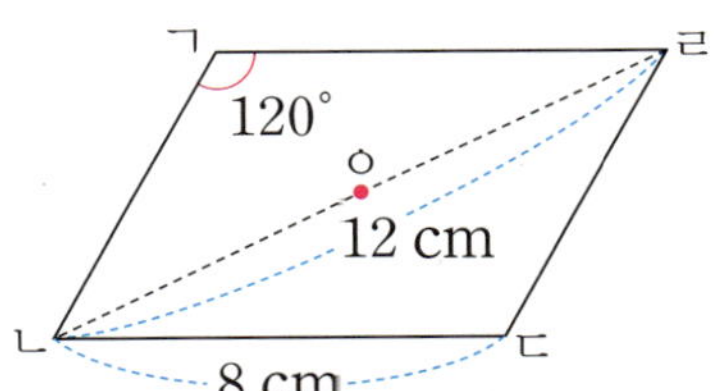

(1) 변 ㄱㄹ은 몇 cm인가요?

(　　　　　　　)

(2) 각 ㄴㄷㄹ은 몇 도인가요?

(　　　　　　　)

(3) 선분 ㄴㅇ은 몇 cm인가요?

(　　　　　　　)

대칭의 중심은 대응점끼리 이은 선분을 둘로 똑같이 나누는 성질을 이용하여 선분 ㄴㅇ의 길이를 구하자.

STEP 2 기본 다지기

[24~25] 점 ㅇ을 대칭의 중심으로 하는 점대칭도형입니다. □ 안에 알맞은 수를 써넣으세요.

24

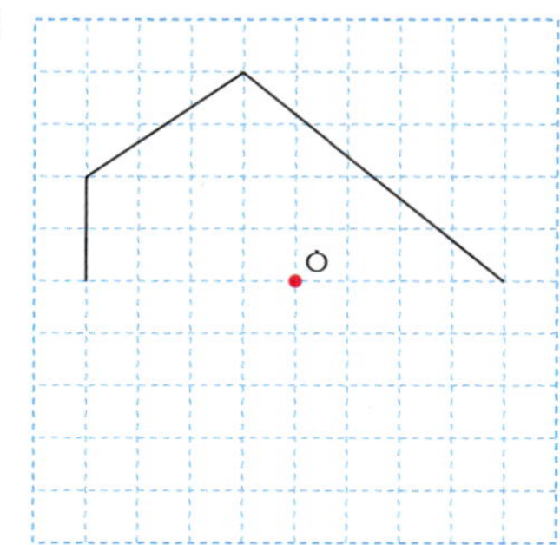

25

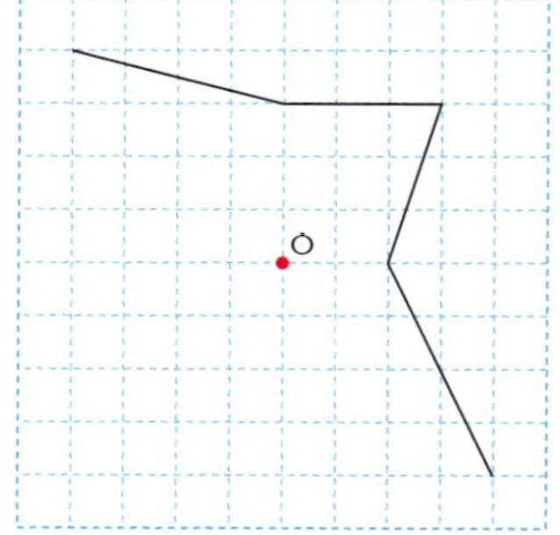

[27~28] 점 ㅇ을 대칭의 중심으로 하는 점대칭도형을 완성해 보세요.

27

28

26 점 ㅇ을 대칭의 중심으로 하는 점대칭도형입니다. 선분 ㄱㅁ은 몇 cm인가요?

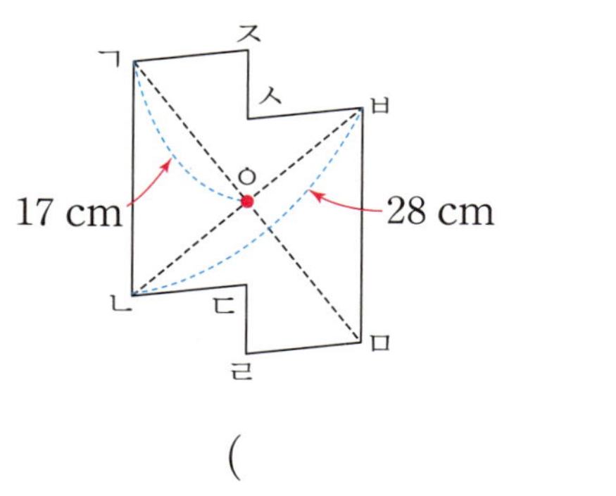

( )

각각의 대응점에서 대칭의 중심까지의 거리는 같다는 성질을 이용하여 구하자.

29 점 ㅇ을 대칭의 중심으로 하는 점대칭도형입니다. 각 ㄴㄷㄹ은 몇 도인가요?

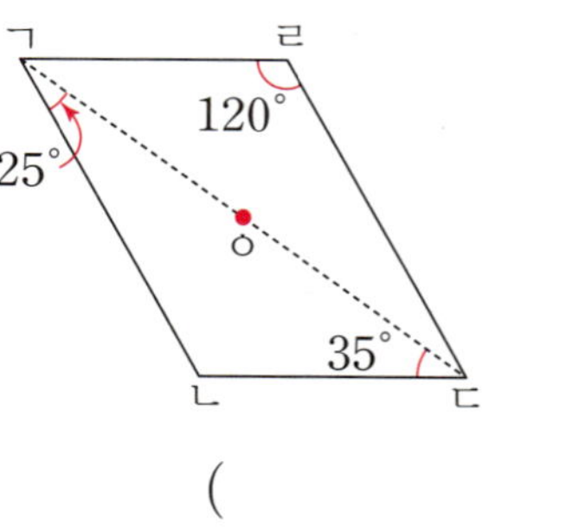

( )

먼저 각 ㄱㄷㄹ의 크기를 구하자.

실력➕ 도형의 둘레 구하기

선대칭도형(점대칭도형)에서
각각의 대응변의 길이가 서로 같다는 성질을 이용하여 변의 길이를 구한 후 둘레를 구합니다.

30 점 ㅇ을 대칭의 중심으로 하는 점대칭도형입니다. 이 점대칭도형의 둘레는 몇 cm인가요?

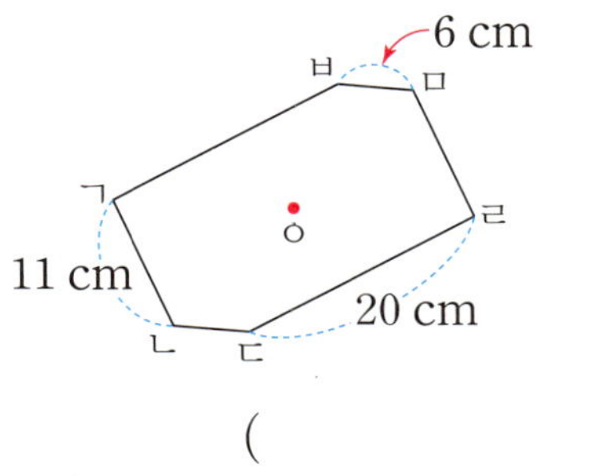

(   )

31 점 ㅇ을 대칭의 중심으로 하는 점대칭도형입니다. 이 점대칭도형의 둘레는 몇 cm인가요?

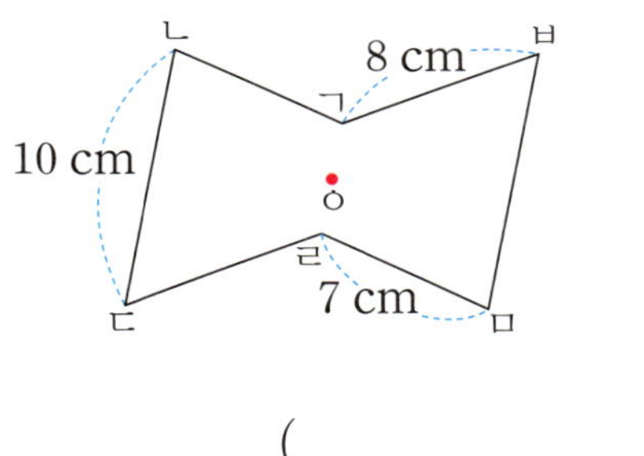

(   )

32 직선 ㅅㅇ을 대칭축으로 하는 선대칭도형입니다. 이 선대칭도형의 둘레는 몇 cm인가요?

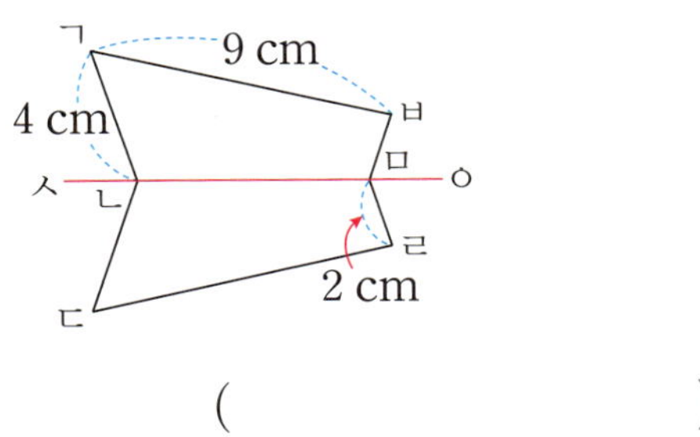

(   )

실력➕ 도형에서 각의 크기 구하기

선대칭도형(점대칭도형)에서
❶ **각각의 대응각의 크기가 서로 같다**는 성질을 이용하여 각의 크기를 구합니다.
❷ **사각형의 네 각의 크기의 합은 360°**임을 이용하여 각의 크기를 구합니다.

33 점 ㅇ을 대칭의 중심으로 하는 점대칭도형입니다. 각 ㄹㅁㅂ은 몇 도인가요?

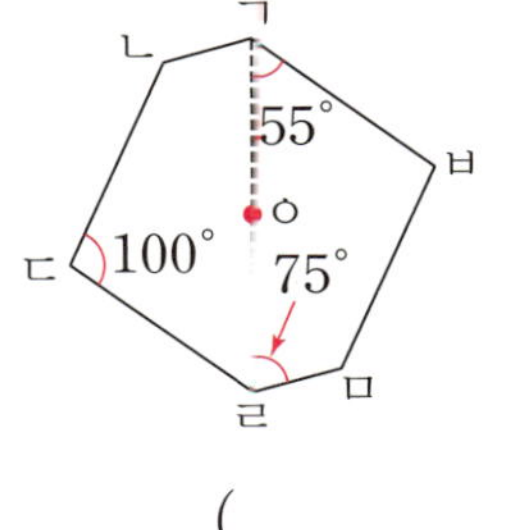

(   )

34 점 ㅇ을 대칭의 중심으로 하는 점대칭도형입니다. 각 ㄹㅁㅂ은 몇 도인가요?

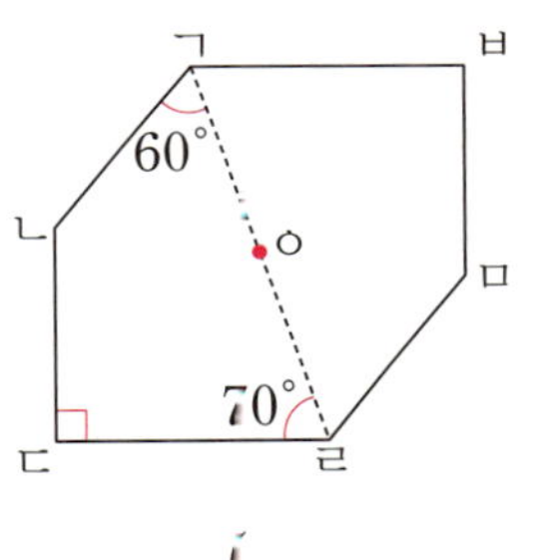

(   )

35 직선 ㅅㅇ을 대칭축으로 하는 선대칭도형입니다. 각 ㄱㄴㄷ은 몇 도인가요?

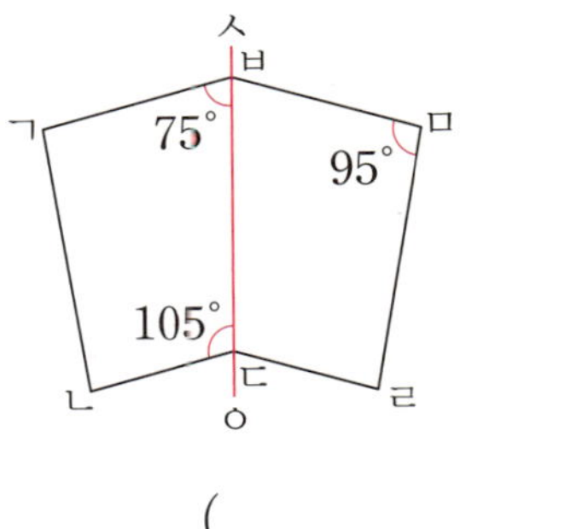

(   )

응용력 올리기

💙 복습책 p.14에 유사 문제 제공

1 서로 합동인 두 삼각형에서 변의 길이 구하기

삼각형 ㄱㄴㄷ과 삼각형 ㄹㄷㄴ은 서로 합동입니다. 삼각형 ㄱㄴㄷ의 둘레가 35 cm일 때 변 ㄴㄷ은 몇 cm인지 구하세요.

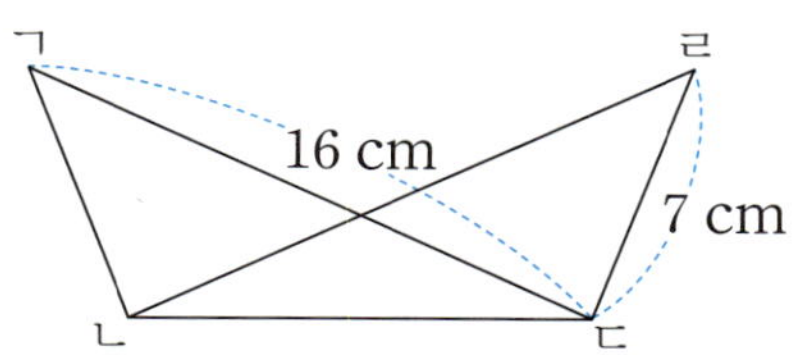

🔑 해결 과정

❶ 변 ㄱㄴ은 몇 cm인가요?

(   )

❷ 변 ㄴㄷ은 몇 cm인가요?

(   )

1-1 삼각형 ㄱㄴㄷ과 삼각형 ㄷㄹㄱ은 서로 합동입니다. 삼각형 ㄱㄴㄷ의 둘레가 37 cm일 때 변 ㄱㄷ은 몇 cm인지 구하세요.

✏️ 해결 과정을 따라 풀자!

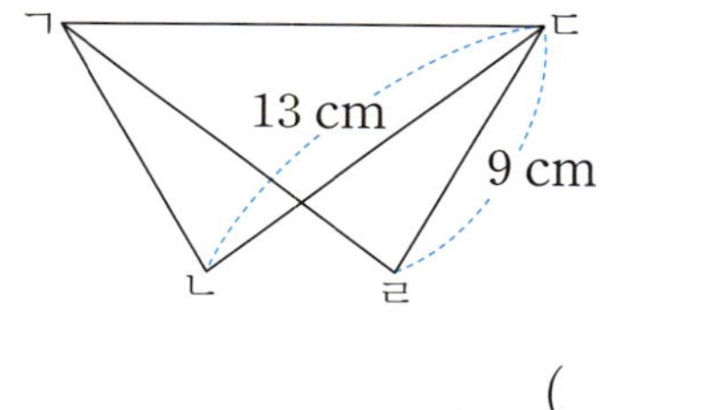

(   )

나만의 문제 ☐ 안에 수를 써넣어 문제를 만들고 풀어 봐요!

1-2 삼각형 ㄱㄴㄷ과 삼각형 ㅁㄹㄷ은 서로 합동입니다. 삼각형 ㄱㄴㄷ의 둘레가 ☐ cm일 때 변 ㄱㄷ은 몇 cm인지 구하세요.

(   )

2 점대칭도형의 둘레를 알 때 변의 길이 구하기

점 ㅇ을 대칭의 중심으로 하는 점대칭도형의 둘레가 36 cm입니다. 변 ㄴㄷ은 몇 cm인지 구하세요.

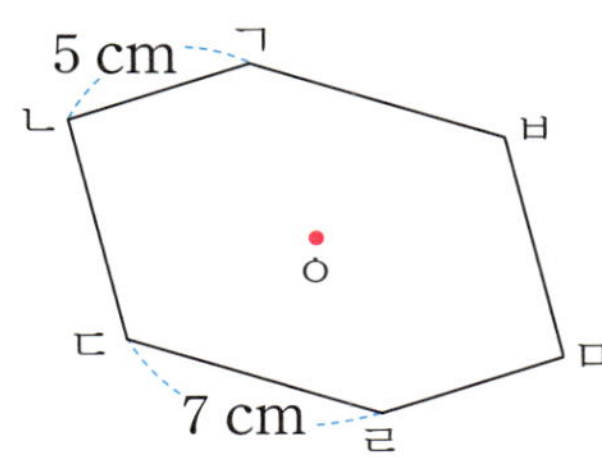

🔑 **해결 과정**

1 변 ㄱㅂ과 변 ㄹㅁ은 각각 몇 cm인가요?

변 ㄱㅂ (   ), 변 ㄹㅁ (   )

2 변 ㄴㄷ과 길이가 같은 변을 쓰세요.

(   )

3 변 ㄴㄷ은 몇 cm인가요?

(   )

2-1 오른쪽은 점 ㅇ을 대칭의 중심으로 하는 점대칭도형입니다. 점대칭도형의 둘레가 62 cm일 때 변 ㄱㄴ은 몇 cm인지 구하세요.

(   )

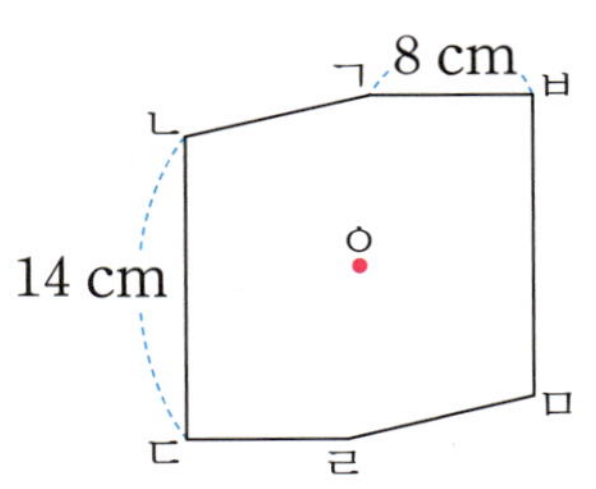

✏️ 해결 과정을 따라 풀자!

2-2 오른쪽은 점 ㅇ을 대칭의 중심으로 하는 점대칭도형입니다. 점대칭도형의 둘레가 66 cm일 때 변 ㅅㅈ은 몇 cm인지 구하세요.

(   )

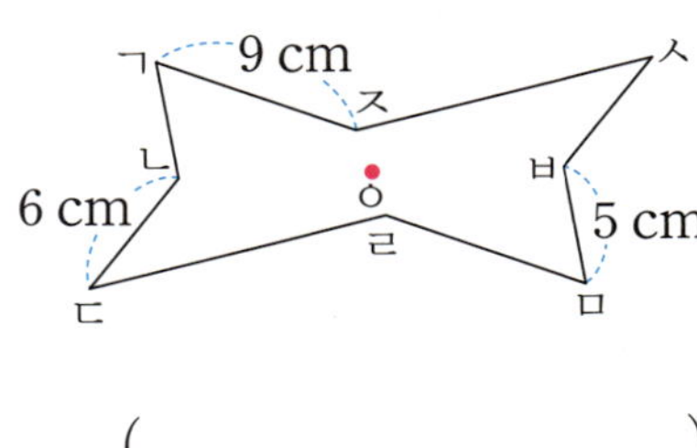

💚 복습책 p.15에 유사 문제 제공

3 선대칭도형의 넓이 구하기

오른쪽은 선분 ㄱㄷ을 대칭축으로 하는 선대칭도형입니다. 선분 ㄴㄹ이 8 cm이고 선분 ㄱㄷ이 12 cm일 때 사각형 ㄱㄴㄷㄹ의 넓이는 몇 cm²인지 구하세요.

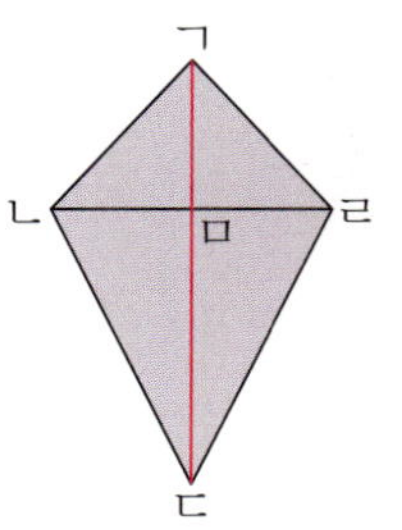

🔑 해결 과정

❶ 선분 ㄴㅁ과 선분 ㄹㅁ은 각각 몇 cm인가요?

선분 ㄴㅁ (   ), 선분 ㄹㅁ (   )

❷ 삼각형 ㄱㄴㄷ의 넓이는 몇 cm²인가요?

(   )

❸ 사각형 ㄱㄴㄷㄹ의 넓이는 몇 cm²인가요?

(   )

3-1 오른쪽은 선분 ㄱㄷ을 대칭축으로 하는 선대칭도형입니다. 선분 ㄴㄹ이 14 cm이고 선분 ㄱㄷ이 16 cm일 때 사각형 ㄱㄴㄷㄹ의 넓이는 몇 cm²인지 구하세요.

(   )

✏️ 해결 과정을 따라 풀자!

3-2 직선 ㄱㄴ을 대칭축으로 하는 선대칭도형을 완성하려고 합니다. 완성한 선대칭도형의 넓이는 몇 cm²인지 구하세요.

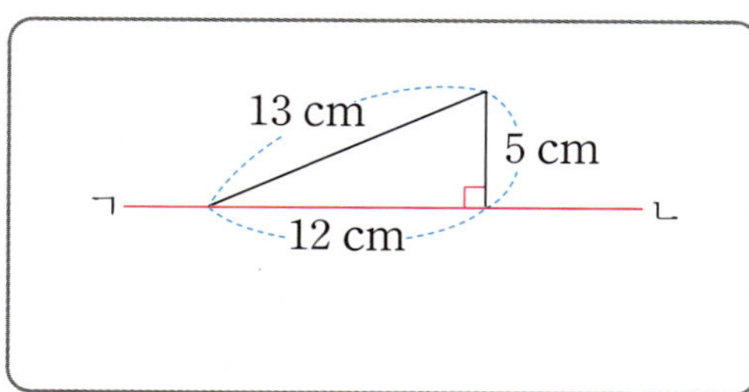

(   )

4 직사각형 모양의 종이를 접었을 때 삼각형의 넓이 구하기

오른쪽 직사각형 모양의 종이를 삼각형 ㄱㄴㅁ 과 삼각형 ㄷㅂㅁ이 서로 합동이 되도록 접었습니다. 삼각형 ㄱㄴㄷ의 넓이는 몇 cm²인지 구하세요.

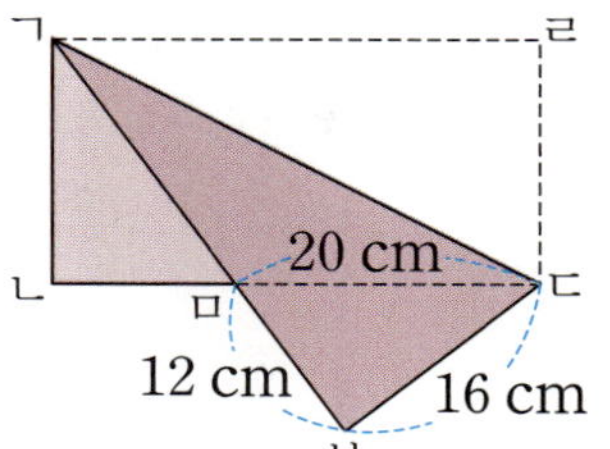

🔑 해결 과정

1 선분 ㄱㄴ과 선분 ㄴㅁ은 각각 몇 cm인가요?

선분 ㄱㄴ (   ), 선분 ㄴㅁ (   )

2 선분 ㄴㄷ은 몇 cm인가요?

(   )

3 삼각형 ㄱㄴㄷ의 넓이는 몇 cm²인가요?

(   )

4-1 직사각형 모양의 종이를 삼각형 ㄴㅁㅂ과 삼각형 ㄹㄷㅂ이 서로 합동이 되도록 접었습니다. 삼각형 ㄴㄷㄹ의 넓이는 몇 cm²인지 구하세요.

✏️ **해결 과정을 따라 풀자!**

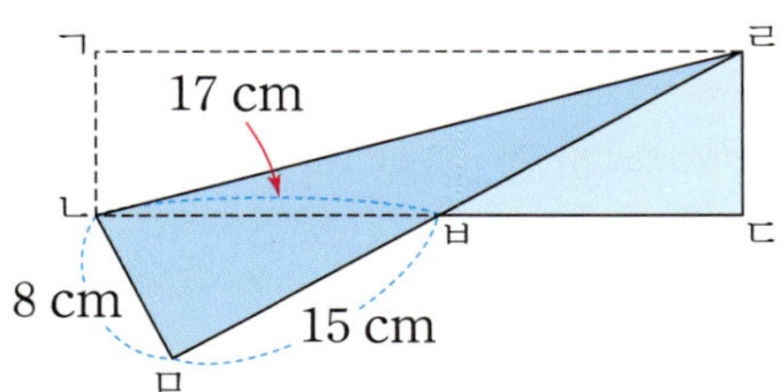

(   )

4-2 오른쪽 직사각형 모양의 종이를 삼각형 ㄱㄴㅂ과 삼각형 ㅁㄹㅂ이 서로 합동이 되도록 접었습니다. 삼각형 ㄱㄴㄹ의 넓이는 몇 cm²인지 구하세요.

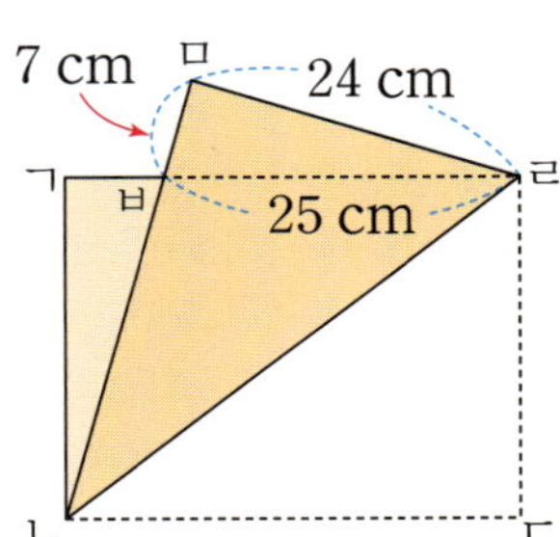

(   )

3 합동과 대칭

응용력 올리기

융합형 1

다음과 같이 거울을 이용하면 거울에 비치는 모양이 같아 선대칭도형을 만들 수 있습니다. 거울을 놓은 위치가 빨간색 선일 때, 완성되는 단어를 쓰세요.

풀이

답

융합형 2

우리나라와 다른 나라에서 사용하고 있는 표지판입니다. 모양이 서로 합동인 표지판을 모두 찾아 기호를 쓰세요. (단, 표지판의 색깔과 표지판 안의 그림은 생각하지 않습니다.)

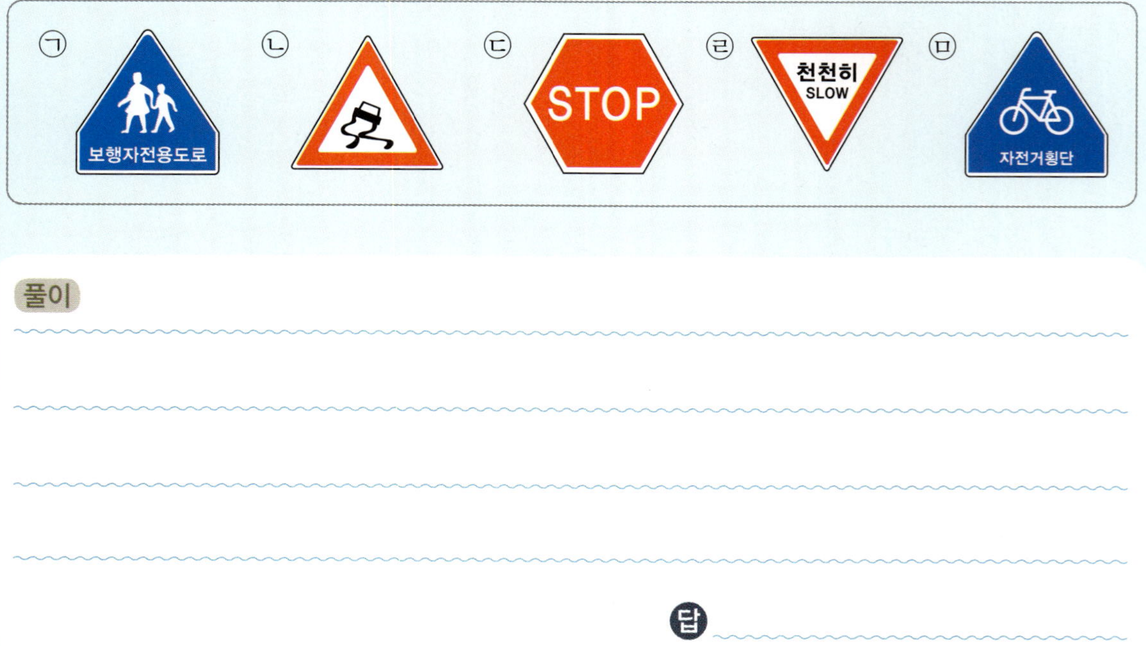

풀이

답

창의·융합 서술형 수능 대비

코딩영 3 선대칭도형이면서 점대칭도형인 수인지 알아보는 순서도입니다. 이 순서도에 │日│을 입력했을 때 인쇄되는 글자를 쓰세요.

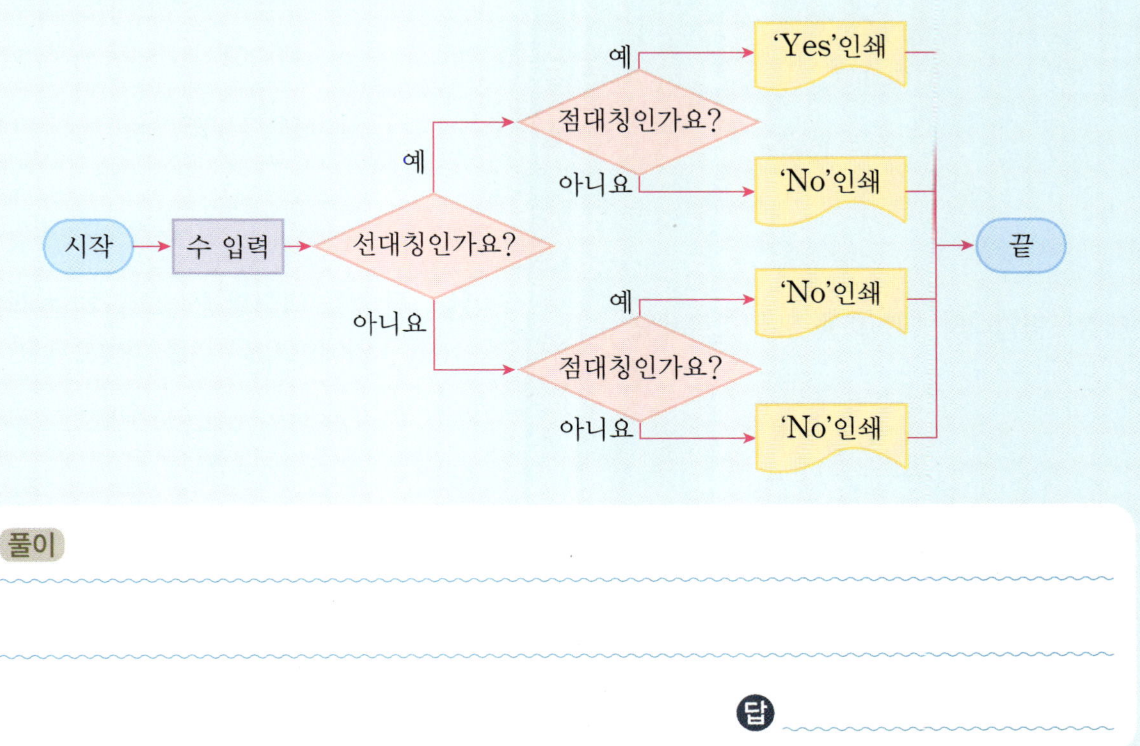

풀이

답

창의력 4 정훈이의 사물함 비밀번호에 대한 설명입니다. 사물함 비밀번호를 구하세요.

- 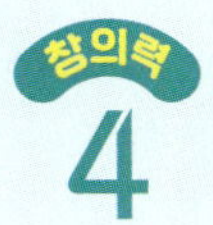 9966 과 같이 점대칭도형이 되는 수입니다.
- │1│과 │2│만 모두 사용하여 만든 네 자리 수입니다.
- 2000보다 큰 수입니다.

풀이

답

TEST 단원 기본 평가

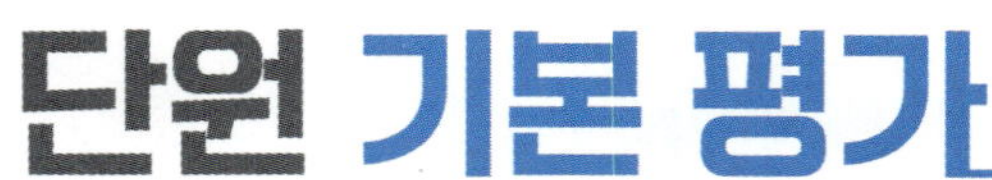

점수 점

1 왼쪽 도형과 서로 합동인 도형에 ○표 하세요.

( ) ( )

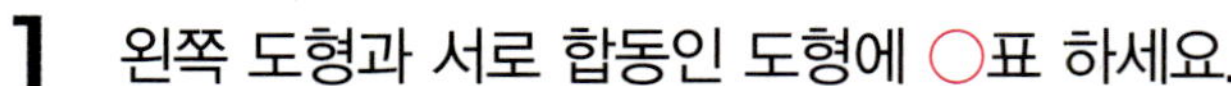

2 선대칭도형입니다. 대칭축을 모두 고르세요. ( )

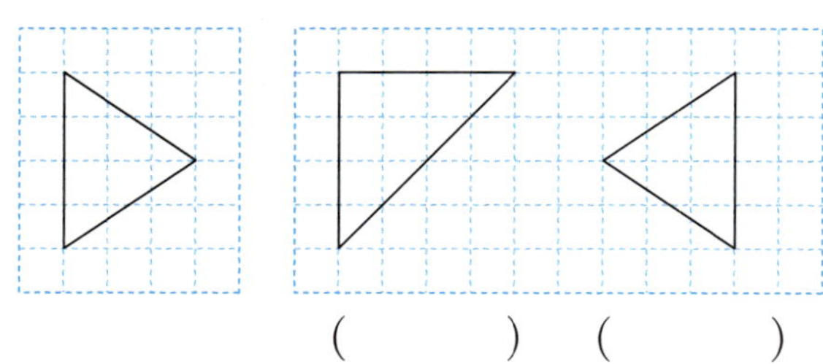

3 점대칭도형입니다. 대칭의 중심을 찾아 기호를 쓰세요.

( )

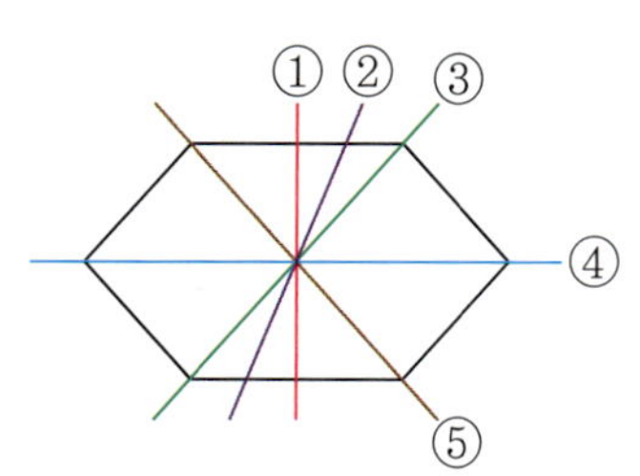

4 주어진 도형과 서로 합동인 도형을 그려 보세요.

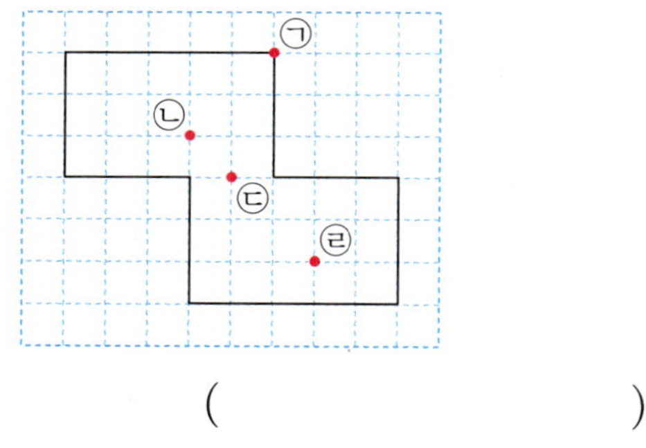

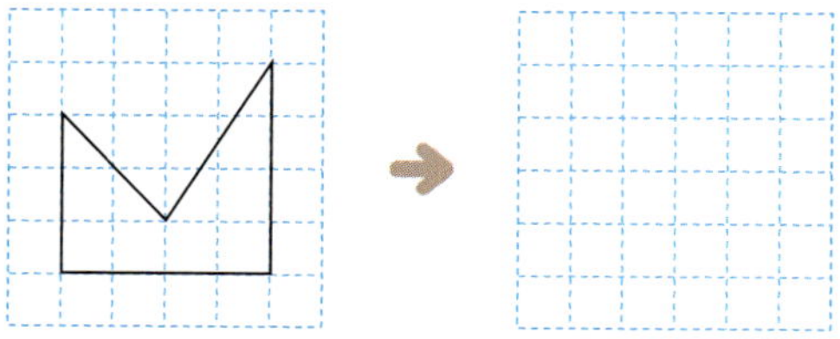

5 선대칭도형의 대칭축은 모두 몇 개인가요?

( )

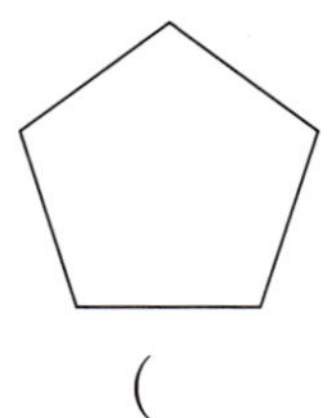

6 점 ㅇ을 대칭의 중심으로 하는 점대칭도형입니다. □ 안에 알맞은 수를 써넣으세요.

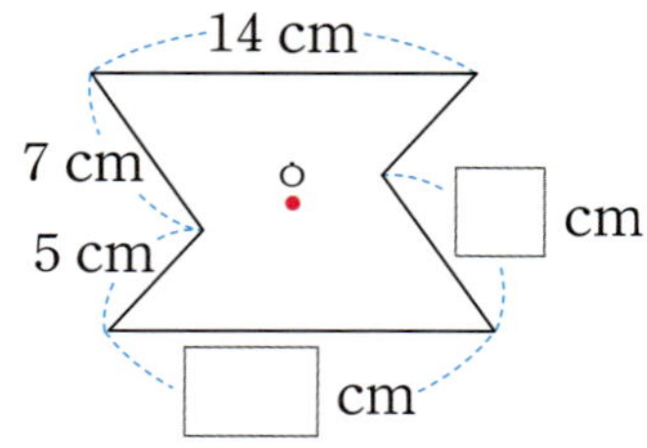

7 원을 여섯 조각으로 잘라서 서로 합동인 도형 6개를 만들어 보세요.

8 직선 ㄱㄴ을 대칭축으로 하는 선대칭도형입니다. □ 안에 알맞은 수를 써넣으세요.

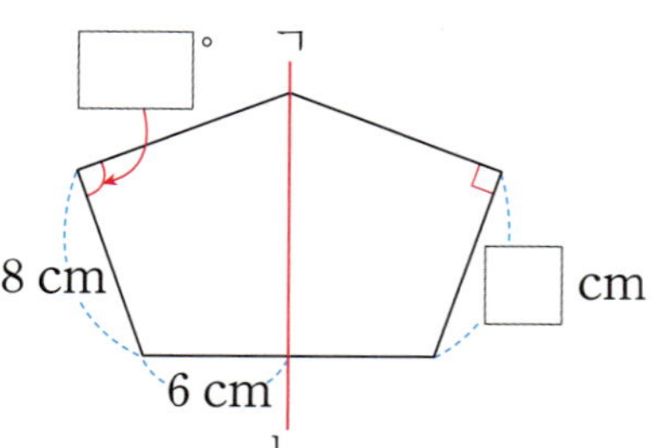

9 두 삼각형은 서로 합동입니다. <u>잘못</u> 설명한 것을 찾아 기호를 쓰세요.

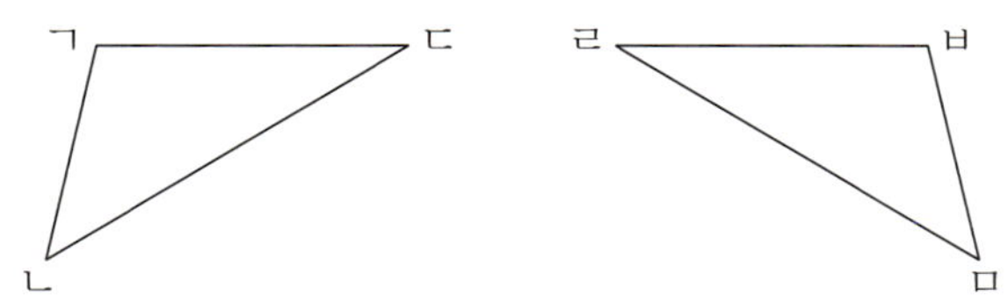

ㄱ 점 ㄴ과 점 ㅁ은 대응점입니다.
ㄴ 변 ㄱㄴ의 대응변은 변 ㄹㅁ입니다.
ㄷ 각 ㄴㄷㄱ과 각 ㅁㄹㅂ은 대응각입니다.

( )

10 점 ㅇ을 대칭의 중심으로 하는 점대칭도형을 완성해 보세요.

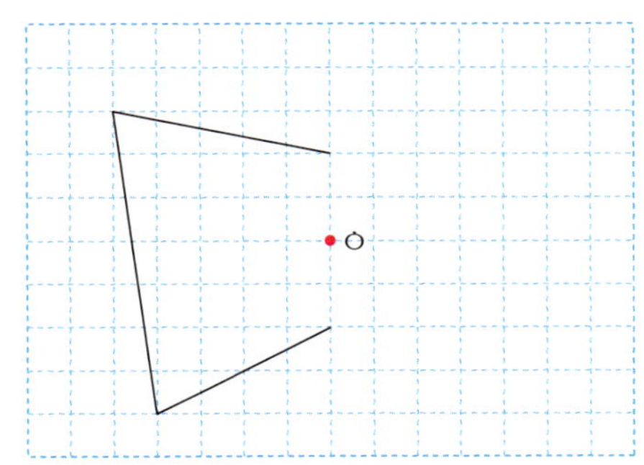

11 직선 ㅈㅊ을 대칭축으로 하는 선대칭도형입니다. 대칭축에 의해 똑같이 둘로 나누어지는 선분을 모두 찾아 쓰세요.

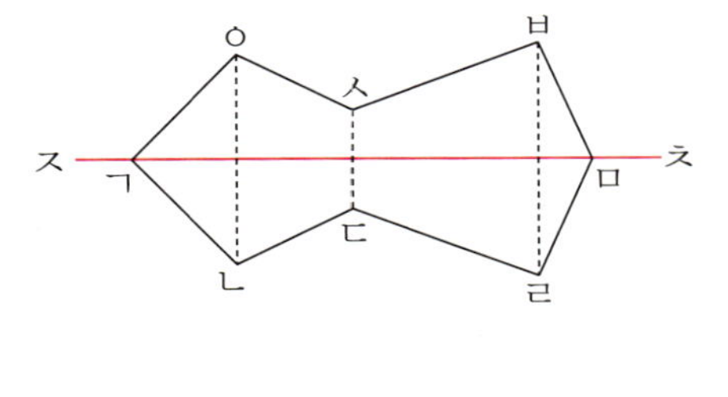

( )

12 두 사각형은 서로 합동입니다. 각 ㅁㅇㅅ은 몇 도인가요?

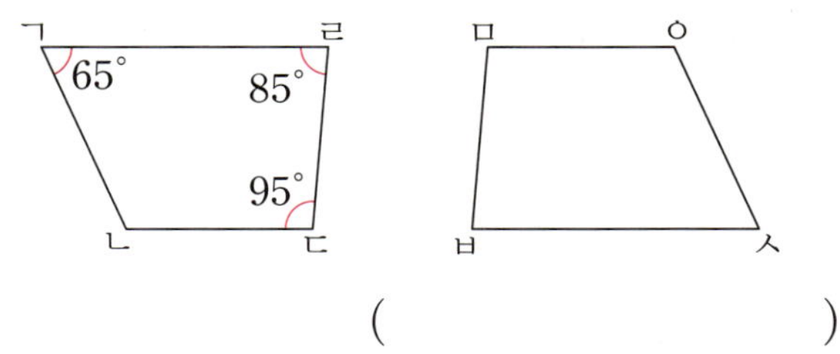

( )

13 오른쪽은 점 ㅇ을 대칭의 중심으로 하는 점대칭도형입니다. 선분 ㄴㅇ은 몇 cm인가요?

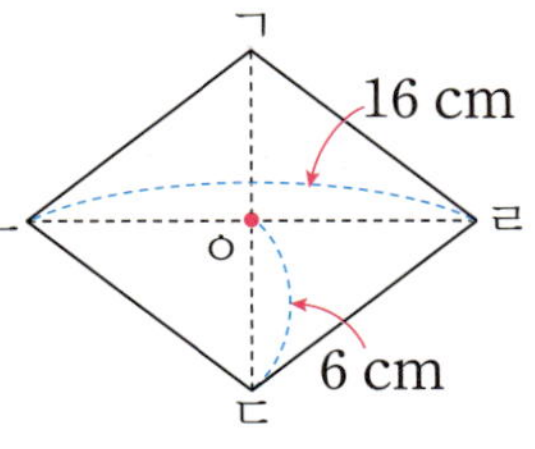

( )

14 오른쪽 정사각형을 보고 <u>잘못</u> 설명한 것을 찾아 기호를 쓰세요.

ㄱ 선대칭도형입니다.
ㄴ 점대칭도형입니다.
ㄷ 대칭축은 2개입니다.
ㄹ 대각선을 따라 접으면 완전히 겹칩니다.

( )

15 삼각형 ㄱㄴㄷ은 직선 ㅁㅂ을 대칭축으로 하는 선대칭도형입니다. 각 ㄱㄴㄹ은 몇 도인가요?

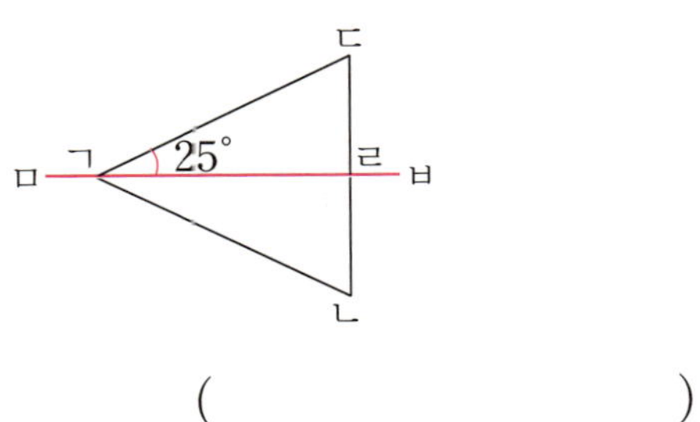

( )

16 선분 ㄴㄷ을 대칭축으로 하는 선대칭도형의 일부분입니다. 완성한 선대칭도형의 둘레는 몇 cm인가요?

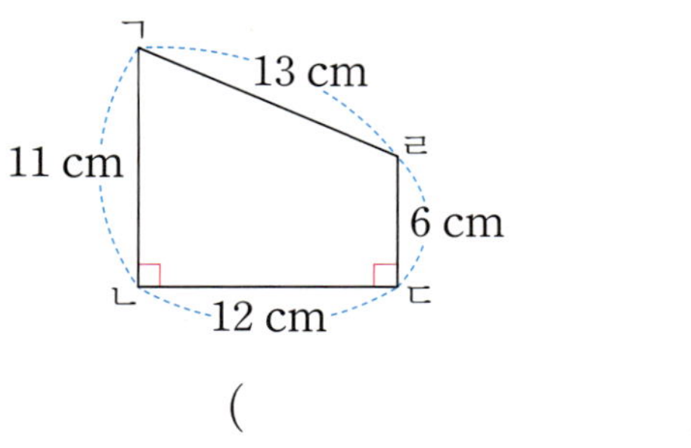

(   )

17 점 ㅇ을 대칭의 중심으로 하는 점대칭도형입니다. 이 점대칭도형의 둘레는 몇 cm인가요?

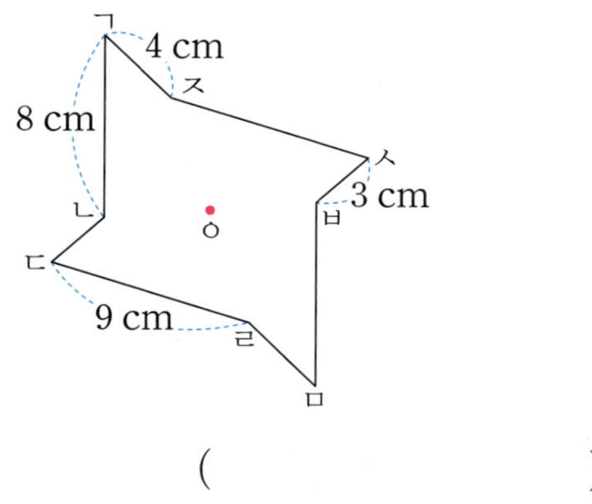

(   )

18 직사각형 모양의 종이를 삼각형 ㄱㄴㅂ과 삼각형 ㅁㄹㅂ이 서로 합동이 되도록 접었습니다. 직사각형 ㄱㄴㄷㄹ의 넓이는 몇 cm²인가요?

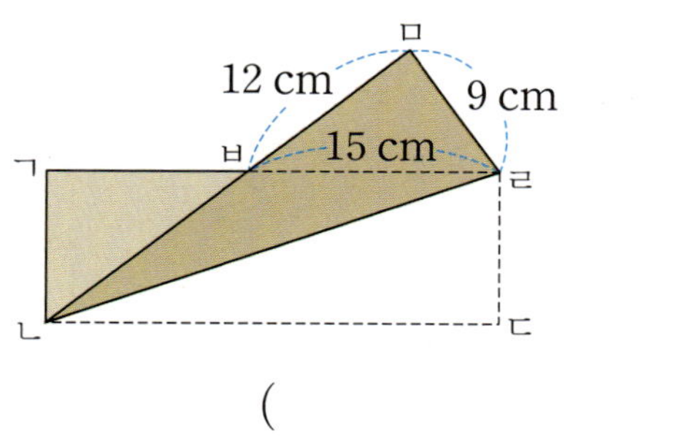

(   )

19 점 ㅇ을 대칭의 중심으로 하는 점대칭도형입니다. 각 ㅁㅂㄷ은 몇 도인지 풀이 과정을 쓰고 답을 구하세요.

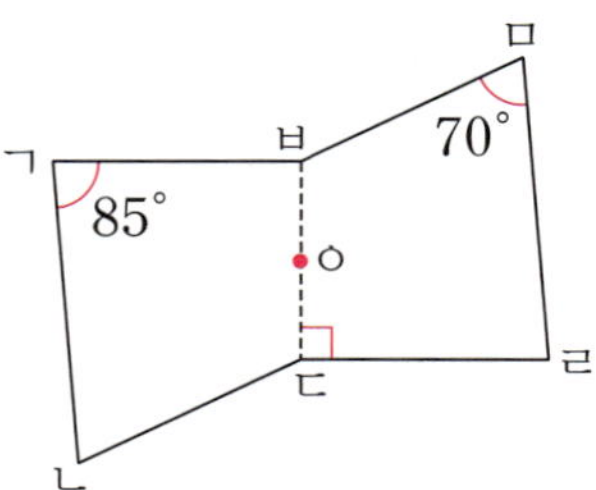

> **풀이**
>
>
>
> **답** ____________________

20 삼각형 ㄱㄴㄷ과 삼각형 ㄷㄹㄱ은 서로 합동입니다. 삼각형 ㄱㄴㄷ의 둘레가 34 cm일 때 변 ㄱㄷ은 몇 cm인지 풀이 과정을 쓰고 답을 구하세요.

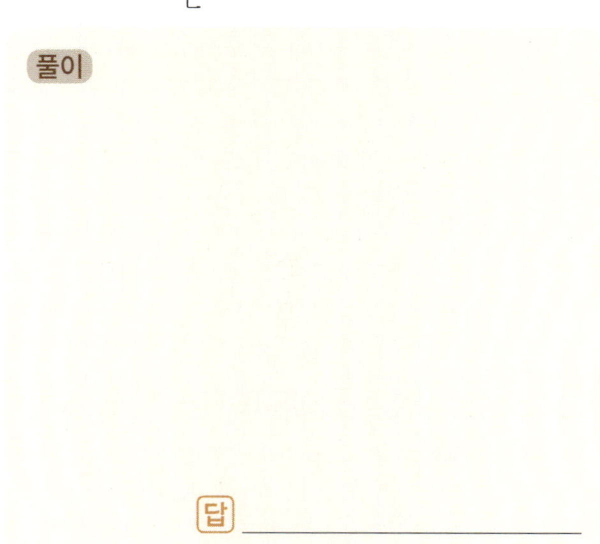

> **풀이**
>
>
>
> **답** ____________________

💗 **복습책 p.18~19**에 **실력 평가** 추가 제공

1 선대칭도형을 찾아 기호를 쓰세요.

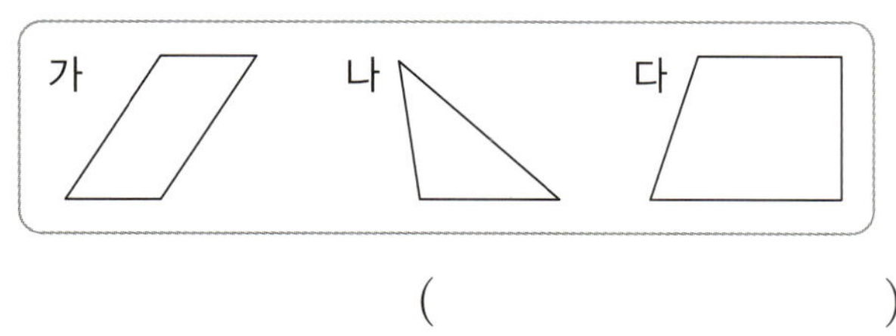

( )

2 점대칭도형입니다. 대칭의 중심을 찾아 점(•)으로 표시해 보세요.

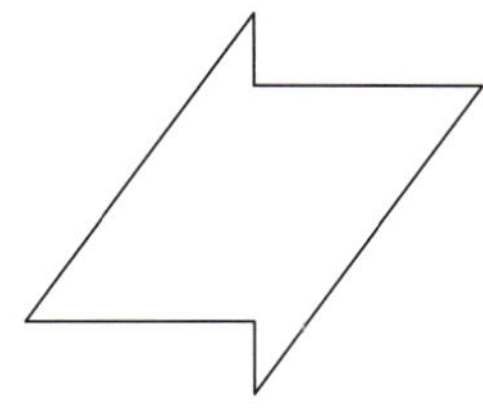

3 나머지 셋과 서로 합동이 <u>아닌</u> 도형을 찾아 기호를 쓰세요.

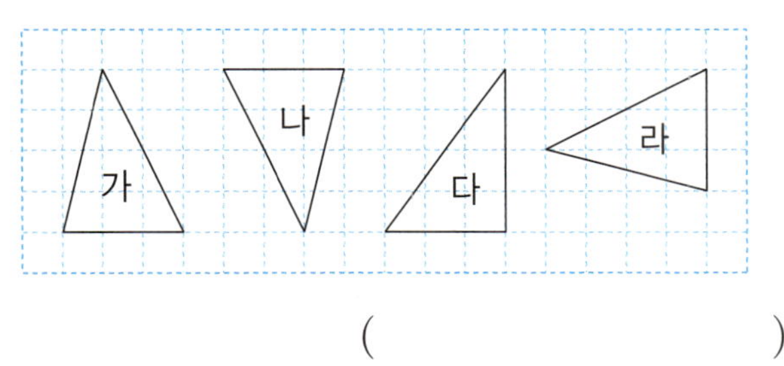

( )

4 점 ㅇ을 대칭의 중심으로 하는 점대칭도형입니다. 각 ㄱㄴㄷ의 대응각을 쓰세요.

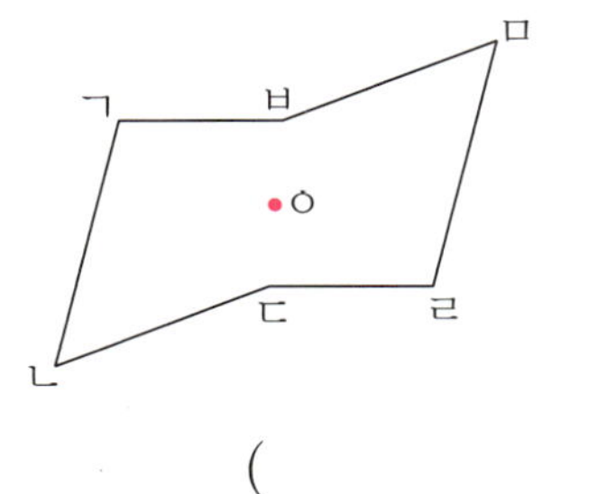

( )

5 점 ㅇ을 대칭의 중심으로 하는 점대칭도형입니다. □ 안에 알맞은 수를 써넣으세요.

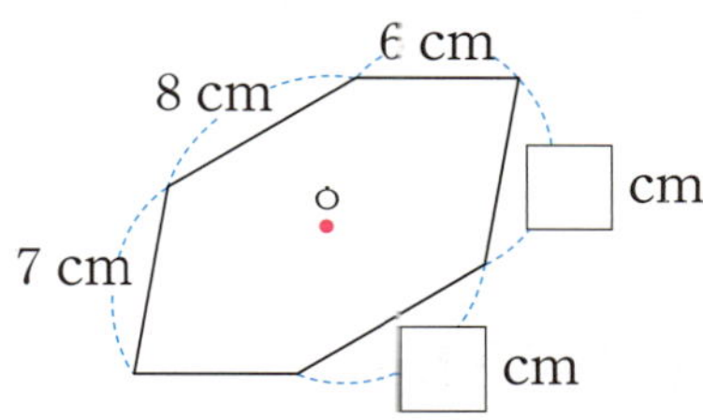

[6~7] 오른쪽 선대칭도형을 보고 물음에 답하세요.

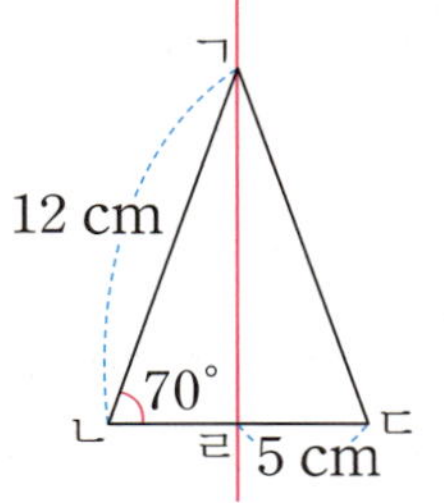

6 변 ㄱㄷ은 몇 cm인가요?

( )

7 각 ㄱㄷㄹ은 몇 도인가요?

( )

8 두 사각형은 서로 합동입니다. □ 안에 알맞은 수를 써넣으세요.

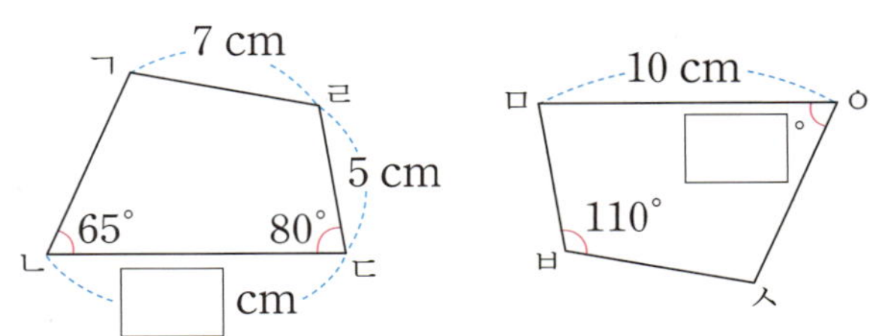

9 오른쪽은 점 ㅇ을 대칭의 중심으로 하는 점대칭도형입니다. 선분 ㄱㄷ은 몇 cm인가요?

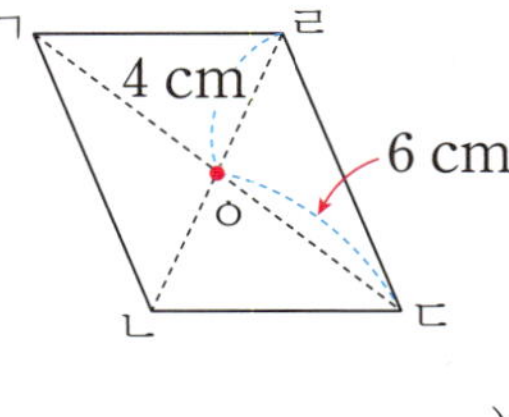

( )

10 두 삼각형은 서로 합동입니다. 각 ㄷㄱㄴ은 몇 도인가요?

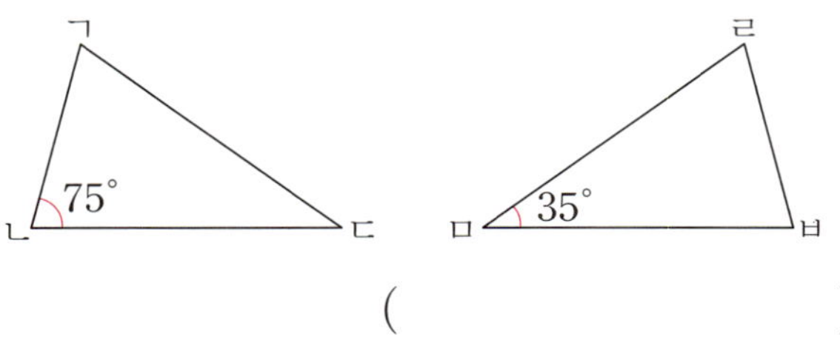

( )

11 직선 ㄱㄴ을 대칭축으로 하는 선대칭도형을 완성해 보세요.

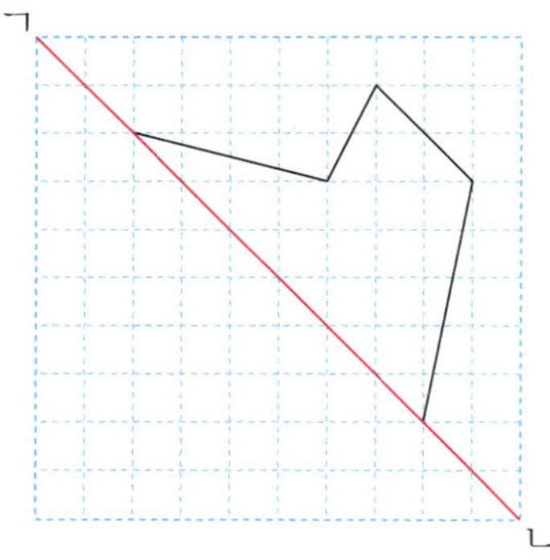

12 선대칭도형 중 대칭축의 개수가 가장 많은 것을 찾아 기호를 쓰세요.

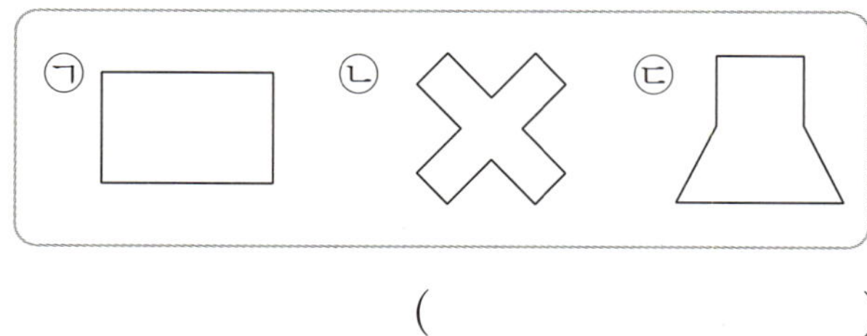

( )

13 두 오각형은 서로 합동입니다. 오각형 ㄱㄴㄷㄹㅁ의 둘레는 몇 cm인가요?

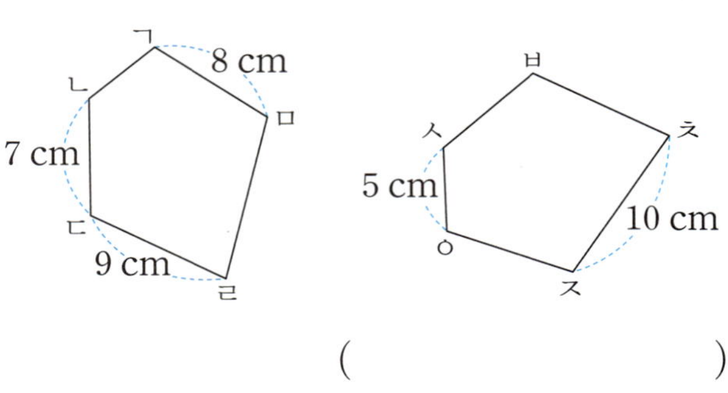

( )

14 직선 ㅁㅂ을 대칭축으로 하는 선대칭도형입니다. 삼각형 ㄱㄴㄷ의 넓이는 몇 cm²인가요?

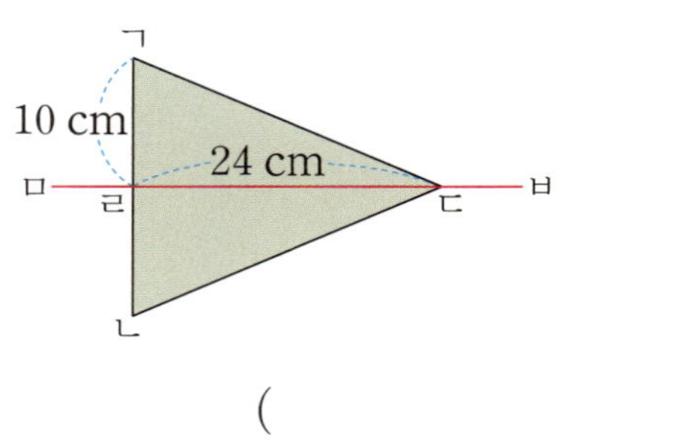

( )

15 오각형 ㄱㄴㄷㄹㅁ은 선분 ㄱㅂ을 대칭축으로 하는 선대칭도형입니다. 각 ㄱㄴㄷ은 몇 도인가요?

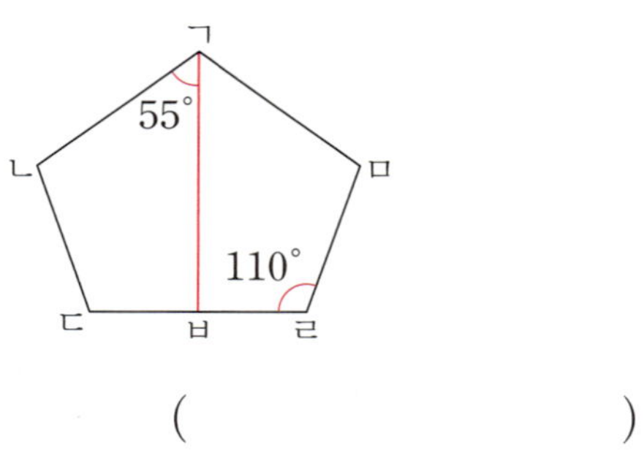

( )

16 점 ㅇ을 대칭의 중심으로 하는 점대칭도형입니다. 삼각형 ㄴㄷㄹ의 둘레는 몇 cm인가요?

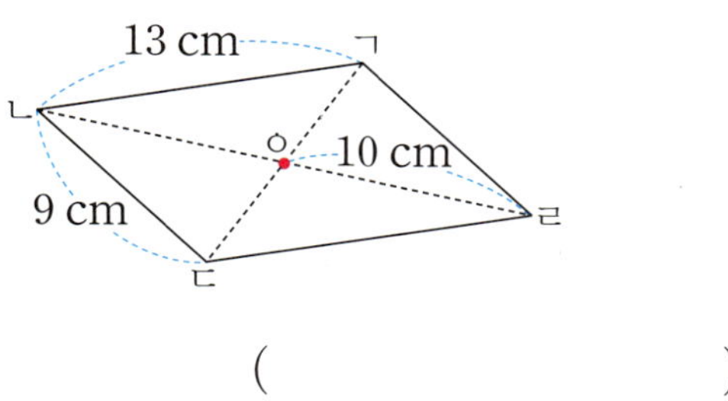

(   )

17 점 ㅇ을 대칭의 중심으로 하는 점대칭도형의 둘레가 66 cm일 때 변 ㄴㄷ은 몇 cm인가요?

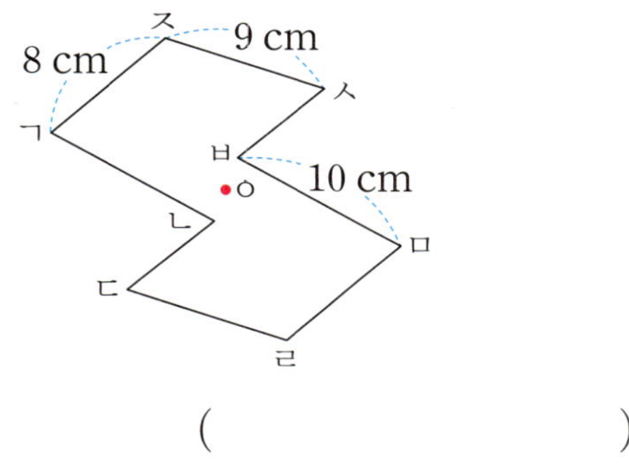

(   )

18 사각형 ㄱㄴㄷㄹ에서 삼각형 ㄱㄴㅁ과 삼각형 ㅁㄷㄹ은 서로 합동입니다. 각 ㅁㄹㄱ은 몇 도인가요?

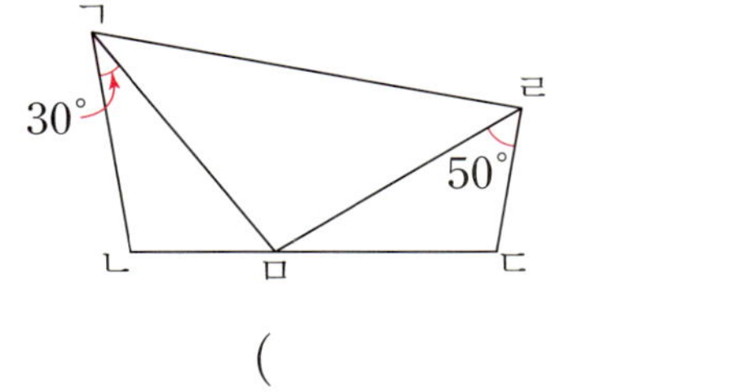

(   )

19 두 삼각형은 서로 합동입니다. 삼각형 ㄱㄴㄷ의 둘레가 50 cm일 때 변 ㄹㅂ은 몇 cm인지 풀이 과정을 쓰고 답을 구하세요.

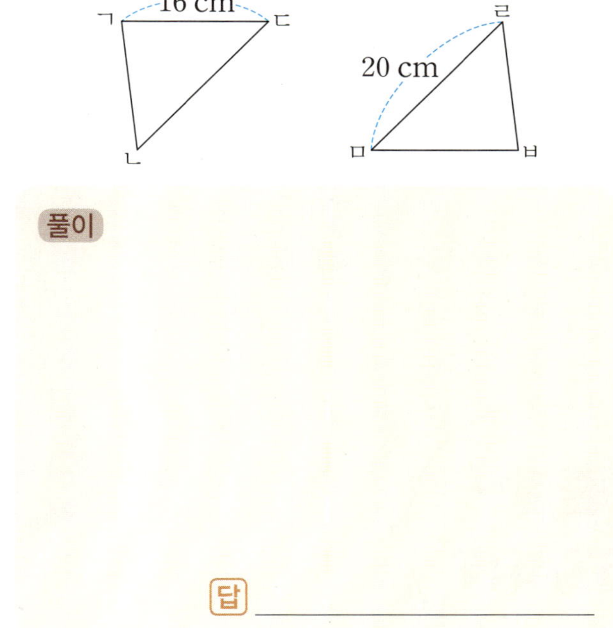

풀이

답 ___________________

20 선분 ㄴㄹ을 대칭축으로 하는 선대칭도형입니다. 선분 ㄱㄷ이 10 cm이고 선분 ㄴㄹ이 16 cm일 때 사각형 ㄱㄴㄷㄹ의 넓이는 몇 cm²인지 풀이 과정을 쓰고 답을 구하세요.

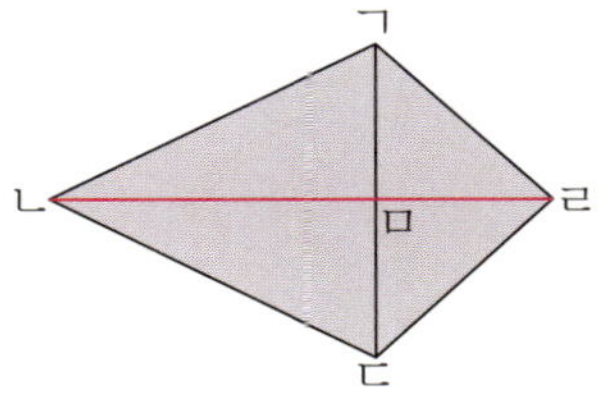

풀이

답 ___________________

3 합동과 대칭

소수의 곱셈

본문 102쪽

(소수) × (자연수)

방법1 덧셈식으로 계산하기

$0.5 \times 3 = \mathbf{0.5 + 0.5 + 0.5}$
$= 1.5$

방법2 0.1의 개수로 계산하기

$0.5 \times 3 = \mathbf{0.1 \times 5 \times 3}$
$= 0.1 \times 15 = 1.5$

방법3 분수의 곱셈으로 계산하기

$0.5 \times 3 = \dfrac{\mathbf{5}}{10} \times 3 = \dfrac{\mathbf{5 \times 3}}{10}$
$= \dfrac{15}{10} = 1.5$

본문 104쪽

(자연수) × (소수)

방법1 분수의 곱셈으로 계산하기

$2 \times 0.8 = \mathbf{2} \times \dfrac{\mathbf{8}}{10} = \dfrac{\mathbf{2 \times 8}}{10}$
$= \dfrac{16}{10} = 1.6$

방법2 자연수의 곱셈으로 계산하기

$2 \times \mathbf{8} = \mathbf{16}$

$\big\downarrow \frac{1}{10}\text{배} \qquad \big\downarrow \frac{1}{10}\text{배}$

$2 \times \mathbf{0.8} = \mathbf{1.6}$

본문 112쪽

1보다 큰 소수끼리의 곱셈

방법 1 분수의 곱셈으로 계산하기

$$2.8 \times 1.3 = \frac{28}{10} \times \frac{13}{10} = \frac{364}{100}$$
$$= 3.64$$

방법 2 자연수의 곱셈으로 계산하기

$$28 \times 13 = 364$$
$$\frac{1}{10}배 \quad \frac{1}{10}배 \quad \frac{1}{100}배$$
$$2.8 \times 1.3 = 3.64$$

방법 3 소수의 크기를 생각하여 계산하기

$28 \times 13 = 364$인데 2.8에 1.3을 곱하면 3의 1.5배인 4.5보다 조금 작은 값이 나와야 하므로 계산 결과는 3.64입니다.

본문 114쪽

곱의 소수점의 위치

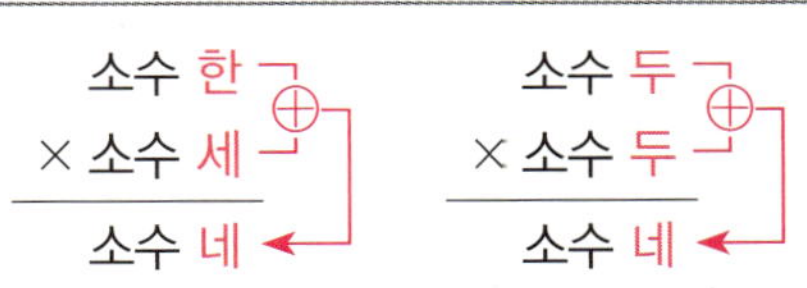

곱하는 두 수의 소수점 아래 자리 수를 더한 것과 결괏값의 소수점 아래 자리 수가 같아.

이제부터 **기본+응용**을 시작해 볼까요~

개념 익히기

개념 1 \ (1보다 작은 소수)×(자연수)

예 0.4×3의 계산

방법1 덧셈식으로 계산하기

0.4×3은 0.4를 3번 더한 것과 같습니다.

$$0.4 \times 3 = \mathbf{0.4 + 0.4 + 0.4}$$
$$= 1.2$$
└ 0.4를 3번 더함

방법2 0.1의 개수로 계산하기

0.4는 0.1이 4개입니다. (0.1×4)

$$0.4 \times 3 = \mathbf{0.1 \times 4 \times 3}$$
$$= 0.1 \times 12$$

➡ 0.1이 모두 12개이므로 $0.4 \times 3 = 1.2$입니다.

방법3 분수의 곱셈으로 계산하기

$$0.4 \times 3 = \frac{4}{10} \times 3 = \frac{4 \times 3}{10}$$
분모가 10인 분수로 고치기

$$= \frac{12}{10} = 1.2$$
소수로 나타내기

개념 2 \ (1보다 큰 소수)×(자연수)

예 1.8×3의 계산

방법1 덧셈식으로 계산하기

1.8×3은 1.8을 3번 더한 것과 같습니다.

$$1.8 \times 3 = \mathbf{1.8 + 1.8 + 1.8}$$
$$= 5.4$$
└ 1.8을 3번 더함

방법2 0.1의 개수로 계산하기

1.8은 0.1이 18개입니다. (0.1×18)

$$1.8 \times 3 = \mathbf{0.1 \times 18 \times 3}$$
$$= 0.1 \times 54$$

➡ 0.1이 모두 54개이므로 $1.8 \times 3 = 5.4$입니다.

방법3 분수의 곱셈으로 계산하기

$$1.8 \times 3 = \frac{18}{10} \times 3 = \frac{18 \times 3}{10}$$
분모가 10인 분수로 고치기

$$= \frac{54}{10} = 5.4$$
소수로 나타내기

---

1 0.6×4를 여러 가지 방법으로 계산하려고 합니다. ☐ 안에 알맞은 수를 써넣으세요.

(1) 0.1의 개수로 계산해 보세요.

$$0.6 \times 4 = 0.1 \times \boxed{} \times 4 = 0.1 \times \boxed{}$$

➡ 0.1이 모두 $\boxed{}$개이므로

$$0.6 \times 4 = \boxed{} 입니다.$$

(2) 분수의 곱셈으로 계산해 보세요.

$$0.6 \times 4 = \frac{\boxed{}}{10} \times 4 = \frac{\boxed{} \times 4}{10}$$

$$= \frac{\boxed{}}{10} = \boxed{}$$

2 2.9×2를 여러 가지 방법으로 계산하려고 합니다. ☐ 안에 알맞은 수를 써넣으세요.

(1) 0.1의 개수로 계산해 보세요.

$$2.9 \times 2 = 0.1 \times \boxed{} \times 2 = 0.1 \times \boxed{}$$

➡ 0.1이 모두 $\boxed{}$개이므로

$$2.9 \times 2 = \boxed{} 입니다.$$

(2) 분수의 곱셈으로 계산해 보세요.

$$2.9 \times 2 = \frac{\boxed{}}{10} \times 2 = \frac{\boxed{} \times 2}{10}$$

$$= \frac{\boxed{}}{10} = \boxed{}$$

3 계산해 보세요.

(1) 0.7×8　　　　(2) 7.2×6

(3) 0.9×9　　　　(4) 2.82×5

소수점 아래 마지막 0은 생략하여 나타낼 수 있어!

4 |보기|와 같이 소수를 분수로 고쳐서 계산해 보세요.

|보기|

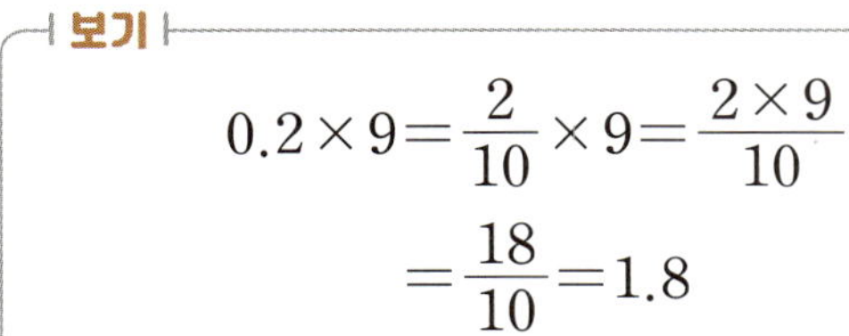

$$0.2 \times 9 = \frac{2}{10} \times 9 = \frac{2 \times 9}{10}$$
$$= \frac{18}{10} = 1.8$$

(1) 0.3×5

(2) 3.2×3

5 빈칸에 알맞은 수를 써넣으세요.

(1)

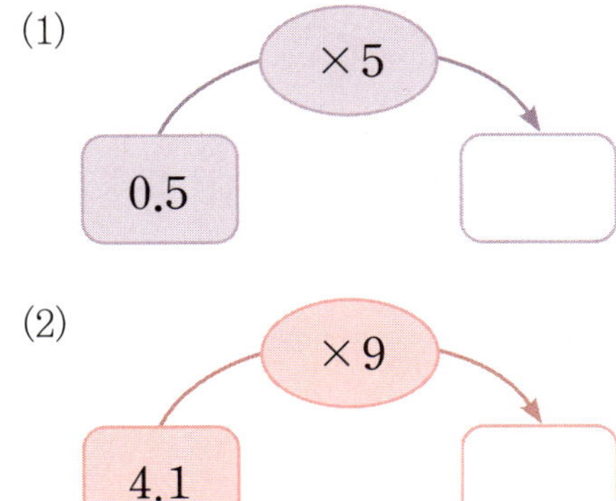

(2)

6 |보기|와 같은 방법으로 계산해 보세요.

|보기|

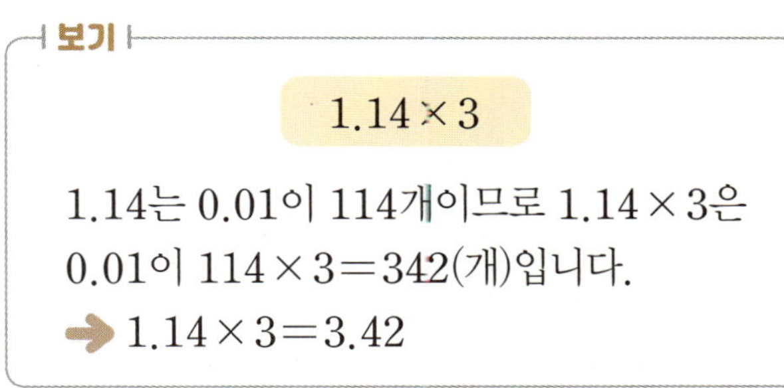

1.14×3

1.14는 0.01이 114개이므로 1.14×3은 0.01이 $114 \times 3 = 342$(개)입니다.
➡ $1.14 \times 3 = 3.42$

2.16×4

7 가장 작은 수와 가장 큰 수의 곱을 구하세요.

| 0.17 | 0.3 | 6 |

(　　　　　　　　)

8 크기를 비교하여 ○ 안에 >, =, <를 알맞게 써넣으세요.

$0.86 \times 2 \bigcirc 1.5$

9 지석이는 매일 공원에서 $2.3 \,\text{km}$씩 달리기를 합니다. 지석이가 5일 동안 달리기를 한 거리는 모두 몇 km인가요?

식 ________________________

답 ____________ km

개념 3 \ (자연수)×(1보다 작은 소수)

예 3×0.6의 계산

방법1 분수의 곱셈으로 계산하기

$$3×0.6 = 3 × \frac{6}{10} = \frac{3×6}{10}$$

분모가 10인 분수로 고치기

$$= \frac{18}{10} = 1.8$$

소수로 나타내기

방법2 자연수의 곱셈으로 계산하기

$$3 × 6 = 18$$
$\frac{1}{10}$배　$\frac{1}{10}$배
$$3 × 0.6 = 1.8$$

곱하는 수가 $\frac{1}{10}$배가 되면
계산 결과도 $\frac{1}{10}$배가 됩니다.

교과서 외 개념 세로로 계산하기

$$\begin{array}{r} 3 \\ × 6 \\ \hline 1\,8 \end{array} \Rightarrow \begin{array}{r} 3 \\ × 0.6 \\ \hline 1.8 \end{array}$$

곱하는 수의
소수점의 위치와
같습니다.

개념 4 \ (자연수)×(1보다 큰 소수)

예 3×2.3의 계산

방법1 분수의 곱셈으로 계산하기

$$3×2.3 = 3 × \frac{23}{10} = \frac{3×23}{10}$$

분모가 10인 분수로 고치기

$$= \frac{69}{10} = 6.9$$

소수로 나타내기

방법2 자연수의 곱셈으로 계산하기

$$3 × 23 = 69$$
$\frac{1}{10}$배　$\frac{1}{10}$배
$$3 × 2.3 = 6.9$$

곱하는 수가 $\frac{1}{10}$배가 되면
계산 결과도 $\frac{1}{10}$배가 됩니다.

개념 플러스

참고 개념

자연수에 1보다 작은 수를 곱하면 계산 결과는 처음 수보다 작아지고, 1보다 큰 수를 곱하면 계산 결과는 처음 수보다 커집니다.

예 (1) $2 × 0.8 = 1.6$ 〔0.8<1〕
　　　　2>1.6

(2) $2 × 1.2 = 2.4$ 〔1.2>1〕
　　　　2<2.4

---

1 2×0.7을 여러 가지 방법으로 계산하려고 합니다. ☐ 안에 알맞은 수를 써넣으세요.

(1) 분수의 곱셈으로 계산해 보세요.

$$2×0.7 = 2 × \frac{☐}{10} = \frac{2×☐}{10}$$
$$= \frac{☐}{10} = ☐$$

(2) 자연수의 곱셈으로 계산해 보세요.

$$2 × 7 = 14$$
$\frac{1}{10}$배　$\frac{1}{10}$배
$$2 × 0.7 = ☐$$

2 4×1.7을 여러 가지 방법으로 계산하려고 합니다. ☐ 안에 알맞은 수를 써넣으세요.

(1) 분수의 곱셈으로 계산해 보세요.

$$4×1.7 = 4 × \frac{☐}{10} = \frac{4×☐}{10}$$
$$= \frac{☐}{10} = ☐$$

(2) 자연수의 곱셈으로 계산해 보세요.

$$4 × 17 = 68$$
$\frac{1}{10}$배　$\frac{1}{10}$배
$$4 × 1.7 = ☐$$

3 □ 안에 알맞은 수를 써넣으세요.

$$19 \times 6 = 114 \;\Rightarrow\; 19 \times 0.6 = \boxed{}$$

4 계산해 보세요.

(1) 13×0.9 (2) 12×1.8

(3) $\begin{array}{r} 2\,4 \\ \times\,0.3 \\ \hline \end{array}$ (4) $\begin{array}{r} 3\,8 \\ \times\,2.2 \\ \hline \end{array}$

5 |보기|와 같이 계산해 보세요.

┌ 보기 ┐
$$4 \times 0.72 = 4 \times \frac{72}{100} = \frac{4 \times 72}{100}$$
$$= \frac{288}{100} = 2.88$$

(1) 2×0.62 _______________

(2) 8×2.73 _______________

6 빈칸에 알맞은 수를 써넣으세요.

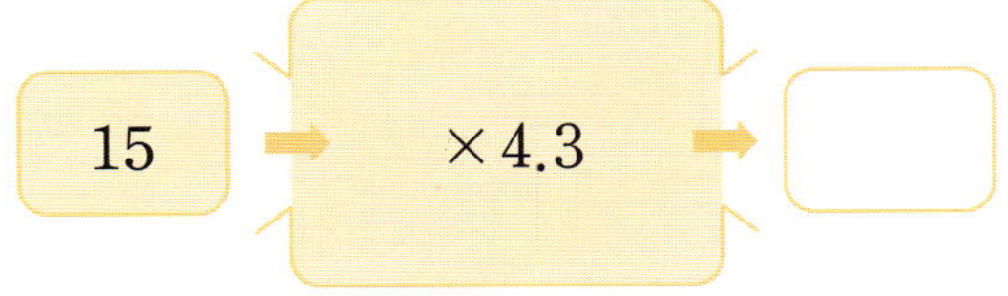

7 크기를 비교하여 ○ 안에 >, =, <를 알맞게 써넣으세요.

$$35 \times 4.1 \quad\bigcirc\quad 140$$

8 <u>잘못</u> 계산한 사람의 이름을 쓰세요.

(   )

9 계산 결과가 1보다 큰 곱셈식을 찾아 기호를 쓰세요.

$$\text{㉠ } 16 \times 0.06 \quad \text{㉡ } 4 \times 0.27 \quad \text{㉢ } 7 \times 0.13$$

(   )

10 은행에서 소방서까지의 거리는 서점에서 은행까지의 거리의 1.5배입니다. 은행에서 소방서까지의 거리는 몇 km인가요?

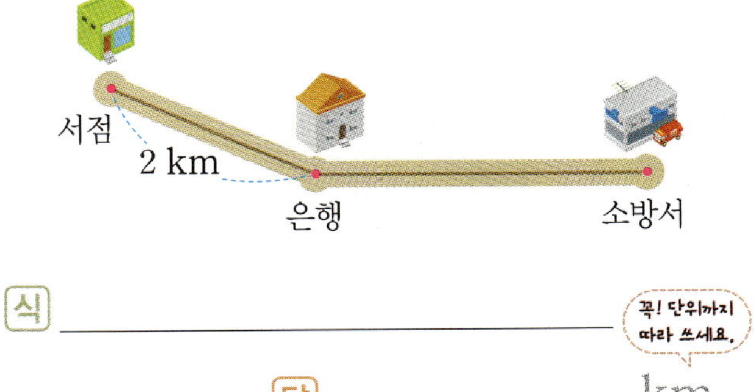

식 _______________

답 _____________ km

기본 1 \ (1보다 작은 소수)×(자연수)

1 두 수의 곱을 구하세요.

| 0.39 | 9 |

(   )

2 0.9×4와 계산 결과가 같은 것을 찾아 기호를 쓰세요.

> ㉠ $0.9+0.4+0.9+0.4$
> ㉡ $0.1 \times 9 \times 4$
> ㉢ $\dfrac{9}{10} \times 9$

(   )

3 어림하여 계산 결과가 3보다 큰 것을 찾아 기호를 쓰세요.

> ㉠ 0.38×7 ㉡ 0.44×8 ㉢ 0.94×3

(   )

4 준구는 한 봉지에 2.25 kg이 들어 있는 땅콩을 하루에 0.26 kg씩 6일 동안 먹었습니다. 준구가 먹고 남은 땅콩의 양은 몇 kg인가요?

(   )

전체 땅콩의 양에서 먹은 땅콩의 양을 빼자.

기본 2 \ (1보다 큰 소수)×(자연수)

5 빈칸에 알맞은 수를 써넣으세요.

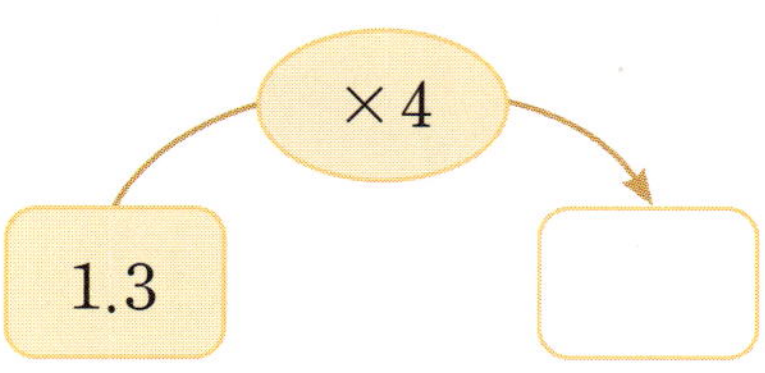

6 선우는 길이가 2.9 m인 끈을 5개 샀습니다. 선우가 산 끈의 길이는 모두 몇 m인가요?

(   )

7 계산 결과를 잘못 말한 사람의 이름을 쓰고, 잘못 말한 부분을 바르게 고쳐 보세요.

> 1.41×5
> 1.4와 5의 곱으로 어림할 수 있으니까 결과는 7 정도가 돼.

> 2.13×4
> 213과 4의 곱은 약 800이니까 2.13과 4의 곱은 80 정도가 돼.

(   )

바르게 고치기 ________________________

____

8 평행사변형입니다. 이 평행사변형의 넓이는 몇 m² 인가요?

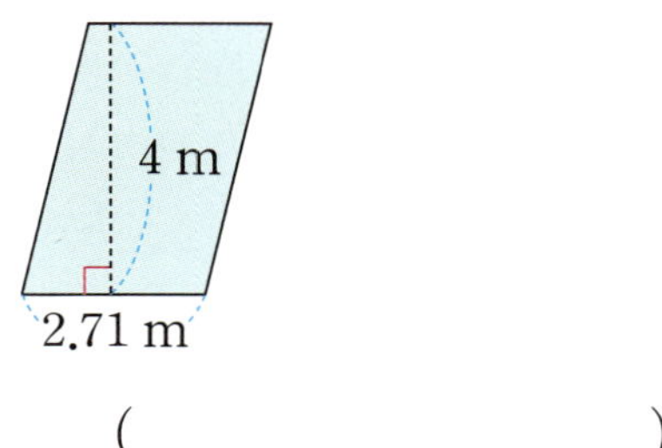

(   )

9 □ 안에 알맞은 수를 구하세요. (단, ◆는 같은 수를 나타냅니다.)

$$17 \times ◆ = 136 \Rightarrow 1.7 \times ◆ = \square$$

(   )

10 123에 어떤 수를 곱했더니 615가 되었습니다. 1.23에 어떤 수를 곱한 값은 얼마인가요?

(   )

11 하준이는 매일 1.4시간씩 피아노 연습을 합니다. 하준이가 3주 동안 피아노 연습을 한 시간은 모두 몇 시간인가요?

(   )

3주는 21일이야.

개념 확인 | p.104 **개념 3**

기본 3 (자연수)×(1보다 작은 소수)

12 민재와 서아가 말한 두 수의 곱을 구하세요.

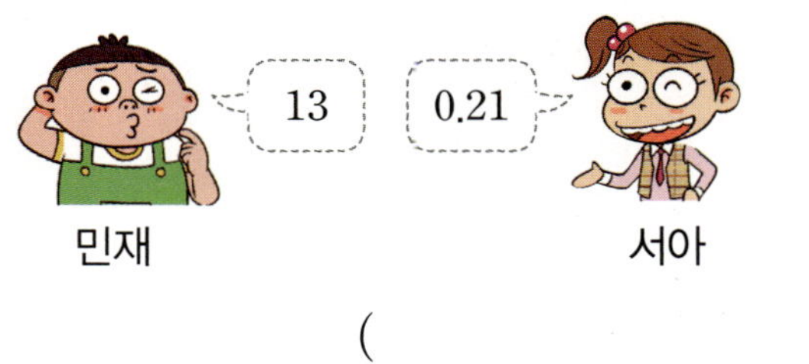

(   )

13 크기를 비교하여 ○ 안에 >, =, <를 알맞게 써넣으세요.

2×0.77	○	1.6

14 계산 결과가 1보다 작은 곱셈식을 찾아 기호를 쓰세요.

㉠ 32×0.04
㉡ 4×0.3
㉢ 49×0.02

(   )

15 □ 안에 알맞은 행성의 이름을 쓰세요.

- 금성에서 잰 몸무게는 지구에서 잰 몸무게의 약 0.91배입니다.
- 화성에서 잰 몸무게는 지구에서 잰 몸무게의 약 0.38배입니다.

4 소수의 곱셈

개념 확인 | p.104 개념 4

기본 4 (자연수)×(1보다 큰 소수)

16 설명하는 수를 구하세요.

> 3의 3.6배

( )

17 $4 \times 337 = 1348$입니다. 관계있는 것끼리 이어 보세요.

4×33.7 •

4×3.37 •

• 1.348

• 13.48

• 134.8

18 빈칸에 알맞은 수를 써넣으세요.

×→		
6	3.21	
43	1.8	

19 위인전의 무게는 2 kg이고, 사전의 무게는 위인전의 무게의 1.81배입니다. 사전의 무게는 몇 kg인가요?

( )

20 과자의 가격표가 그림과 같이 찢어져 있습니다. 이 과자를 1000원으로 살 수 있을까요, 없을까요?

( )

21 직사각형 모양의 밭입니다. 이 밭의 넓이는 몇 m^2인가요?

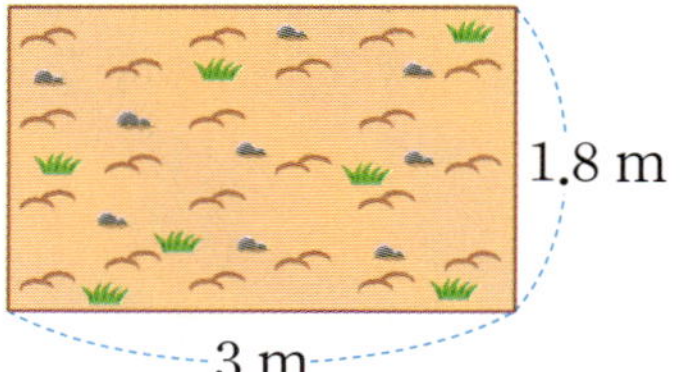

식 ______________________

답 ______________________

활용 문제

22 다음과 같은 직사각형 모양의 놀이터가 있습니다. 가로와 세로를 각각 1.4배씩 늘려서 새로운 놀이터를 만들려고 합니다. 새로운 놀이터의 넓이는 몇 m^2인가요?

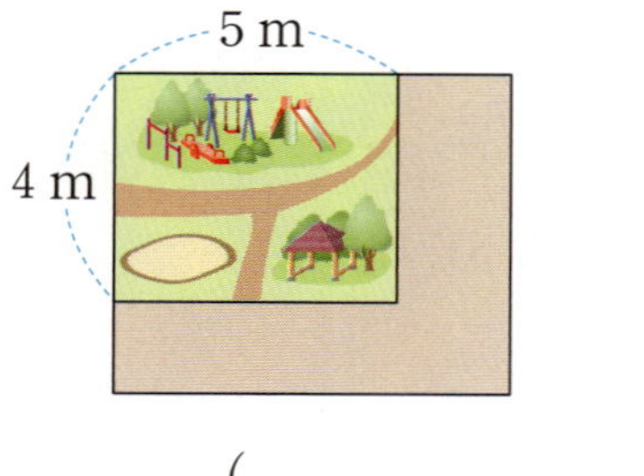

( )

새로운 놀이터의 가로와 세로를 각각 구하자.

실력+ 최소한으로 필요한 양 구하기

(예) 물 5.2 L가 필요할 때 1 L짜리 물병을 적어도 몇 개 사야 하는지 구하기

$$5.2\ L = 5\ L + 0.2\ L$$

1 L짜리 물병 1개
1 L짜리 물병 5개

➡ 1 L짜리 물병을 적어도 5+1=6(개) 사야 합니다.

---

23 연규는 하루에 우유를 0.2 L씩 매일 마십니다. 연규가 3주 동안 마실 우유를 준비하려면 1 L짜리 우유를 적어도 몇 개 사야 하나요?

( )

24 경호네 고양이가 하루에 먹는 사료의 양은 0.12 kg입니다. 고양이가 4주 동안 먹을 사료를 준비하려면 1 kg짜리 사료를 적어도 몇 포 사야 하나요?

( )

25 혜리네 가족은 한 달에 쌀을 19.3 kg 먹습니다. 혜리네 가족이 1년 동안 먹을 쌀을 준비하려면 5 kg짜리 쌀을 적어도 몇 포 사야 하나요?

( )

실력+ 어떤 수를 구하여 계산하기

❶ 주어진 문장을 이용하여 식을 세우고 어떤 수를 구합니다.

❷ 위 ❶에서 구한 어떤 수를 이용하여 계산한 값을 구합니다.

---

26 어떤 수에서 17을 뺐더니 0.15가 되었습니다. 어떤 수에 7을 곱하면 얼마인가요?

( )

27 어떤 수에서 21을 뺐더니 0.26이 되었습니다. 어떤 수에 6을 곱하면 얼마인가요?

( )

28 어떤 수에 1.25를 더했더니 4가 되었습니다. 어떤 수에 3을 곱하면 얼마인가요?

( )

4 소수의 곱셈

개념 익히기

개념 5 ＼ 1보다 작은 소수끼리의 곱셈

예 0.8 × 0.6의 계산

방법1 그림으로 알아보기

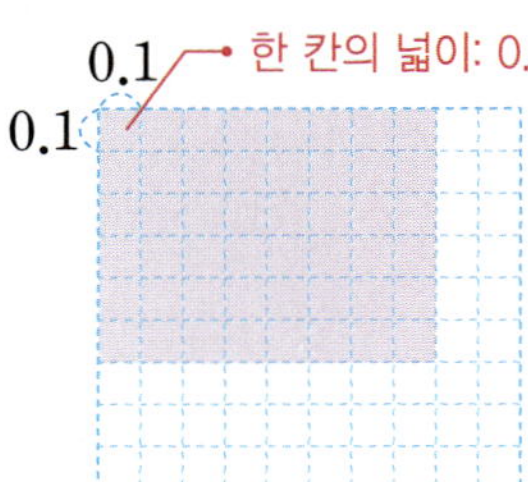

① 색칠한 부분은 48칸입니다.
② 한 칸의 넓이가 0.01이므로 색칠한 부분의 넓이는 0.48입니다.

➡ 0.8 × 0.6 ＝ 0.48

방법2 자연수의 곱셈으로 계산하기

$$8 \times 6 = 48$$

$\frac{1}{10}$배 $\frac{1}{10}$배 $\frac{1}{100}$배

$$0.8 \times 0.6 = 0.48$$

> 곱해지는 수가 $\frac{1}{10}$배, 곱하는 수가 $\frac{1}{10}$배가 되면 계산 결과는 $\frac{1}{100}$배가 됩니다.

방법3 소수의 크기를 생각하여 계산하기

8 × 6 ＝ 48인데 0.8에 0.6을 곱하면 0.8보다 작은 값이 나와야 하므로 계산 결과는 0.48입니다.

개념 플러스

분수의 곱셈으로 계산하기

소수 한 자리 수는 분모가 10인 분수로, 소수 두 자리 수는 분모가 100인 분수로 바꾸어 계산합니다.

예 $0.5 \times 0.21 = \frac{5}{10} \times \frac{21}{100}$

$$= \frac{105}{1000}$$

$$= 0.105$$

세로로 계산하기

자연수처럼 생각하고 계산한 다음 소수의 크기를 생각하여 소수점을 찍습니다.

예

```
    1 8          0. 1 8
  ×   4    ➡   ×   0. 4
  ───────      ─────────
    7 2          0. 0 7 2
```

[1~3] 0.7 × 0.8을 여러 가지 방법으로 계산하려고 합니다. ☐ 안에 알맞은 수를 써넣으세요.

1 그림으로 알아보세요.

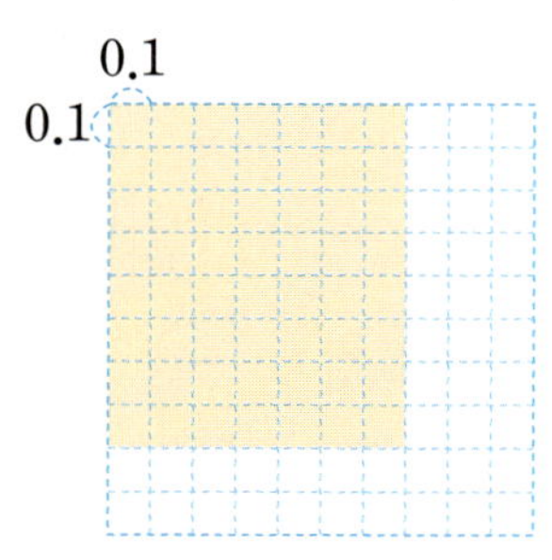

(1) 모눈종이 한 칸의 넓이는 ☐ 입니다.

(2) 색칠한 부분은 ☐ 칸이므로 색칠한 부분의 넓이는 ☐ 입니다.

(3) 0.7 × 0.8 ＝ ☐

2 자연수의 곱셈으로 계산해 보세요.

$$7 \times 8 = 56$$

$\frac{1}{10}$배 $\frac{1}{10}$배 ☐ 배

$$0.7 \times 0.8 = ☐$$

3 소수의 크기를 생각하여 계산해 보세요.

7 × 8 ＝ ☐ 인데 0.7에 0.8을 곱하면 0.7보다 작은 값이 나와야 하므로 계산 결과는 ☐ 입니다.

4 □ 안에 알맞은 수를 써넣으세요.

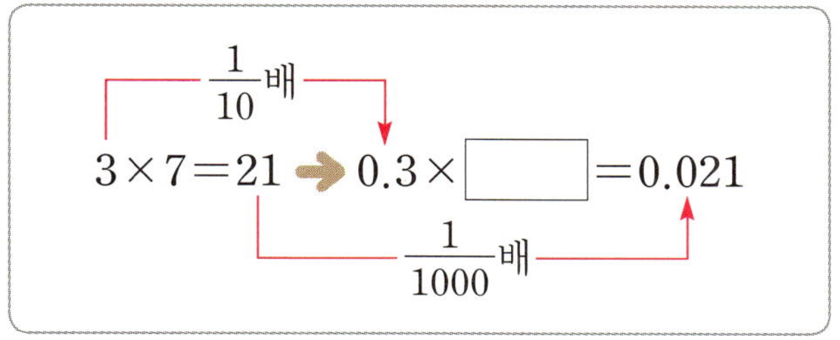

5 계산해 보세요.

(1) 0.4×0.8

(2) 0.38×0.6

(3) $\begin{array}{r} 0.7 \\ \times\ 0.6 \\ \hline \end{array}$ (4) $\begin{array}{r} 0.0\,2 \\ \times\ 0.4\,7 \\ \hline \end{array}$

6 빈칸에 두 수의 곱을 써넣으세요.

0.14	0.6

7 계산 결과를 찾아 이어 보세요.

0.72×0.29 •

• 0.2466

• 0.2088

8 계산이 맞으면 ○표, 틀리면 ×표 하세요.

$0.8 \times 0.36 = 2.88$

(   )

9 크기를 비교하여 ○ 안에 >, =, <를 알맞게 써넣으세요.

0.72×0.68  0.5

10 $71 \times 49 = 3479$입니다. 계산 결과가 3.479인 곱셈식을 찾아 기호를 쓰세요.

㉠ 7.1×4.9 ㉡ 71×0.49 ㉢ 7.1×0.49

(   )

11 가로가 0.9 m, 세로가 0.6 m인 직사각형 모양의 담요입니다. 담요의 넓이는 몇 m^2인가요?

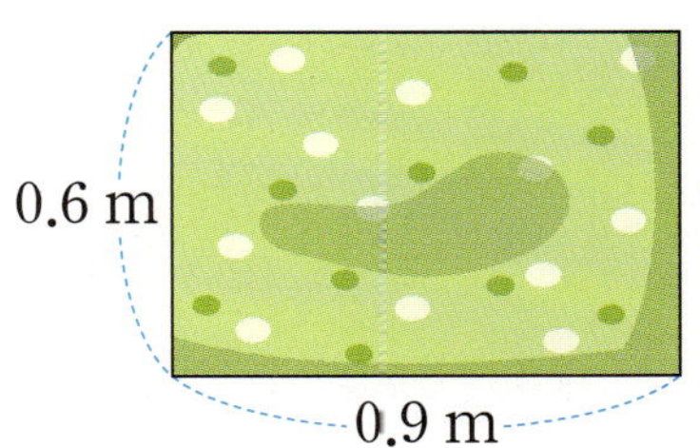

식 ________________________

답 ________________ m^2

개념 6 — 1보다 큰 소수끼리의 곱셈

예 1.7×2.3의 계산

방법 1 분수의 곱셈으로 계산하기

$$1.7 \times 2.3 = \frac{17}{10} \times \frac{23}{10} = \frac{391}{100} = 3.91$$

방법 2 자연수의 곱셈으로 계산하기

$$17 \times 23 = 391$$
$$\frac{1}{10}배 \quad \frac{1}{10}배 \quad \frac{1}{100}배$$
$$1.7 \times 2.3 = 3.91$$

> 곱해지는 수가 $\frac{1}{10}$배, 곱하는 수가 $\frac{1}{10}$배가 되면 계산 결과는 $\frac{1}{100}$배가 됩니다.

방법 3 소수의 크기를 생각하여 계산하기

$17 \times 23 = 391$인데 1.7에 2.3을 곱하면 1.7의 2배인 3.4보다 조금 큰 값이 나와야 하므로 계산 결과는 3.91입니다.

> 소수의 곱셈 결과를 어림해 보고 소수점의 위치를 바르게 찍었는지 확인할 수 있어.

개념 **플러스**

● **어림하여 알아보기**

예 1.5×1.8의 계산
→ 1.5의 2배는 3이므로 1.5×1.8은 3보다 작습니다.

● **세로로 계산하기**

예

$$\begin{array}{r} 2\ 7 \\ \times\ 3\ 5 \\ \hline 1\ 3\ 5 \\ 8\ 1 \\ \hline 9\ 4\ 5 \end{array} \quad \rightarrow \quad \begin{array}{r} 2.7 \\ \times\ 3.5 \\ \hline 9.4\ 5 \end{array}$$

자연수처럼 생각하고 계산한 다음 소수의 크기를 생각하여 소수점을 찍습니다.

[1~3] 4.2×1.8을 여러 가지 방법으로 계산하려고 합니다. ☐ 안에 알맞은 수를 써넣으세요.

1 분수의 곱셈으로 계산해 보세요.

$$4.2 \times 1.8 = \frac{42}{10} \times \frac{\boxed{}}{10}$$
$$= \frac{\boxed{}}{100} = \boxed{}$$

2 자연수의 곱셈으로 계산해 보세요.

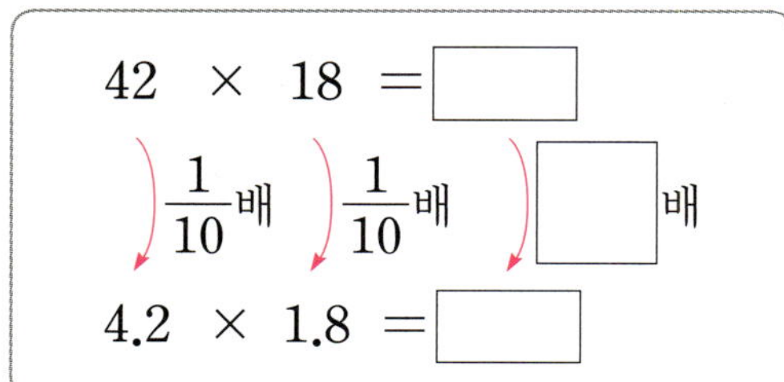

$$42 \times 18 = \boxed{}$$
$$\frac{1}{10}배 \quad \frac{1}{10}배 \quad \boxed{}배$$
$$4.2 \times 1.8 = \boxed{}$$

3 소수의 크기를 생각하여 계산해 보세요.

> $42 \times 18 = \boxed{}$ 인데 4.2에 1.8을 곱하면 4.2의 2배인 $\boxed{}$ 보다 조금 작게 나와야 하므로 계산 결과는 $\boxed{}$ 입니다.

4 소수의 크기를 생각하여 2.2×3.1의 계산 결과에 소수점을 찍어 보세요.

$$\begin{array}{r} 2\ 2 \\ \times\ 3\ 1 \\ \hline 6\ 8\ 2 \end{array} \quad \rightarrow \quad \begin{array}{r} 2.2 \\ \times\ 3.1 \\ \hline 6\ 8\ 2 \end{array}$$

5 계산해 보세요.

(1) 1.05×8.1

(2)
$$\begin{array}{r} 7.7 \\ \times\ 5.3 \\ \hline \end{array}$$

(3)
$$\begin{array}{r} 2.7 \\ \times\ 2.14 \\ \hline \end{array}$$

6 |보기|와 같이 자연수의 곱셈으로 계산해 보세요.

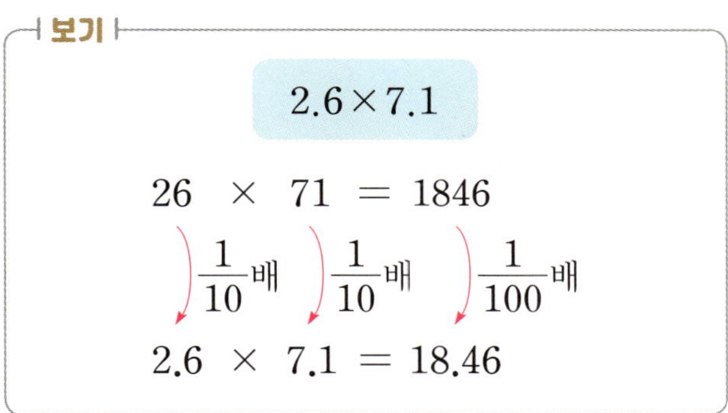

4.8×1.31

7 빈 곳에 알맞은 수를 써넣으세요.

(1)
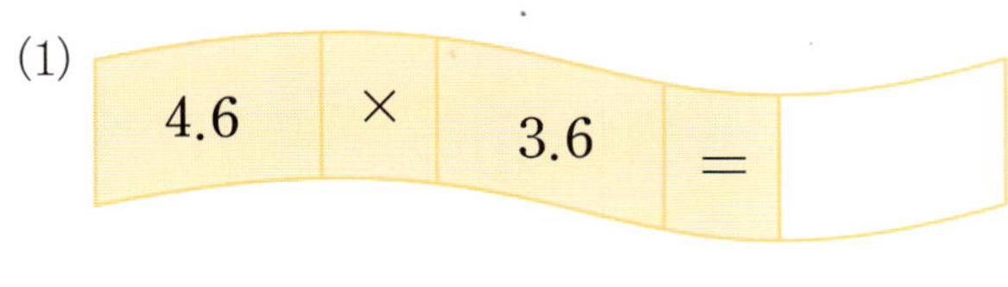

(2)

8 잘못 계산한 사람의 이름을 쓰세요.

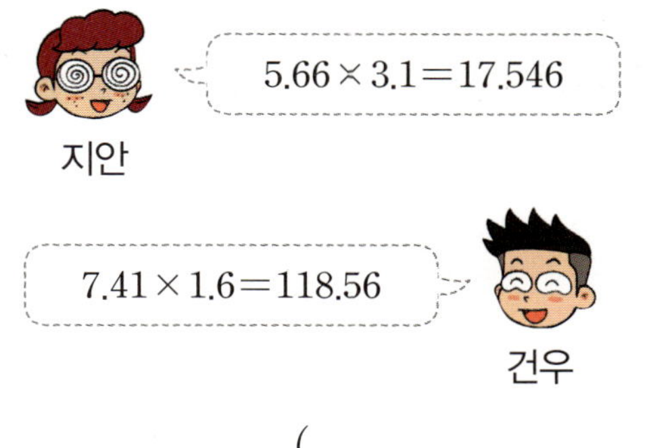

( )

9 관계있는 것끼리 이어 보세요.

11.6×2.8 •

8.4×4.2 •

• 32.48

• 34.08

• 35.28

10 크기가 더 큰 것에 색칠해 보세요.

9.2×3.3	32.5

11 진희의 몸무게는 34.3 kg이고 아버지의 몸무게는 진희의 몸무게의 2.1배입니다. 아버지의 몸무게는 몇 kg인가요?

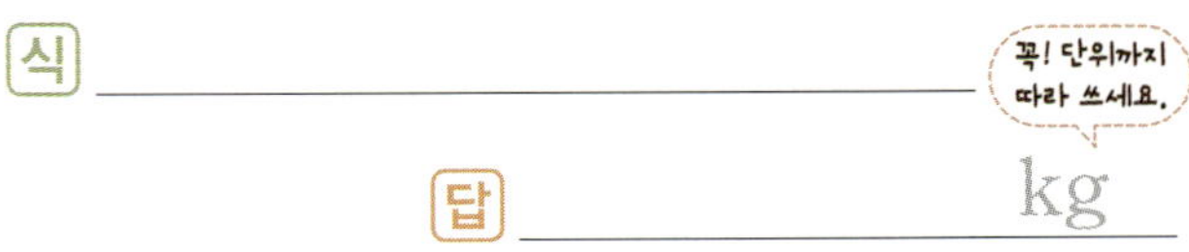

식 _______________________

답 _____________ kg

개념 7 \ 곱의 소수점의 위치

1 자연수와 소수의 곱셈에서 곱의 소수점의 위치

(1) 소수에 10, 100, 1000 곱하기

곱하는 수의 0이 하나씩 늘어날 때마다 소수점이 오른쪽으로 한 자리씩 옮겨집니다.

예 $0.546 \times 10 = 5.46 \rightarrow$ 오른쪽으로 한 자리 이동

$0.546 \times 100 = 54.6 \rightarrow$ 오른쪽으로 두 자리 이동

$0.546 \times 1000 = 546 \rightarrow$ 오른쪽으로 세 자리 이동

(2) 자연수에 0.1, 0.01, 0.001 곱하기

곱하는 소수의 소수점 아래 자리 수가 하나씩 늘어날 때마다 곱의 소수점이 왼쪽으로 한 자리씩 옮겨집니다.

예 $275 \times 0.1 = 27.5 \rightarrow$ 왼쪽으로 한 자리 이동

$275 \times 0.01 = 2.75 \rightarrow$ 왼쪽으로 두 자리 이동

$275 \times 0.001 = 0.275 \rightarrow$ 왼쪽으로 세 자리 이동

2 소수끼리의 곱셈에서 곱의 소수점의 위치

곱하는 두 수의 소수점 아래 자리 수를 더한 것과 결괏값의 소수점 아래 자리 수가 같습니다.

예 $7 \times 8 = 56 \Rightarrow$

$0.7 \times 0.8 = 0.56$
(소수 한 자리 수) (소수 한 자리 수) (소수 두 자리 수)

$0.07 \times 0.8 = 0.056$
(소수 두 자리 수) (소수 한 자리 수) (소수 세 자리 수)

$0.07 \times 0.08 = 0.0056$
(소수 두 자리 수) (소수 두 자리 수) (소수 네 자리 수)

개념 플러스

● 소수점을 오른쪽 또는 왼쪽으로 옮길 때 소수점을 옮길 자리가 없으면 0을 더 채워 쓰면서 옮깁니다.

예 $0.15 \times 1000 = 150$

$36 \times 0.001 = 0.036$

● (소수) × (소수)

소수 ■ 자리 수
× 소수 ● 자리 수
─────────────
소수 (■ + ●) 자리 수

🔊 주의 개념

두 소수의 곱의 끝자리 숫자가 0일 때에는 소수점 위치에 주의합니다.

예 $5 \times 4 = 20$

$\Rightarrow 0.5 \times 0.4 = 0.20$

$= 0.2$

---

1 보기를 보고 소수점의 위치로 알맞은 곳을 찾아 소수점을 찍으세요.

> **보기**
>
> $2165 \times 0.1 = 216.5$
> $2165 \times 0.01 = 21.65$

$2165 \times 0.001 = 2\square1\square6\square5$

2 소수점의 위치를 생각하여 계산해 보세요.

$1.569 \times 10 = \boxed{}$

$1.569 \times 100 = \boxed{}$

3 $3 \times 9 = 27$을 이용하여 계산해 보세요.

$0.3 \times 0.9 = \boxed{}$

4 다음 계산에서 소수점을 찍어야 할 곳을 찾아 기호를 쓰세요.

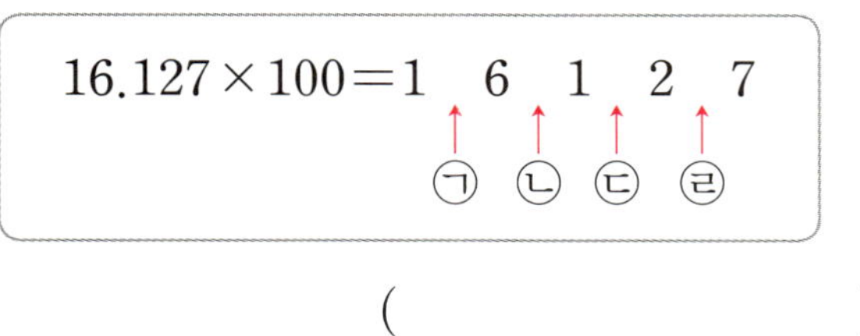

(   )

5 □ 안에 알맞은 수를 찾아 기호를 쓰세요.

$$326 \times \square = 0.326$$

㉠ 0.1   ㉡ 0.01   ㉢ 0.001

(   )

6 소수점의 위치가 <u>잘못된</u> 것의 기호를 쓰세요.

㉠ $0.06 \times 0.3 = 0.018$
㉡ $6 \times 0.03 = 0.18$
㉢ $0.6 \times 0.3 = 1.8$

(   )

7 계산 결과를 비교하여 ○ 안에 >, =, <를 알맞게 써넣으세요.

278×0.01 ○ 0.278×100

8 계산 결과가 같은 것끼리 이어 보세요.

6.2×3.2 ·

· 0.62×32

· 6.2×0.32

9 계산 결과가 소수 세 자리 수인 곱셈식을 말한 사람의 이름을 쓰세요.

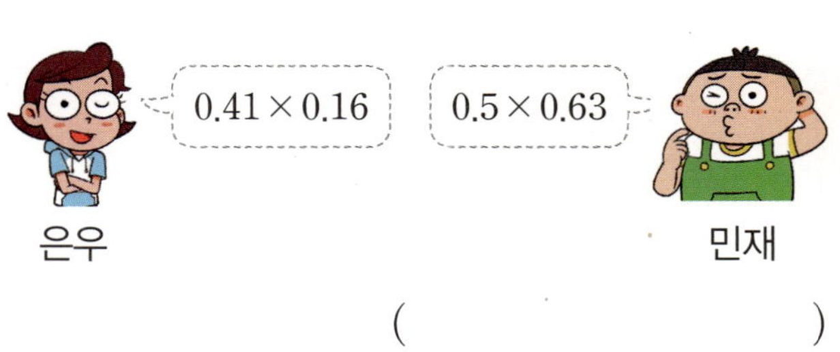

(   )

10 ●는 ▲의 몇 배인가요?

$2.16 \times ● = 21.6$
$72 \times ▲ = 0.72$

(배)

11 탁구공 한 개의 무게는 2.7 g입니다. 탁구공 100개의 무게는 몇 g인가요?

식 ______________________________

답 ______________________ g

기본 다지기

개념 확인 | p.110 개념 5

기본 5 \ 1보다 작은 소수끼리의 곱셈

1 가장 큰 수와 가장 작은 수의 곱을 구하세요.

| 0.91 | 0.475 | 0.09 |

(   )

2 크기를 비교하여 더 큰 것의 기호를 쓰세요.

ㄱ 0.3×0.45 ㄴ 0.14

(   )

3 빵을 더 많이 먹은 사람의 이름을 쓰세요.

(   )

4 준하가 주스 0.8 L의 0.3만큼 마셨습니다. 준하가 마신 주스의 양은 몇 L인가요?

(   )

5 계산 결과가 0.25보다 큰 곱셈식의 기호를 쓰세요.

ㄱ 0.67×0.4 ㄴ 0.53×0.42

(   )

6 지원이가 계산기로 0.38×0.7을 계산하려고 두 수를 눌렀는데 수 하나의 소수점 위치를 잘못 눌러서 2.66이라는 결과가 나왔습니다. 지원이가 계산기에 누른 두 수를 □ 안에 써넣으세요.

□ $\times$ □

7 학교에서 편의점까지의 거리는 은행에서 학교까지 거리의 0.5배입니다. 은행에서 학교를 지나 편의점까지 가는 거리는 몇 km인가요?

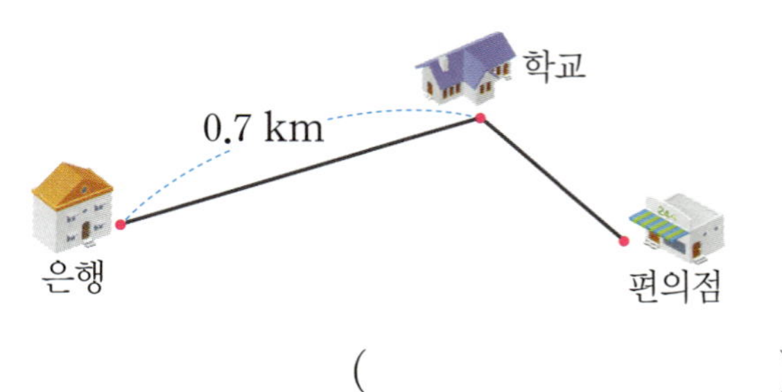

(   )

학교에서 편의점까지의 거리를 먼저 구하자!

기본 6 1보다 큰 소수끼리의 곱셈

8 두 수의 곱을 구하세요.

1.83	1.2

(   )

9 어림하여 계산 결과가 6보다 큰 것을 찾아 기호를 쓰세요.

> ㉠ 1.92의 2.88배   ㉡ 4.15 × 1.57

(   )

10 계산한 것이 맞으면 ◯표, 틀리면 ×표 하세요.

$1.3 × 5.6 = 7.56$ ··············( )

$3.1 × 2.9 = 8.99$ ··············( )

11 빈칸에 알맞은 수를 써넣으세요.

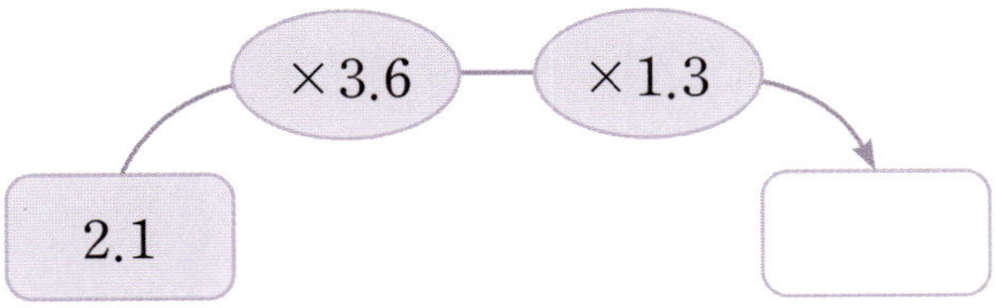

---

12 $15 × 61 = 915$입니다. $1.5 × 6.1$의 값을 어림하여 결괏값에 소수점을 찍고, 그 까닭을 쓰세요.

$$1.5 × 6.1 = 9\square1\square5$$

까닭 ________________________

____

13 □ 안에 들어갈 수 있는 가장 작은 자연수를 구하세요.

$$3.1 × 4.3 < \square$$

(   )

14 한 변의 길이가 3.3 cm인 정사각형의 넓이는 몇 cm^2인가요?

(   )

15 가로가 4.9 cm이고 둘레가 30 cm인 직사각형이 있습니다. 이 직사각형의 넓이는 몇 cm^2인가요?

(   )

👨‍🎓 (세로)=(직사각형의 둘레의 반)-(가로)

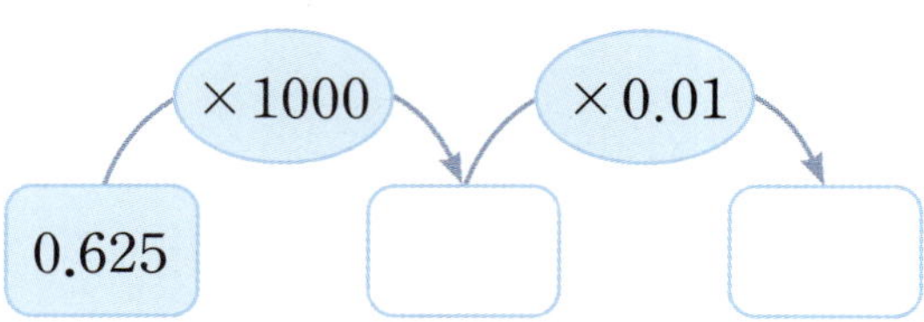

개념 확인 | p.114 개념 7

| 기본 7 \ 곱의 소수점의 위치 |

16 성제와 은미의 대화를 읽고 □ 안에 알맞은 수를 써넣으세요.

> 성제: 86×14를 계산하면 1204야.
> 은미: 그럼 8.6×1.4는 얼마일까?
> 성제: 8.6×1.4= □ 야.

17 지안이와 민재 중에서 키가 더 큰 사람의 이름을 쓰세요.

( )

18 계산 결과가 <u>다른</u> 하나를 찾아 기호를 쓰세요.

> ㉠ 1.87×10
> ㉡ 187×0.01
> ㉢ 1870×0.01

( )

19 민성이는 매일 1.3 L의 물을 마십니다. 민성이가 100일 동안 마신 물의 양은 모두 몇 L인가요?

식 _______________________________

답 _______________________________

20 빈칸에 알맞은 수를 써넣으세요.

×1000   ×0.01

0.625 → □ → □

21 □ 안에 알맞은 수를 구하세요.

39.5× □ =395

( )

22 □ 안에 알맞은 수가 가장 큰 것을 찾아 기호를 쓰세요.

> ㉠ 21× □ =0.21
> ㉡ 0.38× □ =0.038
> ㉢ 0.95× □ =95

( )

23 진성이는 상자에 280.2 g짜리 장난감 10개와 98.2 g짜리 구슬 100개를 담았습니다. 진성이가 상자에 담은 장난감과 구슬의 무게의 합은 몇 kg인가요?

( )

실력 튀어 오른 공의 높이 구하기

떨어진 높이의 0.◆만큼 튀어 오르는 공의 높이

➡ **(떨어진 높이)×0.◆**

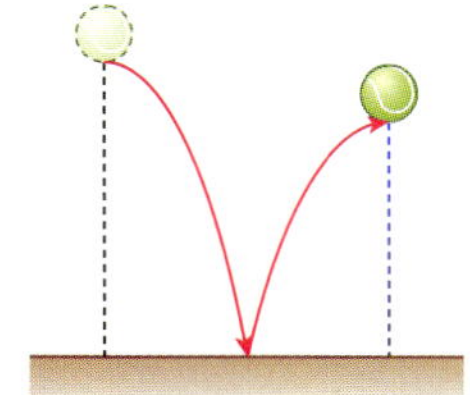

---

24 0.8 m 높이에서 공을 떨어뜨렸습니다. 공은 땅에 닿으면 떨어진 높이의 0.75배만큼 튀어 오릅니다. 공이 땅에 한 번 닿았다가 튀어 올랐을 때의 높이는 몇 m인가요?

( )

25 0.72 m 높이에서 공을 떨어뜨렸습니다. 공은 땅에 닿으면 떨어진 높이의 0.4배만큼 튀어 오릅니다. 공이 땅에 한 번 닿았다가 튀어 올랐을 때의 높이는 몇 m인가요?

( )

26 0.9 m 높이에서 공을 떨어뜨렸습니다. 공은 땅에 닿으면 떨어진 높이의 0.5배만큼 튀어 오릅니다. 공이 땅에 2번 닿았다가 튀어 올랐을 때의 높이는 몇 m인가요?

( )

실력 몇 배만큼 더 늘어난 후의 값 구하기

■에서 ■의 0.▲만큼 더 늘었습니다.
처음 값: ■
더 늘어난 값: ■×0.▲
➡ 늘어난 후의 값: ■＋■×0.▲

📖 **참고 개념**
덧셈, 뺄셈, 곱셈, 나눗셈이 섞여 있는 식은 곱셈과 나눗셈을 먼저 계산합니다.

---

27 성훈이의 4개월 전 몸무게는 29.4 kg이었습니다. 이번 달 성훈이의 몸무게는 4개월 전 몸무게의 0.15배만큼 더 늘었다면 이번 달 성훈이의 몸무게는 몇 kg인가요?

( )

28 작년에 나무의 높이가 2.1 m였습니다. 올해 나무의 높이가 작년 높이의 0.27배만큼 더 늘었다면 올해 나무의 높이는 몇 m인가요?

( )

29 태희가 물을 어제는 1.8 L 마셨고 오늘은 어제 마신 물의 0.31배만큼 더 마셨습니다. 태희가 어제와 오늘 마신 물의 양은 모두 몇 L인가요?

( )

4

소수의 곱셈

STEP 3

응용력 올리기

복습책 p.20에 유사 문제 제공

1 수 카드를 사용하여 곱셈식 만들기

수 카드 4장을 한 번씩 모두 사용하여 곱이 가장 크게 되는 (소수 한 자리 수)×(소수 한 자리 수)의 곱셈식을 만들려고 합니다. 이때의 곱을 구하세요.

1 5 6 7

①<②<③<④일 때

곱이 가장 크게 되는 곱셈식은	곱이 가장 작게 되는 곱셈식은
④.① × ③.②	①.③ × ②.④

해결 과정

❶ 곱이 가장 크게 되는 곱셈식을 만들려면 두 소수의 자연수 부분에는 어떤 수가 들어가야 하는지 □ 안에 알맞은 수를 써넣으세요.

7.■×□.■

❷ 소수 부분에 나머지 수를 써넣어 곱이 가장 크게 되는 곱셈식을 만들어 계산해 보고, 곱을 구하세요.

7.□×□.□=□, (　　　　)

1-1 수 카드 4장을 한 번씩 모두 사용하여 곱이 가장 크게 되는 (소수 한 자리 수)×(소수 한 자리 수)의 곱셈식을 만들려고 합니다. 이때의 곱을 구하세요.

2 4 5 9

(　　　　)

해결 과정을 따라 풀자!

나만의 문제 수 카드에 서로 다른 수를 써넣어 문제를 만들고 풀어 봐요!

1-2 수 카드 4장을 한 번씩 모두 사용하여 곱이 가장 작게 되는 (소수 한 자리 수)×(소수 한 자리 수)의 곱셈식을 만들려고 합니다. 이때의 곱을 구하세요.

□ □ □ □

(　　　　)

2 도형에서 색칠한 부분의 넓이 구하기

직사각형 ㄱㄴㄷㄹ에서 색칠한 부분의 넓이는 몇 cm^2인가요?

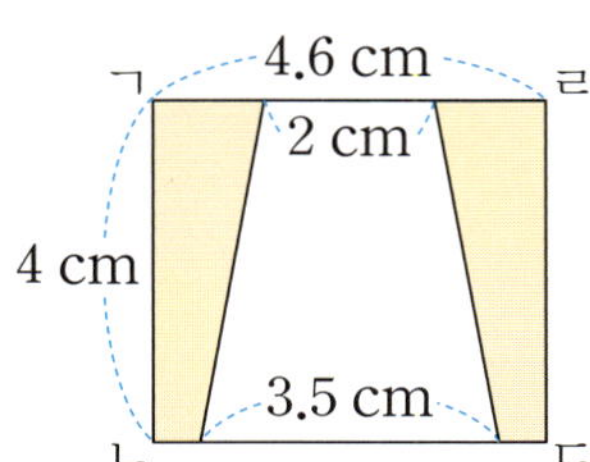

🔑 **해결 과정**

❶ 직사각형 ㄱㄴㄷㄹ의 넓이는 몇 cm^2인가요?

(   )

❷ 색칠하지 않은 부분의 넓이는 몇 cm^2인가요?

(   )

❸ 색칠한 부분의 넓이는 몇 cm^2인가요?

(   )

2-1 직사각형 ㄱㄴㄷㄹ에서 색칠한 부분의 넓이는 몇 cm^2인가요?

✏️ **해결 과정을 따라 풀자!**

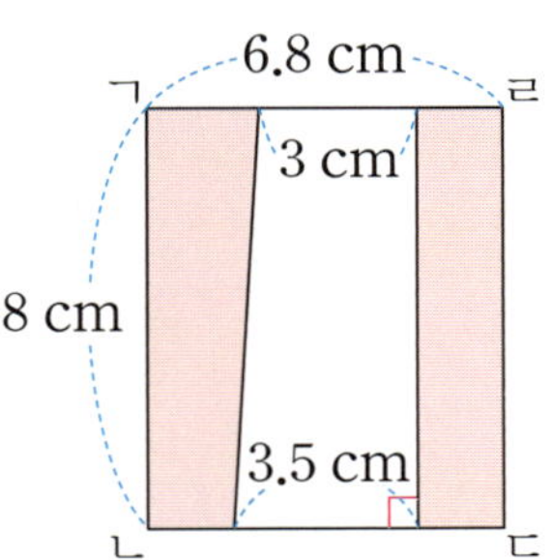

(   )

2-2 정사각형 ㄱㄴㄷㄹ에서 색칠한 부분의 넓이는 몇 cm^2인가요?

(   )

4 소수의 곱셈

복습책 p.21에 **유사 문제** 제공

3 시간을 소수로 나타내 필요한 연료의 양 구하기

한 시간에 23.9 km를 이동하는 배가 있습니다. 이 배는 1 km를 이동하는 데 0.9 L의 연료가 필요합니다. 이 배가 일정한 빠르기로 4시간 12분을 이동하는 데 필요한 연료는 몇 L인가요?

🔑 해결 과정

❶ 4시간 12분은 몇 시간인지 소수로 나타내 보세요.

( )

❷ ❶에서 나타낸 시간 동안 배가 이동하는 거리는 몇 km인지 구하세요.

( )

❸ ❷에서 구한 거리만큼 이동하는 데 필요한 연료는 몇 L인지 구하세요.

( )

3-1 한 시간에 67.2 km를 달리는 버스가 있습니다. 이 버스는 1 km를 달리는 데 0.6 L의 연료가 필요합니다. 이 버스가 일정한 빠르기로 2시간 30분을 달리는 데 필요한 연료는 몇 L인가요?

( )

✎ 해결 과정을 따라 풀자!

3-2 한 시간에 72.3 km를 달리는 택시가 있습니다. 이 택시는 500 m를 달리는 데 0.1 L의 연료가 필요합니다. 이 택시가 일정한 빠르기로 3시간 54분을 달리는 데 필요한 연료는 몇 L인가요?

( )

4 색 테이프 한 장의 길이 구하기

길이가 같은 색 테이프 10장을 그림과 같이 3.4 cm씩 겹치게 이어 붙였더니 이어 붙인 색 테이프 전체의 길이가 67.55 cm입니다. 색 테이프 한 장의 길이는 몇 cm인지 구하세요.

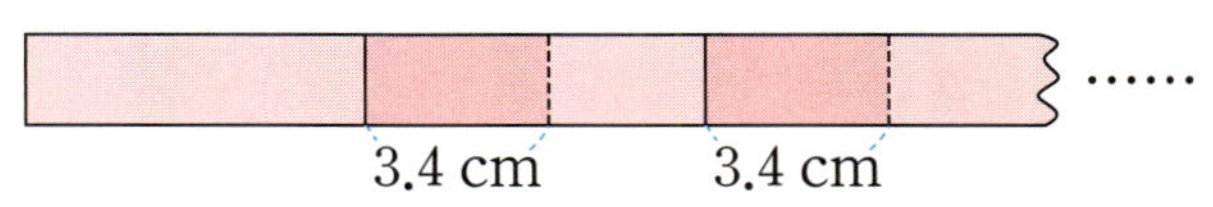

🔑 해결 과정

① 겹치는 부분은 몇 군데이고, 겹치는 부분의 길이의 합은 몇 cm인지 차례로 구하세요.

(   ), (   )

② 색 테이프 10장의 길이의 합은 몇 cm인가요?

(   )

③ 색 테이프 한 장의 길이는 몇 cm인가요?

(   )

4 소수의 곱셈

4-1 길이가 같은 색 테이프 10장을 그림과 같이 0.3 m씩 겹치게 이어 붙였더니 이어 붙인 색 테이프 전체의 길이가 9.7 m입니다. 색 테이프 한 장의 길이는 몇 m인지 구하세요.

✏️ 해결 과정을 따라 풀자!

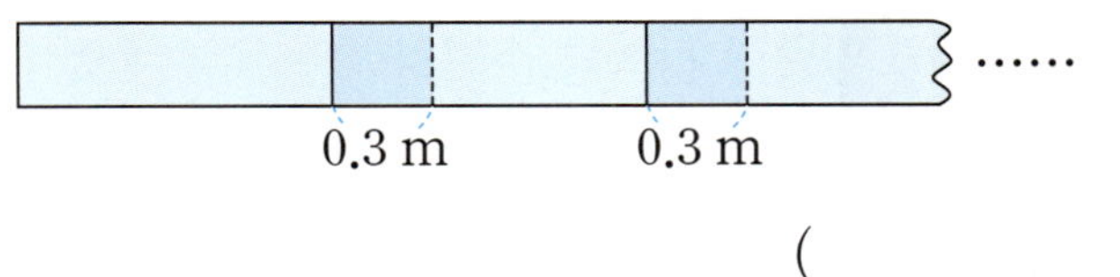

(   )

나만의 문제 □ 안에 수를 써넣어 문제를 만들고 풀어 봐요!

4-2 길이가 같은 색 테이프 10장을 한 줄로 길게 2.□ cm씩 겹치게 이어 붙였더니 이어 붙인 색 테이프 전체의 길이가 52.□ cm입니다. 색 테이프 한 장의 길이는 몇 cm인지 구하세요.

(   )

응용력 올리기

1 정사각형을 그리기 위한 코딩을 만들었습니다. 시작하기 버튼을 눌렀을 때 그려지는 정사각형의 넓이는 몇 cm^2인가요?

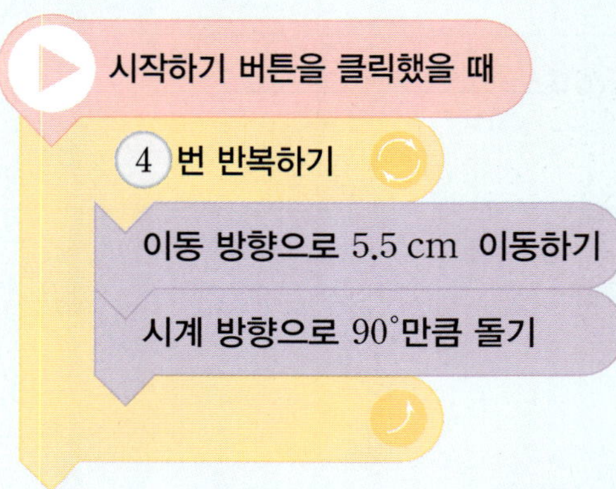

풀이

답

2 다음은 민아의 간식표입니다. 이번 주에 필요한 간식을 준비하려면 우유는 몇 L 필요한지 구하세요.

민아의 간식표

월	화	수	목	금
우유 0.25 L 빵 1개	주스 0.3 L 바나나 1개	우유 0.25 L 고구마 1개	우유 0.25 L 사과 1개	주스 0.2 L 빵 1개

풀이

답

창의·융합 서술형 수능 대비

융합영 3

모니터와 휴대 전화의 화면 크기는 화면의 대각선의 길이를 재어 인치(inch)로 나타냅니다. 1인치가 2.54 cm일 때 소윤이네 집 컴퓨터 모니터의 화면 크기와 건우의 휴대 전화의 화면 크기의 합은 몇 cm인가요?

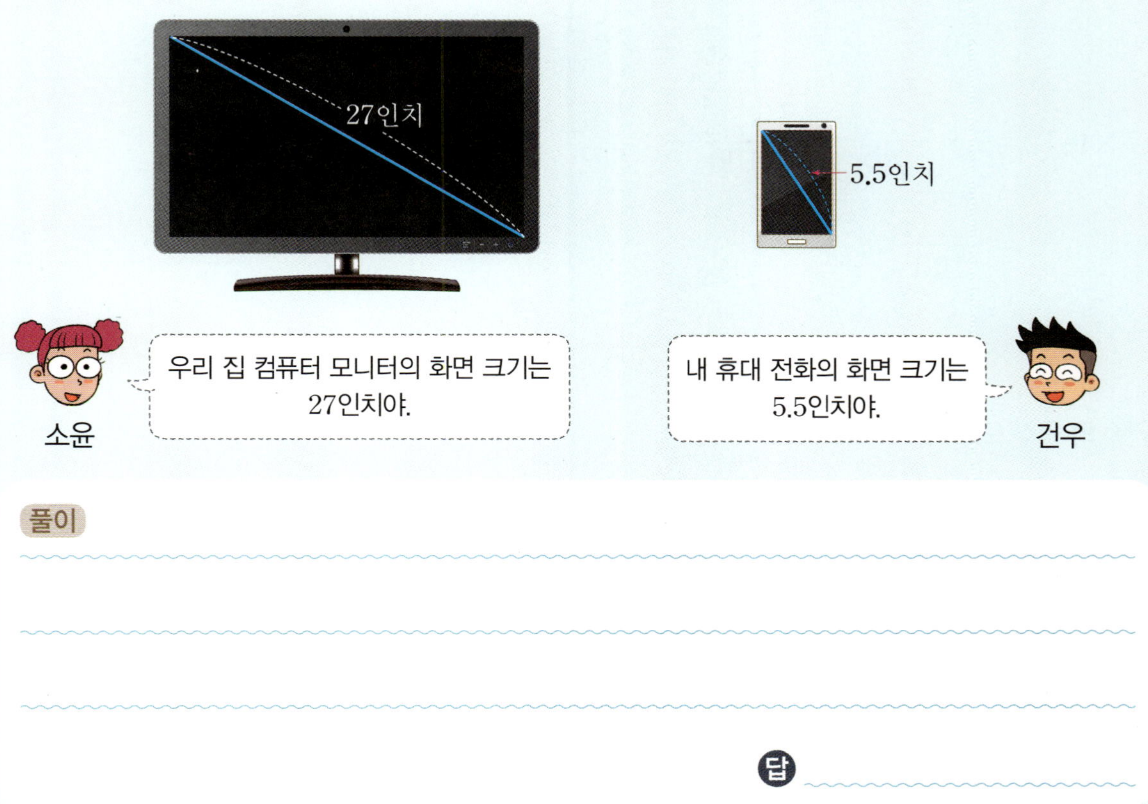

풀이

답

융합영 4

한 시간 동안 버스는 73.6 km, 택시는 81.3 km를 가는 빠르기로 같은 지점에서 동시에 출발하여 반대 방향으로 36분 동안 일직선으로 달렸습니다. 버스와 택시 사이의 거리는 몇 km가 되나요?

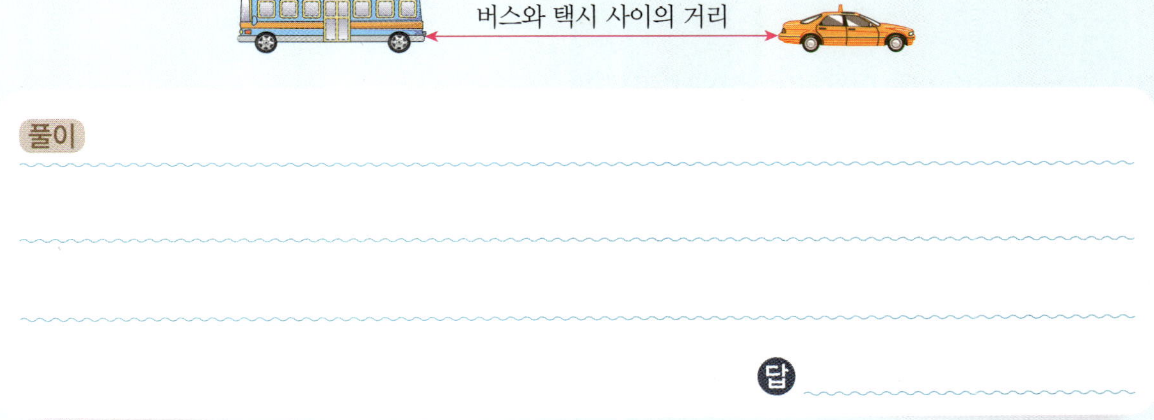

풀이

답

4
소수의 곱셈

점수 | 점

1 분수의 곱셈으로 계산해 보세요.

(1) $5 \times 1.3 = 5 \times \dfrac{\boxed{}}{10} = \dfrac{5 \times \boxed{}}{10}$

$\qquad = \dfrac{\boxed{}}{10} = \boxed{}$

(2) $7 \times 0.12 = 7 \times \dfrac{\boxed{}}{100} = \dfrac{7 \times \boxed{}}{100}$

$\qquad = \dfrac{\boxed{}}{100} = \boxed{}$

2 자연수의 곱셈으로 계산해 보세요.

(1) $8 \times 4 = \boxed{}$ ➡ $0.8 \times 0.4 = \boxed{}$

(2) $2 \times 7 = \boxed{}$ ➡ $0.2 \times 0.7 = \boxed{}$

3 1.2×3을 0.1의 개수로 계산해 보려고 합니다. ☐ 안에 알맞은 수를 써넣으세요.

1.2는 0.1이 ☐ 개입니다.

1.2×3은 0.1이 ☐ 개씩 3묶음입니다.

0.1이 모두 ☐ 개이므로

$1.2 \times 3 =$ ☐ 입니다.

4 $279 \times 33 = 9207$임을 이용하여 주어진 곱셈의 결괏값에 소수점을 알맞게 찍어 보세요.

$27.9 \times 3.3 = 9\square2\square0\square7$
$2.79 \times 3.3 = 9\square2\square0\square7$
$27.9 \times 0.33 = 9\square2\square0\square7$

5 보기와 같이 계산해 보세요.

보기
$1.3 \times 8 = \dfrac{13}{10} \times 8 = \dfrac{13 \times 8}{10} = \dfrac{104}{10} = 10.4$

(1) 0.6×9

(2) 3.12×6

6 가장 큰 수와 가장 작은 수의 곱을 구하세요.

| 8 | 1.36 | 2.1 |

( )

7 빈칸에 알맞은 수를 써넣으세요.

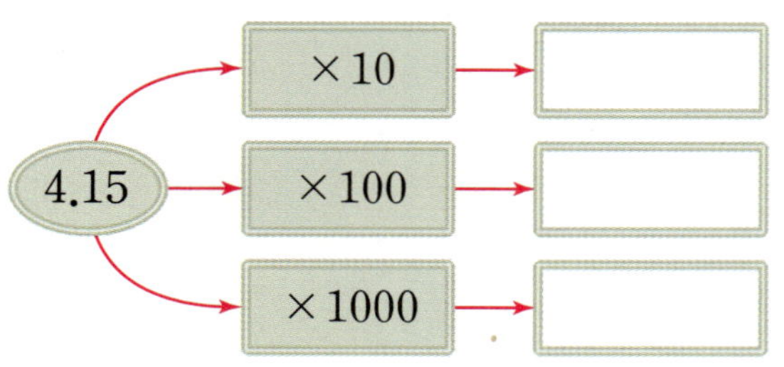

8 크기를 비교하여 ○ 안에 >, =, <를 알맞게 써넣으세요.

$$4.3 \times 6 \quad \bigcirc \quad 25$$

9 $56 \times 34 = 1904$임을 이용하여 □ 안에 알맞은 수를 써넣으세요.

⑴ $5.6 \times 3.4 = \boxed{}$

⑵ $0.56 \times 3.4 = \boxed{}$

10 계산 결과가 6보다 큰 것을 찾아 기호를 쓰세요.

$\bigcirc\ 6 \times 0.9 \qquad \bigcirc\ 6 \times 1.1 \qquad \bigcirc\ 6$의 0.88배

( )

11 철사의 길이는 9 m이고 털실의 길이는 철사의 길이의 1.82배입니다. 털실의 길이는 몇 m인가요?

( )

12 분홍색 테이프는 6 m이고, 노란색 테이프는 분홍색 테이프의 길이의 0.7배입니다. 노란색 테이프의 길이는 몇 m인가요?

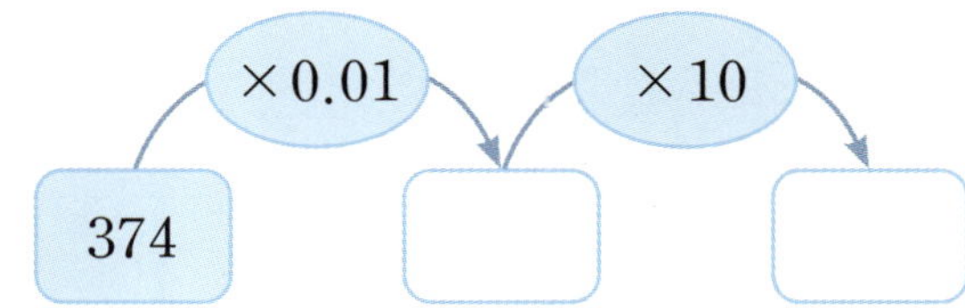

식 ____________________

답 ____________________

13 빈칸에 알맞은 수를 써넣으세요.

$374 \xrightarrow{\times 0.01} \boxed{} \xrightarrow{\times 10} \boxed{}$

14 □ 안에 들어갈 수 있는 가장 큰 자연수를 구하세요.

$$\square < 7 \times 2.7$$

( )

15 지애가 계산기로 0.47×0.5를 계산하려고 두 수를 눌렀는데 수 하나의 소수점 위치를 잘못 눌러서 2.35라는 결과가 나왔습니다. 지애가 계산기에 누른 두 수를 □ 안에 써넣으세요.

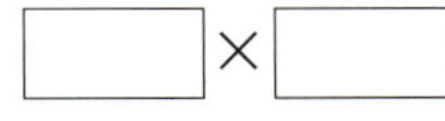
$\boxed{} \times \boxed{}$

16 준철이는 하루에 우유를 0.24 L씩 매일 마십니다. 준철이가 4주 동안 마실 우유를 준비하려면 1 L짜리 우유를 적어도 몇 개 사야 하나요?

(   )

17 세로가 2.6 cm이고 둘레가 20 cm인 직사각형이 있습니다. 이 직사각형의 넓이는 몇 cm^2인가요?

2.6 cm

(   )

18 수 카드 4장을 한 번씩 모두 사용하여 곱이 가장 크게 되는 (소수 한 자리 수)×(소수 한 자리 수)의 곱셈식을 만들려고 합니다. 이때의 곱을 구하세요.

| 1 | 2 | 4 | 8 |

(   )

19 송이가 어제는 1.6 km를 걸었고 오늘은 어제 걸은 거리의 0.23배만큼 더 걸었습니다. 송이가 어제와 오늘 걸은 거리는 모두 몇 km인지 풀이 과정을 쓰고 답을 구하세요.

풀이

답 _______________________

20 한 시간에 81.4 km를 달리는 트럭이 있습니다. 이 트럭은 1 km를 달리는 데 0.7 L의 연료가 필요합니다. 이 트럭이 일정한 빠르기로 3시간 18분을 달리는 데 필요한 연료는 몇 L인지 풀이 과정을 쓰고 답을 구하세요.

풀이

답 _______________________

단원 실력 평가

점수 (점)

♥ **복습책 p.24~25**에 **실력 평가** 추가 제공

1 다음 수를 구하세요.

> 4.56의 4배

( )

2 빈 곳에 알맞은 수를 써넣으세요.

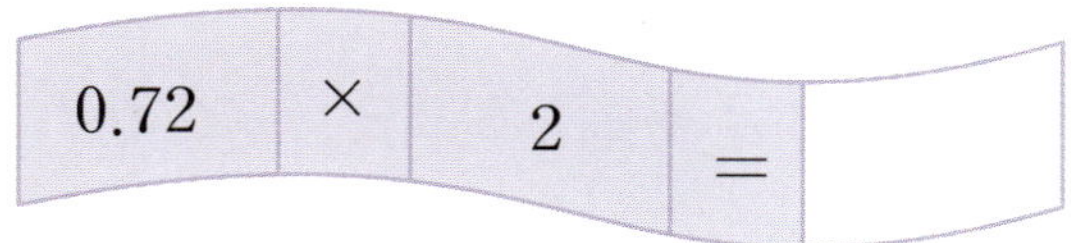

3 $19 \times 224 = 4256$입니다. 다음 곱셈의 값을 어림하여 결괏값에 소수점을 찍으세요.

(1) $19 \times 22.4 = 4\square2\square5\square6$

(2) $0.019 \times 224 = 4\square2\square5\square6$

4 계산 결과를 찾아 이어 보세요.

3×7.6 •

5×8.7 •

• 43.5

• 22.8

• 37.8

5 소수점의 위치를 생각하여 □ 안에 알맞은 수를 써넣으세요.

(1) $3.67 \times 10 = \boxed{}$

$3.67 \times 100 = \boxed{}$

$3.67 \times 1000 = \boxed{}$

(2) $48.5 \times 0.1 = \boxed{}$

$48.5 \times 0.01 = \boxed{}$

$48.5 \times 0.001 = \boxed{}$

6 0.87×6을 분수의 곱셈으로 계산해 보세요.

0.87×6

7 값이 14보다 큰 것의 기호를 쓰세요.

> ㉠ 14×0.9　　㉡ 7의 2.3배

( )

8 베트남 돈의 단위는 '동'입니다. 베트남의 환율이 다음과 같을 때 □ 안에 알맞은 수를 써넣으세요.

> **오늘의 환율**
> 우리나라 돈 1원을 베트남 돈 19.15동으로 바꿀 수 있습니다.

우리나라 돈 1000원은
베트남 돈 $\boxed{}$동으로 바꿀 수 있습니다.

4 소수의 곱셈

9 □ 안에 알맞은 수가 <u>다른</u> 하나를 찾아 기호를 쓰세요.

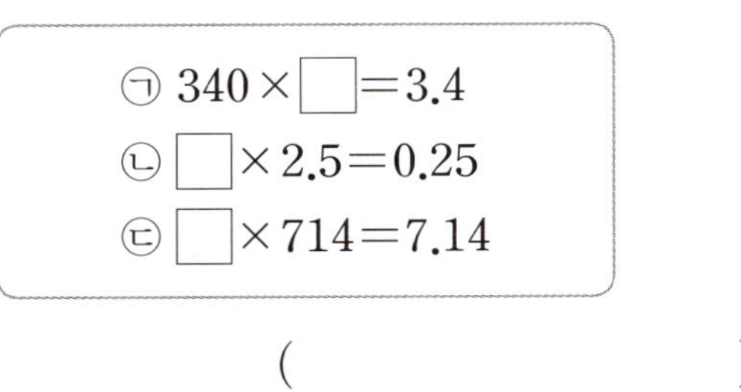

(   )

10 빈칸에 알맞은 수를 써넣으세요.

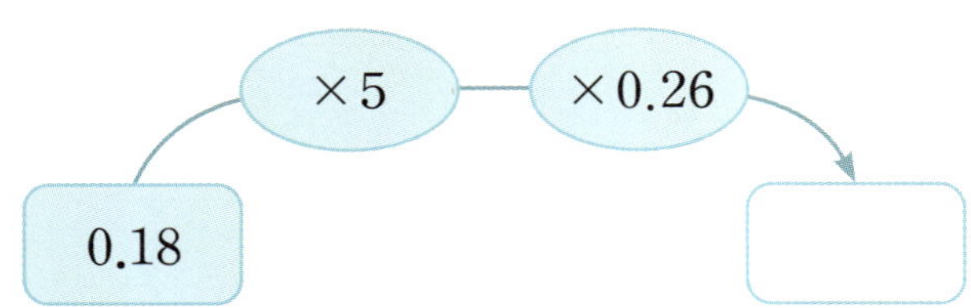

11 화성, 해왕성에서 잰 몸무게가 각각 지구에서 잰 몸무게의 약 몇 배인지 나타낸 표입니다. 유찬이가 설명하는 행성은 어느 행성인가요?

화성	해왕성
약 0.38배	약 0.88배

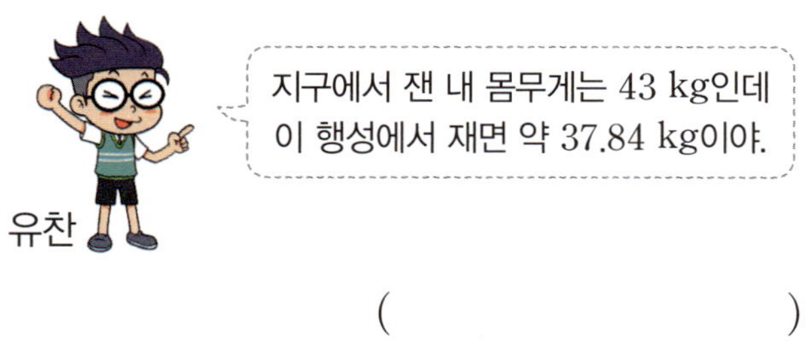

(   )

12 공원에서 영화관까지의 거리는 경찰서에서 공원까지의 거리의 0.3배입니다. 경찰서에서 공원을 지나 영화관까지 가는 거리는 몇 km인가요?

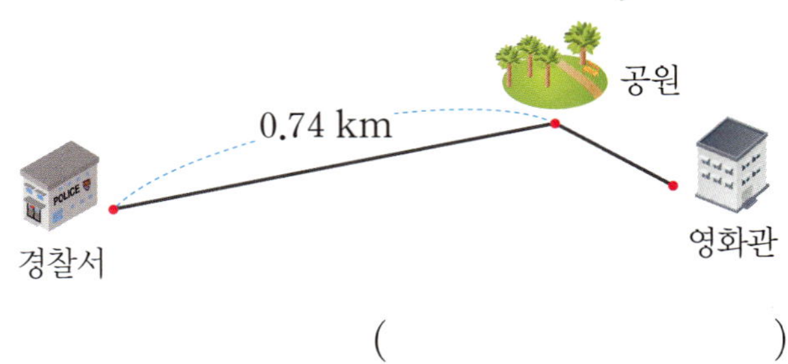

(   )

13 ㉠에 알맞은 수를 구하세요.

$$725 \times ㉠ = 1.45 \times 5$$

(   )

14 □ 안에 들어갈 수 있는 자연수를 모두 구하세요.

$$3.44 \times 2.2 < □ < 3.7 \times 2.7$$

(   )

15 하루 동안 걸은 거리를 비교해 보니 민우는 찬주의 1.4배만큼 걸었고, 수호는 민우의 2.3배만큼 걸었습니다. 찬주가 하루 동안 1.8 km를 걸었다면 수호가 하루 동안 걸은 거리는 몇 km인가요?

(   )

16 그림과 같은 직사각형 모양의 화단이 있습니다. 가로와 세로를 각각 1.2배씩 늘려서 새로운 화단을 만들려고 합니다. 새로운 화단의 넓이는 몇 m² 일까요?

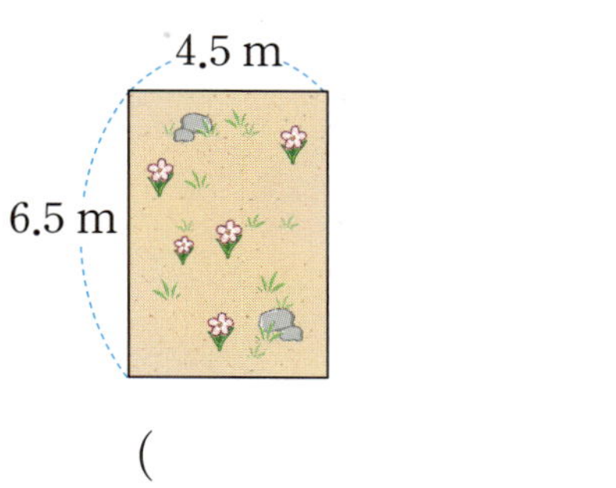

(   )

17 어떤 수에 0.93을 더했더니 8이 되었습니다. 어떤 수에 9를 곱하면 얼마인가요?

(   )

18 정사각형 ㄱㄴㄷㄹ에서 색칠한 부분의 넓이는 몇 cm²인가요?

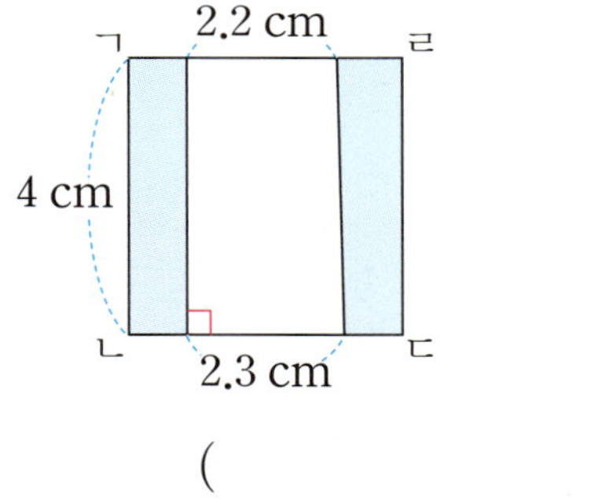

(   )

서술형

19 0.9 m 높이에서 공을 떨어뜨렸습니다. 공은 땅에 닿으면 떨어진 높이의 0.7배만큼 튀어 오릅니다. 공이 땅에 2번 닿았다가 튀어 올랐을 때의 높이는 몇 m인지 풀이 과정을 쓰고 답을 구하세요.

풀이

답 ________________________

서술형

20 길이가 같은 색 테이프 10장을 그림과 같이 2.6 cm씩 겹치게 이어 붙였더니 이어 붙인 색 테이프 전체의 길이가 57.2 cm입니다. 색 테이프 한 장의 길이는 몇 cm인지 풀이 과정을 쓰고 답을 구하세요.

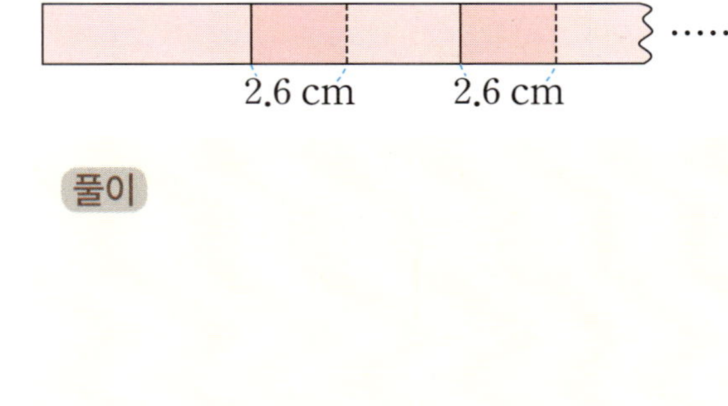

풀이

답 ________________________

직육면체

본문 134쪽

직육면체, 정육면체

직사각형 6개로 둘러싸인 도형은 **직육면체**, **정사각형 6개**로 둘러싸인 도형은 **정육면체**입니다.

선분으로 둘러싸인 부분을 면, 면과 면이 만나는 선분을 모서리, 모서리와 모서리가 만나는 점을 꼭짓점이라고 해.

본문 136쪽

직육면체의 성질

• 직육면체의 **밑면**: 서로 평행한 두 면
• 직육면체의 **옆면**: 밑면과 수직인 면

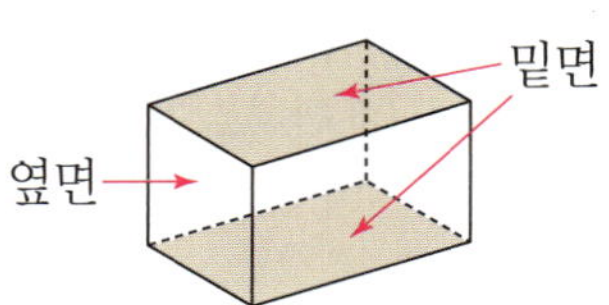

직육면체에는 평행한 면이 3쌍 있고, 평행한 면은 각각 밑면이 될 수 있으므로 밑면이 변함에 따라 옆면도 바뀔 수 있어!

본문 138쪽

직육면체의 겨냥도

직육면체 모양을 잘 알 수 있도록 나타낸 그림을 직육면체의 **겨냥도** 라고 합니다.

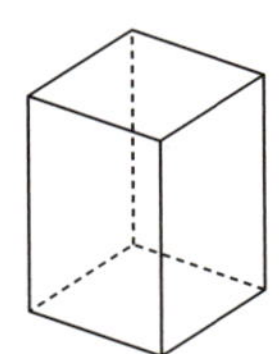
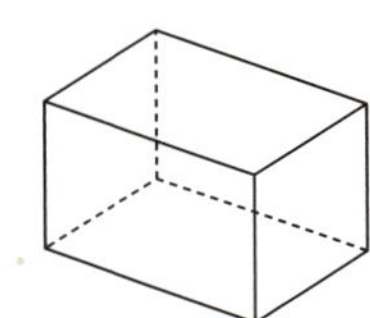

겨냥도에서 보이는 모서리는 실선(ㅡ)으로, 보이지 않는 모서리는 점선(┈┈)으로 그려.

본문 140쪽

정육면체와 직육면체의 전개도

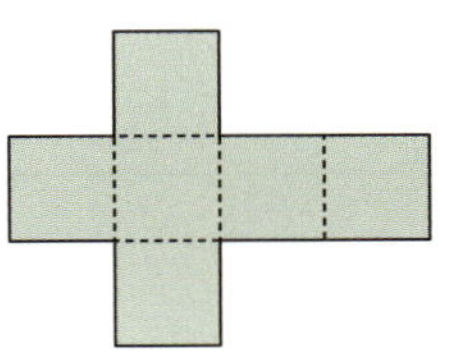
정육면체의 전개도

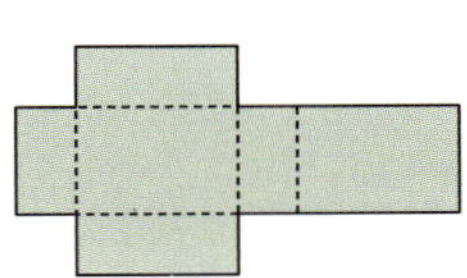
직육면체의 전개도

정육면체와 직육면체의 전개도에서 잘린 모서리는 실선으로, 잘리지 않는 모서리는 점선으로 그려.

이제부터 **기본+응용**을 시작해 볼까요~

개념 익히기

개념 1 \ 직육면체

직사각형 6개로 둘러싸인 도형을 직육면체라고 합니다.

1 직육면체의 구성 요소
- **면**: 선분으로 둘러싸인 부분
- **모서리**: 면과 면이 만나는 선분
- **꼭짓점**: 모서리와 모서리가 만나는 점

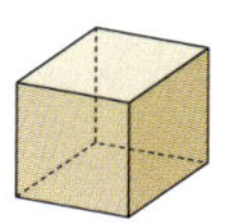

2 직육면체의 면, 모서리, 꼭짓점의 수

면의 수(개)	모서리의 수(개)	꼭짓점의 수(개)
6	12	8

개념 플러스

● 직육면체의 특징
(1) 6개의 면이 모두 직사각형입니다.
(2) 모서리는 12개, 꼭짓점은 8개입니다.

개념 2 \ 정육면체

정사각형 6개로 둘러싸인 도형을 정육면체라고 합니다.

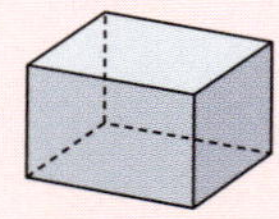

1 직육면체와 정육면체의 공통점과 차이점

공통점 면이 6개, 모서리가 12개, 꼭짓점이 8개입니다.

차이점 직육면체는 면의 모양이 직사각형이고, 정육면체는 면의 모양이 정사각형입니다.

직육면체는 길이가 같은 모서리가 있고, 정육면체는 모든 모서리의 길이가 같습니다.

2 직육면체와 정육면체의 관계

정사각형은 직사각형이라고 할 수 있지만 직사각형은 정사각형이라고 할 수 없는 것과 같이 정육면체는 직육면체라고 할 수 있지만 직육면체는 정육면체라고 할 수 없습니다.

● 정육면체의 특징
(1) 6개의 면이 모두 정사각형입니다.
(2) 12개의 모서리의 길이가 모두 같습니다.

🔊 **주의 개념**
직육면체와 정육면체의 관계

---

1 직육면체 모양의 물건을 찾아 기호를 쓰세요.

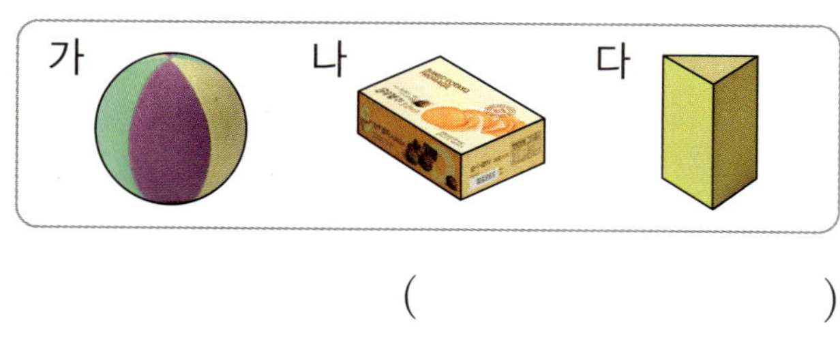

(   )

2 다음과 같이 정사각형 6개로 둘러싸인 도형을 무엇이라고 하나요?

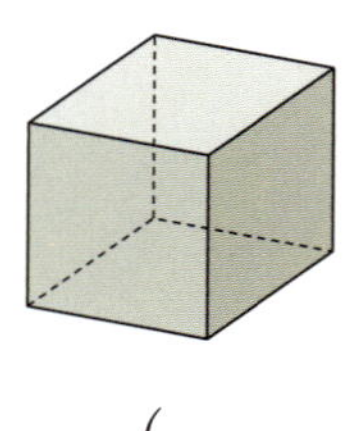

(   )

[3~4] 정육면체를 보고 물음에 답하세요.

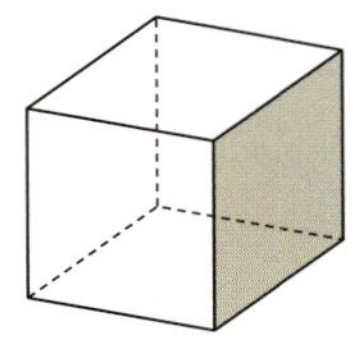

3 정육면체의 면은 몇 개인가요?

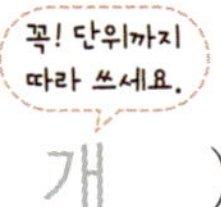

(개)

4 색칠한 면을 본뜬 모양은 어떤 도형인가요?

( )

5 직육면체의 각 부분의 이름을 □ 안에 알맞게 써 넣으세요.

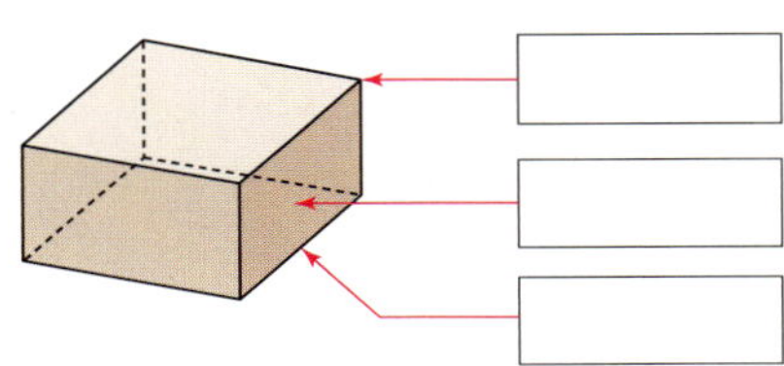

6 그림을 보고 □ 안에 알맞은 기호를 써넣으세요.

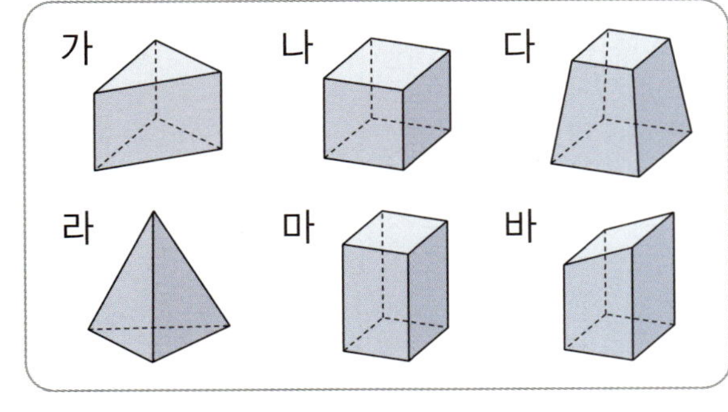

직육면체를 모두 찾으면 □ , □ 이고,

정육면체를 찾으면 □ 입니다.

7 정육면체에 대한 설명으로 옳은 것은 ○표, 틀린 것은 ✕표 하세요.

(1) 모서리의 길이는 서로 같습니다. —— □

(2) 면의 모양이 모두 정삼각형입니다. —— □

(3) 직육면체라고 할 수 있습니다. —— □

8 오른쪽 정육면체를 보고 모서리는 꼭짓점보다 몇 개 더 많은지 구하세요.

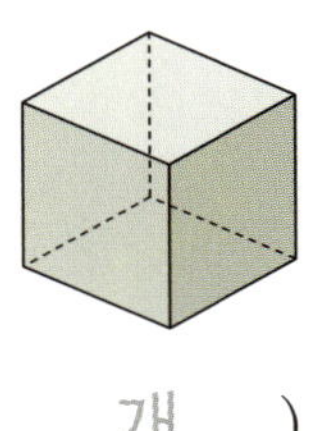

(개)

9 직육면체에 대한 설명 중 틀린 것을 찾아 기호를 쓰고, 바르게 고쳐 보세요.

> ㉠ 직사각형 6개로 둘러싸인 도형입니다.
> ㉡ 직육면체의 모서리는 12개입니다.
> ㉢ 면과 면이 만나는 선분을 꼭짓점이라고 합니다.

( )

바르게 고치기 ___________

개념 3 \ 직육면체의 성질

1 직육면체에서 서로 마주 보고 있는 면의 관계

(1) 직육면체에서 계속 늘여도 만나지 않는 두 면을 서로 평행하다고 합니다.

(2) 직육면체의 **밑면**:
색칠한 두 면처럼 서로 평행한 면

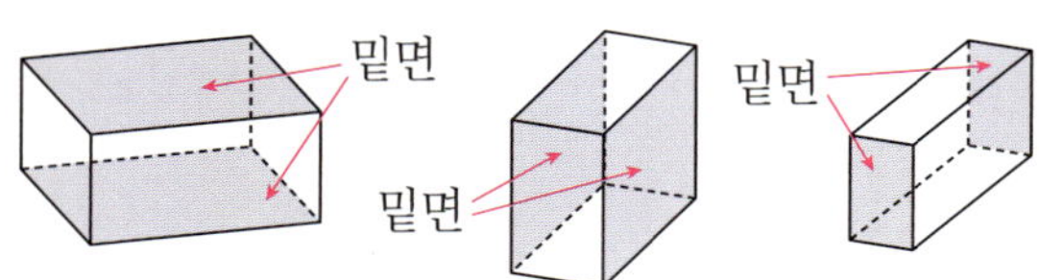

> 밑면은 고정된 면이 아닌 기준이 되는 면이야.
> 한 면이 밑면이면 마주 보고 있는 면도 밑면이야.

2 직육면체에서 서로 만나는 두 면 사이의 관계

(1) 삼각자 3개를 오른쪽과 같이 놓았을 때
면 ㄱㄴㄷㄹ과 면 ㄷㅅㅇㄹ,
면 ㄴㅂㅅㄷ과 면 ㄷㅅㅇㄹ,
면 ㄱㄴㄷㄹ과 면 ㄴㅂㅅㄷ은 각각 수직입니다.

(2) 한 면에 수직인 면은 4개씩 있습니다.

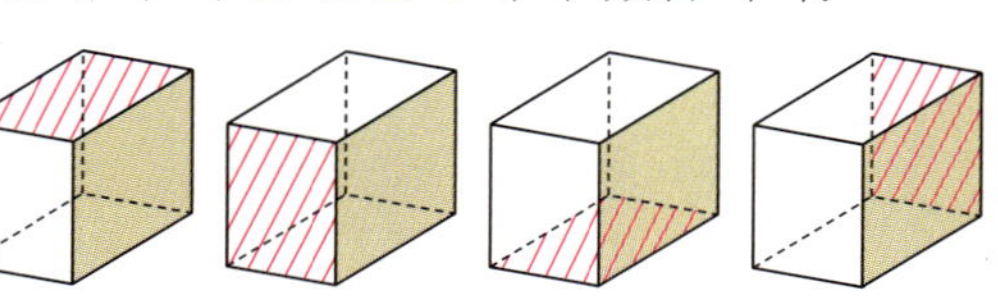

(3) 직육면체의 **옆면**:
직육면체에서 밑면과
수직인 면
┗ 옆면은 4개입니다.

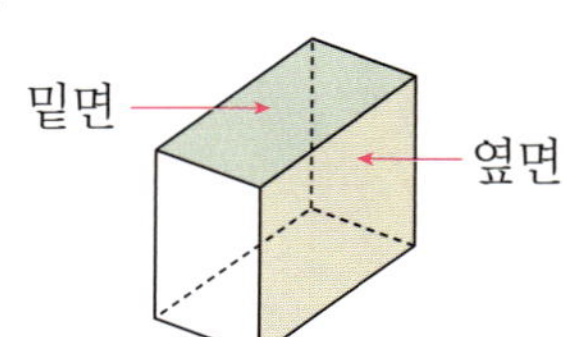

> 밑면이 변함에 따라 옆면도 바뀌어.

개념 **플러스**

● **직육면체에서 서로 평행한 면**

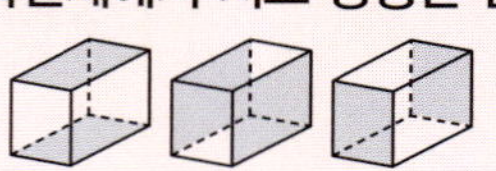

(1) 마주 보고 있는 면은 서로 평행하며, 3쌍이 있습니다.
(2) 서로 평행한 면은 서로 합동이고, 각각 밑면이 될 수 있습니다.

📖 참고 개념
직육면체의 면 읽는 방법

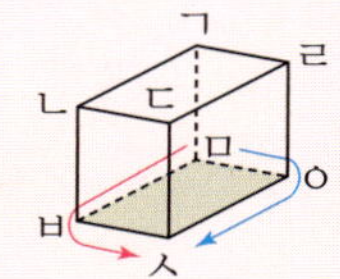

색칠한 면은 면 ㅁㅂㅅㅇ,
면 ㅁㅇㅅㅂ…… 등과 같이 한 방향으로 읽는 것이 좋습니다.

[1~2] 직육면체를 보고 물음에 답하세요.

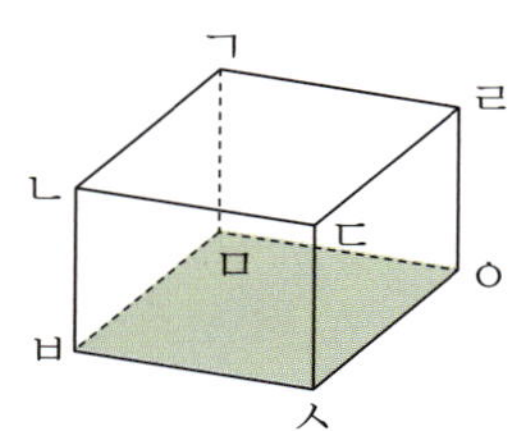

1 색칠한 면과 평행한 면을 찾아 빗금을 그어 보세요.

2 색칠한 면을 한 밑면이라고 할 때 다른 밑면을 찾아 쓰세요.

( )

[3~4] 오른쪽 직육면체를 보고 물음에 답하세요.

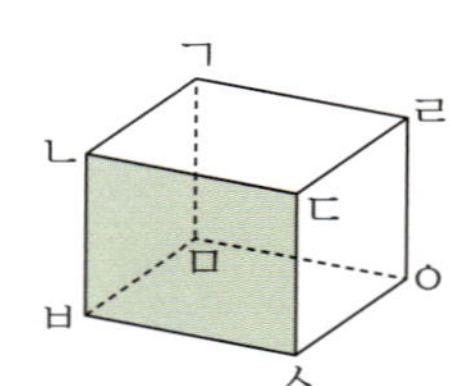

3 색칠한 면과 만나는 면을 모두 찾아 쓰세요.

면 [ ], 면 [ ],
면 [ ], 면 [ ]

4 색칠한 면과 수직인 면은 모두 몇 개인가요?

> 꼭! 단위까지 따라 쓰세요.

(개)

5 오른쪽 직육면체에서 색칠한 면과 평행한 면을 바르게 색칠한 사람은 누구인가요?

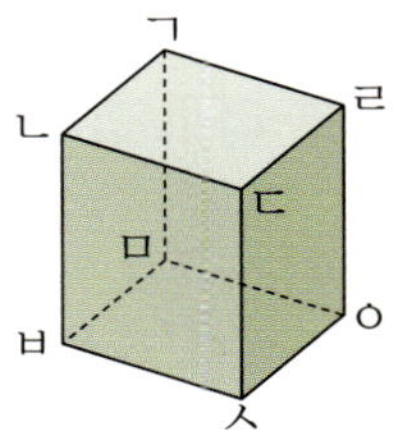

( )

6 색칠한 두 면이 서로 수직인 것을 모두 고르세요.

.... ( )

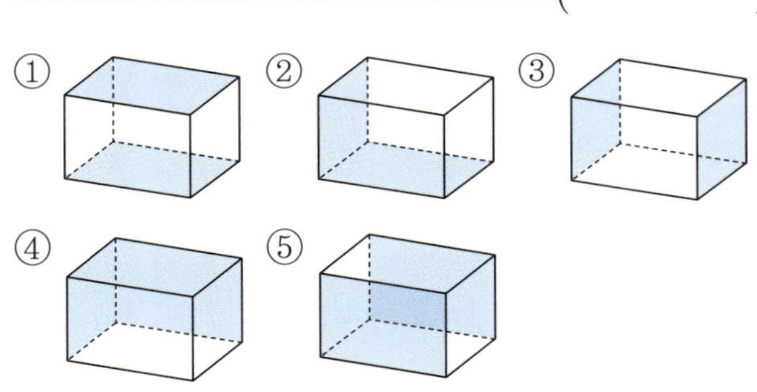

7 직육면체에서 서로 평행한 면은 모두 몇 쌍인가요?

(쌍)

8 직육면체에서 면 ㄱㅁㅇㄹ과 수직이 <u>아닌</u> 면을 찾아 쓰세요.

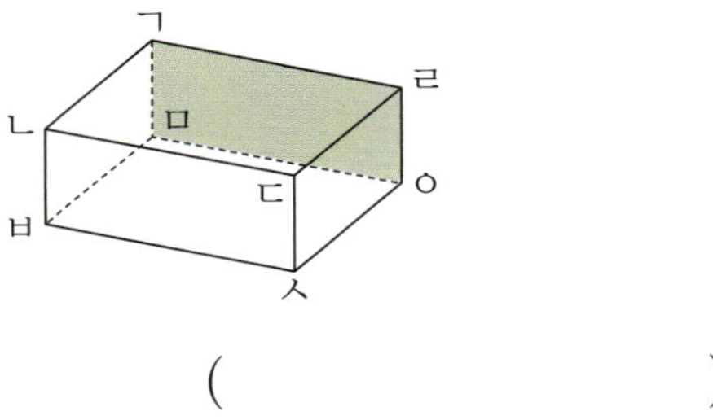

( )

9 직육면체를 보고 바르게 설명한 것을 찾아 기호를 쓰세요.

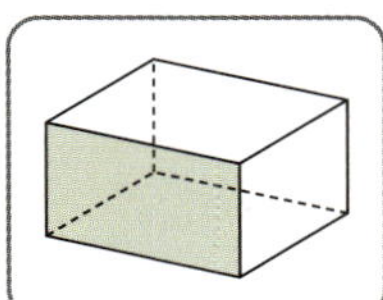

> ㉠ 꼭짓점 ㄱ에서 만나는 면은 모두 2개입니다.
> ㉡ 꼭짓점 ㄱ에서 만나는 면들에 삼각자를 대어 보면 꼭짓점 ㄱ을 중심으로 모두 직각입니다.
> ㉢ 면 ㄴㅂㅁㄱ과 평행한 면은 면 ㄱㄴㄷㄹ입니다.

( )

10 직육면체에서 면 ㄷㅅㅇㄹ과 평행한 면과 수직인 면은 각각 몇 개인가요?

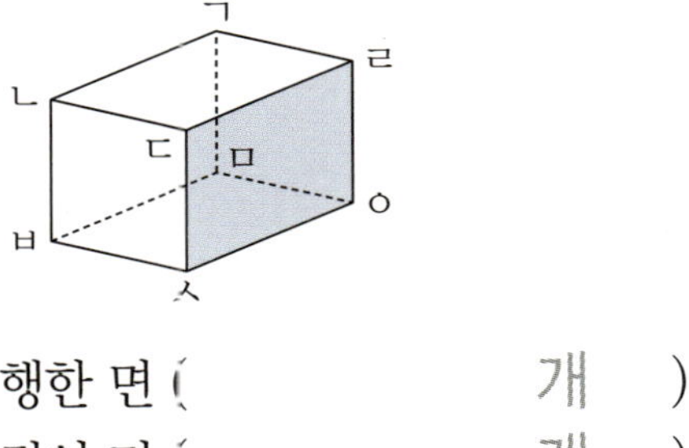

평행한 면 (개)
수직인 면 (개)

11 위 **10**의 직육면체를 보고 꼭짓점 ㄴ에서 만나는 면을 모두 찾아 쓰세요.

(, ,)

개념 4 \ 직육면체의 겨냥도

직육면체 모양을 잘 알 수 있도록 나타낸 그림을 직육면체의 **겨냥도**라고 합니다.

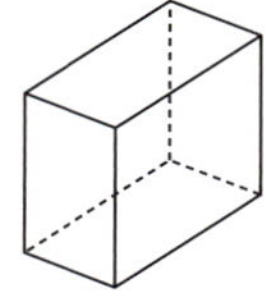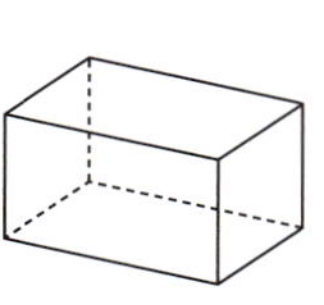

개념 플러스

● 직육면체의 겨냥도에는 6개의 면, 12개의 모서리, 8개의 꼭짓점을 모두 나타낼 수 있습니다.

1 직육면체의 겨냥도에서 면, 모서리, 꼭짓점의 수 비교

면의 수(개)		모서리의 수(개)		꼭짓점의 수(개)	
보이는 면	보이지 않는 면	보이는 모서리	보이지 않는 모서리	보이는 꼭짓점	보이지 않는 꼭짓점
3	3	9	3	7	1

└─ 면 6개 ─┘ └─ 모서리 12개 ─┘ └─ 꼭짓점 8개 ─┘

2 직육면체의 겨냥도 그리기
보이는 모서리는 **실선**으로 그리고,
보이지 않는 모서리는 **점선**으로 그립니다.

보이는 모서리 9개는 실선으로, 보이지 않는 모서리 3개는 점선으로 그리면 돼.

📢 **주의 개념**
잘못 그린 겨냥도

(예) 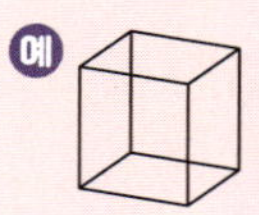 보이지 않는 모서리를 실선으로 그림.

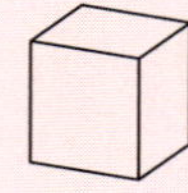 보이지 않는 모서리를 그리지 않음.

---

1 오른쪽 직육면체를 보고 □ 안에 알맞은 말을 써넣으세요.

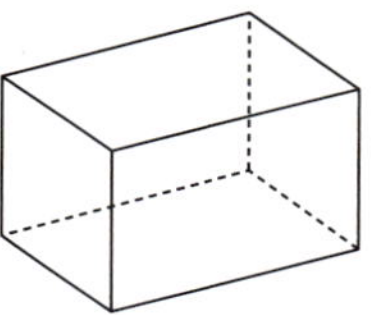

위와 같이 직육면체 모양을 잘 알 수 있도록 나타낸 그림을 직육면체의 [ ] (이)라고 합니다.

2 직육면체의 겨냥도에서 각 모서리를 어떻게 그려야 하는지 알맞게 이어 보세요.

| 보이는 모서리 | • | • | 점선 |

| 보이지 않는 모서리 | • | • | 실선 |

3 직육면체의 겨냥도를 바르게 그린 것을 찾아 기호를 쓰세요.

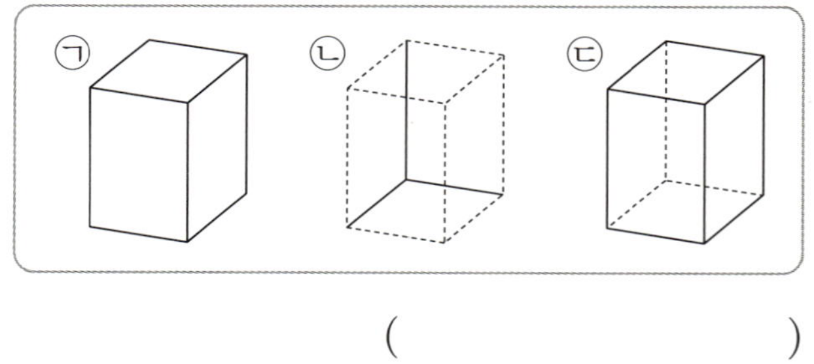

( )

4 오른쪽 직육면체의 겨냥도에서 빠진 부분을 그려 넣어 겨냥도를 완성해 보세요.

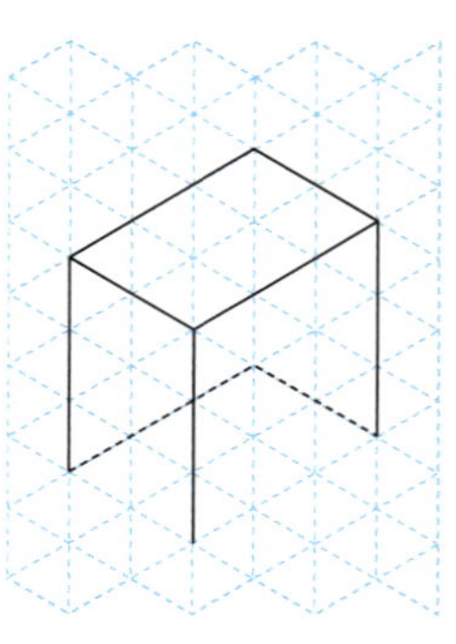

[5~6] 오른쪽 직육면체를 보고 물음에 답하세요.

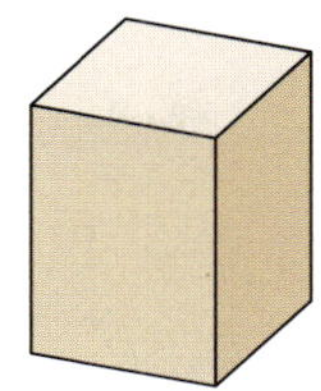

5 보이는 면, 모서리, 꼭짓점은 각각 몇 개인가요?

면 (개   )
모서리 (개   )
꼭짓점 (개   )

6 보이지 않는 면, 모서리, 꼭짓점은 각각 몇 개인가요?

면 (개   )
모서리 (개   )
꼭짓점 (개   )

[7~8] 왼쪽 그림은 직육면체의 겨냥도를 <u>잘못</u> 그린 것입니다. 물음에 답하세요.

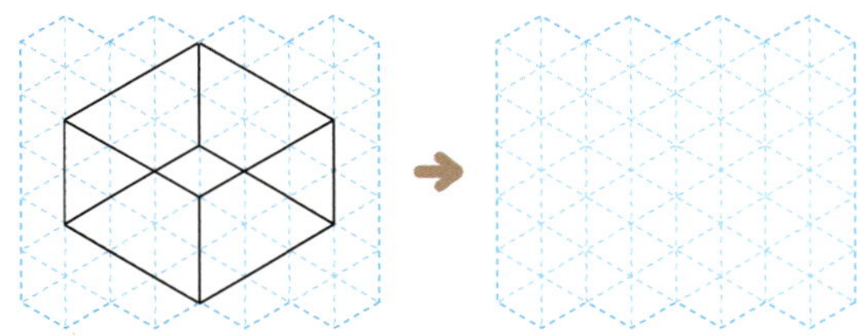

7 <u>잘못</u> 그린 까닭을 바르게 설명한 사람은 누구인가요?

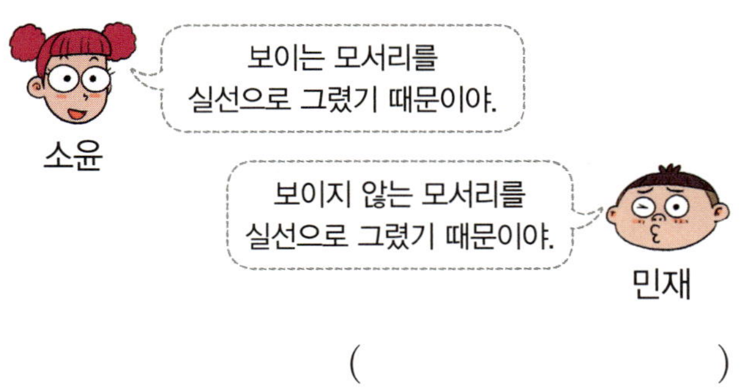

(   )

8 직육면체의 겨냥도를 빈 곳에 바르게 그려 보세요.

9 직육면체의 겨냥도에서 나타낼 수 있는 수가 나머지와 <u>다른</u> 것을 찾아 기호를 쓰세요.

> ㉠ 보이는 면의 수
> ㉡ 보이지 않는 모서리의 수
> ㉢ 보이는 모서리의 수

(   )

10 정육면체의 겨냥도에서 보이는 꼭짓점과 보이지 않는 꼭짓점 수의 차를 구하세요.

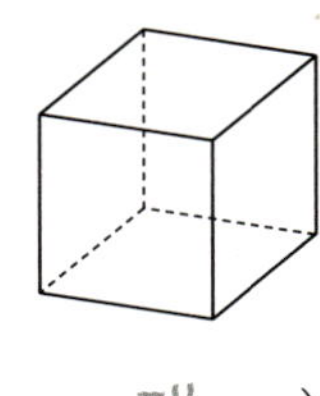

(개   )

11 직육면체의 빠진 부분을 그려 넣어 겨냥도를 완성하려고 합니다. 실선만 그려서 겨냥도를 완성할 수 있는 것을 찾아 기호를 쓰세요.

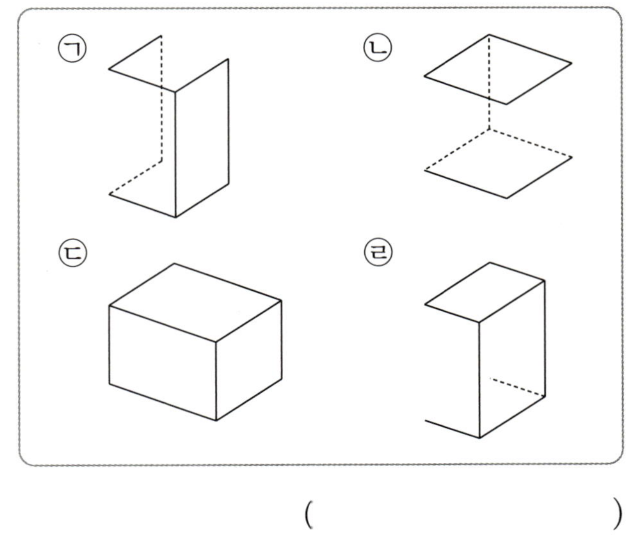

(   )

개념 5 \ 정육면체의 전개도

정육면체의 모서리를 잘라서 펼친 그림을 정육면체의 전개도라고 합니다.

예 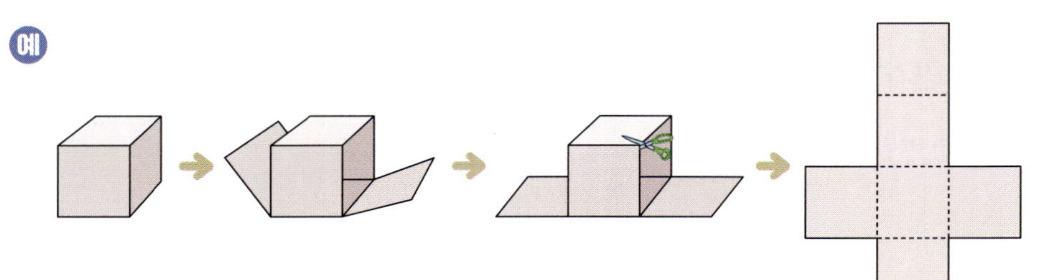

(1) 정육면체의 전개도에서 잘린 모서리는 실선으로, 잘리지 않는 모서리는 점선으로 그립니다.

(2) 정육면체의 전개도의 특징

① 정사각형 6개로 이루어져 있고, 모든 모서리의 길이가 같습니다.

② 접었을 때 서로 겹치는 면이 없고, 겹치는 모서리의 길이가 같습니다.

③ 접었을 때 서로 마주 보며 평행한 면이 3쌍 있고, 한 면과 수직인 면이 4개 있습니다.

개념 6 \ 직육면체의 전개도

예 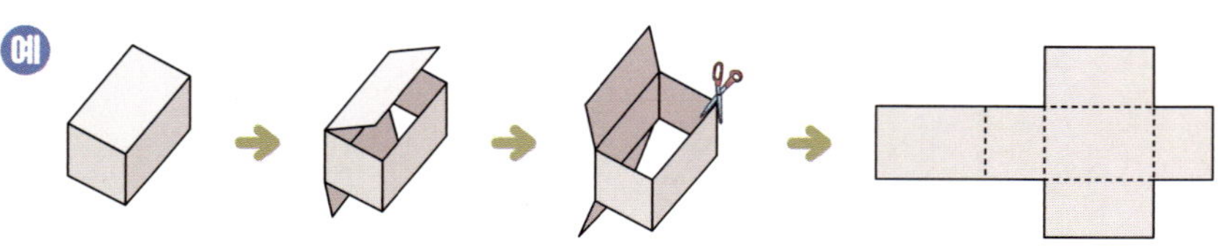

● **정육면체의 전개도**
자르는 방법에 따라 전개도의 모양은 여러 가지로 달라집니다.

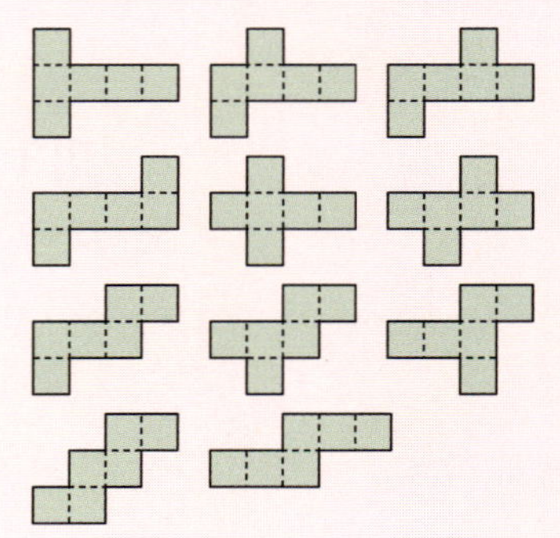

● **정육면체와 직육면체의 전개도의 공통점**
접었을 때
(1) 서로 겹치는 면이 없습니다.
(2) 접었을 때 겹치는 모서리의 길이가 같습니다.
(3) 서로 마주 보며 평행한 면이 3쌍 있습니다.
(4) 한 면과 수직인 면이 4개 있습니다.

[1~2] 정육면체 모양 상자의 모서리를 잘라서 펼친 그림입니다. □ 안에 알맞은 말을 써넣으세요.

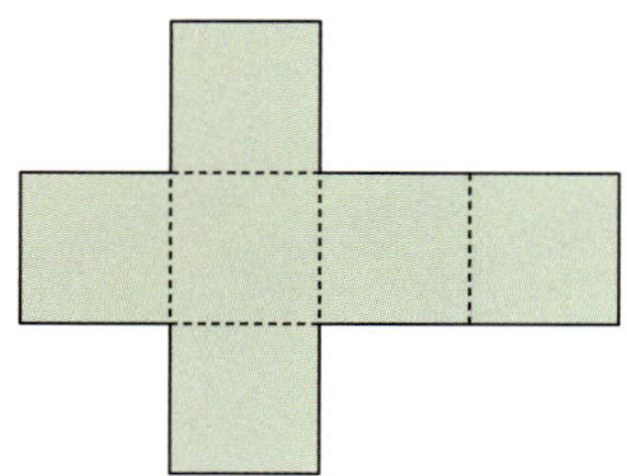

1 위와 같이 정육면체의 모서리를 잘라서 펼친 그림을 정육면체의 ☐☐☐ (이)라고 합니다.

2 상자의 모서리를 잘라서 펼쳤을 때 잘린 모서리는 ☐☐ (으)로, 잘리지 않는 모서리는 ☐☐ (으)로 그립니다.

[3~4] □ 안에 알맞은 수나 기호를 써넣으세요.

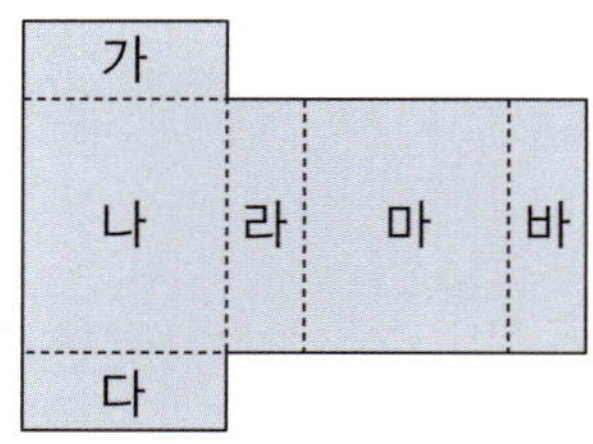

3 직육면체의 전개도에서 모양과 크기가 서로 같은 면은 모두 ☐쌍입니다.

4 전개도를 접었을 때 면 가와 평행한 면은 면 ☐ 이고, 면 가와 수직인 면은 면 나, 면 라, 면 ☐, 면 ☐ 입니다.

5 정육면체의 전개도이면 ○표, 정육면체의 전개도
가 아니면 ✕표 하세요.

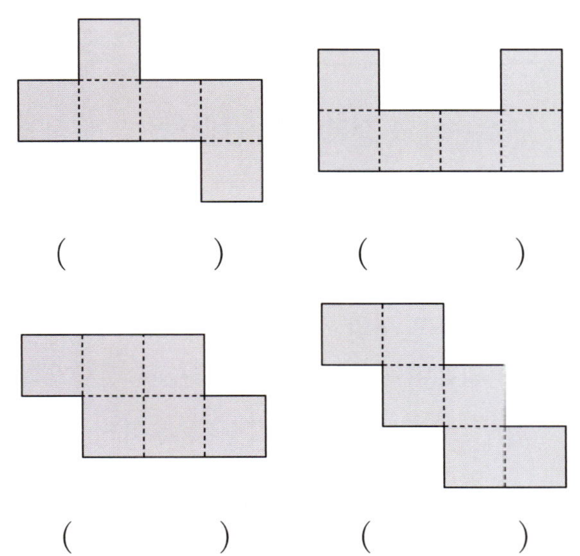

(   )　　　(   )

(   )　　　(   )

6 정육면체의 전개도에서 빠진 부분을 그려 넣으세요.

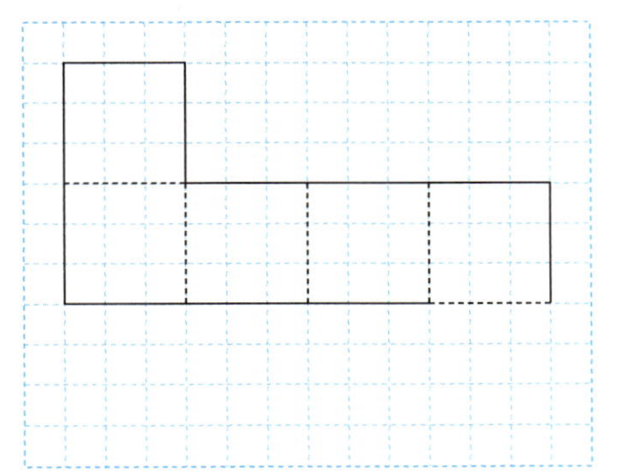

7 직육면체의 전개도를 모두 찾아 기호를 쓰세요.

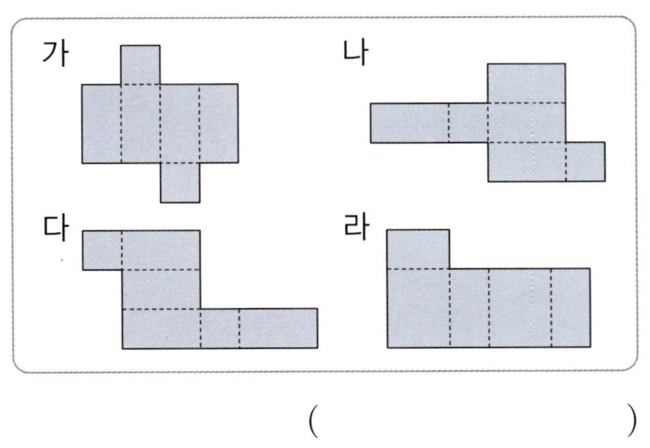

(   )

8 정육면체의 모서리를 잘라서 전개도를 만들었습
니다. □ 안에 알맞은 기호를 써넣으세요.

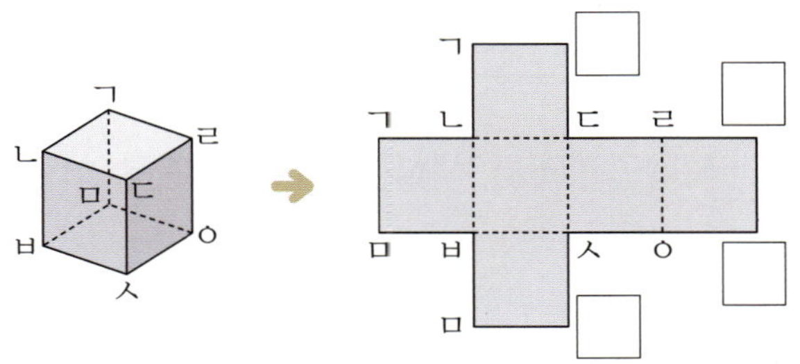

9 직육면체의 전개도를 그린 것입니다. □ 안에 알
맞은 수를 써넣으세요.

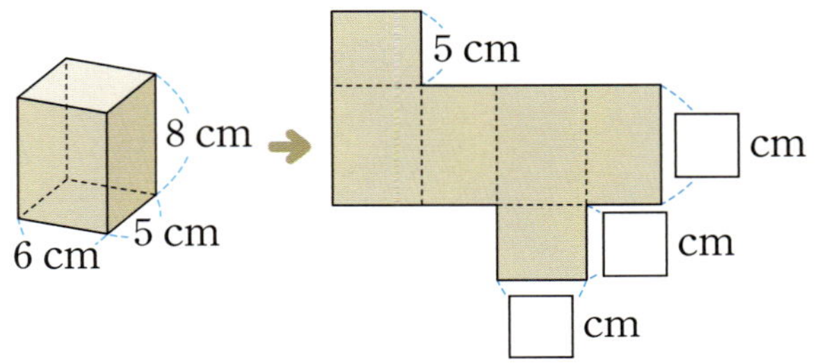

10 오른쪽 직육면체를 보고 전개
도를 완성해 보세요.

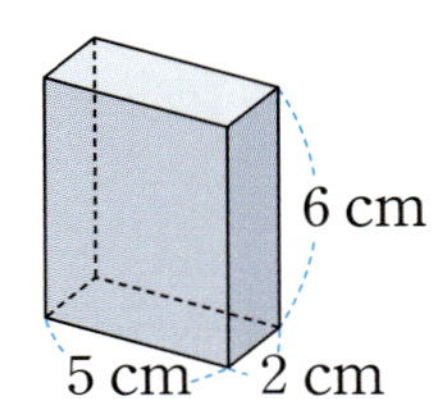

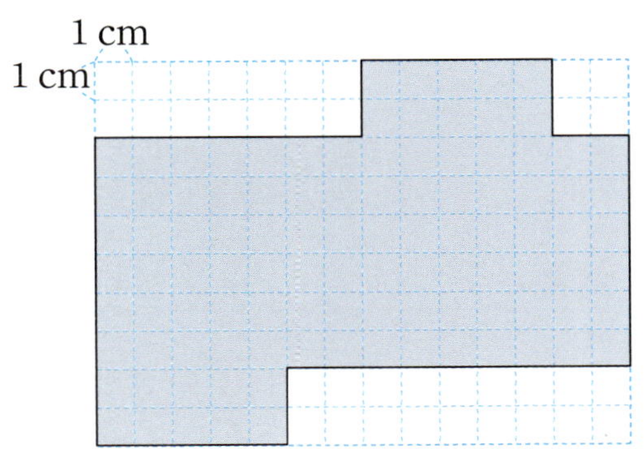

5
직육면체

기본 다지기

기본 1 \ 직육면체

1 직육면체에서 색칠한 면을 본뜨면 어떤 도형이 되나요?

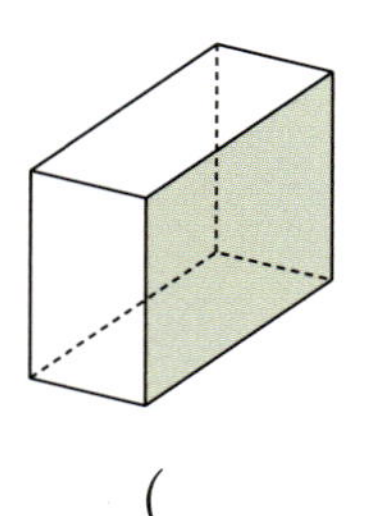

(   )

2 ◯ 안에 설명이 옳은 것은 ◯표, 틀린 것은 ✕표 하세요.

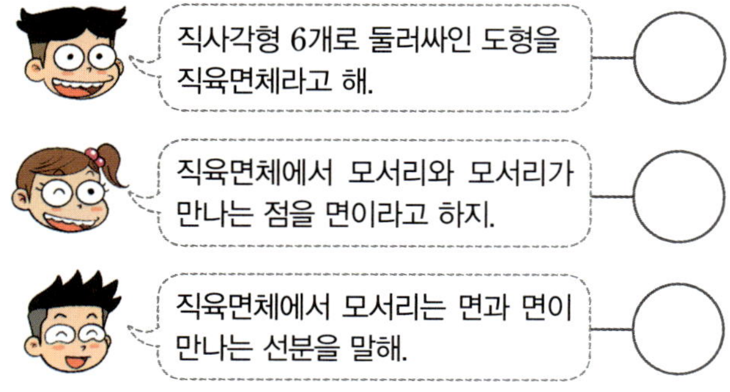

서술형

3 다음 도형이 직육면체가 <u>아닌</u> 까닭을 쓰세요.

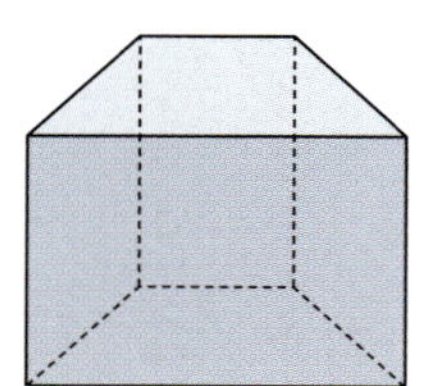

까닭 ______________________________

____

____

기본 2 \ 정육면체

4 직육면체와 정육면체에 대해 바르게 설명한 것을 모두 고르세요. ············· (   )

① 정육면체의 모서리의 길이는 모두 다릅니다.
② 정육면체는 직육면체라고 말할 수 있습니다.
③ 직육면체와 정육면체의 면의 수는 다릅니다.
④ 직육면체의 면의 모양은 모두 정사각형입니다.
⑤ 직육면체와 정육면체의 모서리의 수는 같습니다.

5 정육면체를 보고 ☐ 안에 알맞은 수를 써넣으세요.

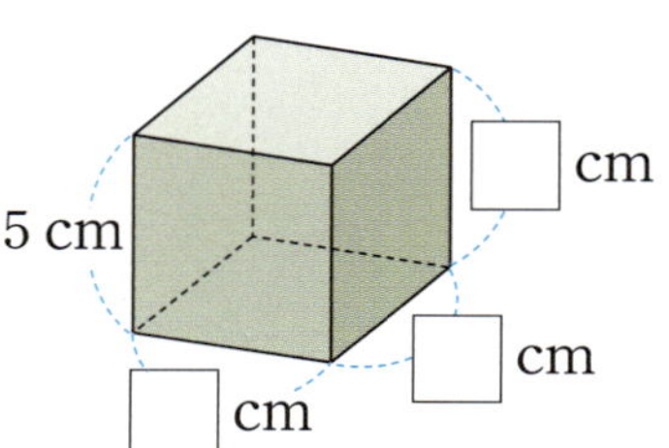

활용 문제

6 한 모서리의 길이가 7 cm인 정육면체 모양의 큐브 퍼즐이 있습니다. 이 큐브 퍼즐의 한 면의 넓이는 몇 cm^2인가요?

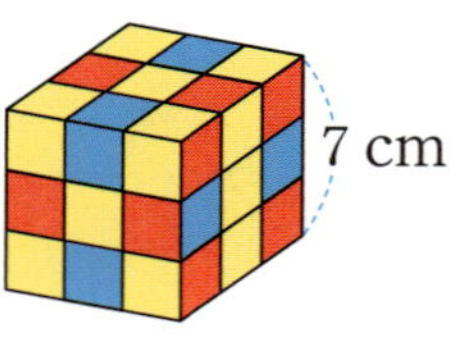

(   )

정육면체는 모든 모서리의 길이가 같아.

>> 정답과 해설 p. 38

기본 3 직육면체의 성질

7 오른쪽 직육면체에서 색칠한 면과 수직인 면을 <u>잘못</u> 색칠한 것을 찾아 기호를 쓰세요.

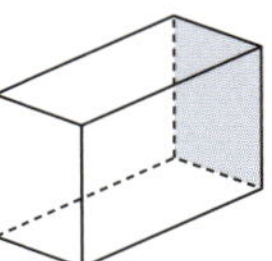

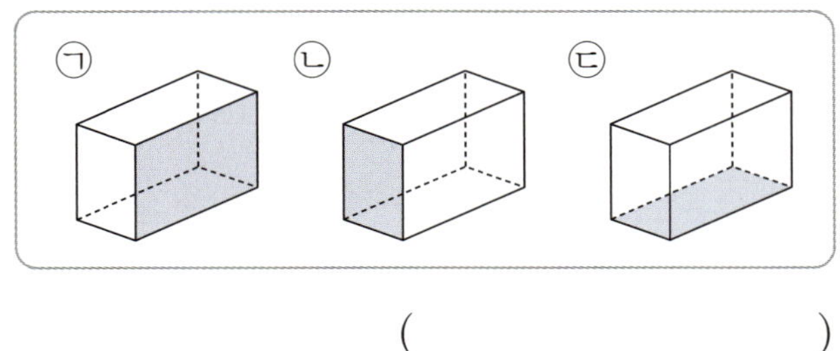

(   )

활용 문제

8 직육면체에서 면 ㄷㅅㅇㄹ을 밑면이라고 할 때, 옆면을 모두 찾아 쓰세요.

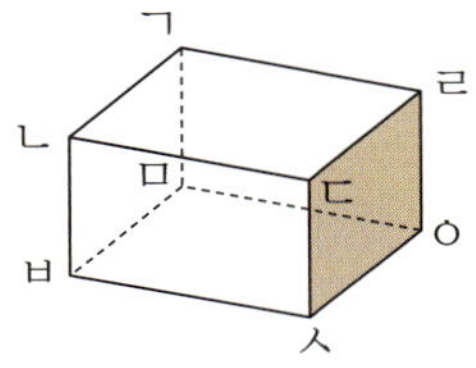

____

____

9 직육면체의 성질을 바르게 말한 것을 찾아 기호를 쓰세요.

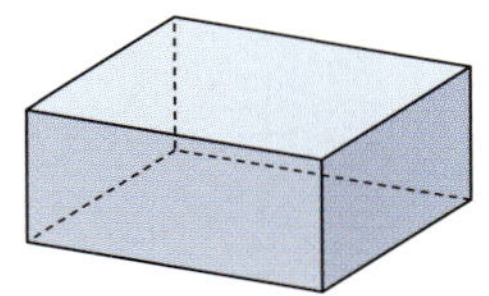

㉠ 한 면과 수직으로 만나는 면은 2개입니다.
㉡ 서로 평행한 면은 모양과 크기가 같습니다.
㉢ 한 꼭짓점에서 만나는 면은 모두 4개입니다.
㉣ 한 모서리에서 만나는 두 면은 평행합니다.

(   )

10 직육면체에서 색칠한 면의 모양을 모눈종이에 그려 보세요.

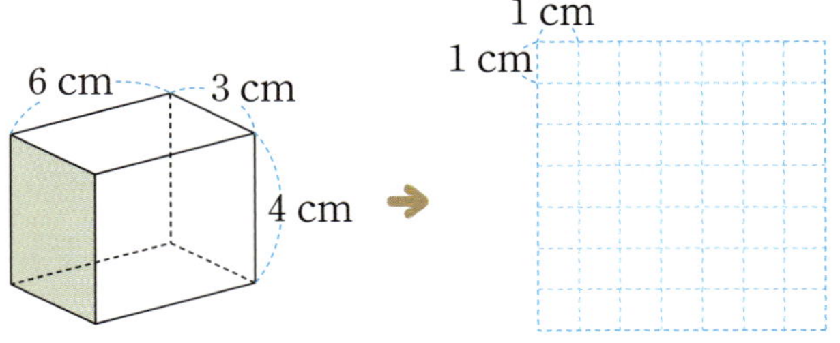

11 직육면체에서 색칠한 면과 평행한 면의 모서리의 길이의 합은 몇 cm인가요?

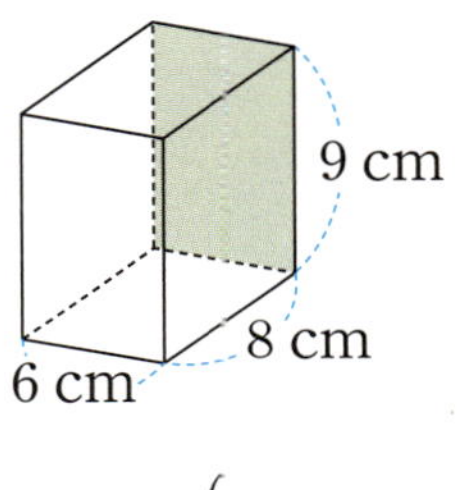

(   )

12 오른쪽 직육면체에서 모든 모서리의 길이의 합은 몇 cm인가요?

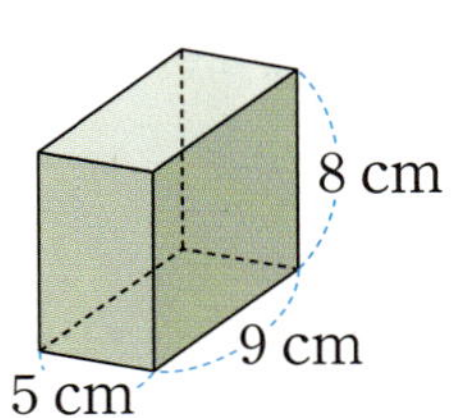

(   )

직육면체에서 길이가 같은 모서리는 4개씩 3쌍이 있어.

개념 확인 | p.138 개념 4

기본 4 \ 직육면체의 겨냥도

13 직육면체의 겨냥도에서 잘못 그린 모서리를 찾아 ◯표 하세요.

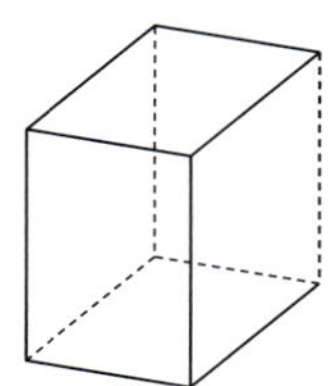

14 그림에서 빠진 부분을 그려 넣어 직육면체의 겨냥도를 완성해 보세요.

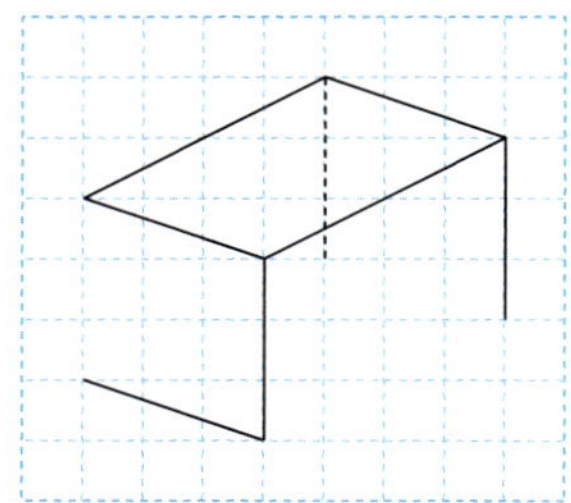

15 직육면체의 겨냥도를 그리려고 합니다. 실선으로 그려야 하는 모서리는 점선으로 그려야 하는 모서리보다 몇 개 더 많나요?

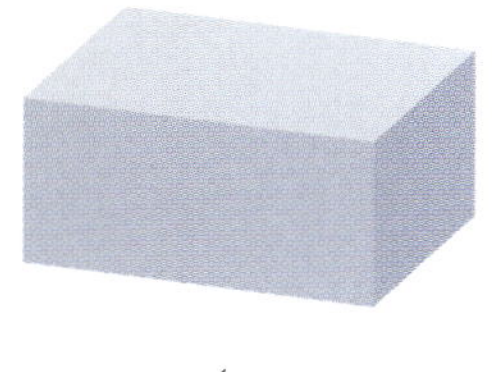

( )

활용 문제

16 나무로 만든 직육면체 모양 공예품에서 보이는 모서리의 길이의 합은 몇 cm인가요?

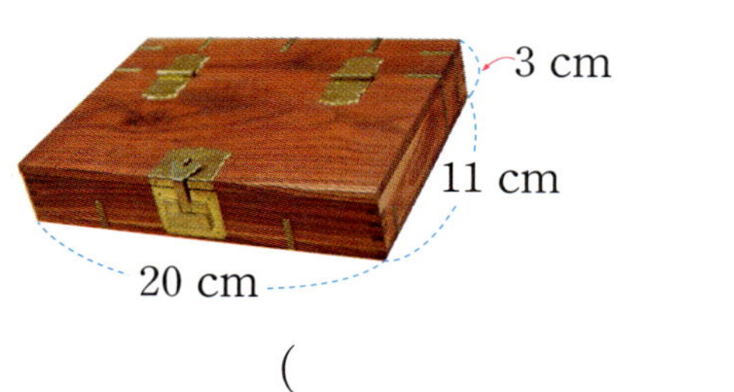

( )

개념 확인 | p.140 개념 5

기본 5 \ 정육면체의 전개도

17 정육면체의 전개도를 접었을 때 면 ㉣와 마주 보는 면을 찾아 쓰세요.

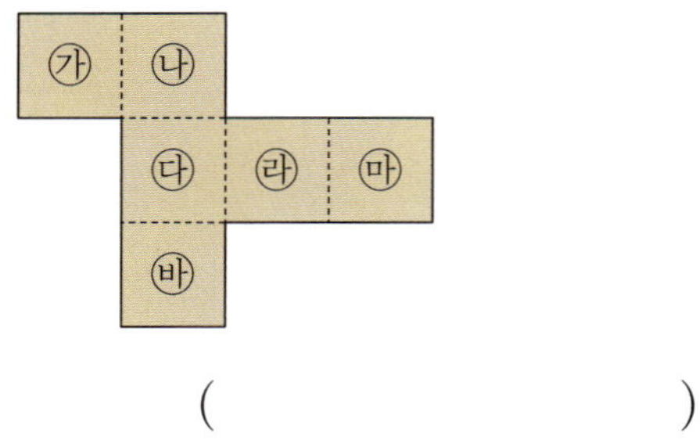

( )

18 전개도를 접어서 정육면체를 만들었을 때 겹치는 선분끼리 이어 보세요.

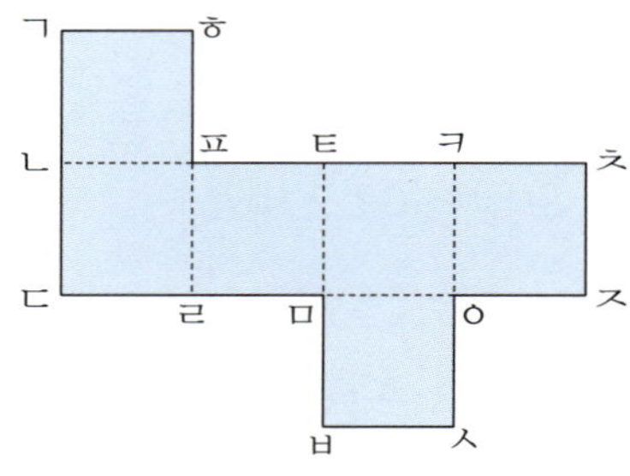

선분 ㄱㅎ •   • 선분 ㅅㅂ

선분 ㅇㅅ •   • 선분 ㅋㅌ

선분 ㄷㄹ •   • 선분 ㅇㅈ

19 오른쪽 정육면체의 전개도를 그려 보세요.

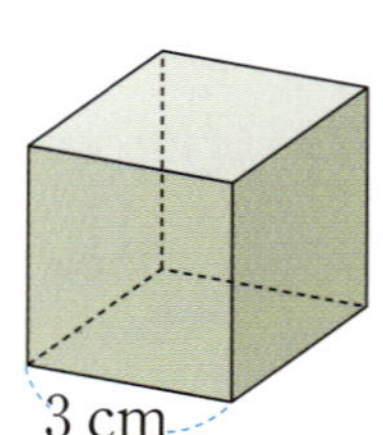

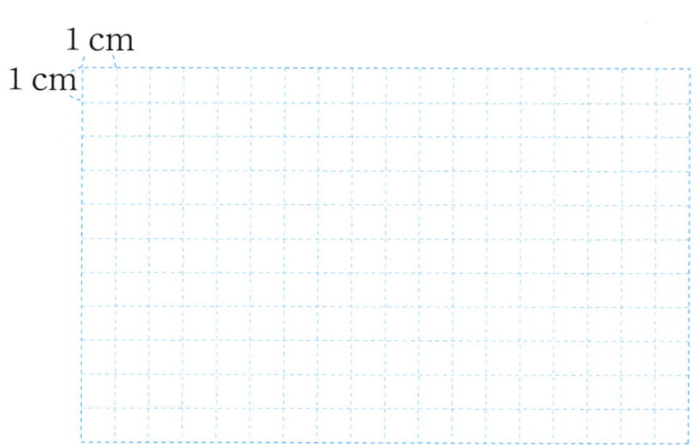

20 |보기|와 같이 무늬(●) 3개가 그려져 있는 정육면체를 만들 수 있도록 전개도에 무늬(●) 1개를 그려 넣어 보세요.

|보기|

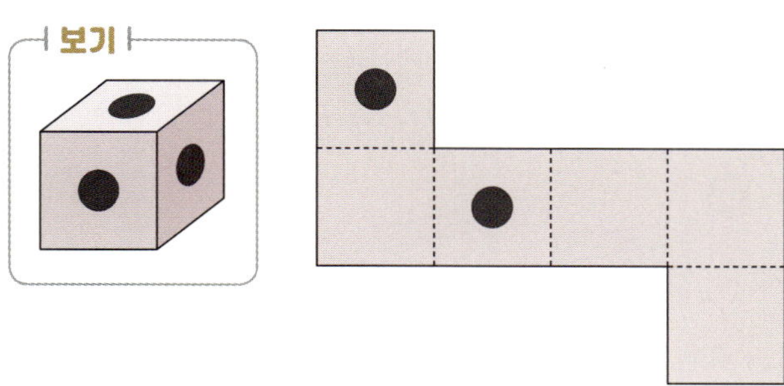

21 다음 정육면체의 전개도에서 빨간색 선의 길이는 몇 cm인가요?

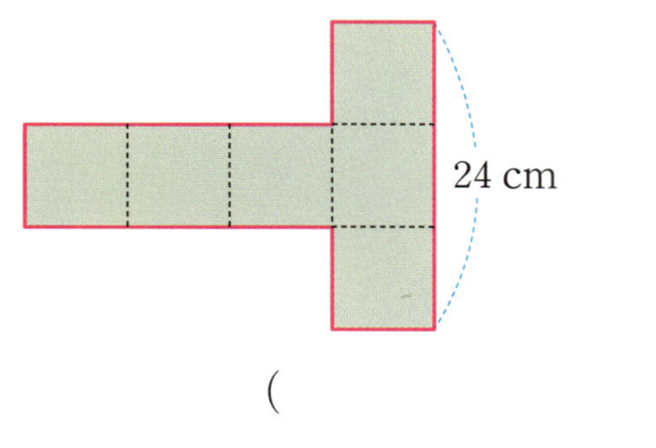

24 cm

( )

먼저 정육면체의 한 모서리의 길이를 구하자.

📘 개념 확인 | p.140 개념 6

기본 6 \ **직육면체의 전개도**

22 오른쪽 직육면체의 전개도를 그려 보세요.

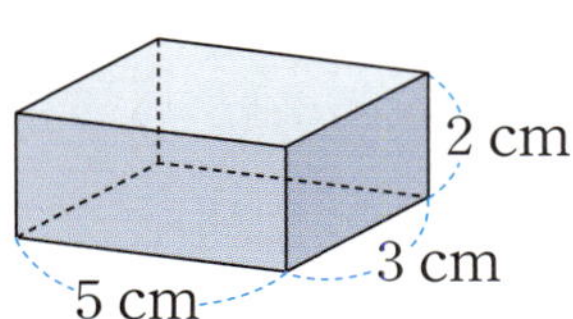

2 cm
3 cm
5 cm

1 cm
1 cm

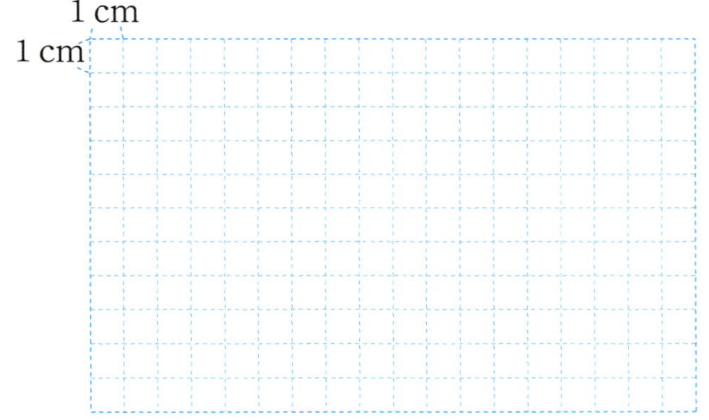

23 직육면체에서 색칠한 면과 수직인 면을 전개도에서 모두 찾아 색칠해 보세요.

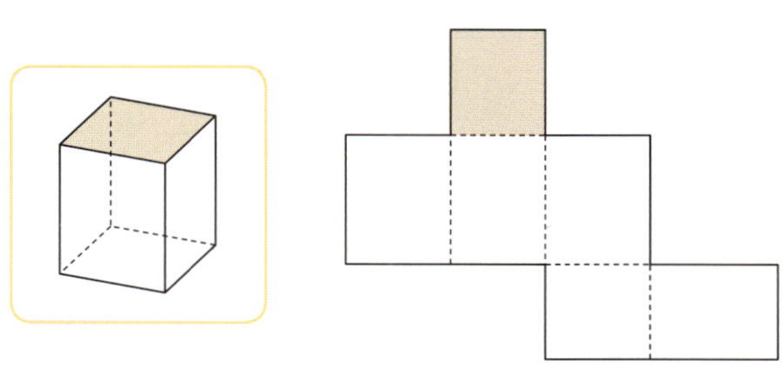

활용문제

24 빗금 친 면과 수직인 면을 직육면체의 전개도에서 모두 찾아 색칠하고, 색칠한 부분의 둘레는 몇 cm인지 구하세요.

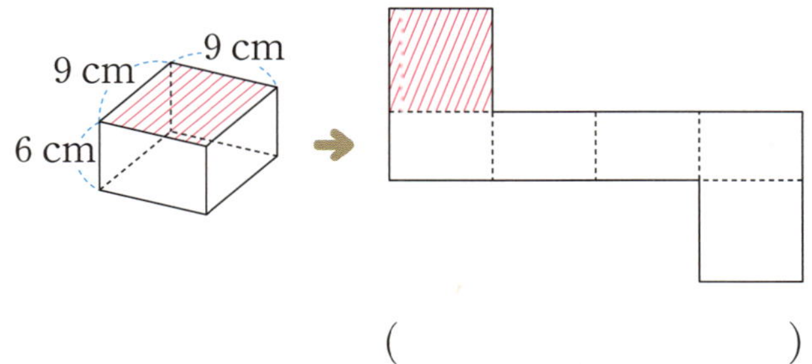

9 cm
9 cm
6 cm

( )

5

직육면체

25 왼쪽 직육면체의 전개도를 그린 것입니다. ㉠과 ㉡의 길이를 각각 구하세요.

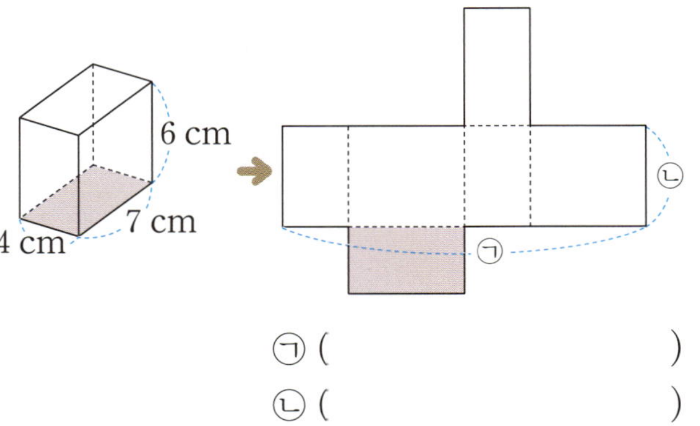

6 cm
4 cm
7 cm
㉠
㉡

㉠ ( )

㉡ ( )

전개도를 접었을 때 겹치는 모서리의 길이가 같음을 이용해 ㉠의 길이를 구하자.

실력➕ 보이지 않는 모서리의 길이 구하기

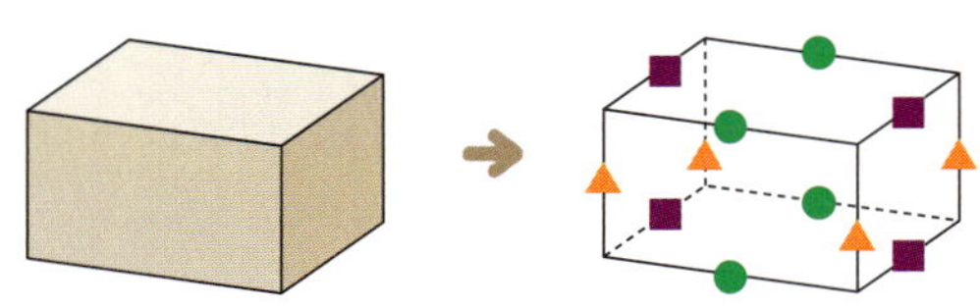

❶ 직육면체에서 <u>보이지 않는 모서리는 **3**개</u>입니다.
→ 겨냥도에서 점선으로 표시

❷ 직육면체에는 **길이가 같은 모서리가 4개씩** 있습니다.

---

26 직육면체에서 보이지 않는 모서리의 길이의 합은 몇 cm인가요?

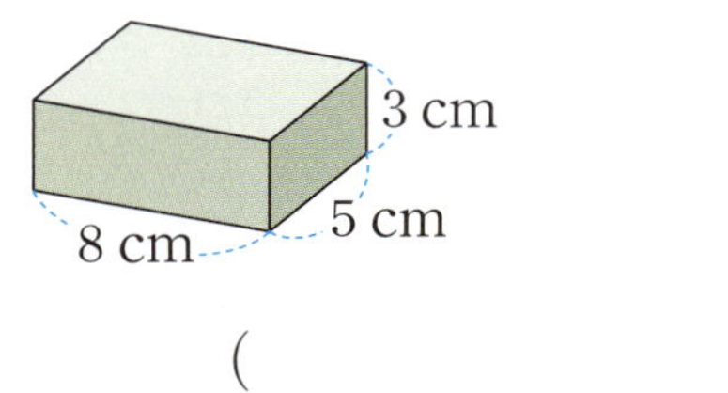

(   )

27 직육면체에서 보이지 않는 모서리의 길이의 합은 몇 cm인가요?

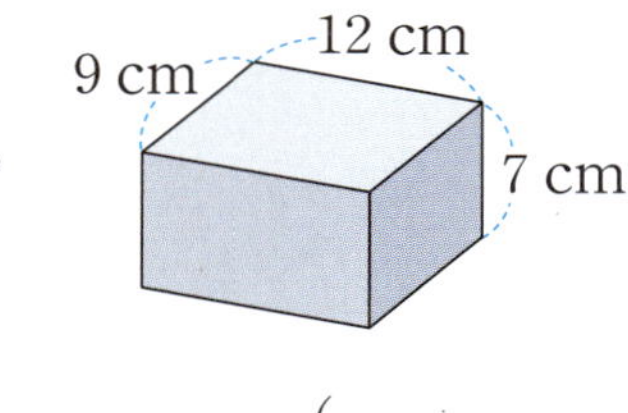

(   )

28 직육면체에서 보이지 않는 모서리의 길이의 합은 20 cm입니다. 직육면체에서 보이는 모서리의 길이의 합은 몇 cm인가요?

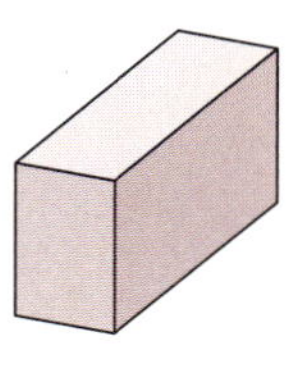

(   )

실력➕ 직육면체의 전개도에 선 긋기

❶ 직육면체에 그어진 선과 만나는 꼭짓점을 확인하고, 전개도에 각 꼭짓점의 위치를 찾아 표시합니다.

❷ 전개도를 **접었을 때 만나는 점을 찾아 표시**하고 점들을 알맞게 선으로 잇습니다.

예 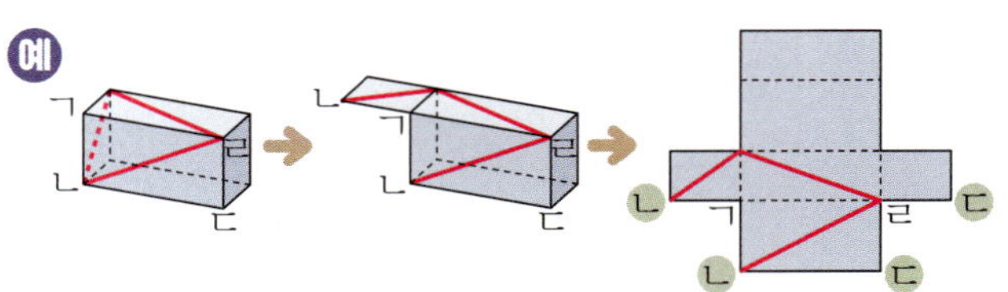

---

29 왼쪽 그림과 같이 직육면체의 면에 선을 그었습니다. 이 직육면체의 모서리를 잘라 전개도를 만들었을 때 전개도에 나타나는 선을 바르게 그어 보세요.

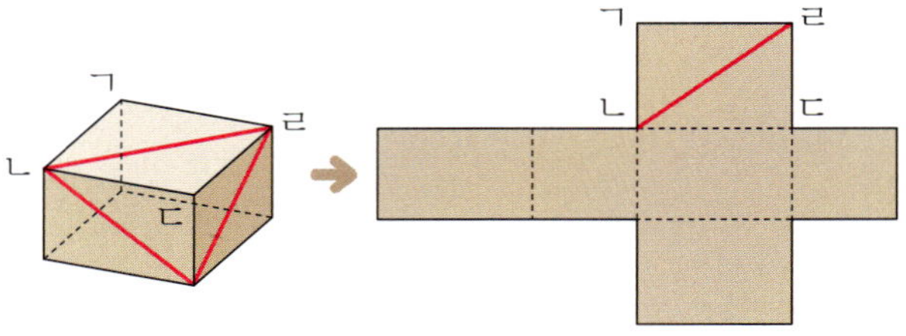

30 왼쪽 그림과 같이 직육면체의 전개도에 선을 그었습니다. 이 전개도를 접어 오른쪽 직육면체를 만들었을 때 직육면체에 나타나는 선을 바르게 그어 보세요.

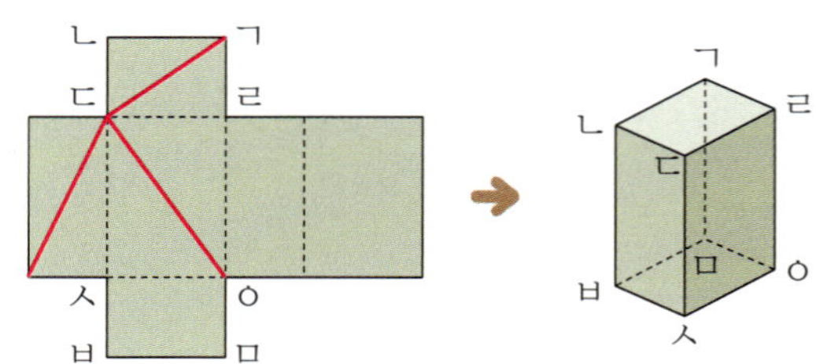

전개도를 접었을 때 **마주 보는 면의 모양과 크기가 같고, 겹치는 모서리의 길이가 같습니다.**

31 직육면체의 전개도를 보고 선분 ㄱㄷ의 길이는 몇 cm인지 구하세요.

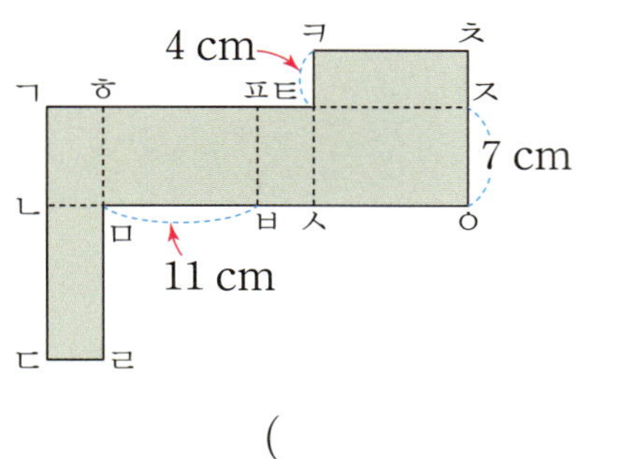

(   )

32 직육면체의 전개도를 보고 선분 ㄷㅁ의 길이는 몇 cm인지 구하세요.

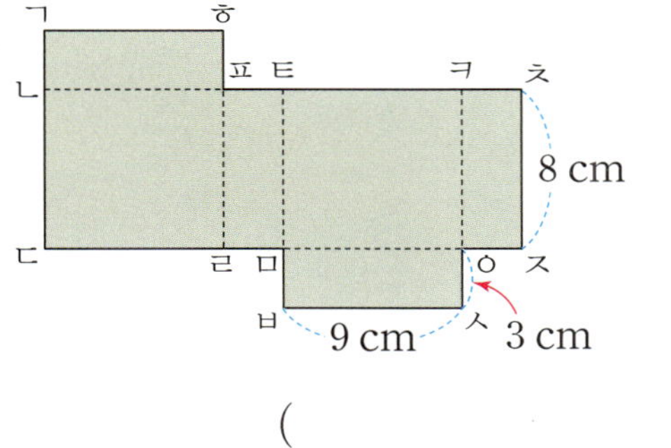

(   )

33 직육면체의 전개도를 보고 선분 ㄱㅎ의 길이는 몇 cm인지 구하세요.

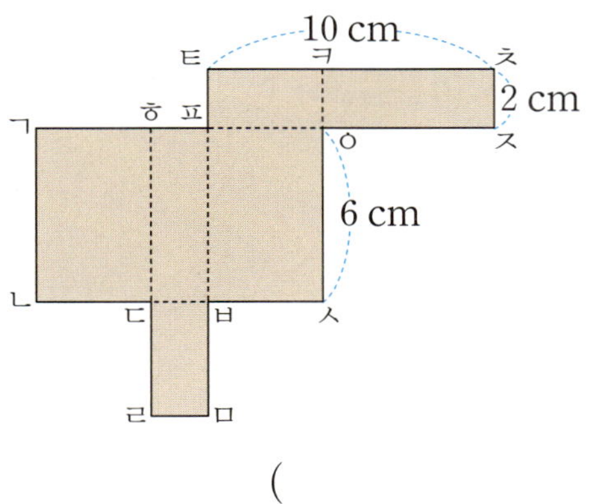

(   )

직육면체를 쌓아서 만든 **가장 작은** 정육면체의 한 모서리의 길이는 직육면체의 **세 모서리의 길이의 최소공배수**와 같습니다.

(예) 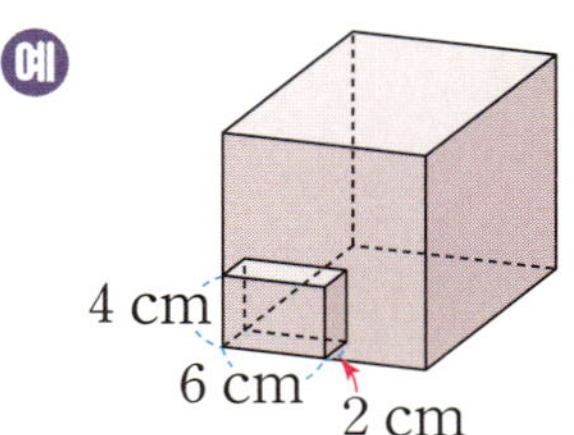

정육면체의 한 모서리의 길이는 **4의 배수**이면서 **6의 배수**이고 **2의 배수**이어야 합니다.

➡ **4, 6, 2의 최소공배수는 12**이므로 만든 가장 작은 정육면체의 한 모서리의 길이는 12 cm입니다.

34 다음과 같은 직육면체를 빈틈없이 여러 개 쌓아서 가장 작은 정육면체를 만들었습니다. 만든 정육면체의 한 모서리의 길이는 몇 cm인지 구하세요.

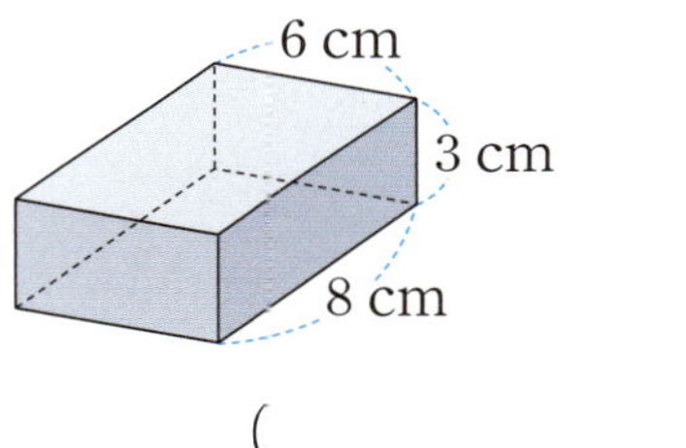

(   )

35 다음과 같은 직육면체를 빈틈없이 여러 개 쌓아서 가장 작은 정육면체를 만들었습니다. 만든 정육면체의 한 모서리의 길이는 몇 cm인지 구하세요.

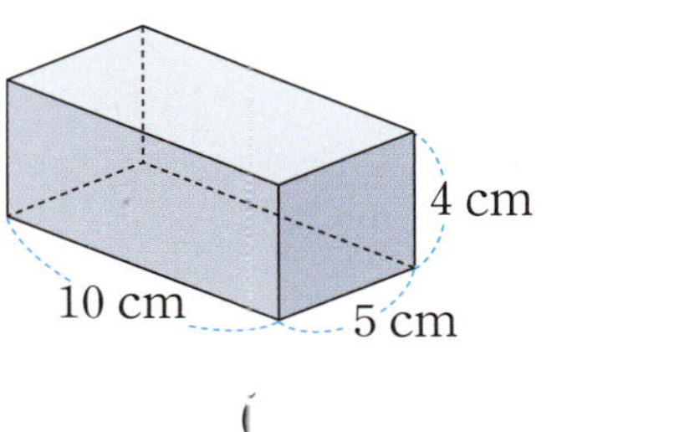

(   )

응용력 올리기

복습책 p.26에 유사 문제 제공

1 정육면체의 전개도를 그린 종이의 가로와 세로 구하기

직사각형 모양의 종이에 정육면체의 전개도를 꼭 맞게 그린 것입니다. 이 종이의 가로와 세로는 각각 몇 cm인지 구하세요.

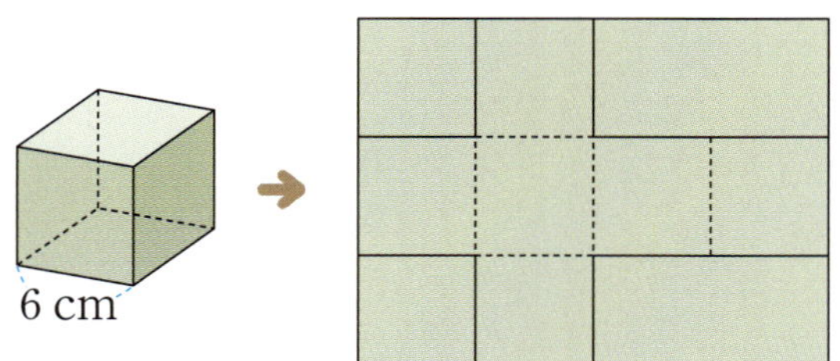

🔑 해결 과정

1 직사각형 모양 종이의 가로와 세로는 각각 정육면체 한 모서리의 길이의 몇 배와 같은가요?

가로 (   ), 세로 (   )

2 직사각형 모양 종이의 가로와 세로는 각각 몇 cm인지 구하세요.

가로 (   ), 세로 (   )

1-1 오른쪽 그림은 직사각형 모양의 종이에 한 모서리의 길이가 7 cm인 정육면체의 전개도를 꼭 맞게 그린 것입니다. 이 종이의 가로와 세로는 각각 몇 cm인지 구하세요.

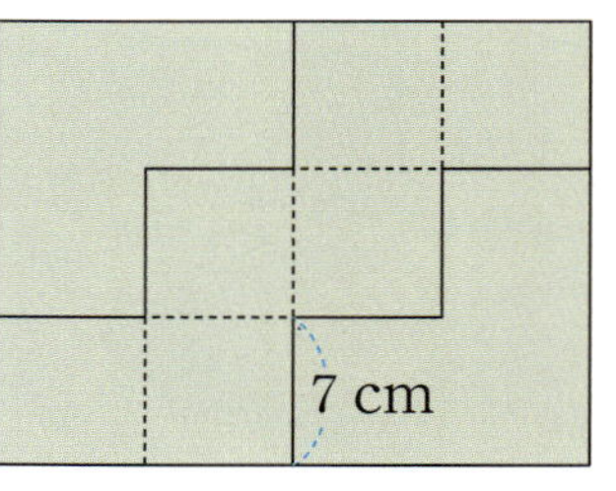

✎ 해결 과정을 따라 풀자!

가로 (   ), 세로 (   )

나만의 문제 ☐ 안에 수를 써넣어 문제를 만들고 풀어 봐요!

1-2 직사각형 모양의 종이에 정육면체의 전개도를 꼭 맞게 그린 것입니다. 이 종이의 둘레는 몇 cm인지 구하세요.

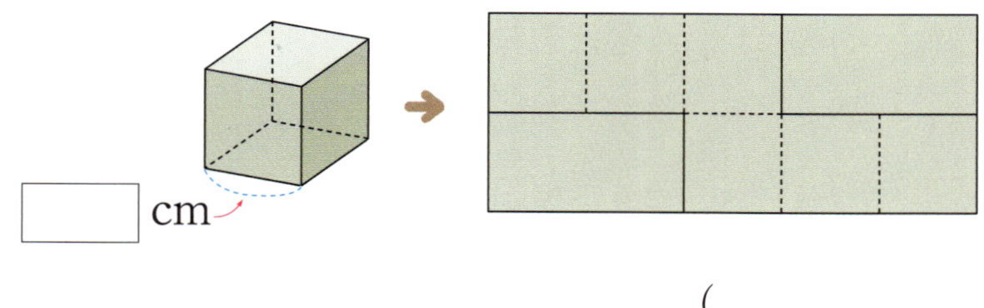

(   )

>> 정답과 해설 p. **40**

2 직육면체와 정육면체의 모든 모서리의 길이의 합

직육면체 가와 정육면체 나 중에서 모든 모서리의 길이의 합이 더 긴 것의 기호를 쓰세요.

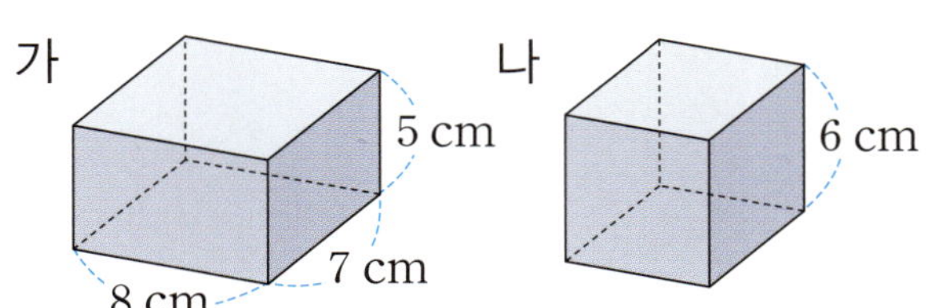

🔑 해결 과정

❶ 직육면체 가의 모든 모서리의 길이의 합은 몇 cm인가요?

(   )

❷ 직육면체 나의 모든 모서리의 길이의 합은 몇 cm인가요?

(   )

❸ 모든 모서리의 길이의 합이 더 긴 것의 기호를 쓰세요.

(   )

2-1 직육면체 가와 정육면체 나 중에서 모든 모서리의 길이의 합이 더 긴 것의 기호를 쓰세요.

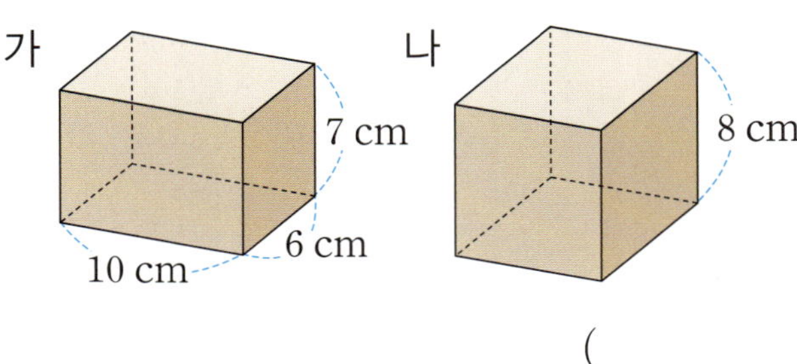

✏️ 해결 과정을 따라 풀자!

(   )

2-2 오른쪽 직육면체와 모든 모서리의 길이의 합이 같은 정육면체의 한 모서리의 길이는 몇 cm인가요?

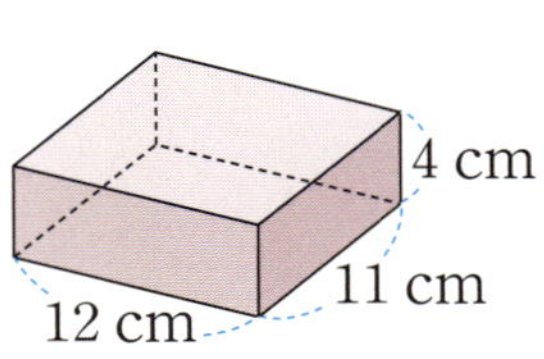

(   )

복습책 p.27에 **유사 문제** 제공

3 전개도의 빈 곳에 알맞은 수 구하기

다음 전개도로 서로 평행한 두 면의 눈의 수의 합이 7인 주사위를 만들려고 합니다. ㉠, ㉡, ㉢에 알맞은 눈의 수를 각각 구하세요.

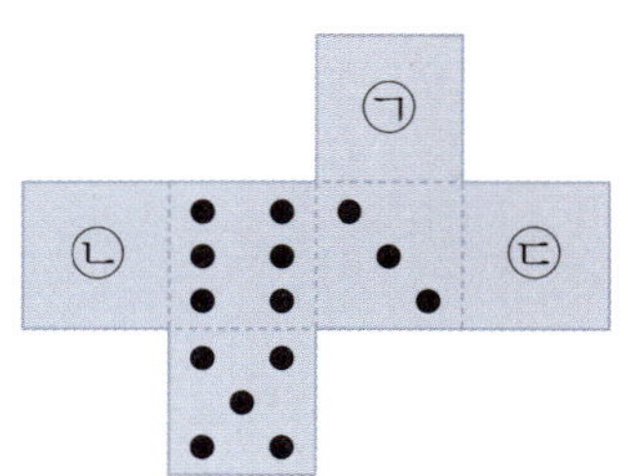

해결 과정

❶ ㉠, ㉡, ㉢과 평행한 면의 눈의 수는 각각 얼마인가요?

㉠과 평행한 면 (   ), ㉡과 평행한 면 (   ), ㉢과 평행한 면 (   )

❷ ㉠, ㉡, ㉢에 알맞은 눈의 수를 각각 구하세요.

㉠ (   ), ㉡ (   ), ㉢ (   )

3-1 다음 전개도로 서로 평행한 두 면의 수의 합이 9인 정육면체를 만들려고 합니다. ㉠, ㉡, ㉢에 알맞은 수를 각각 구하세요.

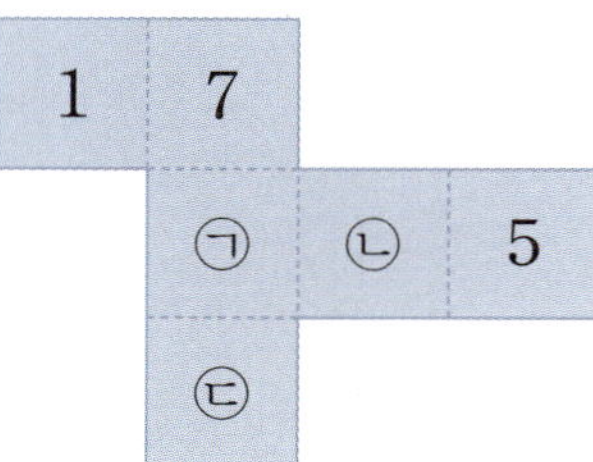

㉠ (   )
㉡ (   )
㉢ (   )

나만의 문제 □ 안에 수를 써넣어 문제를 만들고 풀어 봐요!

3-2 다음 전개도로 서로 평행한 두 면의 수의 합이 □인 정육면체를 만들려고 합니다. ㉠, ㉡, ㉢에 알맞은 수를 각각 구하세요.

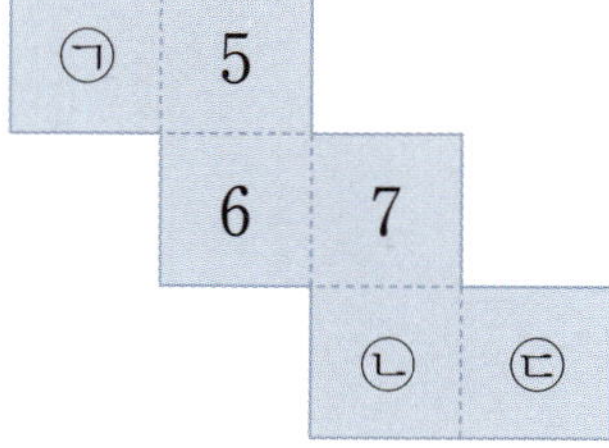

㉠ (   )
㉡ (   )
㉢ (   )

4 사용한 끈의 길이 구하기

직육면체 모양의 선물 상자를 그림과 같이 끈으로 한 바퀴씩 둘러 묶었습니다. 매듭으로 사용한 끈의 길이가 36 cm일 때 상자를 묶는 데 사용한 끈의 길이는 모두 몇 cm인지 구하세요.

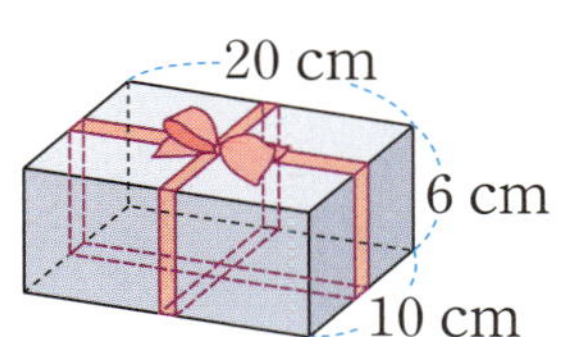

🔑 해결 과정

① 끈을 각각 얼마만큼씩 사용했나요?

20 cm씩 [ ]번 ➡ [ ] cm, 10 cm씩 [ ]번 ➡ [ ] cm,

6 cm씩 [ ]번 ➡ [ ] cm, 매듭으로 사용 ➡ [ ] cm

② 상자를 묶는 데 사용한 끈의 길이는 모두 몇 cm인가요?

(   )

4-1 직육면체 모양의 선물 상자를 오른쪽과 같이 끈으로 한 바퀴씩 둘러 묶었습니다. 매듭으로 사용한 끈의 길이가 40 cm일 때 상자를 묶는 데 사용한 끈의 길이는 모두 몇 cm인지 구하세요.

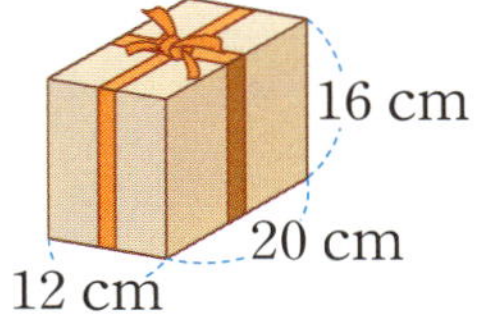

✏️ 해결 과정을 따라 풀자!

(   )

4-2 직육면체 모양의 선물 상자를 오른쪽과 같이 한 바퀴씩 둘러 묶는 데 사용한 끈의 길이가 모두 165 cm였습니다. 매듭으로 사용한 끈의 길이는 몇 cm인지 구하세요.

(   )

STEP 3 응용력 올리기

1 정육면체의 전개도가 <u>아닌</u> 까닭을 설명하고, 정육면체의 전개도가 될 수 있도록 면 1개만 옮겨 보세요.

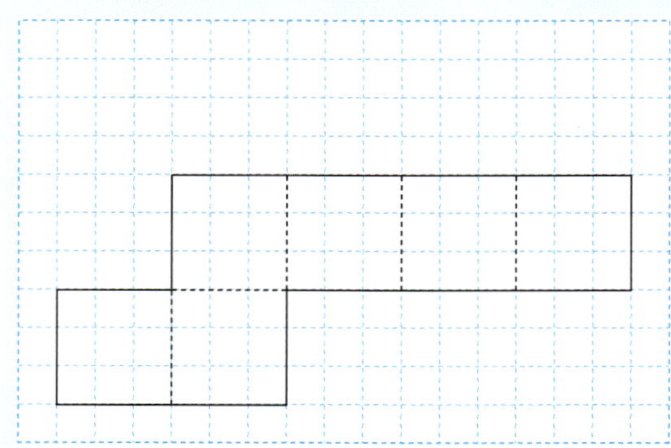

> **까닭**

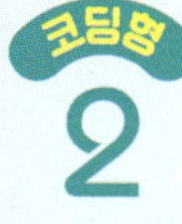

2 | 명령어 |를 보고 정육면체의 전개도의 ■에서 출발하여 명령에 따라 모양을 그렸습니다. 전개도를 접었을 때 서로 마주 보는 면에 같은 모양을 그린다면 ■에는 어떤 모양이 들어가나요?

> **| 명령어 |**
>
> → : 오른쪽으로 한 칸 이동   ↓ : 아래쪽으로 한 칸 이동
>
> ← : 왼쪽으로 한 칸 이동   ↑ : 위쪽으로 한 칸 이동
>
> ★ : ★ 모양 그리기   ♥ : ♥ 모양 그리기   ▲ : ▲ 모양 그리기

명령

→ ★ ↑ ♥ → ▲

> **풀이**
>
> **답**

창의·융합 서술형 수능 대비

응용력 3 정육면체의 전개도 위에 주사위를 올려놓았습니다. 주사위에서 서로 마주 보는 면의 눈의 수의 합은 7입니다. 정육면체의 전개도와 같은 모양으로 주사위의 모서리를 잘라서 펼쳤을 때 겹치는 면에 눈의 수를 쓰려고 합니다. ㉠과 ㉡에 알맞은 눈의 수의 합을 구하세요.

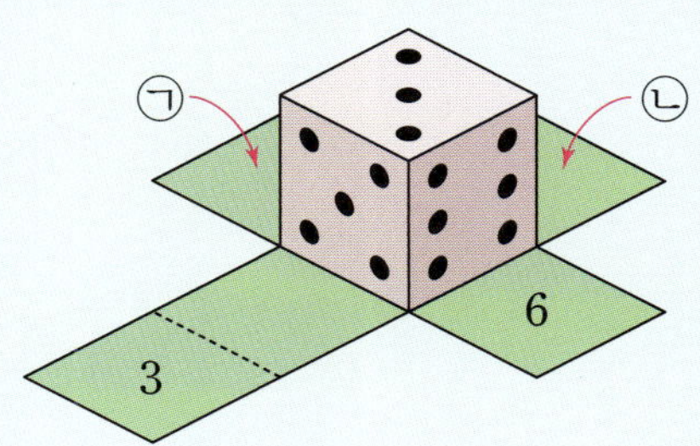

풀이

답

융합형 4 직육면체의 뒤에 천을 놓고 두 방향의 정면에서 각각 빛을 비추었을 때 생기는 그림자의 모양은 다음과 같습니다. 이 직육면체의 모든 모서리의 길이의 합은 몇 cm인지 구하세요.

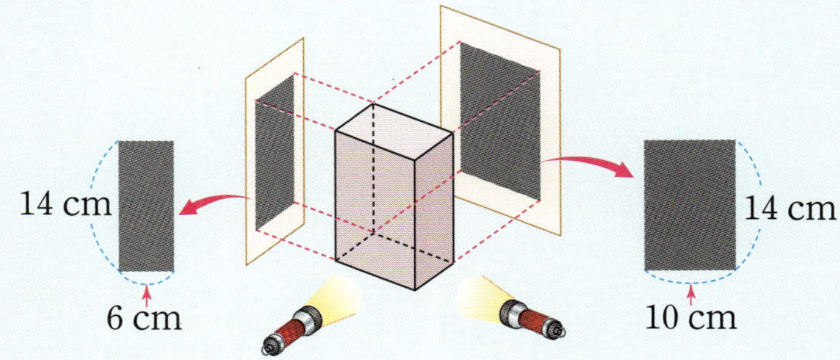

풀이

답

단원 기본 평가

1 직육면체는 어느 것인가요? ……………… (   )

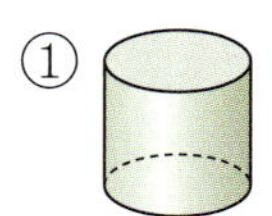 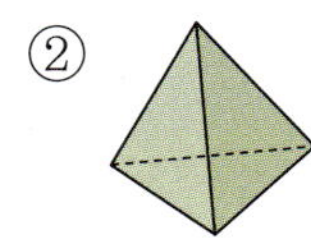 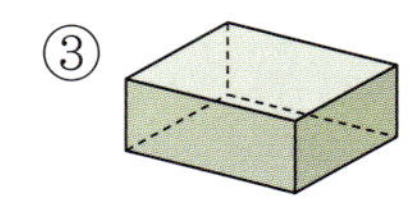

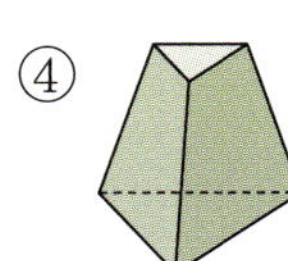 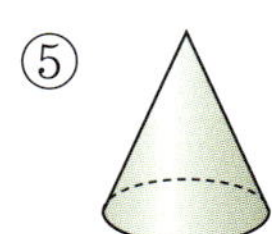

[2~3] 도형을 보고 □ 안에 알맞은 기호를 써넣으세요.

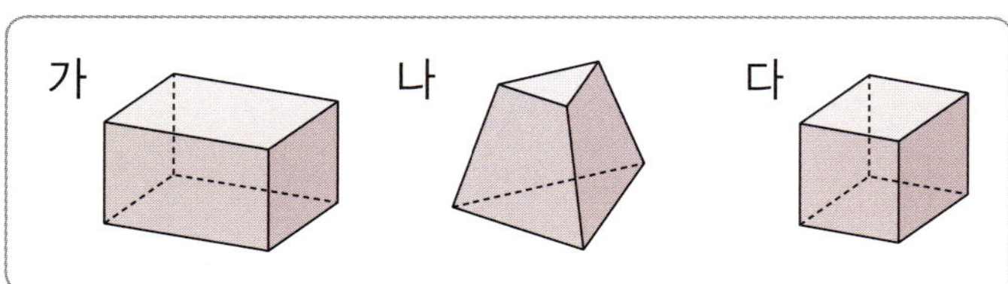

2 직육면체를 모두 찾으면 □ , □ 입니다.

3 정육면체를 찾으면 □ 입니다.

4 정육면체에 대한 설명으로 옳은 것을 찾아 기호를 쓰세요.

> ㉠ 모서리는 10개입니다.
> ㉡ 정육면체는 직육면체입니다.
> ㉢ 면은 8개이고 모양과 크기가 모두 다릅니다.

(   )

5 직육면체의 겨냥도를 바르게 그린 것은 어느 것인가요? ……………………… (   )

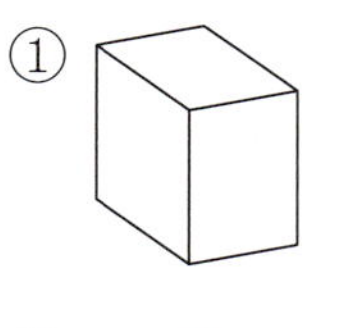 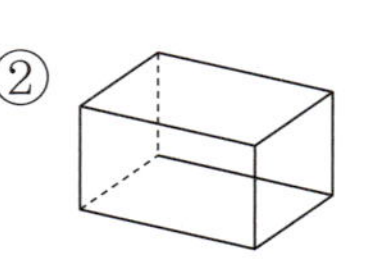 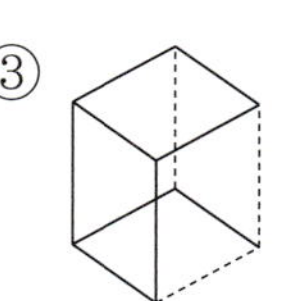

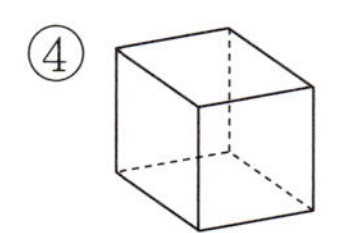 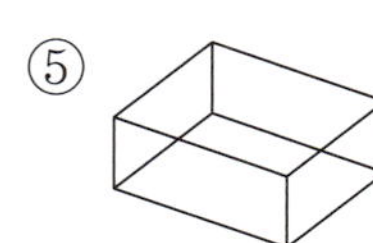

6 직육면체의 전개도에서 모양과 크기가 같은 면은 모두 몇 쌍인가요?

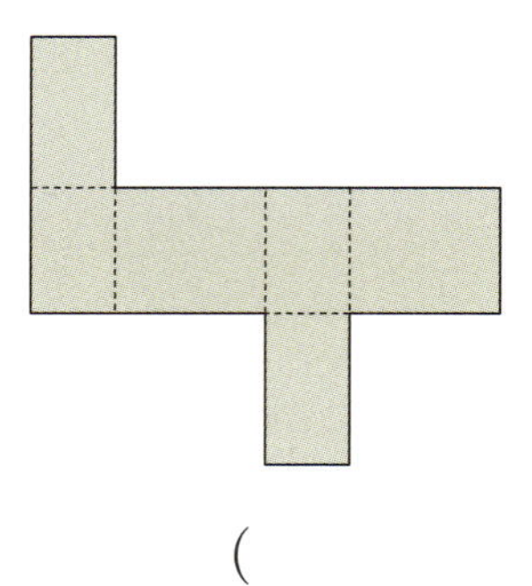

(   )

7 전개도를 접어서 직육면체를 만들었을 때 면 ㉯와 수직인 면을 모두 찾아 쓰세요.

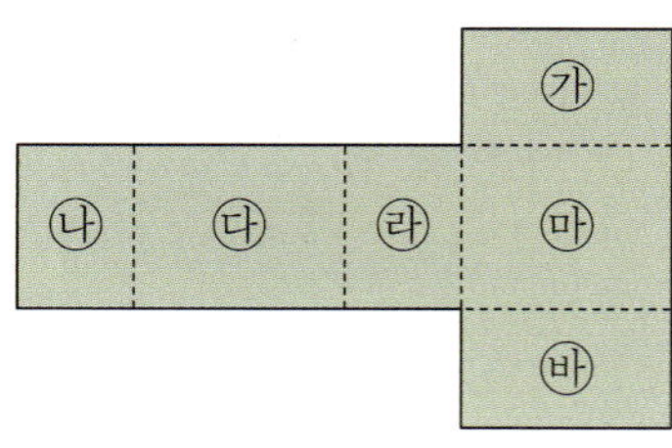

(   )

8 오른쪽 직육면체의 전개도를 그린 것입니다. □ 안에 알맞은 수를 써넣으세요.

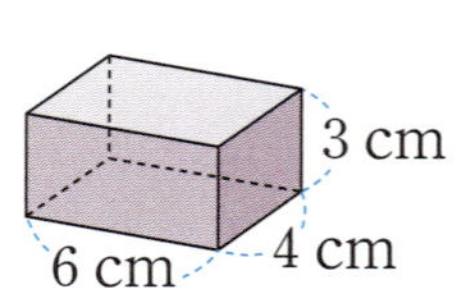

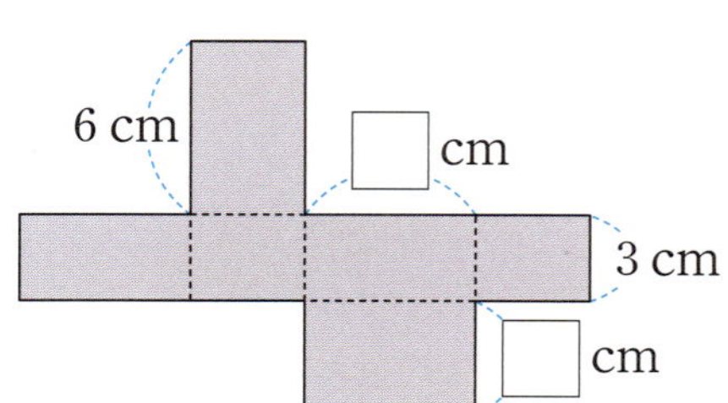

≫ 정답과 해설 p. 42

9 직육면체에서 ㉠, ㉡, ㉢에 알맞은 수를 순서대로 쓴 것은 어느 것인가요? ·················· (   )

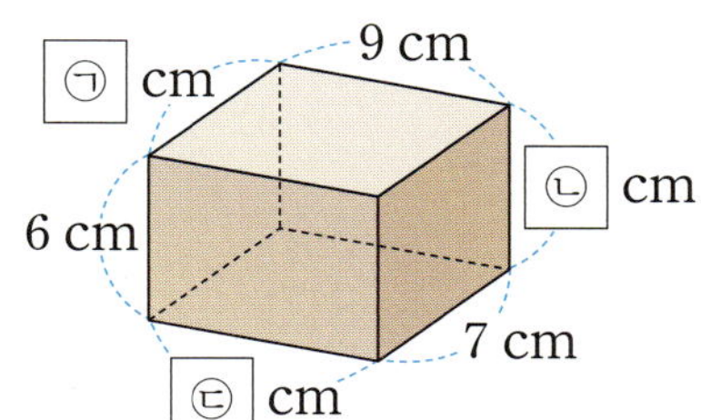

㉠ ㉡ ㉢	㉠ ㉡ ㉢
① 6, 7, 9	② 9, 6, 7
③ 6, 9, 7	④ 7, 9, 6
⑤ 7, 6, 9	

[10~11] 전개도를 접어서 정육면체를 만들었습니다. 물음에 답하세요.

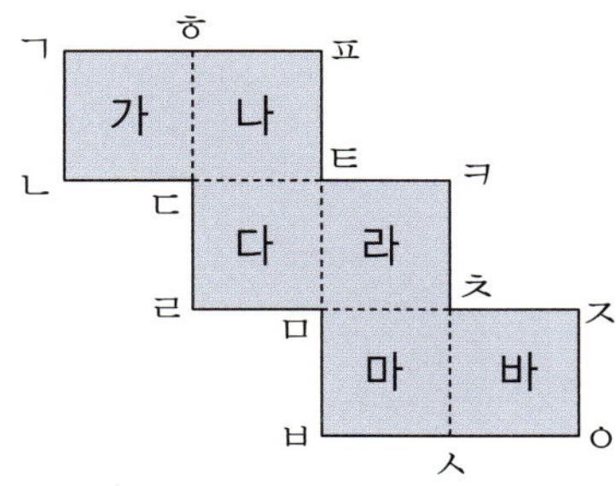

10 두 면이 수직으로 만나는 것의 기호를 쓰세요.

> ㉠ 면 가와 면 바   ㉡ 면 나와 면 마

(   )

11 선분 ㄱㄴ과 겹치는 선분을 찾아 쓰세요.

(   )

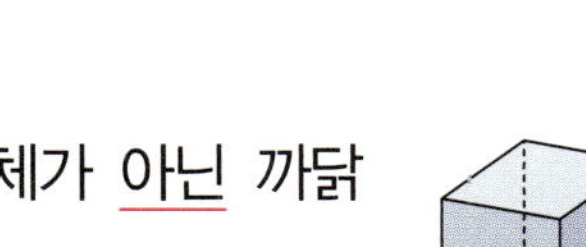

12 오른쪽 도형이 정육면체가 <u>아닌</u> 까닭을 쓰세요.

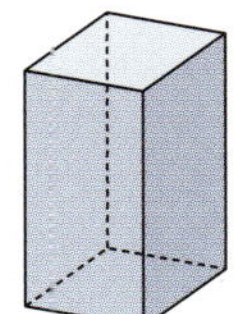

까닭 ________________________________

____

13 직육면체의 전개도를 <u>잘못</u> 그린 것입니다. 그 까닭을 바르게 말한 사람은 누구인가요?

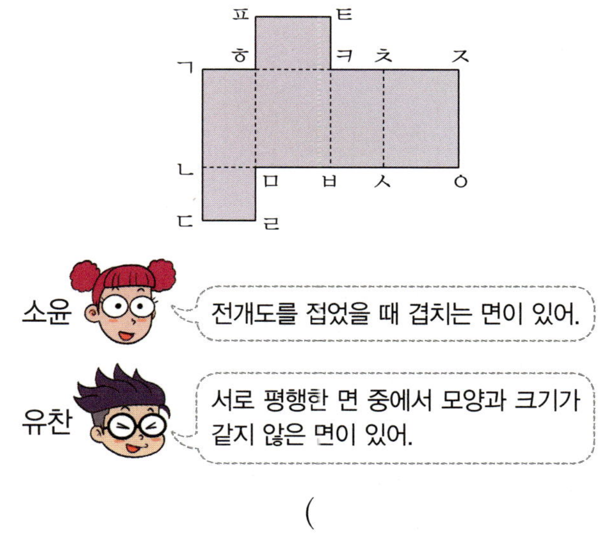

소윤: 전개도를 접었을 때 겹치는 면이 있어.

유찬: 서로 평행한 면 중에서 모양과 크기가 같지 않은 면이 있어.

(   )

5 직육면체

14 희수는 정육면체 모양의 상자에 오른쪽과 같이 색 테이프를 겹치지 않게 한 바퀴 둘러 붙였습니다. 사용한 색 테이프의 길이는 몇 cm인가요?

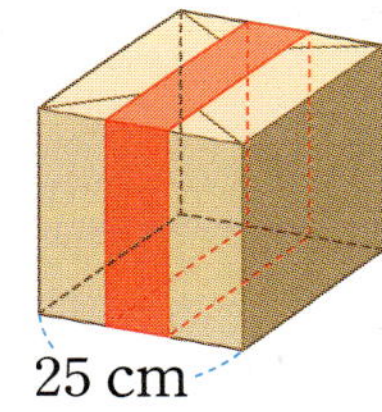

(   )

15 모든 모서리의 길이의 합이 120 cm인 정육면체가 있습니다. 이 정육면체의 한 모서리의 길이는 몇 cm인지 구하세요.

(   )

16 직육면체의 전개도를 그려 보세요.

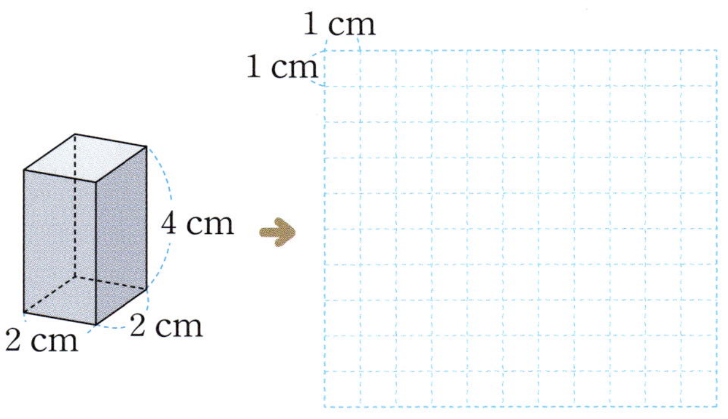

17 직육면체의 모든 모서리의 길이의 합은 몇 cm인
지 구하세요.

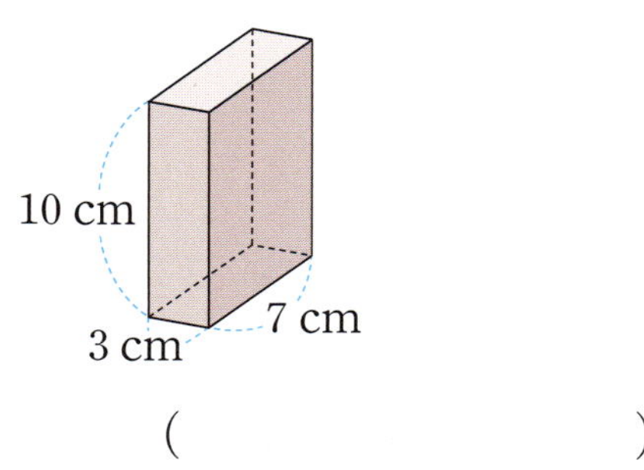

(   )

18 소윤이는 직육면체 모양의 상자에서 노란색 면과
평행한 면에 빨간색 색종이를 붙이려고 합니다.
필요한 빨간색 색종이의 넓이는 몇 cm²인가요?

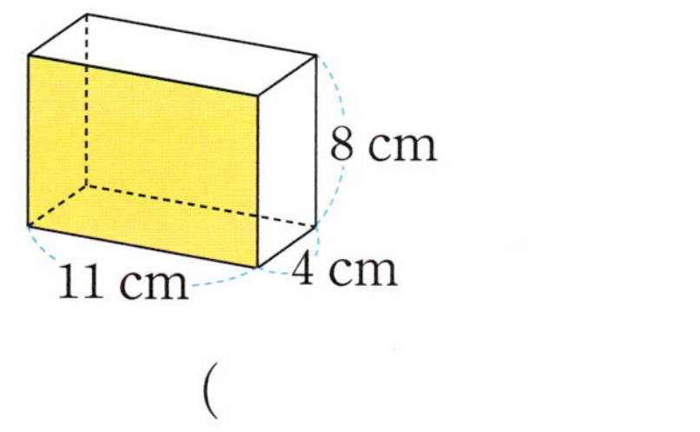

(   )

서술형
19 직육면체 가와 정육면체 나 중에서 모든 모서리
의 길이의 합이 더 긴 것은 무엇인지 풀이 과정을
쓰고 답을 구하세요.

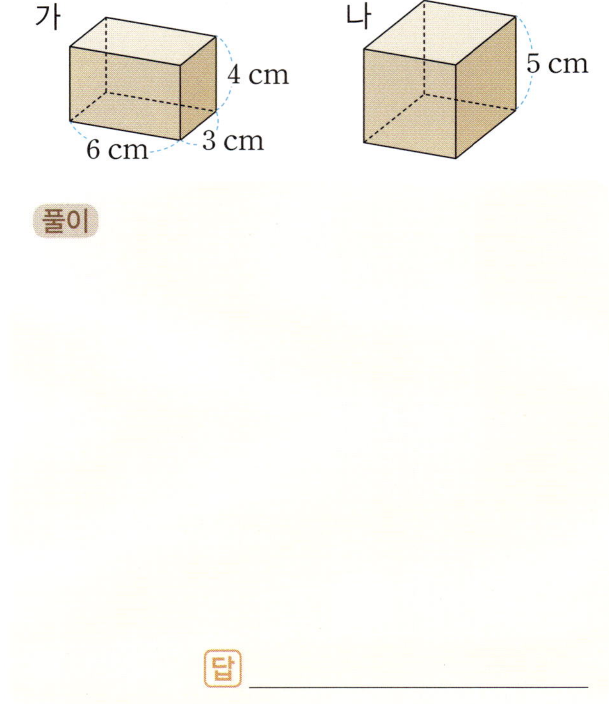

풀이

답 ________________________

서술형
20 다음 전개도로 서로 평행한 두 면의 눈의 수의 합
이 7인 주사위를 만들려고 합니다. ㉠, ㉡, ㉢에
알맞은 눈의 수를 각각 구하는 풀이 과정을 쓰고
답을 구하세요.

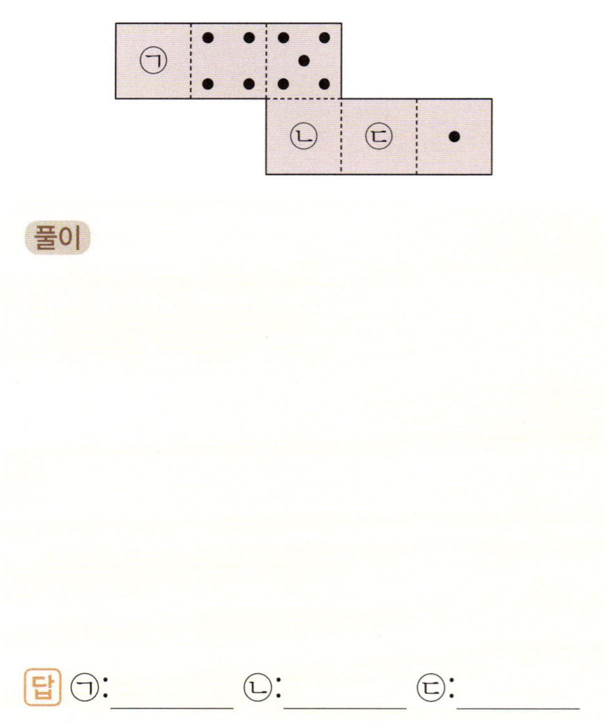

풀이

답 ㉠: ________ ㉡: ________ ㉢: ________

단원 실력 평가

복습책 p.30~31에 **실력 평가** 추가 제공

점수
점

1 직육면체에서 면, 모서리, 꼭짓점을 나타내는 것을 각각 찾아 기호를 쓰세요.

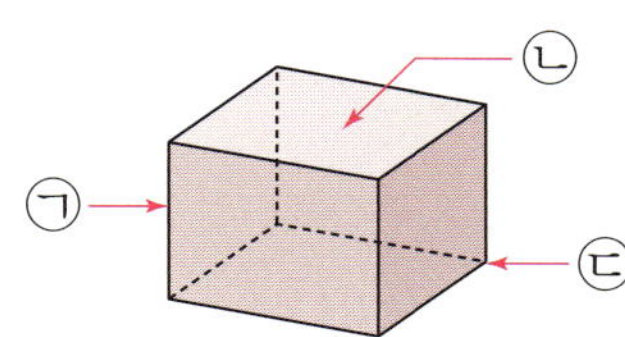

면	모서리	꼭짓점

2 직육면체에서 색칠한 면과 평행한 면을 찾아 빗금을 그어 보세요.

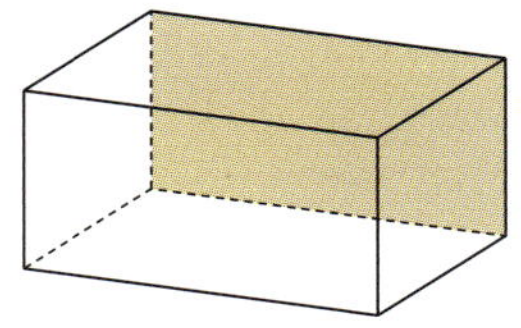

3 오른쪽 정육면체에서 보이지 않는 모서리와 보이지 않는 꼭짓점은 모두 몇 개인가요?

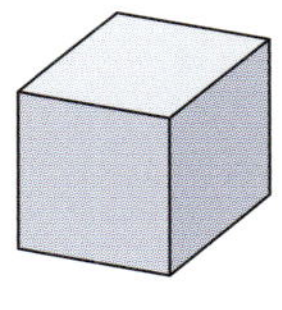

( )

4 그림에서 빠진 부분을 그려 넣어 직육면체의 겨냥도를 완성해 보세요.

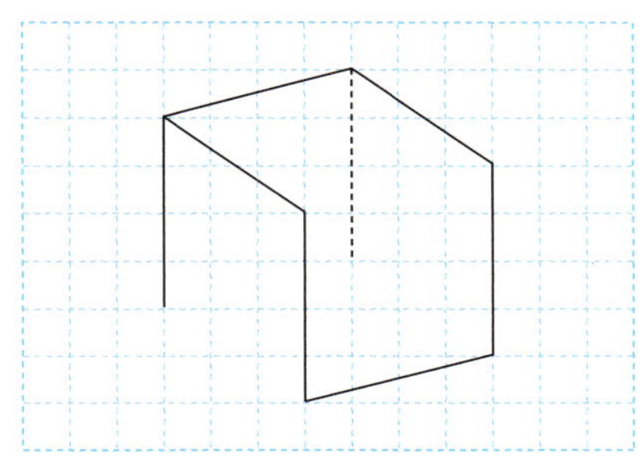

5 오른쪽 직육면체에서 ㉮와 길이가 같은 모서리는 ㉮를 포함하여 모두 몇 개인가요?

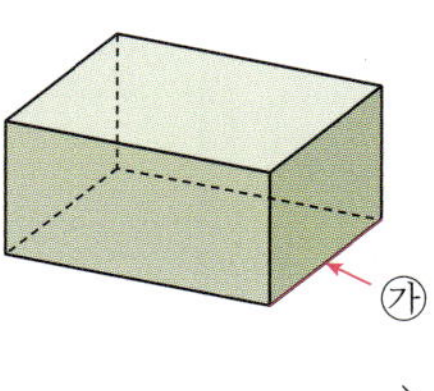

( )

6 오른쪽 직육면체의 겨냥도를 보고 <u>잘못</u> 설명한 것을 찾아 기호를 쓰세요.

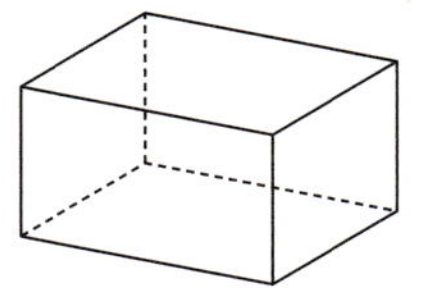

> ㉠ 보이는 꼭짓점은 7개입니다.
> ㉡ 보이는 모서리는 3개입니다.
> ㉢ 보이지 않는 면은 3개입니다.

( )

7 직육면체의 전개도를 보고 □ 안에 알맞은 수를 써넣으세요.

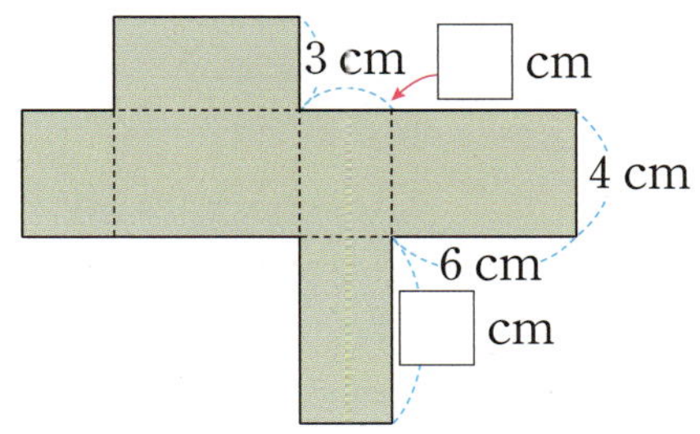

8 한 모서리의 길이가 11 cm인 정육면체가 있습니다. 이 정육면체의 모든 모서리의 길이의 합은 몇 cm인지 구하세요.

( )

9 정육면체의 전개도는 모두 몇 개인가요?

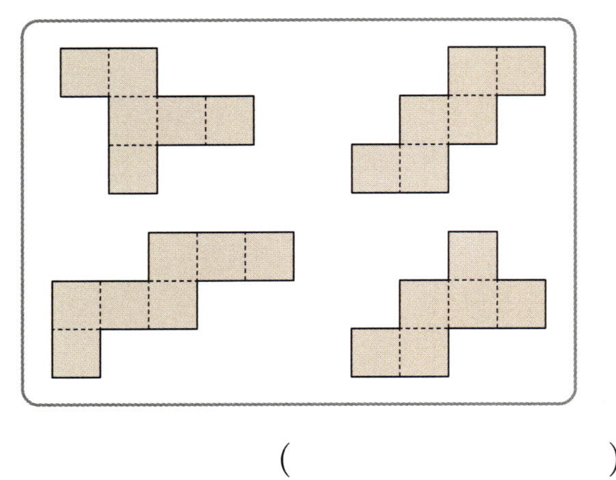

(   )

10 정육면체에서 색칠한 면과 수직인 면을 전개도에서 모두 찾아 색칠해 보세요.

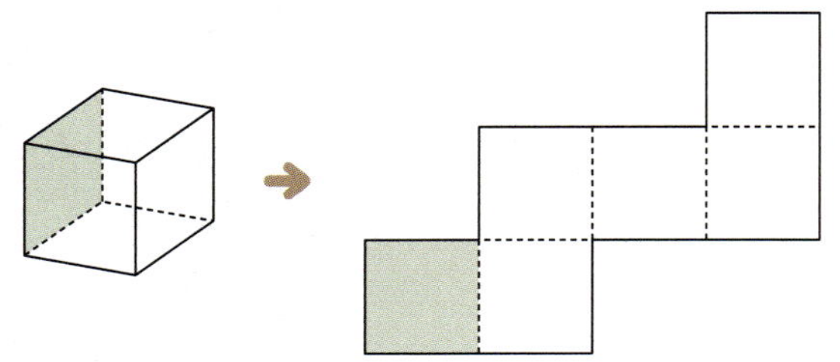

11 정육면체의 모서리를 잘라서 전개도를 만들었습니다. □ 안에 알맞은 기호를 써넣으세요.

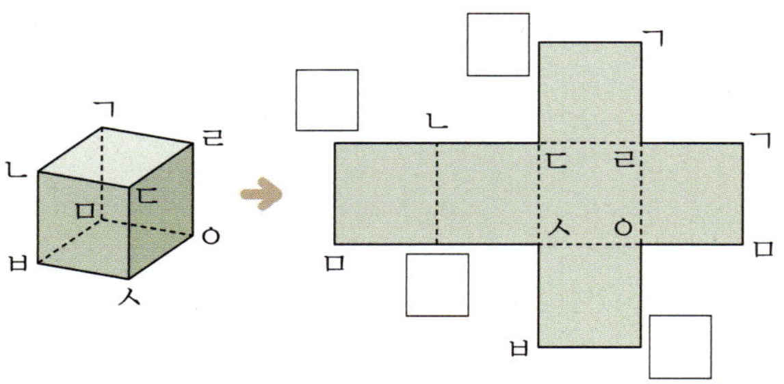

12 직육면체에서 면 ㄱㄴㄷㄹ과 평행한 면의 모서리의 길이의 합은 몇 cm인지 구하세요.

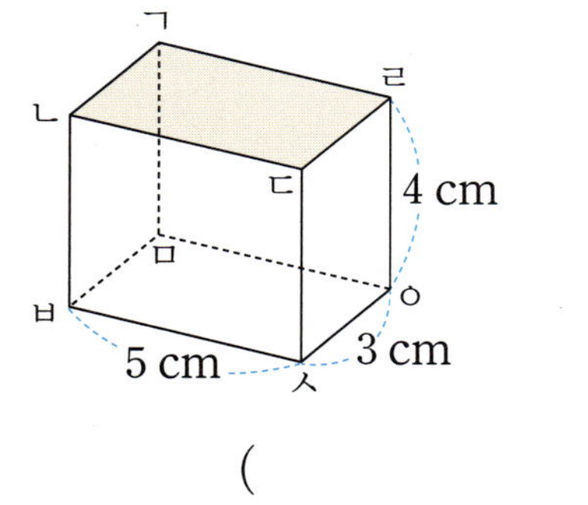

(   )

13 직육면체의 전개도가 <u>아닌</u> 것을 모두 고르세요.
....(   )

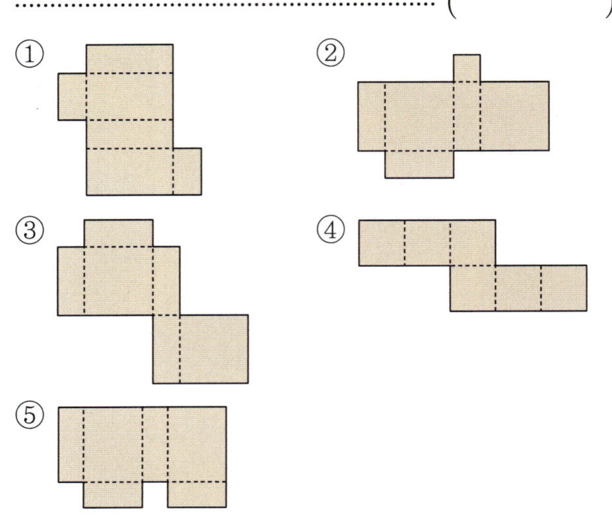

서술형
14 직육면체와 정육면체의 공통점과 차이점을 1가지씩 쓰세요.

공통점 ___________________________

____

차이점 ___________________________

____

15 다음과 같이 무늬(◉) 3개가 그려져 있는 정육면체를 만들 수 있도록 전개도에 무늬(◉) 1개를 그려 넣어 보세요.

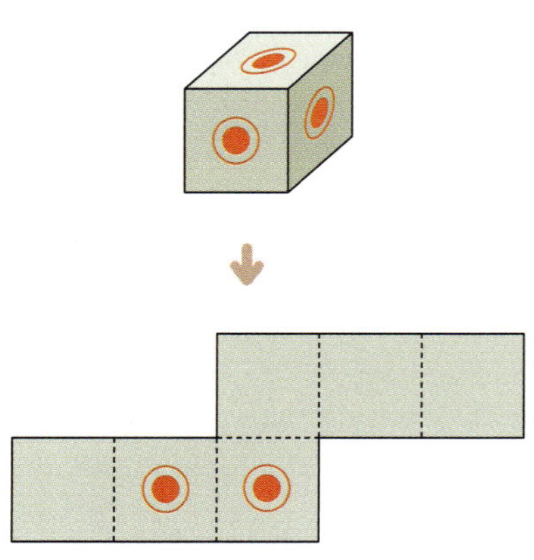

16 왼쪽 그림과 같이 직육면체의 면에 선을 그었습니다. 이 직육면체의 모서리를 잘라 전개도를 만들었을 때 전개도에 나타나는 선을 바르게 그어 보세요.

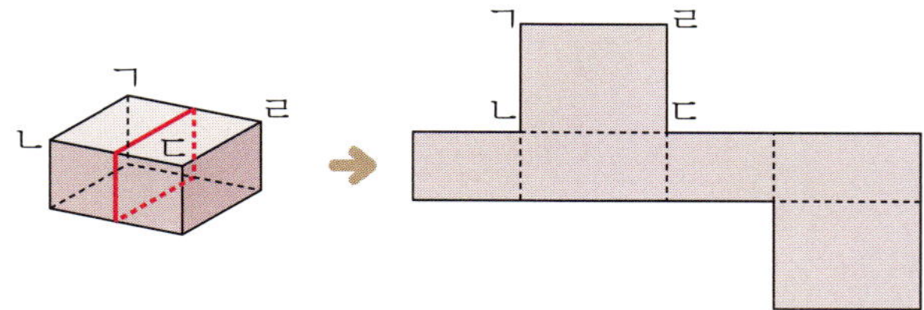

17 한 모서리의 길이가 3 cm인 정육면체의 전개도를 두 가지 방법으로 그려 보세요.

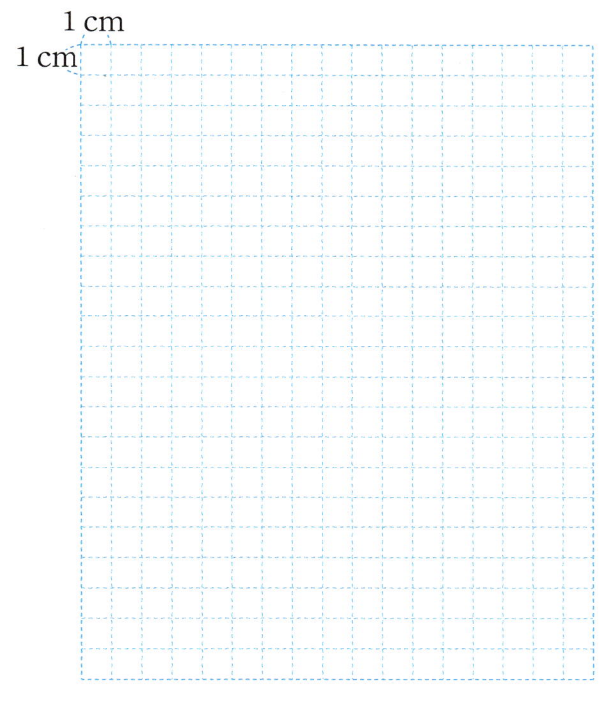

18 직육면체의 모든 모서리의 길이의 합이 120 cm일 때 ㉠에 알맞은 수를 구하세요.

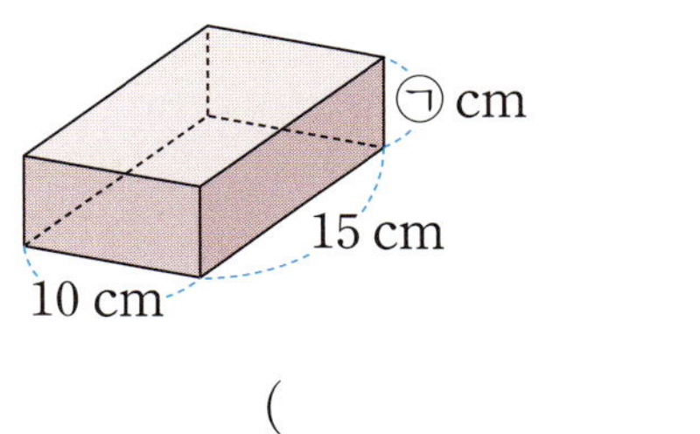

(   )

19 직사각형 모양의 종이에 정육면체의 전개도를 꼭 맞게 그린 것입니다. 이 종이의 가로와 세로의 합은 몇 cm인지 풀이 과정을 쓰고 답을 구하세요.

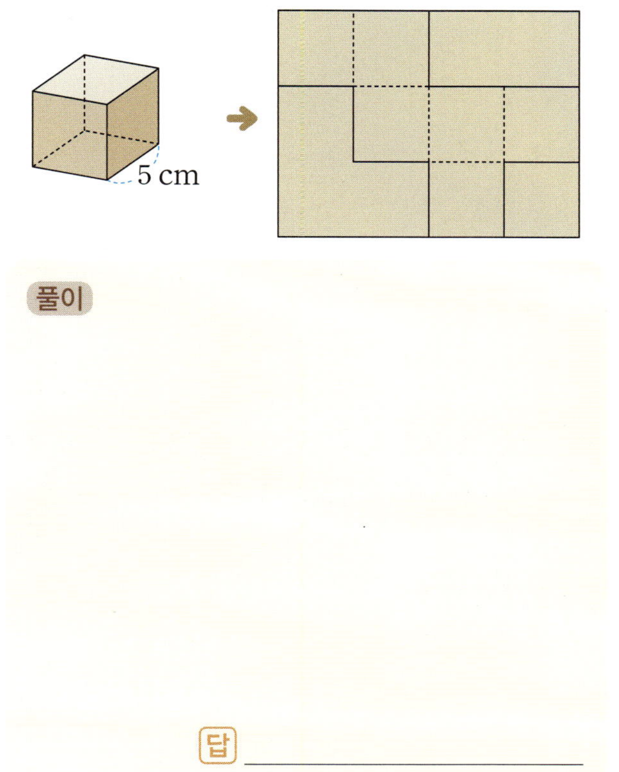

풀이

답 ________________________

5
직육면체

20 직육면체 모양의 선물 상자를 오른쪽과 같이 한 바퀴씩 둘러 묶는 데 사용한 끈의 길이가 모두 150 cm였습니다. 매듭으로 사용한 끈의 길이는 몇 cm인지 풀이 과정을 쓰고 답을 구하세요.

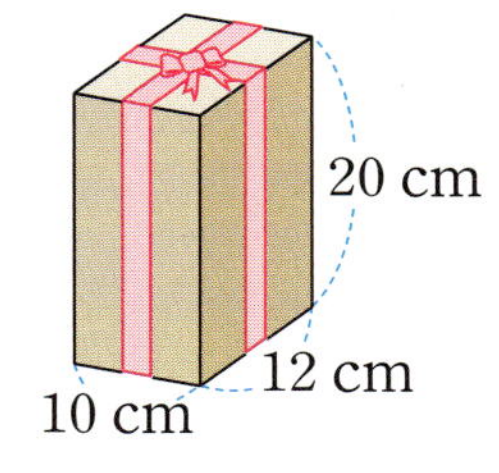

풀이

답 ________________________

평균과 가능성

단원 내용 미리보기

본문
162쪽

평균 알아보기

각 자료의 값을 모두 더해 자료의 수로 나눈 값을 대표하는 값으로 정할 수 있고, 이 값을 평균이라고 합니다.

(평균)
=(자료의 값을 모두 더한 수)
÷(자료의 수)

본문
164쪽

평균 구하기

수학 단원평가 점수

회	1회	2회	3회
점수(점)	85	80	90

(수학 단원평가 점수의 평균)

$= (85 + 80 + 90) \div 3$

자료의 수

자료의 값의 합

$= 255 \div 3$

$= 85$(점)

본문 170쪽

일이 일어날 가능성을 말로 표현하기

가능성은 어떠한 상황에서 **특정한 일이 일어나길** 기대할 수 있는 정도를 말합니다.

가능성의 정도는 '불가능하다, ~아닐 것 같다, 반반이다, ~일 것 같다, 확실하다' 등으로 표현할 수 있어.

본문 172쪽

일이 일어날 가능성을 수로 표현하기

불가능하다 ➜ **0**

반반이다 ➜ $\dfrac{1}{2}$

확실하다 ➜ **1**

해가 서쪽에서 뜨는 것은 불가능하므로 가능성을 0으로 표현할 수 있어.

이제부터 **기본＋응용**을 시작해 볼까요~

개념 익히기

개념 1 \ 평균 알아보기

1 평균 알아보기

예 두 모둠의 제기차기 기록 비교하기

현서네 모둠

이름	찬 제기의 수(개)
현서	8
은주	4
지율	7
민준	5

지호네 모둠

이름	찬 제기의 수(개)
지호	8
정현	3
송화	10

① 현서네 모둠 4명이 찬 제기는 모두
  $8+4+7+5=24$(개)입니다.

② 지호네 모둠 3명이 찬 제기는 모두
  $8+3+10=21$(개)입니다.

③ 두 모둠의 사람 수가 다르므로 한 사람당 제기를 몇 개 찼는지 구하여 제기차기 기록을 비교합니다.

현서네 모둠: $24÷4=\textbf{6}$(개)
지호네 모둠: $21÷3=\textbf{7}$(개)

한 사람당 찬 제기의 수는 지호네 모둠이 더 많습니다.

➔ 지호네 모둠이 더 잘했습니다.

각 자료의 값을 모두 더해 자료의 수로 나눈 값을 대표하는 값으로 정할 수 있고, 이 값을 **평균**이라고 합니다.

$$(평균)=(자료의 값을 모두 더한 수)÷(자료의 수)$$

2 자료의 값이 고르게 되도록 하여 평균 구하기

예 8, 4, 7, 5의 평균 구하기

주황색 모형에서 2개를 초록색 모형으로, 빨간색 모형에서 1개를 파란색 모형으로 옮겨 모형을 모두 6개씩 연결했어.

➔ 모형을 옮겨 각각 6개씩 고르게 연결할 수 있으므로 평균은 6입니다.

[1~3] 연우네 모둠과 주아네 모둠의 철봉 매달리기 기록을 나타낸 표입니다. 물음에 답하세요.

연우네 모둠의 철봉 매달리기 기록

이름	연우	서희	영준	지민
기록(초)	15	27	23	15

주아네 모둠의 철봉 매달리기 기록

이름	주아	설아	동민
기록(초)	24	22	26

1 연우네 모둠과 주아네 모둠의 철봉 매달리기 기록의 합을 각각 구하세요.

꼭! 단위까지 따라 쓰세요.

연우네 모둠 (초   )
주아네 모둠 (초   )

2 연우네 모둠과 주아네 모둠의 철봉 매달리기 기록의 평균을 각각 구하세요.

연우네 모둠 (초   )
주아네 모둠 (초   )

3 어느 모둠이 더 잘했다고 할 수 있나요?

(   )

4 지난주 은별이네 아파트에서 동별로 모은 재활용 종이의 무게를 나타낸 표입니다. 동별로 모은 재활용 종이의 무게를 대표하는 값을 정하려고 합니다. 올바른 방법을 말한 사람은 누구인가요?

동별 모은 재활용 종이의 무게

동	A	B	C	D
무게(kg)	32	33	34	33

지안
각 동의 재활용 종이의 무게 32, 33, 34, 33 중 가장 큰 수인 34로 정하자.

현서
각 동의 재활용 종이의 무게 32, 33, 34, 33 중 가장 작은 수인 32로 정하자.

서준
각 동의 재활용 종이의 무게 32, 33, 34, 33을 고르게 하면 33, 33, 33, 33이므로 33으로 정하자.

(   )

[5~6] 경호네 모둠이 가지고 있는 동화책 수를 나타낸 표입니다. 물음에 답하세요.

경호네 모둠이 가지고 있는 동화책 수

이름	경호	진영	유정	지훈
동화책 수(권)	13	29	36	18

5 경호네 모둠 학생은 몇 명이고, 경호네 모둠 학생들이 가지고 있는 동화책은 모두 몇 권인지 차례로 쓰세요.

(명   ), (권   )

6 경호네 모둠이 가지고 있는 동화책 수의 평균은 몇 권인가요?

(권   )

7 글을 읽고 투호를 더 잘한 모둠을 쓰세요.

주원이네 모둠 5명이 넣은 화살 수는 20개이고, 연준이네 모둠 8명이 넣은 화살 수는 24개입니다.

(   )

8 자료의 수를 모형으로 나타냈습니다. 모형을 옮겨 모형의 수를 고르게 하고, 평균을 구하세요.

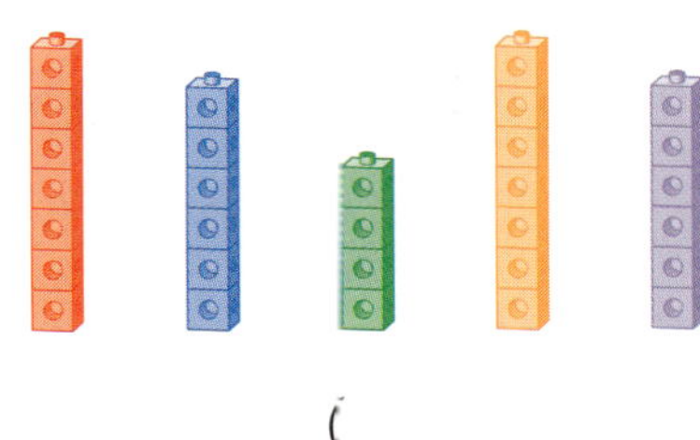

(   )

9 진아네 모둠이 한 달간 읽은 책 수를 나타낸 표입니다. 진아네 모둠이 한 달간 읽은 책 수의 평균은 몇 권인가요?

진아네 모둠이 한 달간 읽은 책 수

이름	진아	수호	지아	송희	민우
책 수(권)	3	6	4	2	5

(권   )

10 세호네 학교 5학년 학급별 학생 수를 나타낸 표입니다. 한 학급당 학생 수를 고르게 하면 몇 명이 되나요?

세호네 학교 5학년 학급별 학생 수

학급(반)	이슬	풀잎	꽃잎	햇빛	바람
학생 수(명)	24	25	26	27	23

(명   )

6
평균과 가능성

개념 2 \ 평균 구하기

1 여러 가지 방법으로 평균 구하기

예 단체 줄넘기 기록의 평균 구하기

단체 줄넘기 기록

회	1회	2회	3회	4회
줄넘기 기록(번)	3	5	4	4

방법1 평균을 예상하고 자료의 값 고르게 하기

① 예상한 평균: 4번

② 짝 지어 자료의 값 고르게 하기

(3, 5), (4, 4) ➡ 평균: 4번

방법2 자료의 값을 모두 더한 후 자료의 수로 나누기

(평균)=(3+5+4+4)÷4=16÷4=4(번)

2 평균을 이용하여 여러 집단의 자료 비교하기

예 모둠 학생 수와 고리 던지기 기록의 합

모둠	모둠 1	모둠 2	모둠 3	모둠 4
모둠 학생 수(명)	3	2	4	5
기록의 합(개)	15	14	12	10
평균(개)	5	7	3	2

15÷3=5 14÷2=7 12÷4=3 10÷5=2

모둠별로 학생 수가 다르므로 기록의 합이 아닌 평균을 구하여 비교하면 7>5>3>2이므로 모둠 2의 고리 던지기 기록이 가장 좋습니다.

3 평균을 이용하여 모르는 자료의 값 구하기

(평균)=(자료의 값을 모두 더한 수)÷(자료의 수)
➡ (자료의 값을 모두 더한 수)=(평균)×(자료의 수)

(모르는 자료의 값)=(자료의 값을 모두 더한 수)−(아는 자료의 값의 합)

[1~2] 다음 자료의 평균을 두 가지 방법으로 구하려고 합니다. 물음에 답하세요.

14	16	14	12

1 평균을 예상하고 자료의 값을 고르게 하여 평균을 구하세요.

평균을 ☐(으)로 예상한 후

(14, 14), (☐, ☐)(으)로 수를 짝 지어 자료의 값을 고르게 하면 평균은 ☐ 입니다.

2 자료의 값을 모두 더한 후 자료의 수로 나누어 평균을 구하세요.

(14+16+14+12)÷4=☐÷4=☐

3 친구들이 다트 놀이를 하여 얻은 점수를 나타낸 표입니다. ☐ 안에 알맞은 수나 이름을 써넣으세요.

던진 다트의 수와 얻은 점수의 합

이름	수민	정혜	미애
다트의 수(개)	7	9	6
점수의 합(점)	35	36	36

다트 1개당 얻은 점수의 평균:

수민 ☐÷☐=☐(점)

정혜 ☐÷☐=☐(점)

미애 ☐÷☐=☐(점)

➡ 다트를 가장 잘 던진 사람은 ☐ 입니다.

>> 정답과 해설 p. 44

[4~5] 소희네 학교 5학년 반별 학생 수를 나타낸 표입니다. 반별 학생 수의 평균이 18명일 때 4반 학생 수를 구하려고 합니다. ☐ 안에 알맞은 수를 써넣으세요.

소희네 학교 5학년 반별 학생 수

반	1반	2반	3반	4반	5반
학생 수(명)	20	17	21		18

4 소희네 학교 5학년 전체 학생 수는 몇 명인가요?

(5학년 전체 학생 수) = ☐ × 5 = ☐ (명)

5 소희네 학교 5학년 4반 학생은 몇 명인가요?

(4반 학생 수) = ☐ − (20 + ☐ + 21 + 18)

= ☐ (명)

6 수영이네 모둠이 지난 주말에 운동한 시간을 나타낸 표입니다. 운동 시간의 평균을 주어진 방법으로 구하세요.

수영이네 모둠이 운동한 시간

이름	수영	재상	명희	우빈
운동 시간(분)	80	90	80	70

방법 1

평균을 예상하고 자료의 값 고르게 하기
예상한 평균 ( )분

방법 2

운동 시간의 합을 학생 수로 나누기

7 경수, 선아, 명지네 가족은 체험 농장에서 다음과 같이 감자를 캤습니다. 캔 감자 양의 평균을 이용하여 어느 가족이 가장 잘 캤는지 구하세요.

캔 감자의 양

가족	경수네	선아네	명지네
가족 수(명)	4	5	3
캔 감자의 양(kg)	60	70	48

( )

[8~9] 연규의 제자리멀리뛰기 기록을 나타낸 표입니다. 연규의 제자리멀리뛰기 기록의 평균이 96 cm일 때 물음에 답하세요.

연규의 제자리멀리뛰기 기록

회	1회	2회	3회
기록(cm)	105		93

8 연규의 제자리멀리뛰기 기록의 합은 몇 cm인가요?

(cm)

9 연규의 제자리멀리뛰기 2회 기록은 몇 cm인가요?

(cm)

10 나래의 수학 단원평가 점수를 나타낸 표입니다. 나래의 수학 단원평가 점수의 평균이 80점일 때 3단원의 점수는 몇 점인가요?

나래의 수학 단원평가 점수

단원	1단원	2단원	3단원	4단원
점수(점)	82	72		92

(점)

6

평균과 가능성

기본 다지기

개념 확인 | p.162 개념 1

기본 1 평균 알아보기

[1~2] 민지와 경준이가 1분 동안 한 윗몸 말아 올리기 기록을 나타낸 표입니다. 물음에 답하세요.

민지의 윗몸 말아 올리기 기록

회	1회	2회	3회	4회
기록(회)	35	20	26	39

경준이의 윗몸 말아 올리기 기록

회	1회	2회	3회
기록(회)	29	30	37

1 민지와 경준이의 윗몸 말아 올리기 기록의 평균은 각각 몇 회인지 구하세요.

민지 ( )

경준 ( )

2 민지와 경준이 중 누가 더 잘했다고 할 수 있나요?

( )

3 선호네 모둠과 희주네 모둠이 고리 던지기를 하여 넣은 고리 수를 나타낸 표입니다. 어느 모둠이 더 잘했다고 할 수 있나요?

선호네 모둠이 넣은 고리 수

이름	선호	지연	진태	수민
넣은 고리 수(개)	5	7	11	9

희주네 모둠이 넣은 고리 수

이름	희주	다솜	경철
넣은 고리 수(개)	9	8	10

( )

4 지난주 월요일부터 금요일까지 최저 기온을 나타낸 표와 막대그래프입니다. 막대의 높이가 고르게 되도록 색칠된 칸을 옮겨 보고, 지난주 요일별 최저 기온의 평균을 구하세요.

요일별 최저 기온

요일	월	화	수	목	금
기온(℃)	5	8	2	4	6

요일별 최저 기온

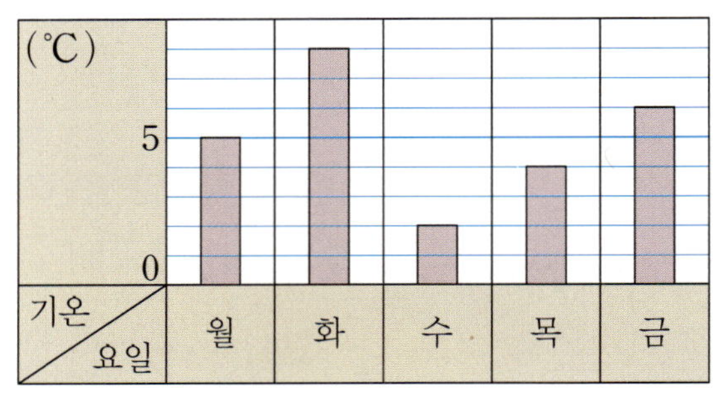

( )

5 어느 야구 팀이 경기를 4번 하여 얻은 점수만큼 종이띠를 이어 붙였습니다. 종이띠가 4등분이 되도록 선으로 나누고, 이 야구 팀이 얻은 점수의 평균은 몇 점인지 구하세요.

경기별 얻은 점수

경기	첫 번째	두 번째	세 번째	네 번째
얻은 점수(점)	2	1	4	5

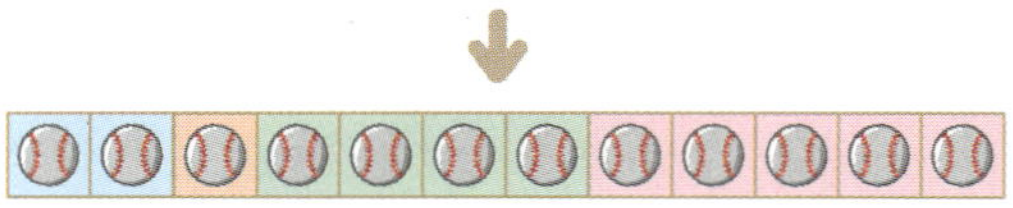

( )

6 성주네 모둠의 몸무게를 나타낸 표입니다. 모둠의 몸무게의 평균과 몸무게가 같은 사람은 누구인가요?

성주네 모둠의 몸무게

이름	성주	민호	은성	지원
몸무게(kg)	24	31	28	29

( )

개념 확인 | p.164 개념 2

기본 2 \ 평균 구하기

7 평균을 예상하여 구하려고 합니다. □ 안에 알맞은 수를 써넣으세요.

| 30 | 27 | 29 | 33 | 31 |

평균을 30으로 예상한 후 30, (27, □), (□ , 31)로 수를 짝 지어 자료의 값을 고르게 하면 평균은 □ 입니다.

8 수미네 모둠의 훌라후프 돌리기 기록을 나타낸 표입니다. 수미네 모둠의 훌라후프 돌리기 기록의 평균을 두 가지 방법으로 구하세요.

수미네 모둠의 훌라후프 돌리기 기록

이름	수미	호진	유민	민경
기록(번)	34	38	30	34

방법 1 평균을 예상하고 자료의 값 고르게 하기

____

____

방법 2 기록의 합을 학생 수로 나누기

____

____

9 효진이의 제기차기 기록을 나타낸 표입니다. 제기차기 기록의 평균이 30개보다 작으면 학교 제기차기 대회 예선을 통과할 수 없다고 합니다. 효진이는 예선을 통과할 수 있나요, 없나요?

효진이의 제기차기 기록

회	1회	2회	3회	4회
기록(개)	26	25	32	33

(   )

10 인표네 모둠의 100 m 달리기 기록의 합과 달리기를 한 횟수를 나타낸 표입니다. 기록이 가장 좋은 사람은 누구인지 구하세요.

인표네 모둠의 100 m 달리기 기록

이름	인표	연주	지훈
기록의 합(초)	144	120	119
달리기 횟수(번)	9	8	7

(   )

100 m 달리기는 기록의 평균이 낮을수록 기록이 더 좋음에 유의하자.

11 하루 평균 턱걸이를 가장 많이 한 사람은 누구인가요?

(   )

12 지호네 모둠의 키를 나타낸 표입니다. 모둠의 키의 평균보다 키가 작은 학생의 이름을 모두 쓰세요.

지호네 모둠의 키

이름	지호	영미	수정	혜진	진수
키(cm)	146	153	165	152	154

(   )

13 석호네 모둠의 몸무게의 평균은 40 kg입니다. 석호의 몸무게는 평균보다 무겁나요, 가볍나요?

석호네 모둠의 몸무게

이름	석호	진경	채연
몸무게(kg)		36	43

( )

14 정수의 팔굽혀펴기 기록을 나타낸 표입니다. 팔굽혀펴기 기록의 평균이 15번일 때 2회 기록은 평균보다 높은가요, 낮은가요?

정수의 팔굽혀펴기 기록

회	1회	2회	3회	4회
기록(번)	16		15	15

( )

15 다은이의 1회부터 4회까지 수학 점수를 나타낸 표입니다. 5회까지 시험을 본 후 수학 점수의 평균을 구했더니 90점이 되었습니다. 5회의 수학 점수는 몇 점인지 구하세요.

다은이의 수학 점수

회	1회	2회	3회	4회
점수(점)	88	85	83	100

( )

5회까지 수학 점수의 평균이 90점이라면 5회까지 전체 수학 점수의 합은 (90 × 5)점이야.

실력➕ 두 모둠의 평균이 같음을 이용하여 모르는 자료의 값 구하기

A 자료의 값은 모두 알고 B 자료의 값 하나를 모를 때 평균이 같음을 이용하여 모르는 자료의 값을 구할 수 있습니다.

❶ A 자료의 평균을 구합니다.

❷ ❶에서 구한 평균을 이용하여 B 자료의 값을 모두 더한 수를 구합니다.

(자료의 값을 모두 더한 수)=(평균)×(자료의 수)

❸ ❷에서 구한 값에서 B의 아는 자료의 값의 합을 빼어 모르는 자료의 값을 구합니다.

16 세형이와 승기의 오래 매달리기 기록을 나타낸 표입니다. 세형이와 승기의 기록의 평균이 같을 때 세형이의 오래 매달리기 2회 기록은 몇 초인가요?

세형이의 오래 매달리기 기록

회	1회	2회	3회	4회
기록(초)	15		14	13

승기의 오래 매달리기 기록

회	1회	2회	3회	4회	5회
기록(초)	14	16	15	13	12

( )

17 모둠 A와 모둠 B가 헌 옷을 모았습니다. 모둠 A는 6명이고, 모둠 A가 모은 헌 옷의 무게의 합은 78 kg입니다. 모둠 A와 모둠 B가 모은 헌 옷의 무게의 평균이 같을 때 미주가 모은 헌 옷은 몇 kg인지 구하세요.

모둠 B가 모은 헌 옷의 무게

이름	지영	석현	미주	시은	현정
무게(kg)	7	16		10	18

( )

실력+ 자료의 평균을 이용하여 다음 점수 예상하기

이전 평균 점수보다 **평균이 높으려면** 다음 점수는 **최소** 이전 평균 점수보다 높아야 합니다.

18 어느 농구 팀의 경기별 얻은 점수를 나타낸 표입니다. 4회까지 얻은 점수의 평균이 3회까지 얻은 점수의 평균보다 높으려면 4회의 점수는 최소 몇 점보다 높아야 하나요?

경기별 얻은 점수

회	1회	2회	3회
얻은 점수(점)	80	65	86

( )

19 재연이의 영어 단어 시험 점수를 나타낸 표입니다. 5회까지 시험 점수의 평균이 4회까지 시험 점수의 평균보다 높으려면 5회의 점수는 최소 몇 점보다 높아야 하나요?

재연이의 영어 단어 시험 점수

회	1회	2회	3회	4회
점수(점)	74	83	90	85

( )

20 지예의 한발 줄넘기 기록을 나타낸 표입니다. 6회까지 기록의 평균이 5회까지 기록의 평균보다 높으려면 6회의 기록은 최소 몇 번보다 높아야 하나요?

지예의 한 발 줄넘기 기록

회	1회	2회	3회	4회	5회
기록(번)	44	37	48	51	60

( )

실력+ 평균을 이용하여 세 수 구하기

❶ ㉠과 ㉡의 평균이 ★이견 $\dfrac{㉠+㉡}{2}=★$ 이므로

㉠+㉡=★×**2**입니다.

❷ (㉠+㉡)+(㉡+㉢)+(㉢+㉠)

→ ㉠ 2개, ㉡ 2개, ㉢ 2개

=**2**×(㉠+㉡+㉢)으로 나타낼 수 있습니다.

21 세 자연수 ㉠, ㉡, ㉢이 있습니다. ㉠과 ㉡의 평균은 7, ㉡과 ㉢의 평균은 11, ㉢과 ㉠의 평균은 10입니다. ㉠, ㉡, ㉢을 각각 구하세요.

㉠ ( )
㉡ ( )
㉢ ( )

22 세 자연수 가, 나, 다가 있습니다. 가와 나의 평균은 15, 나와 다의 평균은 19, 다와 가의 평균은 17입니다. 가, 나, 다를 각각 구하세요.

가 ( )
나 ( )
다 ( )

6 평균과 가능성

개념 익히기

개념 3 \ 일이 일어날 가능성을 말로 표현하기

⑴ **가능성**: 어떠한 상황에서 특정한 일이 일어나길 기대할 수 있는 정도
⑵ 가능성의 정도는 **불가능하다**, **~아닐 것 같다**, **반반이다**, **~일 것 같다**, **확실하다** 등으로 표현할 수 있습니다.

예

가능성	일
불가능하다	이웃집에 외계인이 살 것입니다.
~아닐 것 같다	겨울에는 반팔을 입은 사람들이 많을 것입니다.
반반이다	동전을 던지면 숫자 면이 나올 것입니다.
~일 것 같다	주사위를 굴리면 주사위 눈의 수가 1보다 클 것입니다.
확실하다	토요일 다음 날은 일요일일 것입니다.

개념 플러스

가능성의 정도는
여러 가지로
표현할 수 있어.

개념 4 \ 일이 일어날 가능성을 비교하기

예 회전판에서 일이 일어날 가능성 비교하기

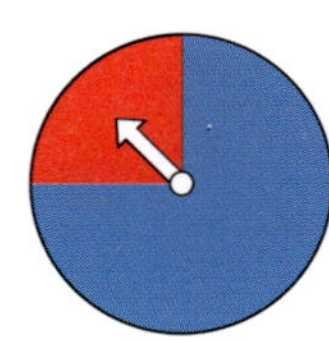

화살이 파란색에 멈출 가능성이 빨간색에 멈출 가능성보다 더 높습니다.

➜ 회전판에서 차지하는 부분이 넓을수록 일이 일어날 가능성이 높습니다.

'불가능하다'에 가까워질수록
일이 일어날 가능성이 낮고,
'확실하다'에 가까워질수록
일이 일어날 가능성이 높아.

일이 일어날
← **가능성이 낮습니다.**

일이 일어날
가능성이 높습니다. →

~아닐 것 같다	~일 것 같다

불가능하다　　　　　　반반이다　　　　　　확실하다

[1~2] 어느 지역의 일기 예보입니다. 알맞은 말에 ○표 하세요.

날짜	오늘		내일		모레	
	오전	오후	오전	오후	오전	오후
날씨	☀	⛅	☁	☂	☂	☂

1 오늘 오전에는 비가 (올 , 오지 않을) 것 같고, 내일 오후에는 비가 (올 , 오지 않을) 것 같습니다.

2 모레는 비가 올 가능성이 (높습니다 , 낮습니다).

3 일이 일어날 가능성을 판단하여 □ 안에 친구들의 이름을 알맞게 써넣으세요.

선현: 겨울이 지나면 봄이 올 거야.
태희: 내일은 오늘보다 기온이 낮을 거야.
연정: 내년에는 12월 32일이 있을 거야.

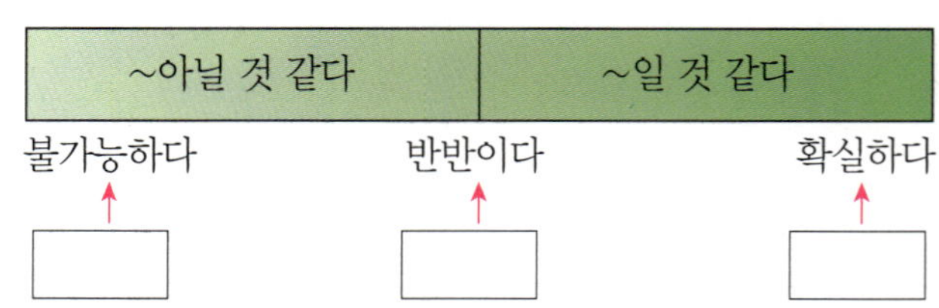

[4~5] 친구들이 말한 일이 일어날 가능성을 생각해 보고, 알맞게 표현한 곳에 ◯표 하세요.

4 

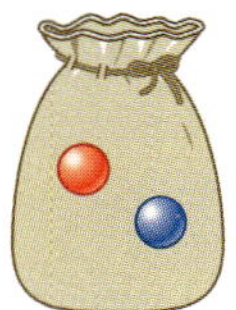

불가능 하다	반반 이다	확실 하다

5 

불가능 하다	반반 이다	확실 하다

[6~7] 파란색과 빨간색을 사용하여 회전판을 만들었습니다. 물음에 답하세요.

가 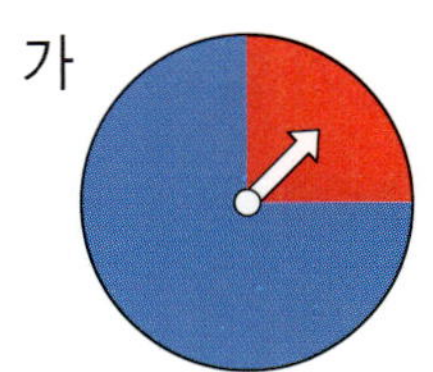 나 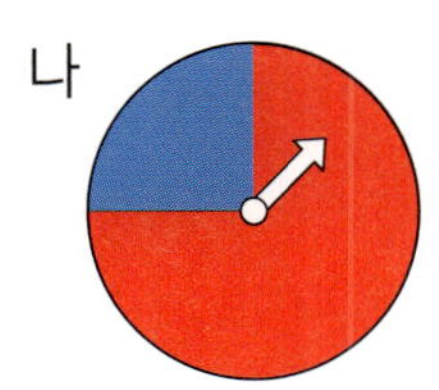

6 □ 안에 알맞은 색깔을 써넣으세요.

가 회전판은 화살이 [　　]색보다 [　　]색에 멈출 가능성이 더 높습니다.

7 화살이 빨간색에 멈출 가능성이 더 높은 회전판을 찾아 기호를 쓰세요.

(　　　　　　　　)

[8~10] 회전판을 보고 알맞은 것을 찾아 기호를 쓰세요.

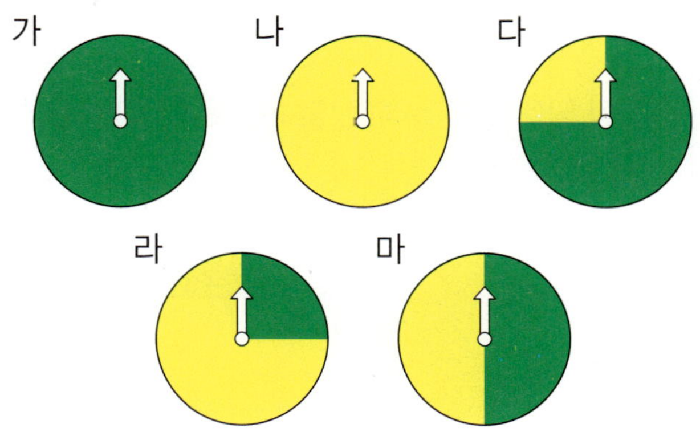

8

(　　　　　　　　)

9

(　　　　　　　　)

10

(　　　　　　　　)

11 |조건|에 알맞은 회전판이 되도록 색칠해 보세요.

┤조건├
- 화살이 노란색에 멈출 가능성이 가장 높습니다.
- 화살이 빨간색에 멈출 가능성과 초록색에 멈출 가능성이 비슷합니다.

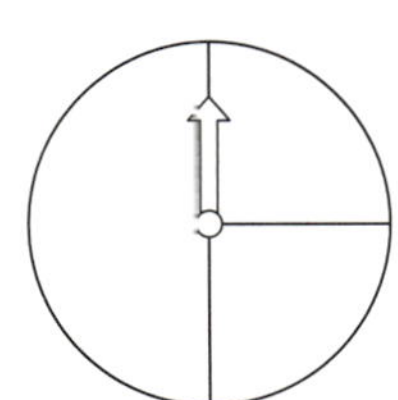

개념 5 \ 일이 일어날 가능성을 수로 표현하기

일이 일어날 가능성이 '**불가능하다**'이면 **0**, '**반반이다**'이면 $\dfrac{1}{2}$, '**확실하다**'이면 **1**로 표현합니다.

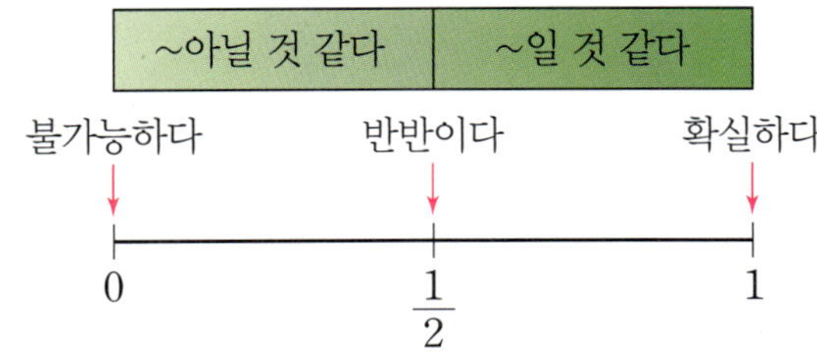

예 회전판을 돌릴 때 화살이 빨간색에 멈출 가능성 알아보기

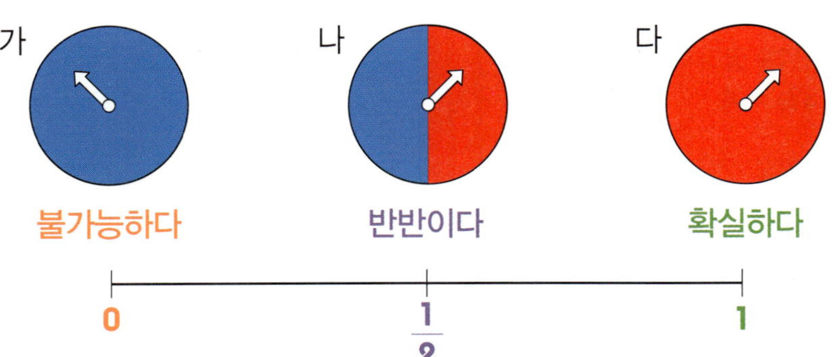

개념 **플러스**

- **일이 일어날 가능성을 수로 표현하기**
  (1) ~아닐 것 같다
    ➡ 0보다 크고 $\dfrac{1}{2}$보다 작은 수로 표현
  (2) ~일 것 같다
    ➡ $\dfrac{1}{2}$보다 크고 1보다 작은 수로 표현

- **가능성을 수로 표현한 것을 보고 말로 표현하기**
  (1) 가능성이 '0'
    ➡ 일이 일어날 가능성이 '불가능하다'
  (2) 가능성이 '1'
    ➡ 일이 일어날 가능성이 '확실하다'

[1~2] 가능성을 수로 표현하려고 합니다. 알맞은 수에 ○표 하세요.

1 500원짜리 동전 1개를 던질 때 오른쪽과 같은 그림 면이 나올 가능성

$$0 \qquad \dfrac{1}{2} \qquad 1$$

2 오른쪽 수 카드 중 한 장을 뽑을 때 두 자리 수가 나올 가능성

$$0 \qquad \dfrac{1}{2} \qquad 1$$

3 그림과 같이 주머니 속에 빨간색 공깃돌 2개가 들어 있습니다. 주머니에서 공깃돌 1개를 꺼낼 때 일이 일어날 가능성을 0부터 1까지의 수 중에서 어떤 수로 표현할 수 있는지 알맞게 이어 보세요.

꺼낸 공깃돌이 빨간색일 것입니다.	·	·	0
꺼낸 공깃돌이 노란색일 것입니다.	·	·	$\dfrac{1}{2}$
		·	1

[4~6] 회전판 돌리기를 하고 있습니다. 일이 일어날 가능성이 '불가능하다'이면 0, '반반이다'이면 $\frac{1}{2}$, '확실하다'이면 1로 표현할 때, 물음에 답하세요.

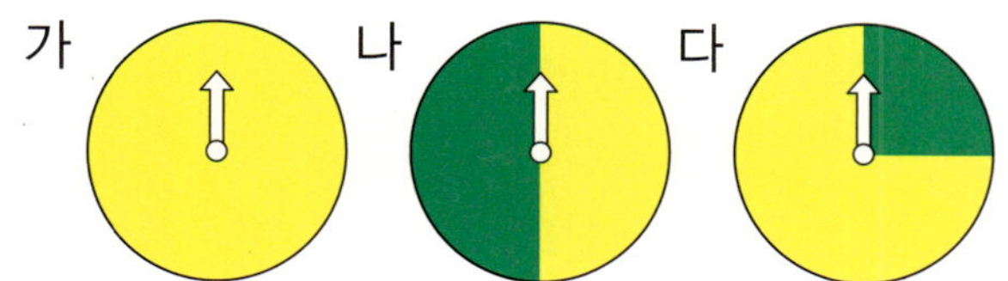

4 가 회전판을 돌릴 때 화살이 노란색에 멈출 가능성을 ↓로 나타내 보세요.

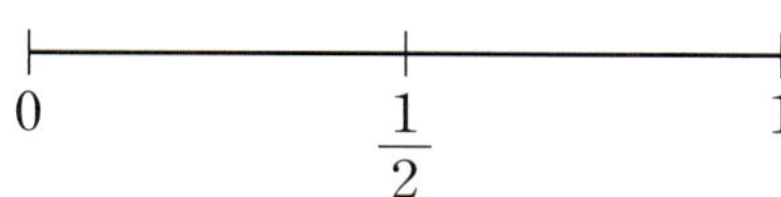

5 나 회전판을 돌릴 때 화살이 초록색에 멈출 가능성을 ↓로 나타내 보세요.

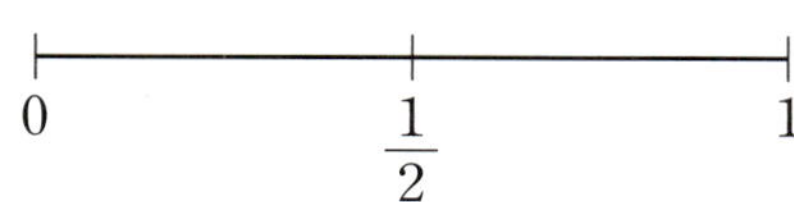

6 다 회전판을 돌릴 때 화살이 파란색에 멈출 가능성을 ↓로 나타내 보세요.

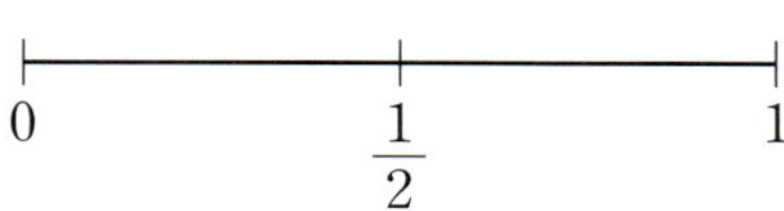

7 2개의 바둑돌이 들어 있는 주머니에서 바둑돌 1개를 꺼낼 때 일이 일어날 가능성을 빈칸에 0부터 1까지의 수로 표현해 보세요.

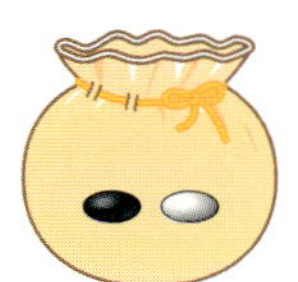

꺼낸 바둑돌이 검은색일 가능성	꺼낸 바둑돌이 흰색일 가능성

[8~9] 상자 속에 축구공 1개와 농구공 1개가 있습니다. 상자에서 공 1개를 꺼낼 때 물음에 답하세요.

8 축구공을 꺼낼 가능성을 수로 표현해 보세요.

( )

9 배구공을 꺼낼 가능성을 수로 표현해 보세요.

( )

10 은우가 말한 일이 일어날 가능성을 말과 수로 표현해 보세요.

말 ( )
수 ( )

11 1부터 6까지의 수가 적힌 주사위 하나를 던졌습니다. 일이 일어날 가능성이 1인 것을 찾아 기호를 쓰세요.

> ㉠ 주사위를 굴리면 짝수의 눈이 나올 것입니다.
> ㉡ 주사위를 굴리면 6 이하의 눈의 수가 나올 것입니다.
> ㉢ 주사위를 굴리면 주사위의 눈의 수가 0일 것입니다.

( )

6 평균과 가능성

📖 개념 확인 | p.170 개념 3

기본 3 일이 일어날 가능성을 말로 표현하기

1 현서가 한 말이 일어날 가능성을 말로 표현해 보세요.

현서

(   )

2 일이 일어날 가능성이 '확실하다'인 것을 모두 고르세요. ·······················(　　　)

① 다음 해는 13개월일 것입니다.
② 동전을 던지면 그림 면이 나올 것입니다.
③ 계산기에 '3+3='을 누르면 9가 나올 것입니다.
④ 368명의 사람들 중 서로 생일이 같은 사람이 있을 것입니다.
⑤ 검은색 구슬만 1개 들어 있는 주머니에서 구슬 1개를 꺼낼 때 검은색일 것입니다.

활용 문제

3 일이 일어날 가능성이 <u>다른</u> 것을 찾아 기호를 쓰세요.

> ㉠ 2개의 주사위를 던져서 나온 눈의 수의 합이 15일 것입니다.
> ㉡ 내일 저녁은 해가 동쪽으로 질 것입니다.
> ㉢ 사과만 들어 있는 상자에서 과일을 꺼냈을 때 귤일 것입니다.
> ㉣ 두 자연수를 더하면 홀수일 것입니다.

(   )

📖 개념 확인 | p.170 개념 4

기본 4 일이 일어날 가능성을 비교하기

4 오른쪽과 같이 파란색, 초록색, 노란색을 사용하여 만든 회전판을 돌릴 때 화살이 멈출 가능성이 가장 높은 색깔을 쓰세요.

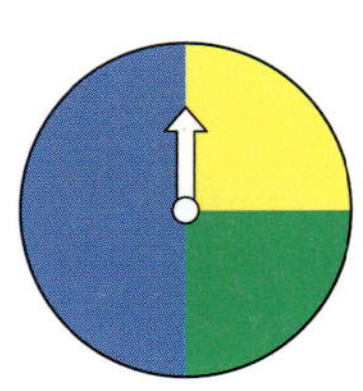

(   )

5 건우가 말한 일이 일어날 가능성에 알맞은 위치를 찾아 □ 안에 기호를 써넣으세요.

← 일이 일어날 가능성이 낮습니다.　　　일이 일어날 가능성이 높습니다. →

~아닐 것 같다	~일 것 같다

불가능하다　　　　반반이다　　　　확실하다
㉠　　　㉡　　　㉢　　　㉣　　　㉤

건우

6 빨간색, 노란색, 보라색을 사용하여 만든 회전판과 회전판을 100회 돌려 화살이 멈춘 횟수를 나타낸 표입니다. 일이 일어날 가능성이 가장 비슷한 회전판을 찾아 기호를 쓰세요.

가 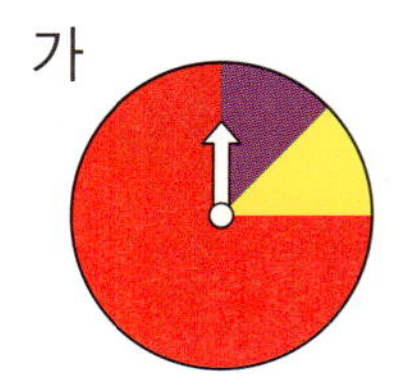　　　나 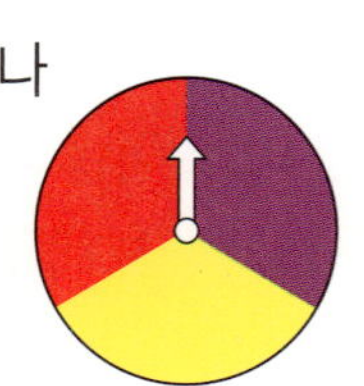　　　다 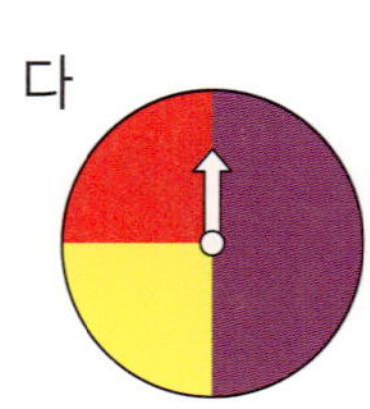

색깔	빨간색	노란색	보라색
횟수(회)	24	25	51

(   )

빨간색과 노란색에 화살이 멈출 가능성이 비슷한 것을 먼저 찾고, 그중에서 보라색에 화살이 멈출 가능성이 2배인 것을 찾아보자.

개념 확인 | p.172 개념 5

기본 5 │ 일이 일어날 가능성을 수로 표현하기

[7~8] 500원짜리 동전이 2개 들어 있는 지갑에서 동전 1개를 꺼내려고 합니다. 물음에 답하세요.

7 꺼낸 동전이 500원일 가능성을 0부터 1까지의 수로 표현해 보세요.

(   )

8 꺼낸 동전이 100원일 가능성을 0부터 1까지의 수로 표현해 보세요.

(   )

9 일이 일어날 가능성을 0부터 1까지의 수로 표현할 때 0인 것의 기호를 쓰세요.

> ㉠ 검은색 바둑돌 4개가 들어 있는 주머니에서 바둑돌 1개를 꺼낼 때 꺼낸 바둑돌이 흰색일 것입니다.
> ㉡ 검은색 바둑돌 4개가 들어 있는 주머니에서 바둑돌 1개를 꺼낼 때 꺼낸 바둑돌이 검은색일 것입니다.

(   )

10 오른쪽 회전판을 돌릴 때 화살이 흰색에 멈출 가능성을 0부터 1까지의 수로 표현해 보세요.
(단, 경계선에 멈추는 경우는 생각하지 않습니다.)

(   )

[11~12] 고리를 1개 던져 막대 4개 중 하나에 걸었습니다. 물음에 답하세요.

11 고리가 보라색 막대에 걸릴 가능성을 말과 수로 각각 표현해 보세요.

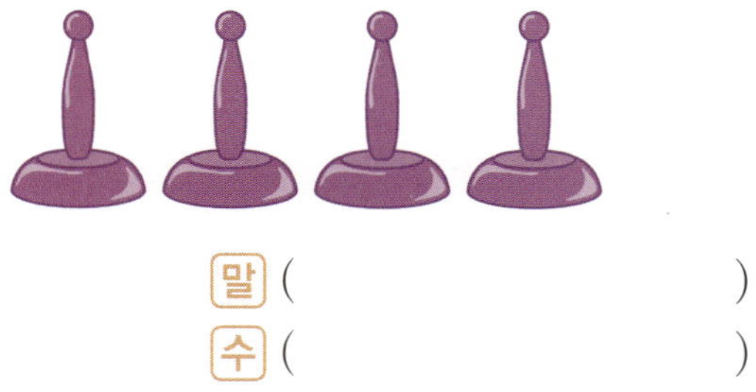

말 (   )
수 (   )

12 고리가 파란색 막대에 걸릴 가능성을 말과 수로 각각 표현해 보세요.

말 (   )
수 (   )

13 서준이와 소윤이는 회전판 가와 나를 돌릴 때 일이 일어날 가능성을 수로 표현했습니다. ㉠, ㉡, ㉢, ㉣에 알맞은 수의 합을 구하세요.

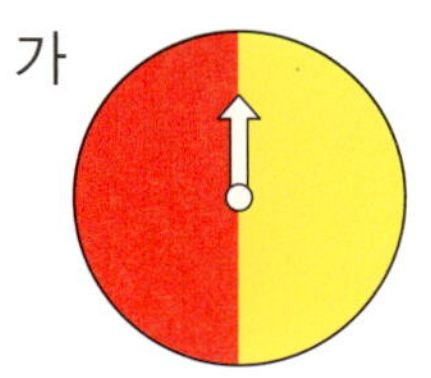

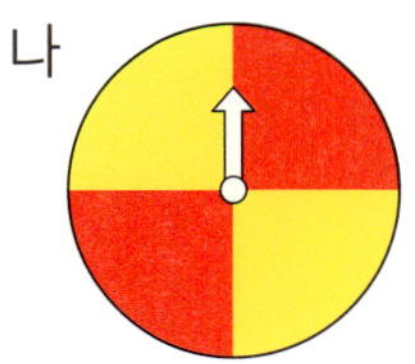

> 회전판 가를 돌릴 때 화살이 빨간색에 멈출 가능성을 수로 표현하면 ㉠이고, 노란색에 멈출 가능성을 수로 표현하면 ㉡이야.

> 회전판 나를 돌릴 때 화살이 빨간색에 멈출 가능성을 수로 표현하면 ㉢이고, 노란색에 멈출 가능성을 수로 표현하면 ㉣이야.

(   )

모양은 다르지만 회전판 가와 나 둘 다 빨간색과 노란색이 회전판의 반씩 색칠되어 있어.

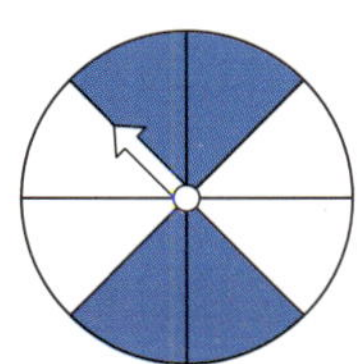

---

❶ 해당하는 부분의 **넓이를 비교**합니다.
➡ 넓이가 넓을수록 가능성이 큽니다.
❷ 일이 일어날 가능성을 각각 **0부터 1까지의 수로
표현하여 비교**합니다.
➡ 수가 클수록 가능성이 큽니다.

14 화살이 빨간색에 멈출 가능성이 높은 회전판부터
순서대로 기호를 쓰세요.

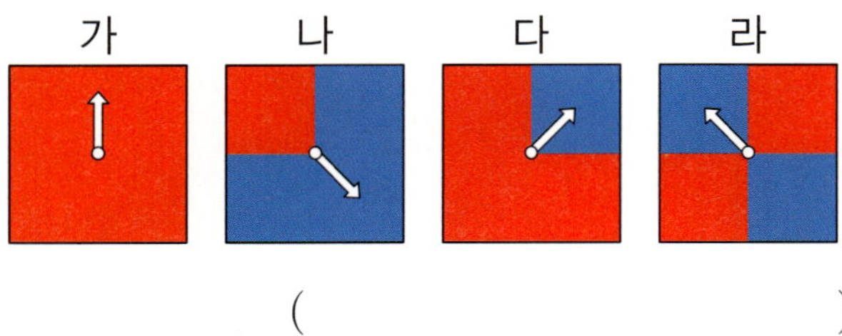

(   )

15 회전판을 돌려서 화살이 가리키는 사람에게 상품
을 주기로 하였습니다. 상품을 받을 가능성이 높
은 사람부터 순서대로 이름을 쓰세요.

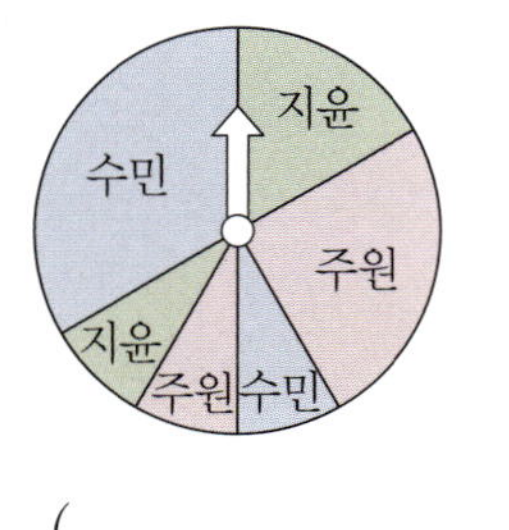

(   )

16 6장의 카드 중에서 한 장을 뽑을 때 ★를 뽑을
가능성이 높은 것부터 순서대로 기호를 쓰세요.

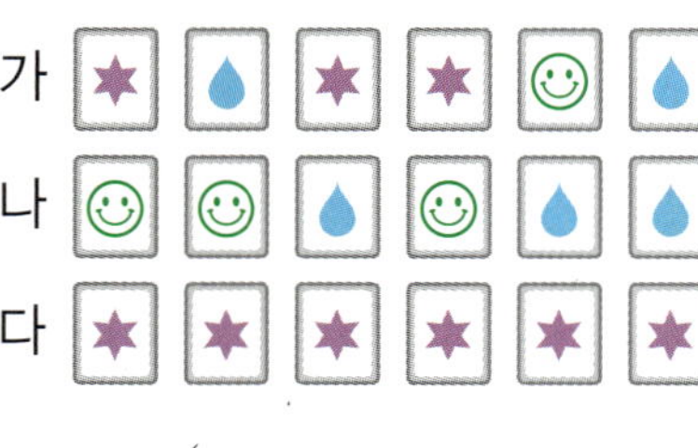

(   )

---

❶ 일이 일어날 가능성을 말 또는 수로 표현합니다.
❷ ❶에서 표현한 말 또는 수와 가능성이 같도록 회전
판을 색칠합니다.

17 두 가지 일이 일어날 가능성이 같도록 회전판을
색칠해 보세요.

공 1개를 꺼낼 때 초록색일 가능성	회전판을 돌릴 때 화살이 노란색에 멈출 가능성
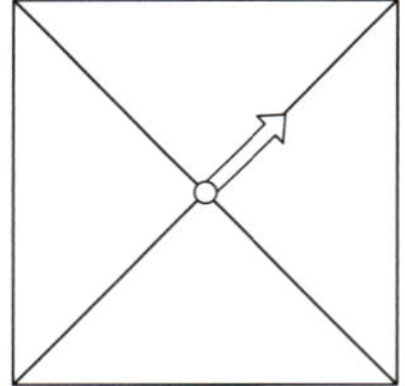	

18 한 명의 아이가 태어날 때 남자일 가능성과 회전
판을 돌릴 때 화살이 빨간색에 멈출 가능성이 같
도록 회전판을 색칠해 보세요.

19 1부터 6까지의 수 카드가 들어 있는 상자에서 카
드 1장을 뽑을 때 카드에 적힌 수가 7일 가능성과
회전판을 돌릴 때 화살이 빨간색에 멈출 가능성이
같도록 회전판을 색칠해 보세요.

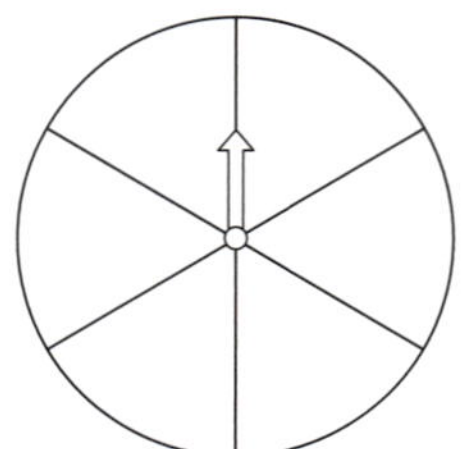

응용력 올리기

💙 복습책 p.32에 **유사 문제** 제공

1 가능성을 이용하여 처음에 있던 개수 구하기

냉장고에 키위 6개와 귤 몇 개가 들어 있습니다. 이 냉장고에서 소현이가 귤 9개를 꺼내 먹었습니다. 남은 과일 중에서 1개를 꺼내 먹을 때 꺼낸 과일이 키위일 가능성과 귤일 가능성이 같다면 처음 냉장고에 들어 있던 키위와 귤은 모두 몇 개인지 구하세요.

🔑 해결 과정

① 소현이가 귤을 꺼내 먹은 후 남은 귤은 몇 개인가요?

( )

② 처음 냉장고에 들어 있던 귤은 몇 개인가요?

( )

③ 처음 냉장고에 들어 있던 키위와 귤은 모두 몇 개인가요?

( )

1-1 상자에 빨간색 공 4개와 파란색 공 몇 개가 들어 있습니다. 이 상자에서 문경이가 파란색 공 3개를 꺼냈습니다. 남은 공 중에서 1개를 꺼낼 때 꺼낸 공이 빨간색일 가능성과 파란색일 가능성이 같다면 처음 상자에 들어 있던 공은 모두 몇 개인지 구하세요.

✎ 해결 과정을 따라 풀자!

( )

1-2 주머니에 검은색 바둑돌 15개와 흰색 바둑돌 몇 개가 들어 있습니다. 이 주머니에서 현정이가 흰색 바둑돌 2개를 꺼내고, 태미가 흰색 바둑돌 5개를 더 꺼냈습니다. 남은 바둑돌 중에서 1개를 꺼낼 때 꺼낸 바둑돌이 검은색일 가능성과 흰색일 가능성이 같다면 처음 주머니에 들어 있던 바둑돌은 모두 몇 개인지 구하세요.

( )

6 평균과 가능성

복습책 p.33에 유사 문제 제공

2 추가된 자료의 값 구하기

연아네 가족 구성원의 나이를 나타낸 표입니다. 할머니께서 같이 살게 된 후 연아네 가족 나이의 평균이 8살 늘었습니다. 할머니의 연세는 몇 세인지 구하세요.

할머니까지의 가족 수

(할머니의 연세)
=(할머니께서 같이 살게 된 후 연아네 가족 나이의 평균)×6
−(연아네 가족 나이의 합)

연아네 가족의 나이

가족	아버지	어머니	지아	승아	연아
나이(살)	50	46	17	15	12

해결 과정

❶ 할머니께서 같이 살기 전 연아네 가족 나이의 평균은 몇 살인가요?

(   )

❷ 할머니께서 같이 살게 된 후 연아네 가족 나이의 평균은 몇 살이 되었나요?

(   )

❸ 할머니의 연세는 몇 세인가요?

(   )

2-1 민기가 4일 동안 한 팔굽혀펴기 기록을 나타낸 표입니다. 금요일에 팔굽혀펴기를 한 기록을 더하여 평균을 구했더니 평균이 2회 늘어났습니다. 금요일의 팔굽혀펴기 기록은 몇 회인지 구하세요.

해결 과정을 따라 풀자!

민기의 팔굽혀펴기 기록

요일	월	화	수	목
기록(회)	30	17	28	25

(   )

나만의 문제 □ 안에 수를 써넣어 문제를 만들고 풀어 봐요!

2-2 어느 라면 가게의 5일 동안 라면 판매량을 나타낸 표입니다. 토요일의 라면 판매량을 더하여 평균을 구했더니 평균이 □ 그릇 늘어났습니다. 토요일에 판매한 라면은 몇 그릇인지 구하세요.

라면 판매량

요일	월	화	수	목	금
판매량(그릇)	34	26	40	18	42

(   )

3 평균을 이용하여 각 자료의 값 구하기

민지네 모둠이 하루 동안 마신 물의 양을 나타낸 표입니다. 마신 물의 양의 **평균이 960 mL**이고, **소라가 마신 물의 양이 정수가 마신 물의 양보다 90 mL 더 많다면** 정수가 마신 물의 양은 몇 mL인지 구하세요.

민지네 모둠이 하루 동안 마신 물의 양

이름	민지	정수	경선	소라
물의 양(mL)	930		1040	

해결 과정

❶ 민지네 모둠이 하루 동안 마신 물의 양의 합은 몇 mL인가요?

(   )

❷ 정수와 소라가 마신 물의 양의 합은 몇 mL인가요?

(   )

❸ 정수가 마신 물의 양은 몇 mL인가요?

(   )

6 평균과 가능성

3-1 주원이가 4주 동안 저금한 금액을 나타낸 표입니다. 한 주당 저금한 금액의 평균이 4200원이고, 셋째 주에 저금한 금액이 둘째 주에 저금한 금액보다 1000원 더 많다면 둘째 주에 저금한 금액은 얼마인지 구하세요.

✎ 해결 과정을 따라 풀자!

주원이가 4주 동안 저금한 금액

주	첫째 주	둘째 주	셋째 주	넷째 주
금액(원)	5300			4500

(   )

3-2 구름 미술관에 5일 동안 다녀간 방문자 수를 나타낸 표입니다. 하루 방문자 수의 평균이 82명이고, 토요일의 방문자 수가 수요일의 방문자 수의 2배라면 토요일의 방문자 수는 몇 명인지 구하세요.

5일 동안 다녀간 방문자 수

요일	화	수	목	금	토
방문자 수(명)	34		73	90	

(   )

STEP 3 응용력 올리기

 **창의력**

1 사다리를 따라 내려간 곳에 ㉠, ㉡, ㉢이 일어날 가능성을 수로 표현하려고 합니다. ①, ②, ③ 자리에 해당하는 수를 각각 구하세요.

> ㉠ 동전만 들어 있는 저금통에서 지폐를 꺼낼 가능성
> ㉡ 1부터 4까지 적힌 수 카드 중에서 한 장을 뽑을 때 뽑은 수 카드의 수가 2의 배수일 가능성
> ㉢ 계산기에 '1 × 0 ='을 누르면 0이 나올 가능성

풀이

답 ①: ②: ③:

 **사고력**

2 회전판을 돌릴 때 화살이 보라색에 멈출 가능성을 표현한 수가 적힌 상자에 회전판을 분류하여 넣으려고 합니다. 알맞은 상자를 모두 찾아 이어 보세요.

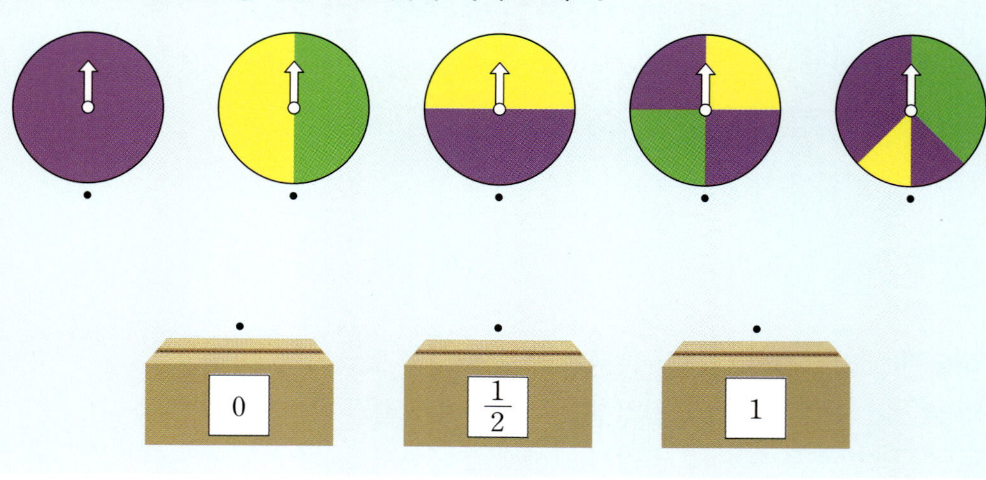

풀이

창의·융합 서술형 수능 대비

3 지현이와 승호의 태권도 경연 대회 예선전 점수입니다. 평균 점수가 더 높은 사람이 태권도 경연 대회 참가권을 받는다면 각각의 방법으로 참가권을 받게 되는 사람은 누구인지 구하세요.

> **방법 1** 모든 점수의 합을 심사위원 수로 나누어 평균 구하기
> **방법 2** 가장 높은 점수와 가장 낮은 점수를 제외한 점수로 평균 구하기

점수 ＼ 심사위원	심사위원 1	심사위원 2	심사위원 3	심사위원 4	심사위원 5
지현의 점수(점)	76	70	79	78	77
승호의 점수(점)	77	74	73	87	74

풀이 **방법 1**

방법 2

답 **방법 1** :   **방법 2** :

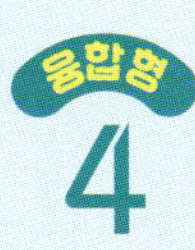

4 한자 자격증 6급 시험에 600명이 응시하여 320명이 합격했습니다. 합격한 사람의 평균 점수와 불합격한 사람의 평균 점수의 차는 30점이고, 600명 전체의 평균 점수는 71점입니다. 불합격한 사람의 평균 점수는 몇 점인지 구하세요.

풀이

답

6 평균과 가능성

점수 점

1 일이 일어날 가능성을 생각해 보고, 알맞게 표현한 것에 ◯표 하세요.

> 주사위를 1개 던졌을 때 눈의 수는 홀수가 나올 것입니다.

불가능하다	반반이다	확실하다

[2~3] 선미가 5월 첫째 주부터 넷째 주까지 공부한 시간을 나타낸 표입니다. 물음에 답하세요.

선미가 공부한 시간

주	첫째 주	둘째 주	셋째 주	넷째 주
시간(시간)	3	5	7	5

2 선미가 공부한 시간만큼 한 시간에 한 칸씩 ◯표를 그린 것입니다. ◯표를 옮겨 고르게 해 보세요.

		◯	
		◯	
	◯	◯	◯
	◯	◯	◯
◯	◯	◯	◯
◯	◯	◯	◯
◯	◯	◯	◯
첫째 주	둘째 주	셋째 주	넷째 주

3 선미가 4주 동안 한 주당 공부한 시간의 평균은 몇 시간인가요?

(   )

4 성호가 4일 동안 마신 물의 양을 나타낸 표입니다. 성호가 마신 물의 양의 평균을 구하려고 합니다. ☐ 안에 알맞은 수를 써넣으세요.

성호가 4일 동안 마신 물의 양

요일	월	화	수	목
물의 양(mL)	220	300	250	330

(성호가 마신 물의 양의 평균)

$= (220 + \boxed{} + \boxed{} + \boxed{}) \div \boxed{}$

$= \boxed{} \div \boxed{} = \boxed{}$ (mL)

[5~6] 주희와 수정이의 제기차기 기록을 나타낸 표입니다. 물음에 답하세요.

주희의 제기차기 기록

회	기록(개)
1회	14
2회	12
3회	14
4회	16

수정이의 제기차기 기록

회	기록(개)
1회	14
2회	13
3회	12

5 주희와 수정이의 제기차기 기록의 평균은 각각 몇 개인지 구하세요.

주희 (   ), 수정 (   )

6 주희와 수정이 중 누가 더 잘했다고 할 수 있나요?

(   )

7 주머니에 사과 2개가 들어 있습니다. 주머니에서 과일 1개를 꺼낼 때 사과일 가능성을 0부터 1까지의 수로 표현해 보세요.

(   )

8 일이 일어날 가능성이 '불가능하다'인 경우는 어느 것인가요? ·································· (   )

① 내일 아침에 비가 올 것입니다.
② 동전을 던지면 숫자 면이 나올 것입니다.
③ 3과 4를 더하면 7이 될 것입니다.
④ 구슬 4개가 들어 있는 주머니에서 구슬을 5개 꺼낼 것입니다.
⑤ 9시에는 시계의 긴바늘과 짧은바늘이 직각을 이룰 것입니다.

[9~10] 영은이네 모둠의 몸무게를 나타낸 표입니다. 물음에 답하세요.

영은이네 모둠의 몸무게

이름	영은	진희	희주	미호	혜진
몸무게(kg)	38	43	40	38	36

9 영은이네 모둠의 몸무게의 평균은 몇 kg인가요?

(   )

10 영은이네 모둠에서 몸무게가 평균보다 가벼운 학생의 이름을 모두 쓰세요.

(   )

11 오른쪽 횡단보도 신호등에는 정지 신호와 보행자 신호가 있습니다. 켜진 신호가 보행자 신호일 가능성을 말과 수로 표현해 보세요.

말 (   )
수 (   )

12 화살이 파란색에 멈출 가능성이 높은 회전판부터 순서대로 기호를 쓰세요.

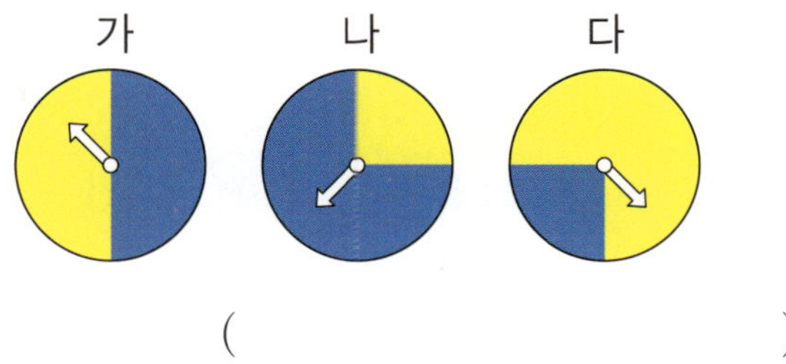

(   )

13 주머니에서 바둑돌 1개를 꺼낼 때 일이 일어날 가능성이 가장 큰 것을 찾아 기호를 쓰세요.

> ㉠ 흰색 바둑돌만 4개 들어 있는 주머니에서 바둑돌 1개를 꺼낼 때 검은색일 것입니다.
> ㉡ 흰색 바둑돌만 3개 들어 있는 주머니에서 바둑돌 1개를 꺼낼 때 흰색일 것입니다.
> ㉢ 흰색 바둑돌 1개와 검은색 바둑돌 1개가 들어 있는 주머니에서 바둑돌 1개를 꺼낼 때 흰색일 것입니다.

(   )

14 소영이의 줄넘기 기록입니다. 평균이 80번 이상 되어야 1등급을 받을 수 있다고 할 때 소영이는 1등급을 받을 수 있나요, 없나요?

75번	90번	80번	80번	65번

(   )

15 네 수의 평균이 39일 때 ☐ 안에 알맞은 수를 써넣으세요.

47	20	☐	25

16 진규네 모둠의 50 m 달리기 기록을 나타낸 표입니다. 진규네 모둠의 50 m 달리기 기록의 평균이 11초일 때 가장 빠른 사람의 이름을 쓰세요.

진규네 모둠의 50 m 달리기 기록

이름	진규	성수	민기	서진
기록(초)	10	11		14

( )

17 어느 배구 팀의 세트별 점수를 나타낸 표입니다. 5세트까지 얻은 점수의 평균이 4세트까지 얻은 점수의 평균보다 높으려면 5세트의 점수는 최소 몇 점보다 높아야 하나요?

세트별 점수

세트	1세트	2세트	3세트	4세트
점수(점)	24	20	19	21

( )

18 규찬이와 지우의 타자 기록을 나타낸 표입니다. 규찬이와 지우의 타자 기록의 평균이 같다고 할 때 지우의 4회 타자 기록은 몇 타인가요?

규찬이의 타자 기록

회	1회	2회	3회
타자 속도(타)	318	315	327

지우의 타자 기록

회	1회	2회	3회	4회
타자 속도(타)	309	344	297	

( )

19 〈서술형〉 나엘이네 가족 구성원의 나이를 나타낸 표입니다. 할아버지께서 같이 살게 된 후 나엘이네 가족 나이의 평균이 9살 늘었습니다. 할아버지의 연세는 몇 세인지 풀이 과정을 쓰고 답을 구하세요.

나엘이네 가족의 나이

가족	아버지	어머니	가엘	나엘	다엘
나이(살)	51	49	14	12	9

풀이

답 ____________________

20 〈서술형〉 상자에 흰색 바둑돌 20개와 검은색 바둑돌 몇 개가 들어 있습니다. 이 상자에서 희정이가 검은색 바둑돌 4개를 꺼냈고, 현철이가 검은색 바둑돌 6개를 더 꺼냈습니다. 남은 바둑돌 중에서 1개를 꺼낼 때 꺼낸 바둑돌이 흰색일 가능성과 검은색일 가능성이 같다면 처음 상자에 들어 있던 바둑돌은 모두 몇 개인지 풀이 과정을 쓰고 답을 구하세요.

풀이

답 ____________________

단원 실력 평가

💙 **복습책** p.36~37에 **실력 평가** 추가 제공

[1~2] 회전판 돌리기를 하고 있습니다. 일이 일어날 가능성을 0부터 1까지의 수 중에서 어떤 수로 표현할 수 있는지 알맞게 이어 보세요.

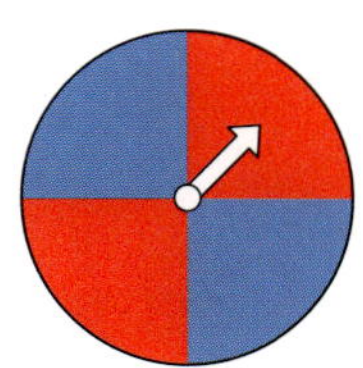

1 화살이 파란색에 멈출 것입니다.

2 화살이 검은색에 멈출 것입니다.

· 0

· $\dfrac{1}{2}$

· 1

[3~4] 어느 박물관의 5일 동안 관람자 수를 나타낸 표입니다. 물음에 답하세요.

박물관의 관람자 수

요일	월	화	수	목	금
관람자 수(명)	96	84	91	89	95

3 하루 관람자 수의 평균은 몇 명인가요?

( )

4 목요일의 관람자 수는 하루 관람자 수의 평균보다 많은 편인가요, 적은 편인가요?

( )

5 상자 속에 노란색 카드와 하늘색 카드가 각각 한 장씩 있습니다. 상자에서 카드 한 장을 꺼낼 때 하늘색 카드를 꺼낼 가능성을 말로 표현해 보세요.

( )

[6~7] 지아네 모둠과 수빈이네 모둠이 투호에서 넣은 화살 수를 나타낸 표입니다. 물음에 답하세요.

지아네 모둠이 넣은 화살 수

이름	지아	우진	하민	시원
넣은 화살 수(개)	7	5	3	9

수빈이네 모둠이 넣은 화살 수

이름	수빈	가율	우성
넣은 화살 수(개)	6	10	5

6 지아네 모둠과 수빈이네 모둠이 투호에서 넣은 화살 수의 평균은 각각 몇 개인지 차례로 쓰세요.

( ), ( )

7 다음은 두 모둠의 투호 기록에 대해 잘못 설명한 것입니다. 잘못 설명한 까닭을 쓰세요.

> 지아네 모둠은 총 24개의 화살을 넣었고, 수빈이네 모둠은 총 21개의 화살을 넣었으므로 지아네 모둠이 더 잘했습니다.

까닭 _______________________

____

8 2월 31일이 있을 가능성을 ↓로 나타내 보세요.

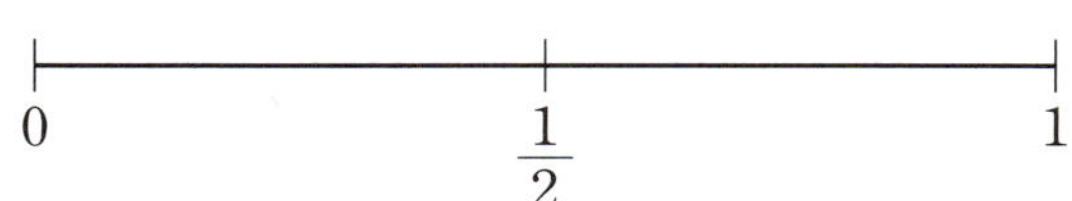

9 주원이네 모둠의 훌라후프 돌리기 기록을 나타낸 표입니다. 훌라후프 돌리기 기록이 평균보다 더 높은 학생의 이름을 모두 쓰세요.

주원이네 모둠의 훌라후프 돌리기 기록

이름	주원	민상	은서	하엘	민경
기록(번)	68	62	88	54	63

( )

10 일이 일어날 가능성이 높은 순서대로 기호를 쓰세요.

> ㉠ 빨간색 단추 1개와 파란색 단추 1개가 들어 있는 주머니에서 단추 1개를 꺼낼 때 파란색 단추일 것입니다.
> ㉡ 빨간색 단추만 2개 들어 있는 주머니에서 단추 1개를 꺼낼 때 파란색 단추일 것입니다.
> ㉢ 빨간색 단추만 2개 들어 있는 주머니에서 단추 1개를 꺼낼 때 빨간색 단추일 것입니다.

( )

11 |조건|에 알맞은 회전판을 찾아 기호를 쓰세요.
(단, 경계선에 멈추는 경우는 생각하지 않습니다.)

> ┤조건├
> 화살이 초록색에 멈출 가능성은 빨간색에 멈출 가능성의 2배입니다.

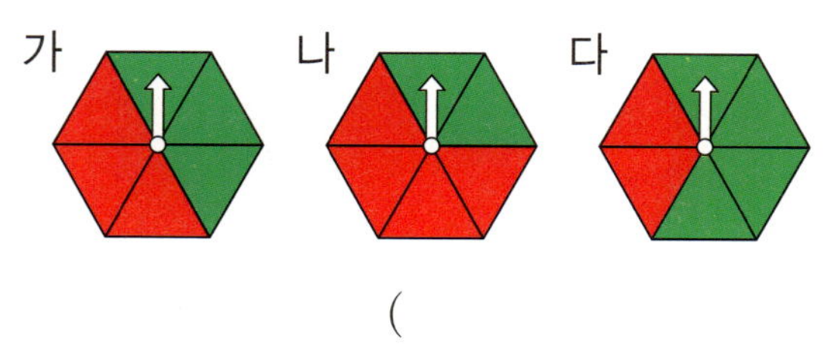

( )

12 1부터 6까지의 눈이 그려진 주사위를 한 번 굴렸습니다. 주사위의 눈의 수가 7 미만인 수가 나올 가능성을 0부터 1까지의 수로 표현해 보세요.

( )

[13~14] 윤아와 재석이의 월별 TV 시청 시간을 나타낸 표입니다. 두 사람의 한 달 TV 시청 시간의 평균이 같을 때 물음에 답하세요.

윤아의 TV 시청 시간

월	1월	2월	3월	4월
시간(분)	5560	5040	3300	1680

재석이의 TV 시청 시간

월	1월	2월	3월	4월	5월
시간(분)	5630	4850		3245	2400

13 윤아의 한 달 TV 시청 시간은 평균 몇 분인가요?

( )

14 재석이의 3월 TV 시청 시간은 몇 분인가요?

( )

15 보경이의 5일 동안 독서 시간과 운동 시간을 기록한 표입니다. 보경이는 독서와 운동 중 어느 것을 하루 평균 몇 분 더 많이 했는지 차례로 쓰세요.

보경이의 요일별 독서 시간과 운동 시간

요일	월	화	수	목	금
독서 시간(분)	24	20	36	40	30
운동 시간(분)	50	40	45	55	35

( ), ( )

16 상자에 초록색 구슬 3개와 빨간색 구슬 3개가 들어 있습니다. 종훈이가 상자에서 구슬을 1개 꺼낼 때 초록색일 가능성과 회전판의 화살이 초록색에 멈출 가능성이 같도록 회전판을 색칠해 보세요.

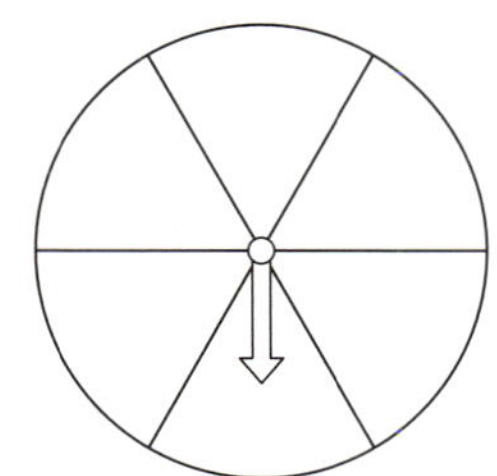

17 재상이가 4일 동안 게임을 한 시간을 나타낸 표입니다. 재상이가 하루 평균 40분 이하로 게임을 하기로 어머니와 약속했다면 목요일에 게임을 최대 몇 분까지 할 수 있나요?

재상이의 게임 시간

요일	월	화	수	목
시간(분)	35	45	50	

( )

18 한빈이네 모둠 남학생과 여학생이 각각 모은 헌 종이 무게의 평균을 나타낸 것입니다. 한빈이네 모둠 전체 학생 8명이 모은 헌 종이 무게의 평균은 몇 kg인지 구하세요.

한빈이네 모둠이 모은 헌 종이 무게의 평균

남학생 5명	41 kg
여학생 3명	33 kg

( )

19 세 자연수 ㉮, ㉯, ㉰가 있습니다. ㉮와 ㉯의 평균은 9, ㉯와 ㉰의 평균은 15, ㉰와 ㉮의 평균은 13입니다. ㉮, ㉯, ㉰를 각각 구하는 풀이 과정을 쓰고 답을 구하세요.

풀이

답 ㉮: ＿＿＿＿＿ ㉯: ＿＿＿＿＿ ㉰: ＿＿＿＿＿

20 연우가 4달 동안 저금한 금액을 나타낸 표입니다. 한 달 평균 저금한 금액이 3500원이고, 4월에 저금한 금액이 1월에 저금한 금액의 2배라면 4월에 저금한 금액은 얼마인지 풀이 과정을 쓰고 답을 구하세요.

연우가 4달 동안 저금한 금액

월	1월	2월	3월	4월
금액(원)		3000	3500	

풀이

답 ＿＿＿＿＿＿＿＿＿＿

6 평균과 가능성

www.chunjae.co.kr

좋은 책을 읽는 것은 과거 몇 세기의
가장 훌륭한 사람들과 이야기를 나누는 것과 같다.

**The reading of all good books is like a conversation with
the finest men of past centuries.**

르네 데카르트 Rene Descartes · 프랑스의 철학자, 수학자, 물리학자

#차원이_다른_클라쓰
#강의전문교재
#초등교재

수학교재

● 수학리더 시리즈
– 수학리더 [연산]	예비초~6학년/A·B단계
– 수학리더 [개념]	1~6학년/학기별
– 수학리더 [기본]	1~6학년/학기별
– 수학리더 [유형]	1~6학년/학기별
– 수학리더 [기본＋응용]	1~6학년/학기별
– 수학리더 [응용·심화]	1~6학년/학기별
– 수학리더 [최상위]	3~6학년/학기별

● 독해가 힘이다 시리즈 *문제해결력
– 수학도 독해가 힘이다	1~6학년/학기별
– 초등 문해력 독해가 힘이다 문장제 수학편	1~6학년/단계별

● 수학의 힘 시리즈
– 수학의 힘	1~2학년/학기별
– 수학의 힘 알파[실력]	3~6학년/학기별
– 수학의 힘 베타[유형]	3~6학년/학기별

● Go! 매쓰 시리즈
– Go! 매쓰(Start) *교과서 개념	1~6학년/학기별
– Go! 매쓰(Run A/B/C) *교과서+사고력	1~6학년/학기별
– Go! 매쓰(Jump) *유형 사고력	1~6학년/학기별

● 계산박사
1~12단계

● 수학 더 익힘
1~6학년/학기별

월간교재

● NEW 해법수학
1~6학년

● 해법수학 단원평가 마스터
1~6학년/학기별

● 월간 무등생평가
1~6학년

전과목교재

● 리더 시리즈
– 국어	1~6학년/학기별
– 사회	3~6학년/학기별
– 과학	3~6학년/학기별

수학리더 기본+응용

복습책

리더가 되기 위한
공부 비법

응용력 강화 문제
진도책 응용력 올리기
반복학습

실력 평가
단원별 실력 체크

성취도 평가
전 단원 총정리

BOOK 2

5-2

천재교육

복습책
포인트 3가지

▶ 진도책 STEP3 응용력 올리기 유형 반복 학습

▶ 응용력 강화 문제를 풀어 보며 응용력 기르기

▶ 실력 평가와 성취도 평가를 풀면서 실력 체크

수학
리더
기본+응용
5-2

BOOK 2

복습책 **차례**

≫ 자연수의 개수를 이용하여 수의 범위 구하기

💕 진도책 p.26의 유사 문제

1 수직선에 나타낸 수의 범위에 속하는 자연수는 7개입니다. ㉠에 알맞은 자연수를 구하세요.

32　　　㉠

[풀이]

[답] ________________________

2 수직선에 나타낸 수의 범위에 속하는 자연수는 9개입니다. ㉠에 알맞은 자연수를 구하세요.

㉠　　　61

[풀이]

[답] ________________________

≫ □ 안에 들어갈 수 있는 수 구하기

💕 진도책 p.27의 유사 문제

3 다음 네 자리 수를 올림하여 백의 자리까지 나타낸 수와 반올림하여 백의 자리까지 나타낸 수가 같습니다. □ 안에 들어갈 수 있는 수를 모두 구하세요.

28□4

[풀이]

[답] ________________________

4 다음 네 자리 수를 버림하여 천의 자리까지 나타낸 수와 반올림하여 천의 자리까지 나타낸 수가 같습니다. □ 안에 들어갈 수 있는 수를 모두 구하세요.

7□61

[풀이]

[답] ________________________

≫ 상황에 맞는 수의 범위 구하기

진도책 p.28의 유사 문제

5 민재네 학교 5학년 학생들이 모두 민속촌에 가려면 한 대에 학생 35명이 탈 수 있는 버스가 적어도 6대 필요합니다. 민재네 학교 5학년 학생은 몇 명 이상 몇 명 이하인지 구하세요.

[풀이]

답 ___________________________

6 소정이네 학교 5학년 학생들이 모두 케이블카를 타려면 20인승 케이블카가 적어도 8번 운행해야 합니다. 소정이네 학교 5학년 학생은 몇 명 이상 몇 명 이하인지 구하세요.

[풀이]

답 ___________________________

≫ 조건을 만족하는 수 구하기

진도책 p.29의 유사 문제

7 다음 세 가지 |조건|을 만족하는 자연수를 모두 구하세요.

┤ 조건 ├
- 올림하여 백의 자리까지 나타내면 400입니다.
- 반올림하여 백의 자리까지 나타내면 400입니다.
- 십의 자리 숫자는 일의 자리 숫자와 같습니다.

[풀이]

답 ___________________________

8 다음 세 가지 |조건|을 만족하는 자연수를 모두 구하세요.

┤ 조건 ├
- 버림하여 십의 자리까지 나타내면 720입니다.
- 반올림하여 십의 자리까지 나타내면 730입니다.
- 백의 자리 숫자는 일의 자리 숫자보다 작습니다.

[풀이]

답 ___________________________

9 13 초과 ♥ 이하인 자연수 중에서 가장 큰 수와 가장 작은 수를 더한 값은 38입니다. 자연수 ♥를 구하세요.

(4   )

10 자연수 부분이 2 이상 5 미만이고 소수 첫째 자리 숫자가 6 초과 8 이하인 소수 한 자리 수를 만들려고 합니다. 만들 수 있는 소수 한 자리 수는 모두 몇 개인지 구하세요.

(   )

11 직사각형 모양인 꽃밭의 둘레는 몇 m인지 반올림하여 일의 자리까지 나타내 보세요.

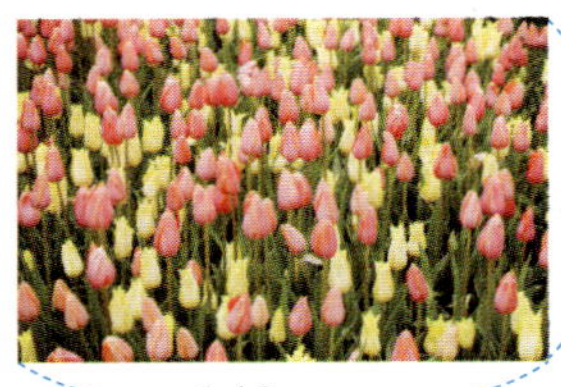

(   )

12 4장의 수 카드 중에서 3장을 골라 모두 한 번씩 사용하여 세 자리 수를 만들었습니다. 만든 세 자리 수를 반올림하여 백의 자리까지 나타내면 600이 됩니다. 만든 세 자리 수를 모두 구하세요.

2　6　3　5

(　　　　　　　　　　)

13 도화지가 3198장 있습니다. 이 도화지를 10장씩 묶음으로 팔 때와 100장씩 묶음으로 팔 때 도화지를 묶음으로 모두 판 금액의 차는 얼마인지 구하세요.

10장씩 묶음: 800원
100장씩 묶음: 7000원

(　　　　　　　　　　)

14 어느 엘리베이터의 탑승 가능 무게는 900 kg 미만입니다. 이 엘리베이터에 몸무게가 70 kg인 사람이 2명, 65 kg인 사람이 5명, 40 kg인 사람이 6명 타고 있다면 10 kg짜리 상자를 최대 몇 개까지 실을 수 있는지 구하세요.

(　　　　　　　　　　)

1 수의 범위와 어림하기

1 단원 실력 평가

1 40 초과인 수는 모두 몇 개인가요?

48   29.5   41.6   40   52   27.3

( )

2 잘못 말한 사람의 이름을 쓰세요.

( )

3 수를 어림하여 주어진 자리까지 나타내 보세요.

수	올림하여 십의 자리	버림하여 백의 자리
6308		

4 수의 범위를 수직선에 나타내고, 그 범위에 속하는 자연수를 모두 쓰세요.

17 이상 21 미만인 수

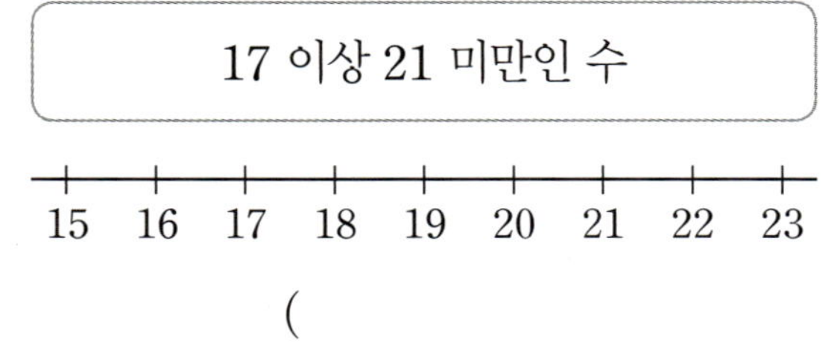

( )

5 높이가 3 m 미만인 자동차만 통과할 수 있는 도로가 있습니다. 이 도로를 통과할 수 있는 자동차를 모두 찾아 기호를 쓰세요.

자동차	높이(cm)	자동차	높이(cm)
㉠	300	㉣	197
㉡	285	㉤	220
㉢	406	㉥	314

( )

6 12845를 반올림하여 주어진 자리까지 나타낸 수가 가장 큰 것을 찾아 기호를 쓰세요.

㉠ 십의 자리   ㉡ 백의 자리
㉢ 천의 자리   ㉣ 만의 자리

( )

7 ㉠과 ㉡에 모두 속하는 자연수는 몇 개인가요?

㉠ 30 초과 38 이하인 수
㉡ 35 이상 40 미만인 수

( )

8 수 카드 3장 중에서 2장을 골라 한 번씩 사용하여 만들 수 있는 두 자리 수 중에서 59 초과인 수는 모두 몇 개인지 구하세요.

1	5	9

( )

9 관광객 546명이 모두 보트를 타려고 합니다. 보트 한 대에 관광객이 최대 10명까지 탈 수 있다면 보트는 최소 몇 대가 필요한가요?

(   )

10 지안이가 가지고 있는 돈을 1000원짜리 지폐로 바꾼다면 최대 얼마까지 바꿀 수 있는지 구하세요.

(   )

11 어떤 수를 반올림하여 십의 자리까지 나타내었더니 160이 되었습니다. 어떤 수가 될 수 있는 수의 범위를 수직선에 나타내 보세요.

```
  +--+--+--+--+--+--+--+--+--+--+--+--+--+--+--+
    150           160           170
```

12 새롬이네 반 교실 자물쇠의 비밀번호의 일부분이 지워졌습니다. 이 비밀번호를 올림하여 백의 자리까지 나타내면 7900입니다. 교실 자물쇠의 비밀번호를 구하세요.

□□15

(   )

13 올림하여 천의 자리까지 나타내면 42000이 되는 자연수 중에서 가장 작은 수를 버림하여 백의 자리까지 나타내 보세요.

(   )

14 슬기네 가족은 12세인 슬기, 6세인 동생, 47세인 아버지, 41세인 어머니, 73세인 할머니로 모두 5명입니다. 슬기네 가족이 모두 미술관에 입장하려면 입장료로 얼마를 내야 하는지 구하세요.

미술관 입장료

구분	어린이	청소년	어른
요금(원)	2000	3500	5000

- 어린이: 8세 이상 13세 이하
- 청소년: 13세 초과 20세 미만
- 어른: 20세 이상 65세 미만
- ※ 8세 미만과 65세 이상은 무료

(   )

15 5장의 수 카드를 한 번씩 모두 사용하여 40000에 가장 가까운 수를 만들었습니다. 만든 수를 반올림하여 천의 자리까지 나타내 보세요.

(   )

>> 이동한 거리 구하기

진도책 p.58의 유사 문제

1 민주는 한 시간에 $6\,km$를 달립니다. 민주가 같은 빠르기로 1시간 15분 동안 달리는 거리는 몇 km인가요?

[풀이]

[답] ________

2 1분에 $4\dfrac{1}{2}\,m$를 일정한 빠르기로 움직이는 장난감 자동차가 있습니다. 이 장난감 자동차가 같은 빠르기로 2분 48초 동안 움직인 거리는 몇 m인가요?

[풀이]

[답] ________

>> 바르게 계산한 값 구하기

진도책 p.59의 유사 문제

3 어떤 수에 4를 곱해야 할 것을 잘못하여 더했더니 $5\dfrac{3}{10}$이 되었습니다. 바르게 계산한 값을 구하세요.

[풀이]

[답] ________

4 어떤 수에 $\dfrac{5}{6}$를 곱해야 할 것을 잘못하여 더했더니 $7\dfrac{1}{6}$이 되었습니다. 바르게 계산한 값을 구하세요.

[풀이]

[답] ________

≫ 수 카드로 곱셈식을 만들어 계산하기

진도책 p.60의 유사 문제

5 수 카드 중 2장을 골라 한 번씩만 사용하여 분수의 곱셈식을 만들려고 합니다. 계산 결과가 가장 작을 때의 값을 구하세요.

$$\boxed{1}\quad\boxed{2}\quad\boxed{3}\quad\boxed{5}\quad\boxed{6}\quad\boxed{8}\qquad \frac{1}{\square}\times\frac{1}{\square}$$

[풀이]

[답] ______________________

6 수 카드 중 2장을 골라 한 번씩만 사용하여 분수의 곱셈식을 만들려고 합니다. 계산 결과가 가장 클 때의 값을 구하세요.

$$\boxed{2}\quad\boxed{4}\quad\boxed{5}\quad\boxed{7}\quad\boxed{8}\quad\boxed{9}\qquad \frac{1}{\square}\times\frac{1}{\square}$$

[풀이]

[답] ______________________

≫ 세 분수의 곱셈으로 나타내어 문제 해결하기

진도책 p.61의 유사 문제

7 예솔이네 마을 학생 수는 전체 사람 수의 $\frac{3}{7}$입니다. 학생 수의 $\frac{2}{3}$는 초등학생이고, 그중 $\frac{1}{2}$은 남학생입니다. 예솔이네 마을 전체 사람 수가 210명일 때 남자 초등학생은 몇 명인지 구하세요.

[풀이]

[답] ______________________

8 주희는 집에 있는 책의 $\frac{4}{5}$를 읽었습니다. 읽은 책의 $\frac{1}{4}$은 동화책이고, 그중 $\frac{2}{9}$는 전래동화입니다. 주희네 집에 있는 책이 360권일 때 전래동화는 몇 권을 읽었는지 구하세요.

[풀이]

[답] ______________________

2 분수의 곱셈

9 정사각형과 정오각형 중에서 둘레가 더 긴 도형은 어느 것인가요?

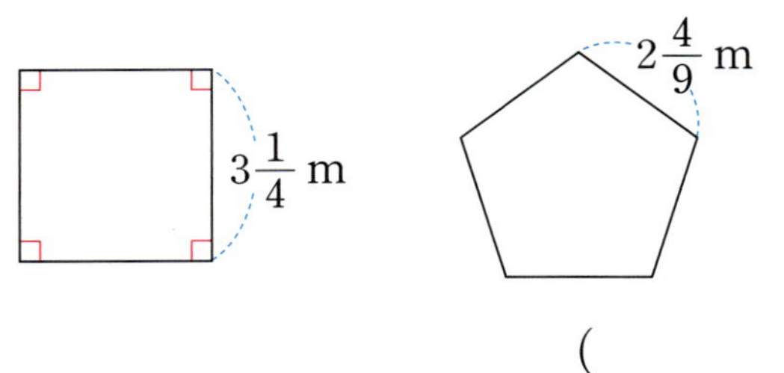

(   )

10 민재네 모둠 학생 12명이 주스를 사서 마시려고 합니다. 한 명이 $\frac{3}{10}$ L씩 마신다면 한 통에 1 L씩 들어 있는 주스를 적어도 몇 통 사야 하나요?

(   )

11 98 cm에서 공을 떨어뜨렸습니다. 공은 땅에 닿으면 떨어진 높이의 $\frac{5}{7}$만큼 튀어 오릅니다. 공이 땅에 2번 닿았다가 튀어 올랐을 때의 높이는 몇 cm인가요?

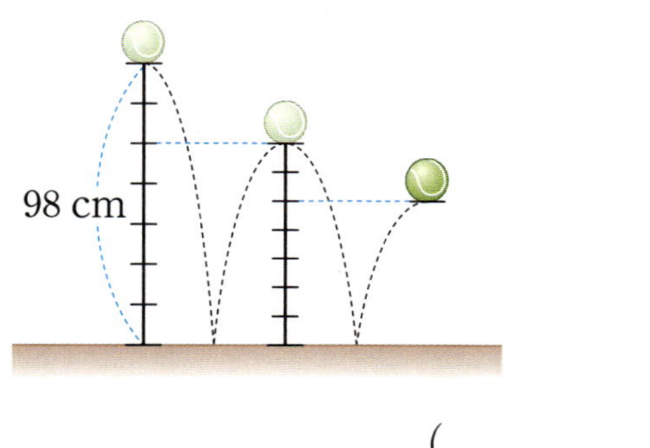

(   )

12 $\dfrac{1}{9}$과 $\dfrac{3}{8}$의 곱은 어떤 단위분수보다 작습니다. 어떤 단위분수가 될 수 있는 수는 모두 몇 개인가요? (단, 분모가 1인 경우는 생각하지 않습니다.)

(   )

13 직사각형을 3등분하였습니다. 색칠한 부분의 넓이는 몇 cm^2인가요?

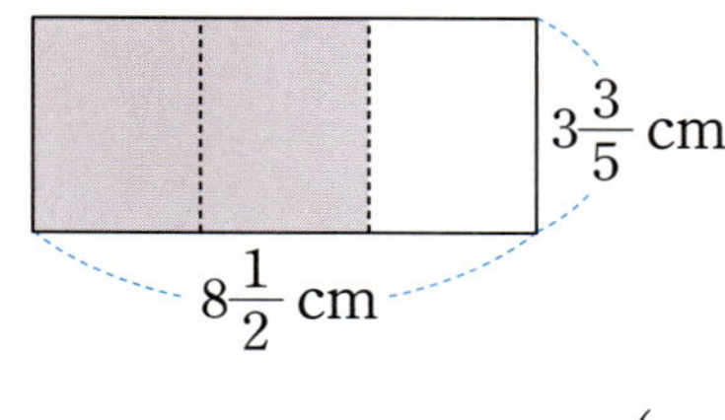

(   )

14 승주가 혼자서 하면 6일이 걸리고 선우가 혼자서 하면 8일이 걸리는 일이 있습니다. 이 일을 승주와 선우가 함께 3일 동안 했다면 남은 일의 양은 전체의 몇 분의 몇인가요? (단, 하루에 하는 일의 양은 각각 일정합니다.)

(   )

2^{단원} 실력 평가

1 빈칸에 두 수의 곱을 써넣으세요.

2 계산 결과를 찾아 이어 보세요.

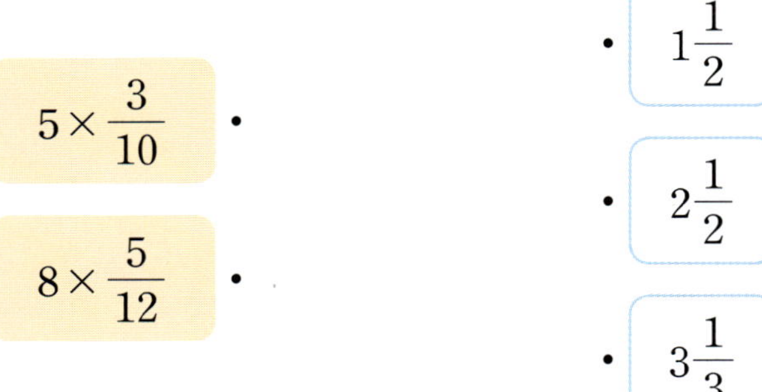

3 |보기|와 같이 계산해 보세요.

| 보기 |

$$\dfrac{3}{5} \times \dfrac{4}{9} = \dfrac{3 \times 4}{5 \times 9} = \dfrac{4}{15}$$

$$\dfrac{9}{16} \times \dfrac{2}{7}$$

4 계산 결과가 2보다 큰 식에 ○표, 2보다 작은 식에 △표 하세요.

$$2 \times 1\dfrac{1}{4} \qquad 2 \times 1 \qquad 2 \times \dfrac{5}{6}$$

5 가장 큰 수와 가장 작은 수의 곱을 구하세요.

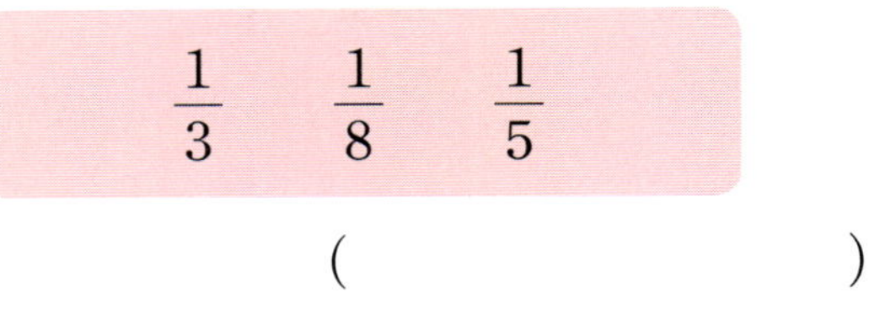

(   )

6 평행사변형의 넓이는 몇 cm^2인가요?

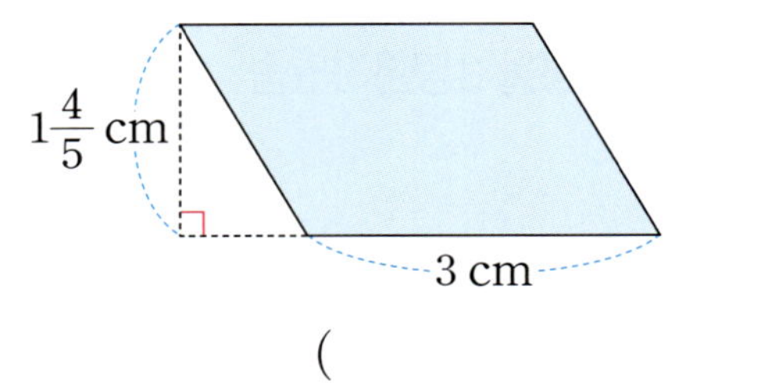

(   )

7 계산 결과를 비교하여 ○ 안에 >, =, <를 알맞게 써넣으세요.

$$\dfrac{1}{9} \times \dfrac{1}{4} \bigcirc \dfrac{1}{6} \times \dfrac{1}{7}$$

8 한 상자의 무게가 $5\dfrac{1}{2}$ kg인 방울토마토가 있습니다. 방울토마토 7상자의 무게는 모두 몇 kg인가요?

식 ______________________________________

답 ______________________________________

9 두께가 일정한 철근 1 m의 무게가 $4\dfrac{2}{5}$ kg일 때 철근 $3\dfrac{1}{8}$ m의 무게는 몇 kg인가요?

식 _______________________

답 _______________________

10 가★나=가×나×$\dfrac{3}{4}$으로 약속할 때 $\dfrac{7}{10}$★$\dfrac{8}{9}$은 얼마인지 구하세요.

( )

11 1부터 9까지의 수 중 □ 안에 들어갈 수 있는 수는 모두 몇 개인지 구하세요.

$$2\dfrac{1}{3}\times3\dfrac{4}{7}>\square\dfrac{2}{3}$$

( )

12 계산 결과가 큰 것부터 차례로 기호를 쓰세요.

㉠ $\dfrac{5}{9}\times15$	㉡ $6\times2\dfrac{1}{4}$
㉢ $\dfrac{3}{7}\times\dfrac{1}{18}$	㉣ $\dfrac{11}{12}\times1\dfrac{2}{11}$

( )

13 새롬이는 집에서 $1\dfrac{1}{20}$ km 떨어진 도서관에 갔습니다. 전체 거리의 $\dfrac{6}{7}$은 버스를 타고 나머지 거리는 걸어갔습니다. 새롬이가 걸어간 거리는 몇 km인가요?

( )

14 길이가 $2\dfrac{3}{8}$ cm인 색 테이프 3장을 $\dfrac{1}{2}$ cm씩 겹치게 한 줄로 길게 이어 붙였습니다. 이어 붙인 색 테이프 전체의 길이는 몇 cm인가요?

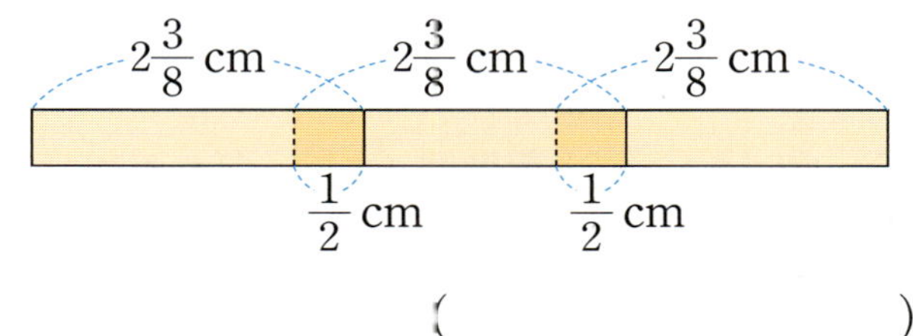

( )

15 수 카드를 모두 한 번씩 사용하여 3개의 진분수를 만들려고 합니다. 만든 진분수를 모두 곱했을 때 나올 수 있는 가장 작은 곱을 구하세요.

( )

》 서로 합동인 두 삼각형에서 변의 길이 구하기

진도책 p.88의 유사 문제

1 삼각형 ㄱㄴㄷ과 삼각형 ㄹㄷㄴ은 서로 합동입니다. 삼각형 ㄱㄴㄷ의 둘레가 33 cm일 때 변 ㄴㄷ은 몇 cm인지 구하세요.

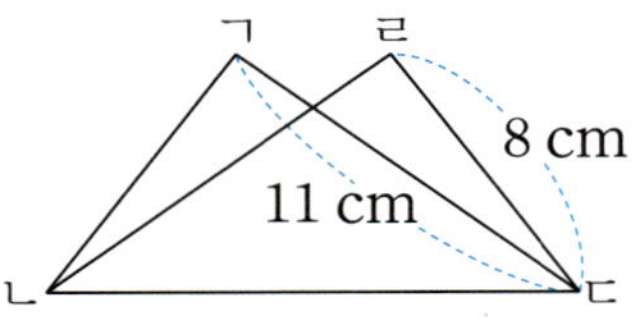

[풀이]

[답] ________________

2 삼각형 ㄱㄴㄷ과 삼각형 ㄷㄹㄱ은 서로 합동입니다. 삼각형 ㄷㄹㄱ의 둘레가 42 cm일 때 변 ㄱㄷ은 몇 cm인지 구하세요.

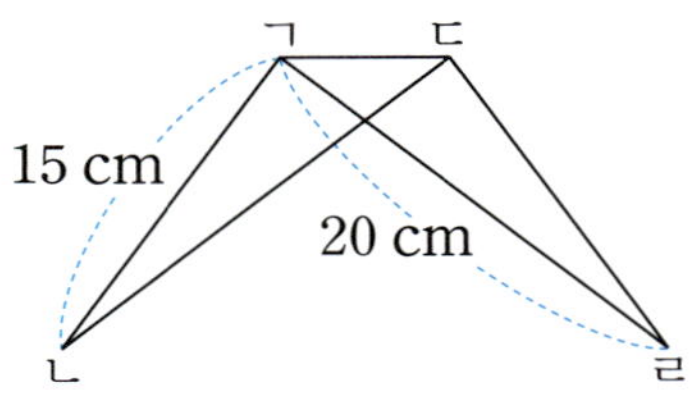

[풀이]

[답] ________________

》 점대칭도형의 둘레를 알 때 변의 길이 구하기

진도책 p.89의 유사 문제

3 점 ㅇ을 대칭의 중심으로 하는 점대칭도형입니다. 점대칭도형의 둘레가 38 cm일 때 변 ㄱㅂ은 몇 cm인지 구하세요.

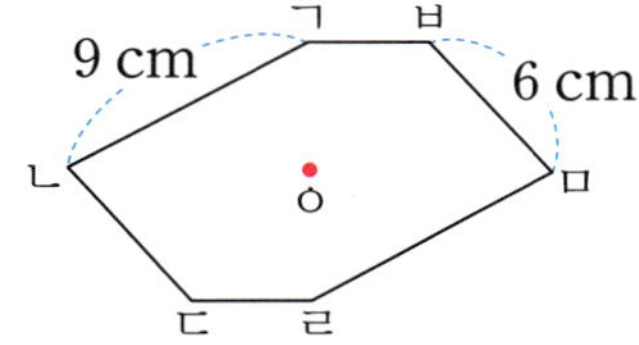

[풀이]

[답] ________________

4 점 ㅇ을 대칭의 중심으로 하는 점대칭도형입니다. 점대칭도형의 둘레가 64 cm일 때 변 ㄷㄹ은 몇 cm인지 구하세요.

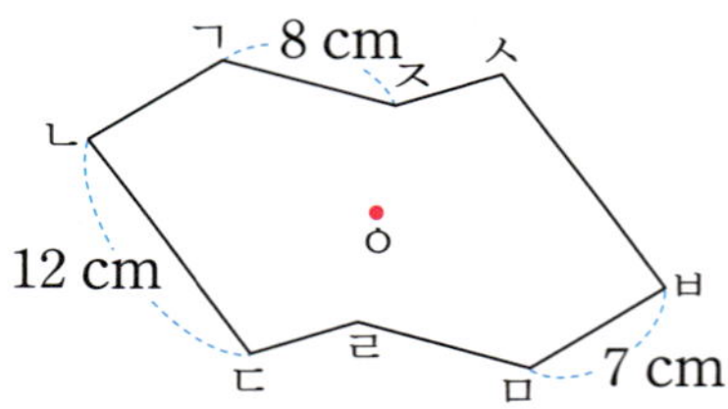

[풀이]

[답] ________________

≫ 선대칭도형의 넓이 구하기

진도책 p.90의 유사 문제

5 선분 ㄴㄹ을 대칭축으로 하는 선대칭도형입니다. 선분 ㄴㄹ이 10 cm이고 선분 ㄱㄷ이 6 cm일 때 사각형 ㄱㄴㄷㄹ의 넓이는 몇 cm^2인지 구하세요.

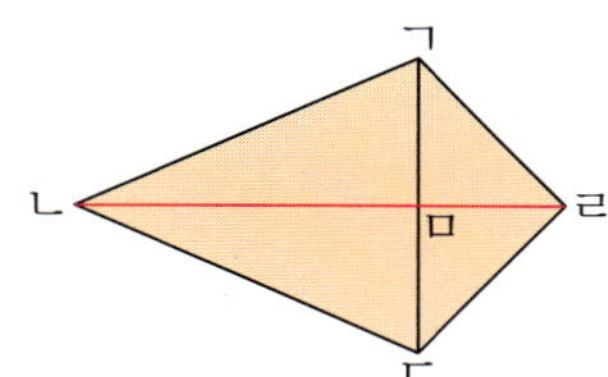

[풀이]

[답] ______________________

6 오른쪽은 선분 ㄱㄷ을 대칭축으로 하는 선대칭도형입니다. 선분 ㄴㄹ이 12 cm이고 선분 ㄱㄷ이 18 cm일 때 사각형 ㄱㄴㄷㄹ의 넓이는 몇 cm^2인지 구하세요.

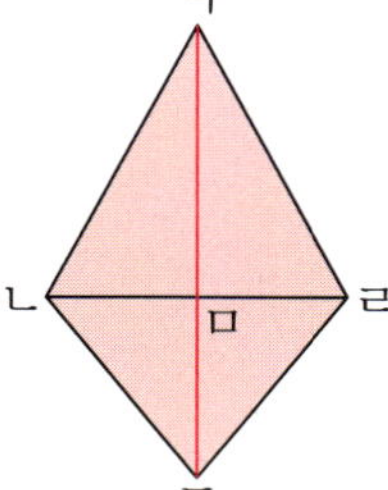

[풀이]

[답] ______________________

≫ 직사각형 모양의 종이를 접었을 때 삼각형의 넓이 구하기

진도책 p.91의 유사 문제

7 직사각형 모양의 종이를 삼각형 ㄱㄴㅂ과 삼각형 ㅁㄹㅂ이 서로 합동이 되도록 접었습니다. 삼각형 ㄱㄴㄹ의 넓이는 몇 cm^2인지 구하세요.

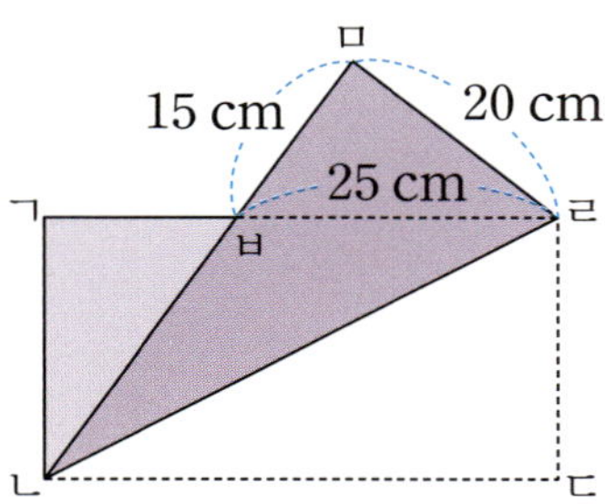

[풀이]

[답] ______________________

8 직사각형 모양의 종이를 삼각형 ㄴㅁㅂ과 삼각형 ㄹㄷㅂ이 서로 합동이 되도록 접었습니다. 삼각형 ㄴㄷㄹ의 넓이는 몇 cm^2인지 구하세요.

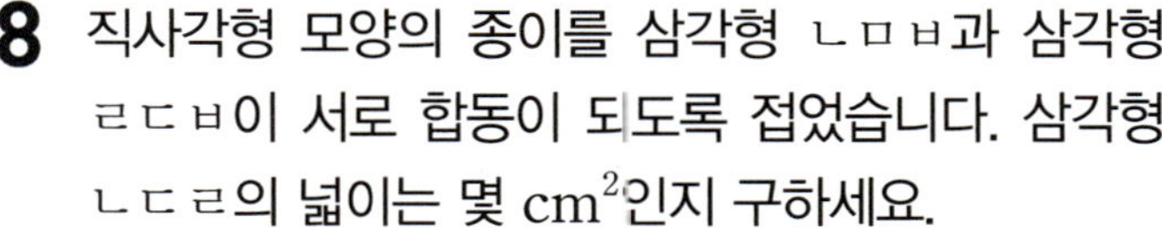
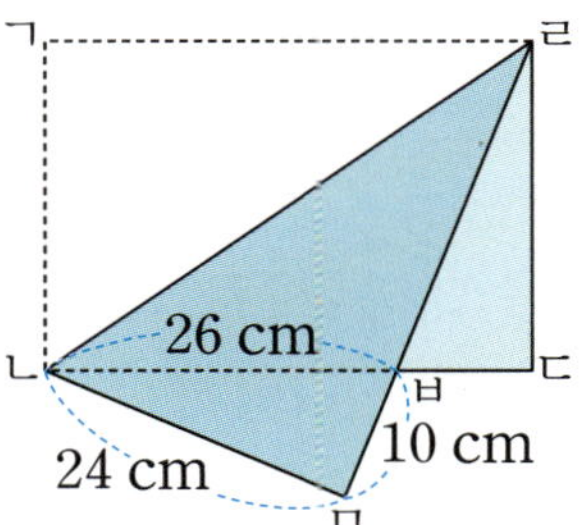

[풀이]

[답] ______________________

9 이등변삼각형 ㄱㄴㄷ을 변 ㄴㄷ을 4등분한 점을 이용하여 삼각형 4개로 나누었습니다. 서로 합동인 삼각형은 모두 몇 쌍인가요?

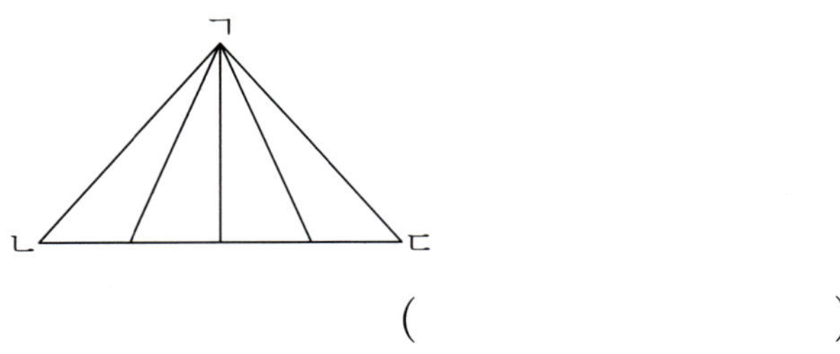

(   )

10 두 직사각형은 서로 합동입니다. 직사각형 ㄱㄴㄷㄹ의 넓이가 216 cm² 일 때 변 ㅂㅅ은 몇 cm인가요?

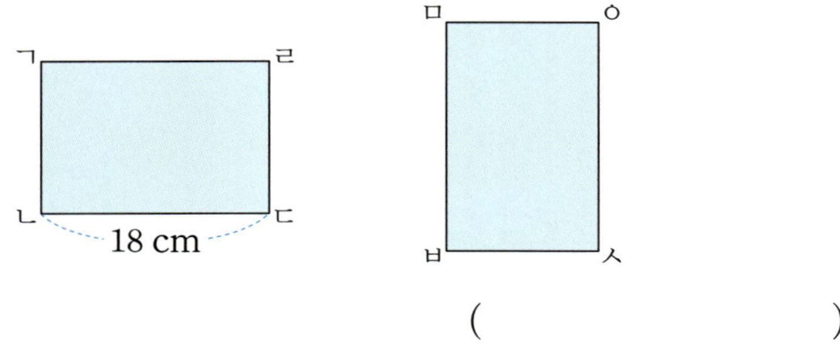

(   )

11 직선 ㄹㄴ을 대칭축으로 하는 선대칭도형입니다. 삼각형 ㄱㄴㄷ의 둘레 가 54 cm일 때 삼각형 ㄱㄴㄷ의 넓이는 몇 cm²인가요?

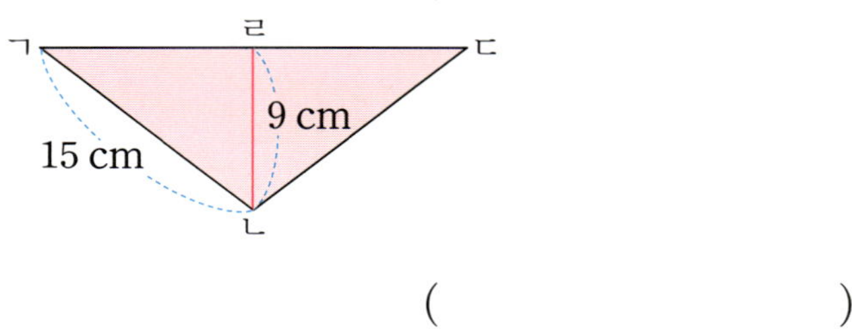

(   )

12 사각형 ㄱㄴㄷㄹ은 선분 ㅁㅂ을 대칭축으로 하는 선대칭도형입니다. 각 ㄱㄴㅂ은 몇 도인가요?

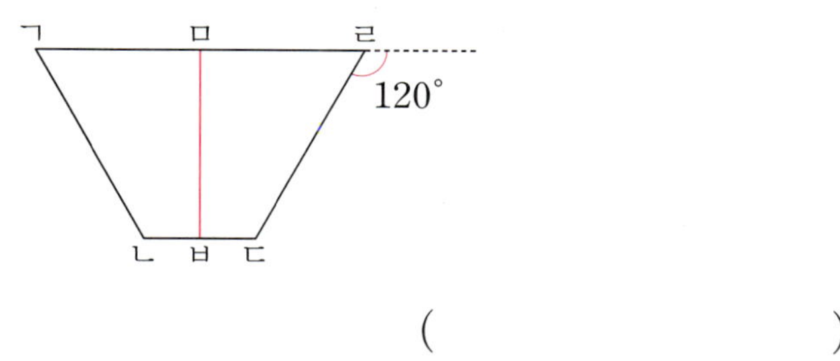

(   )

13 점 ㅇ을 대칭의 중심으로 하는 점대칭도형입니다. 각 ㄱㅇㄴ은 몇 도인가요?

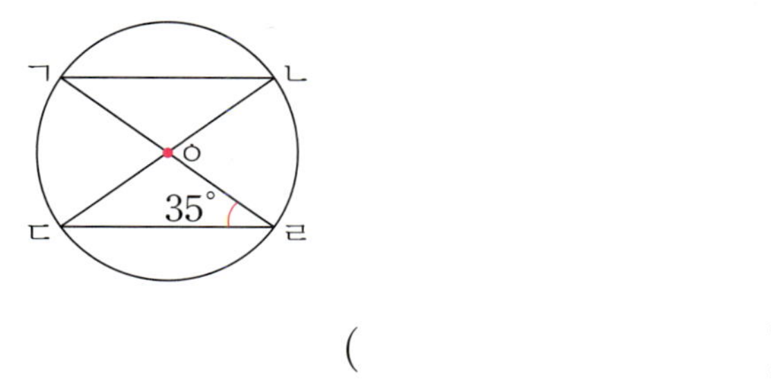

(   )

14 점 ㅇ을 대칭의 중심으로 하는 점대칭도형의 일부분입니다. 완성한 점대칭도형의 넓이는 몇 cm^2인가요?

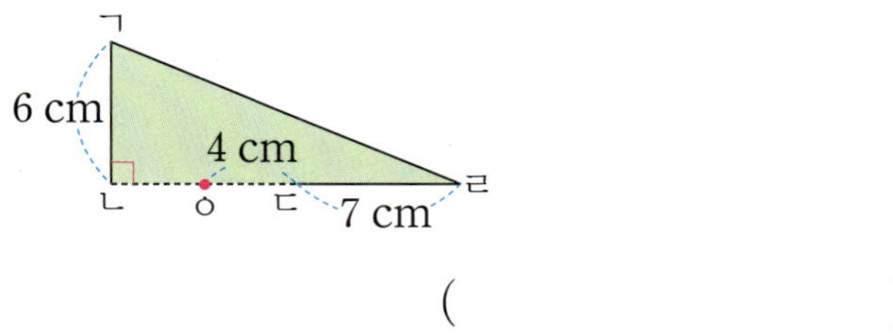

(   )

1 서로 합동인 도형은 몇 쌍인가요?

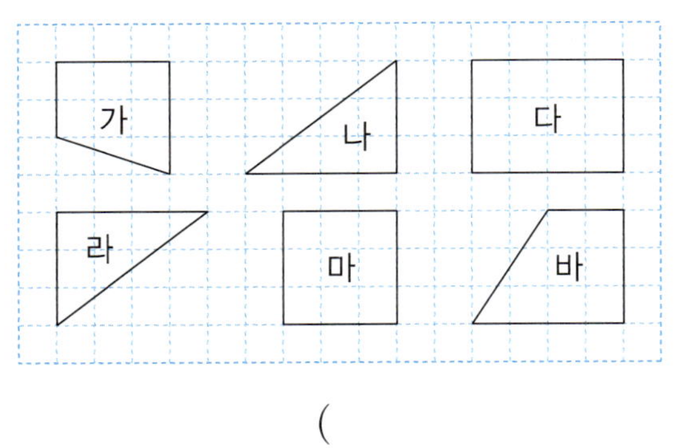

( )

2 선대칭도형의 대칭축을 모두 그려 보세요.

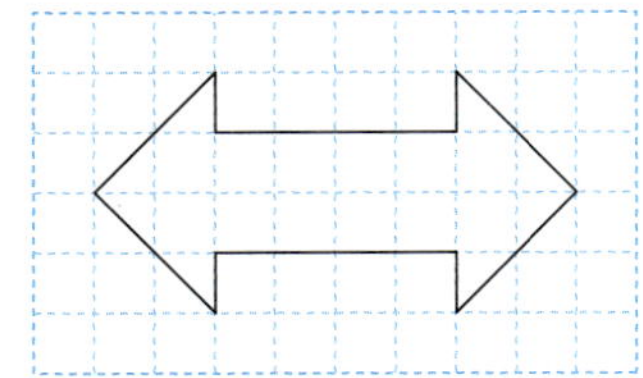

3 두 삼각형은 서로 합동입니다. 각 ㅁㄹㅂ은 몇 도인가요?

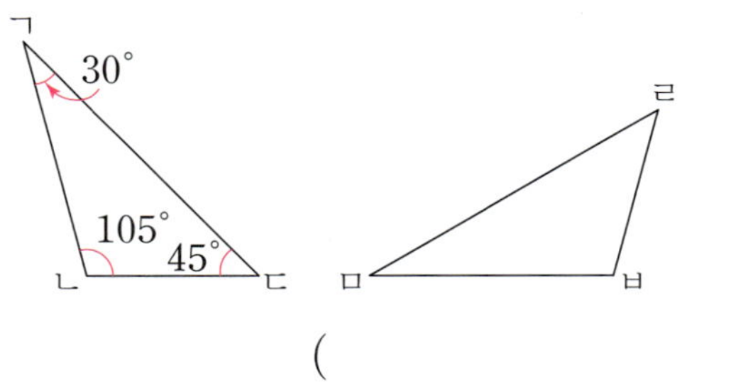

( )

4 점 ㅇ을 대칭의 중심으로 하는 점대칭도형입니다. □ 안에 알맞은 수를 써넣으세요.

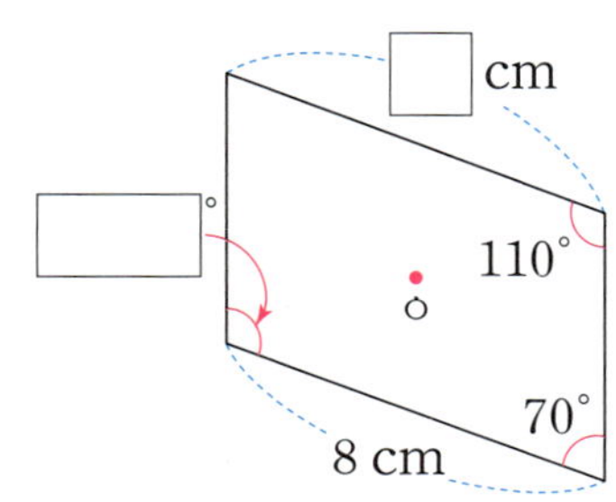

5 점 ㅇ을 대칭의 중심으로 하는 점대칭도형을 완성해 보세요.

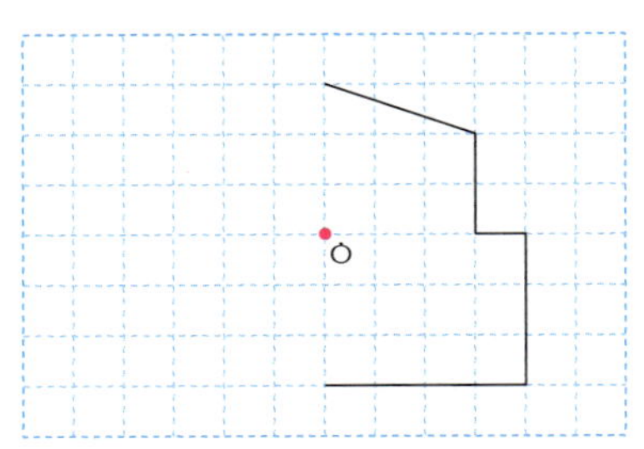

6 오른쪽은 대칭축이 2개인 선대칭도형입니다. 직선 가와 직선 나를 각각 대칭축으로 할 때 점 ㄷ의 대응점을 쓰세요.

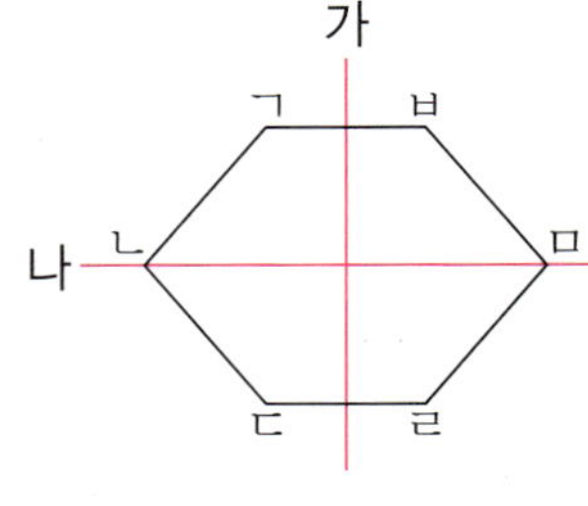

직선 가가 대칭축일 때 ( )
직선 나가 대칭축일 때 ( )

7 점 ㅇ을 대칭의 중심으로 하는 점대칭도형입니다. 변 ㄱㅂ은 몇 cm인가요?

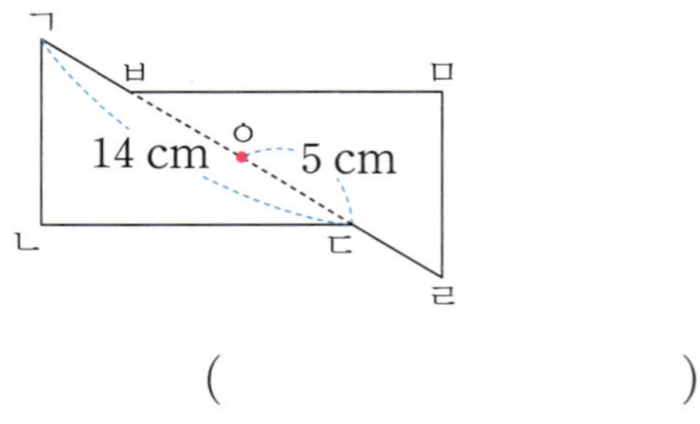

( )

8 선대칭도형이면서 점대칭도형도 되는 알파벳은 모두 몇 개인가요?

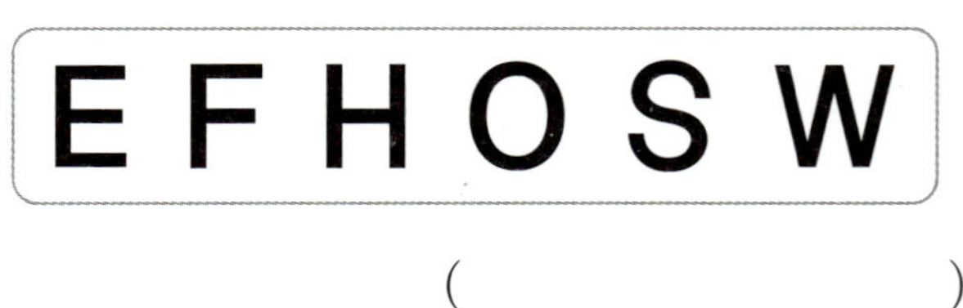

( )

9 오른쪽은 직선 ㅁㅂ을 대칭축으로 하는 선대칭도형입니다. 각 ㄴㄱㄹ은 몇 도인가요?

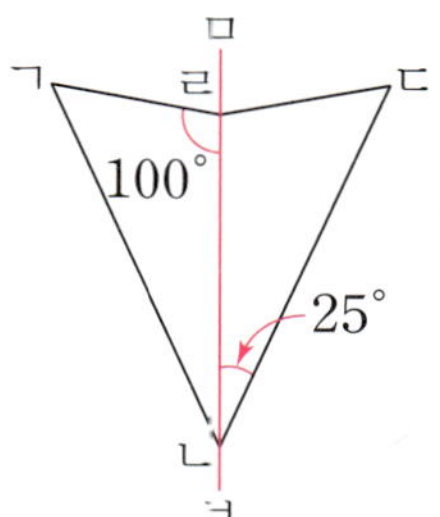

(   )

10 점 ㅇ을 대칭의 중심으로 하는 점대칭도형입니다. 사각형 ㄴㄷㄹㅁ의 둘레는 몇 cm인가요?

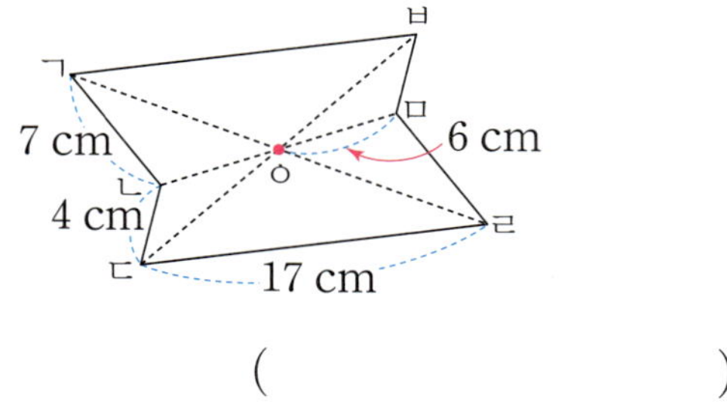

(   )

11 사각형 ㄱㄴㄷㄹ의 둘레에 울타리를 치려고 합니다. 삼각형 ㄱㄴㅁ과 삼각형 ㄹㅁㄷ이 서로 합동일 때 울타리를 몇 m 쳐야 하나요?

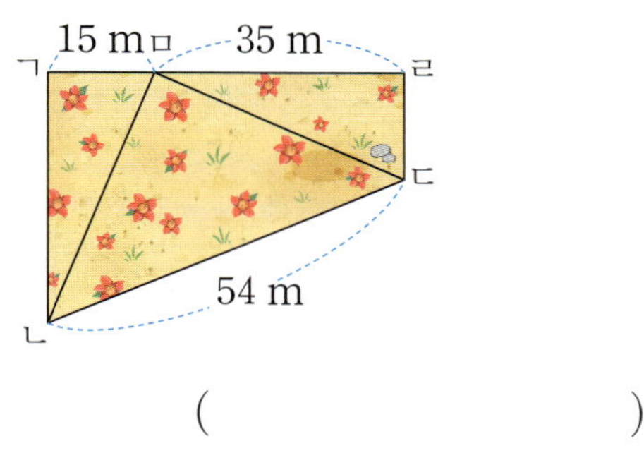

(   )

12 그림과 같이 직사각형 모양의 종이를 접었습니다. 각 ㄱㅇㅅ은 몇 도인가요?

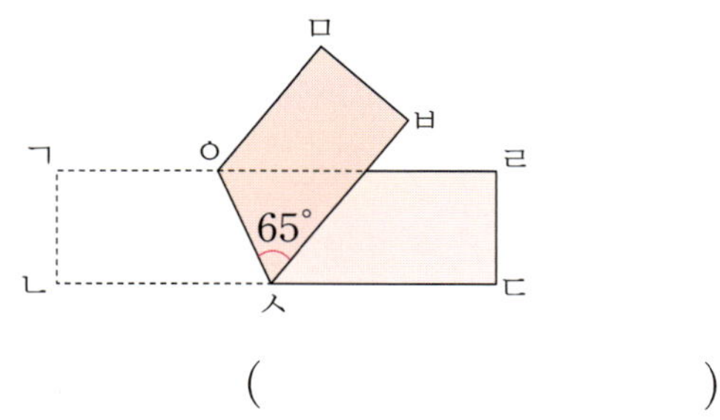

(   )

13 직선 ㅅㅇ을 대칭축으로 하는 선대칭도형입니다. 선대칭도형의 둘레가 38 cm일 때 변 ㄷㄹ은 몇 cm인가요?

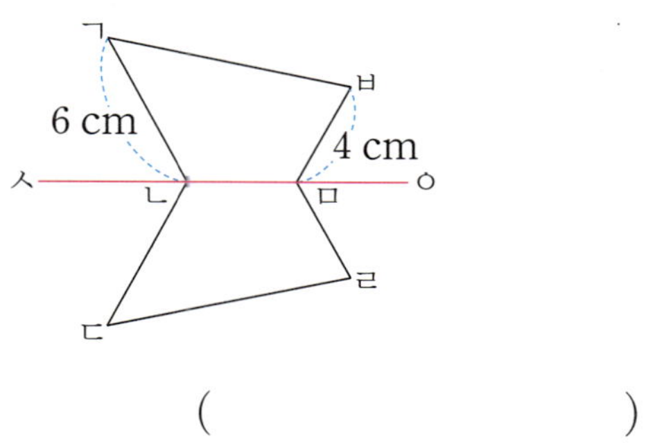

(   )

14 직선 ㅁㅂ을 대칭축으로 하는 선대칭도형의 일부분입니다. 완성한 선대칭도형의 넓이는 몇 cm² 인가요?

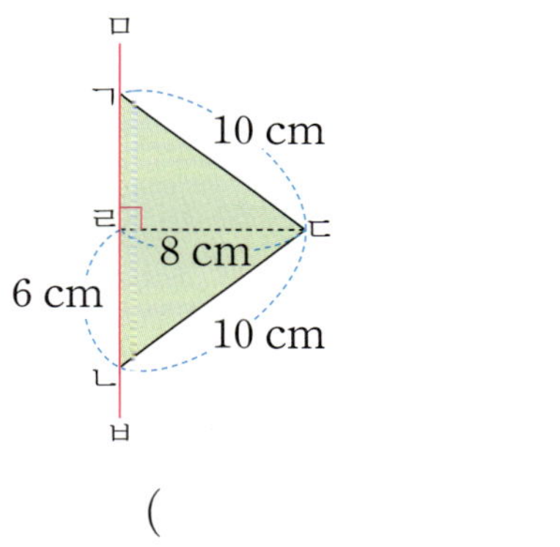

(   )

15 점 ㅇ을 대칭의 중심으로 하는 점대칭도형입니다. 선분 ㄴㅇ과 선분 ㄷㅇ의 길이가 같을 때 각 ㄴㅇㄷ은 몇 도인가요?

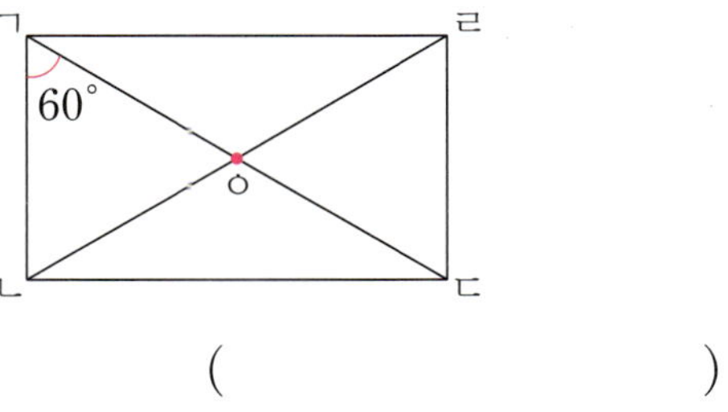

(   )

≫ 수 카드를 사용하여 곱셈식 만들기

진도책 p.120의 유사 문제

1 수 카드 4장을 한 번씩 모두 사용하여 곱이 가장 크게 되는 (소수 한 자리 수)×(소수 한 자리 수)의 곱셈식을 만들려고 합니다. 이때의 곱을 구하세요.

   1 3 7 9

[풀이]

[답] _______________

2 수 카드 4장을 한 번씩 모두 사용하여 곱이 가장 작게 되는 (소수 한 자리 수)×(소수 한 자리 수)의 곱셈식을 만들려고 합니다. 이때의 곱을 구하세요.

   2 5 6 8

[풀이]

[답] _______________

≫ 도형에서 색칠한 부분의 넓이 구하기

진도책 p.121의 유사 문제

3 직사각형 ㄱㄴㄷㄹ에서 색칠한 부분의 넓이는 몇 cm²인가요?

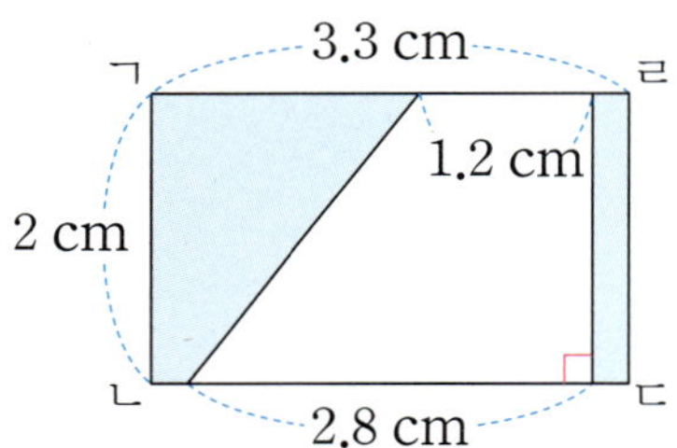

[풀이]

[답] _______________

4 직사각형 ㄱㄴㄷㄹ에서 색칠한 부분의 넓이는 몇 cm²인가요?

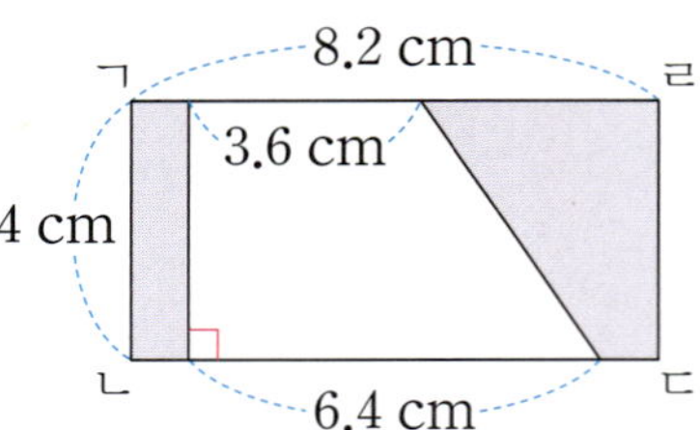

[풀이]

[답] _______________

≫ 시간을 소수로 나타내 필요한 연료의 양 구하기

진도책 p.122의 유사 문제

5 한 시간에 80.5 km를 달리는 택시가 있습니다. 이 택시는 1 km를 달리는 데 0.3 L의 연료가 필요합니다. 이 택시가 일정한 빠르기로 2시간 24분을 달리는 데 필요한 연료는 몇 L인가요?

［풀이］

답 ______________________________

6 한 시간에 18.8 km를 이동하는 배가 있습니다. 이 배는 1 km를 이동하는 데 0.8 L의 연료가 필요합니다. 이 배가 일정한 빠르기로 1시간 36분을 이동하는 데 필요한 연료는 몇 L인가요?

［풀이］

답 ______________________________

≫ 색 테이프 한 장의 길이 구하기

진도책 p.123의 유사 문제

7 길이가 같은 색 테이프 10장을 그림과 같이 2.5 cm 씩 겹치게 이어 붙였더니 이어 붙인 색 테이프 전체의 길이가 78.4 cm입니다. 색 테이프 한 장의 길이는 몇 cm인지 구하세요.

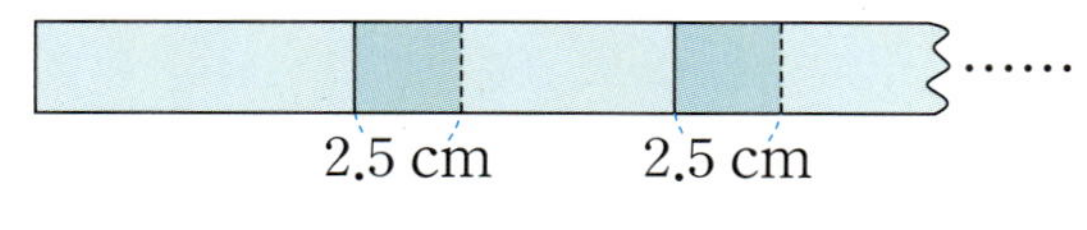

［풀이］

답 ______________________________

8 길이가 같은 색 테이프 10장을 그림과 같이 0.6 cm 씩 겹치게 이어 붙였더니 이어 붙인 색 테이프 전체의 길이가 28.45 cm입니다. 색 테이프 한 장의 길이는 몇 cm인지 구하세요.

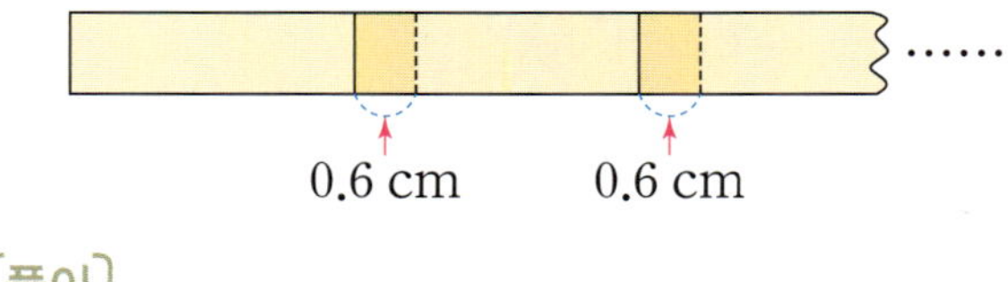

［풀이］

답 ______________________________

4

소수의 곱셈

9 ●와 ★에 알맞은 소수의 곱을 구하세요.

| ●×100=38 | ★×0.1=0.42 |

(　　　　　　　　)

10 승현이는 주말에 수영을 50분, 배드민턴을 45분 했습니다. 승현이가 주말에 수영과 배드민턴을 하여 소모한 열량은 모두 몇 킬로칼로리인가요?

열량의 단위

운동	수영	배드민턴
1분당 소모한 열량(킬로칼로리)	5.14	3.9

(　　　　　　　　)

11 직사각형 나의 넓이는 정사각형 가의 넓이의 1.5배입니다. 직사각형 나의 세로는 몇 cm인가요?

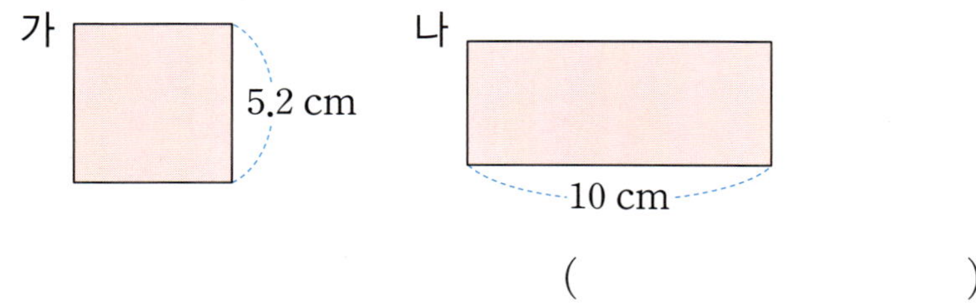

(　　　　　　　　)

12 나무를 그림과 같이 도로의 한쪽에 처음부터 끝까지 0.12 km의 간격으로 일정하게 심었습니다. 심은 나무가 모두 22그루일 때 도로의 길이는 몇 km인지 구하세요. (단, 나무의 두께는 생각하지 않습니다.)

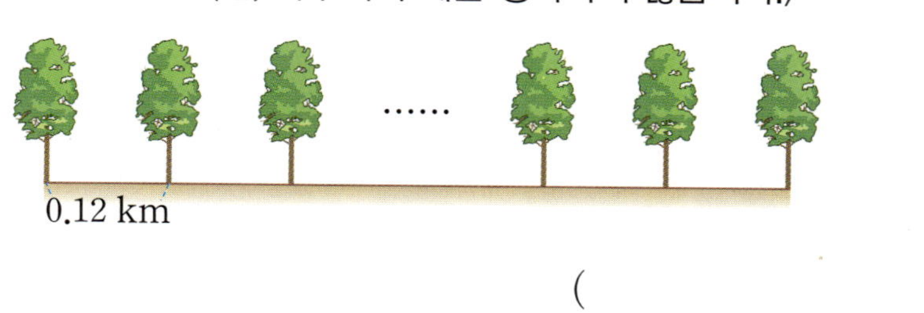

(   )

13 길이가 17.3 cm인 양초가 있습니다. 이 양초는 한 시간에 5.4 cm씩 일정한 빠르기로 탑니다. 이 양초에 불을 붙인 후 42분만에 껐습니다. 타고 남은 양초의 길이는 몇 cm인가요?

(   )

14 똑같은 공 12개가 들어 있는 상자의 무게가 9.9 kg입니다. 공 4개를 꺼낸 후 상자의 무게를 재어 보니 7.15 kg이었습니다. 빈 상자의 무게는 몇 kg인가요?

(   )

4 ^{단원} 실력 평가

1 빈칸에 알맞은 수를 써넣으세요.

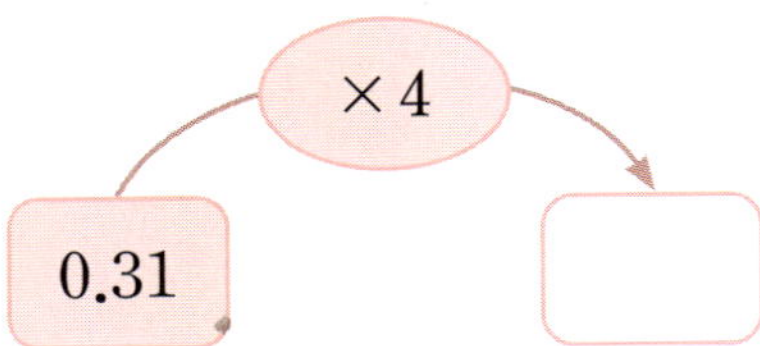

2 □ 안에 알맞은 수를 써넣으세요.

$$7 \times 168 = 1176$$
$$7 \times 16.8 = \boxed{}$$

3 가장 큰 수와 가장 작은 수의 곱을 구하세요.

| 9 | 0.72 | 2.3 |

(   )

4 계산 결과가 3보다 큰 것의 기호를 쓰세요.

| ㉠ 4×0.69 | ㉡ 0.53×6 |

(   )

5 평행사변형의 넓이는 몇 cm²인가요?

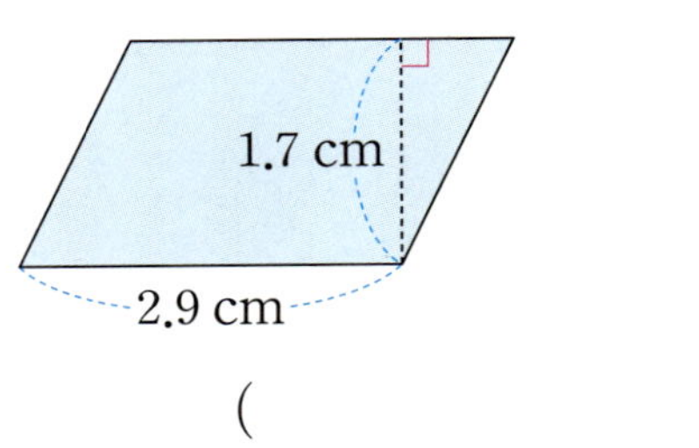

(   )

6 계산 결과를 비교하여 ○ 안에 >, =, <를 알맞게 써넣으세요.

| 0.2×0.92 | ○ | 0.27×0.4 |

7 금 1돈의 무게는 3.75 g입니다. 금 10돈의 무게는 몇 g인가요?

(   )

8 진우네 집에서 기르는 고양이의 무게를 재어 보니 4.54 kg이고, 강아지의 무게는 고양이의 무게의 1.5배입니다. 강아지의 무게는 몇 kg인가요?

(   )

9 계산 결과가 <u>다른</u> 하나를 찾아 기호를 쓰세요.

> ㉠ 701의 0.01배 ㉡ 70.1의 10배
> ㉢ 0.701의 10배 ㉣ 7010의 0.001배

( )

10 ☐ 안에 들어갈 수 있는 가장 작은 자연수를 구하세요.

> $6.2 \times 1.9 < \square$

( )

11 어떤 수에서 0.8을 뺐더니 5.3이 되었습니다. 어떤 수의 3.8배는 얼마인가요?

( )

12 세로가 2.4 cm이고, 가로는 세로의 5배인 직사각형의 넓이는 몇 cm^2인가요?

( )

13 $336 \times 19 = 6384$를 이용하여 ㉠＋㉡을 구하세요.

> $33.6 \times ㉠ = 0.6384$
> $㉡ \times 1.9 = 6.384$

( )

14 1 g당 10.9원에 파는 과자가 있습니다. 이 과자를 200 g 사려면 1000원짜리 지폐로만 낼 때 적어도 몇 장을 내야 하나요?

( )

15 길이가 20 cm인 양초가 있습니다. 이 양초는 한 시간에 4.8 cm씩 일정한 빠르기로 탑니다. 이 양초에 불을 붙인 후 48분만에 껐습니다. 타고 남은 양초의 길이는 몇 cm인가요?

( )

4 소수의 곱셈

》 정육면체의 전개도를 그린 종이의 가로와 세로 구하기

진도책 p.148의 유사 문제

1 직사각형 모양의 종이에 정육면체의 전개도를 꼭 맞게 그린 것입니다. 이 종이의 가로와 세로는 각각 몇 cm인지 구하세요.

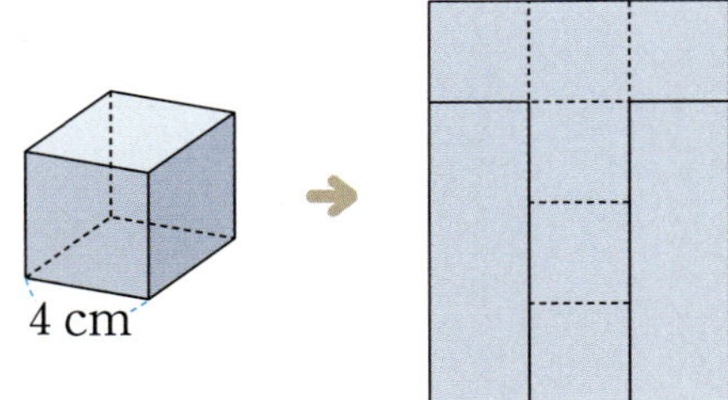

[풀이]

[답] 가로: _______________ 세로: _______________

2 직사각형 모양의 종이에 정육면체의 전개도를 꼭 맞게 그린 것입니다. 이 종이의 가로와 세로는 각각 몇 cm인지 구하세요.

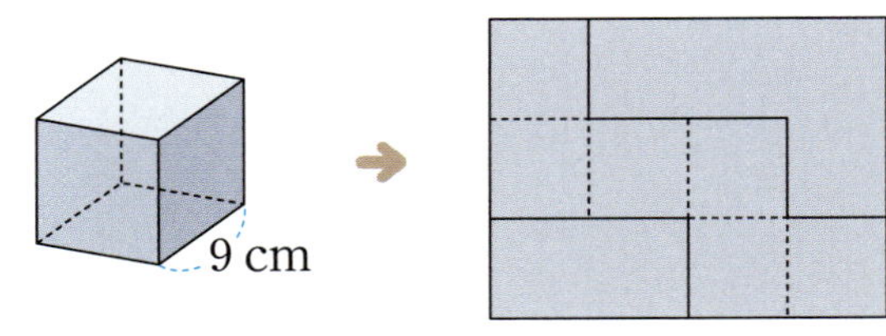

[풀이]

[답] 가로: _______________ 세로: _______________

》 직육면체와 정육면체의 모든 모서리의 길이의 합

진도책 p.149의 유사 문제

3 직육면체 가와 정육면체 나 중에서 모든 모서리의 길이의 합이 더 긴 것의 기호를 쓰세요.

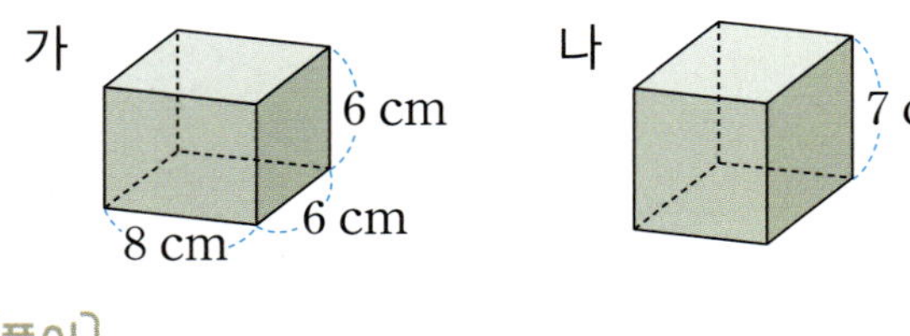

[풀이]

[답] _______________

4 직육면체 가와 정육면체 나 중에서 모든 모서리의 길이의 합이 더 긴 것의 기호를 쓰세요.

[풀이]

[답] _______________

≫ 전개도의 빈 곳에 알맞은 수 구하기

💗 진도책 p.150의 유사 문제

5 다음 전개도로 서로 평행한 두 면의 수의 합이 11인 정육면체를 만들려고 합니다. ㉠, ㉡, ㉢에 알맞은 수를 각각 구하세요.

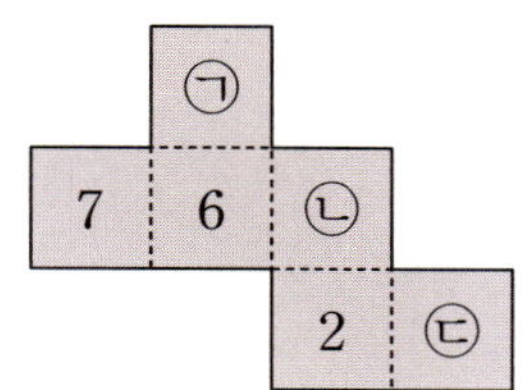

[풀이]

[답] ㉠: ________ ㉡: ________ ㉢: ________

6 다음 전개도로 서로 평행한 두 면의 수의 합이 14인 정육면체를 만들려고 합니다. ㉠, ㉡, ㉢에 알맞은 수를 각각 구하세요.

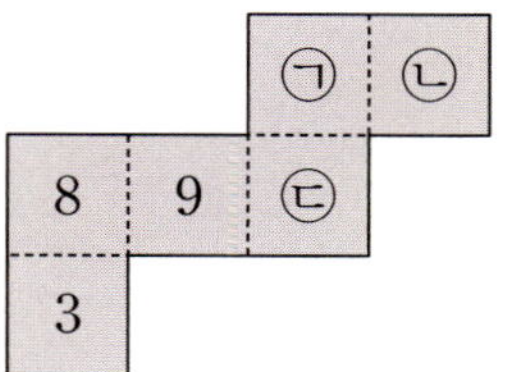

[풀이]

[답] ㉠: ________ ㉡: ________ ㉢: ________

≫ 사용한 끈의 길이 구하기

💗 진도책 p.151의 유사 문제

7 직육면체 모양의 선물 상자를 오른쪽과 같이 끈으로 한 바퀴씩 둘러 묶었습니다. 매듭으로 사용한 끈의 길이가 30 cm일 때 상자를 묶는 데 사용한 끈의 길이는 모두 몇 cm인지 구하세요.

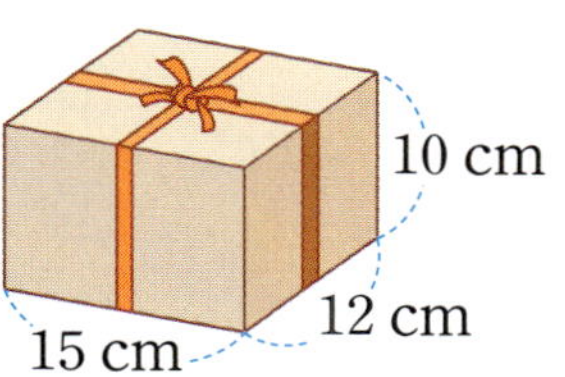

[풀이]

[답] ________

8 직육면체 모양의 선물 상자를 오른쪽과 같이 한 바퀴씩 둘러 묶는 데 사용한 끈의 길이가 모두 100 cm였습니다. 매듭으로 사용한 끈의 길이는 몇 cm인지 구하세요.

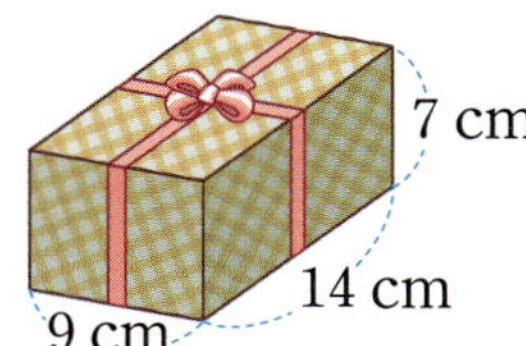

[풀이]

[답] ________

5 ^{단원} 응용력 강화 문제

9 오른쪽 직육면체 모양의 카스텔라를 될 수 있는 대로 큰 정육면체 모양으로 잘랐습니다. 자른 정육면체 모양의 한 모서리의 길이는 몇 cm인가요?

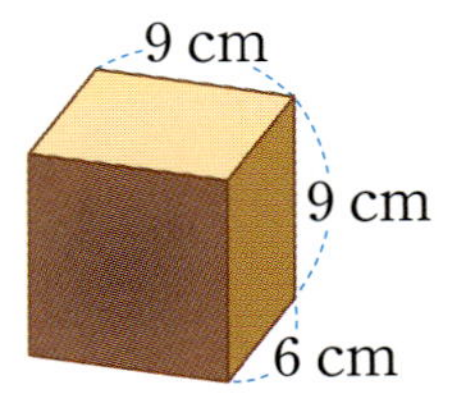

( )

10 직육면체의 겨냥도에서 보이지 않는 모서리의 길이의 합은 19 cm입니다. 이 직육면체의 모든 모서리의 길이의 합은 몇 cm인지 구하세요.

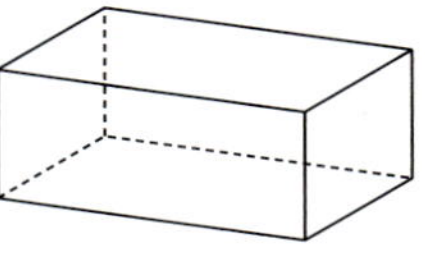

( )

11 6개의 면에 서로 다른 수가 적힌 정육면체를 여러 방향에서 본 것입니다. 3이 적힌 면과 평행한 면에 적힌 수는 무엇인가요?

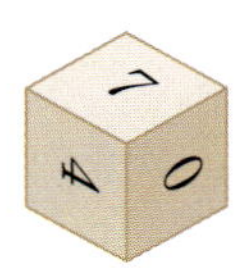

( )

12 왼쪽과 같은 전개도를 접어 만든 정육면체 3개를 나란히 놓은 것입니다.
놓은 모양의 바닥에 닿는 면에 쓰여 있는 세 수의 합을 구하세요.

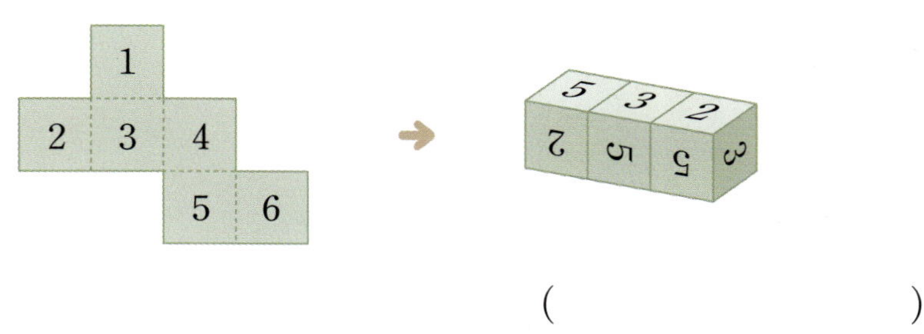

(   )

13 직육면체 모양의 상자에 오른쪽과 같이 빨간색 테이프와 노란색 테이프를 한 바퀴씩 둘러 붙였습니다. 붙인 빨간색 테이프의 길이와 노란색 테이프의 길이의 합이 68 cm일 때, ☐ 안에 알맞은 수를 구하세요.
(단, 같은 색 테이프끼리 겹치는 부분은 없습니다.)

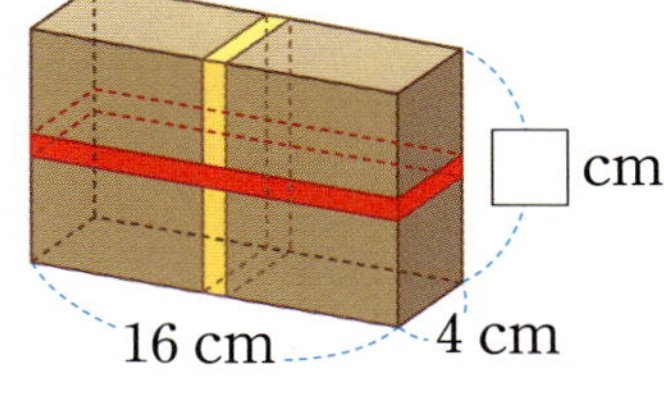

(   )

14 오른쪽은 한 변이 12 cm인 정사각형 모양의 종이입니다. 이 종이에서 색칠한 부분을 오려 내고 접어서 직육면체를 만들었습니다. 만든 직육면체의 모든 모서리의 길이의 합은 몇 cm인가요?

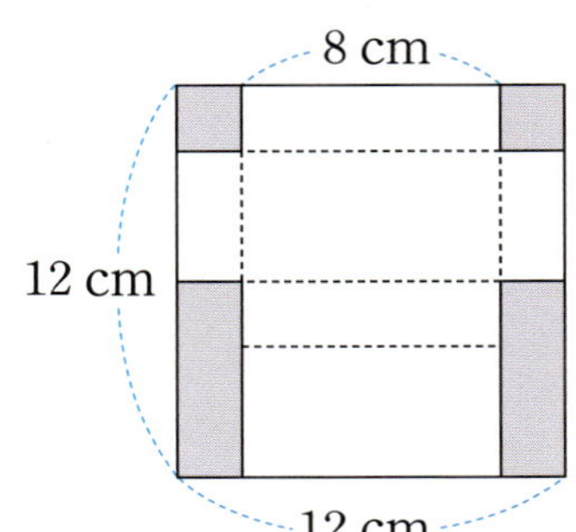

(   )

1 정육면체에 대한 설명으로 옳은 것을 찾아 기호를 쓰세요.

> ㉠ 면은 8개입니다.
> ㉡ 꼭짓점은 6개입니다.
> ㉢ 모서리는 12개입니다.

( )

[2~4] 직육면체를 보고 물음에 답하세요.

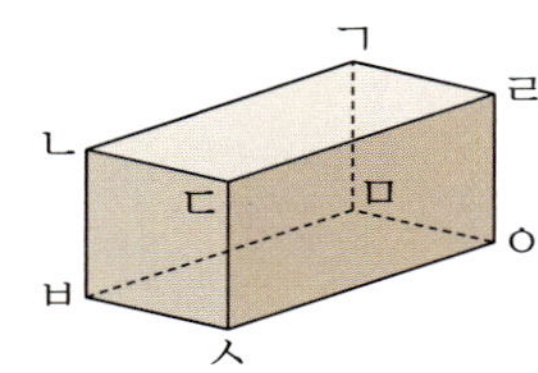

2 □ 안에 알맞게 써넣고, 알맞은 말에 ○표 하세요.

꼭짓점 ㄷ에서 만나는 면은 면 [ ], 면 [ ], 면 [ ]이고, 이 면들에 삼각자를 대어 보면 꼭짓점 ㄷ을 중심으로 모두 (직각 , 평행)입니다.

3 서로 평행한 면을 찾아 쓰세요.

면 ㄱㄴㄷㄹ과 면 _______________ ,

면 ㄷㅅㅇㄹ과 면 _______________ ,

면 ㄴㅂㅅㄷ과 면 _______________

4 면 ㄱㄴㄷㄹ과 수직인 면은 모두 몇 개인가요?

( )

5 직육면체에서 꼭짓점의 수와 모서리의 수의 합은 몇 개인가요?

( )

6 정육면체의 전개도를 모두 찾아 기호를 쓰세요.

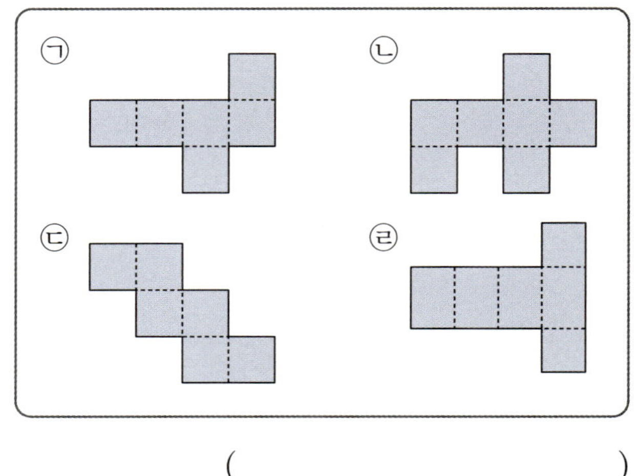

( )

7 오른쪽 정육면체에서 보이지 않는 모서리와 보이지 않는 꼭짓점은 각각 몇 개인지 쓰세요.

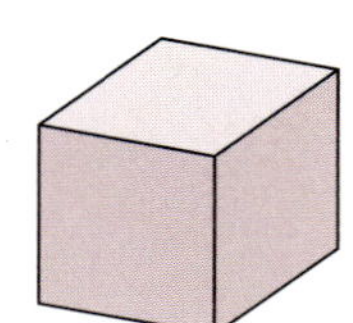

보이지 않는 모서리 ( )
보이지 않는 꼭짓점 ( )

8 직육면체의 겨냥도를 <u>잘못</u> 그린 것입니다. 바르게 그려 보세요.

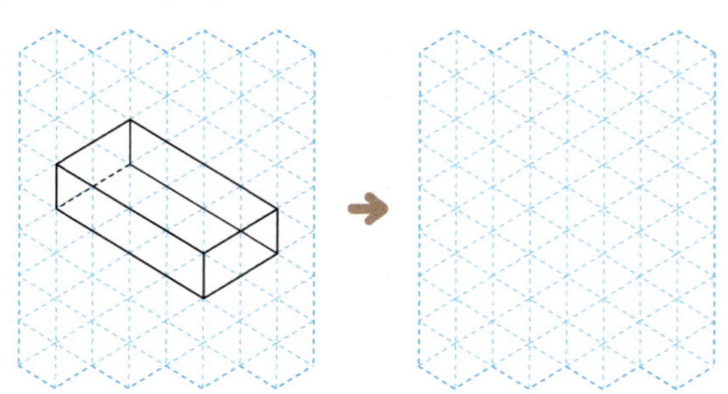

9 도형이 직육면체인지 아닌지 답하고, 그 까닭을 쓰세요.

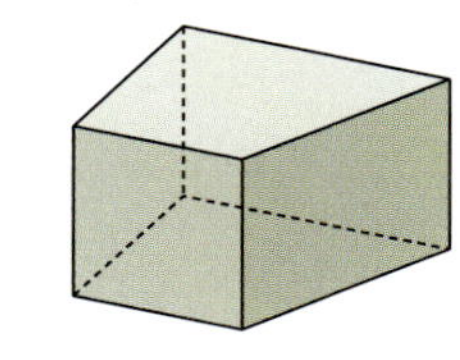

답 _______________________

까닭 _______________________

____

10 오른쪽 직육면체의 모든 모서리의 길이의 합을 구하세요.

(   )

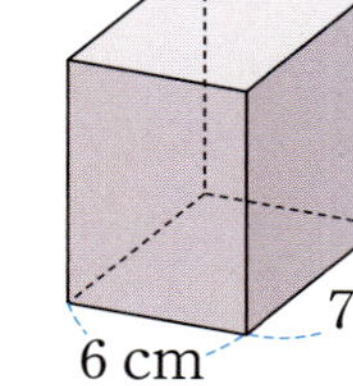

11 왼쪽 그림과 같이 직육면체의 전개도에 선을 그었습니다. 이 전개도를 접어 오른쪽 직육면체를 만들었을 때 직육면체에 나타나는 선을 바르게 그어 보세요.

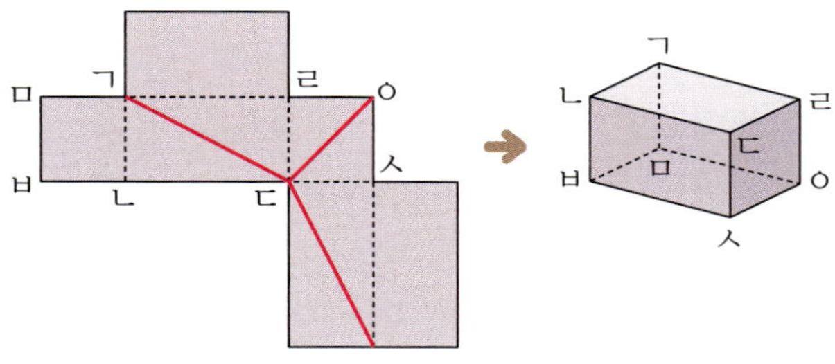

12 주사위에서 서로 마주 보는 면의 눈의 수의 합은 7입니다. 주사위의 전개도의 빈 곳에 주사위의 눈을 알맞게 그려 넣으세요.

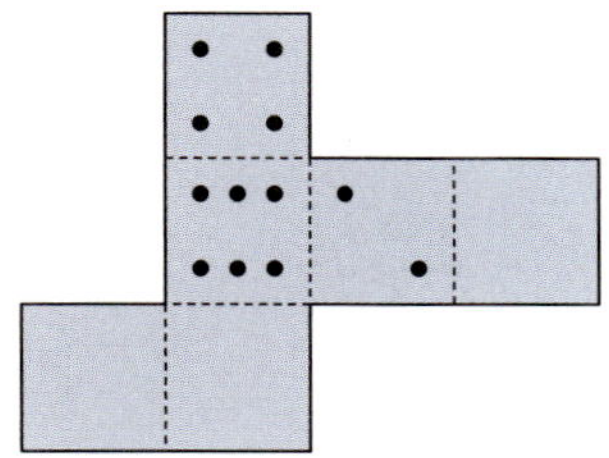

13 다음은 모든 모서리의 길이의 합이 60 cm인 정육면체입니다. 색칠한 면의 네 변의 길이의 합은 몇 cm인지 구하세요.

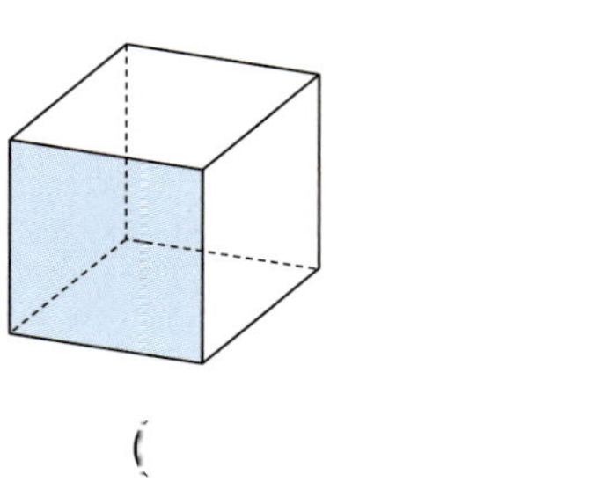

(   )

14 직육면체 모양의 선물 상자를 그림과 같이 리본으로 한 바퀴씩 둘러 묶었습니다. 매듭으로 사용한 리본의 길이가 35 cm일 때 상자를 묶는 데 사용한 리본의 길이는 모두 몇 cm인지 구하세요.

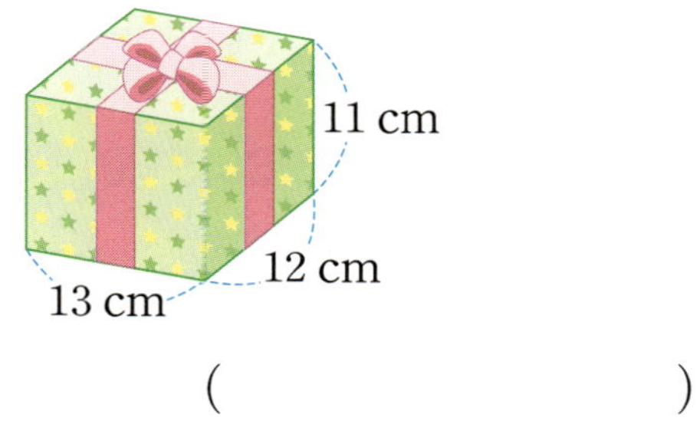

(   )

15 오른쪽 직육면체의 모든 모서리의 길이의 합은 96 cm입니다. ☐ 안에 알맞은 수를 구하세요.

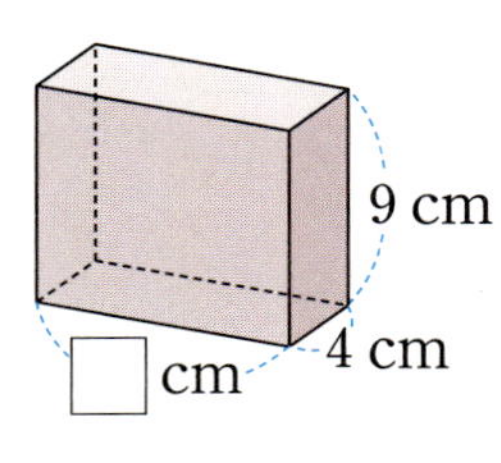

(   )

≫ 평균을 이용하여 세 수 구하기

진도책 p.169의 유사 문제

1 세 자연수 ㉠, ㉡, ㉢이 있습니다. ㉠과 ㉡의 평균은 6, ㉡과 ㉢의 평균은 10, ㉢과 ㉠의 평균은 9입니다. ㉠, ㉡, ㉢을 각각 구하세요.

〔풀이〕

〔답〕 ㉠: ________ ㉡: ________ ㉢: ________

2 세 자연수 가, 나, 다가 있습니다. 가와 나의 평균은 13, 나와 다의 평균은 18, 다와 가의 평균은 15입니다. 가, 나, 다를 각각 구하세요.

〔풀이〕

〔답〕 가: ________ 나: ________ 다: ________

≫ 가능성을 이용하여 처음에 있던 개수 구하기

진도책 p.177의 유사 문제

3 냉장고에 복숭아 5개와 자두 몇 개가 들어 있습니다. 이 냉장고에서 병헌이가 자두 3개를 꺼내 먹었습니다. 남은 과일 중에서 1개를 꺼내 먹을 때 꺼낸 과일이 복숭아일 가능성과 자두일 가능성이 같다면 처음 냉장고에 들어 있던 복숭아와 자두는 모두 몇 개인지 구하세요.

〔풀이〕

〔답〕 ________

4 상자에 노란색 공 10개와 초록색 공 몇 개가 들어 있습니다. 이 상자에서 재석이가 초록색 공 3개를 꺼내고, 선화가 초록색 공 4개를 더 꺼냈습니다. 남은 공 중에서 1개를 꺼낼 때 꺼낸 공이 노란색일 가능성과 초록색일 가능성이 같다면 처음 상자에 들어 있던 공은 모두 몇 개인지 구하세요.

〔풀이〕

〔답〕 ________

≫ 추가된 자료의 값 구하기

진도책 p.178의 유사 문제

5 승현이가 4개월 동안 운동을 한 횟수를 나타낸 표입니다. 7월에 운동을 한 횟수를 더하여 평균을 구했더니 평균이 2회 늘어났습니다. 7월에 운동을 한 횟수는 몇 회인지 구하세요.

승현이가 운동을 한 횟수

월	3월	4월	5월	6월
횟수(회)	13	15	11	17

[풀이]

[답] _______________

6 어느 서점의 4일 동안 책 판매량을 나타낸 표입니다. 금요일의 책 판매량을 더하여 평균을 구했더니 평균이 3권 늘어났습니다. 금요일에 판매한 책은 몇 권인지 구하세요.

책 판매량

요일	월	화	수	목
책 수(권)	17	22	31	26

[풀이]

[답] _______________

≫ 평균을 이용하여 각 자료의 값 구하기

진도책 p.179의 유사 문제

7 혜경이네 모둠 4명의 공 던지기 기록을 나타낸 표입니다. 공 던지기 기록의 평균이 18 m이고, 혜경이가 던진 공이 승철이가 던진 공보다 3 m 더 멀리 갔다면 승철이의 기록은 몇 m인지 구하세요.

혜경이네 모둠의 공 던지기 기록

이름	혜경	현우	승철	혜원
기록(m)		15		20

[풀이]

[답] _______________

8 경철이의 네 과목 점수를 나타낸 표입니다. 점수의 평균이 89.5점이고, 수학 점수가 사회 점수보다 8점 더 높다면 사회는 몇 점인지 구하세요.

경철이의 점수

과목	국어	수학	사회	과학
점수(점)	90			84

[풀이]

[답] _______________

9 주머니에 빨간색 구슬이 6개, 파란색 구슬이 3개 들어 있습니다. 그중 빨간색 구슬 3개를 친구에게 주었습니다. 남은 구슬 중에서 한 개를 꺼낼 때 빨간색일 가능성을 0부터 1까지의 수로 표현해 보세요.

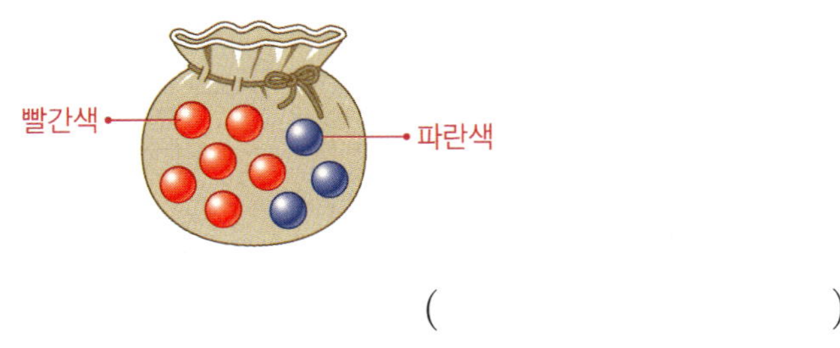

(   )

10 겨울이네 반 남학생과 여학생의 윗몸 말아 올리기 기록의 평균을 각각 나타낸 표입니다. 겨울이네 반 전체 학생의 윗몸 말아 올리기 기록의 평균은 몇 회인가요?

윗몸 말아 올리기 기록의 평균

남학생 15명	30회
여학생 10명	25회

(   )

11 빨간색, 파란색, 노란색으로 이루어진 회전판을 160번 돌려 화살이 멈춘 횟수를 나타낸 표입니다. 표를 보고 일이 일어날 가능성이 가장 비슷한 회전판을 찾아 기호를 쓰세요.

색깔	빨간색	파란색	노란색
횟수(회)	21	80	59

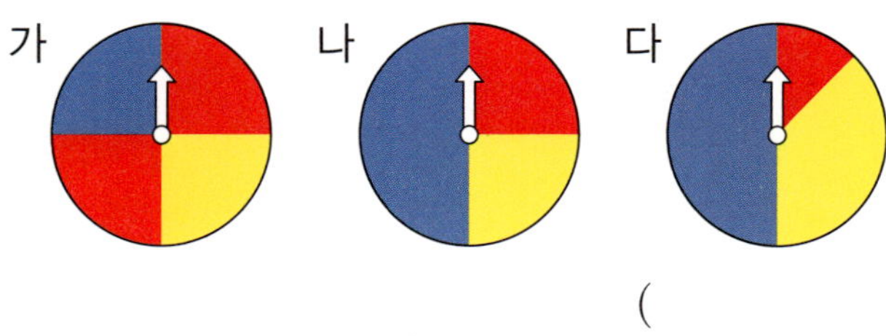

(   )

12 어느 농구 팀 선수들이 얻은 점수를 나타낸 표입니다. 5명이 얻은 점수의 평균이 20점 이상이면 결승에 올라갈 수 있을 때 ⑰ 선수는 적어도 몇 점을 얻어야 하나요?

선수별 얻은 점수

선수	㉮	㉯	㉰	㉱	㉲
득점(점)	20	16	17	23	

( )

13 명지네 학교 5학년은 4반까지 있고, 한 학급당 학생 수의 평균이 27명입니다. 3반의 남학생이 14명일 때 3반의 여학생은 몇 명인가요?

명지네 학교 5학년 학생 수

학급	1반	2반	3반	4반
학생 수(명)	28	25		26

( )

14 1부터 6까지의 눈이 그려진 주사위를 한 번 굴릴 때 일이 일어날 가능성이 큰 것부터 순서대로 기호를 쓰세요.

> ㉠ 주사위의 눈의 수가 5 미만인 수가 나올 가능성
> ㉡ 주사위 눈의 수가 3의 배수가 나올 가능성
> ㉢ 주사위 눈의 수가 홀수가 나올 가능성
> ㉣ 주사위 눈의 수가 7 이상인 수가 나올 가능성

( )

6 평균과 가능성

6단원 실력 평가

1 세 수의 평균을 구하세요.

19 27 41

(   )

2 민재가 말한 일이 일어날 가능성을 나타낸 곳을 찾아 기호를 쓰세요.

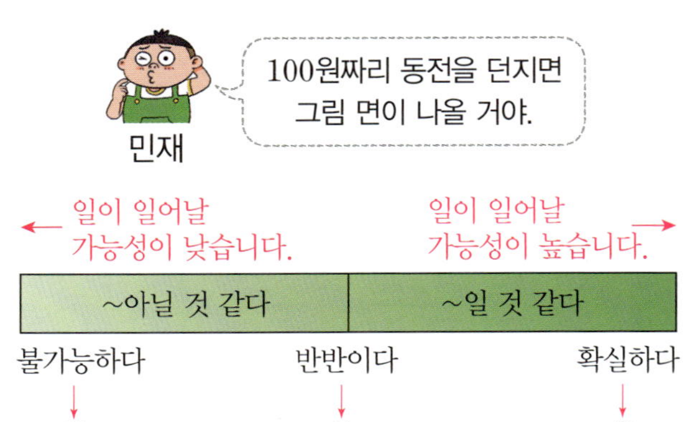

(   )

3 지난 4일 동안 일별 최고 기온을 나타낸 표입니다. 4일 동안 최고 기온의 평균은 몇 ℃인지 구하세요.

일별 최고 기온

일	1일	2일	3일	4일
기온(℃)	11	10	6	9

(   )

4 정은이가 1년 동안 한 달에 읽은 책 수의 평균은 3권입니다. 정은이가 1년 동안 읽은 책은 모두 몇 권인가요?

(   )

[5~6] 보기 에서 일이 일어날 가능성으로 알맞은 것을 찾아 기호를 쓰세요.

보기
㉠ 은행에서 뽑은 대기 번호표의 번호는 짝수일 것입니다.
㉡ 횡단보도에서 초록 신호등이 꺼지면 빨간 신호등이 켜질 것입니다.
㉢ 포도맛 사탕만 3개 들어 있는 주머니에서 사탕 1개를 꺼냈을 때 딸기맛일 것입니다.

5 확실하다 (   )

6 불가능하다 (   )

7 다음 수 카드를 상자에 넣고 1장을 뽑을 때 뽑은 카드가 홀수일 가능성을 수로 표현해 보세요.

(   )

8 화살이 파란색에 멈출 가능성이 높은 회전판을 가진 친구부터 순서대로 이름을 쓰세요.

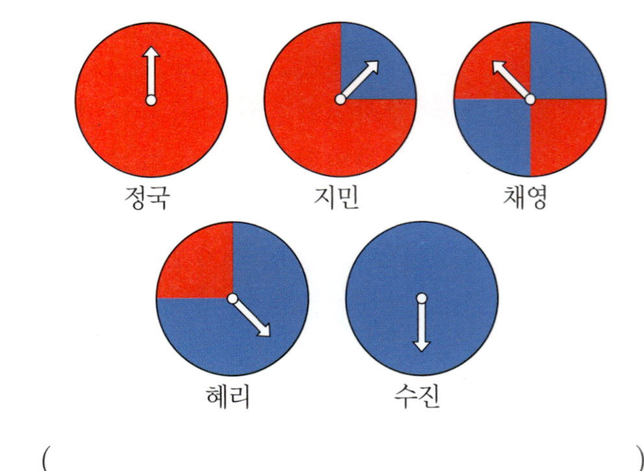

(   )

[9~10] 정현이네 학교 5학년 학급별 봉사활동에 참가한 학생 수와 활동 시간의 합을 나타낸 표입니다. 물음에 답하세요.

학급별 봉사활동에 참가한 학생 수와 시간의 합

학급	1반	2반	3반
참가 학생 수(명)	9	6	7
시간의 합(시간)	153	96	126

9 학급별 한 명당 봉사활동 시간의 평균을 구하세요.

학급별 봉사활동 시간의 평균

학급	1반	2반	3반
시간의 평균(시간)			

10 한 명당 봉사활동 시간의 평균이 높은 학급부터 순서대로 쓰세요.

( )

[11~12] 성준이네 모둠이 어제 책을 읽은 시간을 나타낸 표입니다. 성준이네 모둠이 어제 책을 읽은 시간의 평균이 35분일 때 물음에 답하세요.

성준이네 모둠이 어제 책을 읽은 시간

이름	성준	현우	지은	태연
시간(분)	23	40	52	

11 성준이네 모둠이 어제 책을 읽은 시간의 합은 몇 분인가요?

( )

12 태연이가 어제 책을 읽은 시간은 몇 분인가요?

( )

13 다음 수 중 다섯 수의 평균보다 큰 수를 모두 찾아 쓰세요.

46	38	40	34	42

( )

14 **조건**에 알맞은 회전판이 되도록 색칠해 보세요.

┤ **조건** ├

• 화살이 노란색에 멈출 가능성이 가장 높습니다.
• 화살이 주황색에 멈출 가능성은 빨간색에 멈출 가능성의 3배입니다.

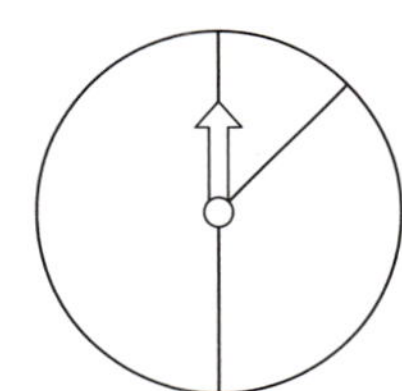

15 슬기가 타자 연습을 하면서 1분 동안 친 타자 수의 기록을 나타낸 표입니다. 1회부터 4회까지 타자 수의 평균이 307타라면 타자 수의 기록이 가장 좋았을 때는 몇 회인지 구하세요.

1분 동안 친 타자 수

회	1회	2회	3회	4회
타자 수(타)	290	316		302

( )

6 평균과 가능성

점수 □점

1 26 초과인 수는 모두 몇 개인가요?

| 25 30 26 27 23 |

(   )

2 수를 올림하여 천의 자리까지 나타낸 수를 <u>잘못</u> 나타낸 사람의 이름을 쓰세요.

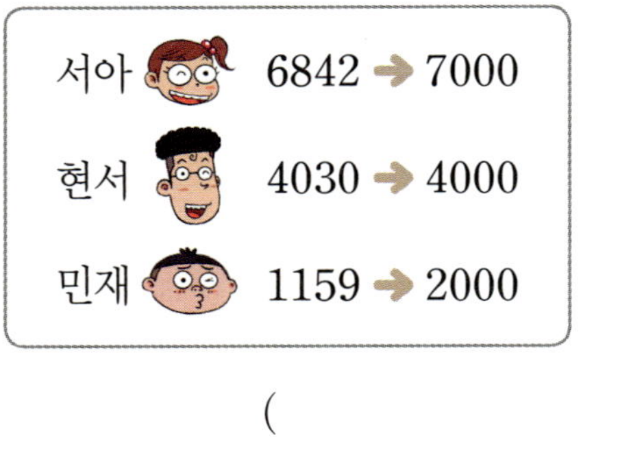

(   )

3 배추 2473포기를 한 상자에 10포기씩 담아서 팔려고 합니다. 최대 몇 상자까지 팔 수 있나요?

(   )

4 다음 수 카드 4장을 한 번씩만 사용하여 가장 큰 네 자리 수를 만들었습니다. 만든 네 자리 수를 반올림하여 백의 자리까지 나타내 보세요.

(   )

5 계산 결과가 <u>다른</u> 것을 찾아 기호를 쓰세요.

$$\text{㉠ } 1\frac{3}{4}+1\frac{3}{4}+1\frac{3}{4} \qquad \text{㉡ } \frac{7}{4}\times 3$$
$$\text{㉢ } 1\frac{3}{4}\times 3 \qquad \text{㉣ } 1+\left(\frac{3}{4}\times 3\right)$$

(   )

6 빈칸에 알맞은 수를 써넣으세요.

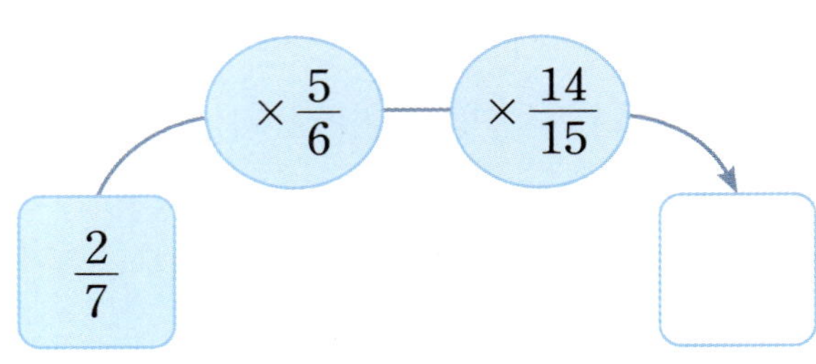

7 다음 직사각형의 가로를 $1\frac{1}{3}$ cm만큼 줄여서 새로 만든 직사각형의 넓이는 몇 cm^2인가요?

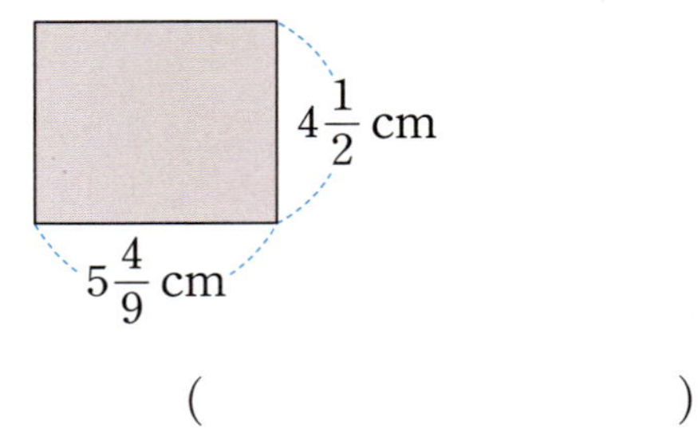

(   )

8 $\frac{5}{12}$와 $\frac{3}{10}$의 곱은 어떤 단위분수보다 작습니다. 1이 아닌 어떤 단위분수가 될 수 있는 수는 모두 몇 개인가요?

(   )

9 두 삼각형은 서로 합동입니다. □ 안에 알맞은 수를 써넣으세요.

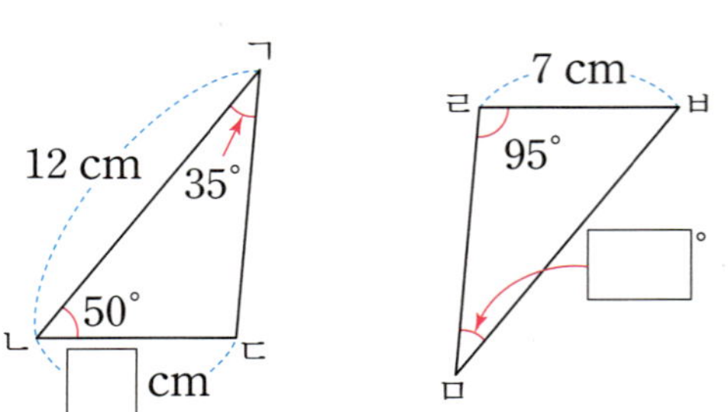

10 선대칭도형이 <u>아닌</u> 것을 모두 찾아 쓰세요.

.... (   )

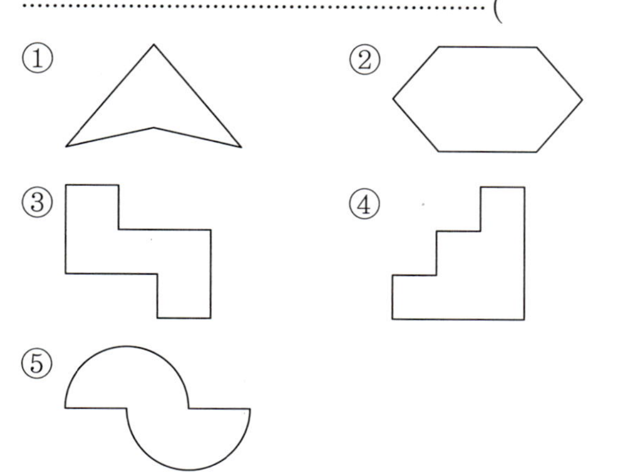

11 점 ㅇ을 대칭의 중심으로 하는 점대칭도형입니다. 점대칭도형의 둘레가 164 cm일 때 변 ㄹㅁ은 몇 cm인지 구하세요.

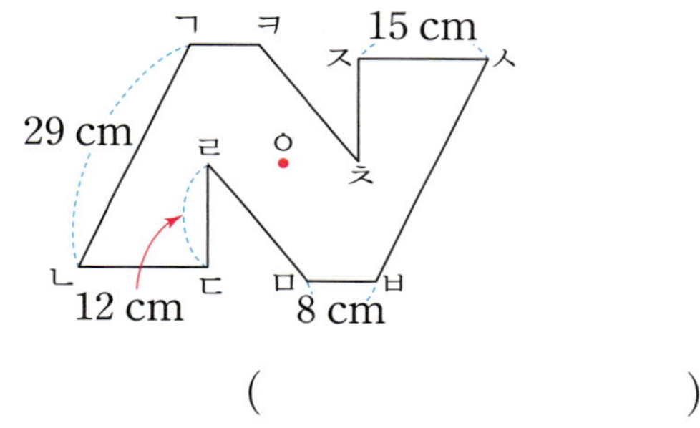

(   )

12 다음 수 중 3개를 골라 한 번씩 사용하여 점대칭이 되는 가장 큰 세 자리 수를 만들어 보세요.

(   )

13 빈칸에 알맞은 수를 써넣으세요.

14 1 km를 달리는 데 휘발유 0.07 L가 필요한 자동차가 있습니다. 이 자동차가 0.9 km를 달리는 데 필요한 휘발유는 몇 L인지 구하세요.

(   )

15 ☐ 안에 알맞은 수를 구하세요.

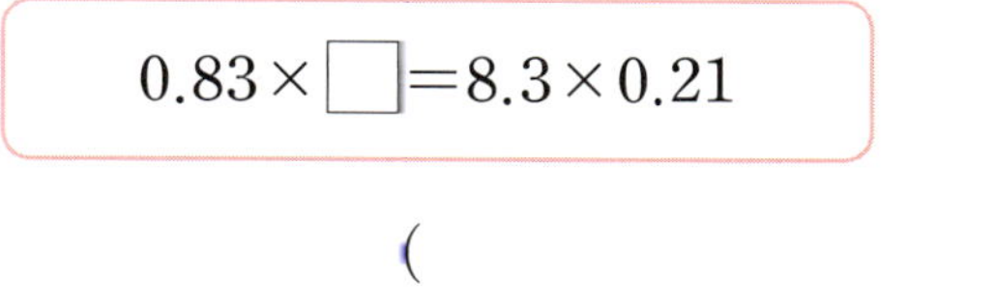
$$0.83 \times \boxed{} = 8.3 \times 0.21$$

(   )

16 민성이의 몸무게는 43.5 kg입니다. 동생의 몸무게는 민성이 몸무게의 0.6배이고, 기르고 있는 강아지의 무게는 동생의 몸무게의 0.4배입니다. 강아지의 무게는 몇 kg인가요?

(   )

17 직육면체를 모두 찾아 기호를 쓰세요.

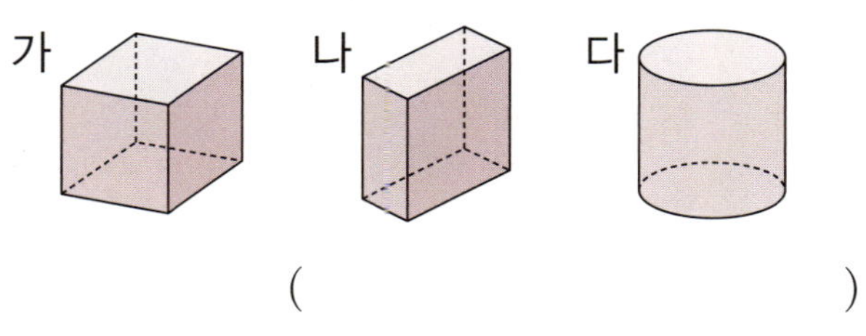

(   )

18 전개도를 접어서 정육면체를 만들었을 때 색칠한 면과 수직인 면에 모두 색칠해 보세요.

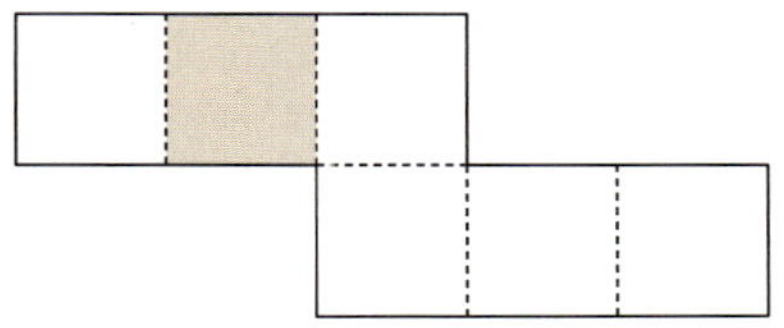

19 직육면체 모양의 선물 상자를 그림과 같이 끈으로 한 바퀴씩 둘러 묶었습니다. 매듭으로 사용한 끈의 길이가 18 cm일 때 상자를 묶는 데 사용한 끈의 길이는 모두 몇 cm인지 구하세요.

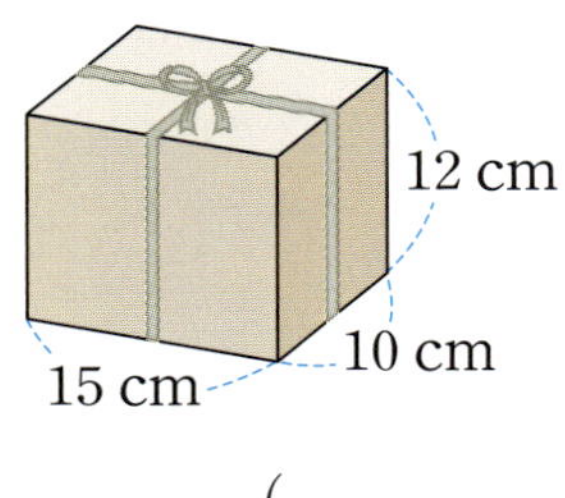

(　　　　　　　　)

20 6개의 면이 서로 다른 색으로 맞추어진 정육면체 모양의 큐브 퍼즐을 여러 방향에서 본 것입니다. 노란색 면과 평행한 면은 무슨 색인가요?

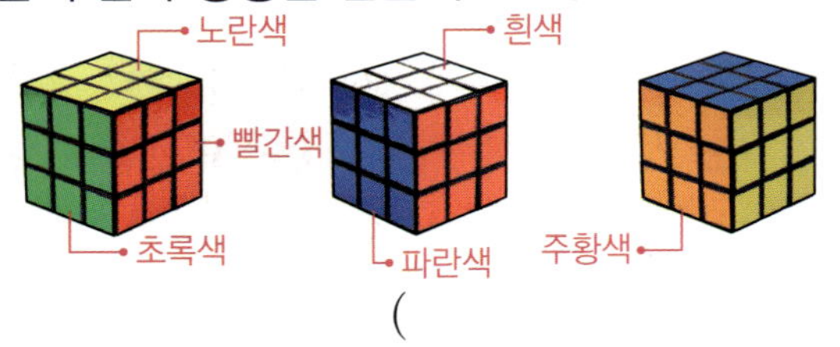

(　　　　　　　　)

21 초록색, 빨간색으로 이루어진 회전판을 돌릴 때 화살이 빨간색에 멈출 가능성이 더 높은 회전판의 기호를 쓰세요.

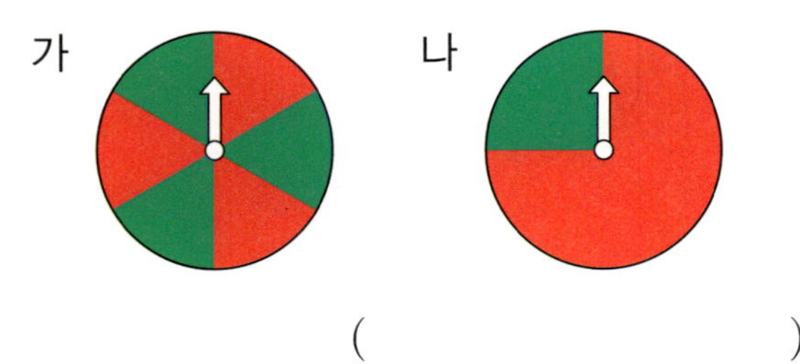

(　　　　　　　　)

22 다음 카드 중 한 장을 뽑을 때 ◈ 카드를 뽑을 가능성을 0부터 1까지의 수로 표현해 보세요.

(　　　　　　　　)

[23~24] 채아와 종민이의 제기차기 기록을 나타낸 표입니다. 물음에 답하세요.

채아의 제기차기 기록

회	1회	2회	3회	4회
기록(개)	4	6	10	8

종민이의 제기차기 기록

회	1회	2회	3회
기록(개)	11	6	7

23 두 사람의 제기차기 기록의 합과 평균을 각각 구해 빈칸에 써넣으세요.

	채아	종민
기록의 합(개)		
평균(개)		

24 위의 표를 보고 <u>잘못</u> 말한 사람은 누구인가요?

> 현우: 기록의 평균을 구하면 종민이가 더 높으니까 종민이가 더 잘 했어.
> 서희: 최고 기록이 채아는 10개, 종민이는 11개인데 이것으로 제기차기를 더 잘한 사람을 비교하기는 어려워.
> 수현: 기록의 합이 더 높은 채아가 더 잘했어.

(　　　　　　　　)

25 어느 지역의 마을별 인구수를 나타낸 표입니다. 네 마을의 인구수의 평균이 580명이라면 라 마을의 인구는 몇 명인가요?

마을별 인구수

마을	가	나	다	라
인구수(명)	540	730	610	

(　　　　　　　　)

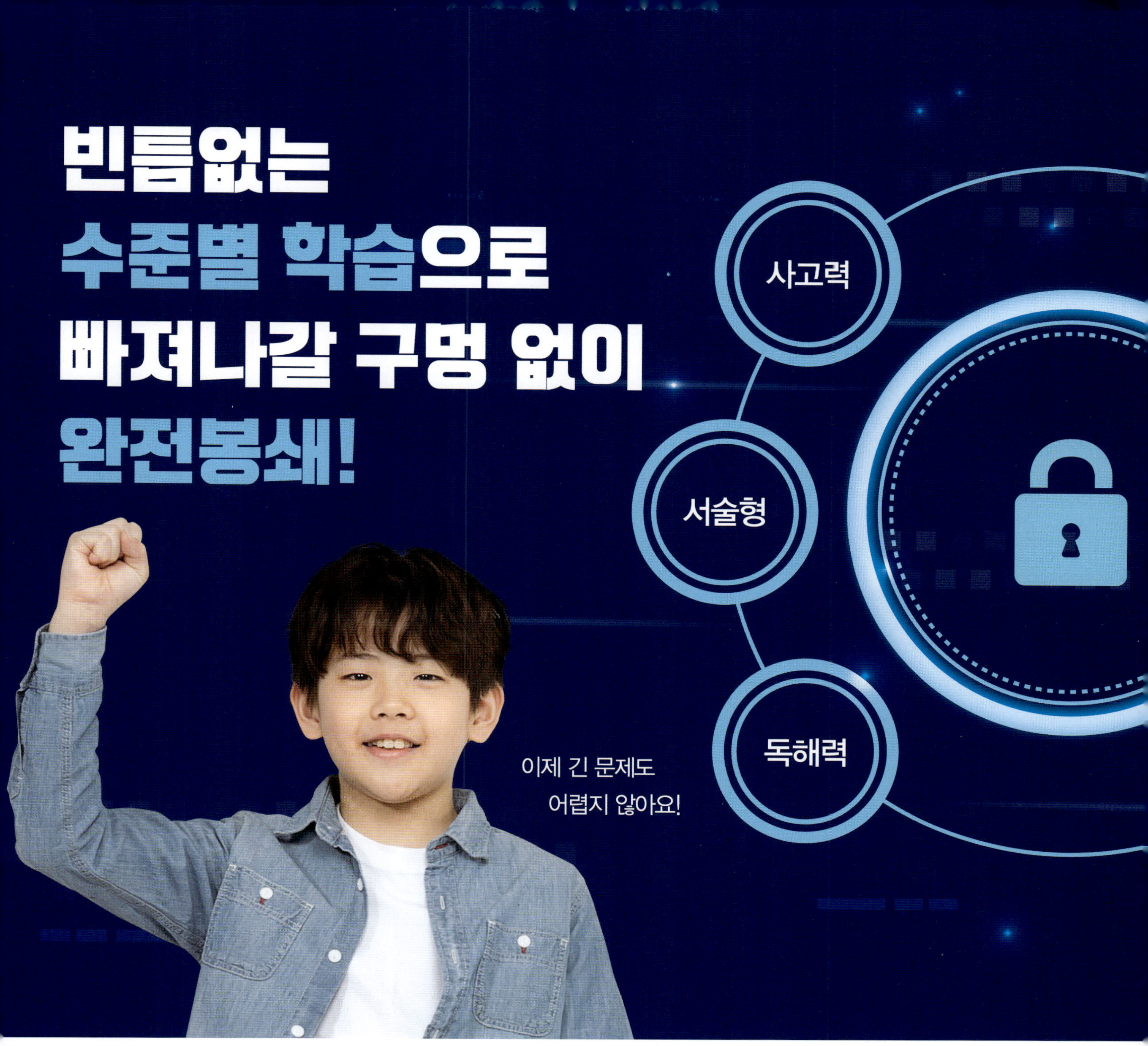
빈틈없는
수준별 학습으로
빠져나갈 구멍 없이
완전봉쇄!
사고력
서술형
독해력
이제 긴 문제도
어렵지 않아요!

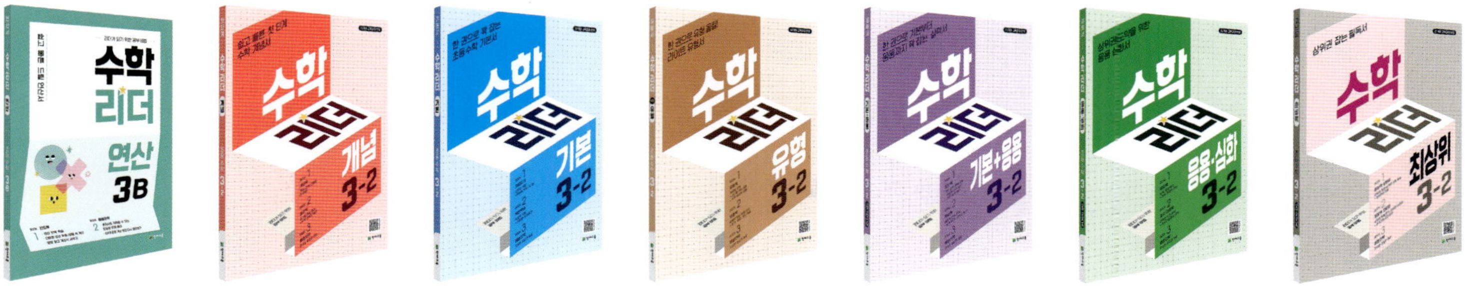

시험 대비교재

●올백 전과목 단원평가 | 1~6학년/학기별
(1학기는 2~6학년)

●HME 수학 학력평가 | 1~6학년/상·하반기용

●HME 국어 학력평가 | 1~6학년

논술·한자교재

●YES 논술 | 1~6학년/총 24권

●천재 NEW 한자능력검정시험 자격증 한번에 따기 | 8~5급(총 7권)/4급~3급(총 2권)

영어교재

●READ ME
– Yellow 1~3 | 2~4학년(총 3권)
– Red 1~3 | 4~6학년(총 3권)

●Listening Pop | Level 1~3

●Grammar, ZAP!
– 입문 | 1, 2단계
– 기본 | 1~4단계
– 심화 | 1~4단계

●Grammar Tab | 총 2권

●Let's Go to the English World!
– Conversation | 1~5단계, 단계별 3권
– Phonics | 총 4권

예비중 대비교재

●천재 신입생 시리즈 | 수학/영어

●천재 반편성 배치고사 기출 & 모의고사

초등 문해력
독해가 힘이다
문장제 수학편

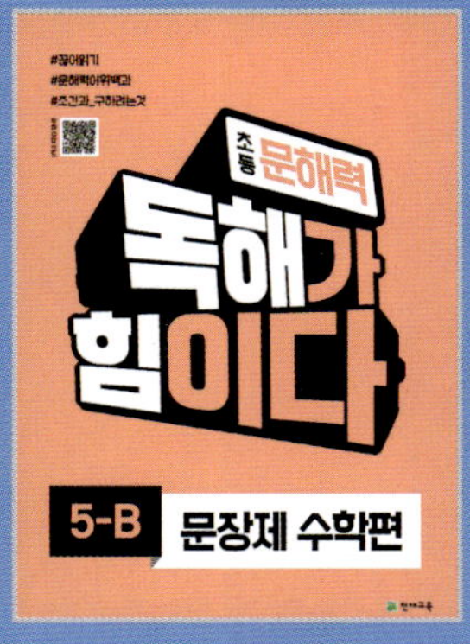

🔍 문해력을 키우면 정답이 보인다

초등 문해력 독해가 힘이다
문장제 수학편 (초등 1~6학년 / 단계별)

짧은 문장 연습부터 긴 문장 연습까지 문장을 읽고 이해하며 해결하는 연습을 하여
수학 문해력을 길러주는 문장제 연습 교재

率 先 垂 範

거느릴·**솔**　　먼저·**선**　　드리울·**수**　　법·**범**

'남보다 앞장서서 행동하여 몸소 다른사람의 본보기가 됨'을
이르는 말이다.

수학리더 기본+응용

천재교육

해법 첨단

리더가 되기 위한
공부 비법

BOOK 3
5-2

BOOK 1
진도책
기본·실력·응용 유형
+ 서술형 수능 대비
+ 기본·실력 평가

BOOK 2
복습책
응용력 강화 문제
+ 실력 평가 + 성취도 평가

천재교육

해법전략 포인트 3가지

▶ 혼자서도 이해할 수 있는 친절한 문제 풀이

▶ 참고, 주의 등 자세한 풀이 제시

▶ 다른 풀이를 제시하여 다양한 방법으로 문제 풀이 가능

정답과 해설

1 수의 범위와 어림하기

STEP 1 개념 익히기 6~7쪽

1 (1) 이상에 ◯표 (2) 이하에 ◯표
2 (1) 10, 12, 14 (2) 4, 6
3 (◯)
   (   )
4 (1) 이하 (2) 이상
5 (1)

6 서아
7 1, 2, 3
8 25.4, 26, 32, 25에 ◯표
9 영민, 우람

---

2 (1) 10과 같거나 큰 수를 모두 찾습니다. ➡ 10, 12, 14
(2) 6과 같거나 작은 수를 모두 찾습니다. ➡ 4, 6

4 (1) 18에 ● 으로 표시하고 왼쪽으로 선을 그었으므로 18과 같거나 작은 수입니다. ➡ 18 이하인 수
(2) 27에 ● 으로 표시하고 오른쪽으로 선을 그었으므로 27과 같거나 큰 수입니다. ➡ 27 이상인 수

5 (1) 16에 ● 으로 표시하고 왼쪽으로 선을 긋습니다.
(2) 21에 ● 으로 표시하고 오른쪽으로 선을 긋습니다.

8 25와 같거나 큰 수를 모두 찾습니다. ➡ 25.4, 26, 32, 25

9 방학 동안 읽은 책이 6권과 같거나 많은 학생은 영민(6권), 우람(7권)입니다.

STEP 1 개념 익히기 8~9쪽

1 (1) 초과에 ◯표 (2) 미만에 ◯표
2 (1) 31, 33, 35 (2) 25, 27
3 (◯)
   (   )
4 (1) 미만 (2) 초과
5 (1)
   (2)
6 ㉡
7 18, 19, 20
8 4개
9 은영, 성희

---

2 (1) 29보다 큰 수를 모두 찾습니다. ➡ 31, 33, 35
(2) 29보다 작은 수를 모두 찾습니다. ➡ 25, 27

4 (1) 9에 ◯ 으로 표시하고 왼쪽으로 선을 그었으므로 9보다 작은 수입니다. ➡ 9 미만인 수
(2) 16에 ◯ 으로 표시하고 오른쪽으로 선을 그었으므로 16보다 큰 수입니다. ➡ 16 초과인 수

5 (1) 19에 ◯ 으로 표시하고 오른쪽으로 선을 긋습니다.
(2) 31에 ◯ 으로 표시하고 왼쪽으로 선을 긋습니다.

6 ㉠ 12는 12 미만인 수에 포함되지 않습니다.

8 40보다 작은 수는 28, 37.7, 39.5, $10\frac{1}{3}$로 모두 4개입니다.

9 공 던지기 기록이 20 m보다 짧은 학생은 은영(16.4 m), 성희(13 m)입니다.

STEP 1 개념 익히기 10~11쪽

1 (1) 이상, 미만 (2) 초과, 미만
2 (1) 36, 37, 38에 ◯표 (2) 20, 21, 22에 ◯표
3 다람쥐급
4 시온, 경훈
5 ㉡
6 (1)
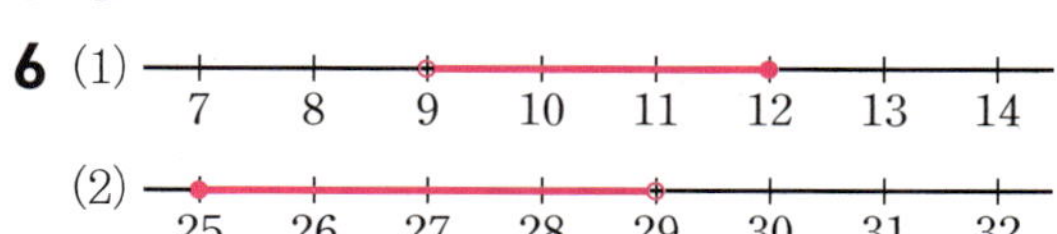
   (2)
7 26, 30.8, 32.1
8 현서

---

1 (1) 13과 같거나 크고 17보다 작은 수이므로 13 이상 17 미만인 수입니다.
(2) 21보다 크고 25보다 작은 수이므로 21 초과 25 미만인 수입니다.

3 준혁이는 42 kg으로 45 kg 이하이므로 다람쥐급에 속합니다.

4 몸무게가 45 kg보다 무겁고 55 kg과 같거나 가벼운 학생은 시온(46 kg), 경훈(50 kg)입니다.

5 45 kg 초과 55 kg 이하이므로 45에는 ◯ 으로, 55에는 ● 으로 표시하고 두 점을 선으로 잇습니다.

6 (1) 9에는 ○으로, 12에는 ●으로 표시하고 두 점을 선으로 잇습니다.
(2) 25에는 ●으로, 29에는 ○으로 표시하고 두 점을 선으로 잇습니다.

참고 개념
이상과 이하는 기준이 되는 수가 포함되므로 ●으로 표시하고, 초과와 미만은 기준이 되는 수가 포함되지 않으므로 ○으로 표시합니다.

7 26과 같거나 크고 34보다 작은 수는 26, 30.8, 32.1입니다.

8 은우: 43보다 크고 45와 같거나 작은 수이므로 43이 포함되지 않습니다.
민재: 40과 같거나 크고 43보다 작은 수이므로 43이 포함되지 않습니다.
현서: 40보다 크고 43과 같거나 작은 수이므로 43이 포함됩니다.

STEP 2 기본 다지기 12~15쪽

1 ③, ④
2 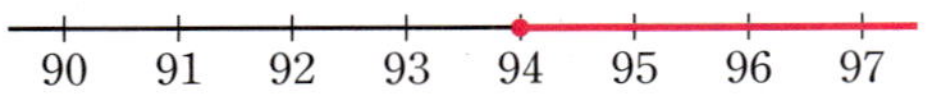

3 (1) 23 이하인 수 (2) 59 이상인 수
4 5개
5 ㉡
6 ㉢
7 서준, 혜정, 수미
8 33, 21.5
9 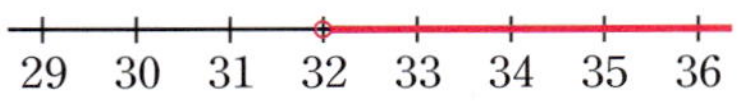

10 ㉡
11 85 미만인 수
12 58
13 윤재, 정아
14 2500원
15 29 이상 33 미만인 수
16 42 초과 46 이하인 수
17 74, 60
18 71, 67
19 31, 52
20 ㉡
21 울산
22 5.3, 5.4
23 31, 38
24 14, 19
25 39
26 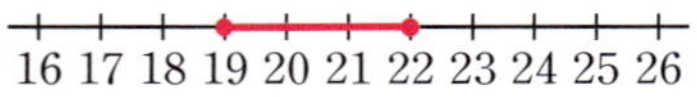

/ 19, 20, 21, 22
27 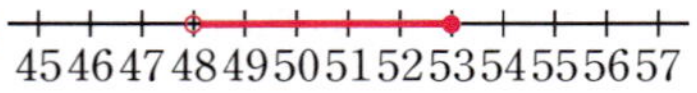

/ 5개

1 26과 같거나 작은 수가 아닌 것은 ③ 31.2, ④ 29입니다.

2 94에 ●으로 표시하고 오른쪽으로 선을 긋습니다.

3 (1) 23에 ●으로 표시하고 왼쪽으로 선을 그었으므로 23 이하인 수입니다.
(2) 59에 ●으로 표시하고 오른쪽으로 선을 그었으므로 59 이상인 수입니다.

4 5와 같거나 작은 자연수는 1, 2, 3, 4, 5입니다. ➔ 5개

참고 개념
■ 이하인 자연수는 1, 2, 3……, ■−1, ■이므로 모두 ■개입니다.

5 ㉠ 10 이하인 수는 10과 같거나 작은 수이므로 20이 포함되지 않습니다.
㉡ 15 이상인 수는 15와 같거나 큰 수이므로 20이 포함됩니다.

6 ㉠ 7 이상인 수: 6이 포함되지 않습니다.
㉡ 18 이상인 수: 6, 7, 10이 포함되지 않습니다.

7 키가 125 cm와 같거나 작은 학생은 서준(124.5 cm), 혜정(122 cm), 수미(120.5 cm)입니다.

8 21보다 큰 수를 모두 찾습니다. ➔ 33, 21.5

9 32에 ○으로 표시하고 오른쪽으로 선을 긋습니다.

10 43에 ○으로 표시하고 오른쪽으로 선을 긋습니다.

11 85에 ○으로 표시하고 왼쪽으로 선을 그었으므로 85 미만인 수입니다.

12 57보다 큰 자연수는 58, 59, 60……이므로 이 중에서 가장 작은 수는 58입니다.

13 수직선에 나타낸 수의 범위는 36 미만인 수이므로 봉사 활동 시간이 36시간보다 적은 학생을 모두 찾습니다. ➔ 윤재(34시간), 정아(33시간)

14 40분은 30분 초과 후 10분이 지난 것이므로 주차 요금은 2000+500=2500(원)입니다.

16 42에 ○으로, 46에 ●으로 표시하고 두 점을 선으로 이었으므로 42 초과 46 이하인 수입니다.

17 수직선에 나타낸 수의 범위는 60 이상 80 이하인 수이므로 60과 같거나 크고 80과 같거나 작은 수를 모두 찾습니다. ➔ 74, 60

18 수직선에 나타낸 수의 범위는 66 초과 72 미만인 수이므로 66보다 크고 72보다 작은 수입니다.
이 수의 범위에 속하는 자연수는 67, 68, 69, 70, 71이므로 가장 큰 수는 71, 가장 작은 수는 67입니다.

19 30 초과 51 이하인 자연수는 31, 32, 33……, 49, 50, 51이고, 이 수들은 31 이상 52 미만인 자연수입니다.

20 ㉠ 24보다 크고 27과 같거나 작은 수이므로 24가 포함되지 않습니다.
㉡ 23보다 크고 26보다 작은 수이므로 24가 포함됩니다.
㉢ 20과 같거나 크고 24보다 작은 수이므로 24가 포함되지 않습니다.

21 기온이 18 ℃보다 높고 21 ℃보다 낮은 도시는 울산(20.8 ℃)입니다.

22 소수 첫째 자리 숫자는 3과 같거나 크고 4와 같거나 작아야 하므로 3, 4가 될 수 있습니다. ➡ 5.3, 5.4

24 수를 순서대로 늘어놓으면 14, 15, 16, 17, 18입니다.
➡ 14 이상 19 미만인 자연수

25 수를 순서대로 늘어놓으면 39.8, 41, 42.5, 45.3, 50입니다.
➡ ㉠에 들어갈 수 있는 가장 큰 자연수는 39입니다.

26 공통인 수의 범위: 19 이상 22 이하인 수
공통인 수의 범위에 속하는 자연수: 19, 20, 21, 22

27 공통인 수의 범위: 48 초과 53 이하인 수
공통인 수의 범위에 속하는 자연수: 49, 50, 51, 52, 53
➡ 5개

STEP 1 개념 익히기 16~17쪽

1 (1) 300에 ◯표 (2) 4400에 ◯표
2 (1) 600에 ◯표 (2) 3200에 ◯표
3 (1) 2700 (2) 3000   **4** (1) 4500 (2) 4000
5 (선 잇기)   **6** 1610, 1600
7 (1) 4.69 (2) 2.51   **8** 4.2
9 283   **10** ㉠

---

1 (1) 259 ➡ 300 (2) 4321 ➡ 4400
올립니다.   올립니다.

2 (1) 670 ➡ 600 (2) 3290 ➡ 3200
버립니다.   버립니다.

3 (1) 2700 ➡ 2700 (2) 2700 ➡ 3000
그대로 씁니다.   올립니다.

---

4 (1) 4520 ➡ 4500 (2) 4520 ➡ 4000
버립니다.   버립니다.

5 3857 ➡ 3000, 4094 ➡ 4000, 2999 ➡ 2000
버립니다.   버립니다.   버립니다.

참고 개념
버림하여 천의 자리까지 나타낼 때 천의 자리 숫자는 그대로 쓰고 천의 자리 아래 수를 모두 0으로 나타냅니다.

6 올림: 1608 ➡ 1610, 버림: 1608 ➡ 1600
올립니다.   버립니다.

7 (1) 4.681 ➡ 4.69 (2) 2.503 ➡ 2.51
올립니다.   올립니다.

8 4.295 ➡ 4.2
버립니다.

9 283 ➡ 290, 294 ➡ 300, 277 ➡ 280
올립니다.   올립니다.   올립니다.

10 ㉠ 524 ➡ 530 ㉡ 540 ➡ 500
올립니다.   버립니다.

STEP 1 개념 익히기 18~19쪽

1 (1) 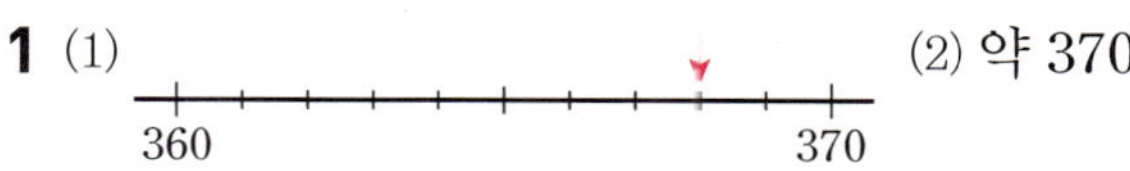
(2) 약 370
2 (1) 4, 0 (2) 7, 0 (3) 1, 0   **3** (1) 2390 (2) 2000
4 (1) 1600 (2) 4200   **5** 2.05
6 유찬   **7** 올림에 ◯표, 580
8 버림에 ◯표, 800   **9** ㉠

---

2 (1) 842 ➡ 840 (2) 6267 ➡ 6270 (3) 2514 ➡ 2510
버립니다.   올립니다.   버립니다.

3 (1) 2385 ➡ 2390 (2) 2385 ➡ 2000
올립니다.   버립니다.

4 (1) 1582 ➡ 1600 (2) 4236 ➡ 4200
올립니다.   버립니다.

5 2.049 ➡ 2.05
올립니다.

6 소윤: 3176 ➡ 3000, 유찬: 3642 ➡ 4000
버립니다.   올립니다.
현서: 3408 ➡ 3000
버립니다.

7 10권씩 묶어서 파는 연습장을 모자라지 않게 사는 경우이므로 올림을 이용합니다.
576을 올림하여 십의 자리까지 나타내면 580이므로 사야 하는 연습장은 최소 580권입니다.

8 한 상자에 귤을 100개씩 담아 팔 때 팔 수 있는 귤의 최대 수를 구하는 경우이므로 버림을 이용합니다.
853을 버림하여 백의 자리까지 나타내면 800이므로 팔 수 있는 귤은 최대 800개입니다.

9 ㉡은 버림의 방법으로 어림해야 합니다.

STEP 2 기본 다지기   20~25쪽

1 5800, 6000   **2** 6.35

3 730, 800 / <   **4** 8.2, 8.15 / >

5 ㉡   **6** 403, 478에 ○표

7 ㉢   **8** 800

9 2800, 2000   **10** 5.2

11 >   **12** =

13 은우   **14** ㉠, ㉣

15 970   **16** 4930, 4900

17 3.67   **18** 6 cm

19 ( )(○)   **20** 2800, 7400, 6000

21 ㉡   **22** 5, 9

23 (1) 올림 (2) 9000원   **24** 9대

25 24대   **26** (1) 버림 (2) 900개

27 3700원   **28** 31상자, 2개

29 (1) 반올림 (2) 약 500명

30 144 cm   **31** 올림, 반올림 / 건우

32 ㉠   **33** ㉡

34 ㉢   **35** 360, 370

36 450, 460   **37** 299

38 775   **39** 4274

40 2649, 2550

---

1 5743 ➡ 5800, 5743 ➡ 6000
올립니다.   올립니다.

2 6.341 ➡ 6.35
올립니다.

3 726 ➡ 730, 726 ➡ 800
올립니다.   올립니다.

4 8.145 ➡ 8.2, 8.145 ➡ 8.15
올립니다.   올립니다.

5 ㉡ 4563 ➡ 4600
올립니다.

6 399 ➡ 400, 400 ➡ 400, 403 ➡ 500, 478 ➡ 500
올립니다.   그대로 씁니다.   올립니다.   올립니다.

7 ㉠ 2.542 ➡ 2.55   ㉡ 2.55   ㉢ 2.553 ➡ 2.56
올립니다.   올립니다.

8 올림하여 백의 자리까지 나타낸 수: 7170 ➡ 7200
올립니다.
올림하여 천의 자리까지 나타낸 수: 7170 ➡ 8000
올립니다.
➡ 8000－7200＝800

9 2879 ➡ 2800, 2879 ➡ 2000
버립니다.   버립니다.

10 5.213 ➡ 5.2
버립니다.

11 658 ➡ 650, 658 ➡ 600
버립니다.   버립니다.

12 ㉠ 4624 ➡ 4600   ㉡ 4690 ➡ 4600
버립니다.   버립니다.

13 소윤: 2561 ➡ 2500, 서아: 8073 ➡ 8000
버립니다.   버립니다.
은우: 14900 ➡ 14900
그대로 씁니다.

14 ㉠ 8735 ➡ 8000   ㉡ 9000 ➡ 9000
버립니다.   그대로 씁니다.
㉢ 7900 ➡ 7000   ㉣ 8200 ➡ 8000
버립니다.   버립니다.

> **참고 개념**
> 버림하여 천의 자리까지 나타내었을 때 8000이 되는 수는 8000부터 8999까지의 수입니다.

15 만들 수 있는 가장 큰 세 자리 수: 975
975 ➡ 970
버립니다.

16 4925 ➡ 4930, 4925 ➡ 4900
올립니다.   버립니다.

17 3.674 ➡ 3.67
버립니다.

18 머리핀의 실제 길이는 5.7 cm입니다. 5.7을 반올림하여 일의 자리까지 나타내면 6입니다. ➡ 6 cm

19 783 ➡ 780, 783 ➡ 800
버립니다.   올립니다.

TEST 단원 **실력 평가** 35~37쪽

1 3800, 3800 **2** 5.24

3 ⑤ **4** ㉠

5 27, 32 **6** 현주, 영광

7

115 120 125 130 135 140 145

8 꼬마 비행기, 다람쥐통 **9** ㉠

10 ㉠, ㉢ **11** 1000원

12 45 **13** 10대

14 5000원 **15** 5개

16 5 **17** 1220000원

18 198권

19 **예 ❶** 수직선에 나타낸 수의 범위는 33 초과 ㉠ 이하인 수입니다. 이 수의 범위에 속하는 자연수 4개를 작은 수부터 차례로 쓰면 34, 35, 36, 37입니다.
❷ 수의 범위에 37까지 속해야 하고 ㉠도 속하므로 ㉠은 37입니다. **답** 37

20 **예 ❶** 올림하여 백의 자리까지 나타내면 300인 자연수의 범위: 201부터 300까지의 자연수
❷ ❶에서 구한 범위의 자연수 중에서 반올림하여 십의 자리까지 나타내면 200인 수: 201, 202, 203, 204 **답** 201, 202, 203, 204

3 수직선에 나타낸 수의 범위는 42 이상 45 이하인 수이므로 42와 같거나 크고 45와 같거나 작은 수가 아닌 것을 찾습니다.

4 ㉡ 9 이상인 자연수 중에서 가장 작은 수는 9입니다.

6 키가 135 cm보다 큰 학생은 현주(140 cm), 영광(145 cm)입니다.

8 키가 125 cm인 학생이 속하는 범위를 찾습니다.
120 cm 초과 130 cm 이하 ➜ 꼬마 비행기
100 cm 이상 140 cm 미만 ➜ 다람쥐통

9 ㉠ 60500 ➜ 61000 ㉡ 59934 ➜ 60000
올립니다. 올립니다.
㉢ 60000 ➜ 60000
그대로 씁니다.

10 ㉠ 85, 86……, 95, 96 ㉡ 97, 98, 99
㉢ 90, 91, 92, 93, 94, 95 ㉢ 96, 97, 98
➜ 96을 포함하는 수의 범위는 ㉠, ㉢입니다.

11 50분 동안 주차했으므로 30분 이상 1시간 미만 주차한 요금 1000원을 내야 합니다.

12 수를 순서대로 늘어놓으면 46, 54, 63, 78이므로 ㉠이 될 수 있는 수는 46보다 작은 45, 44, 43……입니다.
따라서 ㉠이 될 수 있는 자연수 중에서 가장 큰 수는 45입니다.

13 100상자씩 화물차 9대에 실어 나르면 900상자이므로 82상자가 남고, 남는 82상자도 실어 날라야 합니다.
따라서 화물차는 최소 9+1=10(대)가 필요합니다.

14 (빵값)+(우윳값)=2800+1700=4500(원)
4500을 올림하여 천의 자리까지 나타내면 5000이므로 최소 5000원을 내야 합니다.

15 2□83의 천의 자리 숫자가 2인데 반올림하여 천의 자리까지 나타낸 수는 2000으로 천의 자리 숫자가 그대로 2이므로 백의 자리 숫자를 버림한 것입니다.
따라서 □ 안에 들어갈 수 있는 숫자는 0, 1, 2, 3, 4입니다. ➜ 5개

16 올림하여 십의 자리까지 나타내었을 때 70이 되는 자연수는 61부터 70까지의 자연수입니다.
올림하기 전의 자연수는 서준이가 생각한 수에 13을 곱해 나온 수이므로 13의 배수입니다.
61부터 70까지의 자연수 중에서 13의 배수는 65입니다.
➜ 65÷13=5이므로 서준이가 생각한 자연수는 5입니다.

17 615를 버림하여 십의 자리까지 나타내면 610이므로 상자에 담아 팔 수 있는 오이는 610 kg입니다.
610 kg의 오이는 10 kg씩 61상자이므로 오이를 모두 판 금액은 20000×61=1220000(원)입니다.

18 남는 공책의 수가 가장 많을 때는 학생 수가 가장 적을 때입니다.
올림하여 백의 자리까지 나타내면 1400인 자연수는 1301부터 1400까지의 자연수이므로 학생 수가 가장 적을 때는 1301명입니다.
학생 수가 가장 적을 때 필요한 공책은
1301×2=2602(권)이므로 공책이 가장 많이 남을 때는 2800-2602=198(권)이 남습니다.

19

✎ 채점 기준		
❶ 수직선에 나타낸 수의 범위를 구하고, 이 수의 범위에 속하는 자연수 4개를 작은 수부터 차례로 씀.	3점	5점
❷ ㉠에 알맞은 자연수를 구함.	2점	

20

✎ 채점 기준		
❶ 첫 번째 조건을 만족하는 자연수의 범위를 구함.	3점	5점
❷ ❶에서 구한 범위에서 두 번째 조건을 만족하는 자연수를 모두 구함.	2점	

 분수의 곱셈

STEP 1 개념 익히기　40~41쪽

1 4, 4, 2　　　　**2** 4, 8, 2, 2

3 8, $1\dfrac{3}{5}$　　　　**4** (　　)(○)

5 7, $\dfrac{7}{3}$, $2\dfrac{1}{3}$ / 1, $\dfrac{7}{3}$, $2\dfrac{1}{3}$ / 1, $\dfrac{7}{3}$, $2\dfrac{1}{3}$

6 (1) $1\dfrac{2}{7}$　(2) $1\dfrac{1}{5}$

7 (1) $\dfrac{3}{10}\times 8=\dfrac{3\times\overset{4}{8}}{\underset{5}{10}}=\dfrac{12}{5}=2\dfrac{2}{5}$

　(2) $\dfrac{7}{8}\times 6=\dfrac{7\times\overset{3}{6}}{\underset{4}{8}}=\dfrac{21}{4}=5\dfrac{1}{4}$

8 $\dfrac{3}{7}\times 5=2\dfrac{1}{7}$, $2\dfrac{1}{7}$ L

4 분수의 분모와 자연수를 2로 약분합니다.

5 약분하여 계산하고 가분수는 대분수로 나타냅니다.

6 (1) $\dfrac{1}{7}\times 9=\dfrac{9}{7}=1\dfrac{2}{7}$

　(2) $\dfrac{2}{5}\times 3=\dfrac{6}{5}=1\dfrac{1}{5}$

8 (소민이가 5일 동안 마시는 우유의 양)

$=\dfrac{3}{7}\times 5=\dfrac{15}{7}=2\dfrac{1}{7}$ (L)

STEP 1 개념 익히기　42~43쪽

1 4, 8, 2, 2　　　　**2** 2, 2, 2

3 13, 2, 26, 8, 2　　　　**4** 4, 4, 2, 8, 2

5 (1) 11, 55, $6\dfrac{7}{8}$　(2) 4, 8, 8, 8, 1, $9\dfrac{1}{7}$

6 (1) $11\dfrac{1}{2}$　(2) $32\dfrac{2}{3}$　　**7** $26\dfrac{1}{2}$

8 유찬　　　　**9**

10 $1\dfrac{1}{4}\times 3=3\dfrac{3}{4}$, $3\dfrac{3}{4}$ km

6 (1) $3\dfrac{5}{6}\times 3=(3\times 3)+\left(\dfrac{5}{\underset{2}{6}}\times\overset{1}{3}\right)=9+\dfrac{5}{2}$

$=9+2\dfrac{1}{2}=11\dfrac{1}{2}$

　(2) $5\dfrac{4}{9}\times 6=\dfrac{49}{\underset{3}{9}}\times\overset{2}{6}=\dfrac{98}{3}=32\dfrac{2}{3}$

7 $5\dfrac{3}{10}\times 5=\dfrac{53}{\underset{2}{10}}\times\overset{1}{5}=\dfrac{53}{2}=26\dfrac{1}{2}$

8 소윤: $1\dfrac{1}{7}\times 9=\dfrac{8}{7}\times 9=\dfrac{72}{7}=10\dfrac{2}{7}$

　유찬: $2\dfrac{5}{8}\times 6=\dfrac{21}{\underset{4}{8}}\times\overset{3}{6}=\dfrac{63}{4}=15\dfrac{3}{4}$

9 $1\dfrac{5}{16}\times 4=\dfrac{21}{\underset{4}{16}}\times\overset{1}{4}=\dfrac{21}{4}=5\dfrac{1}{4}$

$1\dfrac{3}{4}\times 2=\dfrac{7}{\underset{2}{4}}\times\overset{1}{2}=\dfrac{7}{2}=3\dfrac{1}{2}$

$1\dfrac{7}{12}\times 3=\dfrac{19}{\underset{4}{12}}\times\overset{1}{3}=\dfrac{19}{4}=4\dfrac{3}{4}$

10 (진호가 자전거를 타고 돈 거리)

$=1\dfrac{1}{4}\times 3=(1\times 3)+\left(\dfrac{1}{4}\times 3\right)=3+\dfrac{3}{4}=3\dfrac{3}{4}$ (km)

STEP 1 개념 익히기　44~45쪽

1 2, 6　　　　**2** 5, 10

3 (1) 6, $\dfrac{6}{7}$　(2) 2, 14, $4\dfrac{2}{3}$　(3) 10, 2, 10, 8, 18

4 (1) $5\dfrac{1}{4}$　(2) $4\dfrac{5}{6}$　　**5**

6 민선　　　　**7** $84\times\dfrac{5}{14}=30$, 30쪽

8 $3\times 2\dfrac{1}{5}=6\dfrac{3}{5}$, $6\dfrac{3}{5}$ m

1 8의 $\dfrac{1}{4}$은 8을 4등분한 것 중 1이므로 2이고

8의 $\dfrac{3}{4}$은 8을 4등분한 것 중 3이므로 6입니다.

4 (1) $\overset{7}{14}\times\dfrac{3}{\underset{4}{8}}=\dfrac{21}{4}=5\dfrac{1}{4}$

　(2) $2\times 2\dfrac{5}{12}=\overset{1}{2}\times\dfrac{29}{\underset{6}{12}}=\dfrac{29}{6}=4\dfrac{5}{6}$

5 $4 \times 2\frac{5}{8} = (4 \times 2) + \left(\overset{1}{4} \times \frac{5}{\underset{2}{8}}\right) = 8 + \frac{5}{2} = 8 + 2\frac{1}{2} = 10\frac{1}{2}$

$5 \times 1\frac{2}{3} = (5 \times 1) + \left(5 \times \frac{2}{3}\right) = 5 + \frac{10}{3} = 5 + 3\frac{1}{3} = 8\frac{1}{3}$

$\overset{5}{15} \times \frac{5}{\underset{3}{9}} = \frac{25}{3} = 8\frac{1}{3}, \quad \overset{3}{12} \times \frac{7}{\underset{2}{8}} = \frac{21}{2} = 10\frac{1}{2}$

6 민선: $12 \times \dfrac{3}{4}$ 은 9입니다.

7 (하영이가 읽은 동화책의 쪽수)
$= \overset{6}{84} \times \frac{5}{\underset{1}{14}} = 30(쪽)$

8 (이어 붙인 종이테이프의 길이)
$= 3 \times 2\frac{1}{5} = 3 \times \frac{11}{5} = \frac{33}{5} = 6\frac{3}{5}\,(m)$

STEP 2 기본 다지기 **46~49쪽**

1 3　　**2** ㉡　　**3** $9\frac{1}{3}$

4 $<$　　**5** $\frac{2}{3}$, 14　　**6** $1\frac{1}{3}$ m

7 9판　　**8** $8\frac{2}{7}$　　**9** ㉡

10 $11\frac{2}{3}$　　　**11** $21\frac{1}{3}$

12 $9\frac{1}{5} \times 4 = 36\frac{4}{5}$, $36\frac{4}{5}$ cm

13 132　　　**14** $6\frac{9}{20}$ kg

15 (위에서부터) $3\frac{3}{7}$, $3\frac{3}{5}$

16 143 cm　　**17** 건우

18 $15 \times 1\frac{1}{10} = \overset{3}{15} \times \frac{11}{\underset{2}{10}} = \frac{33}{2} = 16\frac{1}{2}$

19 $6 \times 1\frac{2}{3}$ 에 ○표, $6 \times \dfrac{9}{10}$ 에 △표

20 864 cm²

21 9×1에 색칠　　**22** $13 \times 2\frac{1}{11}$에 색칠

23 토마토 상자　　**24** 3

25 4

---

2 $\underset{㉠}{\underline{\dfrac{5}{8} \times 3}} = \frac{5}{8} + \frac{5}{8} + \frac{5}{8} = \underset{㉢}{\underline{\dfrac{5 \times 3}{8}}}$

㉡ $\dfrac{3}{8} + \dfrac{3}{8} + \dfrac{3}{8} = \dfrac{3}{8} \times 3$

참고 개념

$\dfrac{\triangle}{\blacksquare} \times \bullet = \dfrac{\triangle}{\blacksquare} + \dfrac{\triangle}{\blacksquare} + \cdots + \dfrac{\triangle}{\blacksquare} = \dfrac{\triangle \times \bullet}{\blacksquare}$ （●번）

3 $\frac{7}{9} \times 12 = \frac{7 \times \overset{4}{12}}{\underset{3}{9}} = \frac{28}{3} = 9\frac{1}{3}$

4 $\frac{3}{\underset{5}{10}} \times \overset{1}{2} = \frac{3}{5} \;\Rightarrow\; \frac{3}{5} < 3$

5 $\frac{2}{\underset{3}{15}} \times \overset{1}{5} = \frac{2}{3}, \quad \frac{2}{\underset{1}{3}} \times \overset{7}{21} = 14$

6 (정삼각형의 둘레) = (한 변의 길이) × 3
$= \frac{4}{\underset{3}{9}} \times \overset{1}{3} = \frac{4}{3} = 1\frac{1}{3}\,(m)$

7 (남학생 16명이 먹으려면 필요한 피자의 수)
$= \frac{3}{\underset{1}{8}} \times \overset{2}{16} = 6(판)$

(여학생 12명이 먹으려면 필요한 피자의 수)
$= \frac{1}{\underset{1}{4}} \times \overset{3}{12} = 3(판)$

➡ 필요한 피자는 모두 $6 + 3 = 9$(판)입니다.

8 $4\frac{1}{7} \times 2 = \frac{29}{7} \times 2 = \frac{58}{7} = 8\frac{2}{7}$

9 ㉡ $2\frac{1}{3} \times 5 = \frac{7}{3} \times 5 = \frac{7 \times 5}{3} = \frac{35}{3} = 11\frac{2}{3}$

10 $1\frac{2}{3} \times 7 = (1 \times 7) + \left(\frac{2}{3} \times 7\right) = 7 + \frac{14}{3}$
$= 7 + 4\frac{2}{3} = 11\frac{2}{3}$

11 가장 작은 수: $3\frac{5}{9}$, 가장 큰 수: 6
➡ $3\frac{5}{9} \times 6 = \frac{32}{\underset{3}{9}} \times \overset{2}{6} = \frac{64}{3} = 21\frac{1}{3}$

12 (한 변의 길이)$\times 4 = 9\frac{1}{5} \times 4 = (9 \times 4) + \left(\frac{1}{5} \times 4\right)$
$$= 36 + \frac{4}{5} = 36\frac{4}{5} \text{ (cm)}$$

13 만들 수 있는 가장 큰 대분수: $8\frac{4}{5}$

➡ $8\frac{4}{5} \times 15 = \frac{44}{5} \times \overset{3}{15} = 132$

> **주의 개념**
> 대분수는 자연수와 진분수로 이루어진 분수이므로 만들 수 있는 가장 큰 대분수를 $8\frac{5}{4}$라고 하지 않도록 주의합니다.

14 (찰흙 2봉지의 무게)
$$= 3\frac{1}{8} \times 2 = \frac{25}{\overset{}{8}} \times \overset{1}{2} = \frac{25}{4} = 6\frac{1}{4} \text{ (kg)}$$

➡ (필요한 찰흙의 무게)
$$= 6\frac{1}{4} + \frac{1}{5} = 6\frac{5}{20} + \frac{4}{20} = 6\frac{9}{20} \text{ (kg)}$$

15 $8 \times \frac{3}{7} = \frac{24}{7} = 3\frac{3}{7}$, $\overset{2}{8} \times \frac{9}{20} = \frac{18}{5} = 3\frac{3}{5}$

16 (세라의 키)=(호준이의 키)$\times \frac{11}{12}$
$$= \overset{13}{156} \times \frac{11}{12} = 143 \text{ (cm)}$$

17 지안: 1 m는 100 cm이므로
1 m의 $\frac{1}{2}$은 $\overset{50}{100} \times \frac{1}{2} = 50 \text{(cm)}$입니다.

건우: 1시간은 60분이므로
1시간의 $\frac{1}{4}$은 $\overset{15}{60} \times \frac{1}{4} = 15 \text{(분)}$입니다.

18 대분수를 가분수로 나타낸 다음 약분해야 하는데 약분 먼저 했기 때문에 잘못되었습니다.

19 $6 \times 1\frac{2}{3} > 6$, $6 \times \frac{9}{10} < 6$, $6 \times 1 = 6$

20 (태극기의 가로)$= 24 \times 1\frac{1}{2} = \overset{12}{24} \times \frac{3}{2} = 36 \text{ (cm)}$

➡ (태극기의 넓이)$= 36 \times 24 = 864 \text{ (cm}^2)$

21 $1 > \frac{3}{10}$이므로 9에 1을 곱한 것이 $\frac{3}{10}$을 곱한 결과보다 더 큽니다.

22 $1 < 2\frac{1}{11}$이므로 13에 1을 곱한 것보다 $2\frac{1}{11}$을 곱한 결과가 더 큽니다.

23 $3\frac{5}{6} > \frac{17}{18}$이므로 12에 $3\frac{5}{6}$를 곱한 것이 $\frac{17}{18}$을 곱한 결과보다 더 큽니다.
➡ 더 무거운 것: 토마토 상자

24 $\frac{5}{9} \times 4 = \frac{20}{9} = 2\frac{2}{9}$

➡ $2\frac{2}{9} < \square$이므로 $\square$ 안에 들어갈 수 있는 자연수는 3, 4, 5, 6……이고 이 중에서 가장 작은 수는 3입니다.

25 $\frac{9}{14} \times \overset{1}{7} = \frac{9}{2} = 4\frac{1}{2}$

➡ $4\frac{1}{2} > \square$이므로 $\square$ 안에 들어갈 수 있는 자연수는 1, 2, 3, 4이고 이 중에서 가장 큰 수는 4입니다.

STEP 1 개념 익히기 **50~51쪽**

1 3, 5, $\frac{2}{15}$

2 (1) 6, 5, $\frac{1}{30}$ (2) 2, 9, $\frac{7}{18}$ (3) 4, 7, $\frac{12}{35}$

3 (1) $\frac{1}{12}$ (2) $\frac{8}{27}$ **4** $\frac{1}{35}$

5 $\frac{3}{22}$ **6** $\frac{5}{9} \times \frac{1}{10} = \frac{5 \times 1}{9 \times \overset{}{10}} = \frac{1}{18}$

7 $\frac{1}{36}$ **8** ㉡

9 $<$ **10** $\frac{3}{5} \times \frac{1}{4} = \frac{3}{20}$, $\frac{3}{20}$

3 (1) $\frac{1}{2} \times \frac{1}{6} = \frac{1}{2 \times 6} = \frac{1}{12}$

(2) $\frac{8}{9} \times \frac{1}{3} = \frac{8 \times 1}{9 \times 3} = \frac{8}{27}$

5 $\frac{2}{11} \times \frac{3}{\overset{}{4}} = \frac{3}{22}$

7 $\frac{1}{3}$의 $\frac{1}{12}$ ➡ $\frac{1}{3} \times \frac{1}{12} = \frac{1}{36}$

8 ㉠ $\dfrac{8}{9} \times \dfrac{3}{4} = \dfrac{2}{3}$ ㉡ $\dfrac{9}{10} \times \dfrac{2}{3} = \dfrac{3}{5}$

9 $\dfrac{1}{8} \times \dfrac{1}{4} = \dfrac{1}{32}$ 이므로 $\dfrac{1}{8}$ 보다 작습니다.

→ $\dfrac{1}{8} \times \dfrac{1}{4} < \dfrac{1}{8}$

참고 개념
단위분수에 단위분수를 곱하면 계산 결과는 원래의 수보다 작아집니다.

10 초콜릿 맛 머핀은 전체 빵의 $\dfrac{3}{5}$의 $\dfrac{1}{4}$이므로 곱셈식으로 나타내면 $\dfrac{3}{5} \times \dfrac{1}{4}$입니다.

→ $\dfrac{3}{5} \times \dfrac{1}{4} = \dfrac{3}{20}$

STEP 1 개념 익히기 52~53쪽

1 9, 9, 81, 4, 1

2 (1) 3, 3, $\dfrac{6}{7}$ (2) 11, $\dfrac{33}{20}$, $1\dfrac{13}{20}$

3 1, 9, 3, 3, $6\dfrac{1}{3}$

4 (1) $1\dfrac{3}{5}$ (2) $1\dfrac{1}{3}$ (3) $2\dfrac{2}{3}$

5 $\dfrac{3}{8} \times 5 = \dfrac{3}{8} \times \dfrac{5}{1} = \dfrac{15}{8} = 1\dfrac{7}{8}$

6 경민 **7** $1\dfrac{1}{4}$ **8** $24\dfrac{1}{2}$ cm²

9 $3\dfrac{1}{4} \times \dfrac{4}{5} = 2\dfrac{3}{5}$, $2\dfrac{3}{5}$ kg

1 $\dfrac{1}{20}$이 81개이므로 $\dfrac{81}{20}$입니다. → $\dfrac{81}{20} = 4\dfrac{1}{20}$

4 (1) $\dfrac{4}{5} \times 2 = \dfrac{4}{5} \times \dfrac{2}{1} = \dfrac{8}{5} = 1\dfrac{3}{5}$

(2) $1\dfrac{5}{9} \times \dfrac{6}{7} = \dfrac{14}{9} \times \dfrac{6}{7} = \dfrac{4}{3} = 1\dfrac{1}{3}$

(3) $2\dfrac{2}{7} \times 1\dfrac{1}{6} = \dfrac{16}{7} \times \dfrac{7}{6} = \dfrac{8}{3} = 2\dfrac{2}{3}$

6 경민: 8을 분수 $\dfrac{8}{1}$로 나타내어 계산했습니다.

7 $\dfrac{3}{4} \times 1\dfrac{2}{3} = \dfrac{3}{4} \times \dfrac{5}{3} = \dfrac{5}{4} = 1\dfrac{1}{4}$

8 (직사각형의 넓이)

$= 5\dfrac{4}{9} \times 4\dfrac{1}{2} = \dfrac{49}{9} \times \dfrac{9}{2} = \dfrac{49}{2} = 24\dfrac{1}{2}$ (cm²)

9 (파란색 페인트의 무게)

$= 3\dfrac{1}{4} \times \dfrac{4}{5} = \dfrac{13}{4} \times \dfrac{4}{5} = \dfrac{13}{5} = 2\dfrac{3}{5}$ (kg)

STEP 2 기본 다지기 54~57쪽

1 $\dfrac{1}{24}$ **2** $\dfrac{1}{36}$ **3** $\dfrac{1}{15}$ m²

4 건우 **5** $\dfrac{1}{21}$ **6** $\dfrac{5}{16}$

7 $\dfrac{6}{35}$ **8** ㉠ **9** $<$

10 $\dfrac{1}{30}$ **11** $\dfrac{4}{9}$ m **12** $3\dfrac{3}{4}$

13 $2\dfrac{2}{3} \times 2\dfrac{1}{6} = \dfrac{8}{3} \times \dfrac{13}{6} = \dfrac{52}{9} = 5\dfrac{7}{9}$

14 (1) (○)( ) (2) ( )(○)

15 $10\dfrac{1}{8} \times 12\dfrac{4}{9} = 126$, 126 cm²

16 $10\dfrac{10}{21}$ **17** 준표, $1\dfrac{29}{48}$ m²

18 $4 \times \dfrac{5}{12} = \dfrac{4}{1} \times \dfrac{5}{12} = \dfrac{5}{3} = 1\dfrac{2}{3}$

19 2 cm² **20** ㉡ **21** 3개

22 2, 3, 4 **23** 2, 3 **24** 2

25 $\dfrac{12}{35}$ **26** $\dfrac{5}{32}$ **27** $\dfrac{20}{27}$

2 가장 큰 수: $\dfrac{1}{4}$, 가장 작은 수: $\dfrac{1}{9}$ → $\dfrac{1}{4} \times \dfrac{1}{9} = \dfrac{1}{36}$

3 나누어진 한 칸의 가로는 $\dfrac{1}{3}$ m, 세로는 $\dfrac{1}{5}$ m입니다.

→ (나누어진 한 칸의 넓이) $= \dfrac{1}{3} \times \dfrac{1}{5} = \dfrac{1}{15}$ (m²)

정답과 해설

4 서아: $\dfrac{2}{5} \times \dfrac{1}{5} = \dfrac{2 \times 1}{5 \times 5} = \dfrac{2}{25}$

건우: $\dfrac{1}{3} \times \dfrac{7}{9} = \dfrac{1 \times 7}{3 \times 9} = \dfrac{7}{27}$

5 $\dfrac{3}{7} \times \dfrac{1}{9} = \dfrac{3 \times 1}{7 \times \overset{3}{9}} = \dfrac{1}{21}$

6 $\dfrac{7}{8}$의 $\dfrac{5}{14}$ ➡ $\dfrac{7}{8} \times \dfrac{5}{\underset{2}{14}} = \dfrac{5}{16}$

7 $\dfrac{\overset{3}{9}}{\underset{\underset{1}{4}}{16}} \times \dfrac{\overset{1}{4}}{7} \times \dfrac{\overset{2}{8}}{\underset{5}{15}} = \dfrac{6}{35}$

8 $\dfrac{3}{8}$에 1보다 작은 수를 곱한 것을 찾습니다.

㉠ $1 > \dfrac{3}{14}$이므로 $\dfrac{3}{8} \times \dfrac{3}{14} < \dfrac{3}{8}$입니다.

9 $\dfrac{\overset{1}{4}}{9} \times \dfrac{5}{\underset{3}{12}} = \dfrac{5}{27}$, $\dfrac{\overset{1}{2}}{3} \times \dfrac{5}{\underset{3}{6}} = \dfrac{5}{9}$ ➡ $\dfrac{5}{27} < \dfrac{5}{9}$

10 (종이학을 만드는 데 사용한 색종이의 양)

$= \dfrac{1}{\underset{2}{4}} \times \dfrac{\overset{1}{2}}{3} \times \dfrac{1}{5} = \dfrac{1}{30}$

11 색칠한 부분은 종이테이프를 6등분한 것 중 5이므로 $\dfrac{8}{15}$ m의 $\dfrac{5}{6}$입니다.

➡ $\dfrac{\overset{4}{8}}{\underset{3}{15}} \times \dfrac{\overset{1}{5}}{\underset{3}{6}} = \dfrac{4}{9}$ (m)

12 $3\dfrac{1}{8} \times 1\dfrac{1}{5} = \dfrac{\overset{5}{25}}{\underset{4}{8}} \times \dfrac{\overset{3}{6}}{\underset{1}{5}} = \dfrac{15}{4} = 3\dfrac{3}{4}$

13 대분수의 곱셈을 할 때에는 먼저 대분수를 가분수로 나타낸 후에 계산합니다.

14 (1) $2\dfrac{2}{7} \times 1\dfrac{5}{8} = \dfrac{16}{7} \times \dfrac{13}{\underset{1}{8}} = \dfrac{26}{7} = 3\dfrac{5}{7}$

$2\dfrac{5}{9} \times 1\dfrac{2}{7} = \dfrac{23}{9} \times \dfrac{\overset{1}{9}}{7} = \dfrac{23}{7} = 3\dfrac{2}{7}$ ➡ $3\dfrac{5}{7} > 3\dfrac{2}{7}$

(2) $1\dfrac{2}{9} \times 5\dfrac{2}{5} = \dfrac{11}{\underset{1}{9}} \times \dfrac{\overset{3}{27}}{5} = \dfrac{33}{5} = 6\dfrac{3}{5}$

$3\dfrac{1}{5} \times 2\dfrac{1}{4} = \dfrac{16}{5} \times \dfrac{9}{\underset{1}{4}} = \dfrac{36}{5} = 7\dfrac{1}{5}$ ➡ $6\dfrac{3}{5} < 7\dfrac{1}{5}$

15 (액자의 넓이)

$= 10\dfrac{1}{8} \times 12\dfrac{4}{9} = \dfrac{\overset{9}{81}}{\underset{1}{8}} \times \dfrac{\overset{14}{112}}{\underset{1}{9}} = 126$ (cm^2)

16 만들 수 있는 가장 큰 대분수: $7\dfrac{1}{3}$

만들 수 있는 가장 작은 대분수: $1\dfrac{3}{7}$

➡ $7\dfrac{1}{3} \times 1\dfrac{3}{7} = \dfrac{22}{3} \times \dfrac{10}{7} = \dfrac{220}{21} = 10\dfrac{10}{21}$

17 준표: $3\dfrac{2}{3} \times 2\dfrac{1}{2} = \dfrac{11}{3} \times \dfrac{5}{2} = \dfrac{55}{6} = 9\dfrac{1}{6}$ (m^2)

지호: $2\dfrac{3}{4} \times 2\dfrac{3}{4} = \dfrac{11}{4} \times \dfrac{11}{4} = \dfrac{121}{16} = 7\dfrac{9}{16}$ (m^2)

➡ $9\dfrac{1}{6} - 7\dfrac{9}{16} = 9\dfrac{8}{48} - 7\dfrac{27}{48} = 8\dfrac{56}{48} - 7\dfrac{27}{48}$

$= 1\dfrac{29}{48}$ (m^2)

19 (평행사변형의 넓이) $= 2\dfrac{1}{3} \times \dfrac{6}{7} = \dfrac{\overset{1}{7}}{\underset{1}{3}} \times \dfrac{\overset{2}{6}}{\underset{1}{7}} = 2$ (cm^2)

20 ㉠ $\dfrac{9}{10} \times 14\dfrac{1}{6} = \dfrac{9}{\underset{2}{10}} \times \dfrac{\overset{17}{85}}{\underset{2}{6}} = \dfrac{51}{4} = 12\dfrac{3}{4}$

㉡ $\dfrac{3}{4} \times 18 = \dfrac{3}{\underset{2}{4}} \times \dfrac{\overset{9}{18}}{1} = \dfrac{27}{2} = 13\dfrac{1}{2}$

➡ $12\dfrac{3}{4} < 13\dfrac{1}{2}$

21 $7\dfrac{1}{2} \times \dfrac{11}{20} = \dfrac{15}{2} \times \dfrac{11}{\underset{4}{20}} = \dfrac{33}{8} = 4\dfrac{1}{8}$

$4\dfrac{1}{8} > \square\dfrac{3}{8}$이므로 $\square$ 안에 들어갈 수 있는 자연수는 1, 2, 3으로 모두 3개입니다.

22 $\dfrac{1}{8} \times \dfrac{1}{\square} = \dfrac{1}{8 \times \square}$이므로 $\dfrac{1}{8 \times \square} > \dfrac{1}{35}$에서 $8 \times \square$가 35보다 작아야 합니다.

➡ $\square$ 안에 들어갈 수 있는 자연수 중에서 1보다 큰 수는 2, 3, 4입니다.

23 $\dfrac{1}{\square} \times \dfrac{1}{5} = \dfrac{1}{\square \times 5}$이므로 $\dfrac{1}{\square \times 5} > \dfrac{1}{20}$에서 $\square \times 5$가 20보다 작아야 합니다.

➡ $\square$ 안에 들어갈 수 있는 자연수 중에서 1보다 큰 수는 2, 3입니다.

24 $\dfrac{\overset{1}{3}}{\underset{2}{16}} \times \dfrac{\overset{1}{8}}{\underset{5}{15}} = \dfrac{1}{10}$, $\dfrac{1}{3} \times \dfrac{1}{2} \times \dfrac{1}{\square} = \dfrac{1}{6 \times \square}$ 이고

$\dfrac{1}{10} > \dfrac{1}{6 \times \square}$ 이므로 $10 < 6 \times \square$ 입니다.

➡ □ 안에 들어갈 수 있는 자연수는 2, 3, 4……이고 이 중에서 가장 작은 수는 2입니다.

25 밭 전체를 1로 생각하여 구하자.

감자를 심고 남은 부분: 전체의 $1 - \dfrac{2}{5} = \dfrac{3}{5}$

양배추를 심은 부분: 감자를 심고 남은 나머지의 $\dfrac{4}{7}$이

므로 밭 전체의 $\dfrac{3}{5} \times \dfrac{4}{7} = \dfrac{12}{35}$ 입니다.

26 어제까지 읽고 남은 양: 전체의 $1 - \dfrac{3}{4} = \dfrac{1}{4}$

오늘 읽은 양: 어제까지 읽고 난 나머지의 $\dfrac{5}{8}$이므로 동

화책 전체의 $\dfrac{1}{4} \times \dfrac{5}{8} = \dfrac{5}{32}$입니다.

27 노란색 풍선을 제외한 양: 전체의 $1 - \dfrac{1}{6} = \dfrac{5}{6}$

초록색 풍선의 양: 노란색 풍선을 제외한 나머지의 $\dfrac{8}{9}$

이므로 풍선 전체의 $\dfrac{\overset{}{5}}{\underset{3}{6}} \times \dfrac{\overset{4}{8}}{9} = \dfrac{20}{27}$입니다.

STEP 3 응용력 올리기 **58~61쪽**

1 ❶ $1\dfrac{5}{6}$시간 ❷ $7\dfrac{1}{3}$ km

1-1 91 km **1**-2 해설 참고

2 ❶ $1\dfrac{5}{9}$ ❷ $9\dfrac{1}{3}$

2-1 $12\dfrac{2}{3}$ **2**-2 $2\dfrac{11}{32}$

3 ❶ 8, 9 ❷ 8, 9(또는 9, 8) / $\dfrac{1}{72}$

3-1 7, 8(또는 8, 7) / $\dfrac{1}{56}$ **3**-2 해설 참고

4 ❶ $\dfrac{3}{11} \times \dfrac{1}{2} \times \dfrac{4}{9} = \dfrac{2}{33}$, $\dfrac{2}{33}$ ❷ 24명

4-1 24명 **4**-2 35 m^2

---

1 ❶ 1시간 50분은 몇 시간인지 분수로 나타내기

1시간 50분 $= 1\dfrac{50}{60}$시간 $= 1\dfrac{5}{6}$시간

❷ 정수가 1시간 50분 동안 걷는 거리 구하기

$4 \times 1\dfrac{5}{6} = 4 \times \dfrac{11}{\underset{3}{6}} = \dfrac{22}{3} = 7\dfrac{1}{3}$ (km)

1-1 ❶ 1시간 45분은 몇 시간인지 분수로 나타내기

1시간 45분 $= 1\dfrac{45}{60}$시간 $= 1\dfrac{3}{4}$시간

❷ 자동차가 1시간 45분 동안 달리는 거리 구하기

$52 \times 1\dfrac{3}{4} = \overset{13}{52} \times \dfrac{7}{\underset{1}{4}} = 91$ (km)

1-2 **나**만의 문제 ▸ 예시 답안

어머니께서는 자전거를 타고 한 시간에 $12\dfrac{1}{2}$ km를 달립니다. 어머니께서 자전거를 타고 같은 빠르기로 1시간 20 분 동안 달리는 거리는 몇 km인가요?

❶ 1시간 20분은 몇 시간인지 분수로 나타내면

1시간 20분 $= 1\dfrac{20}{60}$시간 $= 1\dfrac{1}{3}$시간입니다.

❷ (1시간 20분 동안 달리는 거리)

$= 12\dfrac{1}{2} \times 1\dfrac{1}{3} = \dfrac{25}{\underset{1}{2}} \times \dfrac{\overset{2}{4}}{3} = \dfrac{50}{3} = 16\dfrac{2}{3}$ (km)

답 $16\dfrac{2}{3}$ km

2 ❶ 어떤 수 구하기

어떤 수를 □라 하면 잘못 계산한 식은

$\square + 6 = 7\dfrac{5}{9}$이므로 $\square = 7\dfrac{5}{9} - 6 = 1\dfrac{5}{9}$입니다.

❷ 바르게 계산한 값 구하기

어떤 수가 $1\dfrac{5}{9}$이므로 바르게 계산하면

$1\dfrac{5}{9} \times 6 = \dfrac{14}{\underset{3}{9}} \times \overset{2}{6} = \dfrac{28}{3} = 9\dfrac{1}{3}$입니다.

2-1 ❶ 어떤 수를 □라 하면 잘못 계산한 식은

$\square + 8 = 9\dfrac{7}{12}$이므로 $\square = 9\dfrac{7}{12} - 8 = 1\dfrac{7}{12}$입니다.

❷ 어떤 수가 $1\dfrac{7}{12}$이므로 바르게 계산하면

$1\dfrac{7}{12} \times 8 = \dfrac{19}{\underset{3}{12}} \times \overset{2}{8} = \dfrac{38}{3} = 12\dfrac{2}{3}$입니다.

2-2 ❶ 어떤 수를 □라 하면 잘못 계산한 식은

$$\square+\frac{5}{8}=4\frac{3}{8}$$ 이므로 $$\square=4\frac{3}{8}-\frac{5}{8}=3\frac{11}{8}-\frac{5}{8}$$

$$=3\frac{6}{8}=3\frac{3}{4}$$ 입니다.

❷ 어떤 수가 $3\frac{3}{4}$ 이므로 바르게 계산하면

$$3\frac{3}{4}\times\frac{5}{8}=\frac{15}{4}\times\frac{5}{8}=\frac{75}{32}=2\frac{11}{32}$$ 입니다.

3 ❶ **분모에 놓아야 할 수 카드 구하기**
분모가 클수록 곱은 작아지므로 가장 큰 수와 두 번째로 큰 수를 놓아야 합니다. ➡ 8, 9
❷ **계산 결과가 가장 작은 식을 만들고 계산한 값 구하기**
분모에 8, 9를 놓아 단위분수를 만들고 곱을 구하면

$$\frac{1}{8}\times\frac{1}{9}=\frac{1}{72}$$ 입니다.

3-1 ❶ 분모가 클수록 곱은 작아지므로 계산 결과가 가장 작으려면 가장 큰 수와 두 번째로 큰 수를 놓아야 합니다. ➡ 7, 8
❷ 분모에 7, 8을 놓아 단위분수를 만들고 곱을 구하면 $\frac{1}{7}\times\frac{1}{8}=\frac{1}{56}$ 입니다.

3-2

나만의 문제 ▶ 예시 답안

수 카드 중 2장을 골라 한 번씩만 사용하여 분수의 곱셈 식을 만들려고 합니다. 계산 결과가 가장 작은 식을 만들고 계산한 값을 구하세요.

$$\boxed{1}\;\boxed{3}\;\boxed{4}\;\boxed{5}\;\boxed{7}\;\boxed{9}$$

$$\frac{1}{\boxed{7}}\times\frac{1}{\boxed{9}}$$

$$\left(\text{또는}\ \frac{1}{9}\times\frac{1}{7}\right)$$

❶ 분모가 클수록 곱은 작아지므로 계산 결과가 가장 작으려면 가장 큰 수와 두 번째로 큰 수를 놓아야 합니다. ➡ 7, 9
❷ 분모에 7, 9를 놓아 단위분수를 만들고 곱을 구하면 $\frac{1}{7}\times\frac{1}{9}=\frac{1}{63}$ 입니다.　답 $\frac{1}{63}$

4 ❶ **야구를 좋아하는 5학년 남학생은 전체 학생의 몇 분의 몇인지 구하기**
5학년 남학생은 전체 학생의 $\frac{3}{11}\times\frac{1}{2}$ 이고, 그중 야구를 좋아하는 남학생은 전체 학생의 $\frac{3}{11}\times\frac{1}{2}\times\frac{4}{9}=\frac{2}{33}$ 입니다.

❷ **야구를 좋아하는 5학년 남학생 수 구하기**
(전체 학생 수) $\times\dfrac{2}{33}=396\times\dfrac{2}{33}=24$(명)

4-1 ❶ **음악을 좋아하는 5학년 여학생은 전체 학생의 몇 분의 몇인지 구하기**
5학년 여학생은 전체 학생의 $\frac{2}{5}\times\frac{3}{8}$ 이고, 그중 음악을 좋아하는 여학생은 전체 학생의 $\frac{2}{5}\times\frac{3}{8}\times\frac{2}{7}=\frac{3}{70}$ 입니다.

❷ **음악을 좋아하는 5학년 여학생 수 구하기**
(전체 학생 수) $\times\dfrac{3}{70}=560\times\dfrac{3}{70}=24$(명)

4-2 ❶ **오이를 심은 밭은 전체 땅의 몇 분의 몇인지 구하기**
채소를 심은 밭은 전체 땅의 $\frac{5}{8}\times\frac{2}{3}$ 이고, 그중 오이를 심은 밭은 전체 땅의 $\frac{5}{8}\times\frac{2}{3}\times\frac{3}{4}=\frac{5}{16}$ 입니다.

❷ **오이를 심은 밭의 넓이 구하기**
(전체 땅의 넓이) $\times\dfrac{5}{16}=112\times\dfrac{5}{16}=35\ (\text{m}^2)$

STEP ③ 응용력 올리기 서술형 수능 대비　**62~63쪽**

1 2　　　　　　**2** $5\frac{1}{16}$ m²
3 2　　　　　　**4** 11 kg

1 $5\frac{1}{3}\times\frac{3}{8}=\frac{16}{3}\times\frac{3}{8}=2$

2 그려진 도형은 한 변의 길이가 $2\frac{1}{4}$ m인 정사각형입니다.
➡ (그려진 정사각형의 넓이)
$$=2\frac{1}{4}\times2\frac{1}{4}=\frac{9}{4}\times\frac{9}{4}=\frac{81}{16}=5\frac{1}{16}\ (\text{m}^2)$$

3 $\frac{2}{9}$ 는 진분수이므로 '예'로 갑니다. ➡ $\frac{2}{9}\times3=\frac{2}{3}$

$\frac{2}{3}$ 는 진분수이므로 '예'로 갑니다. ➡ $\frac{2}{3}\times3=2$

2는 진분수가 아니므로 '아니요'로 갑니다. ➡ 2

4 (달에서의 몸무게)=(지구에서의 몸무게)$\times\frac{1}{6}$이므로

(달에서 잰 선생님의 몸무게)

$$=54\times1\frac{2}{9}\times\frac{1}{6}=\overset{6}{\cancel{54}}\times\frac{11}{\underset{1}{\cancel{9}}}\times\frac{1}{\underset{1}{\cancel{6}}}=11\text{ (kg)}$$입니다.

TEST 단원 기본 평가 64~66쪽

1 7, 2 / $\frac{6}{35}$ **2** 4, 5, 20, $6\frac{2}{3}$

3 (위에서부터) 2, 7 / 5, 42 / $\frac{5}{42}$

4 (1) $3\frac{3}{4}$ (2) 15   **5** $2\frac{2}{5}$

6 $1\frac{1}{6}\times32=\frac{7}{\underset{3}{\cancel{6}}}\times\overset{16}{\cancel{32}}=\frac{112}{3}=37\frac{1}{3}$

7 $\frac{1}{15}$, $\frac{1}{60}$ **8** $9\frac{5}{7}$

9 $2\frac{5}{7}\times\frac{4}{11}$, $2\frac{5}{7}\times\frac{1}{8}$에 ◯표

10 $1\frac{4}{5}$ kg   **11** 10

12 ㉠   **13** $\frac{3}{5}\times\frac{1}{3}=\frac{1}{5}$, $\frac{1}{5}$

14 $8\times4\frac{1}{12}=32\frac{2}{3}$, $32\frac{2}{3}$ cm²

15 56장   **16** $\frac{7}{16}$

17 $20\frac{9}{10}$ **18** $\frac{5}{6}$배

19 예 ❶ $2\frac{1}{16}\times4=\frac{33}{\underset{4}{\cancel{16}}}\times\cancel{4}=\frac{33}{4}=8\frac{1}{4}$

❷ $8\frac{1}{4}<\square$이므로 $\square$ 안에 들어갈 수 있는 자연수는 9, 10, 11, 12……이고 이 중에서 가장 작은 수는 9입니다. 답 9

20 예 ❶ 어떤 수를 $\square$라 하면 잘못 계산한 식은

$\square+\frac{4}{7}=2\frac{4}{7}$이므로 $\square=2\frac{4}{7}-\frac{4}{7}=2$입니다.

❷ 어떤 수가 2이므로 바르게 계산하면

$2\times\frac{4}{7}=\frac{8}{7}=1\frac{1}{7}$입니다. 답 $1\frac{1}{7}$

---

1 진분수의 곱셈은 분자는 분자끼리, 분모는 분모끼리 곱합니다.

4 (1) $\frac{3}{\underset{4}{\cancel{8}}}\times\overset{5}{\cancel{10}}=\frac{15}{4}=3\frac{3}{4}$

(2) $9\times1\frac{2}{3}=\overset{3}{\cancel{9}}\times\frac{5}{\underset{1}{\cancel{3}}}=15$

5 $5\frac{2}{5}\times\frac{4}{9}=\frac{\overset{3}{\cancel{27}}}{5}\times\frac{4}{\underset{1}{\cancel{9}}}=\frac{12}{5}=2\frac{2}{5}$

6 대분수를 가분수로 나타낸 후 약분해야 합니다.

7 $\frac{1}{3}\times\frac{1}{5}=\frac{1}{15}$, $\frac{1}{15}\times\frac{1}{4}=\frac{1}{60}$

> **참고 개념**
>
> (단위분수)×(단위분수)는 분수의 분자는 그대로 두고 분모끼리 곱합니다.
>
> $$\frac{1}{\blacksquare}\times\frac{1}{\blacktriangle}=\frac{1}{\blacksquare\times\blacktriangle}$$

8 $3\frac{3}{7}\times2\frac{5}{6}=\frac{24}{7}\times\frac{17}{\underset{1}{\cancel{6}}}=\frac{68}{7}=9\frac{5}{7}$

9 $2\frac{5}{7}$에 1보다 작은 수를 곱한 것을 찾습니다.

> **참고 개념**
>
> $2\frac{5}{7}\times$(1보다 큰 수)$>2\frac{5}{7}$, $2\frac{5}{7}\times$(1보다 작은 수)$<2\frac{5}{7}$

10 (한 봉지에 들어 있는 감자의 무게)×(봉지의 수)

$$=\frac{3}{\underset{5}{\cancel{10}}}\times\overset{3}{\cancel{6}}=\frac{9}{5}=1\frac{4}{5}\text{ (kg)}$$

11 $3\frac{1}{2}\times2\times1\frac{3}{7}=\frac{7}{\underset{1}{\cancel{2}}}\times\overset{1}{\cancel{2}}\times\frac{10}{\underset{1}{\cancel{7}}}=10$

12 ㉠ $1\frac{3}{4}\times3=\frac{7}{4}\times3=\frac{21}{4}=5\frac{1}{4}$

㉡ $\overset{3}{\cancel{12}}\times\frac{7}{\underset{2}{\cancel{8}}}=\frac{21}{2}=10\frac{1}{2}$

➡ $5\frac{1}{4}<10\frac{1}{2}$

13 상추를 심은 부분은 마당 전체의 $\frac{3}{5}\times\frac{1}{3}$입니다.

➡ $\frac{3}{5}\times\frac{1}{\underset{1}{\cancel{3}}}=\frac{1}{5}$

14 (직사각형의 넓이)＝(가로)×(세로)

$$=8\times4\frac{1}{12}=\overset{2}{8}\times\frac{49}{\underset{3}{12}}$$

$$=\frac{98}{3}=32\frac{2}{3}\ (\text{cm}^2)$$

15 (종이학을 접은 색종이의 수)＝$\overset{8}{72}\times\frac{2}{\underset{1}{9}}=16$(장)

➡ (남은 색종이의 수)＝$72-16=56$(장)

> **다른 풀이**
>
> 남은 색종이의 양: 전체의 $1-\frac{2}{9}=\frac{7}{9}$
>
> ➡ (남은 색종이의 수)＝$\overset{8}{72}\times\frac{7}{\underset{1}{9}}=56$(장)

16 어제까지 마시고 남은 보리차의 양: 전체의 $1-\frac{5}{12}=\frac{7}{12}$

오늘 마신 보리차의 양: 어제까지 마시고 난 나머지의 $\frac{3}{4}$

이므로 전체의 $\frac{7}{\underset{4}{12}}\times\frac{\overset{1}{3}}{4}=\frac{7}{16}$입니다.

17 만들 수 있는 가장 큰 대분수: $8\frac{4}{5}$

만들 수 있는 가장 작은 대분수: $2\frac{3}{8}$

➡ $8\frac{4}{5}\times2\frac{3}{8}=\frac{\overset{11}{44}}{5}\times\frac{19}{\underset{2}{8}}=\frac{209}{10}=20\frac{9}{10}$

18 처음 정사각형의 한 변의 길이를 1이라 하면 만든 직사각형의 가로는 처음 길이의 $1\frac{1}{4}$이고, 만든 직사각형의 세로는 처음 길이의 $1-\frac{1}{3}=\frac{2}{3}$입니다.

➡ 만든 직사각형의 넓이는 처음 정사각형의 넓이의

$$1\frac{1}{4}\times\frac{2}{3}=\frac{5}{\underset{2}{4}}\times\frac{\overset{1}{2}}{3}=\frac{5}{6}(\text{배})입니다.$$

19 | ❗ 채점 기준 | | |
|---|---|---|
| ❶ $2\frac{1}{16}\times4$의 값을 구함. | 3점 | 5점 |
| ❷ □ 안에 들어갈 수 있는 가장 작은 자연수를 구함. | 2점 | |

20 | ❗ 채점 기준 | | |
|---|---|---|
| ❶ 어떤 수를 구함. | 2점 | 5점 |
| ❷ 바르게 계산한 값을 구함. | 3점 | |

---

1 (1) $4\frac{4}{11}$ (2) $\frac{5}{36}$ **2** ㉠

3 $\frac{10}{27}$, $1\frac{13}{20}$ **4** $<$

5 100   **6** $10\frac{5}{8}$

7 ㉡   **8** 14살

9 $\frac{7}{18}\times6=2\frac{1}{3}$, $2\frac{1}{3}$ cm

10 $\frac{1}{14}$ **11** ㉡, ㉢, ㉠

12 ㉠, ㉣   **13** $5\frac{3}{4}$

14 6명

15 $\frac{9}{10}\times\frac{9}{10}\times\frac{2}{3}=\frac{27}{50}$, $\frac{27}{50}$ m²

16 10   **17** 4, 5 또는 5, 4 / $\frac{1}{20}$

18 60 km

19 예 ❶ $\frac{1}{6}\times\frac{1}{\square}=\frac{1}{6\times\square}$이므로 $\frac{1}{6\times\square}>\frac{1}{25}$에서 $6\times\square$가 25보다 작아야 합니다.

❷ □ 안에 들어갈 수 있는 자연수 중에서 1보다 큰 수는 2, 3, 4입니다.   답 2, 3, 4

20 예 ❶ 요리를 좋아하는 여학생은 전체 학생의 $\frac{1}{2}\times\frac{3}{5}$이고, 그중 떡볶이를 만들 수 있는 여학생은 전체 학생의 $\frac{1}{2}\times\frac{\overset{1}{3}}{5}\times\frac{1}{\underset{1}{3}}=\frac{1}{10}$입니다.

❷ 전체 학생 수가 20명이므로 요리를 좋아하며 떡볶이를 만들 수 있는 여학생은 $\overset{2}{20}\times\frac{1}{\underset{1}{10}}=2$(명)입니다.   답 2명

---

1 (1) $8\times\frac{6}{11}=\frac{8\times6}{11}=\frac{48}{11}=4\frac{4}{11}$

(2) $\frac{5}{\underset{1}{7}}\times\frac{\overset{1}{2}}{9}\times\frac{\overset{1}{7}}{\underset{4}{8}}=\frac{5}{36}$

2 ㉠은 대분수를 가분수로 나타내지 않고 약분하여 계산했습니다.

3 $\frac{\overset{2}{4}}{9}\times\frac{5}{\underset{3}{6}}=\frac{10}{27}$, $1\frac{1}{5}\times1\frac{3}{8}=\frac{\overset{3}{6}}{5}\times\frac{11}{\underset{4}{8}}=\frac{33}{20}=1\frac{13}{20}$

4 9에 1보다 작은 수인 $\dfrac{3}{5}$을 곱했으므로 곱은 9보다 작습니다.

5 1시간=60분

$$\left(1\text{시간의 } 1\dfrac{2}{3}\text{배}\right)=\left(60\text{분의 } 1\dfrac{2}{3}\text{배}\right)=60\times 1\dfrac{2}{3}$$
$$=\overset{20}{\cancel{60}}\times\dfrac{5}{\underset{1}{\cancel{3}}}=100\text{(분)}$$

6 대분수: $2\dfrac{1}{8}$, 자연수: 5

➡ $2\dfrac{1}{8}\times 5=\dfrac{17}{8}\times 5=\dfrac{85}{8}=10\dfrac{5}{8}$

7 ㉠ $\dfrac{1}{24}$ ㉡ $\dfrac{1}{25}$ ㉢ $\dfrac{1}{24}$

8 (성준이의 나이)$\times 1\dfrac{1}{6}=12\times 1\dfrac{1}{6}=\overset{2}{\cancel{12}}\times\dfrac{7}{\underset{1}{\cancel{6}}}=14$(살)

9 (한 변의 길이)$\times 6=\dfrac{7}{\underset{3}{\cancel{18}}}\times\overset{1}{\cancel{6}}=\dfrac{7}{3}=2\dfrac{1}{3}$ (cm)

10 동화책은 학급문고에 있는 전체 책의 $\dfrac{3}{7}\times\dfrac{1}{6}$입니다.

➡ $\dfrac{\overset{1}{\cancel{3}}}{7}\times\dfrac{1}{\underset{2}{\cancel{6}}}=\dfrac{1}{14}$

11 $\dfrac{5}{9}$에 1보다 작은 수를 곱하면 계산 결과는 $\dfrac{5}{9}$보다 작아지고, 1을 곱하면 계산 결과는 변하지 않고, 1보다 큰 수를 곱하면 계산 결과는 $\dfrac{5}{9}$보다 커집니다.

12 ㉠ $\dfrac{1}{2}\times\dfrac{1}{8}=\dfrac{1}{16}>\dfrac{1}{20}$ ㉡ $\dfrac{1}{9}\times\dfrac{1}{4}=\dfrac{1}{36}<\dfrac{1}{20}$
㉢ $\dfrac{1}{7}\times\dfrac{1}{5}=\dfrac{1}{35}<\dfrac{1}{20}$ ㉣ $\dfrac{1}{3}\times\dfrac{1}{6}=\dfrac{1}{18}>\dfrac{1}{20}$

참고 개념
단위분수는 분모가 작을수록 더 큽니다.

13 ㉠ $1\dfrac{3}{4}\times\dfrac{9}{7}=\dfrac{\overset{1}{\cancel{7}}}{4}\times\dfrac{9}{\underset{1}{\cancel{7}}}=\dfrac{9}{4}=2\dfrac{1}{4}$

㉡ $2\dfrac{5}{8}\times 1\dfrac{1}{3}=\dfrac{\overset{7}{\cancel{21}}}{\underset{2}{\cancel{8}}}\times\dfrac{\overset{1}{\cancel{4}}}{\underset{1}{\cancel{3}}}=\dfrac{7}{2}=3\dfrac{1}{2}$

➡ ㉠+㉡$=2\dfrac{1}{4}+3\dfrac{1}{2}=2\dfrac{1}{4}+3\dfrac{2}{4}=5\dfrac{3}{4}$

14 주현이네 반 남학생 중에서 태권도를 배우지 않는 남학생은 전체 남학생의 $1-\dfrac{5}{8}=\dfrac{3}{8}$입니다.

➡ (태권도를 배우지 않는 남학생 수)$=\overset{2}{\cancel{16}}\times\dfrac{3}{\underset{1}{\cancel{8}}}=6$(명)

다른 풀이

(태권도를 배우는 남학생 수)$=\overset{2}{\cancel{16}}\times\dfrac{5}{\underset{1}{\cancel{8}}}=10$(명)

➡ (태권도를 배우지 않는 남학생 수)$=16-10=6$(명)

15 (종이의 넓이)$\times\dfrac{2}{3}=\dfrac{\overset{3}{\cancel{9}}}{\underset{5}{\cancel{10}}}\times\dfrac{9}{10}\times\dfrac{\overset{1}{\cancel{2}}}{\underset{1}{\cancel{3}}}=\dfrac{27}{50}$ (m²)

16 어떤 수는 $1\dfrac{7}{8}\times 3\dfrac{1}{3}=\dfrac{\overset{5}{\cancel{15}}}{\underset{4}{\cancel{8}}}\times\dfrac{\overset{5}{\cancel{10}}}{\underset{1}{\cancel{3}}}=\dfrac{25}{4}=6\dfrac{1}{4}$입니다.

➡ 어떤 수의 $1\dfrac{3}{5}$배는

$6\dfrac{1}{4}\times 1\dfrac{3}{5}=\dfrac{\overset{5}{\cancel{25}}}{\underset{1}{\cancel{4}}}\times\dfrac{\overset{2}{\cancel{8}}}{\underset{1}{\cancel{5}}}=10$입니다.

17 분모가 클수록 곱은 작아지므로 계산 결과가 가장 작으려면 가장 큰 수와 두 번째로 큰 수인 4, 5를 놓아야 합니다.

➡ 분모에 4, 5를 놓아 단위분수를 만들고 곱을 구하면 $\dfrac{1}{4}\times\dfrac{1}{5}=\dfrac{1}{20}$입니다.

18 1시간 30분$=1\dfrac{30}{60}$시간$=1\dfrac{1}{2}$시간

(1시간 30분 동안 간 거리)
$=60\times 1\dfrac{1}{2}=\overset{30}{\cancel{60}}\times\dfrac{3}{\underset{1}{\cancel{2}}}=90$ (km)

➡ (더 가야 하는 거리)$=150-90=60$ (km)

19

✎ 채점 기준		
❶ $\dfrac{1}{6}\times\dfrac{1}{\square}$을 계산하여 □ 안에 들어갈 수 있는 수의 범위를 구함.	3점	5점
❷ □ 안에 들어갈 수 있는 자연수 중에서 1보다 큰 수를 모두 구함.	2점	

20

✎ 채점 기준		
❶ 요리를 좋아하며 떡볶이를 만들 수 있는 여학생은 전체 학생의 몇 분의 몇인지 구함.	3점	5점
❷ 요리를 좋아하며 떡볶이를 만들 수 있는 여학생 수를 구함.	2점	

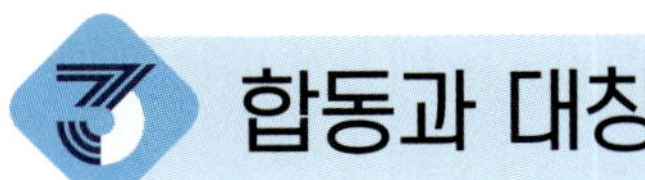 합동과 대칭

STEP 1 개념 익히기 72~73쪽

1 다 **2** 합동
3 나 **4** ( ) (○) ( )
5 다 **6** 다, 라
7 (○) ( ) ( ) **8** 다
9 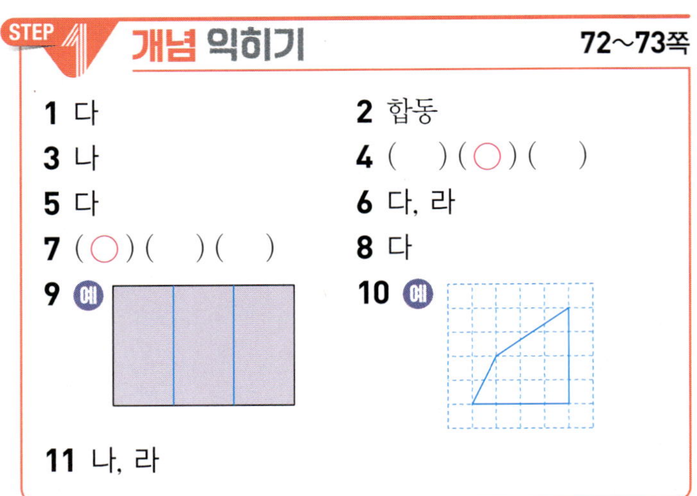 **10**
11 나, 라

3 왼쪽 도형은 도형 나와 포개었을 때 완전히 겹칩니다.

> **참고 개념**
> 두 도형이 놓인 방향이 달라도 뒤집거나 돌려서 포개었을 때 완전히 겹치면 서로 합동입니다.

4 가운데 색종이를 점선을 따라 잘랐을 때 만들어지는 두 도형은 포개었을 때 완전히 겹치므로 서로 합동입니다.

> **참고 개념**
> 점선을 따라 잘랐을 때 만들어지는 두 도형이 서로 합동이려면 두 도형의 모양과 크기가 같아야 합니다.

5 주어진 도형과 모양과 크기가 같아서 포개었을 때 완전히 겹치는 도형은 다입니다.

6 포개었을 때 완전히 겹치는 두 도형을 찾습니다.

7 도형 나와 포개었을 때 완전히 겹치는 도형은 첫 번째 도형입니다.

8 도형 가, 나, 라는 포개었을 때 완전히 겹칩니다.

9 잘린 3개의 도형을 포개었을 때 완전히 겹치도록 자릅니다.

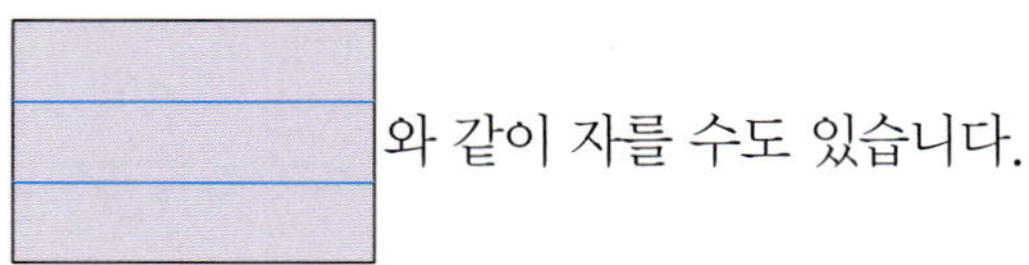와 같이 자를 수도 있습니다.

10 주어진 도형과 포개었을 때 완전히 겹치도록 그립니다.

11 점선을 따라 잘라서 포개었을 때 도형 가와 나, 도형 다와 라가 각각 완전히 겹칩니다.

STEP 1 개념 익히기 74~75쪽

1 ㅁ **2** ㅂㅅ
3 ㅅㅇㅁ **4** (1) 변 ㅁㅂ (2) 각 ㅂㄹㅁ
5 점 ㅂ **6** ㉡
7 **8** 3쌍, 3쌍, 3쌍
9 각 ㅅㅇㅁ **10** (1) 3 cm (2) 90°

1 두 사각형을 포개었을 때 점 ㄱ과 완전히 겹치는 점은 점 ㅁ입니다.

2 두 사각형을 포개었을 때 변 ㄴㄷ과 완전히 겹치는 변은 변 ㅂㅅ입니다.

3 두 사각형을 포개었을 때 각 ㄷㄹㄱ과 완전히 겹치는 각은 각 ㅅㅇㅁ입니다.

4 (1) 서로 합동인 두 삼각형에서 각각의 대응변의 길이는 서로 같습니다.
　➡ 변 ㄴㄷ의 대응변은 변 ㅁㅂ입니다.
(2) 서로 합동인 두 삼각형에서 각각의 대응각의 크기는 서로 같습니다.
　➡ 각 ㄷㄱㄴ의 대응각은 각 ㅂㄹㅁ입니다.

5 두 사각형을 포개었을 때 점 ㄷ과 완전히 겹치는 점은 점 ㅂ입니다.

6 ㉠ 변 ㄹㄷ의 대응변은 변 ㅁㅂ입니다.

7 두 사각형을 포개었을 때 완전히 겹치는 각을 찾습니다.
　➡ 각 ㄴㄷㄹ의 대응각은 각 ㅅㅂㅁ입니다.
　　각 ㄹㄱㄴ의 대응각은 각 ㅁㅇㅅ입니다.

8 두 도형은 서로 합동인 삼각형이므로 대응점, 대응변, 대응각이 각각 3쌍 있습니다.

9 점 ㄱ의 대응점은 점 ㅅ, 점 ㄴ의 대응점은 점 ㅇ, 점 ㄷ의 대응점은 점 ㅁ입니다.
　➡ 각 ㄱㄴㄷ의 대응각은 각 ㅅㅇㅁ입니다.

10 (1) 서로 합동인 두 삼각형에서 각각의 대응변의 길이는 서로 같습니다.
　➡ (변 ㄹㅂ)=(변 ㄱㄷ)=3 cm
(2) 서로 합동인 두 삼각형에서 각각의 대응각의 크기는 서로 같습니다.
　➡ (각 ㄹㅂㅁ)=(각 ㄱㄷㄴ)=90°

STEP 2 기본 다지기 76~77쪽

1 예 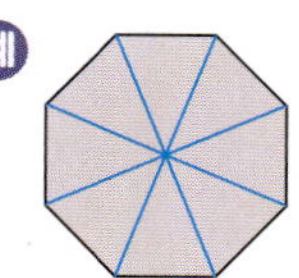

2 나와 사, 라와 바

3 예 모양은 같지만 크기가 달라서 포개었을 때 완전히 겹치지 않기 때문입니다.

4 (1) 변 ㅂㅁ (2) 각 ㄴㄱㄷ

5 (1) 변 ㄹㅁ (2) 3 cm

6 (왼쪽부터) 9, 50

7 (1) 9 cm (2) 26 cm

8 110°

9 94 m

10 16 cm

11 8 cm

12 10 cm

---

1 나누어진 8개의 삼각형이 서로 모양과 크기가 똑같게 나눕니다.

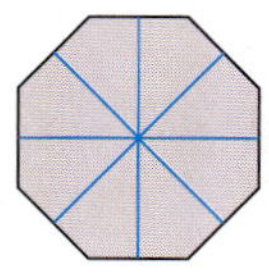 와 같이 자를 수도 있습니다.

2 포개었을 때 완전히 겹치는 두 도형은 도형 나와 사, 도형 라와 바입니다.

3 평가 기준
두 도형의 모양과 크기를 비교하여 포개었을 때의 상황을 바르게 설명했으면 정답으로 합니다.

4 서로 합동인 두 삼각형에서 각각의 대응변의 길이와 대응각의 크기는 서로 같습니다.
(1) (변 ㄷㄱ)=(변 ㅂㅁ)
(2) (각 ㄹㅁㅂ)=(각 ㄴㄱㄷ)

5 (1) 두 삼각형을 포개었을 때 변 ㄱㄷ과 완전히 겹치는 변은 변 ㄹㅁ입니다.
(2) (변 ㄱㄷ)=(변 ㄹㅁ)=3 cm

6 (변 ㄱㄴ)=(변 ㅁㅇ)=9 cm
(각 ㅁㅇㅅ)=(각 ㄱㄴㄷ)=50°

7 (1) 변 ㄱㄴ의 대응변은 변 ㅂㄹ이므로
(변 ㄱㄴ)=(변 ㅂㄹ)=9 cm입니다.
(2) (삼각형 ㄱㄴㄷ의 둘레)=9+12+5=26 (cm)

8 각 ㅇㅅㅂ의 대응각은 각 ㄱㄴㄷ입니다.
➡ (각 ㅇㅅㅂ)=(각 ㄱㄴㄷ)
  $=360°-70°-85°-95°=110°$

9 (선분 ㄱㅁ)=(변 ㄹㄷ)=23 m
(선분 ㅁㄹ)=(변 ㄴㄱ)=7 m
➡ 울타리를 7+34+23+7+23=94 (m) 쳐야 합니다.

10 삼각형 ㄹㅁㅂ의 둘레는 삼각형 ㄱㄴㄷ의 둘레와 같으므로 38 cm입니다.
(변 ㄹㅁ)=(변 ㄱㄷ)=8 cm
➡ (변 ㅁㅂ)=38-8-14=16 (cm)

11 삼각형 ㄹㅁㅂ의 둘레는 삼각형 ㄱㄴㄷ의 둘레와 같으므로 30 cm입니다.
(변 ㅁㅂ)=(변 ㄱㄴ)=13 cm
➡ (변 ㄹㅂ)=30-9-13=8 (cm)

12 사각형 ㄱㄴㄷㄹ의 둘레는 사각형 ㅁㅂㅅㅇ의 둘레와 같으므로 35 cm입니다.
(변 ㄱㄴ)=(변 ㅁㅇ)=6 cm
➡ (변 ㄱㄹ)=35-6-11-8=10 (cm)

STEP 1 개념 익히기 78~79쪽

1 가

2 대칭축

3 ( ) (◯)

4 (1) 점 ㄹ (2) 변 ㄷㄴ (3) 각 ㅁㄹㄷ

5 100°

6 5 cm

7 

8 (1) 90° (2) 선분 ㅁㅊ

---

2 도형을 완전히 겹치도록 접었을 때 접은 직선 ㄱㄴ을 대칭축이라고 합니다.

3 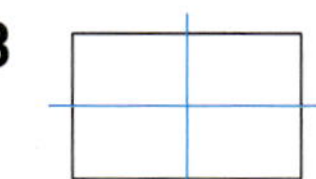

4 대칭축을 따라 접었을 때 겹치는 점, 겹치는 변, 겹치는 각을 찾습니다.

5 선대칭도형에서 각각의 대응각의 크기가 서로 같습니다.
➡ (각 ㄴㄱㅁ)=(각 ㄷㄹㅁ)=100°

6 선대칭도형에서 각각의 대응변의 길이가 서로 같습니다.
➡ (변 ㄴㄷ)=(변 ㄴㄱ)=5 cm

7 대칭축을 따라 접었을 때 완전히 겹치도록 그립니다.

참고 개념
완성한 도형이 선대칭도형인지 확인하는 과정이 필요합니다.

8 ⑴ 대응점끼리 이은 선분은 대칭축과 수직으로 만납니다.
⑵ 각각의 대응점에서 대칭축까지의 거리가 서로 같습니다.

STEP 1 개념 익히기   **80~81쪽**

1 ( ) (◯)   **2** ㅁ

3 1개

4 ⑴ 점 ㅂ   ⑵ 변 ㄹㅁ   ⑶ 각 ㅂㄱㄴ

5 7 cm   **6** 115°

7   **8**

---

2 도형을 점 ㅁ을 중심으로 180° 돌렸을 때 처음 도형과 완전히 겹치므로 대칭의 중심은 점 ㅁ입니다.

3 점대칭도형에서 대칭의 중심은 항상 1개입니다.

4 ⑵ 점 ㅇ을 중심으로 180° 돌렸을 때 변 ㄱㄴ과 겹치는 변은 변 ㄹㅁ이므로 변 ㄱㄴ의 대응변은 변 ㄹㅁ입니다.
⑶ 점 ㅇ을 중심으로 180° 돌렸을 때 각 ㄷㄹㅁ과 겹치는 각은 각 ㅂㄱㄴ이므로 각 ㄷㄹㅁ의 대응각은 각 ㅂㄱㄴ입니다.

5 (변 ㄴㄷ)=(변 ㄹㄱ)=7 cm

6 (각 ㄹㅁㅂ)=(각 ㄱㄴㄷ)=115°

7 각각의 대응점에서 대칭의 중심까지의 거리가 서로 같습니다.

8 각 점의 대응점을 찾아 표시한 후 대응점을 차례로 이어 점대칭도형을 완성합니다.

참고 개념
완성한 도형이 점대칭도형인지 확인하는 과정이 필요합니다.

STEP 2 기본 다지기   **82~87쪽**

1 가, 마, 바   **2** ㉡

3 점 ㄹ, 변 ㄴㄱ, 각 ㅇㅅㅂ

4   **5** 6개

6 ㉡   **7** 2개

8 ⑴ 변 ㅅㅂ   ⑵ 각 ㄱㅇㅅ

9 ⑴ 9 cm   ⑵ 85°   ⑶ 3 cm

10 (위에서부터) ⑴ 95, 8   ⑵ 25, 5

11 90°   **12** 10 cm

13   **14**

15 55°   **16** 나, 마, 바

17   **18** 서아

19 ⑴ 변 ㅁㅂ   ⑵ 각 ㅂㄱㄴ

20 ( ) (◯)
    (◯) ( )   **21** ㉡

22 ⑴ 변 ㄹㄷ   ⑵ 각 ㄹㅁㅂ

23 ⑴ 8 cm   ⑵ 120°   ⑶ 6 cm

24 (위에서부터) 45, 6   **25** (위에서부터) 150, 5

26 34 cm

27   **28**

29 60°

30 74 cm   **31** 50 cm

32 30 cm   **33** 130°

34 140°   **35** 85°

1 한 직선을 따라 접어서 완전히 겹치는 도형을 찾으면
가, 마, 바입니다.

2 주어진 직선을 따라 접었을 때 완전히 겹치지 않는 도형
은 ㉡입니다.

3 대칭축을 따라 접었을 때 점 ㅇ과 겹치는 점은 점 ㄹ,
변 ㄴㄷ과 겹치는 변은 변 ㄴㄱ, 각 ㄹㅁㅂ과 겹치는
각은 각 ㅇㅅㅂ입니다.

4 어떤 직선을 따라 접으면 완전히 겹치는지 생각하며 대
칭축을 그립니다.

> **참고 개념**
> 대칭축이 가로, 세로, 대각선 등 여러 가지 방향일 수 있으
> 므로 다양하게 생각해 보도록 합니다.

5 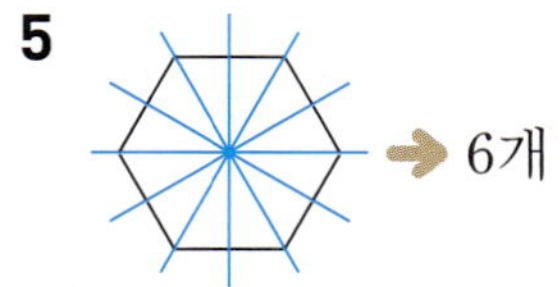 ➡ 6개

6 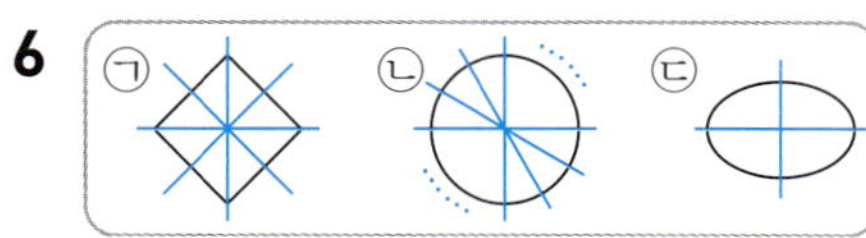
㉠ 4개 ㉡ 무수히 많습니다. ㉢ 2개

7 한 직선을 따라 접어서 완전히 겹치는 알파벳은
M, A로 모두 2개입니다.

8 선대칭도형에서 각각의 대응변의 길이와 대응각의
크기가 서로 같습니다.
　(1) 변 ㄷㄹ의 대응변은 변 ㅅㅂ이므로 변 ㄷㄹ과 길
　　이가 같은 변은 변 ㅅㅂ입니다.
　(2) 각 ㄱㄴㄷ의 대응각은 각 ㄱㅇㅅ이므로 각 ㄱㄴㄷ
　　과 크기가 같은 각은 각 ㄱㅇㅅ입니다.

9 (1) 변 ㄷㄹ의 대응변은 변 ㄱㅁ이므로 9 cm입니다.
　(2) 각 ㄱㅁㅅ의 대응각은 각 ㄷㄹㅅ이므로 85°입니다.
　(3) 선대칭도형에서 대칭축은 대응점끼리 이은 선분
　　을 둘로 똑같이 나눕니다.
　　➡ (선분 ㄱㅂ)=(선분 ㄱㄷ)÷2
　　　　　　　=6÷2=3 (cm)

10 선대칭도형에서 각각의 대응변의 길이와 대응각의
크기가 서로 같습니다.

11 사각형 ㄱㄴㅅㅁ에서
(각 ㄴㅅㅁ)=360°−80°−75°−115°=90°이므로
㉠=90°입니다.

12 (선분 ㄱㄴ)=(선분 ㄱㅂ)×2=5×2=10 (cm)

13 대칭축을 따라 접었을 때 완전히 겹치도록 그립니다.

15 (각 ㄷㄹㄹ)=(각 ㄱㄴㄹ)=125°
　➡ (각 ㄷㄴㅁ)=180°−125°=55°

16 어떤 점을 중심으로 180° 돌렸을 때 처음 도형과 완
전히 겹치는 도형은 나, 마, 바입니다.

17 대응점끼리 이은 선분이 만나는 점을 찾아 표시합니다.

18 서아: 대칭의 중심은 점 ㅅ입니다.

19 (1) 점 ㅇ을 중심으로 180° 돌렸을 때 변 ㄴㄷ과 겹치
　　는 변은 변 ㅁㅂ이므로 변 ㄴㄷ의 대응변은 변 ㅁㅂ
　　입니다.
　(2) 점 ㅇ을 중심으로 180° 돌렸을 때 각 ㄷㄹㅁ과 겹
　　치는 각은 각 ㅂㄱㄴ이므로 각 ㄷㄹㅁ의 대응각
　　은 각 ㅂㄱㄴ입니다.

20
표시한 점을 중심으로 180° 돌리면 처음 도형과 완전
히 겹칩니다.

21 ㉠ 점대칭도형
　㉡ 선대칭도형, 점대칭도형
　㉢ 선대칭도형

22 점대칭도형에서 각각의 대응변의 길이와 대응각의
크기가 서로 같습니다.
　(1) 변 ㄱㅂ의 대응변은 변 ㄹㄷ이므로 변 ㄱㅂ과 길
　　이가 같은 변은 변 ㄹㄷ입니다.
　(2) 각 ㄱㄴㄷ의 대응각은 각 ㄹㅁㅂ이므로 각 ㄱㄴㄷ
　　과 크기가 같은 각은 각 ㄹㅁㅂ입니다.

23 (1) 변 ㄱㄹ의 대응변은 변 ㄷㄷ이므로 8 cm입니다.
　(2) 각 ㄴㄷㄹ의 대응각은 각 ㄹㄱㄴ이므로 120°입니다.
　(3) 대칭의 중심은 대응점끼리 이은 선분을 둘로 똑같
　　이 나눕니다.
　　➡ (선분 ㄴㅇ)=(선분 ㄴㄹ)÷2=12÷2=6 (cm)

24 점대칭도형에서 각각의 대응변의 길이와 대응각의
크기가 서로 같습니다.

26 (선분 ㄱㅁ)=(선분 ㄱㅇ)×2=17×2=34 (cm)

27 각 점의 대응점을 찾아 표시한 후 대응점을 차례로
이어 점대칭도형을 완성합니다.

29 (각 ㄱㄷㄹ)=(각 ㄷㄱㄴ)=25°
　➡ (각 ㄴㄷㄹ)=(각 ㄴㄷㄱ)+(각 ㄱㄷㄹ)
　　　　　　　=35°+25°=60°

30 (변 ㅂㄱ)=(변 ㄷㄹ)=20 cm
(변 ㄴㄷ)=(변 ㅁㅂ)=6 cm
(변 ㄹㅁ)=(변 ㄱㄴ)=11 cm
➡ (점대칭도형의 둘레)
　　=(11+6+20)×2=74 (cm)

31 (변 ㄱㄴ)=(변 ㄹㅁ)=7 cm
(변 ㄷㄹ)=(변 ㅂㄱ)=8 cm
(변 ㅁㅂ)=(변 ㄴㄷ)=10 cm
➡ (점대칭도형의 둘레)
　　=(7+10+8)×2=50 (cm)

32 (변 ㄴㄷ)=(변 ㄴㄱ)=4 cm
(변 ㄷㄹ)=(변 ㄱㅂ)=9 cm
(변 ㅁㅂ)=(변 ㅁㄹ)=2 cm
➡ (선대칭도형의 둘레)
　　=(4+9+2)×2=30 (cm)

33 (각 ㄱㅂㅁ)=(각 ㄹㄷㄴ)=100°
사각형 ㄱㄹㅁㅂ에서
(각 ㄹㅁㅂ)=360°−55°−75°−100°=130°

34 (각 ㄹㅁㅂ)=(각 ㄱㄴㄷ)
사각형 ㄱㄴㄷㄹ에서
(각 ㄱㄴㄷ)=360°−60°−90°−70°=140°
➡ (각 ㄹㅁㅂ)=(각 ㄱㄴㄷ)=140°

35 (각 ㅂㄱㄴ)=(각 ㅂㅁㄹ)=95°
사각형 ㄱㄴㄷㅂ에서
(각 ㄱㄴㄷ)=360°−95°−75°−105°=85°

STEP 3 응용력 올리기　　　　88~91쪽

1　❶ 7 cm　❷ 12 cm
1-1 15 cm　　　　　　**1**-2 해설 참고
2　❶ 7 cm, 5 cm　❷ 변 ㅁㅂ　❸ 6 cm
2-1 9 cm　　　　　　**2**-2 13 cm
3　❶ 4 cm, 4 cm　❷ 24 cm²　❸ 48 cm²
3-1 112 cm²　　　　　**3**-2 60 cm²
4　❶ 16 cm, 12 cm　❷ 32 cm　❸ 256 cm²
4-1 128 cm²　　　　　**4**-2 384 cm²

1　❶ **변 ㄱㄴ의 길이 구하기**
(변 ㄱㄴ)=(변 ㄹㄷ)=7 cm
❷ **변 ㄴㄷ의 길이 구하기**
(삼각형 ㄱㄴㄷ의 둘레)−(변 ㄱㄴ)−(변 ㄱㄷ)
=35−7−16=12 (cm)

1-1　❶ **변 ㄱㄴ의 길이 구하기**
(변 ㄱㄴ)=(변 ㄷㄹ)=9 cm
❷ **변 ㄱㄷ의 길이 구하기**
(삼각형 ㄱㄴㄷ의 둘레)−(변 ㄱㄴ)−(변 ㄴㄷ)
=37−9−13=15 (cm)

1-2

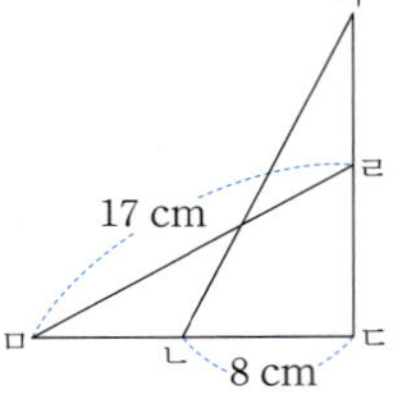

나만의 문제 > 예시 답안

삼각형 ㄱㄴㄷ과 삼각형 ㅁㄹㄷ은
서로 합동입니다. 삼각형 ㄱㄴㄷ의
둘레가 〔 40 〕 cm일 때 변 ㄱㄷ은
몇 cm인지 구하세요.

❶ (변 ㄱㄴ)=(변 ㅁㄹ)=17 cm
❷ (변 ㄱㄷ)=40−17−8=15 (cm)
답 15 cm

2　❶ **변 ㄱㅂ과 변 ㄹㅁ의 길이 각각 구하기**
(변 ㄱㅂ)=(변 ㄹㅁ)=7 cm
(변 ㄹㅁ)=(변 ㄱㄴ)=5 cm
❷ **변 ㄴㄷ과 길이가 같은 변 찾기**
변 ㄴㄷ의 대응변은 변 ㅁㅂ이므로 변 ㄴㄷ과 길이가
같은 변은 변 ㅁㅂ입니다.
❸ **변 ㄴㄷ의 길이 구하기**
(변 ㄴㄷ)=(변 ㅁㅂ)=□ cm라 하면 둘레가 36 cm
이므로 5+□+7+5+□+7=36,
24+□+□=36, □+□=12, □=6입니다.
➡ (변 ㄴㄷ)=6 cm

2-1　❶ **변 ㄷㄹ과 변 ㅁㅂ의 길이 각각 구하기**
(변 ㄷㄹ)=(변 ㅂㄱ)=8 cm
(변 ㅁㅂ)=(변 ㄴㄷ)=14 cm
❷ **변 ㄱㄴ과 길이가 같은 변 찾기**
변 ㄱㄴ의 대응변은 변 ㄹㅁ이므로 변 ㄱㄴ과 길이가
같은 변은 변 ㄹㅁ입니다.
❸ **변 ㄱㄴ의 길이 구하기**
(변 ㄱㄴ)=(변 ㄹㅁ)=□ cm라 하면 둘레가 62 cm
이므로 □+14+8+□+14+8=62,
□+□+44=62, □+□=18, □=9입니다.
➡ (변 ㄱㄴ)=9 cm

2-2 ❶ 변 ㄱㄴ, 변 ㄹㅁ, 변 ㅂㅅ의 길이 각각 구하기

(변 ㄱㄴ)=(변 ㅁㅂ)=5 cm

(변 ㄹㅁ)=(변 ㅈㄱ)=9 cm

(변 ㅂㅅ)=(변 ㄴㄷ)=6 cm

❷ 변 ㅅㅈ과 길이가 같은 변 찾기

변 ㅅㅈ의 대응변은 변 ㄷㄹ이므로 변 ㅅㅈ과 길이가
같은 변은 변 ㄷㄹ입니다.

❸ 변 ㅅㅈ의 길이 구하기

(변 ㅅㅈ)=(변 ㄷㄹ)=□ cm라 하면 둘레가 66 cm
이므로 5+6+□+9+5+6+□+9=66,
40+□+□=66, □+□=26, □=13입니다.

➡ (변 ㅅㅈ)=13 cm

3 ❶ 선분 ㄴㅁ과 선분 ㄹㅁ의 길이 각각 구하기

(선분 ㄴㅁ)=(선분 ㄹㅁ)=8÷2=4 (cm)

❷ 삼각형 ㄱㄴㄷ의 넓이 구하기

(선분 ㄱㄷ)=12 cm, (각 ㄴㅁㄱ)=90°

(삼각형 ㄱㄴㄷ의 넓이)=12×4÷2=24 (cm²)

❸ 사각형 ㄱㄴㄷㄹ의 넓이 구하기

(삼각형 ㄱㄴㄷ의 넓이)×2=24×2=48 (cm²)

3-1 ❶ (선분 ㄴㅁ)=(선분 ㄹㅁ)=14÷2=7 (cm)

❷ (선분 ㄱㄷ)=16 cm, (각 ㄴㅁㄱ)=90°

(삼각형 ㄱㄴㄷ의 넓이)=16×7÷2=56 (cm²)

❸ (사각형 ㄱㄴㄷㄹ의 넓이)

= (삼각형 ㄱㄴㄷ의 넓이)×2

= 56×2=112 (cm²)

3-2 ❶ 선대칭도형이 되도록 그림을 완성하기

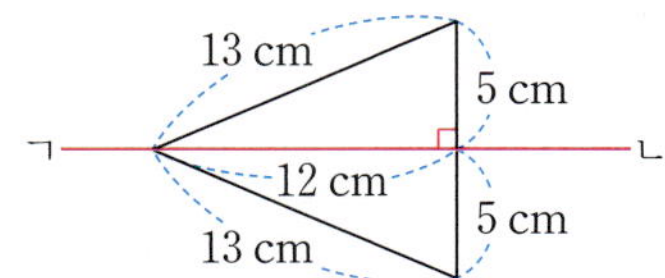

❷ 완성한 선대칭도형은 어떤 도형인지 알아보기

밑변의 길이가 5+5=10 (cm)이고, 높이가 12 cm인
삼각형입니다.

❸ 완성한 선대칭도형의 넓이 구하기

(밑변의 길이)×(높이)÷2=10×12÷2=60 (cm²)

4 ❶ 선분 ㄱㄴ과 선분 ㄴㅁ의 길이 각각 구하기

(선분 ㄱㄴ)=(선분 ㄷㅂ)=16 cm

(선분 ㄴㅁ)=(선분 ㅂㅁ)=12 cm

❷ 선분 ㄴㄷ의 길이 구하기

(선분 ㄴㅁ)+(선분 ㅁㄷ)=12+20=32 (cm)

❸ 삼각형 ㄱㄴㄷ의 넓이 구하기

(선분 ㄴㄷ)×(선분 ㄱㄴ)÷2=32×16÷2=256 (cm²)

4-1 ❶ 선분 ㄹㄷ과 선분 ㅂㄷ의 길이 각각 구하기

(선분 ㄹㄷ)=(선분 ㄴㅁ)=8 cm

(선분 ㅂㄷ)=(선분 ㅂㅁ)=15 cm

❷ 선분 ㄴㄷ의 길이 구하기

(선분 ㄴㅂ)+(선분 ㅂㄷ)=17+15=32 (cm)

❸ 삼각형 ㄴㄷㄹ의 넓이 구하기

밑변을 선분 ㄴㄷ, 높이를 선분 ㄹㄷ으로 생각하여 삼각
형 ㄴㄷㄹ의 넓이를 구하자.

(선분 ㄴㄷ)×(선분 ㄹㄷ)÷2=32×8÷2=128 (cm²)

4-2 ❶ 선분 ㄱㄴ과 선분 ㄱㅂ의 길이 각각 구하기

(선분 ㄱㄴ)=(선분 ㅁㄹ)=24 cm

(선분 ㄱㅂ)=(선분 ㅁㅂ)=7 cm

❷ 선분 ㄱㄹ의 길이 구하기

(선분 ㄱㅂ)+(선분 ㅂㄹ)=7+25=32 (cm)

❸ 삼각형 ㄱㄴㄹ의 넓이 구하기

밑변을 선분 ㄱㄹ, 높이를 선분 ㄱㄴ로 생각하여 삼각형
ㄱㄴㄹ의 넓이를 구하자.

(선분 ㄱㄹ)×(선분 ㄱㄴ)÷2=32×24÷2=384 (cm²)

STEP 3 응용력 올리기 서술형 수능 대비 **92~93쪽**

1 BOOK **2** ㉠과 ㉢, ㉡과 ㉣

3 Yes **4** 2112

1

빨간색 선을 대칭축으로 하는 선대칭도형을 완성하면
BOOK입니다.

2 두 표지판을 포개었을 때 완전히 겹치는 것을 찾으면
㉠과 ㉢, ㉡과 ㉣입니다.

3 |日|은 선대칭도형이면서 점대칭도형인 수이므로 인
쇄되는 글자는 'Yes'입니다.

4 점대칭도형이 되어야 하므로 1을 천의 자리와 일의 자
리에, 2를 백의 자리와 십의 자리에 쓰거나 1을 백의
자리와 십의 자리에, 2를 천의 자리와 일의 자리에 써
야 합니다. ➡ 1221, 2112

이 중 2000보다 큰 수는 2112이므로 사물함 비밀번호
는 2112입니다.

1 (   ) (○)   **2** ①, ④

3 ㉢   **4** 예

5 5개   **6** (위에서부터) 7, 14

7 예

8 (위에서부터) 90, 8

9 ㉡

10

11 선분 ㅇㄴ, 선분 ㅅㄷ, 선분 ㅂㄹ

12 115°   **13** 8 cm

14 ㉢   **15** 65°

16 60 cm   **17** 48 cm

18 243 cm²

19 예 ❶ (각 ㄷㄹㅁ)=(각 ㅂㄱㄴ)=85°

    ❷ 사각형 ㅂㄷㄹㅁ에서

    (각 ㅁㅂㄷ)=360°−90°−85°−70°=115°

                       답 115°

20 예 ❶ (변 ㄴㄷ)=(변 ㄹㄱ)=15 cm

    ❷ (변 ㄱㄷ)=34−8−15=11 (cm)   답 11 cm

3 점대칭도형을 ㉢을 중심으로 180° 돌렸을 때 처음 도형과 완전히 겹칩니다.

> **참고 개념**
> 대칭의 중심은 점대칭도형의 한가운데에 위치합니다.

4 주어진 도형과 포개었을 때 완전히 겹치도록 그립니다.

5

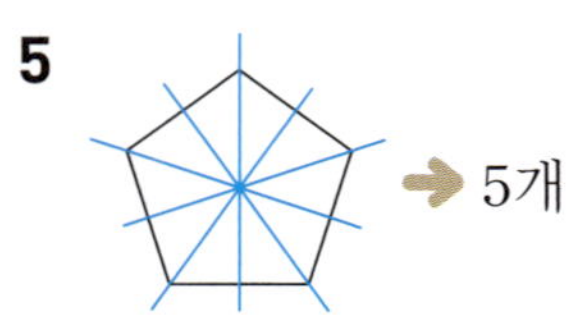

     ➜ 5개

6 점대칭도형에서 각각의 대응변의 길이가 서로 같습니다.

7 잘린 6개의 도형을 포개었을 때 완전히 겹치도록 자릅니다.

8 선대칭도형에서 각각의 대응변의 길이와 대응각의 크기가 서로 같습니다.

9 ㉡ 변 ㄱㄴ의 대응변은 변 ㅂㅁ입니다.

11 선대칭도형에서 대칭축은 대응점끼리 이은 선분을 둘로 똑같이 나눕니다.

12 각 ㅁㅇㅅ의 대응각은 각 ㄷㄴㄱ입니다.

   ➜ (각 ㅁㅇㅅ)=(각 ㄷㄴㄱ)

              =360°−65°−95°−85°=115°

13 대칭의 중심은 대응점끼리 이은 선분을 둘로 똑같이 나눕니다.

   ➜ (선분 ㄴㅇ)=(선분 ㄴㄹ)÷2

              =16÷2=8 (cm)

14 ㉢ 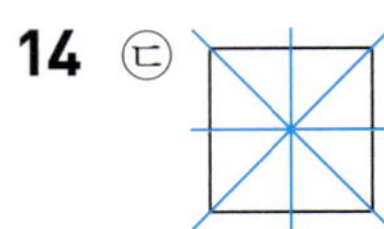

   ➜ 대칭축은 4개입니다.

15 (각 ㄴㄱㄹ)=(각 ㄷㄱㄹ)=25°

   (각 ㄱㄹㄴ)=90°

   삼각형 ㄱㄴㄹ에서

   (각 ㄱㄴㄹ)=180°−25°−90°=65°

16 선대칭도형에서 각각의 대응변의 길이가 서로 같습니다.

   ➜ (완성한 선대칭도형의 둘레)

      =(11+6+13)×2=60 (cm)

17 (변 ㄴㄷ)=(변 ㅂㅅ)=3 cm

   (변 ㄹㅁ)=(변 ㅈㄱ)=4 cm

   (변 ㅁㅂ)=(변 ㄱㄴ)=8 cm

   (변 ㅅㅈ)=(변 ㄷㄹ)=9 cm

   ➜ (점대칭도형의 둘레)=(8+3+9+4)×2

                         =48 (cm)

18 (선분 ㄱㄴ)=(선분 ㅁㄹ)=9 cm

   (선분 ㄱㅂ)=(선분 ㅁㅂ)=12 cm

   (선분 ㄱㄹ)=12+15=27 (cm)

   ➜ (직사각형 ㄱㄴㄷㄹ의 넓이)=27×9=243 (cm²)

19

🖊 채점 기준		
❶ 각 ㄷㄹㅁ의 크기를 구함.	2점	5점
❷ 각 ㅁㅂㄷ의 크기를 구함.	3점	

20

🖊 채점 기준		
❶ 변 ㄴㄷ의 길이를 구함.	2점	5점
❷ 변 ㄱㄷ의 길이를 구함.	3점	

TEST 단원 실력 평가 97~99쪽

1 나

2 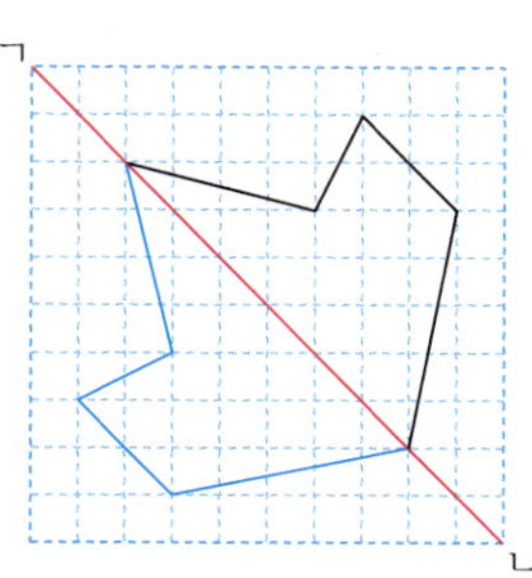

3 다

4 각 ㄹㅁㅂ

5 (위에서부터) 7, 8

6 12 cm

7 70°

8 (왼쪽부터) 10, 65

9 12 cm

10 70°

11

12 ㉡

13 39 cm

14 240 cm²

15 105°

16 42 cm

17 6 cm

18 40°

19 예 ❶ (변 ㅁㅂ)=(변 ㄷㄱ)=16 cm
❷ 삼각형 ㄹㅁㅂ의 둘레는 삼각형 ㄱㄴㄷ의 둘레와 같으므로 50 cm입니다.
➡ (변 ㄹㅂ)=50−20−16=14 (cm)

답 14 cm

20 예 ❶ 대응점끼리 이은 선분은 대칭축에 의해 둘로 똑같이 나누어지므로
(선분 ㄱㅁ)=(선분 ㄷㅁ)=10÷2=5 (cm)입니다.
❷ (선분 ㄴㄹ)=16 cm, (각 ㄱㅁㄴ)=90°
➡ (삼각형 ㄱㄴㄹ의 넓이)=16×5÷2=40 (cm²)
❸ (사각형 ㄱㄴㄷㄹ의 넓이)
  =(삼각형 ㄱㄴㄹ의 넓이)×2
  =40×2=80 (cm²)

답 80 cm²

---

1 한 직선을 따라 접어서 완전히 겹치는 도형은 **나**입니다.

3 도형 가, 나, 라는 포개었을 때 완전히 겹칩니다.

6 (변 ㄱㄷ)=(변 ㄱㄴ)=12 cm

7 (각 ㄱㄷㄹ)=(각 ㄱㄴㄹ)=70°

9 (선분 ㄱㄷ)=(선분 ㄷㅇ)×2=6×2=12 (cm)

10 (각 ㄱㄷㄴ)=(각 ㄹㅁㅂ)=35°
➡ (각 ㄷㄱㄴ)=180°−75°−35°=70°

12
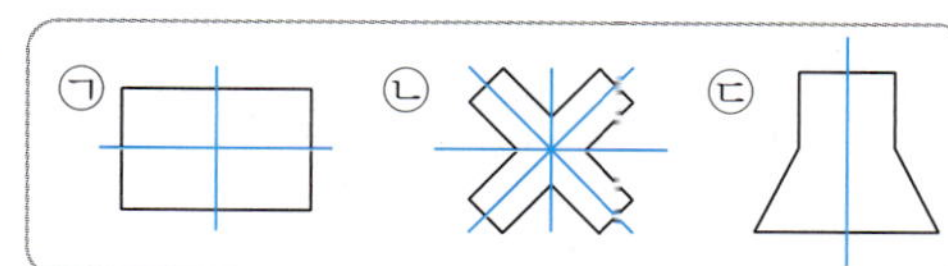

㉠ 2개 ㉡ 4개 ㉢ 1개

13 (변 ㄱㄴ)=(변 ㅇㅅ)=5 cm
(변 ㄹㅁ)=(변 ㅊㅈ)=10 cm
➡ (오각형 ㄱㄴㄷㄹㅁ의 둘레)
  =5+7+9+10+8=39 (cm)

14 (선분 ㄴㄹ)=(선분 ㄱㄹ)=10 cm
(변 ㄱㄴ)=10×2=20 (cm), (각 ㄷㄹㄱ)=90°
➡ (삼각형 ㄱㄴㄷ의 넓이)=20×24÷2=240 (cm²)

15 (각 ㄴㄷㅂ)=(각 ㅁㄹㅂ)=110°, (각 ㄷㅂㄱ)=90°
사각형 ㄱㄴㄷㅂ에서
(각 ㄱㄴㄷ)=360°−55°−110°−90°=105°

16 점대칭도형에서 각각의 대응변의 길이가 서로 같으므로 (변 ㄷㄹ)=(변 ㄱㄴ)=13 cm입니다.
대응점에서 대칭의 중심까지의 거리가 서로 같으므로
(선분 ㄴㄹ)=(선분 ㄹㅇ)×2=10×2=20 (cm)입니다.
➡ (삼각형 ㄴㄷㄹ의 둘레)=9+13+20=42 (cm)

17 (변 ㄱㄴ)=(변 ㅁㅂ)=10 cm
(변 ㄷㄹ)=(변 ㅅㅈ)=9 cm
(변 ㄹㅁ)=(변 ㅈㄱ)=8 cm
(변 ㄴㄷ)=(변 ㅂㅅ)=□ cm라 하면 둘레가 66 cm
이므로 10+□+9+8+10+□+9+8=66,
54+□+□=66, □+□=12, □=6입니다.
➡ (변 ㄴㄷ)=6 cm

18 (각 ㄴㅁㄱ)=(각 ㄷㄹㅁ)=50°
(각 ㄹㅁㄷ)=(각 ㅁㄹㄴ)=30°
(각 ㄱㅁㄹ)=180°−50°−30°=100°
(변 ㄱㅁ)=(변 ㅁㄹ)이므로 삼각형 ㄱㅁㄹ은 이등변삼각형입니다.
➡ (각 ㅁㄹㄱ)=(각 ㅁㄱㄹ)
  =(180°−100°)÷2=40°

---

19 채점 기준

❶ 변 ㅁㅂ의 길이를 구함.	2점	5점
❷ 변 ㄹㅂ의 길이를 구함.	3점	

20 채점 기준

❶ 선분 ㄱㅁ의 길이를 구함.	1점	5점
❷ 삼각형 ㄱㄴㄹ의 넓이를 구함.	2점	
❸ 사각형 ㄱㄴㄷㄹ의 넓이를 구함.	2점	

소수의 곱셈

STEP 1 개념 익히기 102~103쪽

1 (1) 6, 24, 24, 2.4 (2) 6, 6, 24, 2.4

2 (1) 29, 58, 58, 5.8 (2) 29, 29, 58, 5.8

3 (1) 5.6 (2) 43.2 (3) 8.1 (4) 14.1

4 (1) $0.3 \times 5 = \dfrac{3}{10} \times 5 = \dfrac{3 \times 5}{10} = \dfrac{15}{10} = 1.5$

   (2) $3.2 \times 3 = \dfrac{32}{10} \times 3 = \dfrac{32 \times 3}{10} = \dfrac{96}{10} = 9.6$

5 (1) 2.5 (2) 36.9

6 (예) 2.16은 0.01이 216개이므로 2.16×4는 0.01이 216×4=864(개)입니다.

   ➡ 2.16×4=8.64

7 1.02   **8** >

9 2.3×5=11.5 / 11.5 km

---

5 (1) $0.5 \times 5 = \dfrac{5}{10} \times 5 = \dfrac{5 \times 5}{10} = \dfrac{25}{10} = 2.5$

   (2) $4.1 \times 9 = \dfrac{41}{10} \times 9 = \dfrac{41 \times 9}{10} = \dfrac{369}{10} = 36.9$

7 가장 작은 수: 0.17, 가장 큰 수: 6

   ➡ 0.17×6=1.02

8 0.86×2=1.72 ➡ 1.72>1.5

9 (5일 동안 달리기를 한 거리)

   =(하루에 달리기를 한 거리)×(날수)

   =2.3×5=11.5 (km)

STEP 1 개념 익히기 104~105쪽

1 (1) 7, 7, 14, 1.4 (2) 1.4

2 (1) 17, 17, 68, 6.8 (2) 6.8

3 11.4

4 (1) 11.7 (2) 21.6 (3) 7.2 (4) 83.6

5 (1) $2 \times 0.62 = 2 \times \dfrac{62}{100} = \dfrac{2 \times 62}{100} = \dfrac{124}{100} = 1.24$

   (2) $8 \times 2.73 = 8 \times \dfrac{273}{100} = \dfrac{8 \times 273}{100} = \dfrac{2184}{100} = 21.84$

6 64.5   **7** >

8 현서   **9** ㉡

10 2×1.5=3 / 3 km

---

3 곱하는 수가 $\dfrac{1}{10}$배가 되면 계산 결과도 $\dfrac{1}{10}$배가 됩니다.

$$19 \times 6 = 114$$

$$\Big\downarrow \tfrac{1}{10}\text{배} \quad \Big\downarrow \tfrac{1}{10}\text{배}$$

$$19 \times 0.6 = 11.4$$

5 소수를 분모가 100인 분수로 고쳐서 분수의 곱셈으로 계산합니다.

6 15×4.3=64.5

7 35×4.1=143.5 ➡ 143.5>140

8 현서: 4×0.89=3.56

9 ㉠ 16×0.06=0.96 ➡ 0.96<1

   ㉡ 4×0.27=1.08 ➡ 1.08>1

   ㉢ 7×0.13=0.91 ➡ 0.91<1

10 (은행~소방서)=(서점~은행)×1.5

                 =2×1.5=3 (km)

참고 개념

소수점 아래 마지막 0은 생략하여 나타낼 수 있습니다.

STEP 2 기본 다지기 106~109쪽

1 3.51   **2** ㉡

3 ㉡   **4** 0.69 kg

5 5.2   **6** 14.5 m

7 은우 / (예) 2.13과 4의 곱은 8 정도가 됩니다.

8 10.84 m²   **9** 13.6

10 6.15   **11** 29.4시간

12 2.73   **13** <

14 ㉢   **15** 화성

16 10.8   **17** 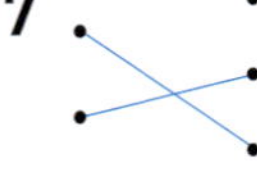

18 (위에서부터) 19.26, 77.4

19 3.62 kg   **20** (예) 없습니다.

21 3×1.8=5.4 / 5.4 m²

22 39.2 m²

23 5개   **24** 4포   **25** 47포

26 120.05   **27** 127.56   **28** 8.25

2 $0.9 \times 4 = 3.6$
  ㉠ $0.9 + 0.4 + 0.9 + 0.4 = 2.6$
  ㉡ $0.1 \times 9 \times 4 = 0.1 \times 36 = 3.6$
  ㉢ $\dfrac{9}{10} \times 9 = \dfrac{9 \times 9}{10} = \dfrac{81}{10} = 8.1$

3 ㉠ 0.38×7은 0.4와 7의 곱인 2.8보다 작습니다.
  ㉡ 0.44×8은 0.4와 8의 곱인 3.2보다 큽니다.
  ㉢ 0.94×3은 1과 3의 곱인 3보다 작습니다.
  ➡ 계산 결과가 3보다 큰 것은 ㉡입니다.

4 (준구가 먹은 땅콩의 양) $= 0.26 \times 6 = 1.56$ (kg)
  ➡ (남은 땅콩의 양) $= 2.25 - 1.56 = 0.69$ (kg)

5 $1.3 \times 4 = 5.2$

6 (선우가 산 끈의 길이)
  $= 2.9 \times 5 = 14.5$ (m)

7 은우: 213과 4의 곱이 약 800이므로 213의 $\dfrac{1}{100}$배인
  2.13과 4의 곱은 800의 $\dfrac{1}{100}$배인 8 정도입니다.

> **평가 기준**
> 잘못 말한 사람의 이름을 쓰고, 바르게 고쳤으면 정답으로 합니다.

8 (평행사변형의 넓이) $=$ (밑변의 길이) $\times$ (높이)
  $= 2.71 \times 4 = 10.84$ (m^2)

9 $17 \times \blacklozenge = 136$
  $\dfrac{1}{10}$배 $\dfrac{1}{10}$배
  $1.7 \times \blacklozenge = \square$
  ➡ $\square = 13.6$

10 어떤 수를 $\square$라 하고 1.23에 어떤 수를 곱한 값을 $\triangle$라 하면
  $123 \times \square = 615$
  $\dfrac{1}{100}$배 $\dfrac{1}{100}$배
  $1.23 \times \square = \triangle$
  ➡ $\triangle = 6.15$

11 3주 $= 21$일
  ➡ (3주 동안 피아노 연습을 한 시간)
  $= 1.4 \times 21 = 29.4$(시간)

> **참고 개념**
> 일주일은 7일이므로 3주는 $7 \times 3 = 21$(일)입니다.

12 $13 \times 0.21 = 2.73$

13 $2 \times 0.77 = 1.54$ ➡ $1.54 < 1.6$

14 ㉠ $32 \times 0.04 = 1.28$
  ㉡ $4 \times 0.3 = 1.2$
  ㉢ $49 \times 0.02 = 0.98$

15 어림해 보면 40 kg의 0.9배는 36 kg이고, 40 kg의 0.4배는 16 kg이므로 약 15.2 kg은 화성에서의 몸무게입니다.

16 3의 3.6배 ➡ $3 \times 3.6 = 10.8$

17 곱하는 수가 $\dfrac{1}{10}$배, $\dfrac{1}{100}$배가 되면 계산 결과도 각각 $\dfrac{1}{10}$배, $\dfrac{1}{100}$배가 됩니다.

18 · $6 \times 3.21 = 19.26$
  · $43 \times 1.8 = 77.4$

19 (사전의 무게) $=$ (위인전의 무게) $\times 1.81$
  $= 2 \times 1.81 = 3.62$ (kg)

20 1 g당 5원인 과자가 200 g 있다고 어림하면 과자의 가격이 약 1000원입니다. 1 g당 가격이 5원보다 높고 과자가 200 g보다 많으므로 1000원으로 과자를 살 수 없습니다.

21 (밭의 넓이) $=$ (가로) $\times$ (세로) $= 3 \times 1.8 = 5.4$ (m^2)

22 (새로운 놀이터의 가로) $= 5 \times 1.4 = 7$ (m)
  (새로운 놀이터의 세로) $= 4 \times 1.4 = 5.6$ (m)
  (새로운 놀이터의 넓이) $= 7 \times 5.6 = 39.2$ (m^2)

23 3주는 21일이므로 우유는 $0.2 \times 21 = 4.2$ (L) 필요합니다.
  ➡ 4.2 L $= \underset{4}{\underline{4\text{ L}}} + \underset{1}{\underline{0.2\text{ L}}} = 5$(개)
  따라서 1 L짜리 우유를 적어도 5개 사야 합니다.

24 4주는 28일이므로 사료는 $0.12 \times 28 = 3.36$ (kg) 필요합니다.
  ➡ 3.36 kg $= \underset{3}{\underline{3\text{ kg}}} + \underset{1}{\underline{0.36\text{ kg}}} = 4$(포)
  따라서 1 kg짜리 사료를 적어도 4포 사야 합니다.

25 1년은 12개월이므로 쌀은 $19.3 \times 12 = 231.6$ (kg) 필요합니다.
  ➡ 231.6 kg $= \underset{46}{\underline{230\text{ kg}}} + \underset{1}{\underline{1.6\text{ kg}}} = 47$(포)
  따라서 5 kg짜리 쌀을 적어도 47포 사야 합니다.

26 어떤 수를 □라 하면 □−17=0.15이고
□=0.15+17이므로 □=17.15입니다.
따라서 어떤 수에 7을 곱하면 17.15×7=120.05입
니다.

27 어떤 수를 □라 하면 □−21=0.26이고
□=0.26+21이므로 □=21.26입니다.
따라서 어떤 수에 6을 곱하면 21.26×6=127.56입
니다.

28 어떤 수를 □라 하면 □+1.25=4이고
□=4−1.25이므로 □=2.75입니다.
따라서 어떤 수에 3을 곱하면 2.75×3=8.25입니다.

STEP 1 개념 익히기 — 110~111쪽

1 (1) 0.01 (2) 56, 0.56 (3) 0.56

2 (위에서부터) $\dfrac{1}{100}$, 0.56   **3** 56, 0.56

4 0.07

5 (1) 0.32 (2) 0.228 (3) 0.42 (4) 0.0094

6 0.084

7   **8** ×

9 <   **10** ㉢

11 0.9×0.6=0.54 / 0.54 m²

---

2 곱해지는 수가 $\dfrac{1}{10}$배, 곱하는 수가 $\dfrac{1}{10}$배가 되면 계산

결과는 $\dfrac{1}{100}$배가 됩니다.

4 0.3은 3의 $\dfrac{1}{10}$배이고 0.021은 21의 $\dfrac{1}{1000}$배이므로

□ 안에 알맞은 수는 7의 $\dfrac{1}{100}$배이어야 합니다.

➡ □=0.07

6 0.14×0.6=0.084

7 0.72×0.29=0.2088

8 0.8×0.36=0.288

9 0.72×0.68=0.4896
➡ 0.4896<0.5

---

10 ㉠ 71 × 49 = 3479   ㉡ 71 × 49 = 3479
  $\dfrac{1}{10}$배 $\dfrac{1}{10}$배 $\dfrac{1}{100}$배 $\dfrac{1}{100}$배 $\dfrac{1}{100}$배
  7.1×4.9=34.79   71×0.49=34.79

㉢ 71 × 49 = 3479
  $\dfrac{1}{10}$배 $\dfrac{1}{100}$배 $\dfrac{1}{1000}$배
  7.1×0.49=3.479

11 (담요의 넓이)=(가로)×(세로)
$=0.9×0.6=0.54\,(\text{m}^2)$

STEP 1 개념 익히기 — 112~113쪽

1 18, 756, 7.56

2 (위에서부터) 756, $\dfrac{1}{100}$, 7.56

3 756, 8.4, 7.56   **4**
$$\begin{array}{r} 2.2 \\ \times\ 3.1 \\ \hline 6.8\,2 \end{array}$$

5 (1) 8.505 (2) 40.81 (3) 5.778

6 48 × 131 = 6288
  $\dfrac{1}{10}$배 $\dfrac{1}{100}$배 $\dfrac{1}{1000}$배
  4.8×1.31=6.288

7 (1) 16.56 (2) 31.62   **8** 건우

9   **10** 32.5에 색칠

11 34.3×2.1=72.03 / 72.03 kg

---

2 4.2는 42의 $\dfrac{1}{10}$배, 1.8은 18의 $\dfrac{1}{10}$배

➡ 4.2×1.8은 756의 $\dfrac{1}{100}$배입니다.

7 (1) 4.6×3.6=16.56
(2) 6.2×5.1=31.62

8 건우: 7.41×1.6=11.856

9 • 11.6×2.8=32.48   • 8.4×4.2=35.28

10 9.2×3.3=30.36
➡ 30.36<32.5

11 (아버지의 몸무게)=(진희의 몸무게)×2.1
$=34.3×2.1=72.03\,(\text{kg})$

STEP 1 개념 익히기   114~115쪽

1 $2\square1\square6\square5$ **2** 15.69 / 156.9
3 0.27   **4** ㉣
5 ㉢   **6** ㉢
7 <   **8**
9 민재   **10** 1000배
11 $2.7\times100=270$ / 270 g

1 자연수에 0.1, 0.01, 0.001을 각각 곱하면 곱의 소수점이 왼쪽으로 각각 한 자리, 두 자리, 세 자리 옮겨집니다.

2 소수에 10, 100을 각각 곱하면 곱하는 수의 0의 수만큼 각각 소수점이 오른쪽으로 옮겨집니다.

3 $0.\underline{3}$ $\times$ $0.\underline{9}$ $=$ $0.\underline{27}$
   (소수 한 자리 수)   (소수 한 자리 수)   (소수 두 자리 수)

4 $16.127\times100=1612.7$

5 $326\times\square=0.326$이므로 $\square=0.001$입니다.

6 ㉢ $0.\underline{6}$ $\times$ $0.\underline{3}$ $=$ $0.\underline{18}$
   (소수 한 자리 수)   (소수 한 자리 수)   (소수 두 자리 수)

7 ・$278\times0.01=2.78$ ・$0.278\times100=27.8$
  ➡ $2.78<27.8$

8 ・$6.2\times3.2=19.84$ ・$0.62\times32=19.84$
   ・$6.2\times0.32=1.984$

9 은우: $0.\underline{41}$ $\times$ $0.\underline{16}$ $=$ $0.\underline{0656}$
   (소수 두 자리 수)   (소수 두 자리 수)   (소수 네 자리 수)

   민재: $0.\underline{5}$ $\times$ $0.\underline{63}$ $=$ $0.\underline{315}$
   (소수 한 자리 수)   (소수 두 자리 수)   (소수 세 자리 수)

10 ・2.16에서 21.6으로 소수점이 오른쪽으로 한 자리 옮겨졌으므로 ●=10입니다.
   ・72에서 0.72로 소수점이 왼쪽으로 두 자리 옮겨졌으므로 ▲=0.01입니다.
   따라서 10은 0.01의 1000배이므로 ●는 ▲의 1000배입니다.

11 (탁구공 100개의 무게)=(탁구공 한 개의 무게)×100
               $=2.7\times100=270$ (g)

STEP 2 기본 다지기   116~119쪽

1 0.0819   **2** ㉡
3 서준   **4** 0.24 L
5 ㉠   **6** 3.8×0.7 또는 0.38×7
7 1.05 km   **8** 2.196
9 ㉡   **10** (×)
                   (○)
11 9.828
12 $9\square1\square5$ / 예 1.5×6.1을 1.5의 6배 정도로 어림하면 9보다 조금 큰 값이기 때문입니다.
13 14   **14** 10.89 cm²
15 49.49 cm²   **16** 12.04
17 지안   **18** ㉡
19 $1.3\times100=130$ / 130 L
20 625, 6.25   **21** 10
22 ㉢   **23** 12.622 kg
24 0.6 m   **25** 0.288 m   **26** 0.225 m
27 33.81 kg   **28** 2.667 m   **29** 4.158 L

1 가장 큰 수: 0.91, 가장 작은 수: 0.09
  ➡ $0.91\times0.09=0.0819$

2 ㉠ 3 $\times$ 45 $=$ 135
       $\frac{1}{10}$배 $\frac{1}{100}$배 $\frac{1}{1000}$배
     0.3 $\times$ 0.45 $=$ 0.135
  ➡ $0.135<0.14$

3 ・서준: $0.37\times0.7=0.259$ (kg)
   ・은우: $0.47\times0.4=0.188$ (kg)
  ➡ $0.259>0.188$이므로 서준이가 빵을 더 많이 먹었습니다.

4 (준하가 마신 주스의 양)=$0.8\times0.3=0.24$ (L)

5 ㉠ $0.67\times0.4=0.268$ ➡ $0.268>0.25$
   ㉡ $0.53\times0.42=0.2226$ ➡ $0.2226<0.25$

6 0.38×0.7은 0.266이어야 하는데 잘못 눌러서 2.66이라는 결과가 나왔으므로 3.8과 0.7을 눌렀거나 0.38과 7을 누른 것입니다.

7 (학교~편의점)=$0.7\times0.5=0.35$ (km)
  ➡ (은행~학교~편의점)=$0.7+0.35=1.05$ (km)

8 $1.83\times1.2=2.196$

9 ㉠ 2의 3배인 6보다 작습니다.
　 ㉡ 4의 1.5배인 6보다 큽니다.

10 $1.3 \times 5.6 = 7.28$

11 $2.1 \times 3.6 = 7.56$ ➡ $7.56 \times 1.3 = 9.828$

12 **평가 기준**
소수점을 바르게 찍고, 어림한 까닭이 타당하면 정답으로 합니다.

13 $3.1 \times 4.3 = 13.33$이므로 $13.33 < \square$입니다.
따라서 $\square$ 안에 들어갈 수 있는 가장 작은 자연수는 14 입니다.

14 (정사각형의 넓이)=(한 변의 길이)×(한 변의 길이)
　　　　　　　　　$= 3.3 \times 3.3 = 10.89$ (cm^2)

15 (가로)+(세로)=15 cm이므로
　 (세로)=$15 - 4.9 = 10.1$ (cm)입니다.
　 ➡ (직사각형의 넓이)=$4.9 \times 10.1 = 49.49$ (cm^2)

　 참고 개념
　 (직사각형의 둘레)=((가로)+(세로))×2
　 ➡ (가로)+(세로)=(직사각형의 둘레)÷2

16 　　 8.6 　 × 　 1.4 　 = 　 12.04
　 (소수 한 자리 수)　(소수 한 자리 수)　(소수 두 자리 수)

17 1 m=100 cm이므로
　 민재의 키는 $1.482 \times 100 = 148.2$ (cm)입니다.
　 ➡ $152.6 > 148.2$이므로 지안이의 키가 더 큽니다.

18 ㉠ $1.87 \times 10 = 18.7$
　 ㉡ $187 \times 0.01 = 1.87$
　 ㉢ $1870 \times 0.01 = 18.7$

19 (100일 동안 마신 물의 양)=$1.3 \times 100 = 130$ (L)

20 $0.625 \times 1000 = 625$, $625 \times 0.01 = 6.25$

21 $39.5 \times \square = 395$ ➡ $\square = 10$

22 ㉠ $21 \times \square = 0.21$ ➡ $\square = 0.01$
　 ㉡ $0.38 \times \square = 0.038$ ➡ $\square = 0.1$
　 ㉢ $0.95 \times \square = 95$ ➡ $\square = 100$
　 ➡ $\square$ 안에 알맞은 수가 가장 큰 것은 ㉢입니다.

23 장난감: $280.2 \times 10 = 2802$ (g)
　 구슬: $98.2 \times 100 = 9820$ (g)
　 ➡ $2802 + 9820 = 12622$ (g)
　 따라서 장난감과 구슬의 무게의 합은
　 $12622 \times 0.001 = 12.622$ (kg)입니다.

24 (공이 땅에 한 번 닿았다가 튀어 올랐을 때의 높이)
　 =(떨어진 높이)×0.75
　 =$0.8 \times 0.75 = 0.6$ (m)

25 (공이 땅에 한 번 닿았다가 튀어 올랐을 때의 높이)
　 =(떨어진 높이)×0.4
　 =$0.72 \times 0.4 = 0.288$ (m)

26 (공이 땅에 한 번 닿았다가 튀어 올랐을 때의 높이)
　 =(떨어진 높이)×0.5
　 =$0.9 \times 0.5 = 0.45$ (m)
　 (공이 땅에 2번 닿았다가 튀어 올랐을 때의 높이)
　 =(공이 땅에 한 번 닿았다가 튀어 올랐을 때의 높이)
　　　×0.5
　 =$0.45 \times 0.5 = 0.225$ (m)

27 (이번 달 성훈이의 몸무게)
　 =$29.4 + 29.4 \times 0.15 = 29.4 + 4.41$
　 =33.81 (kg)

28 (올해 나무의 높이)=$2.1 + 2.1 \times 0.27$
　　　　　　　　　　=$2.1 + 0.567 = 2.667$ (m)

29 (오늘 마신 물의 양)=$1.8 + 1.8 \times 0.31$
　　　　　　　　　　=$1.8 + 0.558 = 2.358$ (L)
　 ➡ (어제와 오늘 마신 물의 양)
　　　=$1.8 + 2.358 = 4.158$ (L)

STEP 3 응용력 올리기　　　　**120~123쪽**

1 ❶ 6
　 ❷ $7.\boxed{1} \times \boxed{6}.\boxed{5} = \boxed{46.15}$ / 46.15
1-1 49.68　　　　　　**1-2** 해설 참고
2 ❶ 18.4 cm^2　　　　❷ 11 cm^2
　 ❸ 7.4 cm^2
2-1 28.4 cm^2　　　　**2-2** 26 cm^2
3 ❶ 4.2시간　　　　　❷ 100.38 km
　 ❸ 90.342 L
3-1 100.8 L　　　　　**3-2** 56.394 L
4 ❶ 9군데, 30.6 cm　❷ 98.15 cm
　 ❸ 9.815 cm
4-1 1.24 m　　　　　　**4-2** 해설 참고

1 ❶ **곱이 가장 크게 되도록 두 소수의 자연수 부분에 들어가야 하는 수 구하기**

곱이 가장 크게 되려면 두 소수의 자연수 부분에 가장 큰 수와 두 번째로 큰 수를 놓아야 합니다.

➜ $7.\square \times 6.\square$

❷ **곱이 가장 크게 되는 곱셈식 만들어 계산하기**

소수 부분에 나머지 수 1과 5를 써넣어 곱이 가장 크게 되는 곱셈식을 만들면 $7.1 \times 6.5 = 46.15$입니다.

➜ 곱이 가장 크게 되는 곱셈식의 곱은 46.15입니다.

1-1 ❶ **곱이 가장 크게 되도록 두 소수의 자연수 부분에 들어가야 하는 수 구하기**

곱이 가장 크게 되려면 두 소수의 자연수 부분에 가장 큰 수와 두 번째로 큰 수를 놓아야 합니다.

➜ $9.\square \times 5.\square$

❷ **곱이 가장 크게 되는 곱셈식 만들어 계산하기**

소수 부분에 나머지 수 2와 4를 써넣어 곱이 가장 크게 되는 곱셈식을 만들면 $9.2 \times 5.4 = 49.68$입니다.

➜ 곱이 가장 크게 되는 곱셈식의 곱은 49.68입니다.

1-2

나만의 문제 〉 예시 답안

수 카드 4장을 한 번씩 모두 사용하여 곱이 가장 작게 되는 (소수 한 자리 수)×(소수 한 자리 수)의 곱셈식을 만들려고 합니다. 이때의 곱을 구하세요.

 3  4  5  8

❶ 곱이 가장 작게 되려면 두 소수의 자연수 부분에 가장 작은 수와 두 번째로 작은 수를 놓아야 합니다.

➜ $3.\square \times 4.\square$

❷ 소수 부분에 나머지 수 5와 8을 써넣어 곱이 가장 작게 되는 곱셈식을 만들면 $3.5 \times 4.8 = 16.8$입니다.

➜ 곱이 가장 작게 되는 곱셈식의 곱은 16.8 입니다.

답 16.8

2 ❶ **직사각형 ㄱㄴㄷㄹ의 넓이 구하기**

$4.6 \times 4 = 18.4 \ (\text{cm}^2)$

❷ **색칠하지 않은 부분의 넓이 구하기**

$(2+3.5) \times 4 \div 2 = 11 \ (\text{cm}^2)$

❸ **색칠한 부분의 넓이 구하기**

(직사각형 ㄱㄴㄷㄹ의 넓이)
－(색칠하지 않은 부분의 넓이)
$= 18.4 - 11 = 7.4 \ (\text{cm}^2)$

2-1 ❶ **직사각형 ㄱㄴㄷㄹ의 넓이 구하기**

$6.8 \times 8 = 54.4 \ (\text{cm}^2)$

❷ **색칠하지 않은 부분의 넓이 구하기**

$(3+3.5) \times 8 \div 2 = 26 \ (\text{cm}^2)$

❸ **색칠한 부분의 넓이 구하기**

(직사각형 ㄱㄴㄷㄹ의 넓이)
－(색칠하지 않은 부분의 넓이)
$= 54.4 - 26 = 28.4 \ (\text{cm}^2)$

2-2 ❶ **정사각형 ㄱㄴㄷㄹ의 넓이 구하기**

$8 \times 8 = 64 \ (\text{cm}^2)$

❷ **색칠하지 않은 부분의 넓이 구하기**

$(3+6.5) \times 8 \div 2 = 38 \ (\text{cm}^2)$

❸ **색칠한 부분의 넓이 구하기**

(정사각형 ㄱㄴㄷㄹ의 넓이)
－(색칠하지 않은 부분의 넓이)
$= 64 - 38 = 26 \ (\text{cm}^2)$

3 분 단위를 시간 단위로 나타내 보자.

❶ **4시간 12분은 몇 시간인지 소수로 나타내기**

4시간 12분 $= 4\dfrac{12}{60}$시간 $= 4\dfrac{2}{10}$시간 $= 4.2$시간

❷ **배가 이동하는 거리 구하기**

$23.9 \times 4.2 = 100.38 \ (\text{km})$

❸ **필요한 연료의 양 구하기**

$100.38 \times 0.9 = 90.342 \ (\text{L})$

참고 개념

(이동한 거리)＝(한 시간에 가는 거리)×(이동한 시간)

3-1 ❶ **2시간 30분은 몇 시간인지 소수로 나타내기**

2시간 30분 $= 2\dfrac{30}{60}$시간 $= 2\dfrac{5}{10}$시간 $= 2.5$시간

❷ **버스가 달리는 거리 구하기**

$67.2 \times 2.5 = 168 \ (\text{km})$

❸ **필요한 연료의 양 구하기**

$168 \times 0.6 = 100.8 \ (\text{L})$

3-2 ❶ **3시간 54분은 몇 시간인지 소수로 나타내기**

3시간 54분 $= 3\dfrac{54}{60}$시간 $= 3\dfrac{9}{10}$시간 $= 3.9$시간

❷ **택시가 달리는 거리 구하기**

$72.3 \times 3.9 = 281.97 \ (\text{km})$

❸ **필요한 연료의 양 구하기**

500 m를 달리는 데 0.1 L의 연료가 필요하므로 1 km를 달리는 데 0.2 L의 연료가 필요합니다.
(필요한 연료의 양)＝$281.97 \times 0.2 = 56.394 \ (\text{L})$

4 ❶ 겹치는 부분의 수와 겹치는 부분의 길이의 합 구하기
겹치는 부분은 $10-1=9$(군데)입니다.
(겹치는 부분의 길이의 합)$=3.4×9=30.6$ (cm)
❷ 색 테이프 10장의 길이의 합 구하기
$67.55+30.6=98.15$ (cm)
❸ 색 테이프 한 장의 길이 구하기
색 테이프 한 장의 길이를 □ cm라 하면
$□×10=98.15$, $□=9.815$입니다.

4-1 ❶ 겹치는 부분의 수와 겹치는 부분의 길이의 합 구하기
겹치는 부분은 $10-1=9$(군데)입니다.
(겹치는 부분의 길이의 합)$=0.3×9=2.7$ (m)
❷ 색 테이프 10장의 길이의 합 구하기
$9.7+2.7=12.4$ (m)
❸ 색 테이프 한 장의 길이 구하기
색 테이프 한 장의 길이를 □ m라 하면
$□×10=12.4$, $□=1.24$입니다.

4-2

나만의 문제 〉 예시 답안

길이가 같은 색 테이프 10장을 한 줄로 길게 2.3 cm 씩 겹치게 이어 붙였더니 이어 붙인 색 테이프 전체의 길이가 52.8 cm입니다. 색 테이프 한 장의 길이는 몇 cm인지 구하세요.

❶ 겹치는 부분은 $10-1=9$(군데)입니다.
(겹치는 부분의 길이의 합)
$=2.3×9=20.7$ (cm)
❷ (색 테이프 10장의 길이의 합)
$=52.8+20.7=73.5$ (cm)
❸ 색 테이프 한 장의 길이를 □ cm라 하면
$□×10=73.5$, $□=7.35$입니다.

🅐 7.35 cm

STEP 3 응용력 올리기 **서술형 수능 대비** 124~125쪽

1 30.25 cm²	**2** 0.75 L
3 82.55 cm	**4** 92.94 km

1 한 변의 길이가 5.5 cm인 정사각형이 그려집니다.
➡ (정사각형의 넓이)$=5.5×5.5=30.25$ (cm²)

2 우유가 필요한 날은 월요일, 수요일, 목요일이므로 우유는 0.25 L씩 3일 필요합니다.
➡ $0.25×3=0.75$ (L)

---

3 (소윤이네 집 컴퓨터 모니터의 화면 크기)
$=27×2.54=68.58$ (cm)
(건우의 휴대 전화의 화면 크기)
$=5.5×2.54=13.97$ (cm)
➡ $68.58+13.97=82.55$ (cm)

4 $36분=\dfrac{36}{60}$시간$=\dfrac{6}{10}$시간$=0.6$시간
(버스가 이동한 거리)$=73.6×0.6=44.16$ (km)
(택시가 이동한 거리)$=81.3×0.6=48.78$ (km)
➡ (버스와 택시 사이의 거리)
$=44.16+48.78=92.94$ (km)

TEST 단원 기본 평가 **126~128쪽**

1 (1) 13, 13, 65, 6.5 (2) 12, 12, 84, 0.84
2 (1) 32, 0.32 (2) 14, 0.14
3 12, 12, 36, 3.6
4 (위에서부터) $9□2□0□7$, $9□2□0□7$, $9□2□0□7$
5 (1) $0.6×9=\dfrac{6}{10}×9=\dfrac{6×9}{10}=\dfrac{54}{10}=5.4$
(2) $3.12×6=\dfrac{312}{100}×6=\dfrac{312×6}{100}=\dfrac{1872}{100}=18.72$
6 10.88
7 (위에서부터) 41.5, 415, 4150
8 $>$ **9** (1) 19.04 (2) 1.904
10 ㉡ **11** 16.38 m
12 $6×0.7=4.2$ / 4.2 m
13 (왼쪽부터) 3.74, 37.4 **14** 18
15 $4.7×0.5$ 또는 $0.47×5$
16 7개 **17** 19.24 cm² **18** 34.02
19 예 ❶ (오늘 걸은 거리)$=1.6+1.6×0.23$
$=1.6+0.368$
$=1.968$ (km)
❷ (어제와 오늘 걸은 거리)$=1.6+1.968$
$=3.568$ (km)
🅐 3.568 km
20 예 ❶ 3시간 18분$=3\dfrac{18}{60}$시간$=3\dfrac{3}{10}$시간
$=3.3$시간
❷ (트럭이 달리는 거리)
$=81.4×3.3=268.62$ (km)
❸ (필요한 연료의 양)
$=268.62×0.7=188.034$ (L)
🅐 188.034 L

6 가장 큰 수는 8이고, 가장 작은 수는 1.36입니다.
➡ $8 \times 1.36 = 10.88$

7 $4.15 \times 10 = 41.5$
$4.15 \times 100 = 415$
$4.15 \times 1000 = 4150$

8 $4.3 \times 6 = 25.8$ ➡ $25.8 > 25$

10 ㉠ $6 \times 0.9 = 5.4$, ㉡ $6 \times 1.1 = 6.6$,
㉢ 6의 0.88배 ➡ $6 \times 0.88 = 5.28$

다른 풀이
자연수에 1보다 큰 수를 곱하면 계산 결과는 곱해지는 수보다 커지므로 6에 1보다 큰 수를 곱한 것을 찾으면 ㉡입니다.

11 (털실의 길이) = (철사의 길이) × 1.82
$= 9 \times 1.82 = 16.38$ (m)

14 $7 \times 2.7 = 18.9$이므로 □ < 18.9입니다.
➡ □ 안에 들어갈 수 있는 가장 큰 자연수: 18

15 0.47×0.5는 0.235이어야 하는데 잘못 눌러서 2.35라는 결과가 나왔으므로 4.7과 0.5를 눌렀거나 0.47과 5를 누른 것입니다.

16 4주는 28일이므로 우유는 $0.24 \times 28 = 6.72$ (L)가 필요합니다.
➡ $6.72 \text{ L} = 6 \text{ L} + 0.72 \text{ L}$
$6 + 1 = 7$(개)
따라서 1 L짜리 우유를 적어도 7개 사야 합니다.

17 (가로) + (세로) = 10 cm이므로
(가로) = $10 - 2.6 = 7.4$ (cm)입니다.
➡ (직사각형의 넓이) = $7.4 \times 2.6 = 19.24$ (cm²)

18 곱이 가장 크게 되려면 두 소수의 자연수 부분에 가장 큰 수와 두 번째로 큰 수를 놓아야 합니다.
➡ $8.\square \times 4.\square$
곱이 가장 크게 되는 곱셈식: $8.1 \times 4.2 = 34.02$
➡ 곱이 가장 크게 되는 곱셈식의 곱은 34.02입니다.

19 채점 기준

❶ 오늘 걸은 거리를 구함.	3점	5점
❷ 어제와 오늘 걸은 거리를 구함.	2점	

20 채점 기준

❶ 3시간 18분은 몇 시간인지 소수로 나타냄.	1점	5점
❷ 트럭이 달리는 거리를 구함.	2점	
❸ 필요한 연료의 양을 구함.	2점	

---

1 18.24 **2** 1.44

3 (1) $4\square2\square5\square6$ (2) $4\square2\square5\square6$

4 (선 긋기)

5 (위에서부터)
(1) 36.7, 367, 3670 (2) 4.85, 0.485, 0.0485

6 $0.87 \times 6 = \dfrac{87}{100} \times 6 = \dfrac{87 \times 6}{100} = \dfrac{522}{100} = 5.22$

7 ㉡ **8** 19150

9 ㉡ **10** 0.234

11 해왕성 **12** 0.962 km

13 0.01 **14** 8, 9

15 5.796 km **16** 42.12 m²

17 63.63 **18** 7 cm²

19 예 ❶ (공이 땅에 한 번 닿았다가 튀어 올랐을 때의 높이)
= (떨어진 높이) × 0.7
$= 0.9 \times 0.7 = 0.63$ (m)
❷ (공이 땅에 2번 닿았다가 튀어 올랐을 때의 높이)
= (공이 땅에 한 번 닿았다가 튀어 올랐을 때의 높이) × 0.7
$= 0.63 \times 0.7 = 0.441$ (m)
답 0.441 m

20 예 ❶ 겹치는 부분은 $10 - 1 = 9$(군데)입니다.
➡ (겹치는 부분의 길이의 합)
$= 2.6 \times 9 = 23.4$ (cm)
❷ (색 테이프 10장의 길이의 합)
$= 57.2 + 23.4 = 80.6$ (cm)
❸ 색 테이프 한 장의 길이를 □ cm라 하면
□ × 10 = 80.6, □ = 8.06입니다.
답 8.06 cm

1 $4.56 \times 4 = 18.24$

2 $0.72 \times 2 = 1.44$

3 (1) $19 \times 224 = 4256$
$\dfrac{1}{10}$배 $\dfrac{1}{10}$배
$19 \times 22.4 = 425.6$
(2) $19 \times 224 = 4256$
$\dfrac{1}{1000}$배 $\dfrac{1}{1000}$배
$0.019 \times 224 = 4.256$

4 · $3 \times 7.6 = 22.8$
· $5 \times 8.7 = 43.5$

정답과 해설

7 ㉠ $14 \times 0.9 = 12.6$ ➡ $12.6 < 14$
　㉡ $7 \times 2.3 = 16.1$ ➡ $16.1 > 14$

9 ㉠ $340 \times \square = 3.40$ ➡ $\square = 0.01$
　㉡ $\square \times 2.5 = 0.25$ ➡ $\square = 0.1$
　㉢ $\square \times 714 = 7.14$ ➡ $\square = 0.01$

11 화성: $43 \times 0.38 = 16.34$ (kg) ➡ 약 16.34 kg
　해왕성: $43 \times 0.88 = 37.84$ (kg) ➡ 약 37.84 kg
　따라서 유찬이가 설명하는 행성은 해왕성입니다.

12 (공원~영화관)$= 0.74 \times 0.3 = 0.222$ (km)
　➡ (경찰서~공원~영화관)
　　$= 0.74 + 0.222 = 0.962$ (km)

13 $1.45 \times 5 = 7.25$이므로 $725 \times ㉠ = 7.25$입니다.
　➡ $725 \times ㉠ = 7.25$ ➡ $㉠ = 0.01$

14 $3.44 \times 2.2 = 7.568$, $3.7 \times 2.7 = 9.99$
　➡ $7.568 < \square < 9.99$이므로 $\square$ 안에 들어갈 수 있는
　　자연수는 8, 9입니다.

15 (민우가 걸은 거리)$= 1.8 \times 1.4 = 2.52$ (km)
　(수호가 걸은 거리)$= 2.52 \times 2.3 = 5.796$ (km)

16 (새로운 화단의 가로)$= 4.5 \times 1.2 = 5.4$ (m)
　(새로운 화단의 세로)$= 6.5 \times 1.2 = 7.8$ (m)
　(새로운 화단의 넓이)$= 5.4 \times 7.8 = 42.12$ (m²)

17 어떤 수를 $\square$라 하면 $\square + 0.93 = 8$,
　$\square = 8 - 0.93$이므로 $\square = 7.07$입니다.
　따라서 어떤 수에 9를 곱하면 $7.07 \times 9 = 63.63$입니다.

18 (정사각형 ㄱㄴㄷㄹ의 넓이)
　$= 4 \times 4 = 16$ (cm²)
　(색칠하지 않은 부분의 넓이)
　$= (2.2 + 2.3) \times 4 \div 2 = 9$ (cm²)
　(색칠한 부분의 넓이)
　$= 16 - 9 = 7$ (cm²)

19

채점 기준		
❶ 공이 땅에 한 번 닿았다가 튀어 올랐을 때의 높이를 구함.	2점	5점
❷ 공이 땅에 2번 닿았다가 튀어 올랐을 때의 높이를 구함.	3점	

20

채점 기준		
❶ 겹치는 부분의 수와 겹치는 부분의 길이의 합을 구함.	1점	5점
❷ 색 테이프 10장의 길이의 합을 구함.	2점	
❸ 색 테이프 한 장의 길이를 구함.	2점	

 직육면체

STEP 1 개념 익히기　　　134~135쪽

1 나　　　　　　　　**2** 정육면체
3 6개　　　　　　　**4** 정사각형
5 (위에서부터) 꼭짓점, 면, 모서리
6 나, 마 / 나　　　**7** (1) ○ (2) × (3) ○
8 4개
9 ㉢ / ⓐ 면과 면이 만나는 선분을 모서리라고 합니다.

1 직사각형 6개로 둘러싸인 모양은 나입니다.

2 정사각형 6개로 둘러싸인 도형을 정육면체라고 합니다.

3 정육면체의 면은 6개입니다.

4 정육면체의 면은 정사각형입니다.

5 모서리와 모서리가 만나는 점 ➡ 꼭짓점
　선분으로 둘러싸인 부분 ➡ 면
　면과 면이 만나는 선분 ➡ 모서리

6 직사각형 6개로 둘러싸인 도형은 나, 마이므로 직육면체는 나, 마입니다.
　정사각형 6개로 둘러싸인 도형은 나이므로 정육면체는 나입니다.

> **주의 개념**
> 정육면체는 직육면체라고 할 수 있습니다.
> 직육면체는 정육면체라고 할 수 없습니다.

7 (2) 정육면체는 면의 모양이 모두 정사각형입니다.

8 모서리: 면과 면이 만나는 선분을 세어 보면 12개입니다.
　꼭짓점: 모서리와 모서리가 만나는 점을 세어 보면 8개입니다.
　➡ 모서리는 꼭짓점보다 $12 - 8 = 4$(개) 더 많습니다.

> **참고 개념**
> 정육면체의 면, 모서리, 꼭짓점의 수
> ・면의 수: 6개
> ・모서리의 수: 12개
> ・꼭짓점의 수: 8개

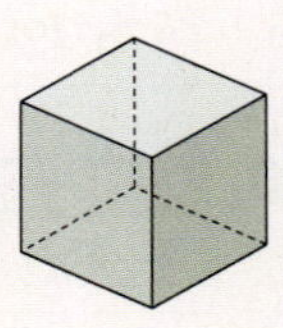

9 꼭짓점은 모서리와 모서리가 만나는 점입니다.

STEP 1 개념 익히기 136~137쪽

1 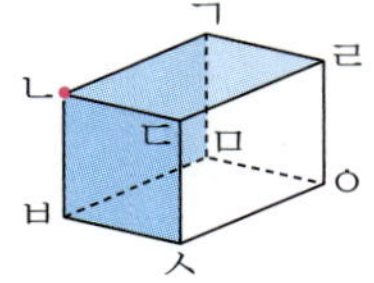

2 면 ㄱㄴㄷㄹ

3 ㄱㄴㄷㄹ, ㄴㅂㅁㄱ, ㅁㅂㅅㅇ, ㄷㅅㅇㄹ

4 4개

5 서아

6 ②, ④

7 3쌍

8 면 ㄴㅂㅅㄷ

9 ㉡

10 1개 / 4개

11 면 ㄱㄴㄷㄹ, 면 ㄴㅂㅅㄷ, 면 ㄴㅂㅁㄱ

1 직육면체에서 계속 늘여도 만나지 않는 두 면을 서로 평행하다고 합니다.

2 서로 평행한 면을 밑면이라고 합니다.

4 직육면체에서 서로 만나는 면은 수직입니다. 색칠한 면과 만나는 면이 4개이므로 수직인 면은 모두 4개입니다.

5 색칠한 면과 마주 보는 면에 색칠한 사람을 찾습니다.

6 직육면체에서 서로 만나는 면은 수직입니다.

7 서로 평행한 면은 모두 3쌍입니다.

> **참고 개념**
> 직육면체에서 마주 보는 면은 서로 평행하고 모두 3쌍 있습니다.

8 한 면과 수직으로 만나는 면이 4개이고, 만나지 않는 면은 평행한 면입니다.
따라서 평행한 면을 찾으면 면 ㄴㅂㅅㄷ입니다.

9 ㉠ 꼭짓점 ㄱ에서 만나는 면은 면 ㄱㄴㄷㄹ, 면 ㄴㅂㅁㄱ, 면 ㄱㅁㅇㄹ이므로 3개입니다.
㉢ 면 ㄴㅂㅁㄱ과 평행한 면은 면 ㄷㅅㅇㄹ입니다.
면 ㄴㅂㅁㄱ과 면 ㄱㄴㄷㄹ은 서로 수직입니다.

10 면 ㄷㅅㅇㄹ과 평행한 면은 면 ㄴㅂㅁㄱ으로 1개입니다.
면 ㄷㅅㅇㄹ과 수직인 면은 만나는 면이고 평행한 면을 제외한 면으로 모두 4개입니다.

11 한 꼭짓점에서 만나는 면은 3개입니다.

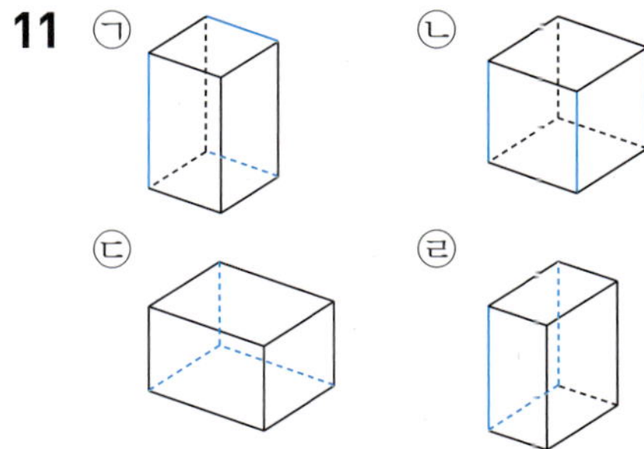

➡ 점 ㄴ에서 만나는 면은
면 ㄱㄴㄷㄹ, 면 ㄴㅂㅅㄷ,
면 ㄴㅂㅁㄱ입니다.

STEP 1 개념 익히기 138~139쪽

1 겨냥도

2 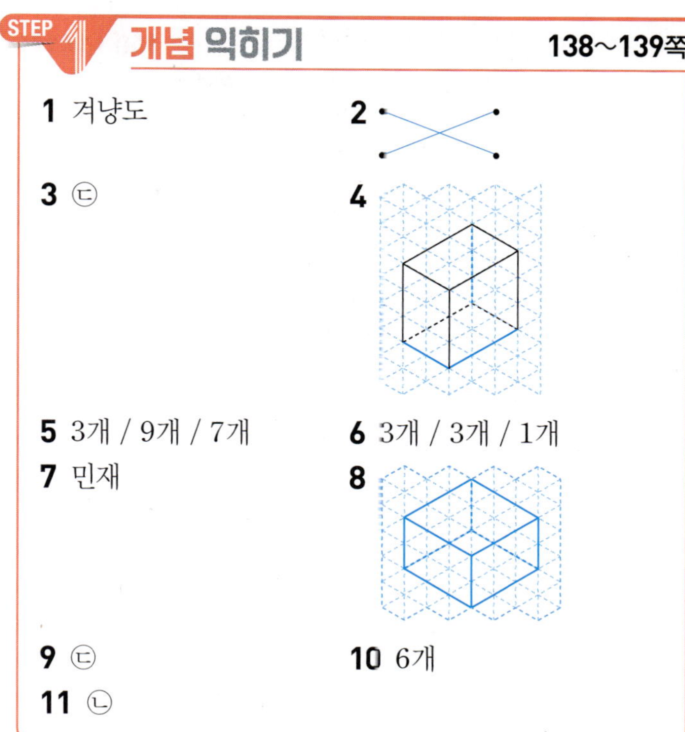

3 ㉢

4

5 3개 / 9개 / 7개

6 3개 / 3개 / 1개

7 민재

8

9 ㉢

10 6개

11 ㉡

2 보이는 모서리는 실선으로, 보이지 않는 모서리는 점선으로 그립니다.

3 ㉠ 보이지 않는 모서리를 그리지 않았습니다.
㉡ 보이는 모서리를 점선으로, 보이지 않는 모서리를 실선으로 그렸습니다.

4 모눈의 칸수를 이용하여 직육면체의 겨냥도를 완성합니다. ➡ 보이는 모서리 2개는 실선으로, 보이지 않는 모서리 1개는 점선으로 그려 넣습니다.

7 보이지 않는 모서리는 점선으로 그려야 합니다.

9 ㉠ 보이는 면의 수: 3개
㉡ 보이지 않는 모서리의 수: 3개
㉢ 보이는 모서리의 수: 9개

10 보이는 꼭짓점: 7개, 보이지 않는 꼭짓점: 1개
➡ 7−1=6(개)

11

㉠ 실선 2개, 점선 1개를 그려서 겨냥도를 완성합니다.
㉡ 실선 3개를 그려서 겨냥도를 완성합니다.
㉢ 점선 3개를 그려서 겨냥도를 완성합니다.
㉣ 실선 1개, 점선 2개를 그려서 겨냥도를 완성합니다.

STEP 1 개념 익히기　140~141쪽

1 전개도　　　　　**2** 실선, 점선

3 3　　　　　　　　**4** 다, 마, 바

5 (◯) (×)
　 (×) (◯)

6

7 가, 나

8

9 (위에서부터) 8, 5, 6

10

---

5 접었을 때 서로 겹치는 면이 있으면 정육면체의 전개도
가 아닙니다.

> **주의 개념**
> 정육면체의 전개도는 정사각형인 면이 6개이며, 접었을 때
> 서로 겹치는 면이 없고, 겹치는 모서리의 길이가 같아야
> 합니다.

7 다: 접었을 때 겹치는 면이 있습니다.
　 라: 면이 5개입니다.

8 전개도를 접었을 때 만나는 꼭짓점을 씁니다.

9 전개도를 접었을 때 겨냥도의 모양과 같도록 선분의 길
이를 써넣습니다.

10 전개도를 접었을 때 마주 보는 면이 3쌍이고, 마주 보
는 면의 모양과 크기가 같아야 하며, 겹치는 모서리의
길이가 같도록 점선을 그립니다.

> **참고 개념**
> 정육면체와 직육면체의 전개도를 그릴 때 잘린 모서리는
> 실선으로, 잘리지 않는 모서리는 점선으로 표시합니다.

STEP 2 기본 다지기　142~147쪽

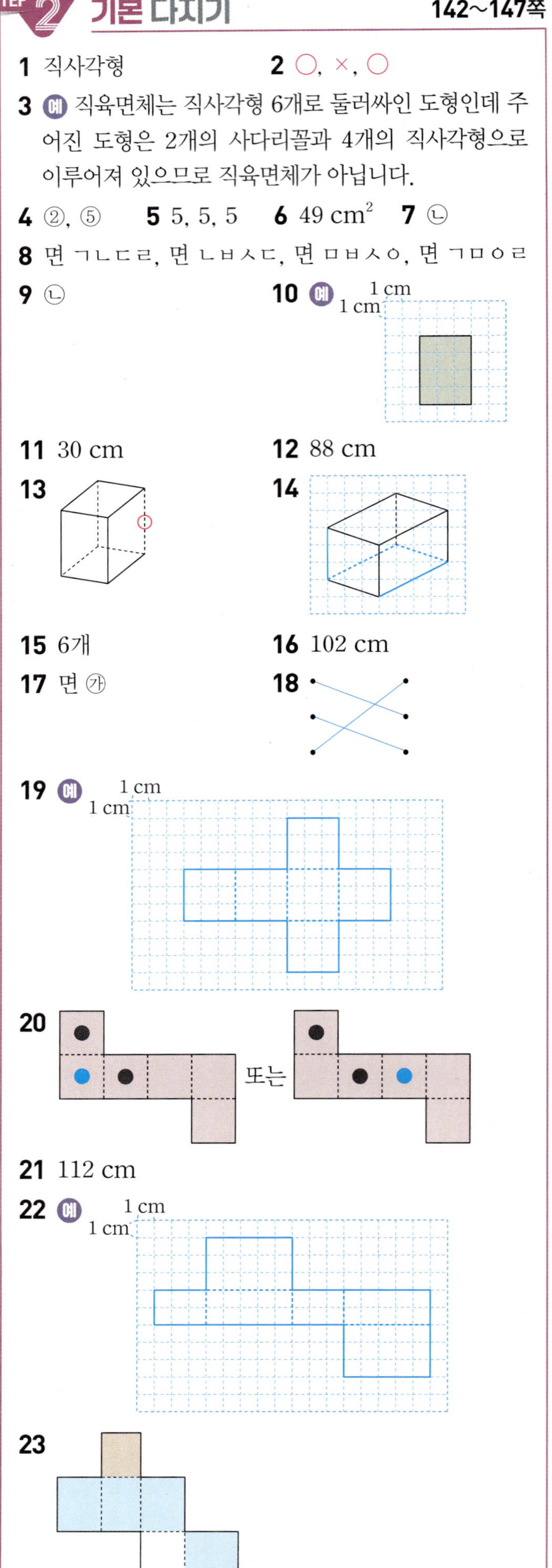

1 직사각형　　　　　　　　**2** ◯, ×, ◯

3 **예** 직육면체는 직사각형 6개로 둘러싸인 도형인데 주
어진 도형은 2개의 사다리꼴과 4개의 직사각형으로
이루어져 있으므로 직육면체가 아닙니다.

4 ②, ⑤　　　**5** 5, 5, 5　　**6** 49 cm^2　　**7** ㉡

8 면 ㄱㄴㄷㄹ, 면 ㄴㅂㅅㄷ, 면 ㅁㅂㅅㅇ, 면 ㄱㅁㅇㄹ

9 ㉡　　　　　　　　　**10** **예**

11 30 cm　　　　　　　**12** 88 cm

13　　　　　　　　　　**14**

15 6개　　　　　　　　 **16** 102 cm

17 면 ㉮　　　　　　　　**18**

19 **예**

20　　　　　　또는

21 112 cm

22 **예**

23

24 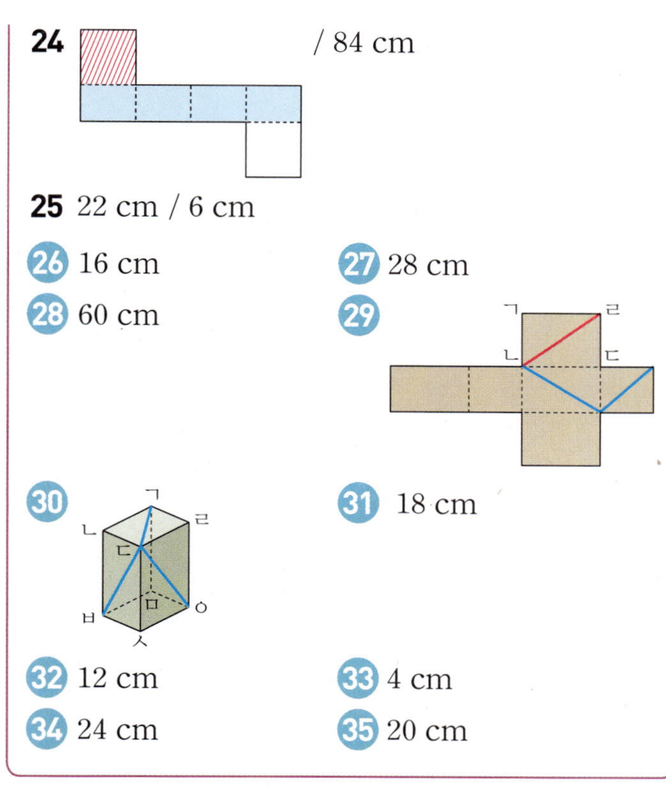 / 84 cm

25 22 cm / 6 cm

26 16 cm

27 28 cm

28 60 cm

29

30

31 18 cm

32 12 cm

33 4 cm

34 24 cm

35 20 cm

---

3 평가 기준
직육면체는 직사각형 6개로 둘러싸인 도형임을 알고 직육면체가 아닌 까닭을 썼으면 정답으로 합니다.

4 ① 정육면체의 모서리의 길이는 모두 같습니다.
③ 직육면체와 정육면체의 면의 수는 6개로 같습니다.
④ 직육면체의 면의 모양은 직사각형입니다.

6 정육면체의 모서리의 길이는 모두 7 cm입니다.
➡ (한 면의 넓이)=$7 \times 7 = 49$ (cm²)

7 ㉡은 색칠한 면과 평행한 면을 색칠한 것입니다.

8 직육면체에서 밑면과 수직인 면을 옆면이라고 합니다.

9 ㉠ 직육면체에서 한 면과 수직으로 만나는 면은 4개입니다.
㉢ 직육면체의 한 꼭짓점에서 만나는 면은 모두 3개입니다.
㉣ 한 모서리에서 만나는 두 면은 서로 수직입니다.

10 색칠한 면은 가로가 3 cm, 세로가 4 cm인 직사각형입니다.

11 색칠한 면은 가로가 6 cm, 세로가 9 cm인 직사각형입니다.
색칠한 면과 평행한 면은 모양과 크기가 서로 같으므로 모서리의 길이의 합도 같습니다.
➡ $6+9+6+9=30$ (cm)

12 길이가 5 cm, 9 cm, 8 cm인 모서리가 4개씩 있습니다.
➡ (모든 모서리의 길이의 합)=$(5+9+8) \times 4$
      =$22 \times 4 = 88$ (cm)

14 보이는 모서리는 실선으로, 보이지 않는 모서리는 점선으로 그립니다.

15 실선으로 그려야 하는 모서리는 보이는 모서리이므로 9개이고, 점선으로 그려야 하는 모서리는 보이지 않는 모서리이므로 3개입니다. ➡ $9-3=6$(개)

16 보이는 모서리를 찾아보면 20 cm, 11 cm, 3 cm인 모서리가 각각 3개씩입니다.
➡ (보이는 모서리의 길이의 합)=$(20+11+3) \times 3$
      =$34 \times 3 = 102$ (cm)

17 전개도를 접었을 때 면 ㉣와 평행한 면을 찾습니다.

18 전개도를 접었을 때 선분 ㄱㅎ과 선분 ㅋㅌ, 선분 ㅇㅅ과 선분 ㅇㅈ, 선분 ㄷㄹ과 선분 ㅅㅂ이 겹쳐서 한 모서리가 됩니다.

21 (정육면체의 한 모서리의 길이)=$24 \div 3 = 8$ (cm)
빨간색 선은 한 모서리가 14개이므로 빨간색 선의 길이는 $8 \times 14 = 112$ (cm)입니다.

23 전개도를 접었을 때 색칠한 면과 만나는 면은 모두 색칠한 면과 수직입니다.

24 (색칠한 부분의 가로)=$9+9+9+9=36$ (cm)
(색칠한 부분의 세로)=6 cm
➡ (색칠한 부분의 둘레)=$36+6+36+6=84$ (cm)

25 ㉠=(색칠한 면의 모서리의 길이의 합)
   =$4+7+4+7=22$ (cm)
㉡=6 cm

26 보이지 않는 모서리의 길이는 각각 8 cm, 5 cm, 3 cm이므로 $8+5+3=16$ (cm)입니다.

27 보이지 않는 모서리의 길이는 각각 12 cm, 9 cm, 7 cm이므로 $12+9+7=28$ (cm)입니다.

28 길이가 같은 모서리 4개 중 3개는 보이는 모서리이고 1개는 보이지 않는 모서리입니다.
따라서 보이는 모서리의 길이의 합은 보이지 않는 모서리의 길이의 합의 3배입니다.
➡ (보이는 모서리의 길이의 합)=$20 \times 3 = 60$ (cm)

29 전개도에서 각 꼭짓점의 위치를 찾아보고 선을 긋습니다.

> 전개도를 접었을 때 점 ㄹ이 만나는 점을 전개도에 찾아 표시하면 선을 긋기 쉬워.

30 점 ㄷ에서 시작하는 대각선을 세 면에 각각 그립니다.

31 (선분 ㄱㄴ)=(선분 ㅈㅇ)=7 cm
(선분 ㄴㄷ)=(선분 ㅁㄹ)=(선분 ㅁㅂ)=11 cm
➡ (선분 ㄱㄷ)=(선분 ㄱㄴ)+(선분 ㄴㄷ)
  =7+11=18 (cm)

32 (선분 ㄷㄹ)=(선분 ㅅㅂ)=9 cm
(선분 ㄹㅁ)=(선분 ㅂㅁ)=(선분 ㅅㅇ)=3 cm
➡ (선분 ㄷㅁ)=(선분 ㄷㄹ)+(선분 ㄹㅁ)
  =9+3=12 (cm)

33 전개도를 접었을 때 선분 ㄱㅎ과 겹치는 선분은 선분 ㅋㅌ입니다.
(선분 ㅊㅋ)=(선분 ㅈㅇ)=(선분 ㅅㅇ)=6 cm
➡ (선분 ㅋㅌ)=(선분 ㅊㅌ)-(선분 ㅊㅋ)
  =10-6=4 (cm)

34 주어진 직육면체를 쌓아서 만든 가장 작은 정육면체의 한 모서리의 길이는 직육면체의 세 모서리의 길이의 최소공배수와 같습니다.
6, 3, 8의 최소공배수는 24이므로 만든 가장 작은 정육면체의 한 모서리의 길이는 24 cm입니다.

35 10, 5, 4의 최소공배수는 20이므로 만든 가장 작은 정육면체의 한 모서리의 길이는 20 cm입니다.

STEP 3 응용력 올리기 **148~151쪽**

1 ❶ 4배, 3배 ❷ 24 cm, 18 cm
1-1 28 cm, 21 cm
1-2 해설 참고
2 ❶ 80 cm ❷ 72 cm ❸ 가
2-1 나
2-2 9 cm
3 ❶ 5, 3, 6 ❷ 2, 4, 1
3-1 4, 8, 2
3-2 해설 참고
4 ❶ 2, 40 / 2, 20 / 4, 24 / 36 ❷ 120 cm
4-1 168 cm
4-2 35 cm

---

1 ❶ **종이의 가로와 세로는 정육면체 한 모서리의 길이의 몇 배인지 구하기**
종이의 가로는 정육면체 한 모서리의 길이의 4배, 세로는 정육면체 한 모서리의 길이의 3배와 같습니다.
❷ **종이의 가로와 세로 구하기**
(가로)=6×4=24 (cm), (세로)=6×3=18 (cm)

1-1 ❶ **종이의 가로와 세로는 정육면체 한 모서리의 길이의 몇 배인지 구하기**
종이의 가로는 정육면체 한 모서리의 길이의 4배, 세로는 정육면체 한 모서리의 길이의 3배와 같습니다.
❷ **종이의 가로와 세로 구하기**
(가로)=7×4=28 (cm), (세로)=7×3=21 (cm)

1-2

나만의 문제 > 예시 답안

직사각형 모양의 종이에 정육면체의 전개도를 꼭 맞게 그린 것입니다. 이 종이의 둘레는 몇 cm인지 구하세요.

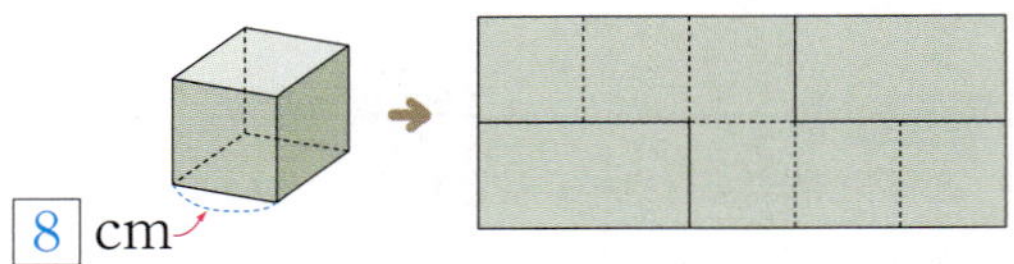

❶ 종이의 가로는 정육면체 한 모서리의 길이의 5배, 세로는 정육면체 한 모서리의 길이의 2배와 같습니다.
❷ (가로)=8×5=40 (cm),
  (세로)=8×2=16 (cm)
❸ (종이의 둘레)=(40+16)×2=112 (cm)
답 112 cm

2 ❶ **직육면체 가의 모든 모서리의 길이의 합 구하기**
8×4+7×4+5×4=32+28+20=80 (cm)
❷ **정육면체 나의 모든 모서리의 길이의 합 구하기**
6×12=72 (cm)
❸ **모든 모서리의 길이의 합 비교하기**
80>72이므로 직육면체 가의 모든 모서리의 길이의 합이 더 깁니다.

2-1 ❶ (직육면체 가의 모든 모서리의 길이의 합)
  =10×4+6×4+7×4=40+24+28
  =92 (cm)
❷ (정육면체 나의 모든 모서리의 길이의 합)
  =8×12=96 (cm)
❸ 92<96이므로 정육면체 나의 모든 모서리의 길이의 합이 더 깁니다.

2-2 ❶ 직육면체의 모든 모서리의 길이의 합 구하기

$(12+11+4) \times 4 = 108$ (cm)

❷ 정육면체의 한 모서리의 길이 구하기

정육면체의 모서리는 12개이고, 모든 모서리의 길이가 같으므로 한 모서리의 길이는 $108 \div 12 = 9$ (cm)입니다.

3 ❶ 서로 평행한 면의 눈의 수 찾기

서로 평행한 면의 눈의 수를 찾으면 ㉠은 5, ㉡은 3, ㉢은 6입니다.

❷ ㉠, ㉡, ㉢에 알맞은 눈의 수 구하기

서로 평행한 두 면의 눈의 수의 합이 7이므로

㉠$=7-5=2$, ㉡$=7-3=4$, ㉢$=7-6=1$입니다.

3-1 ❶ 서로 평행한 면을 찾으면 ㉠은 5, ㉡은 1, ㉢은 7입니다.

❷ 서로 평행한 두 면의 수의 합이 9이므로

㉠$=9-5=4$, ㉡$=9-1=8$, ㉢$=9-7=2$입니다.

3-2

나만의 문제 > 예시 답안

다음 전개도로 서로 평행한 두 면의 수의 합이 15인 정육면체를 만들려고 합니다. ㉠, ㉡, ㉢에 알맞은 수를 각각 구하세요.

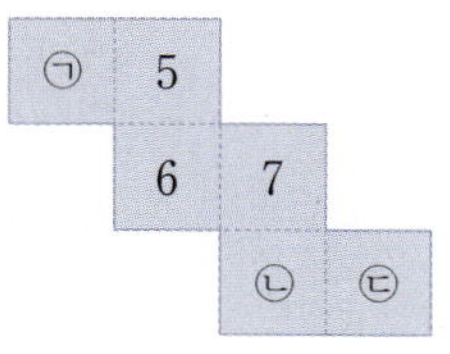

❶ 서로 평행한 면을 찾으면 ㉠은 7, ㉡은 5, ㉢은 6입니다.

❷ 서로 평행한 두 면의 수의 합이 15이므로

㉠$=15-7=8$, ㉡$=15-5=10$,

㉢$=15-6=9$입니다.

답 ㉠: 8, ㉡: 10, ㉢: 9

4 ❶ 사용한 끈의 길이 알아보기

20 cm씩 2번 ➡ 40 cm, 10 cm씩 2번 ➡ 20 cm,

6 cm씩 4번 ➡ 24 cm, 매듭으로 사용 ➡ 36 cm

❷ 상자를 묶는 데 사용한 끈의 길이 구하기

$40+20+24+36=120$ (cm)

4-1 ❶ 사용한 끈의 길이 알아보기

12 cm씩 2번 ➡ 24 cm, 20 cm씩 2번 ➡ 40 cm,

16 cm씩 4번 ➡ 64 cm, 매듭으로 사용 ➡ 40 cm

❷ 상자를 묶는 데 사용한 끈의 길이 구하기

$24+40+64+40=168$ (cm)

4-2 ❶ 상자를 한 바퀴씩 두르는 데 사용한 끈의 길이 알아보기

30 cm씩 2번 ➡ 60 cm, 15 cm씩 2번 ➡ 30 cm,

10 cm씩 4번 ➡ 40 cm

❷ 매듭으로 사용한 끈의 길이 구하기

사용한 끈의 길이가 모두 165 cm이므로 매듭으로 사용한 끈의 길이는

$165-(60+30+40)=165-130=35$ (cm)입니다.

STEP 3 응용력 올리기 서술형 수능 대비 152~153쪽

1 예

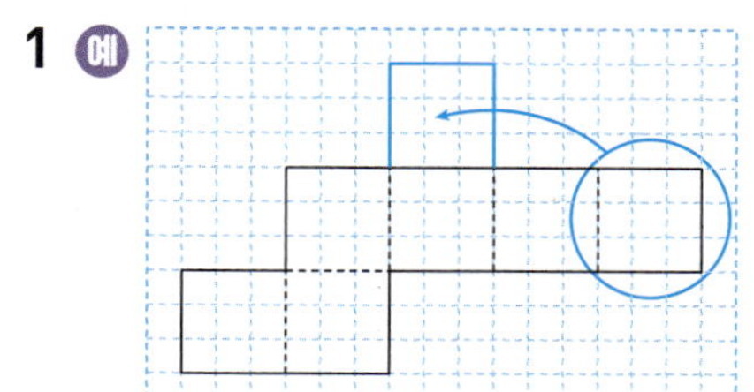

2 ▲ 모양

3 3

4 120 cm

1 정육면체의 전개도는 정사각형 6개로 이루어져 있고 접었을 때 서로 겹치는 부분이 없어야 합니다.

위의 전개도는 접었을 때 서로 겹치는 면이 있으므로 정육면체의 전개도가 아닙니다.

2 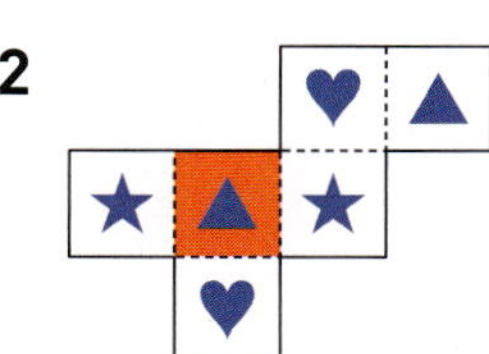
오른쪽으로 한 칸 이동하여 ★ 모양을 그리고, 위쪽으로 한 칸 이동하여 ♥ 모양을 그리고, 오른쪽으로 한 칸 이동하여 ▲ 모양을 그립니다. 서로 마주 보는 면에 같은 모양을 그리므로 색칠된 위치에는 ▲ 모양이 들어갑니다.

3 주사위에서 서로 마주 보는 면의 눈의 수의 합은 7이므로 5와 마주 보는 면의 눈의 수는 $7-5=2$, 6과 마주 보는 면의 눈의 수는 $7-6=1$입니다.

➡ ㉠$=$(6과 마주 보는 면의 눈의 수)$=1$,

㉡$=$(5와 마주 보는 면의 눈의 수)$=2$이므로

㉠$+$㉡$=1+2=3$입니다.

4 빛을 비추었을 때 생기는 그림자의 모양은 직육면체의 앞과 옆 모양과 같습니다.

직육면체의 겨냥도를 그리면 오른쪽 그림과 같으므로 직육면체의 모든 모서리의 길이의 합은 $(10+6+14) \times 4$ 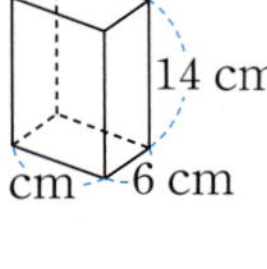

$=30 \times 4 = 120$ (cm)입니다.

TEST 단원 기본 평가 154~156쪽

1 ③   **2** 가, 다

3 다   **4** ㉡

5 ④   **6** 3쌍

7 면 ㉮, 면 ㉰, 면 ㉲, 면 ㉳

8 (위에서부터) 6, 4   **9** ⑤

10 ㉠   **11** 선분 ㅅㅂ

12 예 정육면체는 정사각형 6개로 둘러싸인 도형인데 주어진 도형은 정사각형이 아닌 면이 있기 때문입니다.

13 유찬   **14** 100 cm

15 10 cm

16 예

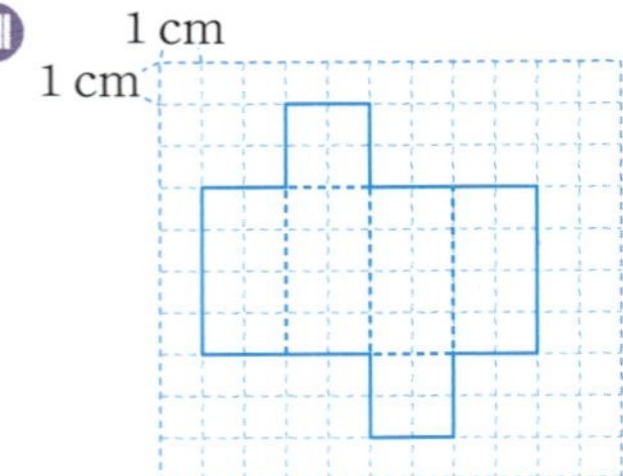

17 80 cm

18 88 cm^2

19 예 ❶ (직육면체 가의 모든 모서리의 길이의 합)
$=6\times4+3\times4+4\times4$
$=24+12+16=52$ (cm)

❷ (정육면체 나의 모든 모서리의 길이의 합)
$=5\times12=60$ (cm)

❸ 52<60이므로 정육면체 나의 모든 모서리의 길이의 합이 더 깁니다.

답 나

20 예 ❶ 서로 평행한 면의 눈의 수를 찾으면 ㉠은 5, ㉡은 1, ㉢은 4입니다.

❷ 서로 평행한 두 면의 눈의 수의 합이 7이므로 ㉠=7−5=2, ㉡=7−1=6, ㉢=7−4=3입니다.

답 ㉠: 2, ㉡: 6, ㉢: 3

1 직육면체는 직사각형 6개로 둘러싸인 도형입니다.

2 직사각형 6개로 둘러싸인 도형은 가, 다입니다.

3 정사각형 6개로 둘러싸인 도형은 다입니다.

4 ㉠ 정육면체의 모서리는 12개입니다.
㉢ 정육면체의 면은 6개이고 모양과 크기가 모두 같습니다.

6

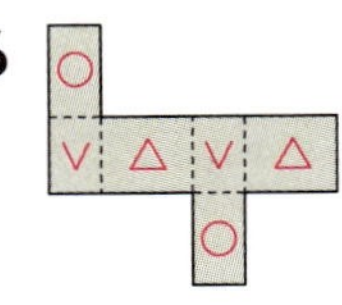

같은 표시를 한 면끼리 모양과 크기가 같습니다. ➡ 3쌍

7 면 ㉰와 수직인 면은 면 ㉰와 평행한 면 ㉲를 제외한 나머지 4개의 면입니다.

9 직육면체에는 길이가 같은 모서리가 4개씩 있습니다.
➡ ㉠ 7, ㉡ 6, ㉢ 9

10 ㉠은 서로 수직인 두 면이고 ㉡은 서로 평행한 두 면입니다.

11 점 ㄱ과 점 ㅅ, 점 ㄴ과 점 ㅂ이 만나므로 선분 ㄱㄴ과 선분 ㅅㅂ이 겹칩니다.

12 평가 기준
정육면체는 정사각형 6개로 둘러싸인 도형임을 알고 정육면체가 아닌 까닭을 썼으면 정답으로 합니다.

13 서로 평행한 면인 면 ㅍㅎㅋㅌ과 면 ㄴㄷㄹㅁ의 모양과 크기가 같지 않기 때문에 잘못 그린 것입니다.

다른 풀이
선분 ㅁㅂ과 선분 ㅁㄹ의 길이가 같지 않기 때문에 잘못 그린 것입니다.

14 사용한 색 테이프의 길이는 25 cm씩 4번과 같습니다.
➡ (사용한 색 테이프의 길이)=25×4=100 (cm)

15 정육면체의 모서리는 12개이고 모든 모서리의 길이가 같습니다.
➡ (한 모서리의 길이)=120÷12=10 (cm)

17 직육면체에는 길이가 같은 모서리가 4개씩 있습니다.
➡ (모든 모서리의 길이의 합)=(3+7+10)×4
$=20\times4=80$ (cm)

18 서로 평행한 면은 모양과 크기가 같습니다.
➡ (빨간색 색종이의 넓이)=(노란색 면의 넓이)
$=11\times8=88$ (cm^2)

19 채점 기준

❶ 직육면체 가의 모든 모서리의 길이의 합을 구함.	2점	
❷ 정육면체 나의 모든 모서리의 길이의 합을 구함.	2점	5점
❸ 모든 모서리의 길이의 합이 더 긴 것을 구함.	1점	

20 채점 기준

❶ ㉠, ㉡, ㉢에 평행한 면의 눈의 수를 각각 찾음.	2점	
❷ ㉠, ㉡, ㉢에 알맞은 눈의 수를 각각 구함.	3점	5점

TEST 단원 실력 평가 157~159쪽

1 ㉡, ㉠, ㉢

2 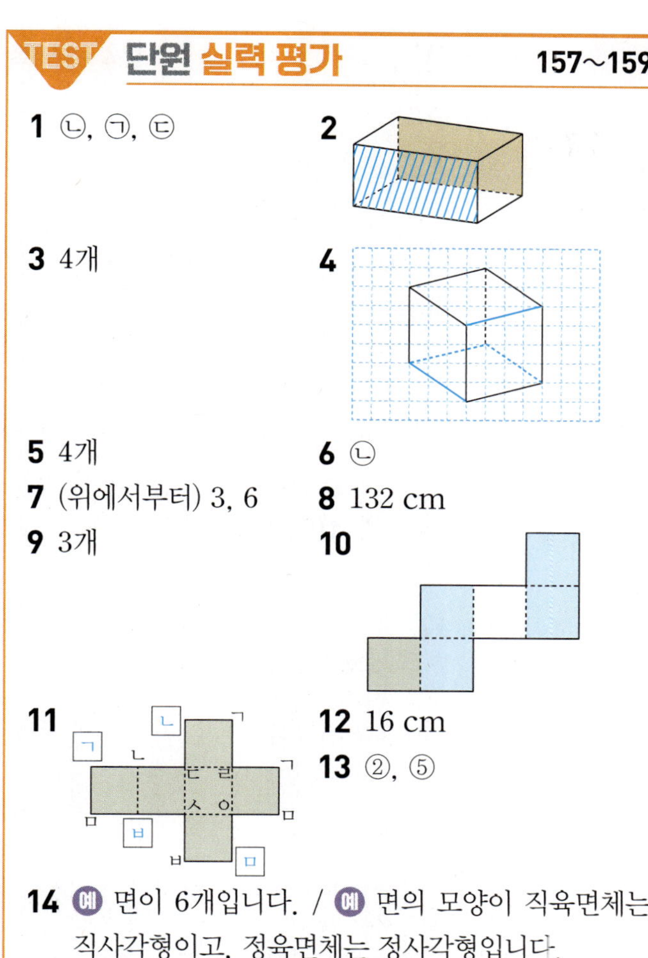

3 4개

4

5 4개

6 ㉡

7 (위에서부터) 3, 6

8 132 cm

9 3개

10 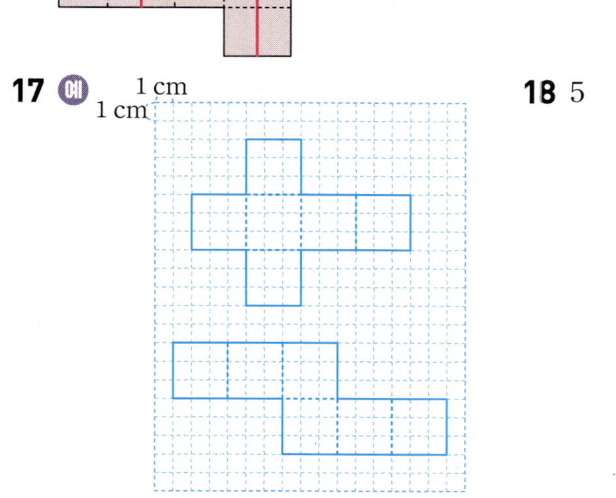

11

12 16 cm

13 ②, ⑤

14 예 면이 6개입니다. / 예 면의 모양이 직육면체는 직사각형이고, 정육면체는 정사각형입니다.

15

또는

16

17 예
1 cm
1 cm

18 5

19 예 ❶ 직사각형 모양 종이의 가로는 정육면체 한 모서리의 길이의 4배, 세로는 정육면체 한 모서리의 길이의 3배와 같습니다.
❷ (가로)=5×4=20 (cm),
(세로)=5×3=15 (cm)
➡ (가로)+(세로)=20+15=35 (cm)
답 35 cm

---

20 예 ❶ 상자를 한 바퀴씩 두르는 데 사용한 끈의 길이는 10 cm씩 2번 ➡ 20 cm, 12 cm씩 2번 ➡ 24 cm, 20 cm씩 4번 ➡ 80 cm입니다.
❷ 사용한 끈의 길이가 모두 150 cm이므로 매듭으로 사용한 끈의 길이는 150−(20+24+80)=150−124=26 (cm)입니다. 답 26 cm

3 보이지 않는 모서리는 3개, 보이지 않는 꼭짓점은 1개입니다. ➡ 3+1=4(개)

4 보이는 모서리는 실선으로, 보이지 않는 모서리는 점선으로 그려 직육면체의 겨냥도를 완성합니다.

5 직육면체는 길이가 같은 모서리가 4개씩 있습니다.
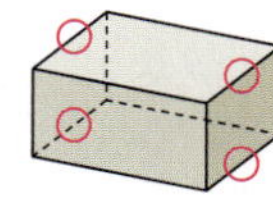 ➡ ○표 한 부분이 ㉮와 길이가 같습니다.

6 ㉡ 보이는 모서리는 9개, 보이지 않는 모서리는 3개입니다.

8 정육면체는 모서리의 길이가 모두 같고 12개입니다.
➡ (모든 모서리의 길이의 합)=11×12=132 (cm)

9 ➡ 면이 7개이므로 정육면체의 전개도가 아닙니다.

12 면 ㄱㄴㄷㄹ과 평행한 면은 면 ㅁㅂㅅㅇ입니다.
➡ 5+3+5+3=16 (cm)

13 ② 접었을 때 겹치는 모서리의 길이가 같지 않습니다.
④ 전개도를 접으면 정육면체가 되고, 정육면체는 직육면체이므로 직육면체의 전개도입니다.
⑤ 접었을 때 겹치는 면이 있습니다.

14 평가 기준
면, 모서리, 꼭짓점과 관련하여 공통점과 차이점을 1가지씩 썼으면 정답으로 합니다.

15 무늬가 있는 3개의 면이 한 꼭짓점에서 만나도록 전개도에 무늬를 그려 넣습니다.

18 직육면체는 길이가 같은 모서리가 4개씩 있습니다.
(10+15+㉠)×4=120, 10+15+㉠=30, ㉠=5

19 채점 기준

❶ 종이의 가로와 세로는 각각 정육면체 한 모서리의 길이의 몇 배와 같은지 구함.	2점	5점
❷ 종이의 가로와 세로의 합을 구함.	3점	

20 채점 기준

❶ 상자를 두르는 데 사용한 끈의 길이를 구함.	2점	5점
❷ 매듭으로 사용한 끈의 길이를 구함.	3점	

정답과 해설

평균과 가능성

STEP 1 개념 익히기　　162~163쪽

1 80초 / 72초　　　　**2** 20초 / 24초
3 주아네 모둠　　　　　**4** 서준
5 4명, 96권　　　　　**6** 24권
7 주원이네 모둠
8 예 / 6
9 4권　　　　　　　　**10** 25명

1 (연우네 모둠)＝15＋27＋23＋15＝80(초)
　(주아네 모둠)＝24＋22＋26＝72(초)

2 (연우네 모둠 기록의 평균)＝80÷4＝20(초)
　(주아네 모둠 기록의 평균)＝72÷3＝24(초)

3 두 모둠의 사람 수가 다르므로 기록을 대표하는 값인
　평균을 비교하면 20＜24이므로 주아네 모둠이 더 잘
　했다고 할 수 있습니다.

4 동별로 모은 재활용 종이의 무게를 대표하는 값은 동별
　모은 재활용 종이의 무게의 평균으로 정하는 것이 좋습
　니다.

5 경호, 진영, 유정, 지훈 ➡ 4명
　(가지고 있는 동화책 수의 합)
　＝13＋29＋36＋18＝96(권)

6 96÷4＝24(권)

7 주원이네 모둠은 한 사람당 20÷5＝4(개),
　연준이네 모둠은 한 사람당 24÷8＝3(개)의 화살을
　항아리 속에 넣었으므로 주원이네 모둠이 투호를 더 잘
　했습니다.

8 빨간색과 주황색 모형에서 모형을 각각 1개씩 초록색
　모형으로 옮기면 모형은 고르게 6개가 됩니다.
　➡ 자료의 평균: 6

9 (진아네 모둠이 한 달간 읽은 책 수의 평균)
　＝(3＋6＋4＋2＋5)÷5＝20÷5＝4(권)

10 24, 25, 26, 27, 23 ➡ 25, 25, 25, 25, 25
　　　　1명　　2명

STEP 1 개념 익히기　　164~165쪽

1 14 / 16, 12 / 14　　　**2** 56, 14
3 35÷7＝5 / 36÷9＝4 / 36÷6＝6 / 미애
4 18, 90　　　　　　　　**5** 90, 17, 14
6 방법 1 예 80 / 예 평균을 80분으로 예상한 후
　(80, 80), (90, 70)으로 수를 짝 지어 자료의 값을 고
　르게 하면 운동 시간의 평균은 80분입니다.
　방법 2 예 (평균)＝(80＋90＋80＋70)÷4
　　　　　　　　＝320÷4＝80(분)
7 명지네 가족　　　　　**8** 288 cm
9 90 cm　　　　　　　　**10** 74점

1 (14, 14), (16, 12) ➡ (14, 14), (14, 14)
　　　　　　　2　　　➡ 평균: 14

3 6＞5＞4이므로 점수의 평균이 가장 높은 사람은 미애
　입니다.

4 (5학년 전체 학생 수)＝(평균)×(반 수)
　　　　　　　　　　＝18×5＝90(명)

5 90－(20＋17＋21＋18)＝90－76＝14(명)

6 참고 개념
　・평균을 구하는 방법
　방법 1 평균을 예상하고 자료의 값 고르게 하기
　방법 2 자료의 값을 모두 더한 수를 자료의 수로 나누기

7 (경수네 가족이 캔 감자 양의 평균)＝60÷4＝15 (kg)
　(선아네 가족이 캔 감자 양의 평균)＝70÷5＝14 (kg)
　(명지네 가족이 캔 감자 양의 평균)＝48÷3＝16 (kg)
　➡ 16＞15＞14이므로 명지네 가족이 가장 잘 캤습니다.

8 연규의 제자리멀리뛰기 기록의 합은
　96×3＝288 (cm)입니다.

9 (연규의 제자리멀리뛰기 2회 기록)
　＝288－(105＋93)＝90 (cm)

10 (수학 단원평가 점수의 합)＝(평균)×(단원의 수)
　　　　　　　　　　　　＝80×4＝320(점)
　➡ (3단원의 점수)＝320－(82＋72＋92)＝74(점)
　참고 개념
　(평균)＝(자료의 값을 모두 더한 수)÷(자료의 수)
　➡ (자료의 값을 모두 더한 수)＝(평균)×(자료의 수),
　(모르는 자료의 값)
　＝(자료의 값을 모두 더한 수)－(아는 자료의 값의 합)

STEP 2 기본 다지기 166~169쪽

1 30회 / 32회 **2** 경준

3 희주네 모둠

4 예 (℃) / 5 ℃

5 / 3점

6 은성 **7** 33, 29, 30

8 방법 1 예 평균을 34로 예상한 후 (34, 34), (38, 30)으로 수를 짝 지어 자료의 값을 고르게 하면 평균은 34번입니다.

방법 2 예 (평균)$=(34+38+30+34)\div4$
$=136\div4=34$(번)

9 없습니다. **10** 연주

11 현서 **12** 지호, 영미, 혜진

13 무겁습니다. **14** 낮습니다.

15 94점

16 14초 **17** 14 kg

18 77점 **19** 83점

20 48번 **21** 6 / 8 / 14

22 13 / 17 / 21

---

1 민지: $35+20+26+39=120$(회)
➡ (평균)$=120\div4=30$(회)
경준: $29+30+37=96$(회)
➡ (평균)$=96\div3=32$(회)

2 윗몸 말아 올리기 기록의 평균을 비교하면 $30<32$이므로 경준이가 더 잘했다고 할 수 있습니다.

3 (선호네 모둠이 넣은 고리 수의 평균)
$=(5+7+11+9)\div4=32\div4=8$(개)
(희주네 모둠이 넣은 고리 수의 평균)
$=(9+8+10)\div3=27\div3=9$(개)
➡ $8<9$이므로 희주네 모둠이 더 잘했다고 할 수 있습니다.

6 (성주네 모둠의 몸무게의 평균)
$=(24+31+28+29)\div4=112\div4=28$ (kg)
➡ 몸무게가 28 kg인 사람은 은성입니다.

7 30, (27, 33), (29, 31) ➡ 30, (30, 30), (30, 30)
3   1   ➡ 평균: 30

9 (효진이의 제기차기 기록의 평균)
$=(26+25+32+33)\div4=116\div4=29$(개)
효진이의 제기차기 기록의 평균은 30개보다 작으므로 예선을 통과할 수 없습니다.

10 (인표의 기록의 평균)$=144\div9=16$(초)
(연주의 기록의 평균)$=120\div8=15$(초)
(지훈이의 기록의 평균)$=119\div7=17$(초)
100 m 달리기는 기록의 평균이 낮을수록 기록이 좋은 것이므로 연주의 기록이 가장 좋습니다.

11 (현서의 하루 평균 턱걸이 수)$=63\div7=9$(회)
(건우의 하루 평균 턱걸이 수)$=80\div10=8$(회)
(서준이의 하루 평균 턱걸이 수)$=105\div15=7$(회)
➡ $9>8>7$이므로 현서가 하루 평균 턱걸이를 가장 많이 했습니다.

12 (지호네 모둠의 키의 평균)
$=(146+153+165+152+154)\div5$
$=770\div5=154$ (cm)
평균인 154 cm보다 키가 작은 학생은
지호(146 cm), 영미(153 cm), 혜진(152 cm)입니다.

13 (석호네 모둠의 몸무게의 합)$=40\times3=120$ (kg)
(석호의 몸무게)$=120-(36+43)=41$ (kg)
➡ $41>40$이므로 석호의 몸무게는 평균보다 무겁습니다.

14 (팔굽혀펴기 기록의 합)$=15\times4=60$(번)
(2회 기록)$=60-(16+15+15)=14$(번)
➡ $14<15$이므로 2회 기록은 평균보다 낮습니다.

15 5회까지 수학 점수의 평균이 90점이라면 5회까지 전체 수학 점수의 합은 $90\times5=450$(점)입니다.
따라서 5회의 수학 점수는 $450-(88+85+83+100)$
$=450-356=94$(점)입니다.

16 (승기의 기록의 평균)
$=(14+16+15+13+12)\div5=70\div5=14$(초)
세형이와 승기의 기록의 평균이 14초로 같기 때문에 세형이의 기록의 합은 $14\times4=56$(초)입니다.
➡ (세형이의 2회 오래 매달리기 기록)
$=56-(15+14+13)$
$=56-42=14$(초)

17

(모둠 A가 모은 헌 옷의 무게의 평균)
＝78÷6＝13 (kg)
모둠 A와 모둠 B가 모은 헌 옷의 무게의 평균이 같으므로 모둠 B가 모은 헌 옷의 무게의 합은
13×5＝65 (kg)입니다.
➡ (미주가 모은 헌 옷의 무게)
＝65－(7＋16＋10＋18)＝65－51＝14 (kg)

18 (3회까지 얻은 점수의 평균)
＝(80＋65＋86)÷3＝77(점)
4회까지 얻은 점수의 평균이 3회까지 얻은 점수의 평균보다 높으려면 4회의 점수는 3회까지 얻은 점수의 평균보다 높아야 하므로 최소 77점보다 높아야 합니다.

19 (4회까지 시험 점수의 평균)
＝(74＋83＋90＋85)÷4＝83(점)
5회까지 시험 점수의 평균이 4회까지 시험 점수의 평균보다 높으려면 5회의 점수는 4회까지 시험 점수의 평균보다 높아야 하므로 최소 83점보다 높아야 합니다.

20 (5회까지 기록의 평균)
＝(44＋37＋48＋51＋60)÷5＝48(번)
6회까지 기록의 평균이 5회까지 기록의 평균보다 높으려면 6회의 기록은 5회까지 기록의 평균보다 높아야 하므로 최소 48번보다 높아야 합니다.

21 (㉠＋㉡)÷2＝7 ➡ ㉠＋㉡＝7×2＝14　… ①
(㉡＋㉢)÷2＝11 ➡ ㉡＋㉢＝11×2＝22 … ②
(㉢＋㉠)÷2＝10 ➡ ㉢＋㉠＝10×2＝20 … ③
(㉠＋㉡)＋(㉡＋㉢)＋(㉢＋㉠)＝14＋22＋20,
2×(㉠＋㉡＋㉢)＝56, ㉠＋㉡＋㉢＝28
①에서 ㉠＋㉡＝14이므로 14＋㉢＝28, ㉢＝14
②에서 ㉡＋㉢＝22이므로 ㉠＋22＝28, ㉠＝6
③에서 ㉢＋㉠＝20이므로 ㉡＋20＝28, ㉡＝8

22 (가＋나)÷2＝15 ➡ 가＋나＝15×2＝30 … ①
(나＋다)÷2＝19 ➡ 나＋다＝19×2＝38 … ②
(다＋가)÷2＝17 ➡ 다＋가＝17×2＝34 … ③
(가＋나)＋(나＋다)＋(다＋가)＝30＋38＋34,
2×(가＋나＋다)＝102, 가＋나＋다＝51
①에서 가＋나＝30이므로 30＋다＝51, 다＝21
②에서 나＋다＝38이므로 가＋38＝51, 가＝13
③에서 다＋가＝34이므로 나＋34＝51, 나＝17

---

1 오지 않을에 ○표, 올에 ○표

2 높습니다에 ○표

3 (왼쪽에서부터) 연정 / 태희 / 선현

4 반반이다에 ○표　　**5** 불가능하다에 ○표

6 빨간, 파란　　**7** 나

8 가　　**9** 마

10 나

11 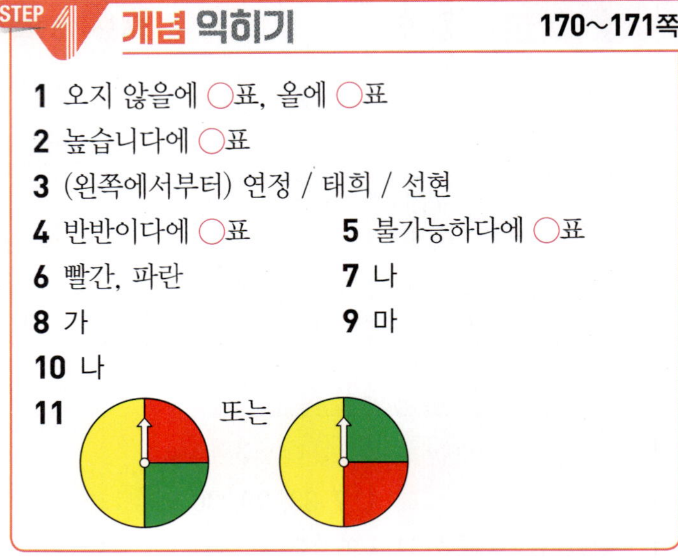

2 모레 오전과 오후에 ☂ 표시가 있으므로 비가 올 가능성이 높습니다.

3 • 겨울이 지나면 봄이 올 거야. ➡ 확실하다
　• 내일은 오늘보다 기온이 낮을 거야. ➡ 반반이다
　• 내년에는 12월 32일이 있을 거야. ➡ 불가능하다

4 주머니에 든 구슬은 빨간색 구슬 1개, 파란색 구슬 1개이므로 구슬을 꺼냈을 때 빨간색 구슬이 나올 가능성은 '반반이다'입니다.

5 주사위에는 1부터 6까지의 눈이 있으므로 눈의 수가 8이 나올 가능성은 '불가능하다'입니다.

7 회전판에서 차지하는 부분이 넓을수록 일이 일어날 가능성이 높습니다.

8 초록색 회전판에서 화살이 초록색에 멈출 가능성은 '확실하다'입니다.

9 초록색과 노란색이 차지하는 부분이 같은 회전판에서 화살이 초록색에 멈출 가능성과 노란색에 멈출 가능성은 둘 다 '반반이다'입니다.

10 노란색 회전판에서 화살이 초록색에 멈출 가능성은 '불가능하다'입니다.

11 화살이 노란색에 멈출 가능성이 가장 높기 때문에 회전판에서 가장 넓은 곳이 노란색이 됩니다.

참고 개념

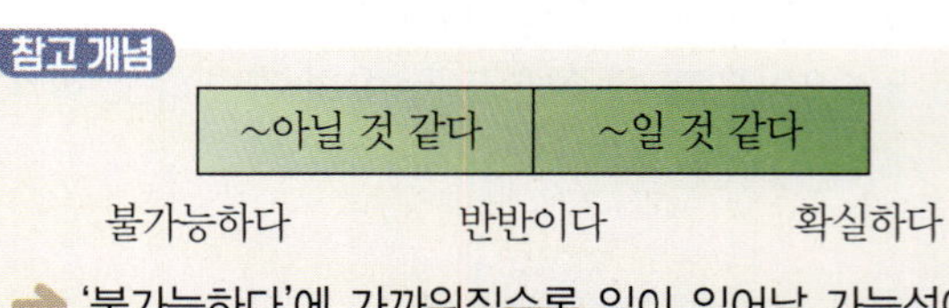

~아닐 것 같다	~일 것 같다

불가능하다　　　반반이다　　　확실하다

➡ '불가능하다'에 가까워질수록 일이 일어날 가능성이 낮고, '확실하다'에 가까워질수록 일이 일어날 가능성이 높습니다.

STEP 1 개념 익히기 172~173쪽

1 $\frac{1}{2}$에 ○표
2 0에 ○표
3 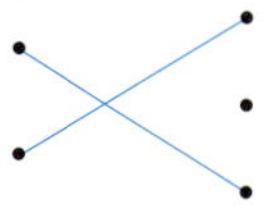
4 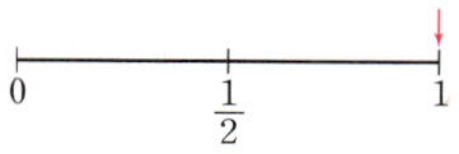
5 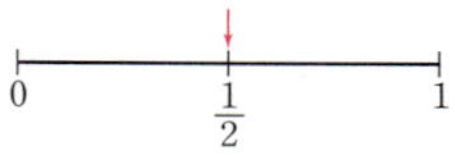
6 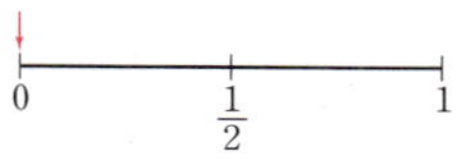
7 $\frac{1}{2}$ / $\frac{1}{2}$
8 $\frac{1}{2}$
9 0
10 불가능하다 / 0
11 ㉡

1 동전 1개를 던질 때 그림 면이 나올 가능성은 '반반이다'이므로 수로 표현하면 $\frac{1}{2}$입니다.

2 한 자리 수가 적힌 카드에서 두 자리 수가 나올 가능성은 '불가능하다'이므로 수로 표현하면 0입니다.

3 주머니에서 공깃돌 1개를 꺼낼 때 꺼낸 공깃돌은 항상 빨간색입니다.
꺼낸 공깃돌이 빨간색일 가능성은 '확실하다'이므로 수로 표현하면 1, 노란색일 가능성은 '불가능하다'이므로 수로 표현하면 0입니다.

4 노란색만 있으므로 노란색에 멈출 가능성은 '확실하다'입니다. ➔ 1

5 초록색과 노란색이 반씩 색칠되어 있으므로 초록색에 멈출 가능성은 '반반이다'입니다. ➔ $\frac{1}{2}$

6 노란색과 초록색만 있으므로 파란색에 멈출 가능성은 '불가능하다'입니다. ➔ 0

7 검은색 바둑돌 1개와 흰색 바둑돌 1개가 들어 있으므로 일이 일어날 가능성은 '반반이다'입니다.
이를 수로 표현하면 $\frac{1}{2}$입니다.

8 축구공을 꺼낼 가능성은 '반반이다'이므로 수로 표현하면 $\frac{1}{2}$입니다.

9 배구공을 꺼낼 가능성은 '불가능하다'이므로 수로 표현하면 0입니다.

10 바닐라맛 아이스크림만 2개 들어 있는 냉동실에서 초콜릿맛 아이스크림을 꺼낼 가능성은 '불가능하다'이므로 수로 표현하면 0입니다.

11 ㉠ 일이 일어날 가능성은 '반반이다'이므로 수로 표현하면 $\frac{1}{2}$입니다.
㉡ 일이 일어날 가능성은 '확실하다'이므로 수로 표현하면 1입니다.
㉢ 일이 일어날 가능성은 '불가능하다'이므로 수로 표현하면 0입니다.

STEP 2 기본 다지기 174~176쪽

1 반반이다
2 ④, ⑤
3 ㉣
4 파란색
5 ㉡
6 다
7 1
8 0
9 ㉠
10 $\frac{1}{2}$
11 확실하다 / 1
12 반반이다 / $\frac{1}{2}$
13 2
14 가, 다, 라, 나
15 수민, 주원, 지윤
16 다, 가, 나
17 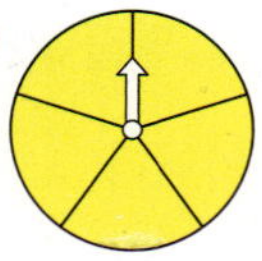
18 예 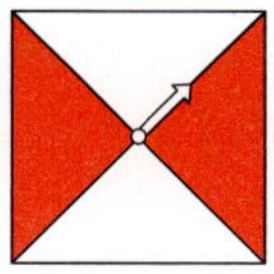
19 예 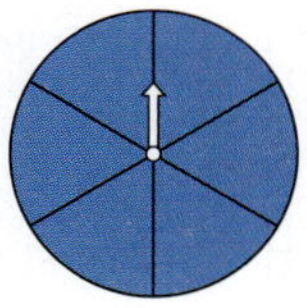

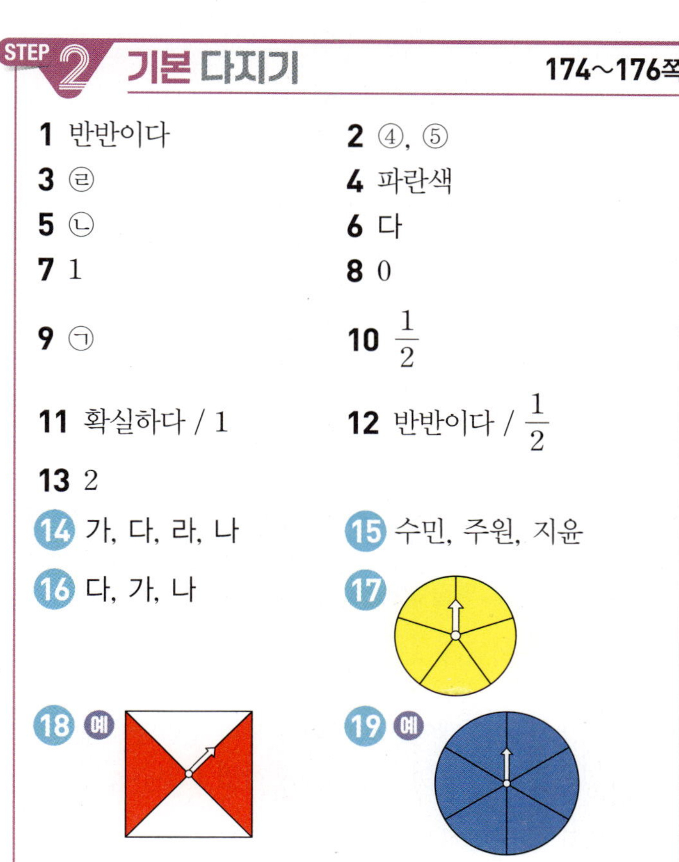

1 홀수와 짝수 중 짝수일 가능성은 '반반이다'입니다.

2 ① 1년은 12개월이므로 '불가능하다'입니다.
② 동전을 던지면 그림 면 또는 숫자 면이 나오므로 '반반이다'입니다.
③ 계산기에 '3+3='을 누르면 6이 나오므로 '불가능하다'입니다.

3 ㉠ 1개의 주사위에 쓰인 눈의 수는 1, 2, 3, 4, 5, 6이므로 2개의 주사위를 던져서 나온 눈의 수의 합이 15일 가능성은 '불가능하다'입니다.
㉡ 해는 반드시 서쪽으로 지므로 내일 저녁에 해가 동쪽으로 질 가능성은 '불가능하다'입니다.
㉢ 사과만 들어 있는 상자에서 과일을 꺼냈을 때 귤일 가능성은 '불가능하다'입니다.
㉣ 두 자연수를 더하면 홀수 또는 짝수이므로 홀수일 가능성은 '반반이다'입니다.

4 회전판에서 파란색이 차지하는 부분이 가장 넓으므로 화살이 멈출 가능성이 가장 높은 색깔은 파란색입니다.

5 당첨 제비를 뽑을 가능성은 '~아닐 것 같다'입니다.

6 빨간색과 노란색에 화살이 멈출 가능성이 비슷하고 보라색에 화살이 멈출 가능성이 가장 큰 회전판을 찾아봐.

다 회전판에서 보라색은 전체의 $\frac{1}{2}$이고, 빨간색과 노란색은 각각 전체의 $\frac{1}{4}$이므로 화살이 멈춘 횟수가 빨간색 24회, 노란색 25회, 보라색 51회인 표와 일이 일어날 가능성이 가장 비슷합니다.

7 꺼낸 동전이 500원일 가능성은 '확실하다'이므로 1로 표현할 수 있습니다.

8 꺼낸 동전이 100원일 가능성은 '불가능하다'이므로 0으로 표현할 수 있습니다.

9 ㉠ 불가능하다 ➡ 0　　　㉡ 확실하다 ➡ 1

10 8칸 중 4칸이 파란색, 4칸이 흰색입니다. 파란색과 흰색이 각각 회전판의 반씩 색칠된 회전판을 돌릴 때 화살이 흰색에 멈출 가능성은 '반반이다'이므로 수로 표현하면 $\frac{1}{2}$입니다.

11 모두 보라색 막대이므로 고리가 보라색 막대에 걸릴 가능성은 '확실하다'이고 수로 표현하면 1입니다.

12 빨간색 막대 2개와 파란색 막대 2개이므로 고리가 파란색 막대에 걸릴 가능성은 '반반이다'이고 수로 표현하면 $\frac{1}{2}$입니다.

13 회전판 가와 나 둘 다 빨간색과 노란색이 회전판의 반씩 색칠되어 있습니다. 화살이 빨간색에 멈출 가능성과 노란색에 멈출 가능성은 모두 '반반이다'이므로 수로 표현하면 $\frac{1}{2}$입니다.

➡ ㉠＋㉡＋㉢＋㉣＝$\frac{1}{2}$＋$\frac{1}{2}$＋$\frac{1}{2}$＋$\frac{1}{2}$＝2

14 빨간색 부분이 넓을수록 가능성이 높습니다.
➡ 가＞다＞라＞나

15 회전판에서 차지하는 부분이 넓을수록 가능성이 큽니다. 수민＞주원＞지윤이의 순서대로 넓으므로 상품을 받을 가능성이 높은 사람부터 순서대로 쓰면 수민, 주원, 지윤입니다.

16 가: 가능성은 '반반이다'이므로 수로 표현하면 $\frac{1}{2}$입니다.
나: 가능성은 '불가능하다'이므로 수로 표현하면 0입니다.
다: 가능성은 '확실하다'이므로 수로 표현하면 1입니다.
➡ $1＞\frac{1}{2}＞0$이므로 가능성이 높은 것부터 순서대로 기호를 쓰면 다, 가, 나입니다.

17 초록색 공 5개가 들어 있는 주머니에서 공 1개를 꺼낼 때 초록색일 가능성은 '확실하다'이므로 수로 표현하면 1입니다. 따라서 회전판 5칸을 모두 노란색으로 색칠하면 됩니다.

18 한 명의 아이가 태어날 때 남자일 가능성은 '반반이다'이므로 수로 표현하면 $\frac{1}{2}$입니다. 따라서 4칸의 반인 2칸을 빨간색으로 색칠하면 됩니다.

19 1부터 6까지의 수가 적힌 카드만 6장 들어 있는 상자에서 카드 1장을 뽑을 때 카드에 적힌 수가 7일 가능성은 '불가능하다'이므로 수로 표현하면 0입니다. 따라서 회전판 6칸을 모두 빨간색이 아닌 다른 색으로 색칠하면 됩니다.

STEP 3　응용력 올리기　　**177~179쪽**

1　❶ 6개　❷ 15개　❸ 21개
1-1 11개　　　　　　**1-2** 37개
2　❶ 28살　❷ 36살　❸ 76세
2-1 35회　　　　　　**2-2** 해설 참고
3　❶ 3840 mL　❷ 1870 mL　❸ 890 mL
3-1 3000원　　　　　　**3-2** 142명

1　❶ 귤을 꺼내 먹은 후 남은 귤의 수 구하기
남은 과일 중에서 1개를 꺼내 먹을 때 꺼낸 과일이 키위일 가능성과 귤일 가능성이 같으므로 남은 귤의 수는 키위의 수와 같은 6개입니다.
❷ 처음 냉장고에 들어 있던 귤의 수 구하기
(남은 귤의 수)＋(꺼내 먹은 귤의 수)
＝6＋9＝15(개)
❸ 처음 냉장고에 들어 있던 키위와 귤의 수의 합 구하기
처음 냉장고에 들어 있던 키위와 귤은 모두
6＋15＝21(개)입니다.

1-1 ❶ **파란색 공을 꺼낸 후 남은 파란색 공의 수 구하기**
남은 공 중에서 1개를 꺼낼 때 꺼낸 공이 빨간색일 가능성과 파란색일 가능성이 같으므로 남은 파란색 공의 수는 빨간색 공의 수와 같은 4개입니다.
❷ **처음 상자에 들어 있던 파란색 공의 수 구하기**
(남은 파란색 공의 수)+(꺼낸 파란색 공의 수)
$=4+3=7$(개)
❸ **처음 상자에 들어 있던 공의 수 구하기**
처음 상자에 들어 있던 공은 모두 $4+7=11$(개)입니다.

1-2 ❶ **흰색 바둑돌을 꺼낸 후 남은 흰색 바둑돌의 수 구하기**
남은 바둑돌 중에서 1개를 꺼낼 때 꺼낸 바둑돌이 검은색일 가능성과 흰색일 가능성이 같으므로 남은 흰색 바둑돌의 수는 검은색 바둑돌의 수와 같은 15개입니다.
❷ **처음 주머니에 들어 있던 흰색 바둑돌의 수 구하기**
(남은 흰색 바둑돌의 수)
+(현정이가 꺼낸 흰색 바둑돌의 수)
+(태미가 꺼낸 흰색 바둑돌의 수)
$=15+2+5=22$(개)
❸ **처음 주머니에 들어 있던 바둑돌의 수 구하기**
처음 주머니에 들어 있던 바둑돌은 모두
$15+22=37$(개)입니다.

2 ❶ **할머니께서 같이 살기 전 가족 나이의 평균 구하기**
$(50+46+17+15+12)÷5=140÷5=28$(살)
❷ **할머니께서 같이 살게 된 후 가족 나이의 평균 구하기**
$28+8=36$(살)
❸ **할머니의 연세 구하기**
(할머니께서 같이 살게 된 후 연아네 가족 나이의 평균)$×6$
$-$(연아네 가족 나이의 합)
$=36×6-(50+46+17+15+12)$
$=216-140=76$(세)

2-1 ❶ **목요일까지 팔굽혀펴기 기록의 평균 구하기**
$(30+17+28+25)÷4$
$=100÷4=25$(회)
❷ **금요일까지 팔굽혀펴기 기록의 평균 구하기**
$25+2=27$(회)
❸ **금요일의 팔굽혀펴기 기록 구하기**

$27×5-(30+17+28+25)$
$=135-100=35$(회)

2-2 나만의 문제 › 예시 답안

어느 라면 가게의 5일 동안 라면 판매량을 나타낸 표입니다. 토요일의 라면 판매량을 더하여 평균을 구했더니 평균이 $\boxed{5}$ 그릇 늘어났습니다. 토요일에 판매한 라면은 몇 그릇인지 구하세요.

라면 판매량

요일	월	화	수	목	금
판매량(그릇)	34	26	40	18	42

❶ (금요일까지 라면 판매량의 평균)
$=(34+26+40+18+42)÷5$
$=160÷5=32$(그릇)
❷ (토요일까지 라면 판매량의 평균)
$=32+5=37$(그릇)
❸ (토요일에 판매한 라면)
$=37×6-(34+26+40+18+42)$
$=222-160=62$(그릇)　　答 62그릇

3 ❶ **민지네 모둠이 하루 동안 마신 물의 양의 합 구하기**
(평균)$×$(모둠의 사람 수)$=960×4=3840$ (mL)
❷ **정수와 소라가 마신 물의 양의 합 구하기**
$3840-(930+1040)=1870$ (mL)
❸ **정수가 마신 물의 양 구하기**
정수가 마신 물의 양을 □ mL라 하면 소라가 마신 물의 양은 (□$+90$) mL이므로 □$+$□$+90=1870$,
□$+$□$=1780$, □$=1780÷2=890$입니다.

3-1 ❶ **주원이가 4주 동안 저금한 금액의 합 구하기**
$4200×4=16800$(원)
❷ **둘째 주와 셋째 주에 저금한 금액의 합 구하기**
$16800-(5300+4500)=7000$(원)
❸ **둘째 주에 저금한 금액 구하기**
둘째 주에 저금한 금액을 □원이라 하면 셋째 주에 저금한 금액은 (□$+1000$)원이므로
□$+$□$+1000=7000$, □$+$□$=6000$,
□$=6000÷2=3000$입니다.

3-2 ❶ **5일 동안 다녀간 방문자 수의 합 구하기**
$82×5=410$(명)
❷ **수요일과 토요일의 방문자 수의 합 구하기**
$410-(34+73+90)=213$(명)
❸ **토요일의 방문자 수 구하기**
수요일의 방문자 수를 □명이라 하면 토요일의 방문자 수는 (□$×2$)명이므로 □$+$□$×2=213$,
□$×3=213$, □$=71$입니다.
➜ (토요일의 방문자 수)$=71×2=142$(명)

STEP 3 응용력 올리기 서술형 수능 대비 180~181쪽

1 1 / 0 / $\dfrac{1}{2}$

2 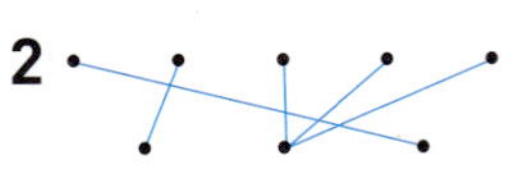

3 승호 / 지현

4 55점

1 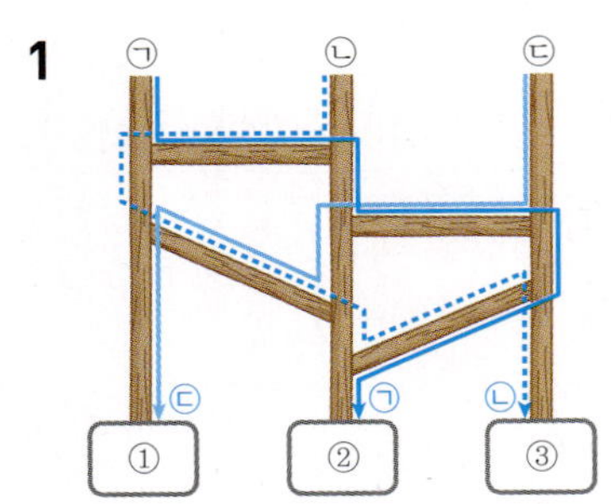

㉠ 동전만 들어 있는 저금통에서 지폐를 꺼낼 가능성은 '불가능하다'입니다. ➡ 0

㉡ 1, 2, 3, 4 중 2의 배수는 2, 4이므로 2의 배수가 나올 가능성은 '반반이다'입니다. ➡ $\dfrac{1}{2}$

㉢ 1×0＝0이므로 0이 나올 가능성은 '확실하다'입니다. ➡ 1

2 회전판 전체가 보라색인 경우 가능성: 1 ➡ 첫 번째
회전판에서 보라색이 차지하는 부분이 없는 경우 가능성: 0 ➡ 두 번째
회전판에서 보라색이 차지하는 부분이 반인 경우 가능성: $\dfrac{1}{2}$ ➡ 세 번째, 네 번째, 다섯 번째

3 방법 1 지현: (76＋70＋79＋78＋77)÷5＝76(점)
　　　　 승호: (77＋74＋73＋87＋74)÷5＝77(점)
　　　➡ 76<77이므로 승호가 참가권을 받게 됩니다.
　　방법 2 지현: (76＋78＋77)÷3＝77(점)
　　　　 승호: (77＋74＋74)÷3＝75(점)
　　　➡ 77>75이므로 지현이가 참가권을 받게 됩니다.

4 불합격한 사람의 평균 점수를 □점이라 하면 합격한 사람의 평균 점수는 (□＋30)점입니다.
합격한 사람이 320명이므로 불합격한 사람은 600－320＝280(명)입니다.
합격한 사람 320명의 점수의 합계는 (□＋30)×320(점)이고, 불합격한 사람 280명의 점수의 합계는 □×280(점), 응시한 사람 600명의 점수의 합계는 71×600＝42600(점)입니다.
(□＋30)×320＋□×280＝42600,
□×320＋30×320＋□×280＝42600,
□×600＋9600＝42600, □＝55
따라서 불합격한 사람의 점수의 평균은 55점입니다.

TEST 단원 기본 평가 182~184쪽

1 반반이다에 ○표

2

첫째 주	둘째 주	셋째 주	넷째 주
		○	
		○	
○	○	○	○
○	○	○	○
○	○	○	○
○	○	○	○
○	○	○	○

3 5시간

4 300, 250, 330, 4 / 1100÷4＝275

5 14개 / 13개　　**6** 주희

7 1　　**8** ④

9 39 kg　　**10** 영은, 미호, 혜진

11 반반이다 / $\dfrac{1}{2}$　　**12** 나, 가, 다

13 ㉡　　**14** 없습니다.

15 64　　**16** 민기

17 21점　　**18** 330타

19 예 ❶ 할아버지께서 같이 살기 전 나엘이네 가족 나이의 평균은
(51＋49＋14＋12＋9)÷5
＝135÷5＝27(살)입니다.
❷ 할아버지께서 같이 살게 된 후 나엘이네 가족 나이의 평균은 27＋9＝36(살)입니다.
❸ (할아버지의 연세)
＝36×6－(51＋49＋14＋12＋9)
＝216－135＝81(세)

답 81세

20 예 ❶ 남은 바둑돌 중에서 1개를 꺼낼 때 꺼낸 바둑돌이 흰색일 가능성과 검은색일 가능성이 같으므로 남은 검은색 바둑돌의 수는 흰색 바둑돌의 수와 같은 20개입니다.
❷ 처음 상자에 들어 있던 검은색 바둑돌은 20＋4＋6＝30(개)입니다.
❸ 처음 상자에 들어 있던 바둑돌은 모두 20＋30＝50(개)입니다.

답 50개

5 (주희의 제기차기 기록의 평균)
＝(14＋12＋14＋16)÷4＝14(개)
(수정이의 제기차기 기록의 평균)
＝(14＋13＋12)÷3＝13(개)

7 사과 2개가 든 주머니에서 과일 1개를 꺼낼 때 사과일 가능성은 '확실하다'이므로 수로 표현하면 1입니다.

8 ① 반반이다　② 반반이다　③ 확실하다
④ 불가능하다　⑤ 확실하다

9 (평균)＝(38＋43＋40＋38＋36)÷5＝39 (kg)

11 횡단보도 신호등에서 보행자 신호가 켜질 가능성은 '반반이다'이므로 수로 표현하면 $\frac{1}{2}$입니다.

12 파란색 부분이 넓을수록 가능성이 높습니다.

13 ㉠ 불가능하다: 0　㉡ 확실하다: 1　㉢ 반반이다: $\frac{1}{2}$

14 (평균)＝(75＋90＋80＋80＋65)÷5＝78(번)
➡ 78＜80이므로 소영이는 1등급을 받을 수 없습니다.

15 (네 수의 합)＝39×4＝156
➡ □＝156－(47＋20＋25)＝64

16 (4명의 기록의 합)＝11×4＝44(초)
(민기의 기록)＝44－(10＋11＋14)＝9(초)
➡ 민기의 기록이 9초로 가장 빠릅니다.

17 (4세트까지 얻은 점수의 평균)
＝(24＋20＋19＋21)÷4＝84÷4＝21(점)
5세트까지 얻은 점수의 평균이 4세트까지 얻은 점수의 평균보다 높으려면 5세트의 점수는 4세트까지 얻은 점수의 평균보다 높아야 하므로 최소 21점보다 높아야 합니다.

18 (규찬이의 타자 기록의 평균)＝(318＋315＋327)÷3
＝320(타)
규찬이와 지우의 타자 기록의 평균이 320타로 같기 때문에 지우의 타자 기록의 합은 320×4＝1280(타)입니다.
➡ (지우의 4회 타자 기록)
＝1280－(309＋344＋297)＝330(타)

19 💡 **채점 기준**

❶ 할아버지께서 같이 살기 전 가족 나이의 평균을 구함.	2점	
❷ 할아버지께서 같이 살게 된 후 가족 나이의 평균을 구함.	1점	5점
❸ 할아버지의 연세를 구함.	2점	

20 💡 **채점 기준**

❶ 검은색 바둑돌을 꺼낸 후 남은 검은색 바둑돌의 수를 구함.	2점	
❷ 처음 상자에 들어 있던 검은색 바둑돌의 수를 구함.	1점	5점
❸ 처음 상자에 들어 있던 바둑돌의 수를 구함.	2점	

1
2
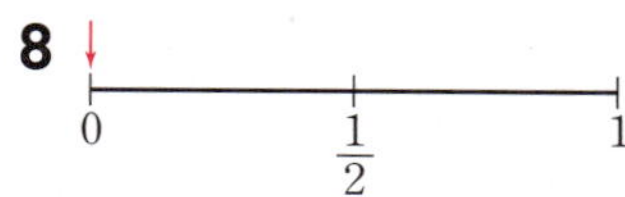

3 91명　　　**4** 적은 편입니다.

5 반반이다　　　**6** 6개 / 7개

7 📝 두 모둠의 사람 수가 다르므로 넣은 화살 수의 합으로 어느 모둠이 더 잘했다고 말할 수 없습니다.

8
0　　$\frac{1}{2}$　　1

9 주원, 은서　　　**10** ㉢, ㉠, ㉡

11 다　　　**12** 1

13 3895분　　　**14** 3350분

15 운동 / 15분　　　**16** 📝
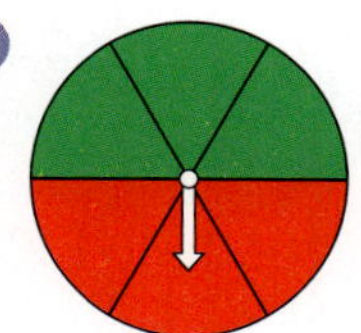

17 30분　　　**18** 38 kg

19 📝 ❶ (㉮＋㉯)÷2＝9 ➡ ㉮＋㉯＝18
(㉯＋㉰)÷2＝15 ➡ ㉯＋㉰＝30
(㉰＋㉮)÷2＝13 ➡ ㉰＋㉮＝26
❷ (㉮＋㉯)＋(㉯＋㉰)＋(㉰＋㉮)＝18＋30＋26,
2×(㉮＋㉯＋㉰)＝74,
㉮＋㉯＋㉰＝37
❸ ㉮＋㉯＝18이드로 18＋㉰＝37, ㉰＝19
㉯＋㉰＝30이므로 ㉮＋30＝37, ㉮＝7
㉰＋㉮＝26이므로 ㉯＋26＝37, ㉯＝11
🔲 ㉮: 7, ㉯: 11, ㉰: 19

20 📝 ❶ (연우가 4달 동안 저금한 금액의 합)
＝3500×4＝14000(원)
❷ 1월과 4월에 저금한 금액의 합은
14000－(3000＋3500)＝7500(원)입니다.
❸ 1월에 저금한 금액을 □원이라 하면 4월에 저금한 금액은 (□×2)원이므로 □＋□×2＝7500,
□×3＝7500, □＝2500입니다.
따라서 4월에 저금한 금액은 2500×2＝5000(원)입니다.
🔲 5000원

1~2 화살이 파란색에 멈출 가능성은 '반반이다'이므로 수로 표현하면 $\frac{1}{2}$, 검은색에 멈출 가능성은 '불가능하다'이므로 수로 표현하면 0입니다.

3 (평균)=(96+84+91+89+95)÷5
 =455÷5=91(명)

4 목요일의 관람자 수 89명은 하루 관람자 수의 평균인 91명보다 적습니다.

5 노란색 카드와 하늘색 카드가 각각 1장씩 있으므로 하늘색 카드를 꺼낼 가능성은 '반반이다'입니다.

6 (지아네 모둠의 평균)=(7+5+3+9)÷4=6(개)
 (수빈이네 모둠의 평균)=(6+10+5)÷3=7(개)

7 두 모둠의 투호 기록은 대표값인 평균으로 비교합니다.

> **평가 기준**
> 넣은 화살 수의 합으로 기록을 비교할 수 없음을 알고 잘못 설명한 까닭을 썼으면 정답으로 합니다.

8 2월은 28일 또는 29일까지 있으므로 가능성은 '불가능하다'이고 수로 표현하면 0입니다.

9 (훌라후프 돌리기 기록의 평균)
 =(68+62+88+54+63)÷5
 =335÷5=67(번)
 따라서 기록이 평균인 67번보다 높은 학생은 주원(68번), 은서(88번)입니다.

10 일이 일어날 가능성을 수로 표현하면 ㉠ $\frac{1}{2}$, ㉡ 0, ㉢ 1 입니다.

11 가: 빨간색 부분 3칸, 초록색 부분 3칸이므로 화살이 초록색에 멈출 가능성과 빨간색에 멈출 가능성은 반반입니다.
 나: 빨간색 부분 4칸, 초록색 부분 2칸이므로 화살이 빨간색에 멈출 가능성이 초록색에 멈출 가능성의 2배입니다.
 다: 빨간색 부분 2칸, 초록색 부분 4칸이므로 화살이 초록색에 멈출 가능성이 빨간색에 멈출 가능성의 2배입니다.

12 7 미만인 자연수는 1, 2, 3, 4, 5, 6이므로 7 미만인 수가 나올 가능성은 '확실하다'입니다. ➡ 1

13 (윤아의 한 달 TV 시청 시간의 평균)
 =(5560+5040+3300+1680)÷4
 =15580÷4=3895(분)

14 재석이의 한 달 TV 시청 시간의 평균은 윤아의 한 달 TV 시청 시간의 평균과 같으므로 3895분이고, 재석이의 TV 시청 시간의 합은 3895×5=19475(분)입니다.

➡ (재석이의 3월 TV 시청 시간)
 =19475−(5630+4850+3245+2400)
 =19475−16125=3350(분)

15 (독서 시간의 평균)=(24+20+36+40+30)÷5
 =150÷5=30(분)
 (운동 시간의 평균)=(50+40+45+55+35)÷5
 =225÷5=45(분)

➡ 운동을 독서보다 하루 평균 45−30=15(분) 더 많이 했습니다.

16 상자에 초록색 구슬과 빨간색 구슬이 각각 3개씩 들어 있습니다.
 따라서 꺼낸 구슬이 초록색일 가능성과 빨간색일 가능성은 '반반이다'이므로 수로 표현하면 $\frac{1}{2}$입니다.
 회전판은 6칸이므로 3칸을 초록색으로 색칠하면 꺼낸 구슬이 초록색일 가능성과 회전판의 화살이 초록색에 멈출 가능성이 같습니다.

17 40×4=160(분)이므로 4일 동안 게임을 한 시간의 합이 160분 이하이어야 합니다.
 35+45+50=130(분)이므로 목요일의 게임 시간은 160−130=30(분) 이하이어야 합니다.
 따라서 재상이는 목요일에 게임을 최대 30분까지 할 수 있습니다.

18 (남학생 5명이 모은 헌 종이 무게의 합)
 =41×5=205 (kg)
 (여학생 3명이 모은 헌 종이 무게의 합)
 =33×3=99 (kg)
 (모둠 전체 학생 8명이 모은 헌 종이 무게의 합)
 =205+99=304 (kg)
➡ (모둠 전체 학생 8명이 모은 헌 종이 무게의 평균)
 =304÷8=38 (kg)

19

◆ 채점 기준		
❶ 평균을 이용하여 두 수끼리의 합을 각각 구함.	2점	
❷ ㉮, ㉯, ㉰ 세 수의 합을 구함.	1점	5점
❸ ㉮, ㉯, ㉰를 각각 구함.	2점	

20

◆ 채점 기준		
❶ 연우가 4달 동안 저금한 금액의 합을 구함.	2점	
❷ 1월과 4월에 저금한 금액의 합을 구함.	1점	5점
❸ 4월에 저금한 금액을 구함.	2점	

정답과 해설

1 수의 범위와 어림하기

1단원 응용력 강화 문제 2~5쪽

1 39
2 53
3 5, 6, 7, 8, 9
4 0, 1, 2, 3, 4
5 176명 이상 210명 이하
6 141명 이상 160명 이하
7 355, 366, 377, 388, 399, 400
8 728, 729
9 24
10 6개
11 5 m
12 562, 563, 623, 625, 632, 635
13 38200원
14 19개

1 ❶ 수직선에 나타낸 수의 범위에 속하는 자연수 7개를 작은 수부터 차례로 쓰기
수직선에 나타낸 수의 범위는 32 이상 ㉠ 미만인 수입니다.
이 수의 범위에 속하는 자연수 7개를 작은 수부터 차례로 쓰면 32, 33, 34, 35, 36, 37, 38입니다.
❷ ㉠에 알맞은 자연수 구하기
수의 범위에 38까지 속해야 하고 ㉠은 속하지 않으므로 ㉠은 38보다 1만큼 더 큰 수인 39입니다.

2 ❶ 수직선에 나타낸 수의 범위에 속하는 자연수 9개를 큰 수부터 차례로 쓰기
수직선에 나타낸 수의 범위는 ㉠ 이상 61 이하인 수입니다.
이 수의 범위에 속하는 자연수 9개를 큰 수부터 차례로 쓰면 61, 60, 59, 58, 57, 56, 55, 54, 53입니다.
❷ ㉠에 알맞은 자연수 구하기
수의 범위에 53까지 속해야 하고 ㉠도 속하므로 ㉠은 53입니다.

3 ❶ 28□4를 올림하여 백의 자리까지 나타내기
올림하여 백의 자리까지 나타낸 수: 28□4 ➡ 2900
❷ □ 안에 들어갈 수 있는 수를 모두 구하기
28□4의 백의 자리 숫자는 8인데 반올림하여 백의 자리까지 나타낸 수는 2900으로 백의 자리 숫자가 9가 되었으므로 십의 자리 숫자를 올림한 것입니다.
따라서 □ 안에 들어갈 수 있는 수를 모두 구하면 5, 6, 7, 8, 9입니다.

4 ❶ 7□61을 버림하여 천의 자리까지 나타내기
버림하여 천의 자리까지 나타낸 수: 7□61 ➡ 7000

❷ □ 안에 들어갈 수 있는 수를 모두 구하기
7□61의 천의 자리 숫자는 7인데 반올림하여 천의 자리까지 나타낸 수는 7000으로 천의 자리 숫자가 그대로 7이므로 백의 자리 숫자를 버림한 것입니다.
따라서 □ 안에 들어갈 수 있는 수를 모두 구하면 0, 1, 2, 3, 4입니다.

5 ❶ 최소 학생 수 구하기
버스 5대에 남는 좌석 없이 모두 타고 1명이 남는다고 하면 학생은 $35 \times 5 + 1 = 176$(명)입니다.
❷ 최대 학생 수 구하기
버스 6대에 남는 좌석 없이 모두 탄다고 하면 학생은 $35 \times 6 = 210$(명)입니다.
❸ 학생 수의 범위를 이상과 이하를 이용하여 나타내기
민재네 학교 5학년 학생은 176명부터 210명까지 될 수 있으므로 176명 이상 210명 이하입니다.

6 ❶ 최소 학생 수 구하기
케이블카에 20명이 모두 타고 7번 운행하고 1명이 남는다고 하면 학생은 $20 \times 7 + 1 = 141$(명)입니다.
❷ 최대 학생 수 구하기
케이블카에 20명이 모두 타고 8번 운행한다고 하면 학생은 $20 \times 8 = 160$(명)입니다.
❸ 학생 수의 범위를 이상과 이하를 이용하여 나타내기
소정이네 학교 5학년 학생은 141명부터 160명까지 될 수 있으므로 141명 이상 160명 이하입니다.

7 ❶ 첫 번째 조건을 만족하는 자연수의 범위 구하기
올림하여 백의 자리까지 나타내면 400인 자연수의 범위: 301부터 400까지의 자연수
❷ ❶에서 구한 범위에서 두 번째 조건을 만족하는 자연수 구하기
❶에서 구한 범위에서 반올림하여 백의 자리까지 나타내면 400인 자연수의 범위: 350부터 400까지의 자연수
❸ ❷에서 구한 범위의 자연수 중에서 세 번째 조건을 만족하는 수 구하기
❷에서 구한 범위의 자연수 중에서 십의 자리 숫자와 일의 자리 숫자가 같은 수:
355, 366, 377, 388, 399, 400

8 ❶ 첫 번째 조건을 만족하는 자연수의 범위 구하기
버림하여 십의 자리까지 나타내면 720인 자연수의 범위: 720부터 729까지의 자연수
❷ ❶에서 구한 범위에서 두 번째 조건을 만족하는 자연수 구하기
❶에서 구한 범위의 자연수 중에서 반올림하여 십의 자리까지 나타내면 730인 수: 725, 726, 727, 728, 729

❸ ❷에서 구한 범위의 자연수 중에서 세 번째 조건을 만족하는 수 구하기
❷에서 구한 수 중에서 백의 자리 숫자가 일의 자리 숫자보다 작은 수: 728, 729

9 13보다 크고 ♥와 같거나 작은 자연수는 14, 15……, ♥이므로 가장 큰 수는 ♥, 가장 작은 수는 14입니다.
➡ ♥+14=38, ♥=38-14=24

10 자연수 부분이 될 수 있는 수: 2, 3, 4
소수 첫째 자리 숫자가 될 수 있는 수: 7, 8
➡ 만들 수 있는 소수 : 2.7, 2.8, 3.7, 3.8, 4.7, 4.8

11 (꽃밭의 둘레)=140+90+140+90=460 (cm)
460 cm=4.6 m이므로 4.6을 반올림하여 일의 자리까지 나타내면 5입니다. ➡ 5 m

12 반올림하여 백의 자리까지 나타내면 600이 되므로 백의 자리 숫자는 5 또는 6입니다.
• 백의 자리 숫자가 5인 경우 십의 자리 숫자는 6이 될 수 있습니다. ➡ 562, 563
• 백의 자리 숫자가 6인 경우 십의 자리 숫자는 2 또는 3이 될 수 있습니다. ➡ 623, 625, 632, 635

13 • 10장씩 묶음으로 팔 때는 최대 319묶음을 팔 수 있으므로 도화지를 판 금액은 800×319=255200(원)
• 100장씩 묶음으로 팔 때는 최대 31묶음을 팔 수 있으므로 도화지를 판 금액은 7000×31=217000(원)
➡ (두 금액의 차)=255200-217000=38200(원)

14 (엘리베이터에 타고 있는 사람들의 몸무게의 합)
=70×2+65×5+40×6=705 (kg)
900-705=195 (kg)이므로 더 실을 수 있는 무게는 195 kg 미만입니다.
195를 버림하여 십의 자리까지 나타내면 190이므로 10 kg짜리 상자를 최대 19개까지 실을 수 있습니다.

1단원 **실력 평가** 6~7쪽

1 3개　　　**2** 유찬　　　**3** 6310, 6300
4 (수직선) / 17, 18, 19, 20
5 ㉡, ㉣, ㉤　　**6** ㉢　　**7** 4개
8 2개　　　**9** 55대　　　**10** 6000원
11 (수직선)
12 7815　　　**13** 41000
14 12000원　　**15** 40000

---

7 ㉠에 속하는 자연수: 31, 32, 33, 34, 35, 36, 37, 38
㉡에 속하는 자연수: 35, 36, 37, 38, 39
➡ ㉠과 ㉡에 모두 속하는 자연수는 35, 36, 37, 38로 모두 4개입니다.

8 59 초과인 두 자리 수: 91, 95 ➡ 2개

9 보트 한 대에 10명씩 54대에 타면 540명이므로 6명이 남고, 남는 6명도 타야 합니다.
따라서 보트는 최소 54+1=55(대)가 필요합니다.

10 (지안이가 가지고 있는 돈)=500×9+100×17
=4500+1700=6200(원)
6200을 버림하여 천의 자리까지 나타내면 6000이므로 최대 6000원까지 바꿀 수 있습니다.

11 어떤 수를 반올림하여 십의 자리까지 나타낸 수 160은 일의 자리에서 올림하거나 버림하여 만들 수 있습니다.
일의 자리에서 올림하였다면 160보다 작으면서 일의 자리 숫자가 5, 6, 7, 8, 9 중 하나여야 하므로 어떤 수는 155 이상인 수입니다.
또, 일의 자리에서 버림하였다면 160보다 크면서 일의 자리 숫자가 0, 1, 2, 3, 4 중 하나여야 하므로 어떤 수는 165 미만인 수입니다.
따라서 어떤 수가 될 수 있는 수의 범위는 155 이상 165 미만인 수입니다.

12 □□15를 올림하여 나타낸 수의 백의 자리 숫자가 9이므로 올림하기 전의 수의 백의 자리 숫자는 9보다 1만큼 더 작은 수인 8입니다.
비밀번호의 천의 자리 숫자는 7, 백의 자리 숫자는 8, 십의 자리 숫자는 1, 일의 자리 숫자는 5이므로 비밀번호는 7815입니다.

13 올림하여 천의 자리까지 나타내면 42000이 되는 자연수는 41001부터 42000까지의 자연수이므로 가장 작은 수는 41001입니다.
버림하여 백의 자리까지 나타낸 수: 41001 ➡ 41000

14 슬기는 어린이 요금으로 2000원, 아버지와 어머니는 어른 요금으로 각각 5000원, 동생과 할머니는 무료입니다. ➡ (입장료)=2000+5000+5000=12000(원)

15 • 40000보다 작은 수 중 40000에 가장 가까운 수: 39420
• 40000보다 큰 수 중 40000에 가장 가까운 수: 40239
40000과의 차가 각각 40000-39420=580,
40239-40000=239이므로 40000에 더 가까운 수는 40239입니다.
반올림하여 천의 자리까지 나타낸 수: 40239 ➡ 40000

2 분수의 곱셈

2단원 응용력 강화 문제　8~11쪽

1 $7\dfrac{1}{2}$ km　　**2** $12\dfrac{3}{5}$ m　　**3** $5\dfrac{1}{5}$

4 $5\dfrac{5}{18}$　　**5** $\dfrac{1}{48}$　　**6** $\dfrac{1}{8}$

7 30명　　**8** 16권　　**9** 정사각형

10 4통　　**11** 50 cm　　**12** 22개

13 $20\dfrac{2}{5}$ cm²　　**14** $\dfrac{1}{8}$

---

1 ❶ 1시간 15분은 몇 시간인지 분수로 나타내기

1시간 15분$=1\dfrac{15}{60}$시간$=1\dfrac{1}{4}$시간

❷ 1시간 15분 동안 달리는 거리 구하기

$6\times1\dfrac{1}{4}=\overset{3}{6}\times\dfrac{5}{\underset{2}{4}}=\dfrac{15}{2}=7\dfrac{1}{2}$ (km)

2 ❶ 2분 48초는 몇 분인지 분수로 나타내기

2분 48초$=2\dfrac{48}{60}$분$=2\dfrac{4}{5}$분

❷ 2분 48초 동안 움직인 거리 구하기

$4\dfrac{1}{2}\times2\dfrac{4}{5}=\dfrac{9}{\underset{1}{2}}\times\dfrac{\overset{7}{14}}{5}=\dfrac{63}{5}=12\dfrac{3}{5}$ (m)

3 ❶ 어떤 수 구하기

어떤 수를 □라 하면 잘못 계산한 식은

$\square+4=5\dfrac{3}{10}$이므로 $\square=5\dfrac{3}{10}-4=1\dfrac{3}{10}$입니다.

❷ 바르게 계산한 값 구하기

어떤 수가 $1\dfrac{3}{10}$이므로 바르게 계산하면

$1\dfrac{3}{10}\times4=\dfrac{13}{\underset{5}{10}}\times\overset{2}{4}=\dfrac{26}{5}=5\dfrac{1}{5}$입니다.

4 ❶ 어떤 수 구하기

어떤 수를 □라 하면 잘못 계산한 식은 $\square+\dfrac{5}{6}=7\dfrac{1}{6}$

이므로 $\square=7\dfrac{1}{6}-\dfrac{5}{6}=6\dfrac{\overset{1}{2}}{\underset{3}{6}}=6\dfrac{1}{3}$입니다.

❷ 바르게 계산한 값 구하기

어떤 수가 $6\dfrac{1}{3}$이므로 바르게 계산하면

$6\dfrac{1}{3}\times\dfrac{5}{6}=\dfrac{19}{3}\times\dfrac{5}{6}=\dfrac{95}{18}=5\dfrac{5}{18}$입니다.

---

5 ❶ 분모에 놓아야 할 수 카드 구하기

분모가 클수록 곱은 작아지므로 계산 결과가 가장 작으려면 분모에 가장 큰 수와 두 번째로 큰 수를 놓아야 합니다. ➡ 6, 8

❷ 계산 결과가 가장 작은 식을 만들고 계산한 값 구하기

분모에 6, 8을 놓아 단위분수를 만들고 곱을 구하면

$\dfrac{1}{6}\times\dfrac{1}{8}=\dfrac{1}{48}$입니다.

6 ❶ 분모에 놓아야 할 수 카드 구하기

분모가 작을수록 곱은 커지므로 계산 결과가 가장 크려면 분모에 가장 작은 수와 두 번째로 작은 수를 놓아야 합니다. ➡ 2, 4

❷ 계산 결과가 가장 큰 식을 만들고 계산한 값 구하기

분모에 2, 4를 놓아 단위분수를 만들고 곱을 구하면

$\dfrac{1}{2}\times\dfrac{1}{4}=\dfrac{1}{8}$입니다.

7 ❶ 남자 초등학생은 전체 사람 수의 몇 분의 몇인지 구하기

초등학생은 전체 사람 수의 $\dfrac{3}{7}\times\dfrac{2}{3}$이고, 그중 남자

초등학생은 전체 사람 수의 $\dfrac{3}{7}\times\dfrac{\overset{1}{2}}{\underset{1}{3}}\times\dfrac{1}{\underset{1}{2}}=\dfrac{1}{7}$입니다.

❷ 남자 초등학생 수 구하기

전체 사람 수가 210명이므로 남자 초등학생은

$\overset{30}{210}\times\dfrac{1}{\underset{1}{7}}=30$(명)입니다.

8 ❶ 읽은 전래동화는 전체 책의 몇 분의 몇인지 구하기

읽은 동화책은 전체 책의 $\dfrac{4}{5}\times\dfrac{1}{4}$이고, 그중 읽은 전래

동화는 전체 책의 $\dfrac{\overset{1}{4}}{5}\times\dfrac{1}{\underset{1}{4}}\times\dfrac{2}{9}=\dfrac{2}{45}$입니다.

❷ 읽은 전래동화 책 수 구하기

전체 책의 수가 360권이므로 전래동화는

$\overset{8}{360}\times\dfrac{2}{\underset{1}{45}}=16$(권)을 읽었습니다.

9 (정사각형의 둘레)$=3\dfrac{1}{4}\times4=\dfrac{13}{\underset{1}{4}}\times\overset{1}{4}=13$ (m)

(정오각형의 둘레)$=2\dfrac{4}{9}\times5=\dfrac{22}{9}\times5=\dfrac{110}{9}$

$=12\dfrac{2}{9}$ (m)

➡ $13>12\dfrac{2}{9}$이므로 둘레가 더 긴 도형은 정사각형입니다.

10 (필요한 주스의 양)$=\dfrac{3}{\overset{}{\underset{5}{10}}}\times\overset{6}{12}=\dfrac{18}{5}=3\dfrac{3}{5}$ (L)

➡ $3\dfrac{3}{5}$ L의 주스가 필요하고 한 통에 1 L씩 들어 있
으므로 주스는 적어도 4통 사야 합니다.

11 (공이 한 번 튀어 올랐을 때의 높이)

$=\overset{14}{98}\times\dfrac{5}{\overset{7}{\underset{1}{}}}=70$ (cm)

➡ (공이 2번 튀어 올랐을 때의 높이)

$=\overset{10}{70}\times\dfrac{5}{\overset{7}{\underset{1}{}}}=50$ (cm)

12 어떤 단위분수를 $\dfrac{1}{\square}$이라 하면 $\dfrac{1}{9}\times\dfrac{3}{8}<\dfrac{1}{\square}$입니다.

$\dfrac{1}{\overset{}{\underset{3}{9}}}\times\dfrac{\overset{1}{3}}{8}=\dfrac{1}{24}$이므로 $\dfrac{1}{24}<\dfrac{1}{\square}$입니다.

➡ $\square$ 안에 들어갈 수 있는 수는 2, 3, 4……23이므로
어떤 단위분수가 될 수 있는 수는 모두 22개입니다.

13 (직사각형의 넓이)$=8\dfrac{1}{2}\times3\dfrac{3}{5}=\dfrac{17}{\overset{2}{\underset{1}{}}}\times\dfrac{18}{5}=\dfrac{153}{5}$

$=30\dfrac{3}{5}$ (cm²)

색칠한 부분은 전체를 똑같이 3등분한 것 중 2이므로
전체의 $\dfrac{2}{3}$입니다.

➡ (색칠한 부분의 넓이)$=30\dfrac{3}{5}\times\dfrac{2}{3}=\dfrac{\overset{51}{153}}{5}\times\dfrac{2}{\overset{3}{\underset{1}{}}}$

$=\dfrac{102}{5}=20\dfrac{2}{5}$ (cm²)

14 하루 동안 혼자서 하는 일의 양은 승주가 전체의 $\dfrac{1}{6}$,
선우가 전체의 $\dfrac{1}{8}$입니다.
승주와 선우가 함께 3일 동안 하는 일의 양은 전체의
$\left(\dfrac{1}{6}+\dfrac{1}{8}\right)\times3=\left(\dfrac{4}{24}+\dfrac{3}{24}\right)\times3=\dfrac{7}{\overset{24}{\underset{8}{}}}\times\overset{1}{3}=\dfrac{7}{8}$입

니다. ➡ 남은 일의 양은 전체의 $1-\dfrac{7}{8}=\dfrac{1}{8}$입니다.

2단원 실력 평가   12~13쪽

1 $5\dfrac{1}{4}$

2 (선 잇기)

3 $\dfrac{9}{16}\times\dfrac{2}{7}=\dfrac{9\times\overset{1}{2}}{\overset{}{\underset{8}{16}}\times7}=\dfrac{9}{56}$

4 $2\times1\dfrac{1}{4}$에 ◯표, $2\times\dfrac{5}{6}$에 △표

5 $\dfrac{1}{24}$ **6** $5\dfrac{2}{5}$ cm²   **7** $>$

8 $5\dfrac{1}{2}\times7=38\dfrac{1}{2}$, $38\dfrac{1}{2}$ kg

9 $4\dfrac{2}{5}\times3\dfrac{1}{8}=13\dfrac{3}{4}$, $13\dfrac{3}{4}$ kg

10 $\dfrac{7}{15}$ **11** 7개   **12** ㉡, ㉠, ㉣, ㉢

13 $\dfrac{3}{20}$ km   **14** $6\dfrac{1}{8}$ cm   **15** $\dfrac{5}{126}$

6 (밑변의 길이)$\times$(높이)$=3\times1\dfrac{4}{5}=3\times\dfrac{9}{5}=\dfrac{27}{5}$

$=5\dfrac{2}{5}$ (cm²)

10 $\dfrac{7}{10}\bigstar\dfrac{8}{9}=\dfrac{7}{\overset{}{\underset{5}{10}}}\times\dfrac{\overset{4}{8}}{\overset{9}{\underset{3}{}}}\times\dfrac{\overset{1}{3}}{\overset{4}{\underset{1}{}}}=\dfrac{7}{15}$

11 $2\dfrac{1}{3}\times3\dfrac{4}{7}=\dfrac{\overset{1}{7}}{3}\times\dfrac{25}{\overset{7}{\underset{1}{}}}=\dfrac{25}{3}=8\dfrac{1}{3}$

➡ $8\dfrac{1}{3}>\square\dfrac{2}{3}$이므로 $\square$ 안에 들어갈 수 있는 수는 1,
2, 3, 4, 5, 6, 7로 모두 7개입니다.

13 전체 거리를 1이라 하면 걸어간 거리는 전체 거리의
$1-\dfrac{6}{7}=\dfrac{1}{7}$입니다.

(걸어간 거리)$=1\dfrac{1}{20}\times\dfrac{1}{7}=\dfrac{\overset{3}{21}}{20}\times\dfrac{1}{\overset{7}{\underset{1}{}}}=\dfrac{3}{20}$ (km)

14 (색 테이프 3장의 길이)

$=2\dfrac{3}{8}\times3=\dfrac{19}{8}\times3=\dfrac{57}{8}=7\dfrac{1}{8}$ (cm)

(겹쳐진 부분의 길이)$=\dfrac{1}{\overset{2}{\underset{1}{}}}\times\overset{1}{2}=1$ (cm)

➡ (이어 붙인 색 테이프 전체의 길이)
$=$(색 테이프 3장의 길이)$-$(겹쳐진 부분의 길이)
$=7\dfrac{1}{8}-1=6\dfrac{1}{8}$ (cm)

15 분모가 클수록, 분자가 작을수록 작은 수가 되므로
$\dfrac{1\times3\times5}{6\times7\times9}$의 계산 결과가 가장 작은 곱입니다.

➡ $\dfrac{1\times\overset{1}{3}\times5}{\overset{}{\underset{2}{6}}\times7\times9}=\dfrac{5}{126}$

3 합동과 대칭

3^{단원} 응용력 강화 문제   14~17쪽

1 14 cm	**2** 7 cm	**3** 4 cm
4 5 cm	**5** 30 cm²	**6** 108 cm²
7 400 cm²	**8** 432 cm²	**9** 4쌍
10 12 cm	**11** 108 cm²	**12** 120°
13 110°	**14** 90 cm²	

1 ❶ **변 ㄱㄴ의 길이 구하기**
(변 ㄱㄴ)=(변 ㄹㄷ)=8 cm
❷ **변 ㄴㄷ의 길이 구하기**
(삼각형 ㄱㄴㄷ의 둘레)−(변 ㄱㄴ)−(변 ㄱㄷ)
=33−8−11=14 (cm)

2 ❶ (변 ㄷㄹ)=(변 ㄱㄴ)=15 cm
❷ (변 ㄱㄷ)
=(삼각형 ㄷㄹㄱ의 둘레)−(변 ㄷㄹ)−(변 ㄱㄹ)
=42−15−20=7 (cm)

3 ❶ (변 ㄴㄷ)=(변 ㅁㅂ)=6 cm
(변 ㄹㅁ)=(변 ㄱㄴ)=9 cm
❷ 변 ㄱㅂ의 대응변은 변 ㄹㄷ이므로 변 ㄱㅂ과 길이
가 같은 변은 변 ㄹㄷ입니다.
❸ (변 ㄱㅂ)=(변 ㄹㄷ)=□ cm라 하면
둘레가 38 cm이므로 9+6+□+9+6+□=38,
30+□+□=38, □+□=8, □=4입니다.
➡ (변 ㄱㅂ)=4 cm

4 ❶ (변 ㄱㄴ)=(변 ㅁㅂ)=7 cm
(변 ㄹㅁ)=(변 ㅈㄱ)=8 cm
(변 ㅂㅅ)=(변 ㄴㄷ)=12 cm
❷ 변 ㄷㄹ의 대응변은 변 ㅅㅈ이므로 변 ㄷㄹ과 길
이가 같은 변은 변 ㅅㅈ입니다.
❸ (변 ㄷㄹ)=(변 ㅅㅈ)=□ cm라 하면 둘레가 64 cm
이므로 7+12+□+8+7+12+□+8=64,
54+□+□=64, □+□=10, □=5입니다.
➡ (변 ㄷㄹ)=5 cm

5 ❶ (선분 ㄱㅁ)=(선분 ㄷㅁ)=6÷2=3 (cm)
❷ (선분 ㄴㄹ)=10 cm, (각 ㄱㅁㄴ)=90°
(삼각형 ㄱㄴㄹ의 넓이)=10×3÷2=15 (cm²)
❸ (사각형 ㄱㄴㄷㄹ의 넓이)
=(삼각형 ㄱㄴㄹ의 넓이)×2=15×2=30 (cm²)

6 ❶ (선분 ㄴㅁ)=(선분 ㄹㅁ)=12÷2=6 (cm)
❷ (선분 ㄱㄷ)=18 cm, (각 ㄱㅁㄴ)=90°
(삼각형 ㄱㄴㄷ의 넓이)=18×6÷2=54 (cm²)
❸ (사각형 ㄱㄴㄷㄹ의 넓이)=(삼각형 ㄱㄴㄷ의 넓이)×2
=54×2=108 (cm²)

7 ❶ **선분 ㄱㄴ과 선분 ㄱㅂ의 길이 각각 구하기**
(선분 ㄱㄴ)=(선분 ㅁㄹ)=20 cm
(선분 ㄱㅂ)=(선분 ㅁㅂ)=15 cm
❷ **선분 ㄱㄹ의 길이 구하기**
(선분 ㄱㅂ)+(선분 ㅂㄹ)=15+25=40 (cm)
❸ **삼각형 ㄱㄴㄹ의 넓이 구하기**
(선분 ㄱㄹ)×(선분 ㄱㄴ)÷2=40×20÷2
=400 (cm²)

8 ❶ (선분 ㄹㄷ)=(선분 ㄴㅁ)=24 cm
(선분 ㅂㄷ)=(선분 ㅂㅁ)=10 cm
❷ (선분 ㄴㄷ의 길이)=(선분 ㄴㅂ)+(선분 ㅂㄷ)
=26+10=36 (cm)
❸ (삼각형 ㄴㄷㄹ의 넓이)=(선분 ㄴㄷ)×(선분 ㄹㄷ)÷2
=36×24÷2=432 (cm²)

9 삼각형 1개짜리: 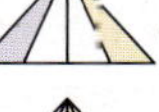 , ➡ 2쌍

삼각형 2개짜리: 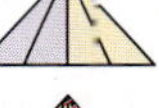 ➡ 1쌍

삼각형 3개짜리:  ➡ 1쌍

➡ 2+1+1=4(쌍)

10 두 직사각형이 서로 합동이므로 직사각형 ㅁㅂㅅㅇ의
넓이는 216 cm²입니다.
(변 ㅁㅂ)=(변 ㄴㄷ)=18 cm
➡ (변 ㅂㅅ)=216÷18=12 (cm)

11 (변 ㄷㄴ)=(변 ㄱㄴ)=15 cm
(변 ㄱㄷ)=54−15−15=24 (cm)
(각 ㄱㄹㄴ)=90°
➡ (삼각형 ㄱㄴㄷ의 넓이)=24×9÷2=108 (cm²)

12 (각 ㅁㄹㄷ)=(각 ㅁㄹㄱ)=180°−120°=60°
(각 ㄱㅁㅂ)=(각 ㅁㅂㄴ)=90°
사각형 ㄱㄴㅂㅁ에서
(각 ㄱㄴㅂ)=360°−60°−90°−90°=120°

13 (각 ㅇㄱㄴ)=(각 ㅇㄹㄷ)=35°
삼각형 ㄱㅇㄴ은 (변 ㅇㄱ)=(변 ㅇㄴ)이므로 이등변삼
각형입니다.
(각 ㅇㄴㄱ)=(각 ㅇㄱㄴ)=35°
삼각형 ㄱㅇㄴ에서 (각 ㄱㅇㄴ)=180°−35°−35°=110°

14 (선분 ㅇㄴ)=(선분 ㅇㄷ)=4 cm
(선분 ㄴㄹ)=4+4+7=15 (cm)
(삼각형 ㄱㄴㄹ의 넓이)=15×6÷2=45 (cm²)
➡ (완성한 점대칭도형의 넓이)
　=(삼각형 ㄱㄴㄹ의 넓이)×2=45×2=90 (cm²)

3단원 실력 평가　18~19쪽

1 1쌍

2 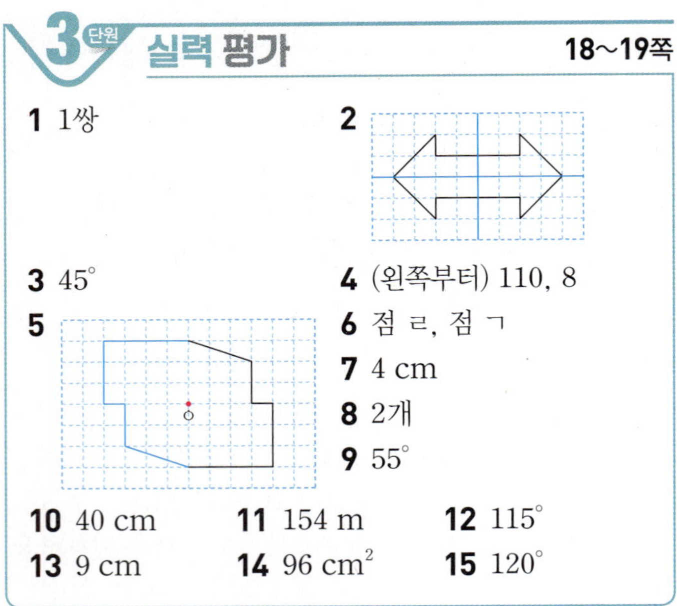

3 45°

4 (왼쪽부터) 110, 8

5

6 점 ㄹ, 점 ㄱ

7 4 cm

8 2개

9 55°

10 40 cm　**11** 154 m　**12** 115°
13 9 cm　**14** 96 cm²　**15** 120°

8 선대칭도형: **E, H, O, W**　점대칭도형: **H, O, S**
➡ 선대칭도형이면서 점대칭도형도 되는 알파벳: **H, O**

12 사각형 ㄱㄴㅅㅇ과 사각형 ㅁㅂㅅㅇ은 서로 합동이므로 (각 ㄴㅅㅇ)=(각 ㅂㅅㅇ)=65°입니다.
사각형 ㄱㄴㅅㅇ에서
(각 ㄱㅇㅅ)=360°-90°-90°-65°=115°

13 (변 ㄴㄷ)=(변 ㄴㄱ)=6 cm
(변 ㄷㄹ)=(변 ㄱㅂ)=□ cm
(변 ㄹㅁ)=(변 ㅂㅁ)=4 cm라 하면 둘레가 38 cm이므로 6+6+□+4+4+□=38,
20+□+□=38, □+□=18, □=9입니다.
➡ (변 ㄷㄹ)=9 cm

14 완성한 선대칭도형은 마름모 모양이고 마름모의 두 대각선의 길이는 각각 8×2=16 (cm),
6×2=12 (cm)입니다.
(완성한 선대칭도형의 넓이)=16×12÷2=96 (cm²)

15 (선분 ㄱㅇ)=(선분 ㄷㅇ)이고 (선분 ㄴㅇ)=(선분 ㄷㅇ)이므로 (선분 ㄱㅇ)=(선분 ㄴㅇ)입니다.
삼각형 ㄱㄴㅇ은 이등변삼각형이므로
(각 ㄱㄴㅇ)=(각 ㄴㄱㅇ)=60°입니다.
삼각형 ㄱㄴㅇ에서 (각 ㄱㅇㄴ)=180°-60°-60°=60°
일직선은 180°이므로 (각 ㄴㅇㄷ)=180°-60°=120°

4 소수의 곱셈

4단원 응용력 강화 문제　20~23쪽

1 66.43　**2** 15.08　**3** 2.6 cm²
4 12.8 cm²　**5** 57.96 L　**6** 24.064 L
7 10.09 cm　**8** 3.385 cm　**9** 1.596
10 432.5 킬로칼로리　**11** 4.056 cm
12 2.52 km　**13** 13.52 cm　**14** 1.65 kg

1 ❶ 곱이 가장 크게 되려면 두 소수의 자연수 부분에 들어가야 하는 수 구하기
두 소수의 자연수 부분에 가장 큰 수와 두 번째로 큰 수를 놓아야 합니다. ➡ 9.□×7.□
❷ 곱이 가장 크게 되는 곱셈식 만들어 계산하기
소수 부분에 나머지 수 1과 3을 써넣어 곱이 가장 크게 되는 곱셈식을 만들면 9.1×7.3=66.43입니다.
➡ 곱이 가장 크게 되는 곱셈식의 곱은 66.43입니다.

2 ❶ 곱이 가장 작게 되려면 두 소수의 자연수 부분에 들어가야 하는 수 구하기
두 소수의 자연수 부분에 가장 작은 수와 두 번째로 작은 수를 놓아야 합니다. ➡ 2.□×5.□
❷ 곱이 가장 작게 되는 곱셈식 만들어 계산하기
소수 부분에 나머지 수 6과 8을 써넣어 곱이 가장 작게 되는 곱셈식을 만들면 2.6×5.8=15.08입니다.
➡ 곱이 가장 작게 되는 곱셈식의 곱은 15.08입니다.

3 ❶ 직사각형 ㄱㄴㄷㄹ의 넓이 구하기
3.3×2=6.6 (cm²)
❷ 색칠하지 않은 부분의 넓이 구하기
(1.2+2.8)×2÷2=4 (cm²)
❸ 색칠한 부분의 넓이 구하기
(직사각형 넓이)-(색칠하지 않은 부분의 넓이)
=6.6-4=2.6 (cm²)

4 ❶ 직사각형 ㄱㄴㄷㄹ의 넓이 구하기
8.2×4=32.8 (cm²)
❷ 색칠하지 않은 부분의 넓이 구하기
(3.6+6.4)×4÷2=20 (cm²)
❸ 색칠한 부분의 넓이 구하기
(직사각형 넓이)-(색칠하지 않은 부분의 넓이)
=32.8-20=12.8 (cm²)

5 ❶ 2시간 24분은 몇 시간인지 소수로 나타내기

2시간 24분$=2\dfrac{24}{60}$시간$=2\dfrac{4}{10}$시간$=2.4$시간

❷ 택시가 달리는 거리 구하기

$80.5\times2.4=193.2$ (km)

❸ 필요한 연료의 양 구하기

$193.2\times0.3=57.96$ (L)

6 ❶ 1시간 36분은 몇 시간인지 소수로 나타내기

1시간 36분$=1\dfrac{36}{60}$시간$=1\dfrac{6}{10}$시간$=1.6$시간

❷ 배가 이동하는 거리 구하기

$18.8\times1.6=30.08$ (km)

❸ 필요한 연료의 양 구하기

$30.08\times0.8=24.064$ (L)

7 ❶ 겹치는 부분의 수와 겹치는 부분의 길이의 합 구하기

겹치는 부분은 $10-1=9$(군데)입니다.

(겹치는 부분의 길이의 합)$=2.5\times9=22.5$ (cm)

❷ 색 테이프 10장의 길이의 합 구하기

$78.4+22.5=100.9$ (cm)

❸ 색 테이프 한 장의 길이 구하기

색 테이프 한 장의 길이를 □ cm라 하면

$□\times10=100.9$, $□=10.09$입니다.

8 ❶ 겹치는 부분의 수와 겹치는 부분의 길이의 합 구하기

겹치는 부분은 $10-1=9$(군데)입니다.

(겹치는 부분의 길이의 합)$=0.6\times9=5.4$ (cm)

❷ 색 테이프 10장의 길이의 합 구하기

$28.45+5.4=33.85$ (cm)

❸ 색 테이프 한 장의 길이 구하기

색 테이프 한 장의 길이를 □ cm라 하면

$□\times10=33.85$, $□=3.385$입니다.

9 • 소수점을 오른쪽으로 두 칸 옮겨서 38이 되었으므로

●는 0.38입니다.

• 소수점을 왼쪽으로 한 칸 옮겨서 0.42가 되었으므로

★은 4.2입니다.

➡ ●×★$=0.38\times4.2=1.596$

10 (수영을 하여 소모한 열량)

$=5.14\times50=257$ (킬로칼로리)

(배드민턴을 하여 소모한 열량)

$=3.9\times45=175.5$ (킬로칼로리)

➡ $257+175.5=432.5$ (킬로칼로리)

11 (정사각형 가의 넓이)$=5.2\times5.2=27.04$ (cm²)

(직사각형 나의 넓이)$=27.04\times1.5=40.56$ (cm²)

직사각형 나의 세로를 □ cm라 하면

$10\times□=40.56$, $□=4.056$입니다.

12 도로 한쪽에 심은 나무가 22그루이므로 나무 사이의 간격의 수는 $22-1=21$(군데)입니다.

(도로의 길이)$=$(나무 사이의 간격)$\times$(간격의 수)

$\qquad\qquad\ \ =0.12\times21=2.52$ (km)

13 42분$=\dfrac{42}{60}$시간$=\dfrac{7}{10}$시간$=0.7$시간

(탄 양초의 길이)$=5.4\times0.7=3.78$ (cm)

(타고 남은 양초의 길이)$=17.3-3.78=13.52$ (cm)

14 (공 4개의 무게)$=9.9-7.15=2.75$ (kg)

(공 12개의 무게)

$=$(공 4개의 무게)$\times3=2.75\times3=8.25$ (kg)

(빈 상자의 무게)$=9.9-8.25=1.65$ (kg)

4단원 실력 평가 **24~25쪽**

1 1.24	**2** 117.6	**3** 6.48
4 ㉡	**5** 4.93 cm²	**6** >
7 37.5 g	**8** 6.81 kg	**9** ㉡
10 12	**11** 23.18	**12** 28.8 cm²
13 3.379	**14** 3장	**15** 16.16 cm

11 (어떤 수)$-0.8=5.3$, (어떤 수)$=5.3+0.8=6.1$

어떤 수의 3.8배는 $6.1\times3.8=23.18$입니다.

12 (가로)$=$(세로)$\times5=2.4\times5=12$ (cm)

(직사각형의 넓이)$=$(가로)$\times$(세로)

$\qquad\qquad\qquad\ \ =12\times2.4=28.8$ (cm²)

13 • $33.6\times㉠=0.6384$

→ ㉠은 소수 세 자리 수이므로 0.019입니다.

• ㉡$\times1.9=6.384$

→ ㉡은 소수 두 자리 수이므로 3.36입니다.

➡ ㉠$+$㉡$=0.019+3.36=3.379$

14 (과자 200 g의 가격)$=10.9\times200=2180$(원)

2180원이므로 1000원짜리 지폐로만 내려면 적어도 3장을 내야 합니다.

15 48분$=\dfrac{48}{60}$시간$=\dfrac{8}{10}$시간$=0.8$시간

(탄 양초의 길이)$=4.8\times0.8=3.84$ (cm)

(타고 남은 양초의 길이)$=20-3.84=16.16$ (cm)

5 직육면체

5단원 응용력 강화 문제 *26~29쪽*

1 12 cm / 16 cm	**2** 36 cm / 27 cm	
3 나	**4** 가	**5** 9 / 4 / 5
6 11 / 5 / 6	**7** 124 cm	**8** 26 cm
9 6 cm	**10** 76 cm	**11** 7
12 11	**13** 10	**14** 56 cm

1 ❶ 종이의 가로와 세로는 정육면체 한 모서리의 길이의 몇 배인지 구하기
종이의 가로는 정육면체 한 모서리의 길이의 3배, 세로는 정육면체 한 모서리의 길이의 4배와 같습니다.
❷ 종이의 가로와 세로 구하기
(가로)$=4\times3=12$ (cm),
(세로)$=4\times4=16$ (cm)

2 ❶ 종이의 가로는 정육면체 한 모서리의 길이의 4배, 세로는 정육면체 한 모서리의 길이의 3배와 같습니다.
❷ (가로)$=9\times4=36$ (cm),
(세로)$=9\times3=27$ (cm)

3 ❶ 직육면체 가의 모든 모서리의 길이의 합 구하기
$8\times4+6\times4+6\times4=32+24+24=80$ (cm)
❷ 정육면체 나의 모든 모서리의 길이의 합 구하기
$7\times12=84$ (cm)
❸ 모든 모서리의 길이의 합 비교하기
$80<84$이므로 정육면체 나의 모든 모서리의 길이의 합이 더 깁니다.

4 ❶ (직육면체 가의 모든 모서리의 길이의 합)
$=13\times4+9\times4+6\times4=52+36+24$
$=112$ (cm)
❷ (정육면체 나의 모든 모서리의 길이의 합)
$=9\times12=108$ (cm)
❸ $112>108$이므로 직육면체 가의 모든 모서리의 길이의 합이 더 깁니다.

5 ❶ 서로 평행한 면 찾기
서로 평행한 면을 찾으면 ㉠은 2, ㉡은 7, ㉢은 6입니다.
❷ 서로 평행한 두 면의 수의 합을 이용하여 ㉠, ㉡, ㉢에 알맞은 수 각각 구하기
서로 평행한 두 면의 수의 합이 11이므로
㉠$=11-2=9$, ㉡$=11-7=4$, ㉢$=11-6=5$입니다.

6 ❶ 서로 평행한 면을 찾으면 ㉠은 3, ㉡은 9, ㉢은 8입니다.
❷ 서로 평행한 두 면의 수의 합이 14이므로
㉠$=14-3=11$, ㉡$=14-9=5$, ㉢$=14-8=6$입니다.

7 ❶ 사용한 끈의 길이 알아보기
끈을 15 cm씩 2번 ➜ 30 cm, 12 cm씩 2번 ➜ 24 cm, 10 cm씩 4번 ➜ 40 cm, 매듭으로 30 cm 사용했습니다.
❷ 상자를 묶는 데 사용한 끈의 길이 구하기
$30+24+40+30=124$ (cm)

8 ❶ 상자를 한 바퀴씩 두르는 데 사용한 끈의 길이 알아보기
9 cm씩 2번 ➜ 18 cm, 14 cm씩 2번 ➜ 28 cm, 7 cm씩 4번 ➜ 28 cm입니다.
❷ 매듭으로 사용한 끈의 길이 구하기
사용한 끈의 길이가 모두 100 cm이므로 매듭으로 사용한 끈의 길이는 $100-(18+28+28)=26$ (cm)입니다.

9 카스텔라의 모서리 중에서 가장 짧은 길이가 정육면체의 한 모서리의 길이가 됩니다. ➜ 6 cm

10 보이지 않는 모서리 3개의 길이는 서로 다르고 서로 다른 모서리 1개씩의 길이의 합은 19 cm입니다.
직육면체에는 길이가 같은 모서리가 4개씩 있으므로
(모든 모서리의 길이의 합)$=19\times4=76$ (cm)입니다.

11 3이 적힌 면과 수직인 면에 적힌 수는 8, 0, 5, 4입니다. 따라서 3이 적힌 면과 평행한 면에 적힌 수는 7입니다.

12 전개도를 접었을 때 1과 5, 2와 4, 3과 6이 쓰여 있는 면이 서로 평행합니다. 놓은 모양의 바닥에 닿는 면에 쓰여 있는 세 수는 왼쪽부터 차례로 1, 6, 4입니다.
➜ $1+6+4=11$

13 사용한 색 테이프의 길이는 16 cm씩 2번, 4 cm씩 4번, □ cm씩 2번입니다.
➜ $(16\times2)+(4\times4)+(\square\times2)=68$,
$32+16+\square\times2=68$, $\square\times2=20$, $\square=10$

14 전개도를 접었을 때 마주 보는 면의 모양과 크기가 같고, 겹치는 모서리의 길이가 같습니다.

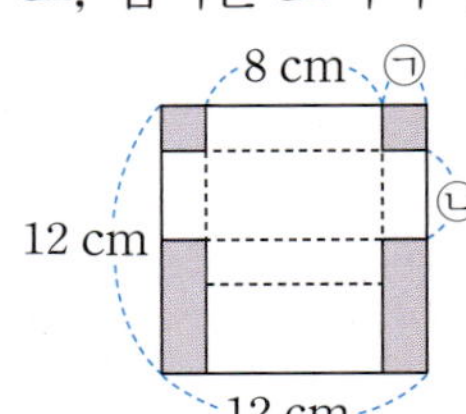

㉠$=(12-8)\div2=2$ (cm),
㉡$=(12-2-2)\div2$
$=4$ (cm)

➜ (모든 모서리의 길이의 합)$=(8+2+4)\times4$
$=14\times4=56$ (cm)

5 단원 **실력 평가**   30~31쪽

1 ㉢

2 ㄱㄴㄷㄹ, ㄴㅂㅅㄷ, ㄷㅅㅇㄹ / 직각에 ○표

3 ㅁㅂㅅㅇ, ㄴㅂㅁㄱ, ㄱㅁㅇㄹ

4 4개   **5** 20개

6 ㉠, ㉢   **7** 3개 / 1개

8 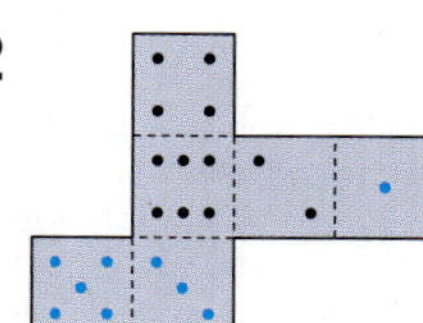

9 직육면체가 아닙니다. / **예** 직육면체는 직사각형 6개로 둘러싸인 도형인데 주어진 도형은 직사각형이 아닌 면이 있기 때문입니다.

10 84 cm

11 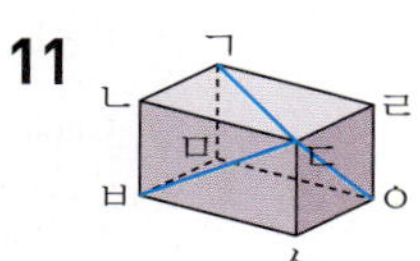

12

13 20 cm

14 129 cm

15 11

8 보이는 모서리는 실선으로, 보이지 않는 모서리는 점선으로 그립니다.

9 **평가 기준**
직육면체는 직사각형 6개로 둘러싸인 도형임을 알고 직육면체가 아닌 까닭을 썼으면 정답으로 합니다.

10 (모든 모서리의 길이의 합)$=6×4+7×4+8×4$
$=24+28+32=84$ (cm)

13 정육면체의 모서리는 모두 12개이고 모든 모서리의 길이가 같습니다.
(한 모서리의 길이)$=60÷12=5$ (cm)
➡ (색칠한 면의 네 변의 길이의 합)
$=5×4=20$ (cm)

14 리본을 13 cm씩 2번, 12 cm씩 2번, 11 cm씩 4번, 매듭으로 35 cm 사용했습니다.
➡ (상자를 묶는 데 사용한 리본의 길이)
$=(13×2)+(12×2)+(11×4)+35$
$=26+24+44+35$
$=129$ (cm)

15 직육면체에는 길이가 같은 모서리가 4개씩 있습니다.
□cm가 4개, 4 cm가 4개, 9 cm가 4개이므로
(□×4)+(4×4)+(9×4)=96입니다.
➡ □×4+16+36=96, □×4=44, □=11

6 **평균과 가능성**

6 단원 **응용력 강화 문제**   32~35쪽

1 5 / 7 / 13   **2** 10 / 16 / 20

3 13개   **4** 27개   **5** 24회

6 39권   **7** 17 m   **8** 88점

9 $\dfrac{1}{2}$ **10** 28회   **11** 다

12 24점   **13** 15명   **14** ㉠, ㉢, ㉡, ㉣

1 ❶ ㉠+㉡, ㉡+㉢, ㉢+㉠ 구하기
(㉠+㉡)÷2=6 ➡ ㉠+㉡=6×2=12 … ①
(㉡+㉢)÷2=10 ➡ ㉡+㉢=10×2=20 … ②
(㉢+㉠)÷2=9 ➡ ㉢+㉠=9×2=18 … ③
❷ ㉠+㉡+㉢ 구하기
(㉠+㉡)+(㉡+㉢)+(㉢+㉠)=12+20+18,
2×(㉠+㉡+㉢)=50,
㉠+㉡+㉢=25
❸ ❶과 ❷를 이용하여 ㉠, ㉡, ㉢ 구하기
①에서 ㉠+㉡=12이므로 12+㉢=25 ➡ ㉢=13
②에서 ㉡+㉢=20이므로 ㉠+20=25 ➡ ㉠=5
③에서 ㉢+㉠=18이므로 ㉡+18=25 ➡ ㉡=7

2 ❶ 가+나, 나+다, 다+가 구하기
(가+나)÷2=13 ➡ 가+나=13×2=26 … ①
(나+다)÷2=18 ➡ 나+다=18×2=36 … ②
(다+가)÷2=15 ➡ 다+가=15×2=30 … ③
❷ 가+나+다 구하기
(가+나)+(나+다)+(다+가)=26+36+30,
2×(가+나+다)=92,
가+나+다=46
❸ ❶과 ❷를 이용하여 가, 나, 다 구하기
①에서 가+나=26이므로 26+다=46 ➡ 다=20
②에서 나+다=36이므로 가+36=46 ➡ 가=10
③에서 다+가=30이므로 나+30=46 ➡ 나=16

3 ❶ 자두를 꺼내 먹은 후 남은 자두의 수 구하기
남은 과일 중에서 1개를 꺼내 먹을 때 꺼낸 과일이 복숭아일 가능성과 자두일 가능성이 같으므로 남은 자두의 수는 복숭아의 수와 같은 5개입니다.
❷ 처음 냉장고에 들어 있던 자두의 수 구하기
5+3=8(개)
❸ 처음 냉장고에 들어 있던 복숭아와 자두의 수의 합 구하기
5+8=13(개)

4 ❶ 초록색 공을 꺼낸 후 남은 초록색 공의 수 구하기
남은 공 중에서 1개를 꺼낼 때 꺼낸 공이 노란색일 가능성과 초록색일 가능성이 같으므로 남은 초록색 공의 수는 노란색 공의 수와 같은 10개입니다.
❷ 처음 상자에 들어 있던 초록색 공의 수 구하기
$10+3+4=17$(개)
❸ 처음 상자에 들어 있던 공의 수 구하기
$10+17=27$(개)

5 ❶ 3월부터 6월까지 운동을 한 횟수의 평균 구하기
$(13+15+11+17)\div4=56\div4=14$(회)
❷ 3월부터 7월까지 운동을 한 횟수의 평균 구하기
$14+2=16$(회)
❸ 7월에 운동을 한 횟수 구하기
$16\times5-(13+15+11+17)=80-56=24$(회)

6 ❶ 목요일까지 책 판매량의 평균 구하기
$(17+22+31+26)\div4=96\div4=24$(권)
❷ 금요일까지 책 판매량의 평균 구하기
$24+3=27$(권)
❸ 금요일의 책 판매량 구하기
$27\times5-(17+22+31+26)=135-96=39$(권)

7 ❶ 혜경이네 모둠의 공 던지기 기록의 합 구하기
(평균)×(모둠의 인원 수)$=18\times4=72$ (m)
❷ 혜경이와 승철이의 기록의 합 구하기
$72-(15+20)=37$ (m)
❸ 승철이의 기록 구하기
승철이의 기록을 □ m라 하면 혜경이의 기록은 (□+3) m이므로 □+3+□=37, □+□=34, □=34÷2=17 (m)입니다.

8 ❶ 네 과목 점수의 합 구하기
$89.5\times4=358$(점)
❷ 수학 점수와 사회 점수의 합 구하기
$358-(90+84)=184$(점)
❸ 사회 점수 구하기
사회 점수를 □점이라 하면 수학 점수는 (□+8)점이므로 □+8+□=184, □+□=176, □=176÷2=88(점)입니다.

9 남은 빨간색 구슬은 $6-3=3$(개)이고 파란색 구슬은 3개입니다.
남은 구슬 중에서 한 개를 꺼낼 때 빨간색일 가능성은 '반반이다'이므로 수로 표현하면 $\dfrac{1}{2}$입니다.

10 (남학생 기록의 합)$=30\times15=450$(회)
(여학생 기록의 합)$=25\times10=250$(회)
(겨울이네 반 전체 학생의 기록의 합)
$=450+250=700$(회)
따라서 겨울이네 반 전체 학생의 윗몸 말아 올리기 기록의 평균은 $700\div(15+10)=700\div25=28$(회)입니다.

11 다 회전판에서 파란색은 전체의 $\dfrac{1}{2}$이고, 노란색은 전체의 $\dfrac{3}{8}$, 빨간색은 전체의 $\dfrac{1}{8}$이므로 화살이 멈춘 횟수가 빨간색 21회, 파란색 80회, 노란색 59회인 표와 일이 일어날 가능성이 가장 비슷합니다.

12 다섯 선수가 얻은 점수의 합이 $20\times5=100$(점) 이상이면 결승에 올라갈 수 있습니다.
$20+16+17+23=76$(점)이므로 ㉤ 선수가 얻어야 할 점수는 $100-76=24$(점) 이상이어야 합니다.
따라서 ㉤ 선수는 적어도 24점을 얻어야 합니다.

13 (5학년 학생 수의 합)$=27\times4=108$(명)
(3반의 학생 수)$=108-(28+25+26)$
$=108-79=29$(명)
3반의 여학생은 $29-14=15$(명)입니다.

14 각각의 경우 어떤 주사위 눈의 수가 나왔을 때 일어나는 일인지 표로 나타내면 다음과 같습니다.

기호	주사위 눈의 수	기호	주사위 눈의 수
㉠	1, 2, 3, 4	㉢	1, 3, 5
㉡	3, 6	㉣	없음

따라서 일이 일어날 가능성이 큰 것부터 순서대로 기호를 쓰면 ㉠, ㉢, ㉡, ㉣입니다.

6단원 실력 평가 **36~37쪽**

1 29   **2** ㉡   **3** 9 ℃
4 36권   **5** ㉡   **6** ㉢
7 $\dfrac{1}{2}$ **8** 수진, 혜리, 채영, 지민, 정국
9 17 / 16 / 18   **10** 3반, 1반, 2반
11 140분   **12** 25분   **13** 46, 42
14   **15** 3회

1 (평균)$=(19+27+41)\div3=87\div3=29$

2 100원짜리 동전을 던지면 그림 면이 나올 가능성은 '반반이다'입니다.

3 (평균)$=(11+10+6+9)\div4=36\div4=9$ (℃)

4 1년은 12개월이므로 정은이가 1년 동안 읽은 책은 모두 $3\times12=36$(권)입니다.

7 홀수가 쓰여진 카드는 1, 3, 7로 3장 있습니다.
수 카드를 1장 뽑을 때 홀수일 가능성은 '반반이다'이므로 수로 표현하면 $\dfrac{1}{2}$입니다.

8 파란색으로 색칠된 부분이 많을수록 화살이 파란색에 멈출 가능성이 높은 회전판입니다.

9 (1반의 평균)$=153\div9=17$(시간),
(2반의 평균)$=96\div6=16$(시간),
(3반의 평균)$=126\div7=18$(시간)

10 $18>17>16$ ➡ 3반$>$1반$>$2반

11 $35\times4=140$(분)

12 성준, 현우, 지은이가 어제 책을 읽은 시간의 합은
$23+40+52=115$(분)입니다.
따라서 태연이가 어제 책을 읽은 시간은
$140-115=25$(분)입니다.

13 (다섯 수의 평균)$=(46+38+40+34+42)\div5$
$=200\div5=40$
➡ 40보다 큰 수: 46, 42

14 화살이 노란색에 멈출 가능성이 가장 높으므로 가장 넓은 부분에 노란색을 칠합니다.
화살이 빨간색에 멈출 가능성이 가장 낮으므로 가장 좁은 부분에 빨간색을 칠하고, 남은 부분에 주황색을 칠합니다.

15 1회부터 4회까지 타자 수를 더하면 모두
$307\times4=1228$(타)입니다.
(3회의 타자 수)$=1228-(290+316+302)$
$=1228-908=320$(타)
$320>316>302>290$이므로 기록이 가장 좋았을 때는 3회입니다.

1~6단원 성취도 평가

1 2개 **2** 현서

3 247상자 **4** 9700

5 ㉣ **6** $\dfrac{2}{9}$

7 $18\dfrac{1}{2}$ cm^2 **8** 6개

9 (왼쪽부터) 7, 35

10 ③, ⑤ **11** 18 cm

12 916 **13** 3.2

14 0.063 L **15** 2.1

16 10.44 kg **17** 가, 나

18

19 116 cm **20** 흰색

21 나 **22** $\dfrac{1}{2}$

23

	채아	종민
기록의 합(개)	28	24
평균(개)	7	8

24 수현 **25** 440명

1 26 초과인 수는 26보다 큰 수이므로 30, 27입니다.

2 4030을 올림하여 천의 자리까지 나타내면 5000입니다.

> **참고 개념**
> 구하려는 자리의 아래 수를 올려서 나타내는 방법을 올림이라고 합니다.
> **예** 4030을 올림하여 백의 자리까지 나타내면 4100이고,
> 4030을 올림하여 천의 자리까지 나타내면 5000입니다.

3 배추 2473포기를 한 상자에 10포기씩 담으면 247상자에 담고 3포기가 남습니다. 따라서 최대 247상자까지 팔 수 있습니다.

4 수 카드로 만들 수 있는 가장 큰 네 자리 수: 9651
9651을 반올림하여 백의 자리까지 나타내면 9700입니다.

5 $1\dfrac{3}{4}+1\dfrac{3}{4}+1\dfrac{3}{4}=1\dfrac{3}{4}\times3=\dfrac{7}{4}\times3=\dfrac{21}{4}=5\dfrac{1}{4}$

㉣ $1+\left(\dfrac{3}{4}\times3\right)=1+\dfrac{9}{4}=1+2\dfrac{1}{4}=3\dfrac{1}{4}$

6 $\dfrac{2}{7}\times\dfrac{5}{6}\times\dfrac{14}{15}=\dfrac{2}{9}$

7 (줄인 가로)$=5\dfrac{4}{9}-1\dfrac{1}{3}=5\dfrac{4}{9}-1\dfrac{3}{9}=4\dfrac{1}{9}$ (cm)

➡ (새로 만든 직사각형의 넓이)

$$=4\dfrac{1}{9}\times4\dfrac{1}{2}=\dfrac{37}{9}\times\dfrac{9}{2}=\dfrac{37}{2}=18\dfrac{1}{2}\ (\text{cm}^2)$$

8 어떤 단위분수를 $\dfrac{1}{\square}$이라 하면 $\dfrac{5}{12}\times\dfrac{3}{10}<\dfrac{1}{\square}$입니다.

$\dfrac{5}{12}\times\dfrac{3}{10}=\dfrac{1}{8}$이므로 $\dfrac{1}{8}<\dfrac{1}{\square}$입니다.

$\square$ 안에 들어갈 수 있는 수는 2, 3, 4, 5, 6, 7이므로

어떤 단위분수가 될 수 있는 수는 $\dfrac{1}{2}$, $\dfrac{1}{3}$, $\dfrac{1}{4}$, $\dfrac{1}{5}$, $\dfrac{1}{6}$,

$\dfrac{1}{7}$로 모두 6개입니다.

9

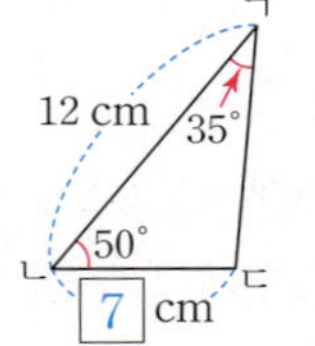
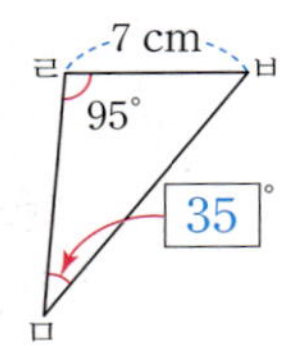

(변 ㄴㄷ)=(변 ㅂㄹ)=7 cm,
(각 ㄹㅁㅂ)=(각 ㄷㄱㄴ)=35°

10 선대칭도형은 한 직선을 따라 접으면 완전히 겹칩니다.

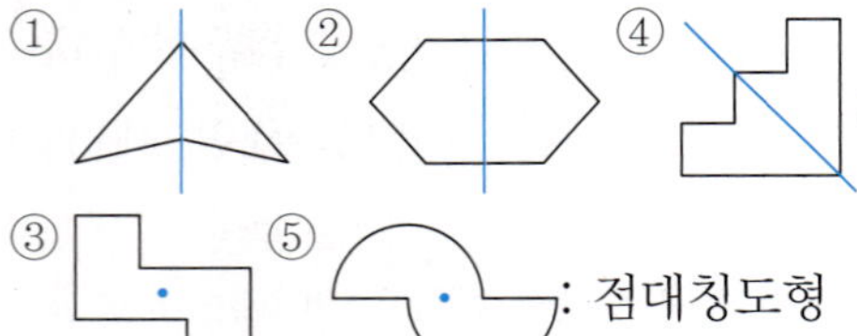

① ② ④ : 선대칭도형,
③ ⑤ : 점대칭도형

11 (변 ㄴㄷ)=(변 ㅅㅈ)=15 cm,
(변 ㄹㅁ)=(변 ㅊㅋ)=$\square$ cm,
(변 ㅂㅅ)=(변 ㄱㄴ)=29 cm,
(변 ㅈㅊ)=(변 ㄷㄹ)=12 cm,
(변 ㅋㄱ)=(변 ㅁㅂ)=8 cm라고 하면
$(29+15+12+\square+8)\times2=164$,
$64+\square=82$, $\square=18$입니다.

> **참고 개념**
> 점대칭도형은 각각의 대응변의 길이가 서로 같습니다.

12 점대칭이 되는 세 자리 수를 만들 때 백의 자리에 올 수 있는 수는 1, 6, 9이고, 십의 자리에 올 수 있는 수는 0, 1입니다.
따라서 점대칭이 되는 가장 큰 세 자리 수는 916입니다.

14 $0.07\times0.9=0.063$ (L)

15 8.3×0.21은 소수 세 자리 수이므로 $0.83\times\square$도 소수 세 자리 수가 되어야 합니다. 0.83이 소수 두 자리 수이므로 $\square$ 안에 알맞은 수는 소수 한 자리 수인 2.1입니다.

16 (동생의 몸무게)=(민성이의 몸무게)$\times0.6$
$\qquad\qquad=43.5\times0.6=26.1$ (kg)
(강아지의 무게)=(동생의 몸무게)$\times0.4$
$\qquad\qquad=26.1\times0.4=10.44$ (kg)

17 직사각형 6개로 둘러싸여 있는 도형을 모두 찾습니다.

> **주의 개념**
> 정육면체는 직육면체라고 할 수 있습니다.

18 전개도를 접었을 때 색칠한 면과 만나는 면을 모두 찾아 색칠합니다.

19 끈을 15 cm씩 2번, 10 cm씩 2번, 12 cm씩 4번, 매듭으로 18 cm 사용했습니다.
➡ (상자를 묶는 데 사용한 끈의 길이)
$\qquad=(15\times2)+(10\times2)+(12\times4)+18$
$\qquad=30+20+48+18=116$ (cm)

20 노란색 면과 빨간색, 초록색, 파란색, 주황색 면은 수직입니다. 따라서 노란색 면과 수직이 아닌 흰색 면이 평행한 면입니다.

> **참고 개념**
> 정육면체에서 한 면과 수직으로 만나는 면은 4개이고, 만나지 않는 면은 평행한 면입니다.

21 회전판에서 빨간색이 차지하는 부분이 더 넓은 것은 나이므로 화살이 빨간색에 멈출 가능성이 더 높은 회전판은 나입니다.

22 카드 6장 중에서 ◈ 카드는 3장이므로 ◈ 카드를 뽑을 가능성은 '반반이다'입니다.
따라서 가능성을 수로 표현하면 $\dfrac{1}{2}$입니다.

23 (채아의 제기차기 기록의 평균)
$\quad=(4+6+10+8)\div4=28\div4=7$(개)
(종민이의 제기차기 기록의 평균)
$\quad=(11+6+7)\div3=24\div3=8$(개)

24 수현: 두 사람이 제기차기를 한 횟수가 다르기 때문에 기록의 합으로 누가 더 잘했다고 말할 수 없습니다.

25 (라 마을의 인구수)
$\quad=$(전체 인구수)$-$(가, 나, 다 마을의 인구수)
$\quad=580\times4-(540+730+610)$
$\quad=2320-1880=440$(명)

천재교육 커뮤니티 안내

 교재 안내부터 구매까지 한 번에!

천재교육 홈페이지

자사가 발행하는 참고서, 교과서에 대한 소개는 물론
도서 구매도 할 수 있습니다. 회원에게 지급되는 별을 모아
다양한 상품 응모에도 도전해 보세요!

 다양한 교육 꿀팁에 깜짝 이벤트는 덤!

천재교육 인스타그램

천재교육의 새롭고 중요한 소식을 가장 먼저 접하고 싶다면?
천재교육 인스타그램 팔로우가 필수!
깜짝 이벤트도 수시로 진행되니 놓치지 마세요!

 수업이 편리해지는

천재교육 ACA 사이트

오직 선생님만을 위한, 천재교육 모든 교재에 대한 정보가 담긴
아카 사이트에서는 다양한 수업자료 및 부가 자료는 물론
시험 출제에 필요한 문제도 다운로드하실 수 있습니다.

https://aca.chunjae.co.kr

 천재교육을 사랑하는 샘들의 모임

천사샘

학원 강사, 공부방 선생님이시라면 누구나 가입할 수 있는 천사샘!
교재 개발 및 평가를 통해 교재 검토진으로 참여할 수 있는 기회는 물론
다양한 교사용 교재 증정 이벤트가 선생님을 기다립니다.

 아이와 함께 성장하는 학부모들의 모임공간

튠맘 학습연구소

튠맘 학습연구소는 초·중등 학부모를 대상으로 다양한 이벤트와 함께
교재 리뷰 및 학습 정보를 제공하는 네이버 카페입니다.
초등학생, 중학생 자녀를 둔 학부모님이라면 튠맘 학습연구소로 오세요!